国学经典文库 图文珍藏版

帝王将相大传

王艳军⊙主编

线装書局

图书在版编目（CIP）数据

帝王将相大传：全4册/王艳军主编.－－北京：
线装书局，2012.11
ISBN 978-7-5120-0647-8

Ⅰ.①帝… Ⅱ.①王… Ⅲ.①历史人物－列传－中国
－古代 Ⅳ.①K827＝2

中国版本图书馆CIP数据核字（2012）第232698号

帝王将相大传

主　　编：王艳军
责任编辑：高晓彬
封面设计：博雅圣轩藏书馆 Boyashengxuan Cangshuguan
出版发行：线装书局
地　　址：北京市西城区鼓楼西大街41号（100009）
　　　　　电话：010-64045283
　　　　　网址：www.xzhbc.com
印　　刷：北京彩虹伟业印刷有限公司
字　　数：1360千字
开　　本：710×1040毫米　1/16
印　　张：112
彩　　插：8
版　　次：2012年11月第1版第1次印刷
印　　数：1-3000套
书　　号：ISBN 978-7-5120-0647-8

ISBN 978-7-5120-0647-8
9 787512 006478 >

定　　价：598.00元（全四卷）

秦始皇嬴政

秦始皇，秦朝开国皇帝。扫灭六国，统一海内，废分封，立郡县，创立皇帝制度，统一文字、货币、度量衡，南平百越，北击匈奴，修筑万里长城。

汉高帝刘邦

汉高祖刘邦，汉朝开国皇帝，汉民族和汉文化伟大的开拓者。反抗暴政，推翻秦朝，楚汉之争后，统一中国，建立汉朝。

汉武帝刘彻

汉武帝刘彻，汉朝的第五位皇帝，政治家、战略家。罢黜百家，独尊儒术，沟通西域，吞并朝鲜，开创西汉王朝军事最鼎盛时期。

隋文帝杨坚

杨坚，隋朝开国皇帝，西方人眼中最伟大的中国皇帝之一，被尊为"圣人可汗"。开皇之治，创三省六部制，代周建隋灭陈，结束南北分裂局面。

唐太宗李世民

李世民，唐朝第二位皇帝，中国历史上最著名的政治家与明君之一。文韬武略，平定乱世，开疆扩土，贞观之治，注贤纳谏，宽厚爱民。

宋太祖赵匡胤

宋太祖赵匡胤，中国北宋王朝的建立者。发动陈桥兵变，黄袍加身，代周称帝，建立宋朝，开创了中国的文治盛世，结束了五代十国的战乱局面。

宋高宗赵构

宋高宗，南宋开国皇帝。重用秦桧，杀害岳飞；精于书法，善真、行、草书，笔法流畅，颇得晋人神韵，传世墨迹有草书《洛神赋》等。

元太祖铁木真

铁木真，政治家，军事家，尊号"成吉思汗"。戎马倥偬，征战终生，统一蒙古，为中国统一而战，祖孙三代鏖战六七十年，征服民族多至720部。

明太祖朱元璋

明朝开国皇帝。推翻了蒙古的统治，恢复了汉族国家，取消了蒙古的种族制度，恢复了民族平等，统治时期被称为"洪武之治"。

清太祖努尔哈赤

努尔哈赤，清朝的奠基人和主要缔造者。统一女真，建立后金，割据辽东，建元天命。萨尔浒之役后迁都沈阳，之后席卷辽东，攻下明城七十余。

清太宗皇太极

爱新觉罗·皇太极，满洲爱新觉罗氏。1626年，继位后金可汗。南征北战，协助努尔哈赤建立后金，对外开疆征服察哈尔、朝鲜，大大扩充版图，建立大清。

清圣祖康熙

康熙帝，清朝第四位皇帝，清定都北京后第二位皇帝，中国历史上在位最长的皇帝，巩固统一的多民族国家，奠定了清朝兴盛的根基，开创出"康乾盛世"的大局面。

管 仲

管仲，史称管子，春秋时期齐国著名政治家、军事家。少时丧父，与鲍叔牙经商，后从军，到齐国，为齐国上卿，辅佐齐桓公创立霸业。

白 起

白起，战国时期秦国名将，中国历史上杰出的军事家、统帅。秦昭王时从左庶长升至大良造，长平之战大败赵军，后为相国范雎所妒忌被逼自杀。

王 翦

王翦，秦国著名战将，与其子王贲成为秦始皇兼灭六国的最大功臣。一生征战无数，战必胜、攻必取，智而不暴，勇而多谋，在当时杀戮无度的战国时代显得极为可贵。

韩 信

韩信，西汉开国功臣，"汉初三杰"之一。历任大将军、左丞相、相国，封齐王、楚王、淮阴侯等，却也因其功高震主引起猜忌，被控谋反而被处死。

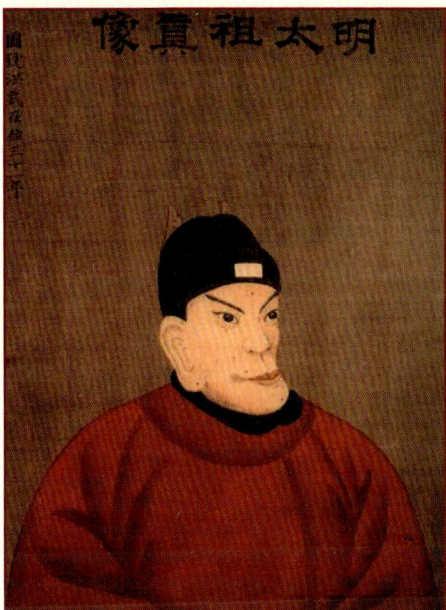

明太祖朱元璋

明朝开国皇帝。推翻了蒙古的统治，恢复了汉族国家，取消了蒙古的种族制度，恢复了民族平等，统治时期被称为"洪武之治"。

清太祖努尔哈赤

努尔哈赤，清朝的奠基人和主要缔造者。统一女真，建立后金，割据辽东，建元天命。萨尔浒之役后迁都沈阳，之后席卷辽东，攻下明城七十余。

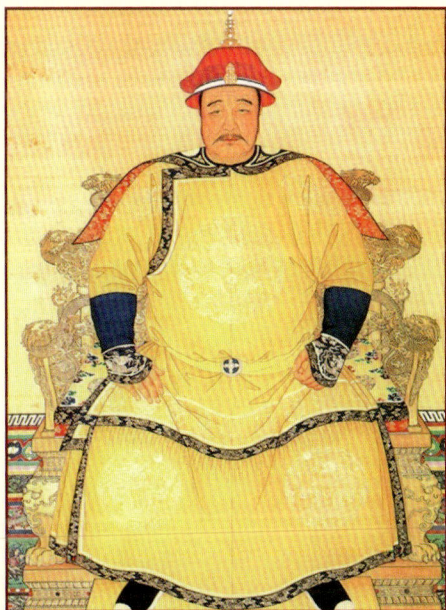

清太宗皇太极

爱新觉罗·皇太极，满洲爱新觉罗氏。1626年，继位后金可汗。南征北战，协助努尔哈赤建立后金，对外开疆征服察哈尔、朝鲜，大大扩充版图，建立大清。

清圣祖康熙

康熙帝，清朝第四位皇帝，清定都北京后第二位皇帝，中国历史上在位最长的皇帝，巩固统一的多民族国家，奠定了清朝兴盛的根基，开创出"康乾盛世"的大局面。

管 仲

管仲，史称管子，春秋时期齐国著名政治家、军事家。少时丧父，与鲍叔牙经商，后从军，到齐国，为齐国上卿，辅佐齐桓公创立霸业。

白 起

白起，战国时期秦国名将，中国历史上杰出的军事家、统帅。秦昭王时从左庶长升至大良造，长平之战大败赵军，后为相国范雎所妒忌被逼自杀。

王 翦

王翦，秦国著名战将，与其子王贲成为秦始皇兼灭六国的最大功臣。一生征战无数，战必胜、攻必取，智而不暴，勇而多谋，在当时杀戮无度的战国时代显得极为可贵。

韩 信

韩信，西汉开国功臣，"汉初三杰"之一。历任大将军、左丞相、相国，封齐王、楚王、淮阴侯等，却也因其功高震主引起猜忌，被控谋反而被处死。

诸葛亮

诸葛亮，三国时期蜀汉丞相，杰出的政治家、军事家、发明家、文学家。助刘备建立蜀汉基业，呕心沥血，鞠躬尽瘁，死而后已。成为后世忠臣楷模，智慧化身。

房玄龄

房玄龄，唐代初年著名良相、杰出谋臣，凌烟阁二十四功臣之一，大唐"贞观之治"的主要缔造者之一。跟随秦王十年艰辛征战，辅佐太宗二十载稳任首宰。

郭子仪

郭子仪，中唐名将。平定安史之乱，功居平乱之首；平定仆固怀恩叛乱，共破吐蕃，朝廷赖以为安。他戎马一生，屡建奇功，大唐因有他而获得安宁达20多年。

王安石

王安石，杰出的政治家、思想家、文学家、改革家、唐宋八大家之一，北宋丞相、新党领袖。其诗文各体兼擅，词虽不多，但亦擅长，且有名作《桂枝香》等。

岳 飞

岳飞，著名战略家、军事家、民族英雄、抗金名将，南宋中兴四将之首，率"岳家军"精忠报国抗金，写下千古绝唱《满江红》，后被秦桧毒死于风波亭。

张居正

张居正，万历时期的内阁首辅，辅佐万历皇帝进行了"万历新政"，使原已垂危的大明王朝生命得以延续，具有重大的历史功绩。

曾国藩

曾国藩，晚清重臣，清朝军事家、理学家、政治家、书法家、文学家、晚清散文家，"湘乡派"创立人，创立湘军，平定太平天国运动，洋务运动的发起者之一。

左宗棠

左宗棠，晚清重臣，著名湘军将领，洋务派首领。经历并参与了镇压太平天国运动，开展洋务运动，镇压陕甘回民起义，收复新疆等重大历史事件。

前　言

　　大江东去,浪淘尽,千古风流人物。唯我中华,湍湍文明古国,上下五千年兴亡多少事,情也悠悠,思也悠悠,不尽长江万古流。

　　历史的天空群星灿烂,或怒发冲冠,或荡气回肠,如大风悲歌,又如高山流水,即千年以降,其叱咤风云、慷慨磊落之气,尚纵横驰骋于二万里华夏大地,磅薄激荡于亿兆炎黄子孙心中。他们是千古帝王、历代名相、铁血将帅,他们是对世界历史进程产生过重大的影响的大人物。

　　据粗略统计,我国从远古传说中的三皇五帝,到近代伪满州国的溥仪,以及那些大大小小占山称王的人,近八百人。有的用血汗和刀剑去开创一片属于自己的天空,李世民如是,成吉思汗如是;有的用权术和心计去开创一片属于自己的天空,武则天如是,朱棣如是;而更多的是作为太子去继承父辈给的那一片浩无边际的天空。继承者中,有的如夏舜商纣那样用暴政去掩饰自己面对那片浩渺无际的天空而感到无所适从的战栗;有的如李煜徽宗那样移情书画逃避面对那片天空的无可奈何与手足无措;更多的是躲在金銮殿里泡在温柔乡里憨态十足地享受着父辈留下来的一切;但也有一些人,提着自己的宝剑,面向那片浩无边际的天空与下面无数俯首的臣民,高喊:"舍我其谁!"比如,汉武帝。

　　在朝臣之中,宰相将帅在历史政治舞台上一直扮演着重要角色。翻开历代宰相将帅用头脑描就的画卷,我们可以看到,他们有的才干超群,为一代之治政;有的智识平庸,无几多之建树;有的清风两袖,成一代之清流;有的卖官鬻爵,兴一朝之浊浪;有的直言敢谏,置项上人首于度外;有的金戈铁马,气吞万里如虎。他们几乎一身系天下之安危。

　　在几千年的中国政治舞台上,每一个封建帝王的兴起,每一个将相的败落,都上演了一幕幕权与谋的较量。有几度倾覆的厄运,也有屡经曲折的磨难,衰而复兴,巍然屹立。无论是灰飞烟灭的毁灭,还是一次又一次的转危为安,都让我们看到了智慧的力量。正是因为这股力量,我们才能欣赏到那些叱咤风云的人物、威武雄壮的士兵、千千万万的过客,及其上演的一出出悲喜剧。

本书呈现的,是一个个在历史生态中遨游的活生生的人物,而不是收藏在博物馆中的孤立的、冰冷的脱离了时代的名人标本。将一个人物放回他所在的历史生态之中,就会看到以往我们所忽视的一些内容:忠臣对一个国家的影响,是不是一定是好的?在固定的政治秩序下,如何打破僵局,谋求个人的发展?义正词严的反对派,是不是真的愿意为他所认为的真理献身?一个权倾朝野的人物,真的适合在政坛中生存吗?……他们演绎着中华民族进程的轨迹,充扮了自己不可缺少的角色。

这是一部讲述血色王朝帝王将相英雄名士的历史大书。这个最具文化风骨的时代,残酷与血腥,痛苦与逍遥,时刻都在演绎多角度深层次地解说五千年历史的谜案、奇人、奇事!

目 录

图文珍藏版

帝王将相大传

目录

图文珍藏版

帝王将相大传

目录

图文珍藏版

第二部分　历史名相

第三部分　传奇名将

【帝王将相大传】

一代帝王

第一部分

秦始皇嬴政

人物档案

生卒年：公元前 259~前 210 年

父母：父，秦庄襄王子楚；母，赵太后

后妃：不详

年号：无

在位时间：公元前 246~前 210 年

谥号：无

庙号：无

陵寝：秦陵

性格：智略果毅，暴戾贪婪

名家评点：

他的残酷无道达到离奇之境界，如何可以不受谴责？可是他统一中国的工作，用这样长远的眼光设计，又用这样精到的手腕完成，又何能不加仰慕？

——黄仁宇

秦始皇

身世离奇，历经磨难

战国时期，六国争雄。秦始皇的曾祖父秦昭襄王采纳范雎"远交近攻"之策，韩、魏成为秦国第一批打击目标，赵国则是近交的目标，两国互换人质，秦始皇的父亲异人出质于赵国。人质的身份本来就不高，异人出质的背景使他绝不会受到赵王的礼遇。异人的生母夏姬得不到太子安国君（后来的孝文王）的宠爱，子以母贱。正当异人穷愁潦倒之际，他在赵国碰到了吕不韦。

吕不韦，韩国阳翟（今河南禹州）的大商人，他往来各国从事商业活动，洞悉各国统治集团内部和各国之间的政治风云。吕不韦与异人进行了一番意味深长的探讨，发现如果设法将异人立为国君，获利将是无数。于是，他决计在异人身上进行一次赢利"无数"的政治投机。

吕不韦入秦后，知太子安国君最宠爱华阳夫人，而华阳夫人无子，故先对华阳夫人的姐姐贿以珍宝，通过华阳夫人的姐姐向华阳夫人进言，劝说华阳夫人收异人为儿子，并请求太子立他为继承人，这样终身可享尊荣，将永不失宠于秦。此言正中华阳夫人的心病，于是就对安刚君大吹枕边风，最后安国君终于立异人为继承人，改名子楚。

公元前 260 年"赵家豪女"嫁给子楚，并孕有一子，此子生于正月，故名正，叫赵正。他就是后来的秦始皇。

后来赵秦两国失和，赵王欲杀子楚，子楚在吕不韦的帮助下，仓皇逃出邯郸。嬴政和母亲在邯郸朝不保夕，东躲西藏。

秦昭襄王五十六年（前 251 年），秦昭襄王在咸阳死去，太子安国君即位，是为孝文王,孝文王立华阳夫人为王后,子楚为太子。至此,子楚的秦国储君地位已完全被法定化。因为政治的需要,秦赵两国再度和好。于是,随母躲藏了6年的嬴政,有生以来第一次踏上秦国的土地。

计除权臣,集权一身

50岁的孝文王在服孝一年后,正式即位仅3天就去世了,子楚即位,是为庄襄王。庄襄王享国也仅有三年,随后13岁的嬴政继立为秦王,吕不韦由丞相尊为相国。因秦王年少,国家大事表面上由太后、相国吕不韦共同主持,实际上军政大权皆由吕不韦操纵。眼看秦王政逐渐长大成人,这时的吕不韦想稍稍收敛,一则已渐渐年老体衰,二则害怕他和太后私通被秦王政发现,于是便想出一条妙计,找淫乱出名的嫪毐代替自己与太后私通。太后有了嫪毐,简直如获至宝,十分宠幸。嫪毐便利用太后的宠爱大力发展自己的势力,他用几千奴隶经营手工业和商业,很快成为大富豪。

实力雄厚的吕不韦长期控制秦王政;势力急剧膨胀的嫪毐又急于取秦王政而代之。这样,吕嫪两个专权集团也就难免要钩心斗角、争权夺势。他们的矛盾尖锐得很。这样一来,不仅秦国的政令无法统一,而且吕不韦、嫪毐两大势力的发展严重地侵夺了王权,已到了分裂秦国,断送秦国统一大业的地步。面临这样的局面,秦王政要实现他"统一天下"的宏伟抱负,就必须铲除前进途中的一切障碍。为了加强王权,早日成就统一大业,秦王政已下决心要不择手段地铲除吕嫪势力。

秦王政九年(前238年),长信侯嫪毐叛乱,随即被镇压,嫪毐及其他叛乱头目被捉拿归案,处以枭首(斩首后把头挂在树上)极刑,并车裂其尸以示众,还灭掉了他们的宗族。

平息嫪氏叛乱以后,秦王政认为铲除吕不韦的时机尚不成熟,也就不动声色地照旧重用吕不韦。到第二年的10月,在一次朝会上,秦王政突然怒不可遏地宣布:吕不韦早已与太后关系暧昧,唯恐东窗事发,乃嫁祸于人,把嫪毐进献给太后,诱太后与嫪毐私通,淫乱宫闱,罪不可赦,当处以极刑。此令一出,满朝震惊,一些朝臣以及吕不韦的宾客、游士纷纷为吕不韦说情。于是,秦王政就故作宽宏大量,免去吕不韦的死刑,仅仅罢免了他的相国之职,把他赶出了咸阳城。

几乎是在处理吕不韦的同时,秦王政将太后从雍城迎回咸阳。这一举动,一方面可赢得"孝"的美名,减轻舆论压力,更为重要的是使太后一党成为掣肘吕党的平衡力量,利用母子的亲情关系取得太后的支持,进一步孤立吕氏集团。

到了秦王政十二年(前235年),秦王政就以吕不韦"不甘寂寞"为借口,下诏书削夺了他的爵位和封地,并将吕不韦及其家属流放到偏远的蜀地。吕不韦深知秦王政必欲诛杀自己而后已,于是就饮鸩而死,结束了他富于传奇的一生。

至此,秦王政已经上无后党牵制,下无贵臣擅权,集军、政、司法、财权于一身,成为秦国历史上权力空前的君主。

消灭六国,统一天下

秦王政十七年(前230年),秦王政开始了统一六国的战争。他首先从离秦最近、国力最弱的韩国开始。选择韩为首攻的对象,是秦在统一六国这盘棋上一着成功的

"开局"。韩国被灭之后,秦国马不停蹄地集中兵力向赵国大举进攻。

秦王政十八年(前229年),秦将王翦、杨端和分别率兵向赵国进攻。久经沙场的宿将李牧、司马尚率赵军拼命抵抗,两军对垒,苦苦相持一年之久。此时,秦王政派人用重金贿赂赵王宠臣郭开。郭开接收了贿赂,向赵王诬告李牧、司马尚欲谋叛变,作战不力。赵王轻信了谗言,暗地派人逮捕李牧并处以死刑,司马尚也被免职。

这样,秦王政借赵王之剑,杀害了坚决抗秦的李牧,秦国得到在战场上无法得到的一切。三个月后,王翦、杨端和再次率军急攻赵国。秦军锐不可当,大破赵军,俘虏赵王迁。秦在赵都一带设立了邯郸郡。

秦王政二十二年(前225年),秦王政命王贲率师自燕地南下,直取魏都火梁,以黄河之水灌城。三个月后,大梁城墙被汹涌的河水冲塌,魏王投降,秦军遂尽占其地,并设置了硕郡(郡治在今安徽砀山县南)进行管理。战国初期曾威震诸侯的魏同至此灭亡。

灭掉赵国以后,秦军临易水,直接威胁燕国。灭赵的秦军在王翦诸将率领下,乘胜兼程北上。大军压境,燕延内外,一片慌乱。当此危急之时,燕太子丹企图以行刺的手段,达到抗秦保国的目的。太子丹派荆轲行刺秦王,亡命在燕的樊於期,为使荆轲能面见秦王,毅然自杀献头。荆轲刺秦王功败垂成,却给了秦王下令大举进攻燕国的理由。秦王政二十五年,燕国彻底灭亡。

攻打楚国是秦统一六国的战争历程中,最艰难、最激烈的一场大规模恶战。

楚国为东南大国,是拥有带甲百万、战车千乘、战骑万匹的强大军国,人口众多,资源丰富。楚围还有项燕等猛将,有事秦多年的楚公子昌平君和昌文君,他俩熟悉秦国军情,带兵据守在楚国鄢陈(今河南淮阳)一带的抗秦前线。由于楚与秦境连界,利害冲突使两国长期争斗不止。面对上述种种情况,秦国要想灭楚,未必稳操胜券。攻楚不仅夺城略地需大量兵力,守卫攻占土地也要不少人马,对此军事上攻防都需要必备的兵力、物力。在攻楚前夕,最关键的是统军的主帅问题。在攻楚的秦军中,有个"年少壮勇"的将领,名叫李信,秦王政对他颇为赏识。攻楚之前,秦王问他,灭楚需要多少兵力?李信蛮有把握地答道:"不过用20万人。"秦王半信半疑,又问老将王翦,王翦思考再三,斩钉截铁地说:"非60万人不可。"秦王政见李信比王翦少要40万人马,同样能实现灭楚愿望,便轻率地做出了决断,重用李信。随后,老将王翦谢病告老回乡。

李信和蒙武怀着必胜的信心,分两路进军楚国。一路攻打平舆(今河南汝宁县东北),一路直捣寝丘(今河南沈丘县东南)。起初,两处进展顺利,不断向纵深挺进,深入到楚国腹地。正当秦军快速突进的时候,不料后方形势突变,埋伏在秦军侧后的楚军,在昌平君等率领下反攻秦国,迫使李、蒙回师救援。经过连续三天三夜的角逐,楚军大破秦军,杀秦都尉7人,尽收失地。

闻此败讯,秦王政并未加罪于李、蒙二将。在经过冷静的思考后,秦王政破例不下诏令,亲自骑马赶到频阳,登门向老将军王翦认错。王翦不计前嫌,以大局为重,欣然应命率军攻楚。

秦王政二十三年(前224年),潮水一般的秦国大军涌入楚境。求胜心切的楚军曾数次前来挑战,秦军避而不应,等待战机。楚军因粮草不济,有意诱敌深入。王翦抓住楚军东进之机,以强兵壮勇做先锋,大破楚军,活捉楚王负刍,楚将昌平君等皆自杀。接着王翦又乘胜率军渡江,攻取了附庸于楚的越国,越君被迫降秦。至此,六国中的唯一劲敌楚国终被秦灭。

五国既灭,齐国的灭亡已指日可待。在秦灭五国之时,齐国采取绥靖政策,坐视五国一一灭亡。齐国已成了已亡五国贵族的庇护所了。公元前221年,秦将王贲、李信率得胜之师,南下攻齐。直捣齐都临淄时,齐军不攻自破,拱手降秦。

秦王政从30岁至39岁,完成了统一大业。

君临天下,巩固皇权

秦王政二十六年(前221年),嬴政正值"春秋鼎盛",政治家的黄金岁月。到现在才剪灭了六国,天下出现了统一、安定的局面。嬴政认为现在自己的名号必须更改,才能显示寡人的赫赫功绩,并将这些光辉的业绩传给后世。

秦王政取了三皇的"皇"字,再配上五帝的"帝"字,创造了"皇帝"这一前无古人的尊号。子孙则称二世、三世……以至千万世。秦王政企图通过称号来显示至高无上的权威,并奠定万世一系的帝位基础。接着,秦始皇又制定了一系列尊君抑臣的制度。规定皇帝所下的命令称为"制"或"诏";在秦始皇以前,"朕"是人人都可使用的第一人称,"玺"也是印章的一般称呼,现在秦始皇却规定,只有皇帝的自称才能使用"朕",只有皇帝的御印才能称"玺"。

秦始皇也加紧替自己君临天下寻找理论依据,他利用"五德终始说",从意识形态上神化皇权。"五德终始说"的精神贯穿于整个社会制度中,使臣民对秦始皇的统治产生一种神秘感。这样一来,秦始皇驾御臣民的权威就大大地得到加强。

寻求仙药,魂断沙丘

秦始皇三十七年(前210年)十月,年届半百的秦始皇第五次,也是最后一次出巡。随行的有左丞相李斯、中车府令赵高等人,还有他喜爱的少子胡亥。

秦始皇一行风尘仆仆,先南下至云梦,望祀虞舜于九嶷山。又折向东浮江而下,过丹阳,至钱塘,上会稽,祭大禹,立石刻纪功颂德。返程中从江乘(今江苏句容)渡江,到达海边,北上琅琊。由于屡求仙药不得的气恼,长期生活的荒淫,加上大半旅途的劳顿,当行至平原津(今山东平原县)时,秦始皇病倒了。

仲夏七月,车驾到沙丘(今河北巨鹿县东南)。他再也无力西行,魂断沙丘宫中。

秦二世嬴胡亥

人物档案

生卒年：公元前230~前207年

父母：父，秦始皇嬴政；母，不详

后妃：不详

年号：无

在位时间：公元前210~前207年

谥号：无

庙号：无

陵寝：杜南宜春苑

性格：愚蠢顽劣，任性贪婪

名家评点

胡亥具有花花公子所具有的一切毛病，而尤其自私任性。

——柏杨

二世嬴胡亥

人生短暂，随心所欲

二世做皇帝后，每日吃喝玩乐。一天，他对赵高说："人生在世，就像骑着快马穿过一堵墙的缺口，实在是太短暂了。我既然做了皇帝，富有天下，就打算随心所欲，享尽一切快乐，你看如何？"

赵高说："好主意！只有贤明君主才能这样干，那些愚蠢的君主才禁止这么做。不过陛下应该注意：沙丘之谋，诸公子和大臣们都在怀疑。诸公子都是陛下的兄长，大臣们又都是先帝任命的，现在陛下刚刚即位，他们都怏怏不服，恐怕要搞暴乱。蒙恬、蒙毅兄弟长期将兵，他们虽已入狱，但人还未死。想到这些，我就吓得发抖，唯恐性命难保。陛下怎么能在这时高枕无忧呢？"

二世听赵高这一说，觉得问题很严重，自己一时还不能尽情享乐，就问赵高有什么办法来对付大臣和诸公子。

赵高合盘端出了他的喋血黑策。喋血策的内容是变换刑法，使法律更苛刻更严酷，让犯罪的人连坐受诛，乃至灭族，消灭大臣而疏远骨肉。使贫困的人豪富起来，使卑贱的人高贵起来，统统除掉始皇帝任命的大臣，换上二世的亲信。这条黑策充满阴森血腥的气味。赵高洋洋得意地对二世说："这样可以铲除祸害，杜绝奸谋，德归陛下，群臣拥护。到那时，陛下就可以高枕而卧，尽情享受人间乐趣了。再没比这更高明的办法了。"

二世一听，非常高兴，于是便按赵高的喋血策修改律令，严刑峻法，向大臣和骨肉兄弟扬起了无情的屠刀。蒙氏兄弟首先遭到杀害。

本来，二世在即位之前的归途中知道扶苏已死，见蒙毅也祷告山川而回，就想释放蒙恬，仍用蒙氏兄弟为将，可是赵高因早年犯罪受过蒙毅制裁，怀恨在心，捏造说先帝早就想立胡亥为太子，只是因蒙毅谏阻才未立成，于是二世就打消了释放蒙恬的念头，并把蒙毅囚在了代郡(今河北蔚县东北)狱中。赵高日夜毁恶蒙氏兄弟,喋血策确定之后,二世遂决定先拿蒙氏兄弟开刀。二世的叔父子婴听到消息,就来向二世进谏,他列举战国诸侯杀害忠臣、亡国殃身的先例,规谏二世不要诛杀蒙氏兄弟。二世根本无心听从,他派御史曲宫到代郡监狱宣布蒙毅"罪状",令蒙毅自杀。蒙毅据理力争,曲宫知道二世用意,不听蒙毅申辩,逼杀了蒙毅。二世又派使者到阳周逼蒙恬自杀,蒙恬说:"我蒙氏从先人到子孙,累世积功,深受秦国信任,已经有三代了。现在我领兵30多万,虽然身体囚在狱中,但只要哼一声,天下的反叛局势就会形成。然而,自知必死,却坚守忠义,不违先人教诲,就是因为不忘先主的恩德。臣说这话,并不是请求免死,而是希望能够进谏再死。"使者说他只是受诏执行蒙恬的死刑,不敢把蒙恬的话转达给皇帝。蒙恬仰天而叹:"我在什么地方得罪了上天,没有过错就死吗?"他凝思片刻,若有所悟地说:"蒙恬之罪固然当死啊。西起临洮,东至辽东,掘地筑城万余里,这其中难免破绝地脉吧? 这就是蒙恬的罪啊。"说罢吞药自杀。

蒙氏兄弟死后,屠刀继续挥向朝中大臣。二世让赵高主管办案,赵高罗织罪名,大批朝臣被杀。右丞相冯去疾和将军冯劫认为"将相不辱",相继自尽。每位大臣含屈而死,往往还要连一串亲友,就是担任宫廷警卫的亲近侍臣郎官也有不少人无辜受害。屠戮中,赵高乘机安插亲信,兄弟赵成任中车府令,女婿阎乐为咸阳县令,其他如御史、谒者、侍中等要职,多更换为赵氏人。按原来赵高对二世所说,屠杀大臣空出要职之后,任命二世的亲信人,但二世毫无心机,也没有什么亲信人,他最亲信赵高,以为赵高安置的亲信,就是自己的亲信了,因此,赵高如何安排,他根本心不在焉。这难免要被赵高架空。

在大臣们受害的同时,二世的骨肉兄弟和同胞姐妹们死得更惨。一次,在咸阳市上,二世的12个兄弟同时被砍头,腔血喷射,触目惊心。又一次,在杜邮(今陕西咸阳东)的刑场上,二世的6个兄弟和10个姐妹同时被活活辗死,血肉狼藉,惨不忍睹。公子将闾三人,平时行为十分谨慎,一时起不出罪名,就把他们囚在了内宫,诸公子大都被杀以后,赵高派使者对他们说:"你们不像臣子,论处死刑,行刑官马上就来执行。"将闾说:"宫廷之礼,我们未敢失仪;廊庙次位,我们未敢失节;受命应对,我们未敢胡说。什么叫不像臣子? 愿听清楚再死。"使者回答:"我没参与论罪,无可奉告,仅执行使命而已。"将闾仰首呼天三遍,喊叫:"天啊! 我没有罪!"兄弟三人抱头痛哭,拔剑自杀。

大臣和公子们被杀以后,财物统统没收,连坐受刑的人不可胜数。有一位公子高,看到兄弟姐妹们都惨遭毒手,自知难免一死,想逃走又怕连累亲人,为了保存亲友,就上书一封,向二世提出为父皇殉葬骊山脚下的要求。二世见书大喜,批准他的请求,赏赐十万钱殉葬骊山。在二世众多的骨肉兄弟中,公子高可谓是一个"善终"者了。

二世以为,自己年少,又刚即位,要威服海内,必须像秦始皇那样巡游天下,如果待在咸阳不到全国各地去抖威风,就表现自己怯弱,无从统治天下,于是便在即位的次年,即二世元年(前209年)初,开始东巡郡县。这次出巡,南到会稽(今苏州),北至碣石(今河北昌黎北),然后由辽东(今辽宁辽阳)而返,四月回到咸阳。巡途中,赵高对二世说:"现在陛下出巡,应该趁机诛杀一批郡县官吏,这样既可排除异己,又可威震天下。当今时代不是崇文,而是尚武,望陛下赶上时代步伐,不要多虑。"二世说:"好!"于是法令日急,诛杀累累,群臣人人自危,官吏个个不安,老百姓更是无所措手足,整个秦朝帝国到处都成了屠宰场。

贪图享乐，渔阳揭竿

赵高唆使二世进行大屠杀，自己任郎中令也杀人甚多，引起朝内外的普遍怨恨。为了避免大臣朝奏时的指责和进一步控制国柄，他对二世说："天子之所以高贵，就是因为只许群臣闻声，不准他们见面，故号称为'朕'。况且陛下还很年轻，未必精通全部政务，现今坐在朝廷上会见群臣，一旦某事处理不妥，就在大臣面前暴露了短处，这不是向天下人显示自己神明的办法。如果陛下取消朝会深居禁中，由我和个别精通政务的侍臣协助陛下处理，那么大臣们就不敢欺骗陛下，凡事均可处理恰当，天下臣民就会都称陛下是圣明君主了。"赵高的用意非常明显，企图彻底架空二世和专擅朝权，但二世深以为然，他取消朝会制度，日居深宫之中，群臣奏事皆由赵高代行处理，成了一个名副其实的孤家寡人。

二世深居禁中，打量着宫殿建筑，忽然想起了阿房宫。他想，先帝以为咸阳的朝廷小，所以营建阿房宫，前殿还未竣工，正赶上先帝驾崩，只好停工，抽掉人力去骊山复土，现在骊山复土工程完毕，若不继续营建阿房宫，不就等于宣布先帝兴建工程是错误的吗？于是下令开工营建阿房宫，并继续修筑直道、驰道、骊山墓和各项土木工程。又调征5万精兵屯卫咸阳，演习射猎。命各地郡县向咸阳转运粮草，转运者自带食物，不得食用咸阳300里内的谷物。赋敛日趋沉重，徭役越来越多，这样肆无忌惮的狂征滥调，民力枯竭，渐渐地就使国家到了无人可征的程度。

二世元年（前209）七月，北边渔阳郡（郡治今北京密云西南）需要一批戍卒。朝廷见无人可征，便开始征发闾左。闾左就是里佐，是佐助里正管理民户的村里卑职。他们虽然地位低下，但见多识广，富于反抗精神，往日佐助里正进行征敛，就对劳动人民深怀同情，怨恨朝廷剥夺太狠，现在征发到自己头上，怨恨情绪更加高涨。当陈胜、吴广等九百名楚地闾左走到大泽乡（今安徽宿县附近）时，正赶上一场大雨，耽搁了行期。按照二世更改后的律条，戍卒不能即时到达指定的戍守地点，要处以斩首的死刑。在这种情况逼迫下，陈胜、吴广毅然举起了武装起义的旗帜。不长时间，反抗秦朝统治的武装斗争就遍布了关东各地。六国名号复起，诸侯林立，各自称王，矛头共同指向秦朝官府。陈胜的部将宋留打到武关，另一部将周文则率数10万大军直奔函谷关而来。

对于这一严重局势，深居禁中的孤家寡人二世皇帝竟盲无所知。开始，谒者从关东出使归来，向二世报告关东陈胜暴动造反的情况，二世大为恼火，把谒者下吏治罪，他召来博士，问他们对楚地戍卒攻占陈郡有何看法。博士们都说问题严重，应该发兵镇压。二世一听，气得脸色都变白了。

后补博士叔孙通见二世是一个喜欢听好话的昏君，就站出来说："他们说的都不对。现在天下合为一家，拆掉了城防，销毁了兵器，明主在上。法令在下，臣民奉职，四方安定，哪里还有敢造反的！陈胜等人不过是一群狗盗鼠窃之徒而已，何足挂齿。地方正在逮捕归案，陛下无须多虑。"

二世听了这番话，才转怒为喜，称赞叔孙通答得好。接着，又让博士们重新一一回答，有的回答是"造反"，有的回答是"盗贼"。回答盗贼的没事儿，凡是回答造反的，一律以"不应该这样说"的罪名下吏查办。二世赏赐叔孙道一套衣服，二十匹帛，并任命他为正式博士官。

这样一来，官吏们就猾了。二世再向东来使者问起关东情况，使者就回答是群盗结伙抢劫,郡县正在追捕,现大都落网,不值得担忧。二世一听,会立即喜形于色。所以,不管形势多么严重,二世皇帝一直盲无所知。

指鹿为马,拔剑自戕

曾经才华横溢的丞相李斯,这时被富贵荣华的沉重包袱压得头脑昏昏,无所适从。他参与了沙丘政变,因而暂时未遭杀害,在二世、赵高乱挥屠刀的时候,他不知是否应该谏阻。他觉得如果沙丘阴谋暴露,自己必然也会遭殃,所以由他杀吧,反正没有杀自己,不去管他。但是,面对东方形势。他却不免忧心忡忡,几次请求二世赐给一个进谏的机会,由于二世忙于玩乐,无暇允许。正在这时,二世反向李斯提出一个问题,责他认真回答。

二世说:"听韩非子讲,尧做天下的时候,住的是茅草房,喝的是野菜汤,冬天披块破鹿皮,夏天穿件葛麻衣;禹治理洪水,东奔西忙,累得大腿上没了肉,小腿上掉了毛,最后死在外地,葬于会稽。如果是这样的话,那么贵有天下的人,难道是想过这种苦形劳神的寒酸生活吗?这种寒酸生活是没出息的人所提倡的,不是贤明人的正业,贤明人做天下,专门用天下来满足自己的需要,这才叫富有天下。如果连自身都得不到好处,又怎么能治理天下呢?所以我打算赐志广欲,长享天下,你看有何良策?"

当时,李斯的儿子李由任三川郡(今河南洛阳东)守,吴广向西进军,李由没能顶住,有人指责李斯,李斯心惊胆战,唯恐丢官失禄,不知如何是好,于是就阿谀二世心意,写了一篇"行督责之术"的文章,作为良策上呈二世。督是督察,责是治罪,行督责之术就是用督察治罪的权术来对付臣民。李斯把督责之术提到极端重要和万能的地步,要二世高度集中权力,独断专行,用深罚重刑控制臣民,实行极端残酷的血腥统治政策。文章最后说:"只要推行督责之术,皇帝就能随心所欲,得到想要得到的一切。群臣百姓躲避过失都来不及,哪里还敢图谋不轨呢?如果做到这一步,也就完备了帝道,精通了君臣之术,就是申子、韩非复活,也不能再添什么了。"

二世见书大喜,不禁拍案称奇,于是严督重责,峻刑酷法。本来秦律就相当严苛,经二世变本加厉,更为凶恶。官吏对民残忍算是明吏,二世说:"这么干就可说是能督责了。"官吏杀人多算是忠臣,二世说:"这么干就可说是能督责了。"刑徒塞满道路,每天杀人成堆。督责越来越严苛,很快就督责到了李斯头上。

赵高听说李斯上了督责书,就鼓动李斯去向二世进谏,让他取消阿房宫的营建和狗马无用之物,认真考虑一下关东的"群盗"问题。李斯本有进谏之心,正愁没有机会,赵高答应为李斯留心,一旦二世空闲,就来通知。赵高专等二世拥娇娥,挽美姬,燕乐狂欢兴致正浓的时候派人通知李斯,说二世闲暇无事,可入宫进谏。李斯至禁中求见,二世很不高兴,他只好退出。这样反复了三次,二世生气了,说:"我闲着的时候,丞相不来;我一燕私,他就来了。难道丞相看我年少,想轻视我,束缚我吗?"

赵高趁机表示吃惊,说要是这样可就危险了。接着,他从三个方面捏造了李斯的危险性:第一,沙丘之谋,丞相是参与的,现在陛下做了皇帝,而丞相的富贵却没增多,他的意思是想分土为王;第二,丞相的长子李由任三川郡守,楚地群盗陈胜等人都是丞相的邻县之党,所以楚盗公开行动,经过三川郡,李由闭门不肯出击,据说李由还与他们有书信来往;第三,丞相居外治事,权力大于陛下。三个方面加在一起,李斯怎么能不危险呢?二世一听,就想逮捕李斯,但又怕情况不实,于是派人对李斯父子进行李斯听到消息,非常气愤,上书揭发赵高,说赵高就象战国时期齐国的田常,不及早铲除,迟早要杀君篡位。二世说:"哪有这事儿?赵高是我的故人,他行为清正,在平安中不放肆,在危险中不变心,以忠得升,以信守职,我实在认为他很好,你却怀疑他,这是为什么?我少年丧父,所知甚少,缺乏治国经验,而丞相你又年迈,说不定哪一天就会告别辞世,我不寄托赵君,又靠谁呢?况且,赵君精明能干,对下熟知人情,对上能顺我心,请丞相不必怀疑。"李斯又奋力争辩一番,但就像东风吹马耳,二世根本听不进去。不仅如此,他还怕李斯杀死赵高,悄悄地把情况转告了赵高。赵高说:"丞相担心的人只有赵高,赵高一死,他就可以放胆干田常所干的事儿了。"二世一听,便下命令:"将丞相李斯逮捕,交郎中令赵高审察治罪!"

李斯身带刑具,关在狱中。他仰天长叹:"悲惨啊!无道的昏君。哪里可以为他谋划呢!昔日夏桀杀关龙逢,商纣杀比干,吴王夫差杀伍子胥。这三位大臣是何等忠君,然而却都不免一死。现在我的才智比不上他们,而二世的无道又超过桀、纣和夫差,由此看来,我死也就顺理成章了。二世做皇帝的办法岂能不使天下混乱!诛杀兄长自己登位,害死忠臣提拔奸人,修阿房宫,横征暴敛。不是我不进谏,是他不听我的话啊!现在造反的人已经占了半个天下,他却执迷不悟,让赵高为辅佐。我一定会看到寇贼踏破咸阳,朝廷成为麋鹿游玩的荒草岗。"

二世全权委命赵高审理丞相案。赵高指责李斯父子通贼谋反,收捕了李氏的全部宗族宾客,每日痛打李斯,逼他招认。李斯受刑不过,只好一面含屈供认,一面给二世上书申辩。申辩书落到赵高手中,赵高把鼻子一哼:"囚徒哪能上书!"他把申辩书毁掉,又派十多批亲信冒充二世的使者前来复查,李斯一改口供,必挨一顿痛打。后来二世派使者前来察问,李斯误以为又是赵高的人,坚持假供未改。使者回报二世,二世高兴地说:"没有赵君,朕就被丞相卖了。"于是判处李斯族刑,夷灭三族。

二世二年(前208),李斯被押赴咸阳市受刑。当时长子李由已经战死三川。李斯走出狱门,不禁想起自己早年在上蔡所过的布衣平民生活,他回头对身后次子感慨地说:"我想带上你,再牵着黄狗,一起从我们老家上蔡城东门出发,去追逐野兔,哪里还能办得到呢?"父子相视痛哭。李斯遭受五刑,先黥面、割鼻、断去左右脚趾,再拦腰斩为两段,最后剁成肉酱。合家灭门,无一得生。在昏庸的二世和狡诈的赵高手中,李斯的督责之术把自己督责得相当悲惨。

在李斯入狱期间,陈胜部将周文已经率部攻入关中。数十万农民大军威逼咸阳,前锋到达了距咸阳仅100多里的戏(今陕西临潼东)。当时离陈胜起事仅有数月,一直闭目塞听,认为群盗不足忧的二世皇帝根本不会料到形势如此严重。消息传来,他大吃一惊,只好走出深宫,到前廷来朝会群臣,谋求对策。少府章邯说:"现在敌军已到面前,阵势相当强大,征发咸阳近县的兵力是来不及了。骊山有大量刑徒,请陛下赦免他们,武装起来,让他们去抗击敌军。"二世束手无策,听章邯这么说,就命章邯为统帅,去骊山组织刑徒抵抗农民军。

骊山刑徒常年吃苦,获赦以后,作战勇敢,加之兵器锋利,装备精良,所以刑徒军成为一支战斗力最强的秦朝主力队伍。章邯的刑徒军很快就击溃了入关的农民队伍,并出关东进镇压各部。二世又派长史司马欣等人率兵增援,章邯如虎添翼,先后在陈郡(今河南淮阳)打破陈胜部,在定陶(今属山东)战胜项梁部,在临济(在河南封丘东)消灭魏咎部,然后北渡黄河击赵,把赵歇包围在钜鹿(今河北平乡西南)城中。二世三年

（前207）年初，各支反秦武装向钜鹿汇集，为赵解围。从而形成了与秦军主力决战的形势。这是一场残酷的大战。章邯的胜负，直接关系到秦朝帝国的生死存亡。

这年夏天，项羽破釜沉舟，率领凶猛剽悍的楚军前来决战，章邯措手不及，连连失利。二世派人责备章邯。章邯派司马欣到咸阳解释，并请援兵。司马欣到咸阳后，赵高拒绝接见，表示对章邯极不信任。司马欣在宫外逗留三日不得出宫，急抄小路赶回军中，向章邯报告说："赵高掌着朝廷大权，我们有功是死，无功也是死。将军你看着办吧。"章邯在战场失利和朝廷不信任的双重压力下，率秦军投降项羽。于是，关东各路反秦武装纷纷向西而来。

这时丞相李斯已死，二世拜赵高为丞相，事无大小都由赵高决定，赵高成了实际的独裁者。八月，他想踢开二世自己做皇帝，又担心群臣不拥护，就导演了一场"指鹿为马"的荒唐剧，来检验群臣的态度。赵高趁群臣朝会之机，把一只鹿牵来献给二世，声称是一匹马。二世大笑，说："丞相真会开玩笑，这不是鹿吗？你却指鹿为马。"他问群臣左右，左右慑于赵高的淫威，大都附和赵高说是马，有的沉默不语，只有少数人说是鹿。事后，凡是说鹿的人都被赵高杀害。从此群臣更加畏惧赵高。

赵高指鹿为马一事使二世产生了心理错觉，他误以为自己得了迷惑病，召来太卜算卦，太卜胡说二世指鹿为马的迷惑病是由祭祀时斋戒不明引起。于是二世便到上林苑中斋戒。名为斋戒，照常贪欢，一天他在上林苑中游玩弋猎，见一个人误入苑中行走，就亲自搭箭开弓，当场将他射死。赵高知道这事后，让女婿咸阳令阎乐上奏二世，说不知是谁杀了人，把尸体移入了上林苑中，然后乘机对二世说天子无故杀死没罪的人是上帝所禁止的，连鬼神也不容忍，必定会降下灾殃，建议他到远处的行宫去躲避一下。二世不假思索，便住进了咸阳城外的望夷宫中。

章邯的投降对二世是一个沉重的打击。移居望夷宫后，他终日闷闷不乐。想到赵高经常说："关东群盗成不了事"，现在却形成了天下背叛的混乱局面，不由地对赵高埋怨起来，于是便派使者去责问赵高。赵高本打算篡夺帝位，经二世这一责问，决定立即动手。就在二世移居望夷宫的第三天，赵高布置掌管宫廷警卫的郎中令弟弟赵成为内应，女婿咸阳令阎乐组织吏卒，诈称追捕盗贼，径闯望夷宫殿门，采取突然袭击的手段进行逼宫。

阎乐率领一千多吏卒奔至殿门，向守门卫士大声吼问："强盗进入殿门，你们为什么不制止？"守门卫士都莫名其妙，说："宫殿内外戒备森严，哪有强盗敢进殿门呢？"阎乐不容分辩，挥刀杀死卫士，带吏卒冲入殿中。他们到处射箭，见人就杀。殿内的郎官和宦官惊慌失措，有的逃走，有的格斗，顿时血肉横飞，死了好几十人。赵成和阎乐直逼二世，向他的座位上下发箭。二世吼召左右，左右多已四散而逃，其余惶恐失态，无人敢出来格斗。只有一个宦官，仍然像往常那样，恭敬地站在旁边侍候，不敢离去。二世起身进入内室，问这个宦官为什么不早向他报告内情，以至搞到这种地步！

宦官说："臣平时不敢说话，所以才能活到今天。如果从前我告诉你，早就掉了脑袋，哪能活到今天呢？"

阎乐执刀逼近二世说："你横暴凶残，全国人都痛恨你，反对你，你自己打个主意吧。"

二世要求见一下丞相赵高。

阎乐说："不行！"

二世表示愿意让出帝位，得到一郡为王。

阎乐摇头拒绝。

二世说:"那就当一个万户侯吧。"

阎乐仍然没有允许。

二世目光哀怜,绝望地乞求说:"我愿意和妻子去当平民百姓,这总可以了吧?"

阎乐冷笑一声,说:"我奉丞相命令来杀你,你说得再多也是白费唇舌。"说完,挥动吏卒逼向二世。此时,这位昏庸的年轻皇帝才明白,把他逼到这步境地的人,正是他平时最尊重和最信任的人。二世求生无路,悔恨莫及,只好拔剑自尽。

二世皇帝在位 3 年,终年 23 岁。死后照平民百姓(黔首)的身份和礼节埋葬在了杜南(今陕西长安酉南)的宜春苑中,没有庙号和谥号。

汉高帝刘邦

人物档案

生卒年:公元前 256~前 195 年

父母:父,刘太公;母,刘媪

后妃:吕皇后、戚夫人、薄姬、管夫人、赵子

儿等

年号:无

在位时间:公元前 206~前 195 年

谥号:高皇帝

庙号:高祖

陵寝:长安长陵

性格:放荡不羁,慷慨豁达,从谏如流

高帝刘邦

名家评点:

汉高帝刘邦比西楚霸王项羽强,他得天下一因决策对头,二因用人得当。

——毛泽东

生逢乱世,投机造反

公元前 256 年初夏,刘邦出生在楚国沛县丰邑中阳里一个较为富裕的中等人家。刘邦每日游手好闲,好吃懒做,还经常到村里人王媪、武负那里赊酒喝,成了村里有名的无赖汉。32 岁时,刘邦时来运转,被推荐为试补吏,到距他的家乡有百里之遥的泗水做了亭长。

秦始皇一统天下后,开始大规模的徭役征发,在骊山为自己营造陵墓。押送刑徒去服役地是比较辛苦的工作。作为亭长,刘邦因此有机会常常外出,了解一些国家大事。

公元前 210 年,刘邦被派押送一批徒犯到骊山去服劳役,一路上不断有刑徒寻机逃跑。按照法律,这样刘邦必死无疑。刘邦决定拼一把,于是亲自为刑徒们解开身上的绳索,放他们一命。刑徒们大为感激,有十几个壮士当下决定跟随刘邦,一同造反。刘邦于是率众隐蔽在芒砀山间,积蓄力量,待机而发。

公元前 209 年 7 月,陈胜、吴广率领一支 900 人的刑徒队伍在大泽乡发动起义,各地纷纷响应。原楚将项燕的儿子项梁及其侄项羽,在会稽郡召集八千子弟兵,响应陈胜,起兵反秦。

公元前 208 年 3 月,刘邦投奔项梁,得到精兵五千,与随同的百余骑兵前往薛城,凭借项梁的支持,攻下丰邑。一个月后,攻下襄城,又返回薛城。6 月,项梁在薛城召集各支起义军将领会议,共同商议反秦大业,商定立原楚怀王的孙子心为楚王。这时项梁统兵六七万人,实力强大,屡次取得胜利,成为实际的盟主,故自号武信君。项梁大军屡战屡胜,三个月中,捷报频传。项梁因此有了些骄傲轻敌的思想。9 月,秦将章邯率兵袭击定陶,项梁猝不及防,被杀身亡。

章邯大破项梁大军后，转而攻打赵国。秦派王离把赵国的赵王歇围困在巨鹿城，赵国形势相当危急，多次向河南义军求救。楚怀王与诸将商议决定北渡黄河救赵，在河北聚歼秦军主力，同时趁秦军主力在赵，关中空虚之机，另派偏师进军关中，直捣咸阳。刘邦在这次战略部署中幸运地争得了西进咸阳的机会。

攻取咸阳，约法三章

此时，项羽在巨鹿牵制着秦的大部分兵力，使得刘邦入关途中势如破竹。出彭城，过砀城，直下咸阳，大败秦军。

公元前206年6月，项羽率领的大军在巨鹿大获全胜，项羽在洹水之南的殷墟接受了章邯的投降，沿黄河南岸浩浩荡荡向咸阳进军。不久张良引兵前来相助刘邦。刘邦令韩王成留守阳翟，自己与张良一起率兵南下。刘邦领兵攻占了南阳的绝大部分地区，后来不费一兵一卒取了宛城，解除了后顾之忧，增强了兵力，浩浩荡荡继续前进。所过之处，守令纷纷投诚，很快进抵丹水。

在河北战场，章邯率领的秦军主力已投降了项羽。项羽率军渡河，沿黄河南岸东西大干线日夜兼程前往函谷关，争取在刘邦之前抵达咸阳。8月，刘邦军队沿丹水西北挺进，准备打开秦都咸阳的门户武关。然后趁势西向，攻取秦都咸阳。

这时，在宦官赵高的威迫下，秦二世被迫自杀。赵高立秦始皇之弟子婴为秦王。秦王子婴不甘当赵高的傀儡，与其二子合谋于斋宫刺杀了赵高。虽然意识到义军旦夕便可入关，但子婴仍不甘束手待毙，调兵遣将拒守潼关，做最后的抵抗。潼关是直至咸阳的最后一道险关。刘邦于是率兵绕过潼关，翻过黄山，插至潼关背后，在蓝田大破秦军，取得了进军关中的最后一战的胜利。至此，咸阳的秦王子婴已无险可守，无兵可战。刘邦下令停止进攻，向子婴发出最后通牒，于公元前206年10月进驻霸上，准备接受秦王朝的降表。受降之后，刘邦派人看押子婴及诸臣，率大军浩浩荡荡地开进咸阳。进入咸阳，刘邦要留在秦宫享受这一切。将士樊哙劝说刘邦如果想拥有天下，就不要逗留宫中，还军到霸上。刘邦醒悟过来，恋恋不舍地离开秦宫，令人封闭秦宫府库，回军驻扎霸上。

11月，刘邦召集咸阳及附近各县的父老、豪杰之士，宣布废除秦朝旧律，约法三章，杀人者死，伤人及盗抵罪。以前的官员仍任前职执行公务。声明此次前来是为百姓除害，不是来扰民的，请大家不要惊恐。现在还军霸上是等待诸侯来共同商定规章制度。这样，关中人民更加拥戴刘邦，唯恐他不做关中王。

公元前206年11月，项羽大军至函谷关下，一看关门紧闭，重兵把守，令黥布攻破函谷关，12月，进驻鸿门，准备进攻刘邦，刘邦也率10万大军驻扎霸上，两支大军对垒，剑拔弩张。这时，刘邦听从张良建议，认为敌强己弱，先向项羽言和。项羽就在鸿门设宴，请刘邦前去。

鸿门宴上，项羽不听从谋士范增意见，不忍心杀掉刘邦，刘邦得以全身。

力夺天下，楚汉相争

项羽稍做休整后，便率大军开进咸阳。公元前206年正月，项羽佯尊怀王为义帝，并将其南彭城迁至长沙的郴县，理由是古代的帝王，拥有地方千里，一定居住在上游。

怀王无奈，只得渡江南行，却不料被英布等人截杀于江中。当月，项羽以西楚霸王的身份开始大封诸将。如何分封刘邦颇费思量，项羽及其谋士最后选定巴蜀汉中之地，立他为汉王，都南郑。

4月，诸侯各自去自己的封国。刘邦的10万大军已被项羽削为3万，心中的不满难以抑制，数次召部下商议，决心与项羽决一死战，都被将士劝阻。

这时三秦尚未完全安定，关东混乱，项羽在东方疲于奔战，是汉王刘邦东向争夺天下的最佳时机。8月，刘邦用韩信的计策，一面派樊哙、周勃等领兵修复烧毁的栈道，一面与韩信率主力从故道突至陈仓。雍王章邯毫无作战的准备，一败再败，退至废丘，坚守不出。汉王平定雍地，并攻占了咸阳。在汉军的强大攻势下，塞王司马欣、翟王董翳被迫向刘邦投降。解除三王的威胁，刘备巩固了自己的后院。不到两个月的时间，刘邦军势如破竹，顺利占领八百里秦川，初战告捷，军心大振。

公元前205年，关中已稳定下来，刘邦一鼓作气，带领大军东出函谷关，向楚腹地推进，很快攻克洛阳。3月，汉王从临晋渡河，进至平阳，魏王豹投降。东南攻下河内，俘虏了殷王司马卬，设河内郡。西南由平阴津渡过黄河，进驻洛阳。很快，刘邦纠集起联合反楚的五诸侯王，率56万大军，沿黄河岸迅速推进到外黄，然后一举攻克彭城。

项羽听说刘邦已攻占了彭城，大为震惊，留下部分将领继续进攻齐军，自己率领精兵3万人马，由鲁出胡陵，进至萧。第二日凌晨，转兵东向，对彭城的汉军发起猛烈的攻击，大破汉军，刘邦退守荥阳。刘邦战败后并没有泄气，萧何据守的关中、巴蜀，一直是他稳定的大后方，萧何从关中征发17岁以下不到服役年龄的青年及60岁以上免役的老人前来支援，汉军军心大振，在京、荥之间与追赶前来的楚军激战一场，大破楚军。楚军无法越荥阳而西，荥阳一线两军呈对垒的阵势。

刘邦采取了以攻为守的办法，一面守住荥阳，用少数兵力拖住项羽的军队；一面派韩信带领兵马，向北边收服魏国、燕国和赵国。项羽被牵了鼻子，疲于奔命，处处都得留下兵力把守，这样主体力量逐渐削弱。刘邦继续实行他的"东西南北摆战场"的策略，焚烧楚军军粮物资，断绝前线楚军的衣食供应，又坚壁不出，不与楚军正面交战，楚军被拖得疲惫不堪。韩信受命东下攻齐，项羽派龙且、周兰前往与韩信对阵。11月，两军在潍水激战，韩信与灌婴大败龙且指挥的齐楚联军，杀掉了龙且。至此，齐地基本上已置于韩信的控制之下。

在广武，两军对阵已有几个月，齐梁两地频频报危，军粮难以正常供应。项羽的士兵们在广武坚守数月，形势愈来愈对楚军不利。刘邦这时请求项羽放回太公和吕雉，双方讲和，项羽即刻同意。双方约定中分天下，以鸿沟为界，鸿沟以西为汉，鸿沟以东为楚。

其实，刘邦这次讲和只是一个缓兵之计，不出两个月，刘邦就组织了韩信、彭越、英布三路人马一齐会合，追击项羽。韩信、彭越的兵马迅速南下，韩信攻取了楚都彭城，继续向南推进；彭越也渡过濉水，向东南插进。刘贾的兵马渡过淮水，包围了寿春，招降了楚大司马周殷。周殷以舒地的兵力攻破六县，举九江之兵，随刘贾至垓下。一时间，刘邦及所控制的全部兵力，包括韩信、彭越、英布、刘贾等，约几十万大军，在垓下将项羽大军团团围住。

项羽决定率军从南突围。等到天明，汉军才发现项王突围，灌婴率5000骑兵迅速追击。项羽渡过淮河，跟随的800多骑兵仅剩下百余人。走到阴陵，一行人迷失了方向，陷进一个大沼泽中。等到东至东城的时候，身边仅有28骑，而此时追上来的汉军有数千骑。项羽冲入敌群，独自斩汉将及士卒数十人，然后又一次向东南至长江北岸的乌江。这时，恰有乌江亭长停船靠岸在江边。项羽望着死伤的将士，决然拒绝了渡江的请求。提剑自刎而死，年仅30岁。这一年是公元前202年。

项羽死后，汉王大军很快平定了楚地。历时四年的楚汉战争终于结束了。

借助吕后，诛杀功臣

公元前202年正月，楚王韩信、韩王信、淮南王英布、梁王彭越、故衡山王吴芮、越王张敖、燕王藏荼与各文臣武将联名上书，敬请刘邦正大位，做天下之主。时年55岁的刘邦，登上了皇帝的宝座，成为中国历史上继秦始皇之后又一个一统天下的皇帝，开创了大汉帝国。随后，高祖起驾西迁关中，定都于长安。历史上称为"西汉"。

刘邦在楚汉战争和立国之初，曾经封了一批异姓诸侯。这些人中有的拥兵自重，对刘邦早有离异之心。因而刘邦在当上皇帝之后，把主要精力花在了巩固政权、平叛削藩的军事斗争上。

在诸侯王中威胁最大的是楚王韩信。汉高祖六年（前201年）12月，有人揭发韩信谋反。刘邦将韩信逮捕，带回洛阳。对于韩信的所谓"谋反"罪行也不加深究，只是将他软禁了起来。汉高祖十年（前197年），代王陈豨举兵造反，刘邦亲自带兵平乱。这次韩信托病没有去，这更加重了刘邦对他的怀疑。于是，在刘邦不在的情况下，吕后与萧何设下机关，将韩信处死。在楚汉战争中，立功最大的除了韩信，就数梁王彭越了。刘邦在发兵征讨陈豨时，也曾调他领兵参战，他也装病不去。这时他的家仆为公报私仇，告发他与部下谋反。于是刘邦便借口将他逮捕，然后处斩。

这样在刘邦称帝后，整整用了7年的时间，寻找各种借口，几乎消灭了所有的异姓诸侯王。

汉高相十二年（前195年），刘邦在平叛英布时受了箭伤。刘邦回到长安，箭伤复发，病情日重。同年4月25日，这位奔波一生，创建大汉王朝数百年基业的开国皇帝，终于走完了他坎坷不平的一生，在西安长乐宫寿终正寝，享年62岁。

汉文帝刘恒

人物档案

生卒年:公元前202~前157年

父母:父,高帝刘邦;母,薄太后

后妃:窦皇后、慎夫人、尹姬等

年号:无

在位时间:公元前180~前157年

谥号:孝文皇帝

庙号:太宗

陵寝:长安霸陵

性格:仁孝宽厚,谦逊克己

名家评点:

汉兴,至孝文四十有余载,德至盛也。廪廪乡改正服封禅矣,谦让未成于今。呜呼,岂不仁哉!

——西汉·司马迁《史记》

文帝刘恒

柳暗花明又一村

谦退是上策

公元前180年,执掌朝政的吕太后病逝,陈平、周勃等人联合齐王刘襄突然发难,平定了吕氏家族,史称"周勃安刘"。

吕家的权力被削平后,大臣们商议:应尽快找一个刘邦的儿子来继位,可是吕太后生前已将这些人杀得差不多了,只有刘恒和刘长还在。想来想去,他们便决定:立远在西北边塞的代王刘恒为帝,这就是后来的"汉文帝"。在中国历史上汉文帝是很有名的,"文景之治"的评价就是对他的充分肯定。

事实上,刘恒之所以能继承帝位,和他的母亲薄姬分不开。

薄姬是南方的吴国(今江苏苏州)人。秦朝末期天下大乱,魏豹原本是项羽的部下,后被封为魏王。当时有一个善于看相的女人许负,曾相过吕后,在当地很有名气,许负看过薄姬后,说她面带贵相,将来贵不可言。魏豹听说了这个消息,便强迫薄姬的母亲将女儿送进内宫。

公元前204年,刘邦打败魏王豹,将所有宫女掳到荥阳工作,薄姬也被分配到纺织厂里做织布等工作。一天,刘邦到荥阳视察工作,发现这个女子楚楚动人、柔弱可爱,于是将她带回长安,但是,刘邦很快就把她忘得一干二净。按理说,薄姬的下场会和很多不幸的女人一样,愁苦哀怨地度过余生,最后老死宫中。

没想到的是,一天,刘邦和两个美人寻欢作乐时,为了讨好刘邦,两个美人将薄姬的故事当笑料讲给刘邦听。谁知刘邦听后动了恻隐之心,决定当晚临幸薄姬。

当薄姬出现在刘邦面前时,他发现这个女子瘦小不堪,立刻没了兴趣,转身就要离去。

薄姬很聪明，她马上拉住刘邦说："我昨夜梦见与一龙交和，不知是何征兆？"

刘邦一听大喜，觉得是祥兆，便临幸了她。一夜过后。薄姬就怀孕了，这就是刘恒，他是刘邦的第四个儿子。不过，薄姬虽然母凭子贵，被封为"姬"，但刘恒出生后，薄姬再也没有受到刘邦的宠爱。

不过薄姬很懂得自处之道，她喜欢读《老子》，对道家哲学有所认识，明白谦退是上策，平日种种花草、修身打坐。正因为她的与世无争，皇后吕雉没有注意到她，进而保全了性命。

金缕玉衣

在薄姬的教育下，刘恒自小就做事谨慎，从不惹是生非，是刘邦的儿子中最不显眼的一个。刘恒七岁时，30多个大臣共同保举他做"代王"，管辖范围在河北省西北部和山西省北部一带，这里气候严寒，是抵御北方匈奴的前线要塞。

薄姬趁着机会提出和儿子一起去，她说："孩子还小，封王守边疆不太放心，还是让我陪他一起去吧！"

刘邦答应了。事实上，薄姬早已看透汉室的宫廷，担心吕后会谋害自己的儿子，所以想远远避开。就这样，薄姬成为代王太后，她没想到，自己的决定最后居然将儿子送上了皇位。

由于受到了母亲的影响，刘恒也力守老子的三宝法则："一曰慈，二曰俭，三曰不敢为天下先。"在这种思想的指导下，刘恒清心寡欲，没有引起吕后的丝毫注意。而这时，刘邦的其他儿子除了齐王刘肥和淮南王刘长，其他人已全部被吕后害死了。

周勃等人消灭吕氏一族后，远在边塞的刘恒如同得到了天上掉下来的馅饼，做上了皇帝，薄姬也被尊为皇太后，正是"因祸得福"。

刘恒对母亲非常孝顺，虽然当了皇帝，但他从来也不怠慢。一次，薄姬患了重病卧床不起，这一病就是三年，刘恒急得团团转，不仅四处找寻良医，还亲自为母亲煎药汤，每次煎完，还要先尝一尝，看汤药苦不苦、烫不烫，觉得合适了才端给母亲喝。

一时间，刘恒孝顺母亲的事广为流传，人们都称赞他是个孝子，还留下一首诗颂曰："仁孝闻天下，巍巍冠百王；母后三载病，汤药必先尝。"

代王即位

刘邦的旧臣陈平和周勃诛灭吕氏势力之后，便开始商议由谁来继承皇位。当时在位的小皇帝是吕后立的刘弘，他们觉得刘弘不是惠帝的后代，不符合皇位继承的法统，因此只能从刘邦剩下的儿子中选择。可供选择的人是齐王刘肥、淮南王刘长和代王刘恒。不过刘长年幼，刘肥的舅舅实力强大，十分凶悍，假以时日，恐怕又是一个"吕氏家族"，只有薄姬没有任何势力和背景，因此，陈平等人选中了刘恒。

他们派使者去代地迎接刘恒，表示要拥他为帝。23岁的刘恒听到这个消息，并没有欣喜若狂，反而有些拿不定主意，只好征求左右大臣的意见。

郎中令张武说："此时正是中央政府最混乱的时候，这些大臣都是当初跟随高帝的大将，他们熟悉兵事，诡计多端，此行的用意恐怕只是畏惧高帝、吕太后的威势，想打着您的幌子作威作福，所以不可轻信。您最好假托有病，以观其变。"

中尉宋昌却不同意这种看法，他说："当初秦始皇暴虐，天下豪杰纷纷起事，自以为能得天下的人不少，但最后当上皇帝的是高祖，所以老百姓都认为天下是刘家的。虽然吕后曾经夺权，但为时很短，人心仍然归刘家。吕后当年已立吕氏三人为王，他们权力很大，然而太尉仅凭一支符节进入吕氏把持的北军，振臂一唤，将士们就表示要辅佐刘氏，消灭叛吕，这是天意所授。即使大臣们想作乱犯上，老百姓也不会随便听他们的驱使，更何况，他们内部能保持同心一致吗？如今高帝的儿子就剩下淮南王和您，而您的贤圣仁孝早已闻名天下，所以我认为，大臣们是根据人心所向才迎大王做皇帝的，大王就不要犹豫了。"

眼看双方各执一词，谁也说服不了谁，刘恒只好去请教母后薄姬，这个深通《老子》的老太太说："派你舅舅薄昭到长安去察看一下形势吧！"

接着，刘恒又用龟甲进行占卜，只见龟甲上显出一条大大的横向裂纹，根据卜辞：大横代表着更替，将做天王。

刘恒奇怪地问："我本来是代王了，还能做什么王？"

占卜者解释说："所谓'天王'就是天子。"

这时，被派到京城打探消息的薄昭也回来了，他说："您不要再怀疑大臣们了，他们是真心拥您为帝。"

刘恒笑着对宋昌说："果然如你所言。"

随后，刘恒带着宋昌，张武等人前往长安。走到高陵，他下令停车，并派宋昌先去打探消息。宋昌刚走到渭桥，太尉周勃便率领丞相以下的官员来迎接，宋昌回去将情况禀告刘恒，刘恒放下心来，继续前进。

迎宾拜谒图

他们来到渭桥，群臣立刻跪下拜谒。这时刘恒的身份还是代王，不是皇帝，而汉朝中央政府的权力早已掌握在周勃一人手里，局势非常微妙，进退之间很难处理，因此刘恒当即跪下来还礼，这也是老子的谦德精神。

拜礼完毕后，周勃上前说："代王，我希望向您单独禀报。"

还没等刘恒开口回应，他身边的宋昌就过来拦阻——这也是个精通黄老学说的人才，他说："所言公，公言之。所言私，王者无私。"

周勃被他说得没办法，只好跪下献上玉玺和符节，说："没有别的，只是公事，这是皇帝的玉玺，今特别送上。"

刘恒接过玉玺，按照常理，他就是皇帝了，但他说："我初来乍到，还不了解情况，不一定由我当皇帝，我先保管这些东西，到了官邸再商量吧！"

刘恒在官邸住了九个月，每天都在观察各方面的情况。他觉得自己年纪还小，处理政务经验不足，如何让刘氏宗族和手握兵权的大将们服气，应该好好想清楚。

眼看刘恒毫无动静，大臣们都急得不得了，他们说："现在您已成为高帝的长子，是继承皇位的最佳人选，希望您早日即天子之位。"

刘恒说："此乃事关高帝宗庙，是大事，我没有才能，恐怕难以胜任，还是请你们找一个最合适的人选。"

最后，在群臣的苦苦哀求下，刘恒才说："既然所有的宗室、将相、诸王、列侯都认为没有人比我更合适，那我只好勉为其难了。"

于是在公元前180年九月，刘恒正式即位。他在高祖庙举行了典礼。即位后，他的第一道命令就是"大赦天下"，第二道命令是"定振穷、养老"，"令四方毋来献"——即通知各地不要向皇帝进奉宝物。

汉朝时，宰相以右为上，左丞相相当于副职，为了表彰周勃，文帝将原先的右丞相陈平改任左丞相，任命太尉周勃为右丞相。

两封书信解兵灾

刘恒即位前，曾仔细考察了九个月的情况，他发现：最难对付的是长江以南的地方势力，其中以南越王赵佗为最。即位后，为了给百姓创造一个相对安定的环境，集中精力进行生产，因此如何解决赵佗的问题成了当务之急。

赵佗原是河北人，秦始皇平定南方后，曾设置了三个郡，即南海郡（现广东广州）、桂林郡（现广西桂平）和象郡（现广西崇左），当时，赵佗是广东县尉令。秦朝末年，各地战争频繁，赵佗趁混乱之机兼并了其他两个郡，自立为南粤武王。

西汉初期，刘邦没有力量征讨他，于是采取了缓兵之计，派陆贾当使者，封他为南粤王，治理当地粤族各部。吕后临朝称制时，她觉得南粤是蛮夷之地，因此对南粤的贸易加以限制，比如不输出铁器，卖出的马牛羊都是公的，让其无法自己繁殖。赵佗对此非常不满，于是干脆独立，自称"南武帝"。接着，他率兵攻打长沙，吕后派兵镇压，结果却被打败，怒火中烧的吕后下令：将赵佗家乡的人灭族，并掘毁祖先坟墓。赵佗得知后，义愤填膺，发誓要替祖先和兄弟报仇。

应该说，文帝面对的情形非常棘手，出兵讨伐赵佗是万万不行的，且不说胜负如何，一旦引发内战，天下会落到谁家就很难说了，因此只能另想办法。

根据历史记载，汉文帝解决这个难题只写了一封信，另外一封是赵佗的回信，这样一来一往两封信件，就使一场大战消失于无形，汉文帝可谓非常厉害。

汉文帝派人修好赵佗的祖先墓，然后派赵佗的好友——老谋深算的陆贾作为特使，带着信件和礼品出使南粤，这封信就是《汉文帝赐南越王赵佗书》："皇帝谨问南越王甚苦心劳意。朕高皇帝侧室之子，弃外奉北藩于代，道里辽远，壅蔽朴愚，未尝致书。

高皇帝弃群臣，孝惠皇帝即世，高后自临事，不幸有疾，日进不衰，以故谆乎治。诸吕为变故乱法，不能独制，乃取他姓子为孝惠皇帝嗣。赖宗庙之灵，功臣之力，诛之已毕。朕以王侯吏不释之故，不得不立，今即位。乃者闻王遗将军隆虑侯书，求亲昆弟，请罢长沙两将军。朕以王书，罢将军博阳侯；亲昆在真定者，已遣人存问，修治先人家。

前日闻王发兵于边，为寇灾不止。当其时，长沙苦之，南郡尤甚。虽王之国，庸独利乎？必多杀士卒，伤良将吏。寡人之妻，孤人之子，独人之父母，得一亡十，朕不忍为也。

朕欲定地犬牙相入者，以问吏。吏曰：高皇帝所以介长沙土地。朕不能擅变焉。吏曰：得王之土，不足以为大；得王之财，不足以为富；服领以南，王自治之。虽然，王之号为帝。两帝并立，亡一乘之使以通其道，是争也。争而不让，仁者不为也。愿与王分弃前患，终今以来，通使如故。故使贾，谕告王朕意，王亦受之，毋为寇灾矣，上褚五十衣，中褚三十衣，遗王，愿王听乐娱忧，存问邻国。"

青铜钟

虽然这封信并不长，但内容大有深意。一开始的"甚苦心劳意"就是语中带刺，讥讽赵佗太操心了，接着表明自己并没有什么了不起，作为父亲刘邦——汉高祖一个小小的姬妾的儿子，历来是被人看不起的，再加上北方边塞路途遥远、消息闭塞，所以很抱歉，没有写信问候您。就这谦恭的一句话，就把赵佗笼络住了。

第二段是安抚赵佗，文帝写道："我现在当了皇帝，知道您曾经给隆虑侯将军写过一封信，由于你与先父一起离开家乡，至今未回，不知道故乡亲人的消息，所以向隆虑侯将军打探。同时希望中央政府免去长沙边防司令的职位，隆虑侯将军向我报告后，我已经答应了你的要求。另外，我已派人修复了您祖先的坟墓，剩下的亲人也派兵保护得很好。"

这一段话表面上看是诚恳的安抚，其实里面暗示的意思是："如果你乱来，这些亲人也要死于非命。"虽然没有明说，但久经沙场的赵佗自然能体会到这个意思。

第三段继续晓以利害："自从您发兵，南方边界上的人被困扰得痛苦极了，战争给您带来了什么好处呢？只有将士死伤无数，每一场战役结束，您就会损失很多悉心培养的人才，无辜遭殃的百姓更是数不胜数，致使女人成了寡妇，孩子成了孤儿，父母高堂则无人赡养，最后，您打下的国土也完了。这种悲惨残酷的事，在我是不忍心做的。"

最后，文帝借"吏曰"表明了自己的立场："我本来要整理内政，重新划分边界上的领土，但是我问过管内政的大臣，他们说：'高祖在位时就将湖南以南的土地归您管理。'既然这是老太爷留下的制度，我当然不能随便更改。更何况，天下的土地本来就是我刘家的，即使将您现在管理的土地并过来，我也并没有增加多少，所以我决定，湘赣以南的地区还是交给您管理。您现在自称皇帝，但一个国家岂能有两个元首，如果您有意造反，那就不对了。您虽然很会打仗，但却不明白仁而谦让的政治哲学，我希望您放弃从前的想法，好好听中央指挥，从现在开始恢复以前的关系。另外，我派您的老朋友陆贾转达我的意思，希望您立刻接受，不要野心勃勃地想当皇帝。您年纪也大了，应该悠闲地享受生活，要到邻国转转，交流交流感情，大可不必自寻烦恼！"

短短几百字,文帝便明明白白地表达了自己的宽宏大度,并暗示了赵佗擅自称帝的不仁。

赵佗收到信后一看:刘邦的小儿子如此厉害,虽然字字谦和,但暗藏深意,自己是万万比不上的,看来这天下不可能属于自己的,还是赶快见风转舵,撤回老家算了。

出于礼节,同时也为了面子上好看些,赵佗便回了一封信《南越王赵佗上汉文帝书》:"蛮夷大长老臣佗,昧死再拜上书皇帝陛下:老夫故越吏也。高皇帝幸赐臣伦玺,以为南越王,孝惠皇帝义不忍绝,所赐老夫者甚厚。高后用事,别异蛮夷,出令曰:毋与越金铁、田器,马牛羊。老夫僻处,马牛羊齿日长,自己祭祀不修,有死罪,使凡三辈上书谢过,终不反。"

"又风闻父母坟墓已坏削,兄弟宗族已诛论。吏相与议曰:今内不得振于汉,外亡以自高异。故更号为帝,自帝其国,非有害天下也。高皇帝闻之大怒,削南越之籍,使使不通。老夫窃疑长沙王谗臣,故发兵以代其边。"

"老夫处越四十九年,今抱孙焉。然夙兴夜寐,寝不安席;食不甘味者,以不得事汉也。今陛下幸哀怜,复故号,通使如故,老夫死骨不腐,改号不敢为帝矣。"

赵佗既然能称霸一方,自然也不是省油的灯,一开始,他就针对汉文帝自称刘邦侧室的无用小儿说:"我也没什么了不起,不过是个蛮子头领,而且上了年纪,老得不中用了。我之所以能被封为南越王,完全是因为孝惠皇帝厚道,但高后做事对不起我,所以才出于无奈而造反。"

就这样轻轻一拨,责任全部推到了已死的吕后身上。赵佗接着暗示道:"我与你父亲刘邦一起干革命,统治两广已49年,孙子都很大了,可是我这把老骨头还要训练部队,准备作战,吃也吃不香,睡也睡不好,都是因为你大妈做的那些事情让我无法报效国家,并非刻意想造反。既然皇上体恤我这个老人,我当然听话,不再自称皇帝了。相信我死之后,坟墓可以保住,尸体不会遭受挫骨扬灰。"

就这样,两封信消除了一场大战,赵佗归顺汉朝,这就是黄老之道,兵不血刃而使天下太平。

当然,事情并不如此简单,汉文帝除了派陆贾送信之外,还做了军事上的安排,其他方面也有妥善的部署,使形势看上去对自己有利,由此增加了信的分量,从而达到预期效果。

另外,赵佗在信中没有称王,只说"老夫是蛮子的头目",但在他的领域内,肯定是当地的皇帝,照称不误。对此,文帝心知肚明,但他睁一只眼闭一只眼,只要面子上过得去就算了。

此后几年,北方匈奴作乱,汉文帝只对匈奴领袖说了几句话,比写给赵佗的信还短的信,就化解了一场战争。从汉文帝即位开始,一直到孙子汉武帝刘彻的五六十年间,国家安定,成就了汉代辉煌的文化。

恩威并施保皇权

文帝即位后,连夜任命宋昌为卫将军,统领两宫卫队南北军;任命张武为郎中令,负责巡视殿中,并安排心腹负责守卫皇宫和京城,因为他知道,要保住皇位很不容易,必须从根本上保证人身安全。

接着他下诏大赦天下,赐给民家户主每人一级爵位,赐给无夫或无子的妇女一头牛、十石酒，并允许百姓聚会饮酒五天。对于拥立自己做皇帝的功臣们则一一赏赐，那些曾被吕后贬斥的刘姓诸侯王也恢复了称号和封地，这些手段使文帝的皇位得到了巩固。

除了采用加官晋爵的拉拢措施之外，打击重臣、杀一儆百也是很有效的措施，这方面主要表现在对大功臣周勃的处理上。由于拥立文帝有功，地位日渐升高，周勃也慢慢变得骄横起来，每次上朝结束后，总是一副目中无人的模样，而文帝对他一向彬彬有礼，经常目送他离去。

后来，大臣劝说文帝："不该对周勃如此重礼，有失君主的身份。"

文帝听说后，神色就变得越来越严肃，但周勃不知所以，依然是一副老样子。

这天，周勃的属下及时提醒他："小心功高盖主，引火烧身。"周勃突然醒悟过来，有如醍醐灌顶一般，很快，他上书汉文帝，请辞右丞相的职务，文帝爽快地答应了。一年后，陈平逝世，由于没有合适的宰相人选，文帝只好再次起用周勃，仅仅过了十个月，文帝借口列侯归封国，免除了他的职位。

当时，很多的列侯都住在长安，这给京城的粮食供应增加了负担，文帝下诏："命列侯回到自己的封国，即便是朝廷特准留在京城的人，也要将儿子送回去。"但这些人找了各种各样的借口，企图留在京城。这使文帝大为震怒，想来想去，他便拿丞相周勃下手，希望他能带头做个表率。

汉文帝遣幸谢相

周勃回到封地后，本想安安稳稳地过日子，可惜事与愿违。没过几天，有人举报他在家中经常身披盔甲，有谋反之心，文帝不由分说，迅速将他逮捕。

周勃通过文帝的舅舅薄昭说明实情，原来，被罢免职务后，他担心被人加害，所以家中有些防备，实在没有谋反的意思。文帝将信将疑，派人重新调查，但查来查去也没有找到周勃谋反的证据，只好将他释放。

不过，虽然文帝为了排除异己、巩固皇权耍过一些手段，但他和封建时代的其他皇帝相比，已经非常宽容了，几乎令人无法想象。

休养生息创治世

汉文帝是封建社会中一个比较开明的皇帝，西汉著名历史学家司马迁评价他说："西汉至孝文四十有余载，德至盛也。"西汉从建立到汉文帝，不过经历了40多年，但德政达到了极盛的地步，这与他实施的"休养生息"政策分不开，这些政策极大地推动了西汉的发展，为后来汉武帝时期的鼎盛局面奠定了基础，汉文帝的做法主要体现在几个方面。

勤俭节约

汉文帝是个出了名的节俭皇帝,他坐上皇位后,一件龙袍穿了20多年,破了就缝缝补补,没有换一件新的。这并非矫揉造作,完全是因为他信奉老子"慈""俭"的思想。

据史书记载:"帝身衣弋(黑色)绨(厚茧丝袍)。所幸慎夫人,衣不曳地,帷帐无文绣,以示敦朴为天下先。张武等受赂金钱,觉,更加赏赐,以愧其心。专务以德化民,是以海内安宁,后世鲜及之。"

文帝即位的第二年,也就是公元前178年,他下诏清点长安的公用马匹,将多余的全部送到驿站使用。而且他在位期间,没有增修过宫殿和皇苑,全部是以前留下来的,文帝从来不觉得简陋。

一次,他本想造一座露台,但召来工匠一算,需要用"百金",文帝说道:"百金相当于十个中等人家的财产,我觉得先帝的宫殿已经很奢侈了,常常觉得羞愧,露台就不用建了。"

在文帝的带领下,后宫所用的衣服器物也很简单,没有任何奢侈攀比之风。

文帝即位不久,有人献给他一匹千里马,文帝说:"我外出时,前面有鸾旗,后面有车队,就算走得再远,一天也不过几十里,我一个人骑着千里马干什么用呢?"

结果,他不仅把千里马退还给原主,还按里程计算了生活费。接着,他下了一道诏令说:"我不收献礼,各郡各县都不要给我送礼,否则严惩不贷。"

汉文帝露台惜废

除了在衣食住行上尽量节俭外,汉文帝对那些皇帝威严的繁文缛节也不大满意。他刚做皇帝不久,有官吏提出:"新皇登基,应制定相应的朝廷仪礼。"

汉文帝却说:"繁文缛节装腔作势,对治理国家毫无用处,今后一律免除。"

文帝在位20多年,始终恪守节俭的原则,他不仅自己做到了,还严责各级官员节省,以免扰民。

虚心纳谏

汉文帝曾广开言路,鼓励臣民发表意见,不管职位大小,只要提出建议,他都会认真听取,讲得对的有嘉奖,说错了也不追究责任。

通过纳谏,文帝纠正了一桩错判的案件。

魏尚原是云中郡的太守,曾多次率军击败匈奴,匈奴对其畏惧不已,一直不敢轻易南下。一次,魏尚又去攻打匈奴,但后来上交的敌人首级比报告中少了六个,文帝一气之下就免了他的官职,并将其关进大牢服刑。

郎署长官冯唐对此颇有微辞,于是找了个机会觐见文帝。聊天时,文帝偶然得知冯唐的祖先是赵国人,父亲曾住在代郡,文帝登基前就是代王,因此二人十分投机地谈起来。这原本就是冯唐刻意制造的机会,因此文帝在他的引导下,不知不觉地谈到了赵国有名的将军廉颇。

文帝感叹道:"如果我能得到廉颇那样的将军,就不怕匈奴入侵骚扰了。"

冯唐不客气地反驳道:"那倒未必,恐怕皇上即使得到了廉颇,也不会加以重用。"

文帝一听,便有些生气地问;"为什么?"

冯唐说:"廉颇之所以能经常打胜仗,是因为赵王充分信任他,但现在将军魏尚仅仅一件小事就被您罢官入狱,所以我认为,您即便得到了像廉颇那样的将军,也不会重用他。"

听了冯唐的话,文帝不再出声了,当天下午,他就下令释放魏尚,并恢复了他原来的官职,对于直言进谏的冯唐,他也给予了奖赏,升他为车骑都尉。

堵阳人张释之是汉代以铁面无私闻名的法官,虽然他很早就成了汉朝官员,但他的官运很糟糕,在汉文帝时代做了整整十年的下级官吏,始终没有得到升迁机会。

这时,中郎将袁盎觉得张释之是个人才,就向汉文帝推荐了他。汉文帝听说后,就叫来张释之,当场面试他,谁知张释之不太清楚状况,只简单说了一些目前的法律条令,结果文帝很不耐烦。

张释之发现自己已经没有机会了,也就不再抱有幻想,他开始像平时那样瞎扯起来。他侃侃而谈,分析了秦代和汉代的政策,诸如秦朝为什么会灭亡之类的问题,没想到居然吸引了文帝,封他为谒者仆射。这也是个小官,但唯一的好处是可以常常跟着皇帝。

张释之得到了这个可以表现自己的机会,自然不会放过。

一天,张释之跟着文帝到虎圈(当时皇家猎场的名字)打猎。文帝一时兴起,就召来虎圈的负责人上林尉,询问有关虎圈的情况,结果他问了好几个问题,上林尉居然一个也不知道。

这时,上林尉身边的一个猎场小吏为了给长官解围,就挺身而出,回答了文帝的问题。

刘恒一见更加生气,他责问上林尉:"你是怎么当官的?既然没本事,就回家待着吧!"

接着,文帝提出罢免他的职位,由那个小吏接任。这时,身边的张释之突然问道:"皇上,您认为宰相周勃是个怎样的人?"

文帝被他问得莫名其妙,但依然回答:"他是个良相。"

"那么东阳侯张相如呢?"

"他也是个良相。"

张释之接着说:"周勃和张相如都是良相,但他们都不擅长言语。而这个小吏夸夸

汉文帝却千里马

其谈，空有口舌而没有恻隐之实，如此一来，怎么会听到老百姓的呼声？这正是秦朝灭亡的原因，如果您仅仅因为逞口舌之利而提拔他，恐怕会误导官员们，请皇上慎重！"

听他这么一说，汉文帝马上想起了周勃当年被自己问得张口结舌的样子，就这样，他打消了提拔小吏的念头，并封张释之为公车令。后来，张释之凭借自己的才华成为司法机构的最高负责人，专门实施律法。

一次汉文帝出巡，路过一座桥时，桥下突然走出一个人，拉车的马受到惊吓，差点把文帝从车子里甩出去。当时这叫"犯跸"——即触犯了皇帝的行动，因此文帝大怒，马上令人将他抓起来，交给张释之治罪。

过了几天，文帝听说那个人只交了点罚款，就被放走了，于是他叫来张释之询问缘由。

张释之说道："禀告皇上，那个人本来在桥下躲您的车马，他之所以跑出来，是以为您已经过去了。臣根据相关法律，认为他不是刺客，仅仅只是无心之失，因此命他交了罚金就放人了。"

文帝对这个结果不满意，说："因为我的马比较温顺，才没有令我酿成大祸，你怎么能定如此轻的罪？"

张释之回答："皇上，所谓法律，就是天子、政府和老百姓的约定，应该一视同仁。既然当时没有定下此人是刺客，交给廷尉

汉文帝不用利口

处置，那么就应该按照法律公平判决。现在我已下了判决，如果加以更改，法律的尊严何在？又如何让老百姓服从呢？所以臣认为：判决不能更改。"

汉文帝想了一会儿，不仅承认了自己的错误，还称赞张释之说："张廷尉，你做得对。"

还有一次，一个小偷偷了祠庙中高祖刘邦塑像前边的玉环，结果被官府抓住了，当时，盗窃宗庙财物是大罪，必须严惩，因此他们马上将人送到张释之那里，经过审判，最后定了个公开处斩。

这一次，文帝也不满意，他认为盗窃宗庙至少诛族，但张释之据理力争，他说："皇上，国法没有规定盗哪个庙的东西要重判，盗哪个庙的东西要轻判。如果盗窃宗庙财物就要诛族，那万一将来有百姓从高祖的陵墓上抓了一把土，又该如何定罪呢？"

这件事发生后，朝廷震动很大，迟迟没有定案，文帝为此和母亲薄太后讨论了很久，最后还是按照张释之的判决执行了，而张释之则因为这件事名满天下。

严于律己

严于律己也是汉文帝的一大优点，自古以来，皇帝都认为自己是永远正确的，只要有成绩和功劳，都归功于自己，出了差错，则是臣子的责任，理当承担罪过，正所谓"天

子圣明,臣罪当诛"。

但汉文帝不这样认为,他说:"朝廷官员只是执行皇帝的诏令,如果中途出现问题,理应由发号施令的皇帝负责,怎么能让臣下替罪呢?"

公元前167年的夏天,即汉文帝前元13年,他专门下了一道诏令:"我听过这样一句话:'祸自怨起,福由德兴',也就是说,任何祸患都是由报怨不满引起的,幸福、好事则由好的品德而产生。百官在处理朝政中有了过错,应该由皇帝一人承担,如果将责任推到大臣身上,只能说明我无德无能,这样做不好,以后要避免。"

汉文帝在位期间,曾多次颁布诏令表示自己没有什么德行,既不聪明也不睿智,不能给百姓带来恩惠,也不能令外来的夷族停止侵袭。

这些都反映了汉文帝仁爱的内心,当然,事实并不像他自己说的那样,这也从另一方面体现了他治理天下的才能。

汉文帝止辇受言

体恤百姓

即位之初,汉文帝连下了两道诏书:"命民政机关每月给80岁以上的老人赐米一石,肉二十斤,酒五斗;90岁以上的老人再加赐帛两匹,絮三斤,而且赐给90岁以上老人的东西,必须由县丞(县令的属官,权力仅次于县令)或县尉(仅次于县丞)送达,其余则由啬夫(乡的官吏)送达。"

文帝认为农业是天下的根本,老百姓只有乐于耕种,才能保证衣食无忧、国富九强,为了劝农耕种,他还亲自耕作,以做表率。后来,文帝采纳了晁错的建议,允许以粮食换爵位,或用粮食来赎罪。最典型的措施就是减轻农民的赋税,公元前167年,文帝下令免除了农民的租税。

为了让百姓安心务农,他以一封信消除了即将爆发的战争,顺利解决了南粤王赵佗的独立问题。对于北面的匈奴,文帝则采取和亲和积极防御的措施,同时将内地的人迁到边疆,这些都为老百姓提供了充足的务农条件。

此外,汉文帝对主持祭祀的官员只为自己一人祈福很不满意,后来他下令,主祭官在祭祀时同时要为百姓祈福。这些都表明文帝时刻将百姓放在心中,不以一己之私而损害百姓的利益。

减轻刑罚

汉文帝之前,对罪犯的刑罚十分严厉,其中有一项"连坐法"——当时叫"首孥连坐法",也就是一个人犯罪后,整个家族的人都会跟着一起受罚,要么处死,要么沦为奴隶,丧失平民身份。

没当皇帝之前,文帝就觉得这种处罚很不妥当,他说:"一个人犯罪应该由他自己承担,而不应该连累家人。"

即位后,汉文帝马上提出废除连坐法,但陈平、周勃和其他大臣都不同意,文帝说:"一个人犯了法,直接定他的罪就行了,跟他的父母妻儿有什么关系呢?长此下去,我不相信这种做法会有什么好处,你们还是好好考虑一下吧!"

眼看文帝这么坚持,大臣们没办法,只好按他的意思起草诏书,废除了连坐法。老百姓对这项政策十分拥护,他们得知后,高兴地说:"以后再也不用担心了。"

不过,除了连坐法之外,古代的刑罚还有多种肉刑,这些都是残害犯人肉体的刑罚,非常残酷,比如用刀割开面额,然后涂上墨,称为"墨刑";割掉鼻子称为"劓刑";砍掉双腿称为"刖刑"。

公元前167年,临淄有个小姑娘叫淳于缇萦(淳于是姓,缇萦是名),她的父亲淳于意原本是个读书人,但他喜欢研究医学,经常给人治病,是当地的名医。后来,他做了太仓县令,由于他不会拍上司的马屁,所以不喜欢官场,没多久就辞了职,一心一意地当起医生来。

一天,有个商人的妻子病了,他请淳于意来医治,病人吃了药后没有好转,过了几天就死了,气愤的商人于是告到官府,说淳于意是庸医,故意残害人命。经过审理,当地官吏判处淳于意"肉刑",但由于他曾担任过县令,必须奏报朝廷才能处罚,因此淳于意要被押至都城长安。

临行前,淳于意看见来送别的五个女儿叹息道:"可惜我没有儿子,否则遇到这种危难情况,还能帮上一点忙。"

几个女儿都低着头伤心流泪,只有小女儿缇萦又是悲伤又是气愤,她暗想:"为什么女儿就没有用?"

父亲的话激起了缇萦的血性,她立刻收拾行李,要随父亲一起去京城,不管家人如何劝解,她都只当没听见。

到了长安后,缇萦四处奔走,找人为父亲求情,但到了这种时候,谁会为她出头呢?无奈之下,缇萦只得写了一判奏章,来到宫门口,请求守门的人交给汉文帝。

文帝听说有个少女上书,觉得非常惊异,忙令人呈上来,只见书中说道:"妾父为吏,齐中尝称其廉平,今坐法当刑,妾伤夫死者不可复生,刑者不可复属,虽欲改过自新,其道莫由,终不可得。妾愿没入官婢,以赎父刑罪,使得改过自新也。"

汉文帝看了信之后又惊又喜。他觉得这个小姑娘很有才气,而且勇敢,于是召集大臣们商议此事。

文帝说:"一个人犯了罪应该受罚,但也应该给他重新做人的机会。受了肉刑之后,犯人们要么脸上被刺了字,要么四肢不全,这会引来人们的歧视,而且失去了劳动能力,这种刑罚如何能劝人为善?不如用其他刑法来代替吧!"

大臣们商议后,决定用"打板子"来取代肉刑,原本要被砍脚的,变成打五百板,割鼻子的改为打三百板,就这样,因为"缇萦救父"的义举,汉文帝正式下令废除了肉刑,后人有诗称赞缇萦:"欲报亲恩入汉关,奉书诣阙拜天颜。世间不少男儿汉,可似缇萦救父还。"

不过,虽然缇萦值得人佩服,但如果她遇到的不是汉文帝,恐怕不会有这么好的结果,自文帝废除肉刑之后,再也没有皇帝敢冒天下之大不韪恢复它。

但是将肉刑改为打板子也有很多弊病，有的犯人还没被打够数，就已经断气了，于是只好减轻次数。

接着，文帝也废除了"诽谤妖言罪"。当时，不管是大臣还是百姓，都不能随便议论皇帝，更不能有所怨恨，否则就是犯了"诽谤妖言罪"，百姓如果因为不高兴而诅咒天地，也犯了"民诅上罪"，因为天地和"天子"有关系。

文帝说："这些刑罚使大臣们不敢说真话，久而久之，皇帝就无法了解自己的过失，这对国家政事非常不利，而且也无法招纳良才。"

因此他下令将这些刑罚一一废除，并尽量减轻刑罚，更改法律和社会制度，种种改变宽大到极点。据历史记载，在汉文帝即位的二十几年中，监狱里几乎没有犯人。

正是由于这一系列得力的措施，汉文帝开创了利国利民的"文景之治"，而减轻刑法、废除肉刑等举动，更是成为历代效仿、歌颂的好榜样，所以历史对汉文帝的评价是"慈惠爱人曰文"。还说："汉兴，扫除烦苛，与民休息。至于孝文，加之以恭俭，专务以德化民，是以海内富庶，兴于礼义。断狱数百，几至刑措。至于制度礼乐，则谦逊而未遑也。"

公元前157年夏天，汉文帝去世，享年46岁，他以道德治天下，虽然他在位期间似乎并未干出轰轰烈烈的大事，但人们对他的评价一直很高。他一去世，丞相就赞颂他"功莫大于高皇帝（指汉高祖刘邦），德莫盛于孝文帝"，并将其与刘邦并列尊为太祖、太宗。

在古代，有夺取天下之功的称为"祖"，有治理天下之德的称为"宗"，汉文帝正是因为有效治理了西汉王朝，庙号即为"太宗"。他死后，大臣们商议他的谥号，大家一致认为，他够得上称一个"文"字，因此谥号"孝文"，老百姓则称他为"汉文帝"。

汉文帝葬在霸陵（现西安市东边），按照他的遗嘱，霸陵十分朴素，据说是瓦做的，里面并没有值钱的珠宝玉器，所以完好无损地保存到了现在。

汉文帝屈尊劳将

汉景帝刘启

人物档案

生卒年:公元前188~前141年

父母:父,文帝刘恒;母,窦姬

后妃:薄皇后、王皇后、栗姬等

年号:无

在位时间:公元前157~前141年

谥号:孝景皇帝

庙号:无

陵寝:长安阳陵

性格:仁慈,刚毅

名家评点:

文帝和景帝在位共四十一年,继续执行轻徭执行轻徭薄赋、奖励生产、与民休息的政策,是西汉社会经济上升的时期。

——白寿彝《中国通史》

景帝刘启

平定七国之乱

公元前157年,汉文帝刘恒病逝,32岁的太子刘启登基,即汉景帝,他的母亲窦皇后是个极有手腕的女人。

汉文帝13岁时还是代王,吕后给他送来了一批宫女,刘恒发现其中有一个窦氏风姿绰约、美丽非凡,马上就被她迷住了,他抛弃代王后,专宠窦氏,很快就生下女儿刘嫖,后被封为馆陶长公主。公元前188年,她又生下一个儿子——就是刘启。窦氏出现之前,刘恒的王后已生下三个儿子,但没多久就无缘无故地死掉了,就这样,刘启成了文帝刘恒的长子。后来又生下刘武,窦氏非常宠爱这个小儿子,不仅将其封为梁孝王,甚至要求景帝死后将皇位传给他。

不过,窦氏成为皇后以后,渐渐失去了恩宠,还因为生病瞎了一只眼睛,直到文帝去世后,她当了太后,才开始干预朝政。

可惜,刘启当上皇帝刚刚才三年,就爆发了"七国之乱"。公元前154年,吴王刘濞率领六个诸侯王起兵叛乱。当年,高祖刘邦灭掉异姓王后,封了很多同姓王,但这些人有行政权和司法权,而且官吏也是自己任命的,差不多就是个独立王国,成为一方割据势力。汉文帝时,不断有同姓王谋反,直接威胁了中央政府,大臣贾谊、晁错等人曾极力主张消灭这些同姓王,以绝后患,但文帝没有及时采取措施。

刘濞成为吴王后,便开始暗中准备攫取皇位,他开采铜矿、私自铸钱,还煮盐贩卖,设官市,免赋税,为了壮大力量,他还招纳逃犯。由于采取了这些措施,吴国的经济迅速发展,刘濞的野心也越来越大。

一次,吴太子(刘濞的儿子)入朝觐见文帝,曾和太子刘启下棋,谁知一言不合争吵起来,刘启一气之下抓起棋盘扔过去,将吴太子砸死。

汉文帝派人将尸体送回吴国,刘濞愤怒地说:"天下一宗,死长安即葬长安,何必送回?"接着,他又派人将灵柩运回长安埋葬,并声称有病,再也不去长安觐见皇帝了。汉文帝赐他老年人用的茶几和手杖,准许他不再朝请,但刘濞不仅没有愧疚之心,反而更加骄横。

景帝即位后,非常重用晁错,先提拔他为内史,然后又升至御史大夫,为三公之一。

晁错写了一篇《削藩策》呈给景帝,里面说:"吴王刘濞势力日渐强大,假以时日,恐怕会引起叛乱,应尽早削夺诸侯王的封地,收归朝廷直接统治。早点行动祸患会少一些,反正削了他们会造反,不削也要造反,所以应先下手为强。"

景帝采纳了他的"削藩"建议,公元前154年,景帝以各种罪名先后削掉了楚王戊的东海郡,赵王遂的常山郡和胶西王的六个县,这就是历史上说的"削藩"。

贾谊

不过,当使者将景帝的削地诏书送到吴国时,刘濞不愿束手就擒,他诛杀了使者,并打出"清君侧,诛晁错"的旗号,号召各诸侯国起兵。消息一传开,胶西王刘印、胶东王刘雄渠、苗川王刘贤、济南王刘辟光、楚王刘戊、赵王刘遂纷纷响应,"七国之乱"终于爆发。

刘濞等人发难后,立刻率20万大军与楚军会合,随即挥戈西向,杀了汉军数万人。景帝的叔叔梁王刘武派兵迎击,结果被打得落花流水。

消息传到长安后,景帝马上将周勃的次子中尉周亚夫升为太尉,并连同36个将军率兵攻打吴楚叛军,窦太后堂兄的儿子窦婴也被封为大将军,驻荥阳督战。

不过,虽然景帝派了周亚夫等人攻打刘濞,但他心里始终摇摆不定,这就给了袁盎可乘之机。

袁盎原为吴相,与刘濞关系甚密,入汉朝做官后,也确实为朝廷着想,但他最大的缺点是气量狭小,因此不能成大事。七国之乱爆发前,晁错曾在景帝面前批评过他,从此他一直怀恨在心,如今刘濞打着"清君侧,诛晁错"的旗号,他自然不肯放过这个机会。

袁盎对景帝说:"方今之计,独有斩错,发使赦吴、楚七国,复其故地,则兵可毋刃血可俱罢。"

为了换取七国罢兵,景帝果然相信了袁盎的话。然后下令将晁错腰斩于东市,并族诛。

既然晁错已经死了,七国应该没有起兵的借口了,但当他发出招降书给刘濞时,刘濞却笑着说:"我已经是东方的皇帝,谁有资格对我下诏书?"

景帝这才明白刘濞的狼子野心,他后悔莫及,终于决定以武力平息叛乱。

没多久,大将周亚夫就平定了七国之乱,吴王濞逃到东越后被杀。七国之乱是西汉王朝与诸侯王之间的一次关键性战争，但仅仅只过了三个月，就胜败分明，归根结底只有两个原因。

一是民心向背。汉朝建立以来，停止战争，与民休息，社会经济得到了恢复和发展，百姓的日子也好过起来，在这种情况下，他们当然拥戴汉室。而刘濞等人为了一己之私挑起战火，破坏安定，再加上驱使百姓服兵役，勾结匈奴，所以遭到了从上到下的反对。在战争过程中，甚至有一个平民赵涉向周亚夫建议："只要经蓝田出武关，就能迅速控制洛阳军械库。"周亚夫采用了他的计策，果然顺利避开吴楚伏兵，取得了出奇制胜的效果。

吴王刘濞

其次是人才运用得当。景帝任命太尉周亚夫为主帅，的确找对了人，周亚夫极具谋略，七国之乱刚刚爆发时，他就献计说："楚兵勇悍，正面交锋难以取胜，不如放弃梁国之地，然后断绝吴楚粮道，就可以平定叛乱。"后来的发展完全证实了周亚夫的判断。而吴王刘濞虽然招纳了很多亡命之徒，但他没有真正任用他们。

叛乱平定后，景帝趁机将诸侯王国的权利收回，以加强中央集权。除了保存楚国、另立楚王之外，参加叛乱的其余六国皆被废掉。

接着，景帝加快削藩力度，诸侯王国的郡县从高祖时期的42郡减为26郡，而由中央直接管辖的郡从15郡增加到44郡，使汉郡总数大大超过诸侯王国，此后，绝大多数诸侯国的地位实际上已降为郡级。景帝还大量裁撤王国的官吏数量，这个变化对于统一国家、加强中央集权，意义非常重大。

另外，他还剥夺削弱了诸侯王的权力，抑贬他们的地位，"令诸侯王不得复治国"，并收回官吏任免权、行政权和司法特权，比如开采盐、铁、铜等资源的权力。取消"诸侯皆赋"，仅保留"食租税"之权。至此，诸侯王在名义上依然是封君，但实际上成了只享受当地租税的贵族阶层，不再具有同中央对抗的条件了。

经过七国之乱，诸侯王的割据问题总算得以解决。不过，诸侯王势力并未彻底消灭，后来的汉武帝依然要继续采取相应的措施。

李广威震匈奴

汉景帝时期，匈奴也进入了最强大的时期，他们南下进攻汉地，烧杀抢掠，严重威胁了老百姓的生活和西汉王朝的政权。但这时的汉朝虽然社会经济有了恢复和发展，彻底消灭匈奴依然不太可能，在这种情况下，汉景帝只能继续维持和亲的政策，对于他们的小股骚扰，能忍则忍。

不过，景帝虽然没有大规模反攻，但也绝非一味妥协，他任用李广、程不识和郅都等人，在不多的反击战斗中，震慑了匈奴，其中，"飞将军"李广功不可没。在中国历史上，李广是一位家喻户晓、传奇式的人物，《水浒传》中的弓箭高手花荣，就号称"小李广"。

李广，陇西成纪（今甘肃庄浪西）人，他的先祖李信是秦国名将，李家的家传本领是"善骑射"。汉文帝十四年（前166），匈奴大举入侵汉地，李广从军，开始了几十年的征战生涯。

李广的个人作战能力极强，在和匈奴的作战中，他以一名小兵的身份斩杀敌人无数，

匈奴人的马车

很快就升为汉中郎，就连汉文帝都见识过他的勇武。

一次，他和文帝一起打猎，当众格杀了一头猛兽，震惊朝野，文帝感叹道："李广生不逢时啊，如果当年遇到高祖皇帝，万户侯也不算什么。"

景帝刘启即位后，李广被升为陇西都尉，在七国之乱中，跟随周亚夫作战，斩将夺旗，勇不可当。不过，李广这个人没什么政治头脑，胜利后他居然接受了梁王的赏赐和印信，作为一名汉将，接受诸侯王的赏赐是非常不妥的，就这样功过相抵，景帝没有给他应有的赏赐。

好在李广也不在乎这些，他只喜欢打仗，于是他上书请求景帝任命自己担任上谷太守，直接和匈奴交锋，景帝答应了，在接下来的日子，李广历任上郡、陇西、北地、雁门、代郡、云中等地区的太守，在边界的各个位置上与匈奴作战。每到一处，李广都是凶悍不已，最后，匈奴士兵只要一看见李广的旗帜就头疼，都盼着他早点离任。当他的离任消息一传出来，本地的匈奴都弹冠相庆、举杯痛饮，他们高兴地说："这个瘟神终于走了。"

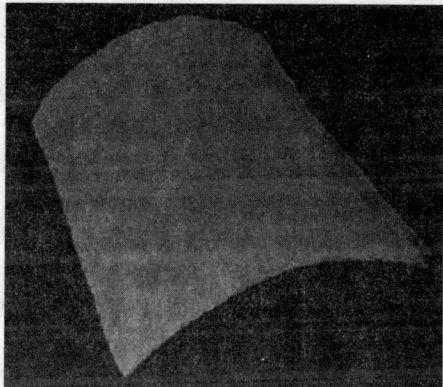

柳字板瓦

李广担任上郡太守时，匈奴大军压境，景帝于是派了一名大臣来军中视察，这个大臣平时喜欢舞刀弄枪，善于骑射，自称是"长安第一高手"。

这天，大臣带着十几个人在外面游逛，结果遇到三个匈奴人，他自认为人多，于是虚荣心膨胀，上前挑衅。谁知三个匈奴人武艺高强，箭无虚发，将他的十几个手下全部射伤了。这位大臣气急败坏地跑回来，跟李广一说，李广顿时高兴起来："他们肯定是传说中的匈奴射箭高手'射雕儿'。"

说完，李广带了100多人去追击那三名匈奴人，李广亲自动手，射杀二人，生擒一人，经过询问，果然是"射雕儿"。他带着俘虏正准备离开，突然前面烟尘大起，跑过来几千名匈奴骑兵，手下们顿时惊慌起来。不过，李广有着丰富的实践经验，他不慌不忙地说："匈奴人不会立刻进攻，他们会在几里之外判断：我们是不是诱敌部队。所以我们不能逃跑，不然很快就会被他们追上，大家就都性命不保了。唯一的办法是若无其事地呆着，吓唬吓唬他们，然后再作打算。"

部下一听，既然没有别的办法，也只好这样，在李广的安排下，这100多人不仅没有逃跑，反而卸下马鞍开始休息，此时，只要匈奴人一进攻，李广就会全军覆没。但是，在远处观望的匈奴人拿不定主意，他们暗自嘀咕：这是不是李广的诱敌之计？

双方僵持了一会儿，匈奴阵中跑出一位骑白马的将军，在两军阵前驰骋，以鼓舞士气，李广立即上马，率领十几个人冲过去，只一箭就把这个白马将军射杀了，然后回到阵中继续休息。这一下，匈奴人士气低落，更加担心汉军有埋伏了，等到晚上，他们终于率兵撤退。

还有一次，李广外出打猎，回来时已经天黑了，在朦朦胧胧中，他似乎看见一只猛虎伏在草丛中，于是立刻拿出弓箭，竭尽全力地箭出去。等了一会儿，四周没了动静，他便开始找寻老虎的踪迹，但怎么找也找不到。

第二天他再次返回，才发现草丛中有一块酷似卧虎的巨石，昨天射出的箭就插在上面，箭已深深地陷入巨石，拔不出来了。李广觉得很好奇，再次拔箭射击，却再也射不进去了。这个故事载于正史，唐代诗人卢纶还作了一首五言绝句《塞下曲》来描述。诗中写道："林暗草惊风，将军夜引弓。平明寻白羽，没在石棱中。"

李广对部下极其关爱，每到一处宿营，如果部下没有水喝，他就不会先喝；部下没有食物，他也不会先吃，因此深受爱戴，都愿意为他舍死忘生。在他的训练下，部将们都成了弓箭高手，而且锻炼出极强的心理素质，即使匈奴骑兵冲到眼前，他们依然连眼睛都不眨，然后开弓放箭，命中率极高。很多次作战都是依靠出众的军事素质和凝聚力，以少胜多，或坚持等到支援的大部队。

在李广的40多年的征战生涯中，不当官的日子屈指可数，也就是说，他始终在战斗的第一线。每当他上任的消息传到匈奴，都会引起震惊，匈奴人对李广又害怕又敬畏，称他是"汉之飞将军"。能够在敌人那边得到如此高的评价，李广可以说是汉军第一人。有这个让人挠头的李广挡着，匈奴人顿时变得老实起来，不敢侵犯他镇守的地区。

可惜的是，李广年迈后跟随卫青作战，有一次居然迷了路，李广说："我从小和匈奴作战，大大小小的战争有70多次，这次跟从大将军出战，没想到会迷路，真是天意啊！如果这个消息传出去，肯定会被众人耻笑，我李广已经60多岁了，不能再去面对这种羞辱。"

说完就引刀自杀了，全军将士无不痛哭失声，老百姓们也是流泪叹息。在中国历史上，很少有这样极具个性的将军，不管

李广

输赢，他都保持了一个军人的本色和气度。每到一个地方，他就会与匈奴交战，这样就牵制住了匈奴人，让他们没有时间去考虑如何进攻汉朝，而只顾对付这个勇猛凶狠的敌人了。

李广是将门之后，而且有一套非常适合塞外的治军方法，他的部队简单机动、长于应变，所以司马迁称赞他说："勇于当敌，仁爱士卒。号令不烦，师徒向之。"

景帝除了支持李广等人与匈奴对抗之外，还采取了一些措施，为后来武帝攻打匈奴做了很多准备工作，比如施行"马政"。中原地区自古以来就不擅长骑马，这样对壮大骑兵不利，无法适应需要，而且限制了交通、运输等方面的发展。景帝即位后，继续进行马政建设，他下令："扩大设在西边（如北地郡）、北边（如上郡）的马苑，造苑马以广用。"他还鼓励各郡及民间饲养马匹。由于景帝大力促进马业的发展，因此军马生产颇具规模，官府的马匹增加到40万匹，民间的则数不胜数。

另外，景帝继续实行"卖爵令"及"黩罪之法"，这两项措施是文帝时，由晁错提出来的，经过实践，这些措施被证实是有效的，因此景帝即位后使它更加完善。

他还将大批徙民充实于边地，成为一支兵农混一的垦戍队伍，减轻了内地百姓的徭役。这些人在匈奴边界设立关市，和他们交易，这也在一定程度上消解了匈奴的骚扰，为经济发展赢得了时间。

文景之治

不记私仇

虽然景帝不像父亲那样宽厚仁慈，但也很善于用人，而且不记私仇。

张释之是文帝一手提拔的官员，他专管刑法，铁面无私。

一天，还是太子的刘启和梁王乘着马车上朝，进司马门的时候，他们不肯按规矩下车。按照汉朝的法律，上朝过司马门必须下车，否则要处以罚款。

张释之立刻毫不犹豫地追上去，将他们扣押了，然后上书弹劾太子，结果事情闹到薄太后那里，汉文帝也下不来台，只好承认是自己管教无方，最后，还得薄太后出面赦免太子和梁王。

汉文帝虽然当时很不高兴，但等事情平息后，他觉得张释之是个人才，于是下令把其升为中大夫，没多久又当上了中郎将。

景帝刘启即位后，张释之担心皇帝会趁机报复自己，便称病提出辞职。景帝明白他的心思，于是安抚他说："廷尉按律行事，毫不徇私，我身为皇帝，难道还做不到这一点吗？"

就这样，张释之继续担任原先的官职。过了几年，由于年事已高，张释之就退了下来，挂了一个淮南王丞相的闲职，几年后在家中安详去世。他的儿子张挚后来也做到大夫的职位，但由于性格耿直，又没有父亲的能力，所以后来安安稳稳地从官位上退下来，得以安享天年。

景帝也很善于用人。为了治理京城众多的皇亲国戚，他任命执法严厉的宁成做中尉，宁成到任不久，就将这帮胡作非为的权贵们震住了；程不识敢于大胆进谏，因此景帝任命他为太中大夫，专门负责评议朝政。

为了保证上令下达，景帝采取了多项措施，第一项是在修建阳陵时，效法高祖迁徙豪强，强迫部分豪强迁往阳陵邑，使他们宗族相互分离，达到削弱势力的目的。第二项就是任用酷吏，比如宁成、郅都，周阳等人，严厉镇压那些横行霸道的贵族，收到杀一儆百的效果。如此一来，那些不法豪强、官僚、外戚人人自危，诚惶诚恐，大大减少了不法行为，这些都有利于社会的发展。

对于外戚，景帝也能仔细辨别是非，恰当使用。窦婴原本是外戚，七国之乱时，景帝经过比较，觉得他很有才干，就封窦婴为大将军，结果窦婴出色地完成了任务。窦太后好几次提出:让景帝封窦婴做丞相,但景帝觉得窦婴不够稳重,所以不顾母亲的埋怨,一直没有答应,最后任命了更合适的卫绾。

善待百姓

文帝时曾对古代残酷的肉刑制度进行了改革,将肉刑改成笞刑,比如断左脚的改为笞五百,剕刑改为笞三百。但由于次数太多,经常出现打死人的情况,不符合体恤百姓的初衷,所以景帝继续减轻刑罚,减少了次数。

同时,他还规定了刑具——竹板的长短和宽窄,竹节要削平,鞭打过程中不准换人,使文帝的刑制改革更加完善。对于官员的审判案件,景帝经常训导他们要宽容,不能随意增加人的罪名,要用法谨慎,加强司法过程中的公正性。对于犯了罪的人,如有特殊情况,应给予适当的照顾。

景帝时期,对农民的徭役较以前也有所减轻,"约法省禁"就是法令要简单、刑法要宽松。

公元前156年,景帝颁布了"令田半租"的诏令:赋税收取三十税一,只有文帝时期的一半,从此,这个新的田租税率成为西汉定制。降低田租的第二年,景帝又将男子服徭役的年龄推迟了三岁,并缩短服役时间,这个规定一直沿用到汉昭帝时代。

开放思想

对于文化思想,景帝也不再严厉地禁止。从西汉初期开始,朝廷始终信奉黄老学派——即以黄帝和老子命名的学派,它提倡的是"轻徭薄赋,无为而治",景帝也是依靠这个思想来治国的,政治上对景帝的传统评价是"清静恭俭","清"是为政少事;"静"是保持和平、安定百姓;"恭"是善待臣民;"俭"是节约、能省就省。景帝和文帝一样,也很节俭,在位时极少兴建宫殿楼阁,从根本上减轻了农民的负担。

不过,景帝在提倡黄老学说的同时,也允许其他学派存在、发展,包括儒家学说,这为后来董仲舒提出"天人三策"的学说提供了较好的环境。

重农抑商

为了发展农业,景帝继续执行"重农抑商"这一国家政策。景帝说:"农,天下之本也。黄金珠玉,饥不可食,寒不可衣,以为币用,不识其始终。"因此他曾多次下令,让郡国官员将劝勉农桑作为头等大事。

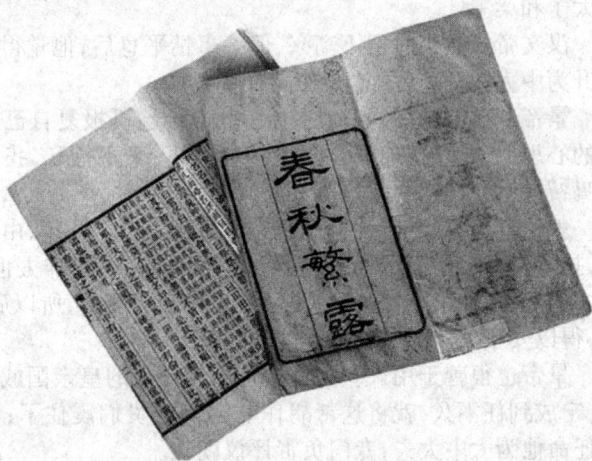

《春秋繁露》(西汉·董仲舒)

景帝继承了父亲文帝的休养生息政策,国力继续得到加强。为了使百姓都有地可种,提高生活水平,景帝及时调配了人口和土地。他改变了当时"不准百姓迁移"的政策,允许他们从土地少的地方迁到土地多的地方,从贫瘠的地方迁到土地肥沃的地方,一来可以开发土地资源,二来也可以增加国家收入。

　　为了保证正常的农业生产，他还颁诏，以法律手段严厉打击那些擅用民力的官员；为了提高农民的生产积极性，景帝还下令将田租减免一半，即从"十五税一"降到了"三十税一"；为了节约粮食，景帝下令禁止用谷物酿酒和以粟喂马。

　　在"文景之治"时期，社会日趋稳定，物价也慢慢降下来。据学者统计，在整个西汉王朝，只有文景之治的近40年内米价下跌幅度最大。这直接关系到老百姓的生计，所以，农业的大力发展为其他事业奠定了良好的基础。

文翁办学

　　由于汉朝这时的社会经济已经发展到相当程度，所以汉景帝开始重视文教事业的发展，当时，最突出的就是文翁办学。

　　景帝后元三年（前141），文翁创立了中国第一所学校。

　　文翁，庐江郡舒（今安徽庐江）人，年轻时勤奋好学，通晓《春秋》，经过郡国守相的考察后，景帝任命他为蜀郡太守。

　　文翁来到蜀地，见这里地处偏僻，颇有蛮夷之风，又"承秦之后，学校夷陵"，为了改变这里文化落后的状况，文翁决心兴办教育。据《华阳国志》记载："始文翁立文学精舍讲堂作石室，一作玉室，在城南。"

　　这里写得很清楚，文翁的学校叫"文学精舍讲堂"，是用材质比较好的石头建造的，地点在城南，也就是现在成都四中的校址。

　　文翁选拔学生的标准是"招下县子弟以为学官弟子，敏有材者"，然后亲自教导他们。文翁很注重实际锻炼，每次到各县巡视考察时，他都会带上那些品行端正、成绩优异的学生，"从学官诸生明经饬行者与俱，使传教令"，让他们宣扬教令，对学生来说，这无疑是一个接触社会、锻炼自己的好机会。

　　接着，文翁将这些人送到全国最高学府——国子学去"受业博士，或学律令"。国子学在京城长安，有的继续深造经书典籍，有的则学习法律。

　　等他们学成归来，文翁就任命他们当教师，或推荐到朝廷，在第一批学生中，有的做了刺史，有的做了太守，汉代著名作家司马相如也曾在这里教书。据《蜀志·秦宓传》："文翁遣址（司马相如）东受七经，还教吏民，于是蜀学比于齐鲁，故地理志曰：文翁介其教，相如为之师。"

　　在文翁的影响下，巴郡、广汉郡也迅速办起了学校，文翁也因此声名远扬。由于学校办得好，许多官家子弟、富贵人家争先恐后地出钱，目的就是为了让自己的孩子进学校读书，可以说，文翁的这个举措为巴蜀地区培养了很多高水平的治国人才，在他的带领下，蜀地文化发展很快，几乎可以媲美当时全国文化最发达的齐鲁地区，《汉书·文翁传》说："蜀地学于京师者比齐鲁焉。"

司马相如之妻卓文君

由于文翁办学取得了卓越成效，后来汉武帝"乃令天下郡国皆立学校官"。

虽然经过几千年的变化，"文翁石室"的名称不断改来改去，但直到现在，它依然完整地保留着。清乾隆，嘉庆年间，四川总督蒋攸铦亲笔题词："文翁石室"，这个匾额现司马相如之妻卓文君挂在成都石室中学的图书馆前。

由于推行了上述措施，社会经济得到了进一步稳定和发展。景帝时期，人口翻倍，府库充实，据说国库里的钱堆积如山，就连串钱的绳子都腐烂了。粮仓装不下，粮食只好堆在露天里，霉变了很多。这种状况既为汉武帝大展身手提供了雄厚的物质基础，同时也造成贫富悬殊的分化，给西汉中期形成了新的社会问题。

后宫立储风波

自古以来，立太子都会引发各种情况，因为这意味着重新分配统治集团的利益，所以，每个皇帝都为了这桩麻烦事而发愁。从登基的那天开始，景帝就无时无刻不在考虑储位问题。

景帝一共有 16 个儿子，但没有一个是正妻薄皇后所生，薄皇后是祖母薄太后的娘家孙女，景帝还是太子的时候，太后一手指定的。由于薄皇后没有生下一男半女，于是各路人马便开始了明争暗斗。

首先出来的是景帝的弟弟梁王刘武。窦太后一向疼爱这个儿子，既然薄氏无子，而刘武又在平定七国之乱中立下了赫赫战功，有贤王之名，按窦太后的意思，景帝驾崩之后，最好是由梁王继承大统。

这事说起来汉景帝自己也有责任。

公元前 154 年，也就是七国之乱爆发前夕，当时景帝尚未立太子。一天，梁王入朝觐见景帝，景帝摆开筵席招待他，二人喝得高兴，不知不觉就醉了，景帝乘着酒兴说："朕千秋之后，当传位于你。"

梁王听了当然非常高兴。酒醒之后，窦婴对景帝说："汉法之约，传子嫡孙。今帝何以得传弟，擅乱高祖约乎？"

景帝发现自己酒后失言，顿时不再说话，也不再提起这件事，但刘武却把这话放在心上了。后来，由于平定七国之乱有功，刘武开始居功自傲起来，他在自己的封地建造豪华宫殿，出行也打着皇帝才用的旗子，这时景帝才发现，弟弟将自己的话当真了。

这时，窦太后再度暗示景帝应该将皇位传给梁王，景帝无奈，只好派袁盎去劝诫太后。袁盎对太后说："从前宋宣公不立子而立弟，结果引发五世之乱，小不忍则害大义，必生事端，所以《春秋》中才说传子是正确的。"

窦太后自知理亏，也不好再说什么，只得让梁王回到封地好好呆着，不要惹是生非。

当时，薄皇后已经失宠，景帝宠幸的是栗妃和王美人，栗妃的儿子叫刘荣，是景帝的长子。

王美人名娡，槐里（今陕西兴平市境）人，父王仲，生母为臧儿，在入宫前，王娡已经嫁给了一户姓金的人家，并生下一女。后来她的母亲遇到一位相士，他说："王娡将来要大富大贵。"这时正好太子刘启在民间选美，于是王娡的母亲就软硬兼施地与金家退了婚，逼王娡去选美，没想到还真的入选了。由于王娡风韵犹存，很快就当上了太子刘启的姬妾，并生下三个女儿。

公元前156年，刘启继位，刘彻也在这一年的七月初七出生。据王娡说，她怀孕的时候曾做了一个太阳入怀的梦，景帝听了大为惊喜，认为这是个吉兆，于是景帝将王娡擢升为"美人"（地位仅次于皇后）。

公元前153年，景帝终于下定决心，立栗姬的儿子刘荣为太子，史称"栗太子"，刘彻则被封为胶东王，这一年，他刚刚四岁。

刘彻初名彘，乳名阿彘，他从小就聪颖过人，有着惊人的记忆力，求知欲特别强，尤其喜欢看关于古代圣贤帝王的书。据《汉孝武故事》记载："至三岁，景帝抱于膝上，抚念之，试问儿：'乐为天子否？'对曰：'由天不由儿。愿每日居宫垣，在陛下前戏弄。'"

对于儿子信口而应的回答，景帝不禁深感诧异，不久就给刘彘名"彻"，字"通"，因为他"讼伏羲以来群圣，所录阴阳诊候龙图龟册数

袁盎却座

万言，无一字遗落。至七岁，圣彻过人"，表示充满智慧，能达到圣德的要求。

刘彻六岁的时候，在栗妃的挑拨离间下，景帝废了自己的结发妻子薄氏，大汉王朝的皇后空缺，按常理，继任的无疑应该是太子刘荣的生母。栗姬长得非常漂亮，而且一连生了三个儿子，是后宫最得宠的一个，再加上刘荣已被封为太子，因此当时的人都以为她会顺理成章地成为皇后。不过，栗姬有一个致命的弱点，就是嫉妒心极强，而且毫不掩饰。

馆陶长公主刘嫖是景帝的亲姐姐，在朝中自然有不小的影响力，当时后宫中数不清的美女们都希望皇上能看中自己，因此她们不约而同地想到了馆陶长公主。为了让她在皇上面前美言几句，美女们纷纷给她赠送金钱礼物。馆陶长公主则认为这是件一举三得的美事，如果美女能得到宠幸，成为嫔妃，她们就欠了自己一个大人情，进而为自己效力，同时又能讨好皇帝弟弟，还能实实在在地赚上一笔，何乐而不为。

不过，她的这一举动让栗姬非常不满，对馆陶长公主不断向皇帝推荐"狐狸精"，栗姬恨得咬牙切齿，人前背后不知咒骂过多少回，但馆陶长公主对此一无所知。

刘荣被立为太子后，馆陶长公主就相中了他，想把宝贝女儿陈娇嫁给刘荣做太子妃。不料，醋劲十足的栗姬一口回绝了馆陶长公主的提亲，还摆着一副"准皇后"的架势狠狠嘲弄了她一番。

馆陶长公主因此心生怨恨，立誓要狠狠报复栗姬。接着，她又向王美人提出同样的要求。王美人与栗姬不同，她机敏圆滑，觉得长公主地位非比寻常，与她结亲自然大有好处因此爽快地答应下来。

就这样，在公元前151年，六岁的刘彻与十岁的陈阿娇订了婚。从此，馆陶长公主屡屡向景帝进谗言，诬陷栗姬，并称赞刘彻如何聪明，景帝为此更加喜欢他。

公元前150年，景帝终于废栗太子刘荣为临江王，半年后，七岁的刘彻被立为太子，王美人也被立为皇后。

不过，事情并没有就此结束。景帝立下太子后，梁王刘武当然不肯就此罢休，他广

纳四方豪杰,储存金银制造兵器箭弩,还派人刺杀袁盎等大臣。阴谋败露后,梁王十分恐慌,幸好有窦太后为他说情,才稍得宽释,但景帝从此对他疏远起来。这件事过后,梁王刘武由于受到惊吓,再加上灰心丧气,很快身染恶疾而死掉了。他去世后,景帝将梁地一分为五,划给他的儿子,不知不觉地削弱了他们的势力。

公元前148年,临江王刘荣不慎犯法,从江陵(今湖北)押回京城审讯。中尉郅都一向手段严酷,刘荣无法忍受折磨,最后悲伤地给父亲写了一封谢罪辞,在狱中自杀。

为了让太子的地位更加巩固,景帝还借机杀掉了当时权倾朝野的周亚夫。

周亚夫是名将周勃的次子,最初是河内郡守,当时有个叫许负的女人以善于看面相出名,一天,周亚夫把

嵌金银鸟篆文铜壶

她请到府中为自己看相。许负说:"您的命相比较奇怪,三年后可以封侯,八年后可以做宰相,但再过九年就会饿死,因为您嘴边有一条竖直的纹,这就是饿死的面相。"

周亚夫听了哈哈大笑,他一脸不相信地说:"我不可能封侯,因为我父亲的侯爵已经由哥哥继承,即便他死了,也有侄子继承,怎么都轮不到我头上。饿死就更不可能,既然你说我能做宰相,如此尊贵的命怎么会饿死呢?"

听了这话,许负说:"那就以后再看吧!"说完就走了。

说来也怪,过了三年,周亚夫的哥哥周胜之因为杀人被剥夺了爵位,但文帝念及周勃的战功,不愿意就此让周家没落,他下令:"从周勃的儿子中选一个最优秀的来继承。"经过大家的一致推举,周亚夫就获得了父亲的爵位。

公元前158年,匈奴进攻北部边境,文帝急忙派兵保护京城长安,他调出三支军队守在长安附近,河内太守周亚夫就是其中的一支,他守在细柳。

为了鼓舞士气,文帝亲自到三路军队里去慰问,他来到灞上和棘门,命人不用通报,直接往里走。见到皇帝的车马,军营前守卫的士兵立刻放行,两地的主将直到文帝到了眼前,才慌慌张张地出来迎接。

来到了周亚夫的营寨时,情形却和前面两处截然不同。守卫士兵将开道的队伍拦在营寨之外,得知是天子来慰问后,都尉却说:"将军有令,行军打仗时只听将军号令,所谓将在外君命有所不受。"

文帝到了之后,派使者拿出皇帝用的符节,进去通报周亚夫,他这才下令打开寨门迎接,守营的士兵严肃地对文帝的随从说:"将军有令:'军营中车马不得急驰。'"车夫只好使劲拉着缰绳,以免走得太快。

到了军帐前,周亚夫穿着盔甲、手持兵器出来迎接,他向文帝行了个拱手礼说:"甲胄之士不拜,请皇上允许臣下以军礼拜见。"

见周亚夫对皇帝如此无礼,一旁的大臣不禁为他暗暗着急,哪知文帝居然大为赞赏,他马上说:"将军不必多礼。"

大臣们惊讶极了,在回去途中,文帝感慨地对他们说:"和灞上和棘门的军队相比,周亚夫才是真将军。那些人简直是儿戏,如果敌人突然来袭,恐怕连将军都会被俘虏。"

一个月后，匈奴撤兵，文帝立刻升周亚夫为中尉，掌管京城的兵权。文帝弥留之际曾嘱咐太子刘启："以后关键时刻可以任用周亚夫，他完全值得信任。"

文帝死后，景帝听从他的嘱托，让周亚夫做了骠骑将军。七国之乱爆发后，周亚夫出其不意，迅速平定了叛乱，人们纷纷称赞他智勇双全，但同时出兵的梁王却因为他没有及时救援，对他产生怨恨，每次到京城来，都要在太后面前说周亚夫的坏话。

公元前152年，丞相陶青病重，景帝便任命周亚夫为丞相。不过，由于周亚夫性格耿直，再加上对废太子一事的看法和景帝完全相左，因此景帝逐渐疏远了他。

一次，窦太后想让景帝封王信（皇后的哥哥）为侯，景帝不愿意，他说："既然父亲在世的时候没有封，我怎么能擅自决定呢？"

周亚夫的细柳营

窦太后也很不高兴，她说："我一直觉得对不起他们家，这么做不过是为了心安，你又何必推三阻四？"

景帝没办法，只好说："让我和丞相大臣商量商量。"

周亚夫得知后坚决反对。他说："高祖早就说过，不是刘姓不能封王，没有功劳的不能封侯。如果封王信为侯，就违背了高祖的誓约。"

景帝将这个话告诉窦太后，太后听了无言以对，她联想到梁王说的话，对周亚夫就更加讨厌了。

后来，匈奴王唯许卢等五人归顺汉朝，景帝非常高兴，又想封他们为侯，目的是鼓励其他人也归顺汉朝。谁知周亚夫又出来反对："这些人曾经叛变过国家，如果封他们为侯，那以后如何处置那些不守节的大臣？"

这一次景帝可没耐心了，他按住怒气说道："丞相迂腐而不可用！"

然后不由分说地将五人都封了侯。周亚夫觉得很灰心，于是托病辞职，景帝也没挽留，马上批准了他的请求。

没多久，景帝又将周亚夫召进宫中，想看看他的脾气改了没有。景帝摆出一桌筵席，故意没有给他拿筷子，周亚夫不高兴地向管事的要筷子，景帝笑着说："难道这也不能让你满意？"

周亚夫羞愤不已，他马上跪下来谢罪，景帝说："不必多礼。"

周亚夫不知景帝是在试探他，因此一听到这话，马上就站了起来，径自走了。景帝叹息道："他一直是这种脾气，怎么能辅佐太子呢？"

这件事刚过去，周亚夫的儿子又闯祸了。原来，他儿子见父亲年事已高，就偷偷买了五百甲盾，准备在他去世时用。但甲盾是国家禁止买卖的，再加上他没有及时给钱，心有怨气的佣工就把他们告发了，说周亚夫私自购买国家的禁品，意图谋反。

皇帝对这种事一向忌讳，于是立刻派人追查。负责调查的官员叫来周亚夫询问原因,由于他根本不清楚儿子做了什么,因此一问三不知。

官员以为周亚夫在赌气,便一五一十地向景帝汇报了。景帝生气地说:"看来只有让廷尉(最高司法官)来审理,他才会开口了。"

直到这时,周亚夫才知道儿子干的好事。

廷尉问他:"君侯为什么要谋反?"

周亚夫说:"我儿子买的都是丧葬品,怎么可能谋反呢?"

廷尉讥讽道:"我看你不仅要在地上谋反,恐怕到了地下也要谋反吧!"

周亚夫无法忍受这种屈辱,于是绝食抗

周亚夫

议,五天后吐血身亡,一代名将就这样含冤而死。虽然司马迁在《史记》中称赞他性情耿直,公正严明,但同时也认为这种个性不会讨景帝喜欢,为他惋惜不已。

公元前141年正月,景帝身体不适,他知道自己不行了,于是下令赏赐诸侯王和列侯马八匹,赐大臣黄金各两斤,小吏和百姓每户赐钱一百,让后宫宫女回家,并终身不服役。他还把太子刘彻叫过来嘱咐道:"人不患其不知,患其为诈也;不患其不勇,患其为暴也。"没多久,景帝就病死在未央宫,时年48岁。

他在位16年,继承并发展了其父汉文帝的事业,并为儿子刘彻的"汉武盛世"奠定了基础,在他的治理下,汉朝经济日趋繁荣,所以谥号"孝景皇帝"。按周代《谥法解》的说法:"'景'是美谥,由义而最后获得成功曰景,深思熟虑,善于谋划曰景,传播仁义,品德坚强曰景。"所以史称汉景帝,并将其与文帝并称"文景之治"。

景帝葬于阳陵(今陕西省咸阳市),东西长166.5米,南北宽155.4米,高31.6米,呈覆斗型。1990年5月,考古队在此发现24个俑坑,经过清理,发现里面的东西均遭到偷窃,但仍出土了400多件土彩俑彩陶。陶俑均为男性裸体,除眉眼,头发,胡须为黑色,其余皆为橙红色,据测算,阳陵的陶俑共达数万个。另外还有衣饰、货币、铜铁兵器、农业工具千余件。阳陵博物馆是目前中国唯一的全地下遗址博物馆建筑。

汉武帝刘彻

人物档案

生卒年:公元前156~前87年

父母:父,景帝刘启;母,王娡

后妃:陈皇后、卫皇后、李夫人、钩弋夫人等

年号:建元,元光,元朔,元狩,元鼎,元封,太初,天汉,太始,征和,后元

在位时间:公元前141~前87年

谥号:孝武皇帝

庙号:世宗

陵寝:长安茂陵

性格:冷酷多情,雄才大略,好大喜功

武帝刘彻

名家评点:

高祖之后,史家誉为文景之治,其实,文、景二帝乃守旧之君、无能之辈。倒是汉武帝雄才大略,开拓刘邦的业绩,晚年自知奢侈、黩武、方士之弊,下了罪己诏,不失为鼎盛之世。

——毛泽东

兄弟争位,独占鳌头

刘彻生于汉景帝前元元年(前156年),其父刘启(汉景帝),其母为妃子王美人。因母亲是个妃子,刘彻只能算作庶子,是很难继承皇位的。刘彻4岁时,景帝把他封为胶东王。按照立子以贵不以长、立嫡以长不以贤的传统继承法,景帝的皇储,本应来自嫡出。但景帝即位后,薄皇后没有生子,既然没有嫡子,皇储也只能从庶子中选立。庶出诸子之间没有嫡庶贵贱的差别,只有年龄的差异。因刘荣最长,所以,景帝前元四年(前153年)4月,立刘荣为皇太子。

汉景帝的正妻薄皇后因没生儿子被废,栗姬原来最受景帝的宠爱,又是太子刘荣的生母,按照次序应立为后。景帝生病时曾托她照顾自己的姬妾和子女。但栗姬妒心太重,胸襟太狭,不识大体,使景帝很不高兴。景帝决定不立栗姬为后,同时也准备废刘荣,立刘彻为皇太子。与此同时,景帝的同母弟梁王刘武对皇位早就垂涎三尺,千方百计想谋得皇位继承权。窦太后极喜欢这个小儿子,想让他登上皇位。景帝对这个同胞手足也感情很深,在传位问题上,一度不顾汉初父死子继的制度和传统想搞兄终弟及。后因朝廷内以袁盎为首的大臣们的坚决反对,刘武的希望才落空。为了泄愤,刘武竟谋杀了袁盎等十多位大臣。经过多次反复,汉景帝终于在前元七年(前150年)立王美人为皇后,立刘彻为皇太子。从此,7岁的刘彻取得了皇位继承权。

独尊儒术，施展抱负

汉景帝在后元三年（前141年）正月去世，刘彻即皇帝位，年16岁。汉武帝登上历史舞台后做的第一件影响深远的大事，就是尊崇儒学。这是武帝为实现政治抱负所奠定的思想基础，其实质是对政治指导思想做出新的选择和确定。从汉武帝以后，儒家思想成为我国古代社会的正统思想，一直经历近两千年而不衰。

秦朝灭亡之后，诸子百家学派非常活跃。汉初六七十年间，以"清静无为"为特点的黄老之说盛行全国，汉初统治者"反秦之弊"，希望以黄老的"无为""好静"作为手段，收到"民自化""民自正""民自富""民自朴"的效果。经过60余年的休养生息，经济逐步繁荣昌盛，国力也已相当强大。到汉武帝继位，刘姓皇朝的统治已经巩固，社会经济有了新发展，无为而治的黄老思想，不仅给诸侯王和富贾豪强以扩张势力、为非作恶的机会，加剧了社会的两极分化，激化了阶段矛盾，也不再适应统治阶级的要求。汉武帝继位后，为了强化皇权，需要有一种进取精神较强的统治思想来代替黄老"无为而治"的思想，而博大精深的儒学理论恰恰迎合了这种需求。儒学以"仁政"为核心的政治观和道德观，以及具有包含政治、哲学、教育、文学、伦理各方面内容丰富、包罗万象的特点，使得这一学说便于被统治阶级全面利用，尤其在和平时代控制人民，更具适应性。

建元元年冬十月（前140年），汉武帝招贤良、寻对策，儒家学派代表人物董仲舒被召见，接受武帝策问。董仲舒在贤良对策中阐述了自己的理论。董仲舒的这些主张为汉武帝统一思想，集权中央，一统天下提供了充分的理论依据，因而被汉武帝采纳。汉武帝为独尊儒术，使这种思想推而广之，接受董仲舒的建议兴办太学，到了建元五年（前136年）春，又置五经博士，将博士制度与太学制度结合起来，进而确立以经术造士的教育制度。太学完全采用儒家五经为课程，教师聘请儒学博士担任。

汉武帝对董仲舒"罢黜百家，独尊儒术"的主张并未完全实施，他没有采纳尊儒兴学的同时罢黜百家的极端主张。而是在保证儒学的官方学术、政治主导思想的前提下，在学术、思想领域走的是"悉延百端之学"的路子。除了学官独用儒家外，武帝没有排斥百家，禁止学术活动。前朝好其他学说的许多大臣，大都留任朝廷，有的还被重用。朝廷中有些公卿即使是以儒术见用的，也可兼治其他学说。对郡国及民间的其他学说活动，武帝并未明令取缔、禁止，而任由其存在。

实施改革，稳固皇权

汉武帝在建元元年（前140年）"贤良对策"以后，便着手进行政治改革。他让魏其侯窦婴接替卫绾任丞相，叫母舅田蚡做太尉，掌管军队。命儒生出身的赵绾为御史大夫，王臧做郎中令。此时的汉武帝与这些儒臣合作，开始推行多欲进取的政治措施。

但是，此时的朝中大权仍操纵在"好黄帝、老子言"的窦太皇太后手里。这些皇亲国戚不断地到窦太皇太后那里诽谤新政。因此，形成了一个以她为核心的思想上和政治上的反对集团。

建元二年（前139年），御史大夫赵绾又上书提议不要再让窦太皇太后干涉朝政。窦太皇太后大怒，罪责赵绾、王臧下狱，又逼武帝废除新政，将窦婴、田蚡免职，汉武帝的新政由此中断。

建元六年(前135年)，窦太皇太后病死。汉武帝立即任命田蚡为丞相，韩安国为御史大夫，从此开始了一系列改革，全面推行多欲进取政治，加强中央集权。

汉武帝继位后，因丞相大多为开国功臣，位高权重，权力往往超过皇权。他对这种丞相分权的情况很为不满，便逐步进行改革，目的是削弱相权，强化皇权，最终加强中央集权。武帝建元二年(前139年)和六年(前135年)，相继罢去窦婴和许昌的相职。六年之中，罢免三相。元光四年(前131年)，田蚡病死。此后，武帝再也不任外戚为相，并收回了宰相任命官员的权力。元朔五年(前124年)，汉武帝打破列侯拜相的旧制，不拘一格选拔人才，任命没有侯爵的儒士公孙弘为丞相，然后再封他为平津侯，彻底破除了军功贵族的特权。汉武帝不仅削弱相权，还经常对丞相谴责、黜免，甚至处死，弄得大臣们视当丞相为畏途。汉武帝通过削弱相权，完成了他走向皇权专制统治的第一步。为加强中央集权，汉武帝采取"强干弱枝"的政策，削弱地方割据势力。

汉景帝时，经过平定吴楚七国之乱，各地封国受到很大削弱。但到汉武帝时，有些封国"连城数十，地方千里"，势力仍然不小。为继续削弱这些封国的权力，武帝采纳了主父偃的建议，于元朔二年(前127年)颁布"推恩令"，清除分封制。"推恩令"名义上是皇帝施以恩德，实际上是剥夺诸侯王的政治军事权力，缩小诸侯王的地盘，使之无法割据一方，对抗朝廷。经过一番推恩削藩，诸侯势力进一步衰弱，中央的集权统治得到加强。

此外，武帝为了加强中央集权制还利用种种借口剥夺诸侯王国的爵位。元鼎五年(前112年)，武帝于8月在高祖庙会见诸侯王时，因各诸侯王必须出资的助祭酬金成色不好，被武帝一次削去侯爵的就有106人。到了武帝太初年间，只剩下5人的侯爵。武帝末年，汉初以来所有的侯王，都被削除殆尽。

汉武帝在削弱诸侯王势力的同时，还着手打击地方豪强势力。为了抑制豪强的过度横行，汉武帝继续推行迁徙豪强的政策，把他们迁到关中，置于朝廷的控制之下。同时，允许严厉刚毅、严格执法的官吏，杀戮豪强及党徒。河内太守王温舒就曾先后诛杀郡中豪强千余家，"大者至族，小者乃死"，没收全部家产，使得"郡中无犬吠之盗"。

设置十三部刺史也是汉武帝时政治上强干弱枝的重要制度。元封五年(前106年)，汉武帝把全国划分为13个监察区域，叫十三部(州)，每部(州)设刺史一人，刺史每年秋天巡行所部郡国，"省察治状，黜陟能否，断治冤狱，以六条问事"。刺史不处理一般事务，而是按"六条"查问郡县，专职检查部属郡县里的豪强、郡守、国相等的违法和营私舞弊行为，经考察后向中央推荐优秀的地方长官，建议罢免恶劣的官吏。这一措施的施行，使地方豪强势力受到遏制，社会趋于安定。

开疆拓土，建立帝国

汉初以来，西北边疆和蒙古高原匈奴贵族的贪婪性和掠夺性，不仅给西汉王朝的政权造成了很大威胁，也给西汉边疆的吏民带来了很大的灾难。

西汉王朝经过70多年的恢复和发展，到武帝继位时，国内已是经济繁荣，社会安定，兵强马壮，具备了足够的力量制止匈奴入侵。此时的汉武帝再也不愿忍辱负重，开始推行抗击匈奴的政策。

元光六年(前129年)武帝开始派军进攻匈奴，此后30年间，先后对匈奴发动了大小十多次反击。其中元朔二年(前127年)的年轻将领卫青率军反击匈奴、元狩二年(前121年)的霍去病率骑远征和元狩四年(前199年)爆发的汉北战役为规模最大,影响也最大。经过这些反击,特别是经过3次大的反击,匈奴元气大伤,一蹶不振,再也没有力量对中原进行骚扰了。由于汉军的英勇杀敌,西汉王朝取得了反击匈奴战争的巨大胜利,汉武帝的抗击政策取得了巨大成功。西汉建国以来百年的匈奴边患基本得以解除。

汉武帝在位期间,还平定了闽越和南越的叛乱,稳定了对西南夷地区的统治;开拓了东北和西北边疆,使今新疆、甘肃西部开始进入中国的版图;东北地区的疆域则从今辽东半岛一直扩大到浑江、鸭绿江流域;通过两次派张骞出使西域,加强了新疆一带少数民族和内地的联系。历时三年的西征大宛,使汉威远震西域诸国,纷纷对汉称臣,确立了西汉时西域的宗主地位;通过和亲,建立了和西域大国乌孙的联盟,开辟了西汉与康居、月氏、大夏等国的交通。

汉武帝推行抗击和"征抚"的民族政策,广开三边,拓植四方,巩固和发展了庞大的帝国,使我国的版图粗具规模,也促进了少数民族地区经济文化的发展,巩固和发展了多民族统一,加速了民族大融合,从而实现了建立"大一统"帝国的伟大抱负,把西汉王朝推向全盛。

谀信方士,求仙寻药

汉武帝和秦始皇一样,也喜欢巡游、祭祀。仅从元狩元年至后元二年(前122~前87),他外出祠神、巡抚、封禅共29次,每次外出,都带着大队人马,沿途官府动员众多吏民修路、献礼、迎送,耗费民力、财力、物力无数。

随着岁月的流逝,汉武帝感到自己日渐衰老,便千方百计寻求长生不老之药。元鼎五年(前112年),一位名叫栾大的方士来到长安,向汉武帝进言说,自己曾见到过仙人,能找到长生不老的仙药。汉武帝求药心切,听后不加分析便信以为真,陆续封他为五利将军、天士将军、地士将军、大通将军、乐通侯,赐黄金十万,又把自己的女儿长公主嫁给了他。最后还专门为其刻制玉印,表示不把他作为普通的臣僚来看待,然后派他入海寻求仙药。元封元年(前110年),栾大骗局败露,汉武帝这才腰斩了他。但仍不断派人到海上求仙并幻想有人能够获得成功。

公元前88年,汉武帝70岁时,开始考虑自己的后事。他叫画工画了一张"周公背成王朝诸侯图"送给霍光,意思是让霍光辅佐他的小儿子刘弗陵做皇帝。为了防止太后专权,汉武帝又杀了刘弗陵的母亲钩弋夫人。汉武帝安排好后事以后,不久就死去了。

新帝王莽

人物档案

生卒年:公元前45~23年

父母:父,王曼;母,不详

后妃:王皇后、杜皇后等

年号:始建国,天凤,地皇

在位时间:公元9~23年

谥号:无

庙号:无

陵寝:无

性格:谦恭偏执,富有心机

名家评点:

　　王莽是中国历史中最离奇的角色之一。他一方面被指斥为篡位者、伪君子和操纵言论的好手,可是另一方面也被恭维为理想主义者,甚至是一个带革命性的人物。

王莽

外戚入宫,谦恭得权

　　王莽,字巨君,魏郡元城人(河北大名县东),生于汉元帝初元四年(公元前45年)。王莽的先人,乃是战国时期齐国的贵族田氏,后来秦始皇灭六国,统一天下,田氏就衰落了。秦朝灭亡时,他的先祖田安被项羽封为济北王,由于齐国已经灭亡,田安就将田氏改为王氏。到了汉朝,王氏日益衰落,仅有一个叫王贺的做过几天绣衣御史。王贺的儿子王禁,妻妾众多,生有8子4女。其中嫡女王政君因貌美被送进宫,后来为汉元帝刘奭生下长子刘骜,而被封为皇后。王家成了皇亲国戚,从此就发迹了。王家8子中,长子王凤官至大司马,次子王曼早亡未得封赏,其他兄弟都官至高位。而王莽,正是早亡的王曼的次子。

　　王莽,生得很丑,班固的《汉书》记载:他"侈口蹙颐,露眼赤精,大声而嘶,才七尺五寸"。也就是说王莽身高1米73,长着大嘴短下巴,两眼突出似金鱼眼,嗓门也大,声音嘶哑。虽然有些夸张,不过也可见他的长相实在难看。王莽能从王家脱颖而出,靠的是他的行动。

　　竟宁元年(公元前33年),元帝病逝,刘骜继位为汉成帝,王政君被封为皇太后,王家的显赫达到了顶峰。虽然王家因王政君而发迹,可是王莽一家却因为父亲与哥哥都早死,备受家族的冷落。此时,年仅13岁的王莽与寡母相依为命,生活清贫,根本无法与那些飞黄腾达的堂兄弟们相比。不过他并不沮丧,而是精心照顾寡居的母亲和兄长的遗孀,细心教导年幼的侄子。他自己也努力结交贤士,拜当时著名的学者陈参为师,勤奋学习。当他的那些堂兄弟、表兄弟们声色犬马度日时,王莽已经成为一个洁身自好、待人谦恭的文雅儒士。他对家族中那些掌权的伯父、叔父们也十分恭敬孝顺。王莽的这些行动,赢得了人们的广泛赞誉,这些都为他日后的政治生涯打下了良好的汉成帝阳朔三年（公元前22年），王莽的大伯父、独掌朝政大权的王凤一病不起。王莽这个侄子在王凤的床前侍奉，端汤递药，殷勤照顾。王凤病了好几个月，王莽就没有离开过，日日衣不解带地照料他，比他的儿子们还要孝顺。王凤对此十分感动，他临终前，嘱托王太后和外甥汉成帝关照王莽，二人都答应了。这样24岁的王莽才走上了仕途。

王莽的第一个职务是黄门郎，虽然官位比较低，但能跟在皇帝身边，升迁的机会自然比较多。王莽做官后一如既往地谦虚谨慎，清廉俭朴，他很快就站稳了脚跟。王家8子中的第5子王商，此时官至大司马，他也很欣赏王莽，认为这是一个可造之才，就向汉成帝上书，表示愿意将自己的封地分一部分给王莽，实际上就是想皇帝给王莽封侯。而王莽平日的表现也得到了朝中不少名臣的赞誉，他们也纷纷向皇上进言赞扬王莽。于是，在永始元年（公元前16年）五月，王莽被封为新都侯，封地为南阳郡新野的都乡，食邑有1500户，同时他还被提拔为骑都尉、光禄大夫、侍中。这样，30岁的王莽就位极人臣，进入了朝廷的权力中心，他的政治生涯向前跨出了一大步。

王莽成为朝中重臣之后，并没有得意忘形，他仍然礼贤下士，谦恭自律，这样王莽的人气更旺了，他也赢得了更多的机会。公元前8年，王家8子中的第7子，大司马大将军王根病重请辞，正在物色新的接班人。而王莽，就从终日声色犬马的王家子弟中脱颖而出，进入了王根的视野。不过这次王莽有一个强有力的竞争对手，叫淳于长。淳于长是王太后的姐姐王君侠之子，是王莽的亲表兄弟。成帝的宠妃赵飞燕当上皇后，淳于长出了不少力。是他向王太后进言册立赵氏为后，说这样不会威胁到王家的专政。赵飞燕当上皇后，为了感谢他，就怂恿成帝赐他关内侯，后又封为定陵侯，这样淳于长的官位和权势比王莽还大。不过王莽是个很有心计的人，他一面在叔父王根床前殷勤照顾，赢得了王根的好感，一面派人收集淳于长为恶的证据。淳于长也确实劣迹斑斑，他不仅做了高官后就骄横跋扈，而且与汉成帝废后许氏的姐姐许嬺私通，还娶其为妾。许皇后通过贿赂他，求得成帝恢复她婕妤的身份。淳于长帮许后达成了此事后，居功自傲，竟然觊觎许后的美貌，经常调戏她。王莽将淳于长的这些丑事都上奏给成帝，结果成帝震怒，以大逆之罪处死了淳于长。这样，王莽就顺利得到了大司马的位置，这一年，他38岁。

党同伐异，篡汉立新

王莽能有今天，全是他克己修德，用行动赢来的。所以，他当上了一人之下，万人之上的大司马，不仅没有飞扬跋扈，甚至还比以前更严格要求自己。他得到的赏赐和俸禄都用来礼遇贤良，而自己却更加节俭。王莽的夫人接待公卿贵族的眷属时，竟然穿着普通的布衣，被人误认为奴婢。不过这次王莽的苦心还没见成效，就被赶下了台。

绥和二年（公元前7年），纵欲过度的汉成帝暴毙，因无子，就由定陶王刘欣继位，即汉哀帝。哀帝乃是汉元帝的孙子、元帝的宠妃傅昭仪是他的祖母，他的皇后是傅昭仪的从弟之女。哀帝上台后，他的外戚祖母傅家和母亲丁家就与王氏争权。哀帝也痛恨王氏专权，就对他们进行打压。这样王莽不得不辞职隐退，回到封地新野。不过王氏专权近30年，势力极大，哀帝也无法彻底铲除，太皇太后王政君也只是退隐后宫，暂不理事。也正是因为她的地位稳固，才给了王莽重回朝廷的机会。

王莽回到新野后,并没有灰心,继续结交贤士,勤俭自律,以便博取声望,伺机再起。在这期间,王莽一直关注朝廷动向,寻找回京的机会。他的次子王获误杀了一个家奴,这居然让王莽看到了机会。他狠心地逼儿子自杀为奴婢偿命,以此来博取民心。果然,此事经过王莽党羽的宣传,震惊朝野。许多大臣有感于王莽的正义无私,上书哀帝,为他请命。元寿元年(公元前2年),在众臣的呼吁下,王莽以给太皇太后侍疾之名,重回了长安。一年后,哀帝病逝,无子。临终前,他将大权及玺绶都交给自己的男宠,大司马董贤。可董贤无能,哀帝一死他什么也不会做。结果71岁的老太皇太后王政君再次扬威,她从董贤手中夺到传国玉玺,又逼得董贤自杀,然后将汉王朝的军政大权都交给了王莽,自己退居幕后摄政。这样,45岁的王莽走上了专政之路。

王莽在董贤死后就重新当了大司马,由于长期以来积累的声望,他得到了许多朝中大臣的支持,这样,王莽很快就牢牢掌握了朝政大权。因为哀帝无子嗣,汉元帝的孙子,中山王刘兴的儿子刘箕子与他血缘最近,就继承了皇位。刘箕子继位时,改名刘衎,即汉平帝。刘衎8岁称帝,年幼体弱,自然是王莽专权最理想的傀儡皇帝。王莽为了达到长期专权的目的,他不准平帝的母亲卫氏等人入京,从而彻底孤立了小皇帝。他对其他的外戚也不放过。汉成帝的皇后赵飞燕曾残酷杀害皇子,以致成帝无嗣;而哀帝的皇后傅氏骄奢跋扈,行径恶劣。王莽以此为由,逼得她们自杀,然后又将丁氏、傅氏两家外戚赶出了京城。这样,王莽彻底掌控了大权,朝中都是他的党羽,他从此再无敌手。

王莽的野心也不再掩饰,他开始不断地要求太皇太后赐给自己尊贵的封号。元始元年(公元1年),王莽被封为"安汉公",食邑有2万多人。为了使自己的地位更稳固,元始三年(公元3年),王莽逼使12岁的平帝刘衎娶了自己15岁的女儿为皇后。王莽有了国丈的身份,自然更加尊贵,他又想要更高的尊号,为自己篡权奠定基础。公元4年,王莽获得了"宰衡"的封号,位居所有诸侯王公之上,他还命御史为自己刻了一枚"宰衡太傅大司马"的印章以显示尊荣。

王莽的野心越来越大,篡位的企图也更加明显,这些都引起了逐渐长大的傀儡皇帝刘衎的不满。王莽察觉了平帝的不满,就对他动了杀心。公元5年腊月,王莽毒死了年仅14岁的小皇帝刘衎。王莽本打算篡汉自立,但感觉时机还不成熟,就决定再立一个傀儡皇帝。于是,他拥立了2岁的孺子婴为太子,自称"摄皇帝",代太子处理朝政,他的排场仪仗与皇帝无异。此时,王莽的野心已经路人皆知。不过他羽翼已丰,年迈的太皇太后王政君也拿他没办法了。从居摄元年(公元6年)起,东郡太守翟义、长安人赵明等先后起兵反莽,但都被王莽镇压下去了。到了居摄三年(公元8年),王莽觉得改朝换代的时机已经成熟,就决定代汉自立。

王莽为了让自己称帝名正言顺,费尽了心思。他先将居摄三年(公元8年)改为初始元年,以便去掉"摄皇帝"的"摄"字。接着他又认为,要想让天下人认同自己称帝是天命所归,就需要有符命。所谓"符命",就是编造的"天符之命",或者"圣王受命之符"。于是,各地的政治投机分子纷纷制造符瑞来讨好王莽。其中梓潼县有一个无赖叫哀章,他伪造了两个铜匮,一个刻上"天帝行玺金匮图",一个刻上"赤帝行玺某传予黄帝金策书"。这个"赤帝某"就是指斩蛇起义的汉高帝刘邦,而"黄帝"就是指王莽,意思就是天帝和汉高帝刘邦传位给王莽。哀章将这两个铜匮献给王莽,王莽如获至宝,于是光明正大地逼5岁的孺子婴禅位给自己,宣布代汉自立。由此,54岁的王莽终于登上了皇帝的宝座,他改国号为"新",尊年迈的汉室太皇太后王政君为"新室文母太

托古改制,新政迭出

王莽于始建国元年(公元 9 年)元旦正式称帝,他封妻子王氏为皇后。王莽本有 4 个儿子,长子王宇因反对他篡汉被他逼死,次子王获因误杀奴婢也被他逼死,三子王安受了刺激,神志不清,他只好立四子王临为太子。对孺子婴,王莽既不敢杀又不敢放,怕他被有心人利用来推翻自己的政权。于是王莽就封孺子婴为安定公,将大鸿胪府改为定安公府,把这个 5 岁的小孩子囚禁在里面,不准任何人与他说话或接触,这样囚禁了 15 年,将他活生生地摧残成一个白痴。

王莽称帝时,自西汉中期就积聚起来的社会危机已经非常严重了。为了缓和社会矛盾,巩固新朝统治,他依托《周礼》来进行"复古"改制,称之为"新政"。新政的内容有很多,包括了政体的各个方面。其中最重要的就是"王田令"和"私属令"。

"王田令"参考了夏商周三代的井田制模式,称天下的土地都是王田,不准自由买卖,朝廷按人口来分配土地,其标准是"一夫一妇田百亩,什一而税",任何人都不得多占。这个王田制,其实就是均田制,王莽想以此来解决土地兼并和贫富分化问题,从而缓和阶级矛盾。不过这个改革必然会损害豪强贵族们的利益,激起他们的强烈反对。同时,农民们被束缚在"王田"里,生产积极性也没有了。在举国上下的一片反对声浪中,王莽不得不下诏废除了"王田令"。

"私属令"是把所有的奴婢都更名为"私属",严谨买卖,违者严惩。这个政令的目的是为了抑制奴婢增多,但同样也损害了贵族官僚地主们的利益,遭到了他们的激烈反对。而各级官员们打着"新政"的旗号,搜刮民脂民膏,百姓的日子就更加困苦,社会矛盾更加激化。

除了这两项新政,王莽又仿照《周礼》颁布了"五均""赊贷"和"六管"。所谓"五均",就是工商业经营和物价都归政府统管。所谓"赊贷"就是发放贷款,百姓遇到丧葬、祭祀或经营方面的困难,都可以得到政府的低息或无息贷款。所谓"六管",就是国家专管六项经济事务,"五均赊贷"为一项,它与国家专营盐、铁、酒、铸钱,征收山泽生产税等,并称为六项。这几项改革表面上看都是造福百姓,其实不过是换个敛财方式而已。负责执行这些政策的都是豪强巨贾,他们互相勾结,鱼肉百姓,引得民怨沸腾。

新莽"大泉五十"陶范

王莽还对官僚制度进行了改革,他中和了上古官制和汉代官制,制成了新朝的官僚制度,不过这一改革也没有什么作用。他还对货币进行了 4 次改革。货币品种多,重量与币值关系又不合理,结果越改越乱,造成严重的经济混乱。地主官僚利用币制敛财,以致"民涕泣于市道","愁苦死者什六七",人民生活更加困苦。

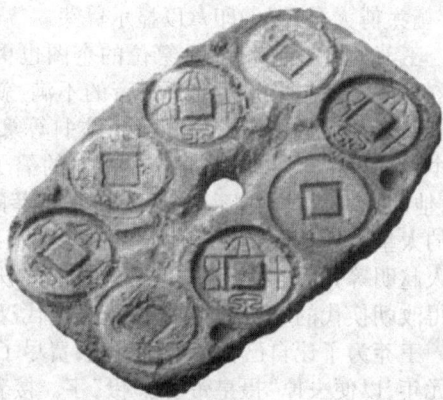

危机四伏，黔驴技穷

王莽的新政遭到了上至贵族地主，下至黎民百姓的强烈反对。这样，王莽的新朝危机四伏，贫苦的百姓走投无路，只好起义造反。而王莽还没顾得上平息国内的叛乱，又与边境的匈奴发生激战。匈奴单于不满新朝统治，大举入侵，其他各少数民族也纷纷举兵反对王莽。这样国内、边境乱成一团。

就在王莽的政权摇摇欲坠之时，统治集团内部也乱了起来。他手下的权臣王舜、甄丰和刘歆等人都想趁机夺位。结果让王莽察觉，他大怒之下，将这些人全部杀死，连子孙都屠戮干净。经过此事，王莽再也不相信自己的手下，整天疑神疑鬼，看谁都不顺眼。没想到王莽正防备朝臣，自己的后院也起火了。王莽的孙子王宗企图取代爷爷，自己做皇帝，他正在与舅舅吕宽等人密谋此事，不想事情泄露，王宗畏罪自杀。王莽气得快死，将儿孙们都赶走，亲人也不敢相信了。地皇三年（公元22年），王莽的皇后病危，将皇太子王临召回京城。结果王莽疑心太子不轨，将太子也赐死了。王莽就这样逐渐成了孤家寡人，他众叛亲离，新朝也四面楚歌了。

王莽面对内忧外患，实在不知如何才能拯救自己，他已经黔驴技穷了，所做的救亡措施都成了后人的笑柄。一次，有个郎官上疏，说要天下太平，必须立"民母"，还说黄帝就是娶了120个民女成仙的。王莽似乎抓住了救命稻草，马上派人四处采选淑女。又有一个手下见他如此害怕，就献计说："当年黄帝曾建华盖而成仙。"王莽于是命人建起九重的巨大华盖，将这作为自己成仙的车。每次外出，他都让这辆仙车在前面开路，还让拉车的300壮士齐声高呼："登仙！登仙！"还有人向他进言，说依古制，国家有难时，要用哭来向上天求救。王莽就真的带着文武百官到长安郊外哭天。也许是王莽心情太压抑，总算找到了宣泄口，他痛哭不止，竟然哭晕过去了。为了壮大哭天的声势，王莽还号召百姓和太学生们都去哭，并免费提供饭食。哭得伤悲的，就授予郎官一职。结果，短短几天，就有5000多人当上了郎官。

地皇四年（公元23年），绿林起义军拥立汉室子弟刘玄称帝，年号定为"更始年"，刘玄就是更始帝。王莽就更加惶惶不安了，为了掩饰自己的惊慌，王莽娶杜陵史家女为皇后，并举行了盛大的婚礼。为了显示自己春秋鼎盛，69岁的王莽还染黑了胡须做新郎。不过这些都丝毫不能挽救他败亡的命运。这年六月，王莽军与绿林军在昆阳（今河南叶县）交战，莽军全军覆没。十月，绿林军攻入长安，火烧未央宫。王莽被响应起义的商人杜吴杀死，又被起义军乱刃分尸，尸骨无存。

王莽54岁称帝，建立新朝，在位14年，终年68岁。他死后，新朝也就此结束。王莽篡汉自立，他托古改制，不但没有缓解西汉末年的社会危机，反而激化了社会矛盾，义军四起。而他自己也，落得粉身碎骨，还成了后人的笑柄。

汉光武帝刘秀

人物档案

生卒年:公元前 6~57 年

父母:父,南顿县令刘钦;母,樊娴都

后妃:郭皇后、阴皇后、许美人等

年号:建武,建武中元

在位时间:公元 25~57 年

谥号:光武皇帝

庙号:世祖

陵寝:河南原陵

性格:谦和谨慎、开明厚道

名家评点:

刘秀是历史上最有学问,最会用人,最会打仗的皇帝。

——毛泽东

光武帝刘秀

起兵抗新莽

西汉自成帝、哀帝之时,便逐步陷入外戚独霸朝政的混乱局面,尤以王莽乱世最为严重,王莽掌权后,连立了两个年幼皇帝,西汉亡国之君刘婴继位时年仅两岁。野心勃勃的王莽亲手覆灭了西汉,于公元 9 年自建王朝,国号为"新",继而推行了多种举措:恢复井田制度,设置六关、五均、赊贷等制度,改革币制,依照古法建立行政制度和官员配置。以致社会格局更加动荡不安,民不聊生,阶级矛盾严重激化。各地不断爆发反抗起义。

新莽王朝末年,各地连年灾荒,公元 17 年,王匡在湖北揭竿而起,号称"新市兵";王常在江陵率众起义,称作"下江兵";荆襄民众在陈牧的带领下也起兵,被称为"平林兵",次年,樊崇起兵于山东青州一带,他和手下都将眉毛涂成红色,因此号称"赤眉军"。随即,西汉皇族刘氏后裔也纷纷起兵,其中影响最大的当属汉高祖刘邦的九世孙刘縯、刘秀两兄弟,而刘秀正是日后统一天下,东汉的开国之君光武帝。

兄弟起兵

光武帝刘秀于汉哀帝建平元年(前 6)十二月,出生在父亲刘钦任职县令的陈留郡济阳县(今河南兰考县东北部),是汉景帝庶子长沙王刘发的后裔。刘钦和夫人樊氏共育有三男三女,长子刘縯,次子刘仲,三子即刘秀。

刘秀出生时,济阳县有个地方的谷子一支茎生出九只穗,谷类生穗开花即为"秀"。刘钦听闻后,觉得这是大吉之兆,为新生的儿子取名为刘秀。刘钦去世时,刘秀刚满九岁,由叔父刘良抚养长大。刘秀生就一表人才,七尺三寸,高个子,鼻梁挺拔、额头饱满,他温和守信,处事谨慎,喜欢务农。直到二十五六岁才去游历长安,在那里拜许子威为老师学习《尚书》。虽然学习成绩平平,"略通大义",但他却交下了不少好友。他见有的同学家中贫寒，就和同住一寝室的韩子共同出钱买了几头驴，派自己的仆人去跑运输，挣到的钱就为同学们支付花费。史书上称刘秀"乐施爱人，勤于稼穑"。

刘秀年轻时没有远大崇高的愿望，对生活十分知足，种田之余喜欢读书，将多余的粮食送到宛城去卖。为此，他常常受到大哥刘縯的嘲讽。刘縯生性爽直刚毅，一心想恢复刘氏皇权统治，处处结交天下英雄，等待时机。刘縯看到弟弟刘秀胸无大志，十分焦虑，故意在众人面前取笑刘秀，以此来激励他。久而久之，刘秀果然被刘縯的壮志豪情所感染，"愤而有志于天下"，也投身到反抗新莽政权的活动中来，逐渐显示出了他非凡的谋略和智慧，"仁智明达，多权谋"。

地皇三年（22），农民起义此起彼伏，天下大乱，新莽政权陷入败亡之象。宛城人李通宣扬图谶"刘氏复起，李氏为辅"。同年十月，刘縯、刘秀兄弟在南阳郡（今河南南阳）春陵乡起兵反抗新莽政权，初期他们的队伍只有七八千人，称为"春陵军"。当地民众包括刘氏宗族子弟对刘縯发难还心存恐惧，认为只有普通百姓才会造反，为了

汉哀帝嬖佞戮贤

不受拖累，有的躲避起来"亡逃自匿"，还有的保持观望态度。后来听说一向沉稳持重的刘秀也参与起兵，并亲眼看到刘秀头戴高帽、穿绛红色军服，意气风发的出现在起义队伍中，人们惊讶地议论道："谨厚者亦复为之！"这才放弃了怀疑之心，纷纷踊跃参加，就连附近各县的地主豪强也加入进来，刘氏兄弟的起义军得以壮大。因为是西汉皇族后裔领导的起义军，因此他们这支队伍被世人称作汉军。

起兵一月后，汉军与王莽军队交战于长安，未料初战不利，大败而返。刘秀和众人失散，单骑逃跑。在路上，遇到三妹伯姬，连忙将其拉到马上，不过片刻，又遇到二姐刘元和她三个女儿，刘秀欲将她也拉上马。刘元看到追兵就在不远处，不肯上马，催促刘秀快点策马离开。刘元和女儿均被赶上的追兵杀死。长安之败，刘秀的二哥、二姐及刘良的妻子和两个儿子都被王莽军队杀害，刘氏宗族死伤达数十人。

经此一战，刘秀劝说刘縯改变策略，主动和王匡、王常等人的部队联合为，绿林军"合纵"反抗新莽王朝。至第二年，绿林军已发展至十余万人，仍不断扩张。此时，众将领都意识到，是该拥立一个自己的皇帝了。既然刘氏是西汉皇族，则理应立一位刘姓皇帝，以此号召天下人，齐心协力消灭新莽王朝。从南阳地区起兵的将领豪强一致认为刘縯是最佳人选，因为刘縯功绩灼灼，威望极高，但绿林军中新市、平林等分支的将领们并不支持刘縯，他们都是平民出身，自由散漫惯了，生怕刘縯当了皇帝后，治军更加严明，他们就会大受拘束。他们力保平林军中的更始将军刘玄为帝。刘玄是春陵侯刘仁的曾孙，生性较为懦弱，甚少主见，容易受左右摆布。

最终商讨的结果，刘玄被推选为皇帝，是年二月初一设祭坛于淯阳，改元为更始元年（23），以王匡为定国上公，朱鲔为大司马，刘縯为大司徒，陈牧为大司空，刘秀为太常偏将军。随后，刘玄派绿林军主力部队围攻宛城，另派刘秀率王凤、王常领军两万北上作战，连接攻克王莽统治下的昆阳（河南叶县）、定陵（河南舞阳）和郾（河南郾城），夺

取了大批粮草、军用物资，以做围攻宛城的强有力支持。

昆阳之战

王莽得知刘玄自立新朝，且军事力量强大，震惊不已，为保障长安城，王莽急忙将对战的重点转移到南阳。王莽从各地调集了42万军队，号称百万大军，任命司空王邑、王寻为主帅，从洛阳出发，率军前往南阳镇压。王莽的讨伐军队浩浩荡荡，连绵千里，五月，已抵达颍川（今河南禹县）。当时刘秀部下正向阳关（今禹县西北）进发，为避王莽大军，不得不退回昆阳。而昆阳城守城军队仅有八九千人，刘秀下属部将见王莽军队人多势众，心生胆怯，返回昆阳城中，并向刘秀提议，不如弃城退守荆州故地，避免和强敌正面交锋，以免损失惨重。可这样一来，攻打宛城的主力部队就会直接暴露在王莽大军面前。刘秀不肯弃城，并严厉地对部将们说："只要我们合力抗敌，兵力虽相差悬殊，但仍有打胜的希望，若我们弃城而逃，不仅将被紧追猛打，更令宛城之军腹背受敌。昆阳城守不住，我们各路军队都将深受牵累。"部将们对他所言"合兵尚能取胜、分散势难保全"的道理还在犹疑，兵士来报，说王邑、王寻大军已经抵达昆阳城北。

在刘秀一再劝说下，众部将终于同意坚守昆阳城等待援兵。随即，刘秀传令王凤、王常负责守城，自己亲率李轶等12骑连夜从昆阳城南门闯出，前往联络附近各地军队。刘秀将郾县、定陵的军队全部集合起来，随他赶往昆阳，驻守郾县、定陵的将军要求留部分兵力看守原驻地，被刘秀拒绝，指出现在必须要倾尽全力才可与敌军抗衡。刘秀共集结万人军队带往昆阳，而他亲率步兵、骑兵共千余人一马当先，充任前锋部队。

就在刘秀星夜率兵往回赶时，围城的王莽军队发生了分歧，有谋士建议王邑、王寻弃围昆阳，直趋宛城，击灭绿林军主力，或者将围昆阳城的军队打开一个缺口，任由守城军队逃离，自然可以顺利进驻昆阳。王凤、王常也派人向王邑、王寻表示投诚之意，但王邑、王寻自恃兵强马壮，一意孤行，放言道："百万之师，所过当灭，今屠此城，喋血而进，前歌后舞，岂不快耶！"意欲擒杀守城将领，血洗昆阳，随后再消灭围困宛城的绿林军主力，遂将昆阳团团围住，里外数十层，并使用冲车撞城门，挖掘地道，架设云梯爬城的种种方式不断强攻。无奈昆阳城墙十分坚固，再加上王凤、王常投诚被拒，深知只有谨遵刘秀叮嘱，拼死一搏，才有生存希望，于是顽强抵抗，将一个小小的昆阳城守的固若金汤。王邑、王寻纵有百万人马，却一连数日未能进前一步。

地皇四年（23）六月初一，刘秀带领援兵日夜兼程来到昆阳城外，他率前锋将士直冲到离敌军四五里的地方才停下来。多次攻城不下，王莽军队已经身心疲惫，锐气大减。刘秀策马挥刀在前，冲入敌军，击杀敌军十来人。这个小小的胜利，极大地鼓舞了绿林军的士气，将领们高兴地说："刘将军见小敌怯，见大敌却这般勇敢无畏？"

在刘秀的带动下，将士们豪气冲天，奋起砍杀，将王邑、王寻所派数千人一举歼灭。为鼓舞昆阳城守军士气，也动摇敌军军心，刘秀派人拟了一份宛城已被绿林军攻克的战报，用箭射入昆阳城中，并特意射进敌军军营中一份战报。王邑、王寻得知，不免有些惶然，为防止各州郡的将士不守制约，遂严令各营不准擅自出兵。此时，刘秀已亲率三千人悄然渡过昆水（今叶县辉河），潜行至敌军大营后侧，突然发起猛攻，直扑王寻、王邑的主帅大营。王寻、王邑仍不以为然，只带领帐下一万余名士兵迎战，刘秀一马当先，王邑、王寻部下被杀的人仰马翻，慌乱逃窜。

各州郡将士远远听闻厮杀声，却又不敢违抗王邑的命令，擅自出动救援，王寻在战斗中被杀。昆阳守城将士见刘秀取胜，打开城门冲杀出来，内外夹攻，王邑部队溃不成

军,相互践踏,四下夺路而逃。偏偏老天爷降下雷暴雨,水势暴涨,王邑将士涉水溺死者竟达万余人,"雨下如注,滍川盛溢,士卒争赴,溺死者以万数,伏尸百里,水不流。"只有王邑、严尤、陈茂等人带着剩下的几千人,踩踏尸首渡河,狼狈地逃回洛阳。刘秀以不足两万之部就将王莽的42万大军打得落花流水,这一场战役,刘秀缴获的战利品不计其数,足够支援绿林军主力部队所需。

昆阳之战是历史上著名的以少胜多的战役之一,也是抗莽运动中决定性的战役,这一战几乎摧毁了王莽军事主力,加快了新莽政权覆灭的脚步,引起了社会上巨大反响,形势急速发生了转变,"海内豪杰翕然响应,皆杀其牧守,自称将军,用汉年号,以待诏命,几月之间遍布天下。"各地豪门富强争相揭竿而起,高呼反莽旗号,如成纪人隗崔、隗义,河北人周宗,皆在此时起兵,接受更始皇帝的年号,等待诏命。

昆阳之战后不久,刘縯一举攻下了宛城,刘氏兄弟威名远扬,新市、平林的农民军将领对他们的猜疑心更重,就劝说更始帝刘玄除掉他们。而刘縯的部将对刘玄当皇帝也不服气,总是违抗命令,还表示说:"是伯升(刘縯字伯升)兄弟带领我们起兵,如今却让刘玄当了皇帝。"刘玄也害怕刘氏兄弟的威名会影响他的皇帝宝座,于是和新市、平林将领"遂共谋诛伯升",给刘縯及其部下安了一个"莫须有"的罪名,全部杀害了。此刻,刘秀正带着部队在外地作战,听说长兄被害,悲愤不已。但他自知势单力薄,不足以与更始帝对抗,只得强忍悲痛,连夜赶回宛城,主动求见刘玄谢罪。他毫无悲色,也不给哥哥刘縯举办葬礼,这一场表演成功地骗过了更始帝和那些排斥他的将领,刘玄非但没有杀他,还封他为破房大将军、武信侯,让他继续领兵作战。而根据史书上的记载,那段时间刘秀"独居辄不御酒肉,枕席有涕泣处",足见他是忍辱负重,等待时机。

控制河北

更始元年(23)九月,更始军队一连攻克长安和洛阳,刘玄打算以洛阳为国都,命令刘秀先行修整洛阳宫殿、官府。刘秀"安排僚属,下达文书",很快混乱不堪的洛阳城就恢复了以往的平静,刘秀还依照汉朝旧历来安排官制和官服。一切安排就绪,刘玄高高兴兴地选了个黄道吉日,在那天全体"迁都"洛阳。对于曾经历了西汉和新莽朝的大臣们而言,他们当然希望看到刘氏王朝的复兴,纷纷从长安城赶往洛阳朝见,其中有长安城京兆尹、左冯翊、右扶风等人。可当他们抵达洛阳后,却被帝座上更始皇帝和那些亲信大臣们不伦不类的装束吓了一跳。

西汉时期,服饰有着严格的等级制度,非常考究和复杂。上至皇帝嫔妃、王公大臣,下至平民百姓,都要遵循严规。而现在,更始皇帝和亲信们却胡乱穿着,有的随便用一块布包着脑袋,还有不少人穿着华丽的女服,毫无威严庄重之感。长安的大臣们对此滑稽可笑的一幕,暗暗摇头叹息,这哪里是他们心目中的帝王将相啊?

正当他们大失所望之际,身着正规汉服、神秀俊朗、仪表不俗的刘秀走上前来,一下成为整个大殿中最夺目的焦点。长安的大臣们似乎回到了西汉的殿堂,顿时心生喜悦,相互感叹道:"真没想到,今日又能得见汉朝官员的威严。"因而,他们对刘秀格外尊崇。

刘玄定都洛阳后,他所辖范围仅有长安、南阳及河南大部分地区,其余地方都被打着各种旗号的地方武装势力所盘踞,他们根本不把洛阳的玄汉政权放在眼里。也因此对开阔的洛阳地区虎视眈眈,刘玄坐卧不安,唯恐被不知道哪一支的割据势力侵袭。

在群臣的建议下,刘玄决定招降各地的武装队伍,以保障洛阳的安全,尤其是周边地区如河北冀州一带,各种武装林立。可派谁去招降呢?这是一个棘手问题,因为任务非常危险,可能有去无回,一般的文臣武将根本没有勇气和能力前往。新任大司徒刘赐是刘玄和刘秀的堂兄,举荐了唯一能够担当此任的刘秀,左丞相曹竟也力荐刘秀,可刘玄心里却不踏实,因为他深知,一旦外部的武装队伍被招降,势必会增强刘秀的军事实力和威望。可是别无选择的刘玄,最终也只能同意派刘秀担此重任。

心存疑虑的刘玄下诏,任命刘秀为大司马,"持节北渡河,镇慰州郡",前往招降河北地区的武装队伍。或许是希望刘秀就此葬身河北,以除大患,刘玄居然没有给刘秀指派护卫军队。刘秀仅仅带着冯异等不足两百名随从渡过黄河,前往河北。

鉴于河北形势纷繁复杂,刘秀听取邓禹"延揽英雄,务悦民心"和冯异"理冤结,布惠泽"的建议,"所过郡县,考察官吏,平遣囚徒,除王莽苛政,复汉官名;吏民喜悦,争持牛酒迎劳。"刘秀一路惩治地方恶霸贪官,释放无辜关押的百姓,废除新莽王朝的酷刑苛政,恢复汉朝法制,受到各阶层百姓的欢迎,这为刘秀日后建立政权奠定了良好的群众基础。

刘秀在河北遇到的最大的障碍是王郎政权。王郎原本是邯郸一个以卜卦为生的术士,趁乱世谎称自己是汉成帝之子刘子舆,联合当地的豪强富绅自立为王,建立起割据政权,并悬赏十万户通缉刘秀。

在河北一地无军事实力的刘秀被迫逃亡。更始二年(24)初,刘秀从真定北往蓟城,随后继续南逃,一路上被王郎部下追击堵截,"趣驾南辕,晨夜不敢入城邑,舍食道傍",一度处境危急,直至逃到信都(今河北邢台西南)才摆脱追兵。刘秀身边只余下邓禹,冯异等几名亲信,突遇雷雨大风,众人被浇得透湿,慌忙躲到一处破茅草屋避雨,"冯异抱薪,邓禹热火,光武对灶燎衣"。等到雨过天晴,刘秀前去拜见信都太守任光,并接受任光的建议,发布檄文,征兵讨伐王郎。檄文一出,各地方小型割据武装纷纷主动前来归附。四月,刘秀亲率联合军队出发,将邯郸团团围住,激战20余天,王郎军队终于被消灭。王郎派人请降,要求予以优待,封给自己一个食邑万户的侯位。刘秀回复说:"即便成帝再生,也不能得到天下,何况你这个假冒刘氏宗亲的人呢?你只要能保住性命就该满足了。"王郎见此,只得带着随从逃跑,途中被杀害。

刘秀占领邯郸后,在清理缴获的文书档案时,发现了几千份官员向王郎密报有关刘秀情况的奏折,有人建议按照奏折上所署人名一一查办。而那些官员们惶恐不安,自以为末日将临。谁知,刘秀根本没有看那些奏折,而是将官吏们召集起来,当他们的面将奏

冯异——荒亭进粥

折全部焚毁。刘秀说,只有这样做,才能"令反侧子自安"。这样一来,果然让这些官员放下心来,死心塌地归附刘秀。铲除了王郎政权,刘秀牢牢地控制住了黄河以北的广大地区。

天命称帝

更始帝刘玄听闻刘秀掌控了河北地区,心内更加不安,连忙派使节赶到河北,加封刘秀为萧王,命刘秀和部将们即日返回长安听候调遣。同时,刘玄暗令在邯郸掌兵权的尚书令谢躬偷袭刘秀,并派苗曾、韦顺、蔡充分别任幽州牧和上谷、渔阳太守,以掌握幽州地区兵力。对于刘玄的种种安排,刘秀早已看穿其意图,他自然不肯就此罢休,乃"辞以河北未平,不就征"。紧接着,刘秀派吴汉、耿弇攻击苗曾、韦顺、蔡充,将幽州十郡划归在自己的势力范围;随后,刘秀再派吴汉、岑彭在邺城用计袭杀谢躬,收编其下属部队。

当年秋天,刘秀发动了一连串军事行动,调集全部兵力,在馆陶(今山东馆陶县)、蒲阳(今河北省满城县附近)先后击败并收编铜马、高潮、重连、尤来、大枪、五幡等地方起义军。为了解除被收编将领的顾虑,刘秀传令让将领们先行回到各自军营中休整,他独自一人骑着马前往各军营巡视。这一举动无疑在表明自己对被收编将领的绝对信任,将领们大受感动,纷纷示忠:"萧王推赤心置人腹中,安得不投死(以死相报)乎?"由此刘秀的军事力量大增,河北地区也安定下来。因为收编铜马军队,后来关西一带也将刘秀称为"铜马帝"。

公元25年正月,方望赶赴长安求得孺子婴,随即和安陵人弓林在临泾城(今镇原)"聚党数千人",立孺子婴(刘婴)为皇帝。方望做了总理庶务(相当于丞相),弓林当了主掌兵权的大司马,孺子婴临泾当立,自然遭到更始皇帝刘玄的反对。刘玄派丞相李松带军前去摧毁,孺子婴、方望、弓林等都被诛杀,身首异处。

在河北观望的刘秀觉得这是一个大好时机,当即任命邓禹为前将军,领两万精兵从晋南赶往关中,等待时机攻取长安。为防止驻扎洛阳的李轶北渡救援长安,刘秀派冯异为孟津将军,率军把守(今孟州市以南),部署重兵看住黄河渡口,同时,刘秀委派寇恂去河内郡(今河南武陟县内)担任太守,"行大将军事",坐守当地,确保大后方的安全和前方粮草的供应。

此时,樊崇、逢安、徐宣为首的赤眉军,正从河南东部迅速扑向长安,刘秀亲率军队来到冀中、冀北一带,部将们纷纷请求刘秀称帝,但刘秀总觉得时机不够成熟,一再推辞。当军队行至中山县时,将领们再次请求刘秀称帝,刘秀不允,随后来到南平棘,刘秀仍然拒绝了将领们的恳求。耿纯进谏说:"天下士大夫,捐亲戚,弃土壤,从大王于矢石之间者,其计固望攀龙鳞,附凤翼,以成其所志耳。今大王留时逆众,不正号位,纯恐士大夫望绝计穷,则有去归之思,无为久自苦也。大众一散,难可复合。"言辞恳切,打动了刘秀,他终于回答说:"吾将思之。"

有一位名叫强华的儒生,特意从关中赶来拜见刘秀,他手捧赤符说:"刘秀发兵捕不道,四夷云集龙斗野,四七之际火为主。"意思是说:四七为二十八,自从汉高祖刘邦称帝的那一年公元前206年,到刘秀起兵的公元22年,正好是228年。汉朝在五行属于火,如今天意要刘秀称帝,理应顺应从事。

公元25年六月,在"诸将固请"及"赤符天命"之下,刘秀终于下定决心,在鄗城(今河北柏乡北部)南的千秋亭五成陌筑坛祭天,登基当了皇帝,重建汉政权,史称东汉,这年改为建武元年。

一统天下

作为东汉开国之君,刘秀面对四分五裂的混乱局势,他的首要任务就是消灭各处割据势力,一统天下。

建武元年(25),七月二十九日,刘秀亲率军队来到怀县,并派部将驻守五社津,以防备荥阳以东发生战事。随后命吴汉、朱祐等11位将军包围洛阳。当时镇守洛阳城的是朱鲔,而长安城的形势日见危急,刘玄迁居到长信宫,宰相李松亲率军队抵抗赤眉军进攻。九月,李松被赤眉军生擒,李松的弟弟李况是城门校尉,闻讯后即刻将长安城门打开,将赤眉军放进城。九月,赤眉军进入长安,刘玄降,后被赤眉所杀。九月初六日,刘秀将更始皇帝刘玄改封为淮阳王,并昭告天下"吏民敢有贼害者,罪同大逆;其送诣吏者封列侯"。

洛阳城被围困了好几个月,朱鲔始终顽强坚守,攻城的将领们不免有些焦躁。刘秀找来廷尉岑彭,让他去劝降朱鲔,因为岑彭曾经在朱鲔手下当过校尉,两人颇有交情。岑彭奉旨来到洛阳城外,对城墙上的朱鲔陈述利害得失。朱鲔也坦陈内心所虑:"大司徒被害时,鲔与其谋,又谏更始无遣萧王北伐,诚自知罪深,不敢降!"岑彭回去禀告刘秀,刘秀回答说:"举大事者不计小怨。鲔今若降,官爵可保,况诛罚乎!河水在此,吾不食言!"岑彭又去找朱鲔,朱鲔听了半信半疑,命人从城墙上垂下一条绳索,对岑彭说:"必信,可乘此上。"岑彭毫不犹豫,抓起绳子就要往上攀爬。朱鲔看岑彭确有诚意,当即答应投降。

九月二十六日,朱鲔将自己反绑起来,跟随岑彭拜见刘秀。刘秀迎上前,亲手解开朱鲔身上捆绑的绳索,随即让岑彭送他返回洛阳城内。这一举动,让朱鲔感动不已,十月初,朱鲔打开洛阳城的大门,带领全体守城将士出城投降。十月十八日,刘秀进入洛阳城,任命朱鲔为平狄将军,封为扶沟侯。从此,东汉定都洛阳。

建武二年(26),和刘秀反复抢占长安的赤眉军引兵东归,和邓禹的部队遭遇,赤眉军大败邓禹军,邓禹带着24骑狼狈地逃回宜阳。次年二月,冯异率汉军以"诱敌伏击法"与赤眉军大战于崤底,赤眉军溃不成军,八万余人投降,尚余十多万人仓皇逃走,而刘秀早已断定"赤眉无谷,自当东来",因而亲率汉军大部队在宜阳(今河南宜阳西)严阵以待。疲惫不堪的赤眉军无力抵抗,樊崇带领十多

岑彭

万将士全体投降,还将在长安城掳来的传国玉玺献给了刘秀。延续了十年之久的赤眉军起义就此结束,而刘秀没有大动干戈,就取得了关中地区的控制权。

至此,刘秀已基本控制了中原(今河南、河北和山西南部)的大部分地区。其余地区仍然被各武装势力所占。如:在东部地区,就有青州张步、东海董宪、睢阳刘永、沪江李宪;在南部,秦丰占领南郡,田戎霸占夷陵;西部地区有几大霸主:公孙述占据成都一带,隗嚣占据天水,窦融驻守河西,九原地区皆属卢芳;北面地区只有占据渔阳的彭宠。经过一番深思熟虑后,刘秀决定采取"先关东,后陇蜀"及"由近及远,各个击破"的军事策略。

建武三年(27),刘秀派大将大司马吴汉及盖延率汉军攻克睢阳,刘永突围途中为部将杀害。建武五年(29),汉军在垂惠(今安徽蒙城)全歼刘永余部,消灭了东部地区

的割据势力，确保了京都洛阳的安全。同年二月，彭宠不敌汉军进攻，被叛将杀死，汉军占领渔阳，统一了燕蓟地区。六月，刘秀亲率汉军征讨占据东海郡（今山东郯城）的董宪，董宪弃城而逃，跑到了朐（今江苏连云港南部），于次年被吴汉击杀。

建武五年（29）十月，刘秀派大将耿弇攻打济南郡（今山东济南）、临淄（今山东淄博东北部），张步被步步紧逼，最终无路可逃，投降东汉。随后，汉军又铲除了占据庐江一带的李宪，全面平定关东地区。

下一步，刘秀将矛头直指占据天水地区的隗嚣，他首先说服占据河西的窦融与汉室合作，使得隗嚣处于腹背夹击的困难境地。建武六年（30）四月，刘秀派耿弇等7名将领分别带一支队伍进攻陇坻（今陇山，陕西陇县西北），危急时刻，隗嚣主动联合公孙述一起抗汉。

建武八年（32）春，刘秀命令来歙率领两千精兵，偷袭略阳，以此来牵制隗嚣的主力部队。入夏后，刘秀亲率汉军，与河西窦融的军队两面夹击陇军，隗嚣大败，逃至西城（今甘肃天水西南部），不久，被大将王元代领援兵救出，共同奔赴冀县（今甘肃天水西北部）。汉军一度因粮草匮乏而撤离，但隗嚣的军事力量遭到重创，已无反抗之力。建武九年（33）正月，郁郁难平的隗嚣因病去世，他手下部将们拥立隗嚣次子隗纯继任王位。刘秀听闻后，再次发兵攻打陇西。建武十年（34）十月，汉军终于大胜，隗纯被迫投降，就此结束了历时四年的陇西之战。

平定陇西之后，各地武装势力中，只剩下占据巴蜀的公孙述是刘秀唯一的心头大患。为了清除统一天下的最后一块绊脚石，刘秀马不停蹄，立即开始讨伐公孙述。公元25年，也就是刘秀称帝同一年，四月，公孙述在蜀郡功曹李熊德劝说下，在成都即帝位，年号"龙兴"，自称白帝。公孙述任命李熊为大司徒，任命自己的弟弟公孙光为大司马、公孙恢为大司空。成为当时割据势力中最有影响力的一支。

建武十一年（35）春，刘秀坐镇长安指挥，命大将岑彭、大司马吴汉率军从长江溯江西行，大将来歙率领陇西军队从天水赶赴河池（今甘肃徽县西北部）。很快，岑彭、吴汉军队攻克夷陵，进入江关（今四川奉节）。六月，来歙率领的陇西军占领了河池、下辨（今甘肃成县），一路向南逼近。公孙述眼看大军压进，竟接连派人暗杀了来歙、岑彭两位汉朝大将军。但这并未能阻拦汉军前进的脚步，吴汉接替了岑彭统帅之职，继续挥兵伐蜀。建武十二年（36）

耿弇

冯异

正月,吴汉在鱼腹津(今四川东山北部)大败蜀军。十一月,吴汉大军兵临成都近郊。十七日,公孙述拼死一搏,亲自带领数万蜀军迎战吴汉,却被吴汉打得落花流水,溃不成军,公孙述也在战役中身负重伤,不治身亡,蜀地至此平定。历时12载,刘秀终于削平群雄,取得了统一天下的最后胜利,也完成了中国历史上的第三次大统一。

怀柔治天下

与民休息

建武十七年(41),光武帝刘秀返和故里,宴请家乡父老。家族中女性长辈们也举杯畅饮,其乐融融,她们对刘秀说:“文叔少时谨信,与人不款曲,唯直柔耳。今乃能如此!”意指刘秀从小就生性温和,毫无悍厉之气,如今才能光宗耀祖。刘秀听后大笑,回答说:“吾理天下,亦欲以柔道行之。”

刘秀并非说笑而已,“以柔治国”成为他在位33年治理东汉的主导思想,也成为他治理国家的一大特色。刘秀建立东汉,接手的是残破不堪、民不聊生的社会局面,为了重建刘汉盛世,完全抹去新莽政权所造成的损害,光武帝刘秀采取了一系列积极的政策,就在平定天下期间,每征讨一地,他都诏令部属,“注重安抚,不事屠戮”,实行与民休息的政策。

建武二年(26),光武帝刘秀第一次下诏宣布:“被卖的妻妾、子女愿意回到父母身边的,可听其自便;若敢拘留者,按法律论罪。”建武十一年(35)二月,光武帝诏曰:“天地之性人为贵。其奴婢,不得减罪。”同年十二月,光武帝再次下诏称:但凡建武八年以来“被略为奴婢者,皆一切免为庶人;或依托为人下妻,欲去者,恣听之;敢拘留者,比青、徐二州以《略人法》从事。”明令禁止豪门富强抢逼弱民为自己当奴婢。

光武帝曾先后九次下令释放奴婢、禁止买卖并随意杀害奴婢。这些诏令使大量奴婢免为庶人,许多贫苦百姓不再流离失所,而是回到自己的家乡,从事生产劳作,既缓解了社会矛盾,也对解放社会生产力,促进社会发展起到了十分积极的作用。

此外,在建武七年(31),光武帝下诏大赦天下,将京城及各郡、国在押囚犯,除死刑犯外,一律释放,所犯罪行,概不追究。罪犯重获自由之身,且恢复平民身份。至于那些理应受到两年徒刑处罚的在逃犯,由各地方官府统一发布公告,公布其姓名,一概免去罪名,不必再受惩戒,让他们看到公告后,能够安心回家,从事生产。

建武初年,根据全国户籍记录,各地遗存人口不足十分之二,满目荒野,民不聊生,而到了建武五年(29),户籍人口纪录已大大提升,乡村土地荒芜状况得到极大改善。及至建武后期,全国户籍记录在册的人口已升至2100多万。

另一项能够体现光武帝“以柔治国”的重大措施就是降低赋税,减少国家开支,以此来减缓百姓的负担。建武六年(30),光武帝下诏说:“顷者师旅未解,用度不足,故行什一之税。”如今军队屯田,后备粮草富足。各郡,国不再征收十分之一的田税,而是恢复汉景帝二年(前155)所实行的“田租三十税一”的田税制度。

光武帝还摒弃了西汉王朝以来累赘复杂的官吏设置制度。他在登基初期就开始大量合并官府,减少吏员。建武六年(30),光武帝宣布调整郡、县及封国,“并省四百余县,吏职减损,十置其一。”同时,大量裁减官员,六月,光武帝下诏说:“夫张官置吏,所以为人也。今百姓遭难,户口耗少,而县官吏职所置尚繁,其令司隶、州牧,各实所部,省减吏员。县国不足置长吏可并合者,上大司徒、大司空二府。”仅仅这一举措,就合并了400余县，原有的官员配置只剩下十分之一。在平定天下后，军事行动锐减，光武帝由此又简化省去了一些官职，"兵革既息，天下少事，文书调役，务以简寡，至乃十存一焉"。这些措施有效地节省了国家开支，也大大减轻了百姓的负担。

在建武初期，"田宅逾制"和隐瞒土地、户口的现象极为严重，"是时，天下垦田多不以实，又户口年纪互有增减。"针对这一点，建武十五年（39），光武帝下诏"度田"，即"州郡检核垦田顷亩及户口年纪"。但在核查过程中，地方官员不敢触及王公贵族和豪强世家，"多为诈巧，不务实核""优饶豪右，侵刻羸弱"，以致"百姓嗟怨，遮道号呼"。不公平的核查激起了农民的不满，全国各地均出现了骚动，当地的豪强也趁机作乱，地方上一时之间形势严峻。刘秀刚柔并济，对农民反抗采取安抚和镇压两手方案，并处死了十几名在核查中作假的地方官员，随后，宣布停止"度田"，以此来平息地方豪强的抵触情绪。光武帝时期实行的田地丈量，使得纳税征更加合理化，促进了生产，也减轻了农民的一些负担，对国计民生的稳定起到了一定的作用。

有一次，皇太子表示想听父皇讲些战场厮杀的故事，光武帝却说："古时候，卫灵公曾向孔子请教关于战争之事，孔子没有作答。如今，战争之事业并非你所要了解的！"光武帝执政共33年时间，在平定天下之后，他甚少谈及军事，在安定边陲方面，他更注重安全维护，而不赞成武力扩张。建武二十七年（51），大将军臧宫和马武准备出击匈奴，光武帝没有批准，他指出"柔者德也，刚者贼也，弱者仁之助也，强者怨之归也"。这充分体现了他不提倡武力，而善于"以柔治国"。

王霸

好儒任文

出身于皇族世家，光武帝刘秀从小就接受了儒学教育，还在南征北战的时候，他就极为重视儒学，下令搜集、整理古代各类典籍，"采求阙文，补缀漏逸"，并且每到一处"未及下车，先访儒雅"。拜访当地著名的儒学人物，或是请他们担任官职，或是赐予封号。光武帝时期，担任国家重要官职的人大多为儒生出身。"《易》学者刘昆、《尚书》学者欧阳歙、《春秋》学者丁恭、《诗》《论语》学者包咸"，以及范升、陈元、郑兴、杜林、卫宏、刘昆、桓荣都曾担任官职，有的还先后被任命为都尉、大司徒、侍中等重要官职。光武帝以儒家方略治理天下，自然十分敬重他们，以礼相待，往往朝堂政事商议完毕，还会和他们彻夜长谈儒家经典，或是秉烛诵读，夜深不寐。有时还会亲自主持和裁决有关古文经学的辩论，"经学博览，政事文辩，前世无比"。皇太子刘庄担忧他的身体，就劝他要注意身体，"陛下有禹汤之明，而失黄老养生之福，愿颐养精神，优游自宁"。光武帝回答说："我自乐此不疲！"

建都洛阳之后，光武帝立即在洛阳城门外修建太学，设立五经博士，恢复西汉时期的十四博士之学。他还常常来到太学巡视，"车驾幸太学，会诸博士论难于前"，并封赏表现出色的儒生。建武五年（29）二月，光武帝册封孔子之后孔安为殷绍嘉公。十月，光武帝派大司空祭祀孔子。因为光武帝对儒学的推崇和提倡,在建武年间,许多郡、县也都兴办学校,蔚然成风"兴庠序之教",就连民间也创办了多家私学,儒学盛行一时。

据《后汉书·张衡传》记载:"东汉初年,光武帝善谶纬,及显宗、肃宗因祖述焉。自东汉中兴之后,儒者争学图谶,兼复附以妖言。"儒学在光武帝执政期间虽然得到了长足的发展,但却并非正宗儒学,而是颇有些荒诞的"谶纬",而这完全是受到光武帝自身经历的影响。早在他起兵抗莽之时,就有宛人李通以图谶劝他起兵。后来又有儒生强华自关中奉赤符请他称帝。"刘秀发兵捕不道,卯金修德为天子。"这两次"谶纬"直接引导了光武帝刘秀生命中的两次重大转折。在东汉初年,"谶纬"学说成为儒学中最流行的学问。光武帝在晚年,还宣布"图谶于天下",甚至连处理朝政都以此为凭据。

有一次,光武帝与太中大夫郑兴议论关于举办郊祀典礼的事宜,说要以谶书来决定。郑兴回答说:"臣从没有研究过谶书。"光武帝闻之大怒,责问道:"你从未研究过谶书,难道是你不赞成谶书吗?"郑兴不敢说实话,只好解释说:"臣才疏学浅,还读不懂谶书。绝非不赞成。"光武帝神色稍缓,才没有将郑兴治罪。

桓谭是光武帝时期著名的唯物哲学家,他反对"谶纬"之说,并大胆上书,指出谶书"群小之曲说",不宜推广,应该摒弃。光武帝对此十分不悦,但并没有惩治他。一天,光武帝和权臣商议建灵台之事,又说要以谶书做决定,并故意询问桓谭。桓谭初始沉默不语,终于还是回答说:"我不读谶书。"光武帝问他为何不读。桓谭直言不讳,将自己对谶书的看法全部说出。光武帝越听越气,不待他说完,就雷霆大怒,喝道:"桓谭非圣无法,将下斩之!"桓谭一听,也吓坏了,赶紧跪拜在地,不停地磕头请求皇帝饶命,直磕得头破血流,再加上群臣小心翼翼地求情,光武帝才没有坚持砍桓谭的脑袋。但"死罪可免,活罪难逃",桓谭当即被贬为六安郡(今安徽六安市北部)丞,被赶出了京城,在上任的路上,桓谭就因忧病而死。从此,再无人敢在光武帝面前反对"谶纬"之说。

控制集权

光武帝在建立东汉之后,采取一系列措施整顿吏治,以加强中央集权,严格控制宗族、外戚的权力。光武帝首先削弱三公(即丞相、太尉、御史大夫)的职权,将其分别改为大司徒、大司马、大司空,"虽置三公,事归台阁",全国政务都经尚书台,最后总揽于皇帝,以此来突出尚书台的决策地位。"凡国有大造大疑,则与司徒、司空通而论之;国有过事,则与二公通谏争之"完全降低了以往三公"无所不统"的重要性。

在东汉初期,光武帝沿用西汉官员配置,各州分设州牧,"总领一州军政大权,品秩为二千石"。直到建武十八年(42),光武帝下诏废除州牧制度,"置领刺史",刺史是监察官,不仅品秩减少了大半,仅有六百石,职权也比州牧缩水了不少。这样一来,防止各地州牧在自己的势力范围里形成割据。原本每郡太守、都尉各一人,"太守掌民政,品秩两千石,都尉管军事,品秩比两千石"。光武帝在建武六年(30)八月,下诏"罢郡国都尉",取消郡县的专职武官,"并职太守,无都试之役",将太守、都尉的职权合并于一人同时"罢轻车、骑士、材官、楼船士及军假吏,令还复民伍",将地方上的更戍役制度废除,以加强中央集权的管理。同时,光武帝还下诏强化监察制度,提高御史中丞、司隶校尉等官职的权限和地位。并将春秋时期便已出现的监军之制明文规定,设"北军中候"掌监五营;若有军队出征,皇帝就会派自己的亲信大臣随军监督。

光武帝对刘氏宗族一贯重视,凡是宗族中随他起兵的人,光武帝都给予王、侯之封:叔父刘良封赵王;大姐刘黄封湖阳长公主;三妹伯姬封宁平长公主;刘縯追谥为齐武王,刘縯的两个儿子分别封为齐王、鲁王;二哥刘仲追封为鲁哀王,二姐刘元追封为新野长公主。此外，在政治、经济方面也予以优厚待遇，但有一点是光武帝始终坚持奉行的，那就是"宗室不得理司"，以防宗室结党营私，干扰甚至祸乱朝纲。光武帝明确表示宗室子弟不得参与政事，都要安居于各自的封地。正因为此，光武帝执政期间，"宗室子弟无得在公卿位者"。建武二十四年（48），光武帝又"诏有司申明旧制阿附蕃王法"，指出严格依循汉武帝对淮南王、衡山王之乱所制定"左官之律，设附益之法"，但凡有"阿曲附益王侯者，以重法论处"。光武帝此诏，就是为了告诉宗族子弟，你们不但要老老实实地在封地待着，也绝不可以"豢养宾客"，结交天下豪杰。建武二十八年（52），光武帝得知诸王多有违背，即"诏郡县捕王侯宾客，坐死者数千人"。从此而后，宗族子弟再无敢违抗诏令之举。

从汉高祖刘邦之始，就有白马之盟，"非刘氏不王"，以防止外戚干政乱权。但在西汉时期，仍屡遭外戚专权的威胁，其中影响最大的有两次，第一次在西汉初年，吕后封自家人吕产，吕禄为王，祸乱朝纲，幸而未能得逞。再一次就是覆灭了西汉的王莽，自建新朝称帝。光武帝亲身经历了王莽之乱，自然不会允许同样的不幸发生在自己辛苦建立的东汉王朝，因此，他严格控制外戚的权力，在经济上给予优厚的封赏，但决不允许外戚掌控朝权。阴皇后的兄长阴识，跟随光武帝征战多年，先后被任命为骑都尉、阴乡侯。当光武帝以军功论赏时，阴识却叩首辞让，说："天下初定，将帅有功者众，臣托属掖廷，仍加爵邑，不可示天下。"因而深得光武帝敬重，"常指识以救戒贵戚，激励左右焉"。阴皇后的弟弟阴兴也屡建战功，光武帝赐爵关内侯。平定天下后，阴氏兄弟与著名文人冯衍往来密切，这恰恰犯了光武帝不喜外戚结交宾客的忌讳。他下令将外戚所结交的宾客依法处置，重者处死，轻者贬官。阴氏兄弟虽然是光武帝面前的红人，但也难免受到责备，冯衍也因此被罢免官职，潦倒而死。在为太子选择太傅时，光武帝明确表示不任用外戚阴识，最终选用了大臣张佚。

光武帝在政治、军事权力方面对宗室、外戚诸多控制，但在其他方面却听之任之，只要不干涉朝政，光武帝对他们并不严格管束。久而久之，皇亲国戚们也摸清了光武帝的脾气，绝口不谈政治，一味骄奢淫逸，在洛阳城中恣意妄为、专横跋扈，还纵容奴仆横行于市，百姓们备受欺辱，敢怒而不敢言。光武帝听闻后，特召已经69岁的董宣（董少平）为洛阳令，董宣以不畏权贵、执法严明而著称。到任后不久，湖阳公主（光武帝的姐姐）的家奴在街市上杀了人，董宣立即下令抓捕他。可这个家奴倒也狡猾，干脆躲进湖阳公主府中，足不出户，作为地方官员，没有权力进入公主府搜捕，董宣只好派人日夜监视湖阳公主府，传令说一旦那个杀人的家奴走出府门，就将他缉拿归案。几天后，湖阳公主乘车外出，那个家奴也紧随在公主身旁。董宣带领衙役等候在夏门亭，拦截住湖阳公主的车马，董宣先是命人

汉光武帝赏强项令

将那个家奴从马车上拖下，湖阳公主正欲阻拦，董宣却毫不客气地斥责公主，说她目无法纪，包庇凶手。说罢，就将那个家奴就地正法。湖阳公主恼羞成怒，立即哭哭啼啼地

跑到皇宫找光武帝，哭诉了一番。光武帝心疼自己的姐姐，就安抚说一定要严惩董宣，用竹鞭将其打死，好让姐姐出这口闷气。

董宣清楚皇帝为何要召见自己，当光武帝怒气冲冲地责问："你好大的胆子，竟然敢当众羞辱公主！"董宣神色坦然地回答说："因为陛下一向圣明，施行仁政，才复兴了汉室江山，国家富强。现在湖阳公主包庇滥杀无辜的家奴，陛下却任意纵容，还要责问臣。陛下以何治理天下？臣只知依法办事，生死早已置之度外！"说罢，董宣便一头撞向殿柱，顿时头破血流，光武帝急忙命宦官拉住董宣，给他包扎伤口。光武帝说只要董宣向湖阳公主磕头赔罪，事情可就此罢休。董宣却执意不肯，光武帝命人按住董宣给湖阳公主磕头，董宣硬撑着用双手支住地面，抬着脖子大呼道："臣无过，为何赔情！"光武帝深受感动，便不再勉强。湖阳公主气愤不已，问光武帝说："以前你是平民时，包庇逃犯，官府也不敢追究。如今你当了皇帝，反而不能制服一个小小的洛阳令吗？"

光武帝好言安抚湖阳公主，将其送回公主府。同时，赐封董宣为"强项令"，并赏钱三十万，以示对他刚正不阿的奖励。董宣将赏钱全部分给了下属和受害人的家属。从那以后，洛阳城的皇亲国戚个个收敛了不少。京城百姓感激董宣，都把他称为"卧虎"，称赞说："枹鼓不鸣董少平。"

董宣去世之时，光武帝深感悲痛，还派专人前去董府吊唁，见董宣的遗体上只盖着一块破布，家中除了"大麦数斛，弊车（即破车）一乘"，别的什么都没有，董宣的妻子、儿女相拥而泣。光武帝得知后，叹息道："董宣廉洁，死乃知之！"乃特赐给银印禄级，按照大夫礼安葬，并提拔董宣的儿子董并为郎中，一直重用。

云台二十八将

在光武帝刘秀平定天下的过程中，骁勇善战、忠心耿耿的"云台二十八将"无疑立下了汗马功劳。他们是邓禹、马成、吴汉、王梁、贾复、陈俊、耿弇、杜茂、寇恂、傅俊、岑彭、坚镡、冯异、王霸、朱佑、任光、祭遵、李忠、景丹、万修、盖延、邳彤、铫期、刘植、耿纯、臧宫、马武、刘隆等。光武帝自然也不会亏待这些战功赫赫的将军，但在统一天下之后，他本着"退功臣而进文吏"的原则，只给予这些将领们丰厚的赏赐，而将治理国家的重任交给了文臣。

在"云台二十八将"之中，位居首位的当属邓禹。当年光武帝刘秀在长安求学时，认识了年仅13岁的邓禹，两人虽然年龄相差十岁之多，却彼此投缘，结下了深厚友谊。刘秀受更始帝派遣去往安抚河北之时，邓禹不应更始帝所召，却北渡赶往邺城（河北临漳），追上刘秀，要求同往。刘秀打趣地问他说："如今我主管河北一带，你来找我，想要当个什么官职呢？"邓禹也笑呵呵地回答说："我期待你统一天下，成为开国明君，而我邓禹能够借你的威名，作为开国功臣而名留青史。"两人开怀大笑。当晚，刘秀就将邓禹留在自己的帐篷中，秉烛长谈。在河北的那段日子里，邓禹不离刘秀左右，为他出谋划策，分析局势。

刘秀深知邓禹知人善用，因而每次用人都会先与邓禹商议。二十八将中的寇恂和吴汉都是通过邓禹的推荐才为刘秀所重用。消灭王郎政权后，刘秀率领大部队平定河北各地的农民起义，同时派邓禹领兵两万西略关中对抗更始军队。邓禹一路进兵，连打几次胜仗，军纪严明，从不打扰百姓，深受当地民众欢迎。后来在与赤眉军的战斗中，邓禹暴露出将略不足的弱点，连吃败仗，被刘秀调回。

总的说来，邓禹善谋略，心胸宽广，刘秀对他常委以重任。刘秀称帝后，即任命邓禹为大司徒，封丰臣侯，食邑万户。平定天下后，邓禹进位太傅，改封高密侯，食邑高密、昌安、夷安、淳于四县。他"笃行淳备，事母至孝"，"资用国邑，不修产利"，深得光武帝及明帝敬重。史书如是评价："光刑之在河北，未知身首安寄也。邓生杖策，深陈天人之会，举才任使，开拓帝王之略。当此之时，臣主欢然，以千载俄顷也。洎关中一败，终身不得列于三公，俯首顿足，与夫列侯齐伍。"关中战败大概是邓禹征战中不多的失败经历，但他也曾说过："吾将百万之众，未尝妄杀一人，其后世必有兴者。"他的后世子孙果然也不同凡响，他共有子13人，最出名的当属邓震、邓袭、邓田珍、邓鸿、邓训等人，邓家子孙甚至还出了一位汉朝皇后，这就是后话了。

在二十八将中，还有一位居功至伟却极为谦逊的大将军——冯异，字公孙，出生在河南颖川父城县，从小喜欢读书，尤对《左氏春秋》和《孙子兵法》烂熟于心。光武帝刘秀起兵不久，曾率兵进攻颖川，久攻父城而不下。恰好此时，冯异被刘秀手下抓住，在其从兄冯孝及同乡的劝说下，冯异表示愿意跟随刘秀，随即说服守将苗萌将五县一起献给刘秀。云台二十八将中的铫期等人就是经由冯异举荐给刘秀的。

吴汉

《后汉书·冯异传》中记载"自伯升之败，光武不敢显其悲戚，每独居，辄不御酒肉，枕席有涕泣处。异独叩头宽譬哀情"。也正是冯异，对当时局势看的透彻，并提醒刘秀与左丞相曹竟之子曹诩主动交好，请曹氏父子帮忙说服更始帝，最终更始帝同意派刘秀去安抚河北。冯异也陪同前往，并力劝刘秀"施行恩德"建汤武之业，"徇行郡县，理冤结，布惠泽"。刘秀照此行事，果然大得民心。

冯异生性谦逊有礼，治军有方，士兵们都愿意加入他的帐下。若是与别的将领在途中相遇，他总是主动让自己的车马躲避，让对方先行。每当将领们三五成群，聚集在一起夸耀战功时，冯异却总是一个人默默地坐在大树下面。日子长了，汉军将士无人不晓他这个习惯，便给他起了个外号"大树将军"。

当邓禹西略关中，与赤眉军交手，屡战屡败之际，刘秀召回了邓禹，接替他对敌的正是稳重善战的冯异。冯异率队先是在华阴地区和赤眉军连战两个月，降服敌兵5000余名。之后，两军约定再战。冯异用计大败赤眉军，这一战击垮了赤眉军的士气，八万多人弃械投降东汉。冯异一鼓作气，将延岑及关中地区其他武装力量一一击败，平定了关中。

一连几年，冯异都在外征战，手握关中军事大权。一贯谨慎的他唯恐被光武帝猜疑，主动上书要求回京城，光武帝不予批准。不久，有人上奏诬告说："冯异专制关中，欲自立为咸阳王。"光武帝非但不信，还特意将奏章送给冯异看，冯异对光武帝感激涕零，上书以谢圣意。后来，冯异奉旨回朝，光武帝不仅给他丰厚的封赏，还与他亲密无间，一起商量消灭巴蜀公孙述的策略。冯异戎马一生，对光武帝从无二心，后来在同隗嚣余部的战役中，病死于军营。

"帝欲偃干戈，修文德，不欲功臣拥众京师"，因而光武帝对大部分功臣只是论功行赏，赐以相应的爵位或官职。"方以吏事责三公，故功臣并不用，是时列侯唯高密（邓禹）、固始（李通）、胶通（贾复）三侯与公卿参议国家大事，恩遇甚厚。"光武帝这样做，无疑是吸取了历史上开国皇帝们的经验教训而做出的明智决策。不让功臣们干预朝政，也就避免产生权力斗争的矛盾，"执疑则隙生，力侔则乱起"。光武帝的这一招被后世人称为"全功臣策"，不仅稳定了东汉的江山，也使得"光武诸将以抑损克终"。由此看来，清初学者王夫之所言"三代以下，君臣交尽其美，唯东汉为盛焉"的赞美果然再合宜不过了！

太子易位

光武帝刘秀起兵之前，就曾立下誓言，要娶阴丽华为妻，年轻时代的刘秀人生最大的梦想不过是"仕宦当作执金吾，娶妻当得阴丽华"。

昆阳之战后，刘縯被更始帝刘玄杀害，刘秀强忍心中悲痛，为了不引起刘玄等人的怀疑，29岁的他还迎娶了19岁的阴丽华。婚后不久，刘秀就被刘玄派去修整洛阳，临行前，刘秀将阴丽华送回了她的娘家新野。这一别就将近一年时间，将更始帝刘玄迎回洛阳后，刘秀又被转派到河北，在征讨王郎期间，为了取得拥兵十万的真定王刘扬的支持，刘植以"天子娶九女，诸侯纳三妇"为由，劝说刘秀答应真定王的要求，于公元24年三月迎娶了真定王的外甥女郭圣通，郭家是真定国槀县（今石家庄市东南部）当地的大富豪。郭圣通很快怀有身孕，为刘秀生下了长子，取名为刘彊。

建武元年（25）十月，刘秀迁都洛阳，当晚就派侍中傅俊将阴丽华接到洛阳皇宫，在他心目中，阴氏是自己的结发妻子，也是当朝皇后的不二人选。可阴丽华却拒绝接受皇后的册封，反而劝说他："困厄之情不可忘，而况郭贵人已经生子。"光武帝无可奈何，建武二年（26）二月，册封郭圣通为皇后，封阴丽华贵人，同时册立长子刘彊为皇太子。

郭圣通虽然当上了皇后，但光武帝最宠爱的依然是阴丽华，就连出外打仗都带她同行。建武四年（28），阴丽华随光武帝出征彭宠，在元氏诞下一子，也就是后来光武帝的接班人汉明帝刘庄。

刘庄出生即成为光武帝最喜爱的儿子，常常带在身边呵护。而对于长子刘彊却显得有些冷淡。对于朝政，刘彊的见解倒也符合情理，但他对武力扩张却有着超常的热情，而这恰恰为平定天下后的光武帝所不喜。皇后郭圣通不蒙帝宠，眼见儿子也不讨皇上的欢心，担心儿子的皇太子之位不稳，不免对阴丽华母子心生嫉妒和猜疑。因而在光武帝面前总呈怨怼之情，再加上不善管理后宫，嫔妃之间矛盾多多，频频发生是非，闹得光武帝在后宫也不得安生。

光武帝早有废郭皇后改立阴丽华的想法，但一再被阴丽华劝说，没有实行。可日子长了，光武帝不胜烦恼，终于在建武十七年（41）十月十九日宣布，废掉郭皇后，册立阴丽华为皇后，并亲拟诏书以告天下："皇后郭氏，怀执怨怼，数违教令，不能抚循他子，训长异室，宫闱之内，若见鹰鹯，既无关雎之德，而有吕霍之风，岂可托以幼孤，恭承明祀？今遣大司徒戴涉，宗正刘吉持节，缴上皇后印缓。阴贵人乡里良家，归自微贱，先是固辞后位，长久恭谨谦让，宜奉宗庙，为天下母。异常之事，非国之弱，不得上寿称庆。"

阴丽华坐上了后宫皇后的宝座，而这也是光武帝多年来想要给她的。对于郭圣通而言，她所失去的仅仅是一个皇后的封号，待遇方面没有丝毫的减少。刘彊继续当他的太子，而郭圣通的小儿子刘焉升为中山王，光武帝还特意多赐给他一郡——而这一郡的收入就用于郭圣通的生活开销，郭圣通从此以"中山王太后"的名义和小儿子一起生活。

亲生母亲被废，这令皇太子刘彊压力重重，他主动要求辞去太子之位，并多次委托弟弟们或朝中大臣将自己的心意转达给父皇。最初，光武帝并没有答应，但在刘彊的坚持下，建武十九年（43）六月，光武帝终于下诏，将东海王刘庄册立为皇太子，而刘彊则和刘庄交换，就任新一任东海王。显然光武帝对长子刘彊颇有歉意，毕竟他没有犯任何过错就被废，因此，光武帝将原本东海王的封地扩张到

寇恂

两倍之多，共计 29 个县，还指定将建有壮丽王宫灵光殿的鲁郡划归给他，在其他待遇方面也给予最高封赏。光武帝还特意安排刘彊的堂舅新郪侯郭竟去担任东海国相，以便更好地照顾刘彊。28 岁那一年，刘彊离开了皇宫，前往自己的封国东海。临行前，光武帝专门下诏，将刘彊的车马仪仗及宫殿陈设，都升至和皇帝一样的规格，作为对刘彊失去登上帝位机会的补偿。光武帝和废太子刘彊之间的浓浓父子情感动了满朝文武和天下百姓，号称"以柔治国"的光武帝在家庭关系上也同样凸现了这一特点。

光武帝一生共有 11 位皇子、五位皇女，其中四位是郭圣通所生，一位是阴丽华所生，长子刘彊改封东海王，四子刘庄改立皇太子，次子刘辅封为沛王，三子刘英封为永平王，五子刘康封为济南王，六子刘苍封为东平王，七子刘延封为阜陵王，八子刘荆封为广陵王，九子刘衡封为临淮王，十子刘焉，即郭圣通的小儿子封为中山王，十一子刘京封为琅琊王。

封禅泰山

光武帝不喜浮华，克勤克俭，登基多年，身为一朝天子依然严格"身衣大练，色无重彩，耳不听郑卫之音，手不持珠玉之玩"。自秦始皇以来，各朝皇帝"厚葬"之习愈演愈烈，光武帝却不循前人之风，多次下诏提倡薄葬。在他生前为自己修造寿陵之时，曾专意吩咐窦融说："今所制地不过二三顷，无为山陵，陵池，才令流水而已。"

对于群臣屡次提议封禅泰山，光武帝认为劳民伤财，更是不予答应。但大臣们认为汉室中兴是光武帝立下的大功德，理应前往泰山举行封禅大典。建武三十年（54），大臣张纯上书，提请光武帝封禅泰山："自古受命而帝，治世之隆，必有封禅，以告成功焉……臣伏见陛下受中兴之命，平海内之乱，修复祖宗，抚存万姓，天下旷然，咸蒙更生，恩德云行，惠泽雨施，黎元安宁，夷狄慕义。《诗》云：'受天之祜，四方来贺。'今摄提之岁，苍龙甲寅，德在东宫。宜及嘉时，遵唐帝之典，继孝武之业，以二月东巡狩，封于

岱宗,明中兴,勒功勋,复祖统,报天神,禅梁父,祀地祇,传祚子孙,万世之基也。"

群臣也集体附和,再次恳请光武帝泰山封禅。光武帝却严厉地回答说:"即位三十年,百姓怨气满腹,吾谁欺,欺天乎?曾谓泰山不如林放,何事污七十二代之编录!桓公欲封,管仲非之。若郡县远遣吏上寿,盛称虚美。必髡,兼令屯田。"明确表示要是谁以后还敢提封禅之事,必然严惩不贷!从此,大臣们再无人敢言封禅。

谁知仅仅过了两年时间,光武帝竟然自己改了主意。那是建武三十二年(56)正月初,光武帝夜里读《河图会昌符》,正好读到"赤刘之九,会命岱宗。不慎克用,何益于承。诚善用之,奸伪不萌"。一向笃信"谶纬"之说的光武帝,不免心生疑虑,自己不正是汉高祖刘邦的九世孙吗?第二天上朝,就诏令大臣们在《河洛》中寻找有关"九世封禅"的说法。大臣们再次上奏说天意如此,理应封禅泰山,以答谢上天对汉朝复兴的肯定。

汉光武帝刘秀

光武帝率领众王公大臣,浩浩荡荡从洛阳出发了。抵达山东曲阜,会见了当地刘氏宗族,还亲自前往孔子故居拜祭。光武帝的车驾再次启程,次日到达泰山奉高,先在山下沐浴、斋戒,做封禅的准备。当地官员们早已做好了前期准备工作,安排石刻,修建封禅坛。

二月,光武帝率领诸王、大臣、孔子后裔在泰山南侧,举行了盛大的"燎祭"。光武帝说:"泰山虽已从食于柴祭,今亲升告功,宜有礼祭。"于是,派使者"以一特牲(古代多用一牛或一猪)祭祀于常祠泰山处,告祠泰山。"随即登上玉辇上山。光武帝抵达山顶时正好是午后,他换上隆重华丽的封禅礼服,立于封禅坛前,面北朝南,身后依次排列着文武百官。刘秀登上封坛,"尚书令奉玉牒检,皇帝以寸二分玺亲封之,讫,太常命人发坛上石,尚书令藏玉牒已,复石覆讫,尚书令以五寸印封石检。事毕,皇帝再拜,群臣称万岁。"之后,光武帝命人将刻有700字禅文的封禅碑立于坛上,就此结束了当天的封禅仪式。次日,光武帝又率众前往泰山脚下祭地神,而后返回京城洛阳。

四月,光武帝发诏大赦天下,并将建武三十二年(56)改称建武中元元年,以纪念泰山封禅之行。中元二年(57)二月,刘秀病逝于洛阳南宫前殿,享年63岁。他临终遗诏说:"朕无益百姓,(葬礼)皆如孝文皇帝制度,务从约省。刺史、二千石长吏皆无离城郭,无遣吏及因邮奏。"

光武帝刘秀建武元年(25)称帝,建武中元二年(57)逝世,共在位33年。他消除割据、平定天下,励精图治,重建汉氏王朝,恢复国计民生,使百姓重新安居乐业,史称"建武之治"。也为后世"明章之治"和东汉王朝统治打下了坚实的基础。司马光对光武帝予以很高的评价:"帝每旦视朝,日昃乃罢,数引公卿郎将议论经理,夜分乃寐……虽以征伐济大业,及天下既定,乃退功臣而进文吏,明慎政体,总揽权纲,量时度力,举无过事,故能恢复前烈,身致太平。"

光武帝刘秀葬于原陵(今河南孟津县谢村),庙号世祖,谥曰光武皇帝,谥号"光武",是取其光复汉室、克定天下之意。皇太子刘庄即位,是为汉明帝,尊母亲阴丽华为皇太后。

汉明帝刘庄

人物档案

生卒年：公元 28～75 年
父母：父，光武帝刘秀；母，阴丽华
后妃：马皇后、贾贵人
年号：永平
在位时间：公元 57～75 年
谥号：孝明皇帝
庙号：显宗
陵寝：河南显节陵
性格：精明干练，刚毅勤俭
名家评点：

明帝刘庄

显宗丕承，业业兢兢。危心恭德，政察奸胜。
备章朝物，省薄坟陵。

——南朝宋·范晔《后汉书》

初露锋芒

刘庄是汉光武帝刘秀的第四个儿子，母亲是阴丽华皇后。建武十九年（43），东海王刘庄取代长兄刘彊，被册立为皇太子。中元二年（57）二月，光武帝刘秀去世，同月刘庄继承帝位，改年号为"永平"，是为汉明帝，成为东汉王朝第二位君王，那一年他正好30 岁。

刘庄出生于建武四年（28）五月，是阴丽华的长子，他一出生就深受光武帝刘秀的喜爱。因为面色红润、天庭饱满，被誉为有上古贤君之相，光武帝为他取名为"阳"，后来他做了太子才改名为"庄"。

备受宠爱的四皇子刘庄，从小就显示出了与众不同的聪慧潜质。他喜好读书，领悟力极强，年仅十岁时就能读懂《春秋》《尚书》等儒家经典，并对其融会贯通，引用自如。光武帝和大臣们无不惊讶，对他赞赏有加。有一次，光武帝故意考问他，不料刘庄不慌不忙，"数问以政议，应对敏达"。光武帝欣喜不已，轻抚刘庄的脑袋赞道："吴公子季札在世！"季札是春秋时吴王诸樊之弟，是那时代颇有名望的贵公子，多次退让王位、出使、游历各国，曾先后与齐相晏婴、郑相子产、晋相叔向探讨时政，见解独到，才华出众。用此人来做比喻，无疑是光武帝对刘庄的极高评价。从此，光武帝更加欣赏刘庄，常将他带在身边旁听朝廷议政。

建武十四年（39），已经平定天下的光武帝针对户籍田亩不相符合的混乱状况，诏令全国范围内清查田地、核对人口。这就是历史上有名的光武帝"度田"事件。不久，各个州郡的"度田"工作都告一段落，各地负责官员纷纷进京面见圣上，汇报工作成果。光武帝在批阅上报奏折时，突然看到陈留吏的奏折中夹有一张纸条，上面清楚写着"颍川、弘农可问，河南、南阳不可问。"既是全国清查，为何有的地方可问，有的地方不可问呢？光武帝有些疑惑，于是就问陈留吏："这张纸条所指何意？"陈留吏又惊又怕，没想到自己竟然将将这张纸条夹在了奏折中。他只好回禀说："臣不知道这是什么意思。"光武帝又问纸条从何得来，陈留吏谎称进宫之前，在洛阳城内长寿街上无意中捡到的。光武帝正待继续追问，这时，站在殿堂后幄帐之中的刘庄突然开口说："父皇不必再问。这张纸条必定是在提醒他（陈留吏）怎样核查田地"。光武帝转而问道："那因何河南、南阳不可问？"12岁的刘庄回答说："河南是皇族故乡，南阳是帝城，这两个地方皇亲国戚居多，家中田产、府宅、奴婢大多逾制，要是认真核查，难免会得罪权贵，因而不可问。"光武帝恍然大悟，当即严命虎贲将查办陈留吏，陈留吏见隐瞒不过，只得从实招来，一切果然正如刘庄所言。光武帝大怒，下令从严究办此事，派人到河南、南阳、颍川、弘农等地去核查，对贪赃枉法的地方官，进行了严厉的惩处，以警示各地方官员。刘庄也因此被封为东海公。建武十七年（41），即刘庄14岁那年，光武帝升他为东海王。

建武十九年（43），单臣、傅镇等人利用巫术迷信，纠集了数万人发动叛乱。他们首先攻占了原武城（今河南原阳县），劫持了城内官吏和百姓，自封将军。原武城距离洛阳不过300里地，严重威胁了朝廷的安全。光武帝派大将臧宫统率几千人去攻打原武城，镇压叛乱。但原武城内粮草富足，单臣、傅镇等人负隅顽抗，臧宫屡攻不克，反而损兵折将。

光武帝召集文武大臣商议对策，大部分人建议多派人马，重赏将士，以鼓舞士气攻克城池，将参与叛逆者全都斩杀。光武帝正在沉思，刘庄却站出来反对说："父皇，这样做不妥。"光武帝问他有何良策，刘庄分析道："原武城里的人本是被迫留在城中，即使是追随反叛，也是受到了蒙骗，一旦明白过来，他们必然想要逃出城来。如今我们将城池团团围住，他们也无路可逃，不如让军队停止进攻，并撤离城外，这样城里的人就可以逃出来。逃的人一多，谋反的首领就势力薄弱，到那时候，只需派一个小小的亭长，就能降伏城内残余的抵抗势力了。"

光武帝觉得这个法子很有道理，当即传令命臧宫带领官军撤离，果然城内的人很快就逃掉了大半，原武城被臧宫攻破，单臣、傅镇被当场杀死。

东汉初建，光武帝四方讨伐，平定各地割据势力，及至建武十二年（36），终于平定天下。此后，光

臧宫——城门断限

武帝致力于发展国力，重建盛世，对边境的管理也由武力征讨改为和平防御。几年后，已经分裂为南、北两部分的匈奴也表示出和平之意。南匈奴主动要求内附于东汉，光武帝册封了南匈奴，同时与其和亲。随后，北匈奴也向光武帝提出两家和亲的请求，光武帝和大臣们多次商议，难以定夺。刘庄分析说，北匈奴之所以提出和亲，是因为南匈奴内附于东汉，所以心生惧怕。如果我们接受北匈奴的请求，与他们和亲，不仅北匈奴不再畏惧我朝，还会失去南匈奴对我们的信任，此举不宜行之。听了他的一番话，光武帝豁然开朗，当即拒绝了北匈奴和亲的请求。此时，刘庄已由东海王转立为皇太子，群臣由此愈加信服他。

加强中央集权

光武帝去世后，刘庄登基，从此，中国历史上又多了一位勤政爱民的好皇帝。明帝继承并巩固了光武帝休养生息、控制中央集权的治国方略，且"驾驭下有术，大权不旁落"，在位期间"乙更尽乃寐，先五更起，率常如此"。

明帝继位后，在经济上仍然以柔为主，他曾多次下诏，减轻赋税、徭役。并将属于国家的土地、河林租借给没有田地的平民百姓从事生产，这样一来，许多流离失所的百姓逐渐安稳下来。

明帝重视，提倡儒学教化，兴建各类学校，奖励成绩优秀的儒生。明帝还曾亲临辟雍（大礼堂）给太学生们讲授《尚书》中的经义要理。"游意经艺，每乡射礼毕，正坐自讲，诸儒并听，四方欣欣"。还有一次，"诸儒执经问难于前，冠带缙绅之人圜桥而观听者盖亿万计"。明帝还诏命皇太子、诸王侯及大臣子弟入学校学习。甚至还专门建立南学宫，为四大家族子弟办堂开课。这四大家族就是当时赫赫有名的四姓外戚：阴氏家族，樊氏家族（光武帝的母舅家）、郭氏家族、马氏家族（马明德太后娘家），"樊氏、郭氏、阴氏、马氏诸子立学于南宫"，号称"四姓小学"，设置"五经师"以传道授业。"太学声誉日高，匈奴亦遣人来洛阳学习。"

明帝重视刑法治国，"为政苛察，总揽权柄，权不借下"。他在位期间，吏治严明，国泰民安，很少有贪官污吏和作乱犯上的人。明帝继续限制三公权力，事归台阁，因而尚书职责重大，是朝中举足轻重的大臣。但一向执法严峻的明帝，对尚书并不是恭敬相待，一旦发现失误，毫不容情动辄鞭责，"九卿皆鞭杖"。永平三年（60），明帝封赏给投降的胡人 1000 匹缣，这事交给尚书郎暨礼办理，谁知他竟然看成赏 3000 匹，就照此办理了。司农将办理结果奉上请明帝过目，明帝发现了这个失误，大为光火，当即下令重重鞭责暨礼，若不是众大臣求情，暨礼几乎被鞭打致死。

明帝之朝，以"严切"闻名，这不仅体现在他对朝臣的态度上，更充分体现在他对宗室、外戚的严格控制和打击上。

从光武帝开始，就十分注意对同姓宗族子弟的管理，光武帝的儿子全都封王，各有封国，但光武帝明令禁止他们扩充权力，交接宾客。明帝即位后，效仿光武帝的做法，妥善处理与自己兄弟之间的关系，经济上一向待遇宽厚，但严格控制诸王权力。刘荆是明帝同母弟弟，生性张狂，暗藏野心。在明帝登基后不久，刘荆假冒郭况的名义给废太子如今的东海王刘彊写信，说他没有任何过失却被废，他的母亲前皇后郭圣通更是无辜，信中劝说刘彊在封地东海起兵造反，像汉高祖那样取天下，夺回原本属于他的皇位。最后，刘荆还在信中讲了一番秦始皇长子扶苏的不幸遭遇，以此来恐吓刘彊。

并无非分之想的刘彊果然被这封书信吓坏了，令他惊慌失措的并不是扶苏的遭遇，而是"造反"这样骇人的字眼。刘彊没有半分迟疑，就连忙将这封书信及送信人全都交给了明帝刘庄。明帝细细查问，才发现这件事情竟然是自己的胞弟所为，出于兄弟之情，明帝并没有采取行动，而是让这件事情悄无声息地过去了，但在暗地里，明帝从此对刘荆多加防范。

见刘彊没有造反的意思，刘荆着起急来，当羌人起义时，刘荆打算趁乱谋反，将明帝从皇帝宝座上推下来，自己尝尝当皇帝的滋味。明帝闻听刘荆蠢蠢欲动，便改封他为广陵王，让他即刻动身前往封国，借此让刘荆远离京城，以免他在朝中生事。按说，明帝这样做实在够宽仁了。但刘荆却不明白皇兄的一片苦心，他一抵达封国，就找来相士，毫无顾忌地询问说："我的容貌和先帝非常相似，他30岁时当皇帝平天下，如今我也正好是30岁，是否也到了起兵当皇帝的时机？"相士一听，吓得腿都软了，哪里还敢回答。赶紧跑到地方官那里告发了刘荆。刘荆自己也害怕了，主动投案住进了监狱，等待明帝的发落。这一次，明帝还是不忍心对弟弟下杀手，仍然没有追究。为表示惩处，明帝下令军队看守广陵王府，将刘荆的侍卫、随从全部撤除，至于他的衣食住行还和诸王一般无二，没有任何差别。明帝以为这一次，刘荆会吸取教训，收敛谨慎。可惜，没过多久，刘荆再次生事，他"使巫祭祀祝诅"，诅咒的正是对他一忍再忍的皇兄刘庄。很快刘荆的举动就被地方官上报给了明帝，刘荆自知这次罪孽难逃，不待明帝下诏处置，他就自杀身亡，再也没有机会度过31岁的生日。明帝听说弟弟刘荆自杀谢罪，心里很难过，没有继续追究刘荆的家人、部属，还诏令追谥刘荆思王。

楚王刘英是明帝同父异母的弟弟，刘英的母亲是光武帝后宫的许美人。刘英和明帝从小就关系很好，当时还身为太子的刘庄也对这个弟弟照顾有加。光武帝去世后，许美人被封为楚国太后，到楚国和儿子刘英一起生活。明帝和阴太后还常常赏赐给楚王财物，就连刘英的大舅子也受到特别的恩待，被封为龙舒侯。但刘英却没有珍惜皇兄和皇太后的厚爱，他在楚国广交天下豪杰，还私下和方士厮混，渐渐萌生了谋反之心。永平十三年(70)，"作金龟玉鹤，刻文字以为符瑞"，还册封自己的下属为诸侯、王公、将军，积极地准备谋乱造反，夺取皇位。这件事被燕广向明帝告发，指控刘英与渔阳王平、严忠等人合谋造反，"招聚奸猾，造作图谶，擅相官秩，置诸侯王公将军二千石，大逆不道"。有司调查属实，要求首从一律定罪当斩，奏请明帝批准诛杀刘英。但明帝念及少时交情，网开一面，只是免去了刘英的王位，将他流放到丹阳泾县，给他500户属民，一切享受和仪仗都照旧。他的妻儿及母亲不受影响，仍然享有原来的封号，留住在楚国王宫。第二年，刘英在流放地自杀身亡。刘庄下令将他以诸侯的身份礼节就地葬于泾县。

在追查此案的过程中，明帝获取了刘英所结交官吏、名士的名录，为此"楚狱遂至累年，其词语相连，自京师亲戚诸侯州郡豪杰及考案吏，阿附相陷，坐死徙者以千数"，此案最后株连了数万人，因罪入狱。

从那而后，明帝对自己的兄弟诸王、宗室皇亲也不再心慈手软，而是严惩不贷。最终，在光武帝11个儿子里，除了长子刘彊被废后抑郁而终，临淮王刘衡去世的早之外，其余诸王中有七位先后因犯"谋反"罪或别的罪名而被处置，东平王刘苍虽然没有任何过错，也主动在永平五年(62)离开京都回到自己的封国，老老实实地过日子。

对待宫廷外戚，明帝更是大加防范。他严格遵行光武帝"后宫之家，不得封侯与政"的指示。对当时四大外戚家族的权势都予以严厉控制。永平三年(60)，明帝根据光武帝的遗愿，同时为了表彰为东汉建国立下汗马功劳的功臣们，特意"画二十八将于云台"，却偏偏没有把自己的岳父大人马援画进去。这并非马援不够资格，而是明帝将其视做皇后外戚而不予推崇，明帝在位期间，马皇后的三个兄弟不过是黄门郎、虎贲中郎将而已。此外，曾跟随光武帝立下赫赫战功的李彤、邓晨也未能荣登二十八将之列，究其原因也正是他们迎娶了光武帝的姐妹，而被明帝束之高阁。

尚书阎章能力出众，却因为两个妹妹进皇宫当了明帝的贵人，他也成了皇亲外戚，而一直得不到升迁。固然无奈，也只能年复一年在尚书的位置上兢兢业业安心工作。馆陶公主带着儿子来找明帝，想为儿子谋个官职，明帝也毫不客气地拒绝了，不过为了安慰馆陶公主,明帝赏赐千万钱把她打发走了,他对群臣说:"郎官上应列宿,出宰百里,一或失人,民皆受殃,所以不便妄授昵!"群臣感怀,皆赞明帝。

永平初年,太后阴丽华的弟弟,也就是明帝的舅舅阴就被任命为少府,其子阴丰当上了驸马,阴氏父子得意忘形,飞扬跋扈,无视禁令结交宾客。明帝对此十分不快,不久,阴丰骄横过了头,竟然杀死了公主。明帝没有顾念母亲阴太后的心情,下诏处死了阴丰,并严厉责怪阴就,阴就夫妇被迫自杀。

陵乡侯梁松是河西功臣梁统的儿子,也是明帝的姐夫,同时还是光武帝遗命指定的辅政大臣,这样一个权势赫赫的大人物,也被明帝以"松坐怨望、县飞书诽谤"的借口杀掉了。另外还有一位功臣,光武帝时献出河西归附的窦融,其子孙"骄纵不法",永平五年(62),明帝下令:窦家在朝中做官的人,无论官职大小,统统都被摘掉官帽,带自己的家眷回家乡去。后来,"窦融长子穆,孙勋、宣皆因罪下狱,被处死。"

明帝在位时,虽奉行儒学,但在君臣关系上,却并未遵行儒家的伦理规范。他采用较为严酷的方式对待臣子,就连那些股肱大臣也难免受到苛责和处罚,他下令处死了大量朝中重臣,对待违法的外戚甚为"严切",明帝还专门对诸外戚下谕说:"苦身待士,不如为国。戴盆望天,事不两施。"

明帝将光武帝对中央集权的掌控进一步严格化。华峤在《后汉书》中称明帝:"中兴以来追踪宣帝。"但又委婉地表示:"夫以钟离之廉法,谏净恳切,以宽和为首,以此推之,亦难以德言者也。"意指明帝"稍欠宽和"。明帝所采取的"严切"措施使得他成为东汉历史上对外戚和功臣打击最重的皇帝,因而在他的那一朝,绝无外戚,宦官弄权的可能。可惜的是,从他而后,东汉的皇帝一代不如一代,渐渐为外戚、宦官所操纵,以至东汉覆灭。

班超出使西域

明帝在位期间,恩威并施,使得东汉王朝和边境少数民族之间的关系得到了巩固和发展。永平元年(58),鲜卑族归顺东汉,时任辽东太守的祭肜派鲜卑首领攻打赤山乌桓,从那之后,西面的武威至东面的玄菟,那一带的少数民族都归附于东汉。永平八年(65),明帝下诏设置度辽营,并任命中郎将吴棠为度辽将军,主要监管南匈奴。

永平十六年(73),明帝决心教训一下扰乱东汉边境的北匈奴,遂派耿秉,窦固各率一路人马出征。两军均大获全胜。在这次战役中,在奉车都尉窦固的军队中有一位官职不高的假司马(代理司马)班超,率兵攻打伊吾(今新疆哈密西四堡),在蒲类海(今新疆巴里昆湖)大战一场,立下了战功,颇得窦固赏识,派他和从事郭恂一起出使西域。

班超字仲升,是扶风安陵(今陕西咸阳东北)人,东汉时期著名的外交家、军事家。他的父亲班彪、长兄班固、妹妹班昭都是闻名于世的史学家。班超"有大志,不修细节",博览群书,明察事理,不辞劳苦,孝敬恭谨。

永平五年(62),班固奉召入京担任校书郎,班超和母亲随同前往,因为家境贫寒,

彩绘倒立杂技俑

班超就在官府里找了一份文书工作,每天伏案抄抄写写。他常常投笔而立,长叹道:"大丈夫无它志略,犹当效傅介子、张骞立功异域,以取封侯,安能久事笔研闲乎。"

有一次,明帝无意向班固问起班超现在何处,班固回答说:"他在官府当文书,赡养母亲。"明帝当即下诏将班超任命为兰台令史,掌管奏章和文书。可没过多久,班超犯了过错而被免职。后来才投到窦固帐下当了一名小官。

班超接受窦固的指派,和郭恂带着36名随从人员来到了鄯善(今新疆境内)。鄯善王一开始热情相待,可没几天,却明显的冷淡下来。班超警觉起来,他猜想一定是北匈奴也派了使者前来,鄯善王迫于北匈奴的强势而不再和汉朝使者亲近。班超对随从们说:"宁觉广礼意薄乎?此必有北虏使来,狐疑未知所从故也。明者睹未萌,况已着邪。"正在此时,恰好鄯善王的仆人前来安排酒食。班超做出早已知晓的样子,突然问道:"匈奴使者来

班超投笔从戎

了几天?现在住在什么地方?"鄯善王的仆人知道有关匈奴使者的消息是要瞒住汉朝使者,可一时来不及隐瞒,竟脱口说出了实情:"他们已经来了三天,就住在距此15公里的营地。"

班超随即下命将这个仆人严加看管,以防他去向鄯善通风报信。班超心里已经有了决断,但他深知郭恂胆小谨慎,不会同意他的做法,因此班超只将36位随从召集起来饮酒,痛饮几杯后,班超举起酒杯说道:"你们和我一起出使西域,为的是'立大功,以求富贵'。如今匈奴的使者也来到这里,鄯善王对我们不再友好,极有可能会'收吾属送匈奴',我们的处境岌岌可危,恐怕性命难保,你们打算怎么办呢?"大家一听,都愤慨激昂,纷纷表示说:"今在危亡之地,死生从司马。"

班超说:"不入虎穴,焉得虎子。现在我们只能有一个选择,那就是趁夜火烧匈奴使者,让他们不知道究竟有多少人来偷袭,将他们全部消灭。这样一来,匈奴必然迁怒于鄯善王,而'鄯善破胆,功成事立矣'。"大家都点头赞同,于是,班超带领36名随从直奔匈奴使者的营帐。此时夜色渐深,刮起了大风。班超安排了十个人拿着鼓藏在营帐后面,叮嘱他们一旦看见火光就猛敲战鼓,大声呐喊。另外安排20人拿着武器埋伏在营帐前。班超亲自带着余下的六个人顺着风向纵火烧营帐。大火一起,那十个人就敲鼓大喊起来,营帐内的匈奴使者受惊,纷纷探出身子来看发生了什么事情,还没等他们回过神来,班超就带着埋伏的20个人冲杀进了营帐,将匈奴使者及其30多名随从,全都斩杀,将所有营帐烧毁。

第二天一早,班超带众人回到自己的营帐,派人去请鄯善王,鄯善王尚不知发生了什么事情,班超将被杀的匈奴使者的首级给他看,鄯善王惊恐不已,脸色大变。班超见他心生惧意,便上前好言安抚,鄯善王当即表示归顺汉朝,还愿意将王子送到汉朝做质子。

班超顺利地完成了使命,窦固更加欣赏他,还将班超出使经过上奏给明帝。明帝

也赞叹班超智勇多谋。此时,于阗王国(今新疆和田)已取代莎车王国在那一地区霸主地位,北匈奴也派遣了使者和于阗王国交好。明帝也打算派使者前往,在他看来,班超无疑是最佳人选,于是,明帝任命班超为军司马,前往出使于阗王国。临行前,明帝担心他的安危,盼咐他多带些随从人员。班超却拒绝了:"于阗王国距离遥远,兵力强盛,我就是多带几百个人同去,也起不到什么作用,要是真遇到什么麻烦,人多反而会增加累赘。'愿将本所从三十余人足矣。"最终,班超仍然只带着原来的36名随从出发了。

班超抵达于阗王国后,于阗王见汉朝使者人员很少,心中轻视,并不热情。班超劝说他与汉朝交好、脱离匈奴,于阗王犹豫不决,便求助于本国的巫师,请求神的指示。在于阗王国,巫风炽盛,而于阗王所信任的巫师早已被北匈奴使者收买,他故意对于阗王说:"天神生气,责问你为何要与和汉朝交好?汉朝使者带来一匹'骍马',神要你将此马杀掉来祭天。"

于阗王一听是天神的意见,哪敢违抗,连忙派国相向班超讨要那匹马,班超已经知晓是巫师在捣鬼,却欣然答应了,只是要求由巫师前来亲自把马牵走。巫师不知何意,刚来到马前,班超立即下令随从将巫师斩首,把其首级送到于阗王面前。于阗王大惊失色,毕竟对班超在鄯善国诛杀匈奴使者一事早有听闻,为了避免班超采取更凌厉的行动,于阗王赶紧自己下令将北匈奴的使者处死,并表示愿意归顺汉朝,永世交好。

鄯善和于阗王国是当时西域的主要国家,另外还有龟兹(今新疆库车县)、疏勒(今新疆喀什噶尔地区)等国家。龟兹王国一向和北匈奴关系最为密切,还依借北匈奴的军事力量,攻击疏勒王国,将其国王杀死,将龟兹籍的大将兜题立为疏勒新王。劝服于阗王国之后,班超继续出使西域各国,他派部将田虑先行出使疏勒王国,劝说兜题归顺汉朝,兜题当然不肯答应。对此心中早有准备的田虑突袭兜题,将其抓住囚禁在自己的营帐,此时班超也赶到疏勒,主持大局,将疏勒已故先王的侄儿榆勒立为新王。疏勒从此归顺汉朝,没多久,龟兹王国也臣服于汉朝王室。至此,"西域南道诸国,全部归顺"。

班超

从王莽上台执政之后,西域各国和汉朝就断绝了往来,直至班超两次出使西域诸国,才重新恢复了双方的友好关系,彼此经常有使者和商人来往走动。第二年,汉朝恢复了西域都护的设置。

白马寺

早在西汉末年,佛教就已随着对外交往的增多,而被带到了中国,但并无太大影响。东汉初年,佛教在中国仍然不为大部分人所知。一天夜里,明帝突然梦到了一个高大的人,金光闪闪,头顶光芒万丈。"飞行殿前,欣然悦之"。明帝梦醒后,百思不得其解。次日上朝,明帝把这个梦讲给大臣们听,并询问是何意。博士傅毅上奏说:"臣早就听说'西方有神,名曰佛',佛有佛经,也就是佛教。当年汉武帝时,大将军霍去病征讨西域,休屠王曾经贡上金佛像一尊,当时就安置在甘泉宫里面。以臣所见,陛下您昨晚所梦到的,莫非就是佛的影像。"

汉明帝一听，对佛教产生了强烈的好奇心，当即派遣大臣蔡愔、王遵等18人出使西域，去拜佛求佛法。蔡愔、王遵奉旨，一路西行，最后来到了大月氏国（今阿富汗地区）。在那里，蔡愔、王遵见到了佛经和释迦牟尼白毡佛像，并遇到了两位印度高僧迦叶摩腾、竺法兰，这两位大师正在当地游历、教化，传播佛教。蔡愔、王遵诚恳地邀请竺法兰和迦叶摩腾前往中土弘扬佛法。两位大师欣然答应，遂携带许多写在贝多

白马寺

罗树叶（贝多罗树是天竺独有的一种树，叶子宽阔坚韧，被人们当作书写的工具，佛教徒也将佛经写在上面）上的佛经，跟随蔡愔、秦景等人离开西域，来到汉朝。

永平十年（67），蔡愔、秦景携竺法兰和迦叶摩腾返回京城洛阳，和他们一起回来的，是用白马驮着的佛经、佛像。明帝对二位印度高僧极为重视，以最高礼节相待，先请他们暂时居住于鸿胪寺（当时负责外交事务，招待贵宾的官署），随即亲自接见了竺法兰和迦叶摩腾，两位大师向汉明帝讲解了佛教教义，汉明帝大有领悟，他认为在本朝推广佛教，能够有助于加强中央集权的专制统治。于是，明帝请竺法兰和迦叶摩腾带领一些佛教徒，将带来的贝叶佛经翻译成汉文。

竺法兰和迦叶摩腾欣然应承下来，但他们也提出了一个要求，不愿意久居鸿胪寺，希望明帝能下诏，完全仿造印度佛教寺院的样子修建一座寺庙，供他们居住和翻译经文。明帝答应了这个要求，并当即从国库中拨出一大笔费用，专款用于建造寺庙，明帝还下诏从各地调来全国最有名气的建筑工匠。竺法兰和迦叶摩腾将印度佛寺的图样画下来，交给了负责工程的人。

永平十一年（68），寺庙的地址终于选定，就在洛阳城雍门，位于邙山南麓洛河北岸之间。经过工匠们的辛勤劳作和巧手搭建，当年就建成了这座宏伟的寺庙。因为竺法兰和迦叶摩腾是用白马驮着贝叶经来到汉朝的，为了纪念白马驮经之功，明帝给这座寺庙起名为"白马寺"，这也是我国历史上的第一座正式的佛寺，被誉为中国第一古刹，也是世界著名伽蓝，被中外佛教界誉为"释源"，"祖庭"。白马寺坐北朝南，总面积有200余亩，其建筑分为五重大殿，四个大院以及东西厢房。最前方为山门，即三座并排而立的拱门。山门外面，左右各分立着一对石狮及一对石马。在山门内侧，东西两旁是迦叶摩腾和竺法兰两位高僧之墓。五重大殿由南向北，依次为天王殿、大佛殿、大雄殿、接引殿和毗卢殿，东西厢房也呈左右对称分布。此外，白马寺中还有中国第一释迦舍利塔，以及竺法兰和迦叶摩腾翻译佛经的工作场所——清凉台。

自白马寺建成之日起，竺法兰和迦叶摩腾两位高僧就带着僧众移居于白马寺，在寺中翻译佛经，讲解佛理。就在白马寺的清凉台上，他们一起翻译出了《佛说四十二章经》，这也是中国第一部汉文佛经法典。明帝对《佛说四十二章经》非常珍视，隆重下诏将这部经文宝典珍藏于兰台石室第十四间。因为佛教受到明帝的推崇和厚待，王公大臣和天下百姓无不尊崇向往，佛教随之在中国广为传播，渐渐成为那一时期最受欢迎

的宗教信仰。但随着佛教的广泛传播,也招致了某些本土信仰的反对和抵制。毕竟佛教起源于印度,其中所讲教义和佛理和中国的传统思想及风俗不相符合,这一点成为反对者大肆反驳的理由。尤其本土道教对此反应强烈,多次上奏明帝,要求明帝限制佛教在本土进一步发展。

永平十四年(71),正月初一,道教人士正式奏请明帝,提出想与佛教高僧论经斗法。明帝应允,当月十五日,明帝将这帮道士们全部召集到白马寺中,请竺法兰和迦叶摩腾两位和他们斗法、宣讲佛理。道士们来势汹汹,意欲将两位高僧驳倒,谁知不下几个回合,就被竺法兰和迦叶摩腾驳得哑口无言,最终只得认输。佛教在斗法中大获全胜,这更加深了明帝对佛家的笃信,并昭告天下,无论王族贵戚还是平民百姓,每逢正月十五日夜间,都要在家中张灯结彩、"燃灯表佛",以纪念今日之斗法,也借此表示对佛法的尊敬和崇信,这就是传统佳节元宵节的最早来源。

白马寺中的佛像

虽然这次斗法佛教胜出,但明帝和一些高僧也意识到为适宜中国礼教,佛教也应做出相应的改造和调整。于是,针对此,人们将中国道家的黄老思想及儒家的孔孟之道融合到佛理之中,逐步将佛教变成了符合中国礼教而有利于封建专制统治的具有本土特色的宗教信仰。

王景治理黄河

明帝登基以来,重视发展农业,安抚农民,并注重兴修水利,以助农工生产。因为措施得力,流民日益减少,百姓安居乐业,国势日渐强盛。永平九年(66)至永平十二年(69),因为"岁比登稔",东汉朝境内已经出现了"粟斛三十,牛羊被野"的一派繁荣景象。在此基础上,明帝于永平十三年(70),派王景修治黄河汴渠,基本消除了自西汉平帝时期之后,黄河泛滥侵扰民生的大灾害。

王景,字仲通,琅邪不其(今山东省即墨县)人,从小"广窥众书,又好天文术数之事,沈深多技艺",学识渊博,对治理水利工程非常有研究,是东汉时期著名的治水专家。

有一年,黄河发水冲毁了浚仪(今河南开封)附近的浚仪渠,那一带的百姓纷纷逃难,田地荒废,生产停顿。为及时让百姓回到家园,重新开始农业生产,朝廷下诏找来了王景,协助主事官员王吴一起修复浚仪渠。王景接受了朝廷的任务,在当地考察了水情和地形后,建议王吴采用"堰流法"来修整浚仪渠,所谓"堰流法",为王景自创,就是在堤岸一侧设置侧向引流的溢流堰,作用就是专门分泄洪水。王吴采纳了他的建议,很快浚仪渠就修复完毕。从那之后,"水不复为害",黄河发水也再没有冲毁过浚仪渠,当地民

汉平帝刘衎

众大为喜悦,纷纷赞扬王景的功德。这一次成功地修整浚仪渠,也让王景"名益著",其"能理水"的名声传闻天下。

明帝初年,水害最为严重的当属黄河的汴渠,这是多年以来遗留下的大患。根据《汉书》中记载,自从新莽三年(11),黄河洪水从魏郡决口之后,汴渠就遭到严重损坏,但当政的王莽却毫不顾念百姓死活,并不派人维修,情况因此越来越恶化。到明帝继位时,黄河的水灾泛滥至此,明帝自然忧心忡忡,下决心整治一番,可是群臣之中却有人提出反对意见,说这么多年来,黄河水虽然吞没汴渠,向东南侵袭,但这样对幽州(今河北北部、辽宁南部和朝鲜半岛)、冀州(今河北中南部、山东西部及河南北部)这些地区是有益的。如果治理汴渠,加强防护堤,很有可能导致黄河下游出现灾情,倒不如不去治理,听之任之,只需将百姓迁往高地即可,这样一来,百姓不会受灾,而国家也省去了抗洪修防的一大笔开销。

永平十二年(69)春,明帝终于下诏,正式启动治理黄河、修整汴渠的计划。明帝听说王景是水利方面的专家,颇有实际经验,就特意将王景召上朝堂,询问他关于治理黄河的策略。王景胸有成竹,回禀说:"河为汴害之源,汴为河害之表,河、汴分流,则运道无患,河、汴兼治,则得益无穷。"

这番与众不同的见解深得明帝赞赏,遂亲赐《山海经》《河渠书》《禹贡图》及钱帛衣物,并任命王景仍和王吴一起,负责治理黄河、汴渠。这一年的四月,王景和王吴来到汴渠地区,召集了数十万官兵、百姓,开始了明帝时期最大规模的治水工程,"修渠筑堤,自荥阳东至千乘海口千余里"。据史书所记载,这次治水工程主要是"筑堤,理渠,绝水,立门,河、汴分流,复其旧迹"。

王景根据当地多年的水灾情况和复杂地形,"商度地势,凿山阜,破砥碛,直截沟涧,防遏冲要,疏决壅积",采取了各种相应的技术措施,开凿山地,以通旧河道,助水流畅通,同时注意将横向连贯的水沟堵上,全面对黄河、汴渠进行了治理、修整。尤其是在对汴口的治理中,王景别出心裁的想出了"十里立一水门,令更相洄注"的方法,交替从河中引水入汴,达到了改善汴口水门的目的,成功地将河、汴之水引导分流。

永平十三年(70)四月,历时一年的治理工程终于全部结束了,因为工程浩大,动用的人力物力超过以往任何一次,"虽简省役费,然犹以百亿计"。但王景的治理成效也大大超越了过去,为害几十年的黄河洪水隐患被消除,汴渠修整一新,也重新恢复了通航的功能,定陶(今山东定陶北部)以北,往年被淹没的大面积的耕地重新被开垦种植,农业生产得到了极大恢复。其后900多年间,黄河顺畅,史书上极少出现黄河发水改道的记载,故而有称"王景治河,千载无患"。

汉明帝闻奏后十分喜悦,当年夏天亲自"行幸荥阳,巡行河堤",还特意找来王景陪同。明帝乘船沿河水而行,一路赞不绝口。至无盐(今山东东平东南部)时,明帝下诏称:"陶丘之北,渐就壤坟,故荐嘉玉絜牲,以礼河神。东过洛讷,叹禹之绩。今五土之宜,反其正色,滨渠下田,赋予贫人,无令豪右得固其利,庶继世宗《瓠子》之作。"为表彰王景等人的功绩,明帝随即下诏:王吴及其属下官员凡参与治理者均加官一级"增秩一等"。王景则连升三级,封为侍御史。又封王景为河堤谒者(主持河防工程的官职),"赐车马缣钱"。不久,明帝还下诏,命"滨河郡国置河堤员吏,如西京旧制",也就是指令沿黄河、汴渠各郡县,必须设置专门负责防堤的官员,同时恢复西汉时期(西京指西汉京城长安)对维护堤防有益的旧制,以保障黄河水流安全。

黄河水患解决后,明帝时期农业得到突飞猛进的大发展,"民安其业,户口滋殖。"

根据史书中记载:东汉光武帝末年,全国户籍记录的人口为2100多万,20年后,也就是明帝末年,全国户籍激增至3400多万,这不能不说是一个惊人的数字,而这的确得益于明帝治黄的决心和王景治理的功劳。

万民敬仰的明德皇后

光武帝刘秀娶了一位贤惠的妻子,也就是明帝刘庄的亲生母亲阴丽华。而在后宫问题上,明帝刘庄显然要比光武帝更顺利。他只有一位明德皇后,且贤德聪慧,不仅为天下臣民敬重,也深得明帝和阴太后喜爱。

这位明德皇后姓马,说起她的父亲,正是声名显赫的大汉伏波将军新息侯——马援。马援为东汉王朝创建立下了汗马功劳,为光武帝重臣。但因为生性率直,不喜奉承,得罪了不少王公大臣。其中就有年轻的权贵梁松,梁松是光武帝的女儿舞阴长公主的丈夫,受封为陵乡侯。有一次,马援生病,群臣前去探望,梁松也去了,在卧床边向马援行礼,马援对他平平淡淡,没有回礼,也没有表现出特别的客气。梁松走后,马援的儿子问道:"梁伯孙帝婿,贵重朝廷,公卿已下莫不惮之,大人奈何独不为礼?"马援回答说:"我乃松父友也。虽贵,何得失其序乎?"在马援看来,梁松不过是年轻的晚辈,却没想到梁松认为马援瞧不起自己,暗暗怀恨在心。

没过多久,马援给自己的侄儿马严、马敦写了一封信,信里面提到了朝中不少大臣,有褒有贬。尤其批评了越骑司马杜季良,并且提到驸马梁松、窦固也和此人来往密切,言语之间颇有不屑。谁知,这封信竟然落到了别人手中,还以此为凭据,上奏给光武帝。光武帝阅罢,怒不可遏,不仅罢免了杜季良的官职,还把两个女婿梁松、窦固狠狠地痛骂了一顿。梁松、窦固吓坏了,赶紧磕头赔罪,好不容易才让光武帝消了气,没有惩治他们。当梁松得知是马援的书信给自己招惹的是非后,更是愤恨不已,下定决心要报复马援。但马援毕竟居功至伟,梁松一时之间也找不到机会。

建武二十四年(48),马援奉命远征武陵、五溪蛮夷。第二年三月,马援身染重病,却被部将耿舒诬告进军不利,光武帝就派时任虎贲中郎将的梁松赶往军中责问马援,还命他代为监管马援部属。梁松长途跋涉,抵达军营时,马援已因病去世。但梁松还是诬陷了马援。光武帝一怒之下,追收了马援新息侯印绶。许多小人也借机作乱,纷纷向光武帝告状,说马援在外征战,曾搜刮了一车珍宝藏于家中。光武帝更加震怒,以至于马援尸首运回京城后,光武帝不允许将其埋葬在原来准备好的墓地,马援家人只得将其安葬在城西偏远之地。

马援塑像

安葬了马援之后,其侄儿马严及马援妻儿用草绳捆成一串,集体去皇宫求见光武帝,光武帝将梁松的奏章给他们看,马援家人才明白事情的原委。关于那一车珍宝,竟不过是交趾特产的一种叫薏苡的植物果实,马援常常食用,以治疗筋骨风湿,避除邪风瘴气。马援夫人为申述冤情,先后六次上书,终于打动了光武帝,下诏将马援葬回原有墓地。

明德皇后幼年,曾经患过一场大病,病情严重,缠绵难愈。马援夫人非常担忧,便请来巫者占卜。巫者卜毕，说这个小女孩绝非一般人，将来必然大富大贵。马援夫人又请来相士给家里的三个女儿看相，所有相士都对年幼的明德皇后惊叹不已。马夫人从此对自己的三女儿另眼相看。

马援去世的同一年，马援的两个儿子马客卿、马惠敏也先后离开了人世，马援夫人受不了连番打击，一病不起。年仅十岁的明德皇后承揽了侯府中的全盘事务，无论大事小事，都处理得井井有条。后来，因为窦家也曾参与诬告马援，马援夫人将明德皇后和窦家的婚约取消。马严向光武帝上书："臣叔父援孤恩不报，而妻子特获恩全，戴仰陛下，为天为父。人情既得不死，便欲求福。窃闻太子，诸王妃匹未备，援有三女，大者十五，次者十四，小者十三，仪状发肤，上中以上。皆孝顺小心，婉静有礼。愿下相工，简其可否。如有万一，援不朽于黄泉矣。又援姑姊妹并为成帝婕妤，葬于延陵。臣严幸得蒙恩更生，冀因缘先姑，当充后宫。"马援三个未出嫁的女儿都符合"十三以上、二十以下"皇家选妃的标准，因此马严愿意将这三个女孩都送进皇宫里，光武帝应允。

那一年，明德皇后正好13岁，身材修长，秀丽端庄，举手投足稳重而文雅。她被送入了太子宫中，且立即得到了阴丽华皇后的喜爱，对她格外照顾。刘庄对她也宠爱有加。

建武中元二年(57)二月，刘庄接任东汉皇帝之位，本打算册立明德皇后为皇后，却遭到诸多大臣的反对，明帝又不肯立别的嫔妃为后，就将皇后的宝座空置下来，先将明德皇后册封为"贵人"，这是后宫中仅次于皇后的级别。为明帝生下了长了刘炟的贾氏也被同时册封为"贵人"，贾氏的母亲是马援和原配妻子所生的长女，论起辈分来，她还是明德皇后的外甥女。因为明德皇后一直没有怀孕生子，明帝就将贾氏所生的儿子刘炟交给她抚养，当时明帝还充满感情地安慰明德皇后说："人未必当自生子，但患爱养不至耳。"

明德皇后没有让明帝失望，她将刘炟视若己出，照顾得无微不至，虽然后宫中奴婢众多，但她总是亲自打理刘炟的生活起居。也正为她无私的爱，刘炟也对她这位养母充满感恩之情，母子之间关系融洽，彼此关心。

永平三年(60)初，大臣们上奏恳请明帝刘庄册立皇后入住"长乐宫"(皇后的寝宫)，这时，明帝为光武帝所守三年孝制已满，再也没有任何理由拒绝立后。可是，在明帝心目中，只有一位堪当皇后的人选，那就是明德皇后。但再次遭到了群臣的反对。当时在明帝皇宫中，除了生下皇太子的贾贵人之外，还有两位生育了刘建和刘羡两位皇子的嫔妃。此外，还有一位虽没有生育皇子但身份较为尊贵的阴贵人，她是皇太后阴丽华的晚辈，也是刘庄的表妹。明帝接到大臣们的奏章，却迟迟没有下达立后的诏书。阴丽华太后知道儿子的心思，也知道他顾忌大臣们的反对，于是她公开表态说："马贵人德冠后宫，宜立为后。"既然德高望重的皇太后发了话，大臣们也不敢再阻拦，阴家、贾家及另两位嫔妃家的外戚们也都无话可说了。永平三年(60)二月，明帝正式下诏，册立马贵人为明德皇后，同时她的养子刘炟被册立为皇太子。

虽然当上了后宫之首，但明德皇后毫不骄横跋扈，一如往昔的平易近人，生活俭朴。除了重大隆重的场合身穿绫罗绸缎，平日里她常穿些粗布衣裙。按照汉室皇宫的宫规，每逢初一、十五，宫中所有嫔妃都必须朝见皇后请安。有一次，嫔妃们又来朝见明德皇后，远远地看到她的裙摆舒展，都以为她穿着昂贵的织锦缎，谁知等她们离近了细看，才发现那裙子不过是棉布缯料。诸位嫔妃都暗自友笑，明德皇后注意到后，一点也不介意，反而温和地解释道："日常起居，穿这样容易染色的衣料就很好。"嫔妃们闻言，无不露出敬慕之色。在明德皇后的带动下，后宫效行节俭，减少了很多不必要的宫廷开支，而王公贵戚们听闻后，也自检其身，不以奢侈浪费为傲，朝廷风气大好。

明帝一共有九个儿子，除了过继给明德皇后的刘炟被立为皇太子，另外分别是刘建、刘羡、刘恭、刘党、刘衍、刘畅、刘昞、刘长。虽然这九个儿子都不是明德皇后所生，但明德皇后对他们一视同仁，关怀备至。永平十五年（72），明帝决定给诸位皇子封王，但在划定封国之时，明帝将封地、收入等统统减半。就连一贯提倡节俭的明德皇后也大惑不解，问道："和先帝朝封王相比，皇子们的体例减少了那么多，他们会不会不够用呢？"明帝解释说："我的皇子怎么能与先帝的皇子、他们的叔父们相比呢？如今，每位皇子有二千万的岁赋收入就足了。"明德皇后不再多说，随即明帝下诏将八子封为藩王，其中：刘建封为千乘王；刘羡封为广平王，后来改封陈王；刘恭封为彭城王；刘党封为东成王；刘衍封为下邳王；刘畅封为梁王；刘昞封为淮阳王；刘长封为济阳王。

明德皇后从小就喜读书，聪慧善领悟，才德兼备，她能够完整背诵《周易》，日常偏爱读《春秋》《楚辞》《周礼》。她从不干预政事，但明事理、善判断，处理事务明晰果断，将后宫管理的井然有序，明帝对此也十分佩服。永平十三年（70），楚王刘英谋反，次年死于流放地。明帝对刘英宽仁相待，并没有严厉处置他。但是对于那些受到此案牵连的人，明帝却严查到底，一时间，从楚国官吏、京城大臣、名士，以及地方豪杰还有平民百姓，受到牵扯的竟达数千人，这些人都被关进了大狱。依照明帝"严切"之心，这些人将永无出头之日，群臣们也不敢多加劝说，生怕将自己也牵累进去。此时，阴丽华皇太后已经过世，明德皇后不畏明帝的怒气，言辞恳切地劝说明帝不必再继续追究，放数千人一条生路。明帝为之所动，经反复思量后，于永平十五年（72）二月，下诏大赦天下，并特意将以往排除在大赦范围之外的谋反罪也予以宽大处理。原本可能会让无数人身首异处的谋反大案，终于历时两年时间和平地解决了，而这不能不说是明德皇后立下的一件大功德。经过这件事之后，明帝对明德皇后更加信赖，他有时会将心中悬疑不决的大事讲给皇后听，然后询问她的看法。几次三番后，明帝发觉明德皇后分析问题深刻而合情合理，方方面面都会考虑周全，总能给自己很大的帮助或启发。从那之后，明帝在处理朝廷政事的时候，常常会征询明德皇后的意见，以做自己决断的参考。明德皇后也逐渐参与到国家大事中来，但她却始终抱持一颗平稳安详的心，从不曾在明帝面前为自己或马家人谋求一丝利益。这一点更赢得了明帝对她发自内心的敬重。

明帝去世后，皇太子刘炟登基为汉章帝。不久，汉章帝欲给明德皇后的三位哥哥封侯爵，却遭到明德皇后的拒绝，还特意为此写了诏书："凡言事者皆欲媚朕以要福耳。昔王氏五侯同日俱封，其时黄雾四塞，不闻澍雨之应。又田蚡、窦婴，宠贵横恣，倾覆之祸，为世所传。故先帝防慎舅氏，不令在枢机之位。诸子之封，裁令半楚、淮阳诸国，常谓'我子不当与先帝子等'。今有司奈何欲以马氏比阴氏乎！吾为天下母，而身服大练，食不求甘，左右但着帛布，无香熏之饰者，欲身率下也。以为外亲见之，当伤心自省，但笑言太后素好俭。前过濯龙门上，见外家问起居者，车如流水，马如游龙，仓头衣绿，领袖正白，顾视御者，不及远矣。故不加谴怒，但绝岁用而已，冀以默愧其心，而犹懈怠，无忧国忘家之虑。知臣莫若君，况亲属乎？吾岂可上负先帝之旨，下亏先人之德，重袭西京败亡之祸哉！"提醒自己的养子应以前朝为鉴，谨遵光武帝和明帝不许外戚担任重职的原则。

汉章帝再三恳求，明德皇后回答说："我并非不明白你的孝心，只是现在百姓生活贫苦，你若是封赏外戚，我又怎能安心。就等到人民安居乐业之时再行封赏吧。"建初四年(79),全国并无发生旱涝灾害,农业丰收、国富民强,汉章帝遂封三个舅舅马廖,马防,马光为列侯,随即明德皇后就召见了三兄弟,劝说他们不要以外戚身份参权。三人上书请求辞去当朝的官职,以侯爵身份回家安度晚年。明德皇后的克己奉公,不仅让外戚们大大收敛张狂之气,也令各藩王,诸侯不敢过于骄横跋扈,指点朝政。

建初四年(79)六月,明德皇后病逝于长乐宫,终年41岁,谥号"明德"。七月,汉章帝将她合葬于明帝显节陵。明德皇后临终前,挂念多年来隐居南宫的汉章帝的亲生母亲贾贵人,还特意下诏:赏赐给贾贵人佩王赤绶,安车一驷、永巷宫婢二百人、御府各色杂帛二万匹、大司农黄金千金、钱二千万。明德皇后一生简朴正直,宽厚仁和,正如同《续列女传》中所称赞的"在家则可为众女师范,在国则可为母后表仪。"

东汉大将耿恭

"明章之治"

永平七年(64)正月,阴丽华皇太后去世,享年62岁。二月,明帝将阴太后合葬于光武帝刘秀原陵。明帝非常伤心,可以说,阴丽华为东汉后世的诸位皇后做出了最佳表率,而明德皇后无疑也很好地承继了这些优点。可惜,后任东汉皇后之中甚少有像她们这般贤良出色的。

永平十八年(75),即阴丽华整整过世十年后,明帝前去拜祭先帝、先后。在前天夜晚,明帝做了一个梦,他看到光武帝和阴丽华一起在水边散步,相亲相爱的情形犹如昔日再现。梦醒之后,明帝上朝时对文武大臣说起此事,一时感怀,竟潸然泪下,并下诏在父母的祭殿两侧种下一共28棵柏树,以此来代表"云台二十八将",永远守护父母。

永平十八年(75)八月,汉明帝刘庄去世,享年48岁,葬于显节陵(今河南洛阳市东南),庙号显宗,尊谥孝明皇帝。皇太子刘炟登基,即东汉第三代皇帝——汉章帝,时年38岁的明德皇后被奉为皇太后。

《汉纪》中称汉明帝"及临万几,约身率礼,恭奉遗业,一以贯之,虽夏启,周成继体持统无以加焉"。明帝在位期间,国家繁荣富强,"吏得其人,民乐其业,远近畏服,户口增强,天下安定,百姓殷富"。随后即位的汉章帝,为人宽厚仁和,也始终遵奉光武制度,励精图治,光大祖业。因而史书中将汉明帝及汉章帝时期称之为"明章之治"。

汉和帝刘肇

帝王将相大传

一代帝王

图文珍藏版

人物档案

生卒年:公元 79~105 年

父母:父,章帝刘炟;母,梁贵人

后妃:阴皇后、邓皇后、冯贵人

年号:永元,元兴

在位时间:公元 88~105 年

谥号:孝和皇帝

庙号:穆宗

陵寝:河南慎陵

性格:宽仁平和,谨慎明辨

名家评点:

帝由是贤之(郑众),常与之议论政事,宦官用权自此始矣。

——北宋·司马光《资治通鉴》

和帝刘肇

"窦氏之乱"

东汉建立后,历经光武帝刘秀、汉明帝刘庄、汉章帝刘炟三代明君的治理、逐步恢复了繁荣昌盛的局面,一扫西汉末年及新莽时期民不聊生、破烂不堪的阴霾,故而,史书上将这一时期称之为"光武中兴"。章和二年(88)二月,年仅 31 岁的汉章帝刘炟突然病逝,时年仅十岁的皇太子刘肇继承了皇位,是为汉和帝,改年号为"永元元年"。

处心积虑窦太后

汉和帝刘肇是汉章帝刘炟的第四个儿子,在他之前有三位兄长,分别是千乘王刘伉、平春王刘全、清河王刘庆(废太子),他下面还有四个弟弟:济北王刘寿、河间王刘开、城阳王刘淑,广宗王刘万岁。而刘肇之所以能够超越诸多兄弟,成为东汉王朝新一代执政者,这完全要归功于被他尊为皇太后的窦氏。

公元 75 年,汉章帝刘炟登基,两年后,即公元 77 年,章帝下旨广纳天下美女,一时间,后宫美女充盈,花团锦簇。章帝一共册封了六位贵人,恰好是三对姐妹花。其中宋氏姐妹是明德皇后的外甥女,早在章帝做皇太子时已经入宫陪侍,另外两对则是同时新选入宫,分别是窦氏姐妹、舞阴长公主夫家侄女梁氏姐妹。

说起来,这三对姐妹都是章帝的亲戚,宋氏姐妹和梁氏姐妹是章帝的表妹,窦氏姐妹则是章帝的外甥女,她们的曾祖父窦融是新莽时期河西的割据势力,东汉初年光武帝进攻陇右的隗嚣时,窦融出兵相助,之后窦融主动率部归顺东汉,得到光武帝的赏识和优厚待遇。光武还和窦融结为儿女亲家,窦融之子窦穆、窦固分别迎娶了内黄公主和涅阳公主,窦家成为东汉显赫一时的皇亲国戚。后来,窦穆的儿子窦勋迎娶了曾为皇太子的东海王刘疆的女儿沘阳公主。窦氏姐妹、窦宪和窦笃都是窦勋与沘阳公主的女儿。汉明帝时期,窦氏家族中同时拥有一公、两侯、三位公主、四位二千石大臣,风头直逼当时樊氏、郭氏、阴氏、马氏这四大外戚家族。后来,窦穆及其子窦勋因目无法纪、骄横跋扈被明帝处死。

　　窦氏姐妹入宫后,颇受章帝宠爱,建初三年(78)三月,章帝按照惯例册封皇后,从六位贵人中选中了窦氏姐妹中的大窦氏。窦氏一家更加春风得意,引以为傲。大窦氏高兴之余,也不免心生忧虑,因为她和妹妹一直未能诞下皇子、皇女。而章帝最为宠爱宋大贵人所生的三皇子刘庆,并于建初四年(79)四月下诏,册立刘庆为皇太子。窦皇后自然明白母凭子贵的道理,不免为自己的皇后之位担忧起来,常和妹妹窦贵人私下里商议对策。恰在这同一年间,梁氏姐妹中的妹妹为章帝生下了第四位皇子,取名为刘肇。

　　刘肇刚一呱呱坠地,窦皇后就跑到小梁贵人寝宫,宣布说这个孩子由自己抚养,小梁贵人固然不情愿,但见章帝并不反对,也只好忍气吞声地答应了。窦皇后一心想让章帝改立四皇子刘肇为太子,同时,窦皇后也担心将来刘肇一旦称帝,他的亲生母亲小梁贵人及其一家就会飞黄腾达,自己完全是为他人作嫁衣裳。思前虑后,窦皇后决定先找机会除掉梁氏姐妹。

　　有一次,小梁贵人给家中写了一封书信,其中有一句:"久病思生菟。"窦皇后得知后,就向章帝诬告说小梁贵人"生菟巫蛊",章帝信以为真,当即命人将小梁贵人抓起来并严加拷问。紧接着,窦皇后转而陷害皇太子刘庆的生母宋大贵人,她指使宦官蔡伦诬陷宋大贵人"挟邪媚道"。建初七年(82)六月,宋氏姐妹二人含冤自杀,随即章帝废皇太子刘庆,将其贬为清河王,同时将窦皇后养子刘肇立为新的皇太子,当时刘肇仅仅三岁。

　　为斩绝梁家后患,建初八年(83),窦皇后暗中指使人投"飞书"(即匿名信)诬陷梁贵人的父亲梁竦谋反。章帝大怒,命令严刑查办,梁竦不堪刑罚,只得屈打成招,冤死在大牢中,梁家人都被流放到九真郡(今越南顺化)。就连梁氏姐妹的伯母、舞阴公主也被牵连其中,幸好章帝还念及舞阴公主是光武帝的女儿,网开一面,只是将她贬往新城(今河南密县)居住,并派人常年监视。既然长公主都难能幸免,梁氏姐妹虽身为贵人,也难逃噩运,姐妹俩同时毙命,而那时小梁贵人不过刚刚22岁。

　　建初十五年(88),章帝去世,十岁的刘肇被推上皇位,窦皇后晋升为皇太后,为年幼的皇帝临朝听政,也从此开始了东汉历史上著名的"窦氏之乱"。

　　窦太后一上台,就大肆封赏朝廷命官,受封之人首选就是窦家的亲戚。她首先把自己的哥哥窦宪由虎贲中郎将提升为侍中,掌管朝廷机密,负责发布诰命,提拔弟弟窦笃接替窦宪,担任虎贲中郎将,统领皇宫侍卫;另提拔弟弟窦景、窦瑰担任中常将,负责传达诏令和统理文书。这样一来,"窦宪兄弟都在亲要之地,威权一时无两。"此外,窦太后还大力提拔归附窦家的官员,使得朝堂之上,多半是窦家的心腹之人,从而牢牢地把握国家政权。

　　窦太后借和帝之口,首先宣布"罢盐铁之禁,纵(任)民煮铸"。也就是解除郡国盐铁官营制度,纵容豪强兼并,以此来迎合富强豪绅的经济利益,大大满足了他们贪婪的胃口,以此换取豪强对窦氏政权的默许,却对国家大局不利,最直接的严重后果是既浪费了国家的资源,也令国家税收大幅度减少,加剧了当时的社会矛盾。但窦太后视而不见,仍坚持放开盐铁之禁。

　　窦太后临朝不久,北匈奴遭受天灾,境内大乱,南匈奴单于趁机请求东汉朝廷出兵帮助南匈奴消灭北匈奴。当时朝中大臣多有反对之声,但窦太后仍坚持发兵征讨北匈奴,而她选择的大将军正是其兄窦宪。

跋扈功臣窦将军

窦宪是窦皇后的兄长,性情"暴烈急躁",章帝立其妹为皇后时,加封窦宪为侍中、虎贲中郎将,窦笃为黄门侍郎。不久,明德太后去世,马氏外戚势力逐渐衰微,窦宪兄弟仰仗窦皇后权势,贪赃枉法,气焰嚣张不可一世,"宠贵日盛,王公侧目"。不要说平民百姓,就连王公大臣、皇亲贵戚也不敢招惹他。窦宪得寸进尺,竟然欺负上了沁水公主。他看中了公主的园田,就派人以低价强买下来。出于畏忌,沁水公主没有丝毫反抗,忍痛答应了。

有一天,汉章帝听说了这件事,就向臣子们询问,竟没有人敢据实禀告。章帝不悦,特意带着窦宪前往那块田园,当面责问,窦宪自知理亏,无言以对。汉章帝呵斥道:"思前过,夺主田园时,何用愈赵高指鹿为马?久念使人惊怖。昔永平中,常令阴党、阴博、邓叠三人更相纠察,故诸豪戚莫敢犯法者,而诏书切切,犹以舅氏田宅为言。今贵主尚见枉夺,何况小人哉!国家废宪如孤雏腐鼠耳!"

见皇帝妹夫真的发火了,窦宪这才害怕起来,跪拜在地,不停谢罪,请求章帝宽恕。后来,还是窦皇后一再为他求情,甚至毁服(降低服式等级以表示自责)替兄长谢罪,章帝才看在窦皇后的面子上,平息了怒气。没有重罚窦宪,只是命令他将田园归还给原主人沁水公主。这件事情之后,章帝在位期间,再也没有重用过窦宪,"再不授予重权",窦氏家族的威风稍有收敛。若章帝预先能知后世之事,一定会像明帝刘庄那般"严切"处置窦宪,也就不会出现和帝即位后窦氏祸国之乱。

窦太后临朝听政后,任命窦宪为侍中,"内主机密,外宣诏命。"窦固的几个弟弟也获得重用,围绕在和帝周围的显贵大臣都是窦氏一家人,大权尽落在窦宪兄弟手中。窦宪还有选择的举荐官员,为己所用。太尉邓彪仁厚谦和,与权势无争,"柔和易制",窦宪看重他这一点,力荐邓彪为太傅录尚书事,窦宪执掌朝政,每当他"有所施为,外令彪奏,内白太后,事无不从"。桓郁为屯骑校尉,曾经给几代皇帝都当过老师,生性"恬退自守",窦宪觉得他很适合教育年幼的皇帝,于是推荐他进宫当老师,给皇帝教授经书。经过一番安排,朝堂之上、后宫之内,大多都是窦氏的心腹,每遇事情,"内外协附",窦宪无往而不利。

随着权势的增长,生性暴躁、睚眦必报的窦宪开始清算旧账,大力打击以前得罪过窦家的人。汉明帝时,窦勋犯法被明帝查办,韩纡曾经参与审理这个案子,窦宪一直怀恨在心,为出心头怨气,虽然韩纡早已故世,他仍然不肯罢休,派人杀害了韩纡的儿子,将其头颅拿到窦勋墓前祭奠。

对于刘氏皇族,窦宪也不放在眼里,他大力打击皇族势力,以消除对自己地位可能造成的威胁。公元89年。即章帝去世之后,各地王公贵族都进京城吊丧,其中有位都乡侯刘畅,他是光武帝刘秀兄长齐武王刘缜的孙子,英俊潇洒,能说会道,常常进宫陪伴窦太后,"得幸太后,数蒙召见。"窦固担心刘畅一旦得宠,分了自己的"宫省之权",将对自己大大不利,就安排刺客于屯卫之中杀害刘畅。还将这个罪名安在了刘畅的兄弟利侯刘刚头上,窦宪还装模作样将刘刚关入牢狱,严加拷问。还没等刘刚屈打成招,窦太后所派的调查人员已经查明了命案真凶,窦太后得知竟是窦宪主谋,怒不可遏,当即命人将窦宪抓起关押在内宫之中,按照汉朝律法,杀害宗室成员是大罪,窦宪理应判处死刑。可窦太后再生气,也不舍得杀死自己的兄长,正好此时,南匈奴上表东汉朝廷,请求发兵讨伐北匈奴。因而,她不顾朝臣们的反对,答应窦宪提出的率军出征北匈奴,以此来赎死罪。不久,朝廷便任命窦宪为车骑将军,联合南匈奴讨伐北匈奴,窦宪"佩金印紫绶，比照司空规格配备属员"，以执金吾耿秉和耿夔为副将，耿氏兄弟智勇双全，是光武帝年间名将耿弇之弟耿国的儿子。

永元元年(89)，窦宪奉命出征，"发北军五校黎阳，雍营缘边十二郡骑士，及羌胡兵出塞"。与北匈奴军队大战于稽落山，汉军大破北匈奴军。"斩首 13000 级，受降 20 万人"，窦宪率军一鼓作气，出塞 3000 余里，将北匈奴的残余部队一直追击至私渠海，经此一役，北匈奴的军事势力土崩瓦解"窦宪登燕然山(今蒙古杭爱山)，刻石勒功"，随后才班师回朝。

窦宪平定北匈奴立下大功，窦太后自然喜出望外，早将对窦宪的一腔怒气忘得一干二净。在窦太后的要求下，当年九月，和帝下诏，派中郎将持节到五原任命窦宪为大将军，同时犒劳赏赐三军将士，军中凡"各郡二千石长官的子弟，都升任太子舍人"。永元二年(90)六月，和帝在窦太后的指令下，再次下诏："册封窦氏四兄弟侯爵之位，窦宪封爵为武阳侯，食邑二万户，"窦景为执金吾，窦瑰光禄勋，窦宪的叔叔窦霸为城门校尉，霸弟褒将作大匠，褒弟嘉少府，窦氏父子兄弟并为卿，校。窦笃，窦景，窦瑰等人都接受了封赏，唯有窦宪坚决辞去封爵，仍领大将军之职。按照汉朝官员级别配置，大将军的官位在三公之下，官属标准与太尉相同。如今窦宪北伐成功，手握重兵，满朝文武谁都不敢得罪他。为讨好权倾朝野的窦宪，王公大臣们竟然联合起来，上书奏请朝廷：将窦宪的大将军之位置于"三公之上，太傅之下"，并将其设置官属的档次提升。

永元三年(91)，窦宪决定彻底消灭北匈奴，遂派右校尉耿夔、司马任尚，赵博等人率领汉军出征，从居延塞至金微山(今阿尔泰山)，"大破北单于，斩首五千余级，北单于遁逃，不知去向，其国遂亡。"这一场大战，令北匈奴彻底从西域消失了。

窦宪一门越发骄横跋扈，窦宪兄弟把持朝政。把窦家大大小小的亲戚都封为京官或地方官，窦宪的叔父窦霸为城门校尉，窦褒为将作大匠，窦嘉为少尉，此外，还有十余人任侍中、将、大夫、郎吏等职，最小的也是个地方县令。就连窦家的仆人也胡作非为，横行霸道，甚至公然强抢民女和财物，主管官员一听说是窦府家奴所为，皆噤若寒蝉，视若不见，"有司莫敢举奏"。

对于朝中那些正直、忠义的大臣，窦宪收买不成，就实行暗杀政策。他供养了许多刺客，一旦遇到胆敢和窦家对抗的官员，他就派刺客加以谋害。尚书仆射郅寿、乐恢上书和帝，请求窦太后对窦氏外戚加以管束，窦宪得知后，施以迫害，不久郅寿，乐恢皆被迫自杀身亡。司徒袁安见"天子年幼，外戚专权，深为忧虑，言及国家大事，往往呜咽流泪"。袁安经常上疏直言窦氏外戚的种种劣迹，点名批评窦宪，窦景的贪婪腐败，这些奏章义正词严，慷慨激昂，均出自袁安府书吏周荣之手。窦宪对此极为恼怒，窦府的一个门客竟找到周荣，当面威胁、恐吓他。满朝文武大臣再无人敢上谏弹劾窦氏外戚，"朝廷震慑，望风随旨，无敢违者"，窦氏兄弟更加煊赫跋扈、不可一世。

主动出击除权臣

窦宪大权在握，在朝堂之上唯我独尊，和帝虽贵为一朝少年天子，但对他也是恭恭敬敬。永元四年(92)，和帝年满 14 岁，这一年，13 个郡国地裂，各地都发生了大旱或蝗灾。此时的窦太后在后宫"百般节俭行善"，对权势没有什么要求。而利欲熏心的窦宪却按捺不住对皇权的向往，暗中图谋，欲行叛逆。渐渐长大的和帝也不满于窦氏专权，越发向往亲自执掌朝政，于是，窦宪与和帝之间的矛盾逐渐加深，窦宪开始谋划，怎样

将自己这个名义上的外甥皇帝除掉，自己取而代之。窦宪和女婿郭举及其父亲郭璜、穰侯邓叠、邓叠弟弟步兵校尉邓磊暗地里商议怎样杀害和帝。和帝也敏锐地感觉到了不祥的气息，他决定主动出击，出其不意，好好收拾自己那狂妄的舅舅。

可是在和帝身边，几乎找不到一位可以信任的大臣和随从，所剩不多的忠臣早就被窦宪密切监视，并严格与和帝隔离了。年少的和帝唯一能够借助的力量就是身边的那些宦官了。和帝经过细心观察，发现钩盾令（负责宫内河池苑囿的宦官）郑众"谨慎机敏有心计"，是个很有能力的人，最重要的是郑众并非窦氏同党。和帝找了一个机会，把自己的想法对郑众和盘托出，郑众当即表示全力支持。当时，窦宪拥兵镇守凉州，一旦京城发生变动，他必然会带兵叛乱。郑众建议和帝，一方面先控制住窦宪在京城的党羽，另一方面调窦宪回京。

随后，和帝以回京辅政之名义下诏命窦宪返京，并指令大鸿胪持节到京城外迎接，并按等级赏赐军中将士，不露声色，以免引起窦宪的怀疑。郑众暗中笼络不少宦官，等待时机。而和帝身边还有一位皇室支持者，此人就是废太子清河王刘庆，兄弟两人从小感情就很好，刘庆并不因为被抢了皇帝之位而嫉恨和帝。刘庆在获知和帝计划后，

按照和帝的吩咐，亲自跑到千乘王刘伉那里借《汉书·外戚传》，和帝要求郑众参照此书，从"文帝诛薄昭、武帝诛窦婴，昭帝诛上官桀、宣帝诛霍禹"等前朝事件中学习行动经验，"整理勾稽"。等到一切准备工作基本妥当之时，窦宪、邓叠也已回到了京城。

就在行动的前一晚，少年和帝彻夜未眠，他亲自御临北宫，命令司徒兼卫尉官丁鸿带领卫兵"屯卫南，北宫"，严守城门，不得

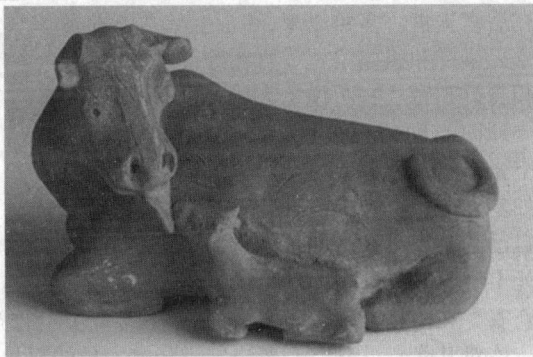

东汉带犊陶卧牛

放任何人出入，以防备窦宪出逃或派人出城求援。随即，和帝下诏令执金吾、五校尉等各率领卫兵，前去捉拿郭璜、郭举父子和邓叠、邓磊兄弟，关入大牢连夜重罪处死，悄无声息地解决了窦宪的党羽们。

次日，和帝派谒者仆射直入窦家，当着窦宪的面宣读诏书，将其大将军印绶收回，改封为冠军侯。因为顾念到窦太后的养育之恩和窦宪西征的功劳，和帝并没有严惩窦氏兄弟，而是限令窦宪与窦笃，窦景等人各自回到封地，闭门思过，不准滞留京城。等他们回到封地后不久，和帝为绝后患，又密令逼迫窦宪与窦笃，窦景自杀。窦氏四兄弟中，只剩下没有参与谋反的窦环逃过一死，存活在人世。

和帝在宦官郑众等人的协助下，成功的一举铲除了霸占朝政的窦氏兄弟，从而成为真正意义上的皇帝，开始执掌朝政。而窦太后听闻窦氏一家纷纷落马被杀的消息，心中固然十分哀怨，伤悲，却也不敢过多流露。毕竟她很清楚，自己只是和帝的养母，一旦这件事情被揭穿，恐怕自己也难以保全，因此，窦太后在后宫中精生修养，不问世事，安度晚年。

和帝亲政后，第一件事就是论功行赏。首位功臣自然就是宦官郑众，和帝下诏升郑众为大长秋，也就是皇后近侍的首领，负责宣达皇后旨意，管理宫中事务，这个职位

通常都是由皇帝最信任的宦官来担任。在封赏的过程中，和帝发现，郑众比较谦虚，总是把功劳和赏赐推给他人，自己接受的很少，和帝因此更加赏识郑众，不仅让他常伴自己左右，还常与他讨论朝中政事，郑众渐渐参与政事，而他对国家方针政策的提议也常为和帝所采纳，从此，东汉就进入了史书上所言"宦官用权自此始矣"的时代。不久，和帝下诏将郑众册封为鄛临侯，这也是东汉历史上宦官封侯的开始。在和帝的信赖和庇护下，宦官的势力开始强大起来，和帝利用宦官的力量铲除了外戚窦氏，结束了东汉历史上的第一个外戚专权的时代，却开始了东汉宦官擅权专政的新局面。

永元九年(97)闰八月，年约40岁的窦太后在后宫去世。多年以来，和帝生母梁小贵人的堂兄梁禅和姐姐梁嬺一直在等待时机，好将真相告诉和帝。一听说窦太后去世的消息，他们立即向当朝的三公(太尉张酺、司徒刘方、司空张奋)哭述，讲出了和帝的真实身世。和帝如梦方醒，这才知晓自己多年来孝顺的却不是自己的亲生母亲。和帝当堂痛哭，遂为自己

绿釉陶水榭亭

冤死14年的生母以礼改葬，谥"恭怀皇太后"，姨妈梁大贵人也同时雪冤，梁氏姐妹被重新安葬在西陵。对于窦太后，和帝也念及多年的养育之恩。"恩不忍离，义不忍亏"，不应该对其降黜，因此，和帝决定不降窦太后的尊号，仍然上谥为"章德皇后"。与汉章帝合葬于敬陵。和帝并没有以怨报怨，颇有仁义之君的风范。但和帝此时真正的舅爷梁禅却咽不下这口气，于第二年，也就是公元98年，找碴将窦太后最后一位活着的弟弟窦环逼死。

在为梁氏姐妹雪冤的同时，在铲除窦氏外戚行动中立下大功的清河王刘庆也上书和帝，请求为自己的生母宋贵人平反。和帝应准。还将外放的宋氏家族全都召回京城，封刘庆的四个舅舅宋衍、宋俊、宋盖、宋暹为郎官，予以重用。

宽缓为政

14岁的和帝在扫除了外戚窦氏之后，开始亲理政事。他虽然年少，但颇有才干，在位17年间，以民为重，行贤良之策，多次平定少数民族之乱，边陲较为稳定，国家富强，但从和帝朝开始，东汉王朝便一蹶不振，渐渐走向衰落，这也是和帝重用宦官而埋下的隐患。

和帝从亲政以来，凡事亲力亲为，每日早起上朝，从不迟到。和帝十分体恤民众疾苦，多次诏令"理冤狱，恤鳏寡，矜孤弱，薄赋敛"。永元八年(96)京城一带地区发生严重的蝗灾，和帝悲天悯人，将责任揽于自身，他下诏说："蝗虫之异，殆不虚生，万方有罪，在于一人。"表示自责之情。同时，他还要求文武大臣们好好检点自身，忧国忧民，

以利民众。岭南(今广东地区)地区盛产龙眼、荔枝等南方水果,每年丰收之季,当地官吏都会派专人运送,上供给朝廷,为了保证水果的新鲜,从岭南到京城洛阳沿途"十里一置,五里一候,昼夜传送"。对于这种为满足朝廷口服之欲而劳民伤财的做法,大臣唐羌十分不满,于是上书和帝,请求停止运送。和帝阅后,表示赞同,"远国珍馐,本以荐奉宗庙,苟有伤害,岂爱民之本?其敕太官勿复受献"。足以说明和帝发自内心关爱天下黎民,堪称明君。

也正因为爱民惜民,和帝耐心听取朝臣的建议,在位时以"宽缓为政",主张宽刑。和帝朝时重用廷尉陈宠,由他主管刑狱,正是看中了陈宠具有一颗仁爱之心,断案"务从宽恕"。和帝时期,还有一位名叫杨孚的南海郡番禺人,熟读经史,在朝廷举办的"贤良对策"中获得提拔成为议郎,他秉直敢言,常上书和帝提建议,每每获得和帝采纳,对他极为赏识。一次,杨孚建议和帝奉行"孝治天下",和帝深以为然,当即下诏恢复旧礼,命令"臣民均行三年通丧"。

班超定西域

和帝即位后,东汉政府再次应南匈奴的请求,征讨北匈奴,迫使北匈奴西迁,后和帝又派兵征羌,平定了边境少数民族,与西域诸城、国友好往来。

自从汉章帝建初三年(78),班超带大军攻破姑墨(今新疆拜城)之后,为进一步开通和巩固丝绸之路,加强中原和西域及外国的友好往来,班超一直坚持不懈战斗。班超以东汉政府之名,联合各西域国家,历经十年,先后平定莎车、龟兹、尉犁、危须(今新疆博斯腾湖北部)、焉耆等地贵族叛乱,还打跑了企图入侵西域的显赫一时的贵霜帝国(今阿姆河流域)。终于将西域大大小小50多个国家都收归于东汉王朝的统辖。永元三年(91),和帝为表彰班超多年的功绩,特任命他为西域都护,负责西域各国的管理,驻守在龟兹的它乾城;另外,和帝还任命有功之臣徐干为长史,驻扎在疏勒,和班超互为呼应。就任西域都护后不久,班超还做出了一个大胆决定,派遣甘英代表东汉政府出使大秦(即罗马帝国),甘英的使者团一直前行到西海(即波斯湾)才返回西域。这也是中国和外国交好的一件重大历史事件。

经过多年征战,班超以疏勒为根据地完成了统一西域的伟大使命。永元十二年(100),思念家乡的班超上书和帝,表示说:"不敢望到酒泉郡,但愿生入玉门关。"和帝深为感动,随即下诏,将时年71岁的班超调回京城洛阳,任为射声校尉,并封他为定远侯。回京一个月后,班超不幸病逝,和帝感怀不已,常表示对其的追念。

兄妹撰《汉书》

和帝即位之初,窦宪请命攻打北匈奴,在他的军队中,有一位中护军班固,"参与军中谋议"。班固乃扶风安陵(今陕西泾阳县南部)人,他的父亲班彪是东汉著名史学家。班固因."雅好文章"颇受汉章帝器重,窦宪出塞3000余里,追击北匈奴余寇至燕然山,"登燕然山,刻石勒功。"而刻在石碑上的正是班固所作《封燕山铭》,史称"燕然勒铭"。因为此事,班固成为窦宪重用的官员,但班固并没有参与窦氏兄弟的谋反计划。

班固的父亲班彪曾作《史记后传》65篇,是续补司马迁的《史记》,用以纪录汉武帝太初年间之后的事情。班固继承父志,在《史记后传》的基础上,着手编从西汉至今"包举一代"的史书《汉书》,历经20余年,终于完成了《汉书》的主要部分。可偏在此时,窦氏垮台,已经61岁的班固因受政争牵连,而被罢免了官职。因为班固曾经得罪过洛阳令种兢,被公报私仇抓入牢狱并致死。

和帝得知班固是蒙冤而亡,雷霆大怒,不仅下诏严惩以权谋私的种兢,还处死了害死班固的狱吏,以告班固在天之灵,也算是给班家人一个交代。同时,为了完成班彪和班固两父子几十年来的心血,完成最后八表和《天文志》的部分内容。和帝还特意下旨,令班昭继承父兄遗志,完成《汉书》后半部分的文字整理工作。班昭,又名姬,字惠班,她大约出生在公元49年,扶风安陵(今陕西咸阳东北)人。班家"家有藏书,内足于财",是当地有头有脸的富贵人家。父亲班彪,长兄班固都是著名的史学家、文学家,班昭还有一位二哥,更是位了不起的人物,那就是出使西域的名将班超。从小受到家庭环境的熏陶,再加上聪颖,悟性很高。班昭接受和帝之命,潜心续写,补撰了八表,后在马续的协助下,班昭还写出了《天文

班昭

志》,最终完成了《汉书》的编撰工作,这也是中国历史上第一部断代史,和帝大喜,予以嘉奖。《汉书》完成后,和帝特许班昭在东观藏书阁讲解《汉书》,那里是皇室的图书馆,不少人奉诏跟她学习。

班昭深得和帝赏识,和帝多次召她入宫,让皇后邓绥和其他嫔妃拜她为师,在皇宫内开办讲习。邓皇后还开办了一所专门给王公贵族家子弟学习的学校。及至邓太后临朝执政时,班昭以师傅之尊,参议朝政,对邓太后影响很大。当时人们把学识渊博、德高望重的女子称为"大家",班昭的丈夫姓曹,世人都恭敬地称她为"曹大家"。

蔡伦造纸

在和帝执政时期,还诞生了中国古代四大发明之一的造纸术。历史上最早关于记载的方法有:结绳记事、甲骨镂刻、石鼓碑碣、简牍缣帛等。最初,人们把文字刻写在龟甲或牛,羊等动物的骨面上,后来人们发明了简牍,也就是竹简、木简,竹牍及木牍这些材质不同但使用方式相同的物品。"竹生于山,木长于林,截竹为简,破以为牒,加笔墨之迹,乃成文字","断木为椠,桥之为板,力加刮削,乃成奏牍"。再后来,就出现了以缣帛(一种丝织品)为纸来书写的方法,《后汉书》中记载:"自古书契多编以竹简,其用缣帛者谓之纸。缣贵而简重,并不便于人。"和以往的甲骨,简牍相比较,缣帛轻便柔软,更适宜于书写和保存,但它的造价却很昂贵,一般人家根本用不起,因此缣帛也只运用在小范围的富贵之家,得不到普及推广。直至汉和帝年间,有一位宦官蔡伦,根据前人的经验,研制发明了成本较低的真正纸张,受到和帝的称赞,蔡伦的大名也因此被载入史册,成

蔡伦

为世界闻名的古代人物之一。

蔡伦是桂阳郡宋阳(今湖南宋阳)人,出生于汉章帝朝永平四年(61),他"有才学,尽力敦慎"。永平十七年(75),15岁的蔡伦被选入洛阳,成为章帝宫中的一个小太监。第二年,任小黄门(宦官中职务较低者)。此后作黄门侍郎,掌管宫内外公事传达及引导诸王朝见,安排就座等事。和帝登基后,窦太后临朝听政。蔡伦被提拔为中常侍,常伴在年幼的和帝左右,并参与国家政事,俸禄二千石,地位与九卿等同。和帝亲政之后,蔡伦投靠了邓皇后,兼任尚方令,负责管理宫内御用器物和宫廷御用手工作坊。"监作秘剑及诸器械,莫不精工坚秘,为后世法。"蔡伦在任职尚方令期间,总结了西汉以来造纸经验,潜心研究,改进造纸工艺,终于利用树皮、碎布(麻布)、麻头、渔网等原料精制出优质纸张,并于元兴元年(105)将此成果上报给和帝。"帝善其能,自是莫不从用焉,故天下咸称蔡侯纸。"从此在全国得到推广,人们开始普遍使用这种造价较为低廉的纸,我国的文字记录历史彻底脱离了竹简时代,蔡伦的这项造纸术发明也成为中国古代著名的四大发明之一。

邓氏执掌朝政

和帝刘肇一生先后册立了两位皇后,两位皇后都是出身名门的大家闺秀,都曾经万千宠爱在一身。而后一位皇后邓绥在和帝去世后,在很长一段时间里是东汉朝权的实际把持者。

邓绥有着深厚的家族背景,她的爷爷邓禹是前太傅、高密侯,邓禹子嗣兴旺,共有13个孩子,而且个个都很有出息,最有名的要数邓震、邓袭、邓田珍、邓鸿、邓训等。邓绥是护羌校尉邓训唯一的女儿,母亲阴氏是光烈皇后阴丽华的侄女,邓绥还有五个兄弟,分别是邓骘、邓京、邓悝、邓弘和邓闻。邓绥自小聪明乖巧,深得祖母喜爱,一次,年事已高的祖母为她理发,一不小心,剪刀扎破了她的前额,当时就血流不止。而邓绥却没有吭声,一直坚持到祖母把头发理完。这时,有人看到了她额头上的血,就问她为何不说,难道不疼吗?年仅五岁的邓绥回答说:"不是我不痛啊,但太夫人也不是故意的,再说,太夫人是因为喜欢我才给我理发的,如果我喊痛的话,太夫人会心疼,反而会让她老人家伤心,所以我就忍着了。"邓绥这么小的年纪就能够体谅别人的感受,确实是不多见的。

邓绥在学问上的表现也不同寻常。她非常喜欢读书,六岁就通读史书,而且写得一手篆书。12岁时便能够精通《诗经》《论语》等儒家经典。不仅如此,她还在读书之余,经常和她的哥哥们展开讨论。这在传统意识浓厚的邓家来说,是很难被人理解的,邓绥的妈妈跟邓绥说,作为一个女人,应该学习如何织布缝衣,而不是整天学习,难道还想做个女博士?邓绥并没有和妈妈争辩,而是按照母亲的意思,开始学习女工活,她白天学习做家务,晚上则继续读书。这件事情让她的父亲邓训知道了,对邓绥赞不绝口,认为邓绥小小年纪就具有如此的意志肯定将来会有所成就。于是就特意地培养邓绥,只要有时间,他就会和邓绥讨论对一些事情的看法。父女俩的沟通无形中提高了邓绥对于政治的把握,以及实践能力的提高。

邓绥13岁时被选入宫,但在临行前。却发生了意外,邓训因病不治而去世了。邓绥毅然推迟了进宫的时间,按照儒家的说法,父母之丧是最重的"斩衰之丧",需守孝整整三年,邓绥严守孝道,一天哭丧两次,而且只吃清淡的食物。三年丧满的时候,她的亲戚都不敢认她，因为邓绥已经变得非常憔悴。大家都为她而担心，而邓绥一个奇怪的梦却让大家喜上眉梢。在梦中，邓绥以手抚天，举头饮用天上的钟乳。邓家人都非常好奇，就向解梦的人询问。解梦得人听了邓绥梦境的描述，立即变得严肃起来，他说："昔日帝尧曾经梦见自己攀天而上，商汤也梦见登天而食，这都是千古帝王的先例。你家姑娘也做这样的梦，将来一定是风光无限。"邓家人听了之后兴奋异常，为了验证解梦人的话。他们又找来相士，结果，相士一看到邓绥，就诧异地说："小姐生相乃是成汤之格，有主理天下之份！"邓家上下听到这些，更加坚信邓绥的未来不可小觑。他们一致认为这是邓家先人积德换来的报答，她的叔父邓陔说："我听说救千人之命，子孙可得侯封。当年大哥邓训奉命去修石白河。见工役困苦，向皇帝上奏，得以停工，保全了几千河工的性命。老天必有回报，我家肯定能有大福。太傅公也曾说过，他身为百万之众的大军将领，从来没有在战争中随便杀死过一个人，后人之中肯定有可以大福大贵能够光宗耀祖的人物出现的。"

持镜女陶俑

永元七年(95)，邓绥再次得到入宫的机会。但在她入宫之前，永元八年(96)二月，皇帝在第一批入选的贵人里面，册立了阴贵人为皇后，这让邓绥颇感失落。阴皇后是前朝执金吾阴识的曾孙女，阴识是光武帝的皇后阴丽华的哥哥，阴家是个大家族。阴氏自小知书达理，聪明伶俐，长得也很漂亮，一入宫便深得皇帝宠幸，封为贵人。

邓绥于永元八年(96)年底走入了皇宫。据史书所记载"后长七尺二寸，姿颜姝丽，绝异于众，左右皆惊"。可见，邓绥的美貌和气质是不一般的，这也使得她能够在众多佳丽中脱颖而出，得到时年19岁和帝的宠幸，被册封为贵人，位置仅次于皇后，并安排她入住嘉德宫。

一次，邓绥生了重病，和帝让她的家属进宫探视，甚至破例让他们自由进出。且没有时间限制。病中的邓绥知道后，就向和帝说："宫禁至重，而使外舍久在内省，上令陛下有幸私之讥，下使贱妾获不知足之谤。上下交损，诚不愿也！"和帝对此非常感动，说："他人以得见亲属为荣，今贵人反以为忧，深自抑损，真是难得啊！"从此，和帝更加宠爱邓绥，反而将皇后冷落在了一边。

邓绥病好之后，并没有因为得到皇帝的恩宠而忘乎所以，仍然非常谦恭，她和蔼可亲，与其他嫔妃及宫女、宦官都能友好相处，口碑很好。邓绥不爱攀比，平时衣着朴素，即使在宫中有宴会时也是如此，但即便如此，也难以掩盖她的高贵气质。阴皇后对邓绥在宫中的一切看在眼里，恨在心上，常常与她的外祖母邓朱商议如何除掉邓绥。邓绥每天小心地去向阴皇后请安，如果那天和阴皇后穿着同样颜色的衣服，她立即就会去换掉而避免不必要的麻烦；同行的时候，她总在阴皇后的身后，甚至为了显得不比阴皇后高，她还要特意地弯着腰；说话的时候，她总要等阴皇后说完了才会说话；一同去见和帝的时候，她也要坐在次席。有时候，和帝看着也觉得邓绥不容易，感叹道"修德之劳,乃如是乎!"阴皇后入宫以来没有怀过孕,邓绥虽然和和帝同床共枕的机会最多,也没有能够怀孕。而且当时,后宫凡有嫔妃生下的孩子大都夭折了。所以和帝也没有可以留下的继承人。邓绥非常着急,她为了能够让和帝到其他嫔妃那里,经常说自己身体不适。

永元十三年(101),和帝忽然患了重病,眼看着就要一命呜呼。这消息很快就在后宫传开了。阴后得知后,狠狠地说:"我若得志,不使邓氏再有遗类!"由于邓绥平时在宫中的人缘很好,所以就有人偷偷将阴后的话传给了她。邓绥听后,伤心不已,没想到自己如此战战兢兢伺候皇后,却换来这样的结果,邓绥觉得自己在宫中已经没有希望了,既然如此,"不如先自引裁,上可报帝恩,中亦解宗族之祸,下不致为人豕,虽死也得瞑目了!"随即就要服毒自杀,她的宫女及时拦阻,并骗她说皇帝已经好转了。

阴后

和帝果然病情好转,没过几个月便痊愈了。永元十四年(102)四月,有人告发阴皇后,说她和外祖母邓朱合谋,要用妖术谋权夺利。和帝非常生气,决心严查到底。他派出中常侍张慎和尚书陈褒专门负责进行调查。他们逮捕了邓朱和她的两个儿子邓奉、邓毅,阴皇后的弟弟阴轶、阴辅、阴敞也被抓了起来。他们动用酷刑要他们"认罪",终于有人承受不了,承认了密谋之事。邓奉、邓毅、阴辅都被活活打死了。和帝掌握了证据,决定废掉阴皇后,收缴了她的玺绶,并贬到桐宫居住。阴后的父亲吴房侯阴纲听说了自己儿女的下场,羞愧难当自杀身亡。阴皇后和邓朱的家属均被流放到日南郡(今越南河内)比景县,其他的宗亲也都被贬为庶民,阴氏家族就此没落。失意的阴氏遭受了如此多的打击,没多久也在冷宫中死去。

邓绥当听说皇后阴氏被废的消息时,曾上书进行过劝阻,请求皇帝三思。大臣们在阴皇后被废之后,纷纷请求皇帝再立皇后,和帝一直对邓绥欣赏有加,便下了诏书:以"皇后之尊,与朕同体,承宗庙,母天下,岂易哉!唯邓贵人德冠后廷,乃可当之"。邓绥连忙上书进行推辞。这反而让和帝更加欣赏邓绥的品德。最终,邓绥还是接受了册封,在她21岁的时候,成为和帝的第二任皇后。邓绥做了皇后以后,第一件事就是下令取消进贡珍玩,她认为这是一种不好的奢靡风气,她规定,每年只能供些纸墨,其他珍奇异宝一概不得接受。和帝对邓绥的家人也是格外照顾,几次都想封赏邓氏家族,却都让邓绥婉言推辞了,所以她的哥哥邓骘在和帝朝,始终是虎贲中郎将,职位没有任何变化。

银漏斗

元兴元年(105),和帝突然感觉身体不适,卧床不起,多日不见好转,反而日渐加重。十二月,终于不治身亡,时年27岁,在位共17年,死后葬在慎陵(今河南省洛阳市由于和帝死得突然，太子都还没有来得及选定。当时由于后宫中的嫔妃生育后孩子多早亡，所以宫中被视为凶地，凡是有新生命诞生，都会抱到宫外去寄养。所以，和帝死后，宫内没有一个皇子，众大臣不了解其中缘由，都为帝位的继承问题不知所措。邓皇后知道这些皇子的下落，他们中大的那个叫刘胜，天生是个智力低下的残疾，不适合继任皇帝之位；小的叫作刘隆，那时也不过 100 天左右。还是个婴儿。邓皇后决定违背儒家"嫡长制"的继承法则，把刘隆抱入宫中立为皇帝，这就是东汉历史上的殇帝。延平元年（106）正月十三日。25 岁的邓绥以皇太后的身份临朝听政。

汉献帝刘协

人物档案

生卒年：公元181~234年

父母：父，灵帝刘宏；母，王美人

后妃：伏皇后、曹皇后

年号：初平，兴平，建安，延康

在位时间：公元189~220年

谥号：孝献皇帝

庙号：无

陵寝：河南禅陵

性格：聪明，软弱

名家评点：

献生不辰，身播国屯。终我四百，永作虞宾。

——南朝·范晔《后汉书》

汉献帝刘协

危机四伏的皇位

中平六年(189)，四月十一日，34岁的汉灵帝刘宏驾崩于皇宫嘉德殿。由于他生前没有确立皇太子，因此引发了东汉末年最为激烈的皇权争夺之战。灵帝的妃嫔曾经为他生下了好几名皇子，却接连夭折。只余下何皇后所生皇子刘辩及王美人所生的刘协。刘辩出生后，为避免早夭，就被送出宫交给道人史子眇抚养，故被称为"史侯"。刘协出生于光和四年(181)，他的亲生母亲王氏是前五官中郎将王苞的孙女，姿容秀丽，优雅端庄，擅琴棋书画，曾为灵帝专宠，怀孕后晋封为美人。何皇后嫉恨王美人受宠，听说她身怀六甲，更加恼恨，时刻图谋加以陷害。王美人担心孩子生下来也会遭到毒害，竟偷偷服药堕胎，但偏偏还是将孩子生下来了。灵帝十分欣喜，为这个皇子取名为协。何皇后派人将毒药放在王美人产后的补药中，将其毒死。灵帝派人追查，得知是何皇后所为，怒不可遏，打算废掉何皇后。但何皇后贿赂了灵帝所宠信的宦官曾节、张让等人，请他们代为求情。这才说服灵帝没有废后。为了保障刘协的安全，灵帝将他送到永乐宫，由董太后亲自抚养，故刘协也被称为"董侯"。

灵帝在世的时候，文武百官曾多次请求灵帝册立皇太子，虽然灵帝心中倾向于刘协，但总是犹豫不决。灵帝曾亲手组建了一个以"西园八校尉"为主的亲卫部队，并任命小黄门蹇硕为上军校尉，统领这支部队。史书上说蹇硕"壮健而有武略"，他嫉恨何进掌握兵权，因而力劝灵帝立刘协，但灵帝却一再拖延，没有正式下诏。直到灵帝重病卧床不起，自知将不久于人世，一连半个月都不召大臣处理朝政。在临终之际，灵帝单独召见蹇硕，叮嘱他拥立刘协为皇帝。蹇硕临危受命，但他也深知这件事操作起来困难重重，遂打定主意，先下手将何进除掉，再立刘协为皇帝。

灵帝病逝之后，蹇硕指示左右，先秘不发丧，随即假传圣旨让大将军何进入宫面圣，并在宫殿四周密布伏兵。何进接旨后立刻赶往皇宫，刚到宫门口，正与蹇硕手下的司马潘隐相遇。两人素来交好,潘隐用眼神和手势示意何进不要入宫,何进不解,就跟着潘隐退出宫门外,潘隐急忙告诉他说:"蹇硕埋伏了人马,打算诛杀您,再迎立刘协为皇帝,您快想对策吧!"何进闻言大惊,迅速返回自己所辖军营,并分派兵马控制住各封国驻京官邸。随后,何进匆匆赶到何皇后宫中,告知蹇硕欲图谋反。何皇后与何进商议,事不宜迟,马上召集群臣,宣布灵帝驾崩,于同月立14岁的皇长子刘辩为皇帝,史称汉少帝,改元"光熹"。何皇后被尊为太后,临朝听政,封何进为大将军,与太傅袁隗共同辅佐朝政,负责军国事务。

蹇硕见大势已去,十分懊恼,这时何进让黄门令将蹇硕引入后宫,当场将他杀死,饶恕了其他人,将蹇硕统领的亲卫部队收归自己帐下。蹇硕死后,何进下一个对付的目标则是骠骑将军董重,董重是董太后的侄子,与何进素来不合。董太后曾和董重商议,劝说灵帝立刘协为皇太子。如今何家掌握大权,董太后和董重心有不甘,为绝后患。何进指使三公及自己的弟弟车骑将军何苗联手上奏,弹劾董太后,并指说董太后为封国王后,应该住在封国,不可滞留京城皇宫。何太后立即准奏,威逼董太后立即出宫,同时,何进亲率兵马包围了董重府邸,董重被迫自杀,董太后也不知何故,突然暴病身亡。处理完这些隐患之后,何太后才下诏为灵帝发丧,葬于文陵,并将九岁的渤海王刘协改封为陈留王。

何进接管了蹇硕统领的亲卫部队,灵帝所宠信的宦官张让,赵忠等人,惶惶不可终日,他们深知何进要诛灭宦官的决心,便拿出大笔金银财宝送到何太后的母亲舞阳君及何苗府上,求他们为自己说情。果然,在母亲和兄弟的劝说下,何太后犹豫不决,不准何进轻举妄动。

何进很着急,又不能公然违抗何太后,袁绍看出了他的心思,建议他召各地方的军队入京,迫使何太后同意清除宦官。主簿陈琳反对说,那样做只会"授人权柄,不但无功,反而会招来祸患。将军当机立断,便可成功。"典军校尉曹操也赞同陈琳的建议,并说:"如果召外兵入京,反而会令宦官有所警惕,后果堪虞。"但何进一意孤行,曹操见劝说无用,只得失望离去。何进即刻拟写了密诏,派人连夜送往各地驻军营地。召集他们带军入京诛杀宦官。

董卓专权

董卓是陇西临洮人,出生于汉顺帝永建七年(132),自幼习武,曾经游历羌地,结交了一批羌人朋友,被称作"健侠"。桓帝延熹四年(161),朝廷在汉阳,陇西、安定、北地、上郡、西河等六郡挑选羽林军兵士,董卓在段炯的推荐下。来到京城洛阳担任羽林郎。后来在平定汉阳羌人暴动事件中,熟悉羌地情况,又了解羌人生活习性的董卓获得重用,一路升迁,但因为党锢之灾的牵累。董卓被迫卸职还乡。直到黄巾军起义爆发,他才再次被朝廷启用,任命为中郎将,并在镇压农民军起义过程中大获全胜,被封为邰乡侯,食邑1000户。几经沉浮,此时的董卓已经羽翼丰满,坐拥数万大军,正逢东汉末年,社会局势混乱,皇权不稳,野心勃勃的董卓意识到只要自己拥兵自重,就可能获得更大的收益。

恰在此时,坐镇河东的董卓收到了何进的密诏,正一心静观天下局势,企图进兵中原、独揽朝政的董卓喜出望外,认为"此乃天赐良机",立即将自己的部队分为两支,一支小部队由三千精兵组成,他亲自率队马不停蹄赶往京城洛阳,另一支大部队由他的女婿牛辅率领驻守陕西,以观其变。听说董卓带兵进京,侍御史郑泰对何进说:"董卓是豺狼之辈,他入京城,一定会有大祸。"卢植也劝何进赶紧传令让董卓退回去。可何进还是不听劝告,反而再次劝说何太后下诏诛杀宦官,但何太后与何苗还是迟迟不能下决心,何苗还劝说何进与宦官讲和,不要轻举妄动。何进也有些犹豫,赶紧派种邵带着新诏书阻止董卓入京,在极力劝阻下,董卓驻兵在河南夕阳亭,静待事情变化。

酿酒画像石

此时,只有袁绍仍然坚持诛灭宦官,他假传何进命令,传书各地方州郡,将宦官家属统统拘捕入狱,归案定罪。这样一来,何进不得不采取进一步行动。他入宫面见何太后,请她批准诛杀中常侍以下的宦官。何太后仍然不肯,何进只得退出。而宦官张让,段珪,毕岚等中常侍听说何进入宫,心里有些害怕和怀疑,特意派人偷听,惊悉是何进要除掉自己这些人。张让等不愿被动等死,干脆派了十几个人埋伏在嘉德殿外,等何进一出殿门,一拥而上,将他训斥了一通,随即命尚方监渠穆将何进刺死。之后张让伪造圣旨任命前太尉樊陵为司隶校尉,原少府许相为河南尹。尚书省的官员对此产生了怀疑,遂提出要见何进。张让干脆叫人将何进的头颅扔到众人面前,宣布说:"何进谋反,已伏诛矣。"

何进的部下吴医等人听说何进被杀,率兵将皇宫包围,袁绍听说后,派从弟虎贲中郎将袁术率兵也去攻打宫殿,并放火烧了南宫九龙门及东西宫。随后,袁绍带军冲入宫中,并下令只要是宦官一律斩杀,因为来不及辨明身份,只要见到没长胡须的男子就杀死,以致误杀了不少没有胡须但并非宦官的男子,转眼之间,竟然屠杀了2000多条生命。张让、段珪等人吓得魂飞魄散,慌忙来找何太后,没敢说何进已经被杀死,只是告诉何太后说大将军的下属发动了叛乱,谋反焚宫。何太后一听,也不知如何是好,和少帝及陈留王一起,任凭张让、段珪等人挟持,从皇宫的北门逃出,一直跑到了小平津渡(在今河南省孟津东北黄河边)。尚书卢植,河南中掾闵贡得知后紧追不放,卢植一马当先,先砍倒了几个宦官,厉声对张让,段珪等人呵斥道:"今不速死,吾当杀汝。"张让、段珪自知难逃一死,转身跪拜少帝,之后投身于黄河之中,自杀身亡。

袁绍早已派人催促驻守在夕阳亭的董卓速速赶到京城洛阳,远望京城,董卓隐约看到了宫中的火焰,心知大事已然发生。正在他带队行军之时,竟在北郎山遇到了少帝一行人。董卓赶紧上前拜见少帝,少帝惊魂未定,又看到一个骁勇健硕的将军,心情更加紧张,一时间竟结结巴巴说不出话来。可陈留王刘协却镇定自若,厉声呵斥董卓:"你既是前来勤王救驾,见了陛下为何不下跪?"董卓暗感意外,不仅对这位九岁的王爷高看一眼,接着,刘协又简单扼要地说明了宫廷事变的经过,更赢得了董卓的好感。

董卓带军队护送汉少帝一行人回到京城,他运用强有力的手腕,很快就平息了京城内的骚动,全盘掌控了局势。随即,董卓指使人弹劾司空刘弘,自己取而代之。又过了几日,中平六年(189)九月,董卓废黜了生性懦弱的少帝刘辩,贬封为弘农王,改立刘辩之弟刘协为帝,改元"永汉",是为汉献帝。同时,他将何太后迁到永安宫居住,不久派人将其毒死。

董卓自封为部侯,不久升为相国,将朝中大权紧紧握于手中,他还赶跑了反对他废立皇帝的袁绍,朝堂之上,董卓不可一世,唯我独尊。经过这一场宫廷大变革,猖狂了很久的张让,赵忠为首的宦官集团终告全体覆灭,东汉王朝终于摆脱了持续了近百年的宦官涉权的混乱现状,年幼的刘协就是在这样的大背景下被推上了东汉末代皇帝的宝座,实际上执掌政权的是以董卓为代表的地方豪强势力。从此,天下四分五裂,此时东汉王朝气数已近,后面的数十年不过是在苟延残喘。中国历史从此渐渐踏进一个四方枭雄并起的三国时代。而汉献帝刘协不过是一个不能左右自己命运的傀儡皇帝。

董卓掌权后,横征暴敛,大开杀戒,引起了天下人的不满,各路豪杰纷纷讨伐董卓。而年幼的汉献帝也不甘受董卓的摆布,但他所能依赖的只有以王允为首的文官集团,因此,东郡太守桥房假传三公密令,传书给各地州郡,征集各地强兵,铲除奸臣董卓,解国家于危难之中。当时被赶到渤海担任太守的袁绍首先起兵呼应,很快就集结起

董卓入京

14路人马。因为起兵的地方多在关东一带,因此史书上称其为"关东军"。袁绍成为众望所归的关东军盟主,分几路大军向京城洛阳围去。

眼见大军压近,董卓自知不是对手,决定离开洛阳,迁都长安。文武大臣都不同意,但迫于董卓的淫威,只能跟随同行。初平元年(190)正月,董卓将已被废为弘农王的少帝刘辩毒死。二月,董卓逼汉献帝答应从洛阳迁都长安,数百万百姓也随之背井离乡,颠沛流离,一路上冻死、饿死的百姓不计其数。在离开洛阳之前,董卓还下令对洛阳进行了一次空前的大洗劫:将富家财产没收归为己有;并放火焚烧皇宫、殿宇、官府、房屋,使洛阳200里内房屋荡尽、鸡犬不留,最令人发指的是,贪得无厌的董卓竟然指使部将吕布摧毁汉室帝王陵墓和王公贵族的坟墓,盗取墓冢陪葬的金银珠宝。

初平三年(192),在司徒王允的巧妙设计下,利用美女貂蝉挑拨离间董卓和其义子吕布的关系,使得二人反目成仇,四月,吕布将董卓杀死。天下臣民无不拍手称庆。汉献帝下诏命王允"录尚书事",任命吕布为奋威将军,封温侯,由他们两位共同主持朝政。

战乱中流离失所

铲除董卓之后,王允实行株连政策,当时百姓传言说"当悉诛凉州人,卓故将校遂转相恐动,皆拥兵自守"。李傕、郭汜等人原是董卓手下的部将,现在上书献帝,请求赦免,但遭到王允的拒绝。李傕、郭汜不知如何是好,把心一横,干脆拥兵十万将长安城围住,献帝命吕布带军亲自守卫,两军对峙长达八天,而未决胜负。

谁知,吕布的部下突然发生兵变,将长安城门偷偷打开,李傕、郭汜立刻带军队攻入城内,长安城顿时陷于一片厮杀声中。吕布猝不及防,虽奋力抵抗,无奈叛军人多势众,难以招架。吕布冲到王允面前,请他和自己一起逃走。王允却长叹一声说:"承蒙

社稷威名，辅佐幼主，安定国家，是我的愿望，即便不能，我也甘愿一死。请你转告关东诸公，多为国家安危尽力，那我死而无憾！"吕布只好带着几百残兵败将。杀出一条血路，离开长安城，投奔袁术去了。

吕布一走，李傕等人势如破竹，直扑皇宫而来，将宫门围得水泄不通。王允将献帝扶上宣平门楼，望着下面数以万计、杀气腾腾的叛军，献帝却没有表现出一丝惊恐和胆怯。他镇定得大声喝问李傕："你们带兵来袭，意欲何为？"

李傕抬头，看到是献帝在发问，也不敢造次，当即跪拜在地，叩头请求献帝宽恕；他回答说："董卓被吕布所杀，臣等前来，是为董卓报仇，并非造反，随后，我们会自行前往廷尉处请罪。"献帝说："吕布已经逃走，你们为何不去追赶，却包围宫门？"李傕回答说："司徒王允与吕布是同谋，我们想找他问个明白。"王允自己走出宫门，来到李傕面前，毫不畏惧地问道："我王允在此，你们想问什么？"李傕指着他问董卓究竟犯了什么罪过，以致被杀。王允怒目圆睁，大声回答说："董卓死有余辜，百姓们无不欢欣雀跃、拍手称快，难道你们不知道吗？"李傕又问："就算是董卓罪大恶极，那我们又有什么罪过，你却不肯赦免我们？"王允厉声喝道："你们和他一起坑害民众，如今又拥兵进入京城，不正是欺君之罪吗？"李傕被顶得说不出话来，恼怒之极，他手下的将士蜂拥而上，将王允抓住当场砍杀，随后，李傕等人大开杀戒，将献帝身边的文武大臣斩杀无数，据史书上记载，这一场浩劫"吏民死者万余人，狼藉满道"。

献帝对此也无可奈何，落入了李傕，郭汜手中，成为他们二人所控制的傀儡。汉献帝被迫册封李傕为扬武将军，郭汜为扬烈将军。初平三年（192）九月，献帝在李傕、郭汜的暗示下，下诏将二人再次封侯，李傕晋升车骑将军，郭汜为后将军，朝政完全由他们两人共同决断。两年之后，即公元194年，献帝行加冠礼，改年号为兴平，但对他而言，仍然没有掌控朝权的可能。

实际上，根据史书的记载，献帝并非昏庸无能的人，他颇有智慧，也极为关切民间疾苦。据《后汉书》所说，就在兴平元年（194），献帝还留居长安时，就办过一件令百姓交口称赞的事情。那时的长安，历经多年动乱之后，又遇上一连几个月的大干旱，农田颗粒无收，一斛谷竟然能卖到50万钱的高价，穷人吃不起粮食，为求生存，长安城里甚至出现了人吃人的现象。献帝听说后，十分痛心，立即令侍御史侯汶开国家粮库救济灾民，用米，豆混合为饥民熬粥，可一段时间后，饿死的人还是那么多。献帝渐渐产生了怀疑，认为所用的米、豆和上报的数额不相符合。于是献帝决定亲手试一试。他按照侯汶所上报的数量，派人取出米、豆备五升，放在自己面前，亲自监督熬粥，最后只得到两盆粥，显然是不够城中的灾民们分食的。这足以说明粮食发放中确实存有严重的克扣现象。献帝大怒，当即命令责打侯汶50大棍，并召集京官们责问为何粮食发放下去，却还是有那么多的百姓活活饿死？打那以后，赈济灾民的粮食才得以如实发放，百姓们才确实受到国家的救助，减少了死亡数量。使饥民们切实受到赈济。那一年，献帝不过年满14岁，但已经显露出他对国计民生的关心，也显示出他颇具治理天下的

吕布

才能。

兴平二年（195）三月，李傕和郭汜互相猜忌，以至于兵戎相见，刚刚安定下来的长安城再次变成打打杀杀的战场。李傕和郭汜都想把献帝挟持在自己手中，以便"挟天子以令诸侯"。李傕抢先一步，派他哥哥的儿子李暹带领数千人马将宫门围住，逼迫献帝出宫跟他们走。太尉杨彪出来喝问李暹说："自古以来，从没有皇帝徙居于臣子家中的，你们怎么能如此草率，做出这样大逆不道的事情？"李暹却反问道："我们是担心郭汜入宫叛逆，才派我来保护陛下，迎接圣驾

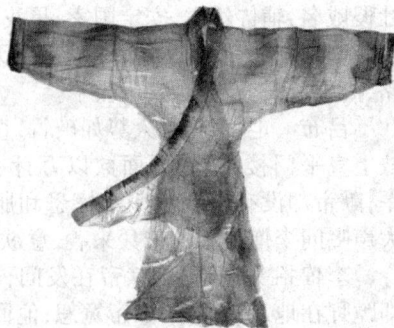

汉朝贵族妇女的素纱衣

到安全的地方暂避凶险。你竟然胆敢阻挡，难道你是郭汜的同谋吗？"杨彪一听，再不敢多说，只好回禀献帝。献帝也不知如何是好，只得听从李暹的安排，带着皇后等人坐上了李暹安排的大车，一起来到了李暹大营。

听闻长安发生兵变，镇东将军张济赶紧带领兵马来到长安城，前往拜见献帝，并奏请献帝亲自调和李傕与郭汜之间的矛盾，还说自己愿意一路护送献帝到弘农去。献帝当然也希望李傕和郭汜讲和，不要再互相攻打，在献帝苦口婆心的劝说下，李傕和郭汜答应彼此既往不咎，和平共处。郭汜当即释放了自己拘捕的大臣们。于是，张济履行自己的承诺护送献帝启程前往弘农。谁知就在路上，郭汜改变了主意，劝说献帝转去高陵。之后，献帝一行终于抵达华阴，驻守当地的宁辑将军段煨亲自出营迎接，并细心打理献帝及皇后等人的饮食、服装。后来，张济也心生邪念，竟然联合郭汜、李傕两人，一同追赶献帝等人。负责护卫献帝的杨奉，董承寡不敌众，丢盔卸甲，所带奇珍异宝也都在仓皇之中丢弃在路上，献帝和皇后两人分乘两辆车子，在董承的拼死保护下，才终于逃脱。他们逃入曹阳境内，一路继续东进，好不容易才摆脱追兵。

不久，献帝和众人渡过了黄河，步行数里，终于来到了大阳，因为找不到合适的代步工具，只能用一辆牛车载着献帝和皇后，其他人就跟在后面步行。他们吃尽了苦头，终于赶到安邑，河内太守张杨、河东太守王邑都前来接驾。献帝感激他们的忠心，下诏将张杨拜为安国将军，封王邑为列侯，而当地的其他文臣，武将也不甘于后，纷纷要求献帝给他们升官加爵，献帝也都一一答应。这样一来，却连官员的印章都不能发放齐全，负责此事的后勤官员实在没办法，只好用锥子在普通的石块上刻字以充当。献帝住在破烂不堪的房子里，和大臣们商议国事，室外人来人往，士兵们也在一旁列席参观，时不时还取笑一番，献帝也称得上东汉朝最狼狈的皇帝了。杨奉等人主张在安邑建都，而太尉杨彪等人主张献帝东还，仍然以洛阳为京城，双方争执不休，公说公有理，婆说婆有理，谁也说服不了对方，献帝也拿不定主意，只好暂时留在安邑。

在此期间，李傕与郭汜没完没了地打仗，和好。趁着这混战局势，建安元年（196）七月，献帝终于在杨奉的保护下重返已经残破不堪的洛阳京城。洛阳皇宫早被董卓的一把战火烧成了废墟，新的宫殿还没来得及修建，四处瓦砾成堆，荆榛满目。献帝只得暂时住在中常侍赵忠留下的府邸中，作为行宫，不久杨安殿修缮一新，献帝暂时入住那里。百官没有住所，无处安身，只能栖身于破壁断垣中，"倚墙壁而居"。因为京城中粮食奇缺，几乎人人都吃不上饭，有的大臣一连数日粒米未进，竟然有官员被饿死。献帝派人向各地州郡求救，征集粮草，但"十无一应"。无奈之下，自尚书郎以下的官员都亲

自去京城外的田地里采集野谷子充饥。

曹操"挟天子以令诸侯"

献帝虽然回到了京城洛阳，但一切百废待兴，再加上董卓余党所构成的强大威胁，令献帝坐立不安。为了彻底消灭董卓旧部，汉献帝"饮鸩止渴"，招来兵强马壮的曹操为己所用，对抗其余军事势力。而在这一时期，曹操早已经占据兖州，不断发展壮大，成为不容小觑的一支独立势力。

曹操的父亲曹嵩，是当年受宠的中常侍曹腾的养子。曹操从小狡猾，善谋略与权术，得到了太尉桥玄的另眼相看。桥玄曾经对曹操说："天下即将发生大变动，掌握时代命运而平息这场大乱的人，莫非就是你。"桥玄还劝说曹操要提升自己的名气，应该结交当时的著名人物许子，也就是许训的侄子许劭。许劭和他的堂兄许靖都有很高的声望，他们喜欢评点名士，并常常根据这些人的所作所为而更新评点。曹操听从桥玄的劝告，特意前去拜访许劭，询问他对自己有何评价。许劭对曹操为人早有听闻，心内不悦，因而闭口不答。曹操恼火之极，竟然出言威胁，许劭这才被迫说了几句，"天下太平时你可做能臣，天下大乱时你会是一名大有所为的奸雄。"曹操听了以后，反而不再恼怒，呵呵大笑着离开了。

曹操劫天子

如今，曹操接到了献帝的诏书。他感觉这是上天赐给自己的一个大好机会，他惊喜之余，立刻作了周密的安排，随即亲率部队赶到京城，入宫朝见献帝。在清除了献帝身边的武将后，保卫京城和献帝的重要责任都由曹操所负责，献帝还特意赐给曹操节钺，"录尚书事，任司隶校尉。"节钺在古代是非常重要的物品，代表着极深的含义。"节"即符节，是"古代君王派遣将相委以重任时，用作凭证的一种信物"，获得它的人，就意味着皇帝准允他自行做主，斩杀违反军规者。而"钺"是古代一种和斧子相似的兵器，它通常是君王所专用，并代表权力的。献帝想借此表示自己对曹操的信任与敬重。而这样的安排，也使得军政大权完全归曹操一人所把持，曹操的权欲不断膨胀，为其后曹氏家族称帝埋下了伏笔。

献帝虽然坐在龙椅上，但在他身边指点江山并做出一系列治国决议的却是曹操。他不仅借献帝的名义，处死了侍中台崇、尚书冯硕等人，同时，还封卫将军董承、辅国将军伏完等13人为列侯。曹操处心积虑，想先稳固自己在朝野中说一不二的位置，而做到"奉天子以令不臣"。在董昭的提议下，曹

抚琴画像石

操决定把献帝从洛阳迁到自己的地盘许(今河南许昌市东)，虽然遭致驻守在梁县的杨奉阻挠，但曹操还是顺利地将献帝转移到了许，献帝虽不情愿再次转换都城，无奈自己

没有决策的权力，只好默默听从。因为仓促搬来，许都尚无宫殿，因此献帝暂住在曹操军营中，等到宫殿、宗庙全都建造好之后，建安元年（196）六月，献帝才正式进入许城内。九月，曹操被献帝任为大将军，封武平侯，权限在三公之上，且连升数级，封为武平侯。按照朝廷的旧规矩，曹操也几次上书表示谦让。其中《上书让增封》说：无非常之功，而受非常之福，是用忧结。比章归闻，天慈无已，未即听许。臣虽不敏，犹知让不过三。所以仍布腹心，至于四五，上欲陛下爵不失实，下为臣身免于苟取。

曹操所信任的荀彧晋升为侍中，代理尚书令，每当曹操外出征伐时，就将朝政大权交予荀彧来管理。而献帝依然不过是曹操手中的一个傀儡皇帝。因为献帝迁都许后，关中地区纷纷归附，曹操由此控制了黄河以南的大部分地区。不久，袁绍提出许都气候不宜久居，建议曹操请献帝迁都鄄城，却遭到曹操的拒绝。而且在曹操升任大将军后，以献帝名义任命袁绍为太尉，封邺侯。可太尉官职虽高，还是要受大将军所限。于是，袁绍上表献帝推辞，不愿意担任太尉。

献帝有些为难，但曹操却上书说自己愿意辞去大将军一职，改由袁绍担任，这是因为曹操看到袁绍此时的实力远大于自己，为了保持暂时的安定，曹操才决定对袁绍做些让步，让袁绍不疑有它。建安二年（197）三月，曹操以献帝的名义，正式下诏"派将作大匠孔融持节到冀州策命袁绍为大将军，并赐给弓矢节钺、虎贲百人。兼督冀、青、幽、并四州。"诏令一下，袁绍这才心理平衡，不再对曹操指手画脚。

建安元年（196）十一月，在曹操辞让大将军一职之后，又借献帝之口改封自己为司空，并代理车骑将军。车骑将军是将军中略次于大将军和骠骑将军的一种名号。虽然曹操让出了大将军之位，但袁绍远在许都之外，在献帝身边统控全局的仍然还是曹操。袁绍得到了大将军的职位，却并未能发挥其效。

曹操终于如愿以偿，开始了"挟天子以令诸侯"的时代，但是对于献帝刘协而言。当一名傀儡的滋味并不好受，他并不甘心受制于曹操或其他任何人，当朝一些正直之臣也纷纷提出质疑。太尉杨彪不满曹操独揽大权，愤然辞职而去。献帝企图先削弱曹操的军事大权，而后将他一举铲除。建安四年（199），献帝下诏"以董承为车骑将军"。并用自己的鲜血写成了一封秘密诏书，将其藏在衣带之中，赐给董承，让他与刘氏宗亲刘备商议如何诛杀曹操，这就是历史上有名的"衣带诏"。这也是汉献帝刘协试图收回皇权所做的一次努力，但非常不幸的是，这次计划还没有开始实施就遭到了惨败。第二年，建安五年（200），密谋竟然泄露，被曹操得知，而这时刘备已经借故离开了许都，也幸亏如此，他才幸免于难。

曹操听说献帝竟然要诛杀自己，怒不可遏，当即派兵将董承等人抓入监牢中。他自己提着宝剑，冲进了皇宫，献帝正和伏皇后闲谈，突见怒气冲冲的曹操，不由得大惊失色。曹操直言道："董承心怀不轨，竟敢谋反，请陛下即刻下诏治他的罪。"献帝疑惑地问道："董承是朝廷重臣，又是皇亲，他怎么会造反呢？"曹操却回答说："董承想要暗害我，势必会影响到陛下的安危，那不是谋反是什么呢？"

献帝又问是否有什么确实的凭证，曹操一听更加生气，怒目圆睁地大声说道："证

清河太后中府钟

据确凿，不容置疑，难道陛下想袒护董承，也想把我杀了吗?"献帝不免有些慌乱，他担心的是给董承的密诏被曹操发现，这下也不敢再多问，只得说:"若董承确实犯下大罪，当然应该依法处置。"曹操马上要求献帝把董承的女儿董贵人交出来，一并连坐处置。献帝一听，难过不已，哭着说:"董贵人已经怀有身孕，不如等她把孩子生下来之后再治罪。"曹操却置若罔闻，坚持要把董贵人抓走，还恶狠狠地说:"就算她孩子生下来，也要一并处死，以免留有后患，为他的母亲和祖父报仇。"

献帝惊骇的说不出话来，任由曹操命令士兵将身怀六甲的董贵人拖出皇宫去，只是不停地落泪哭泣。曹操随即命令士兵将董贵人活活勒死，并将几位主谋董承，王服、种辑等处斩，夷灭三族。曹操借此杀害了一大批忠于献帝的臣子，并加强了对献帝的控制，朝廷上下安排的都是他的亲信，就连献帝"左右侍卫莫非曹氏之人者"，事后曹操进而加强了对献帝的控制，京官大多调为曹操的官员，左右侍卫全是曹操之人。但曹操深知献帝的重要性，因而对献帝本人不敢轻举妄动，但献帝的生活变得愈加悲哀。

建安五年(200)，曹操和袁绍的军队在官渡进行了一场历史上有名的大对战，在此战役中，曹操以少胜多，击败袁绍，获取了北方地区的大片土地，奠定了统一北方的基础。此后，曹操继续挥师前进，相继占领北方各地方州、郡。建安十二年(207)时，曹操已经降服乌桓，统一了整个北方地区。第二年六月，曹操又罢去三公，改设丞相、御史大夫，并自立为丞相。同年七月，曹操亲率军队南征，与孙权和刘备的联军在赤壁大战，结果大败而返，此时，天下已成三国鼎立之势。建安十八年(213)，"曹操自立为魏公，加九锡。"

当初，曹操残忍地杀害了董承和董贵人，伏皇后一直对此不满，曾经写了一封书信秘密地送给哥哥伏完，她在信中诉说了曹操的残暴和自己的担心及恐惧，历数曹操罪恶，并请求伏完找机会将曹操这个大奸贼除掉。可是曾当过辅国将军的伏完对朝政毫无兴趣，也不想和曹操发生冲突。因此他将妹妹的书信放在一边，并没有采取任何行动。伏皇后内心焦急，却毫无办法。伏完去世后，建安十九年(214)，伏家的一个仆人为了受到封赏，竟将伏皇后给伏完的这封书信偷了出来，交给了曹操。曹操读罢，雷霆大怒。立刻冲进皇宫，逼迫献帝下诏废去伏皇后。献帝又惊又忧，他和伏皇后的感情一向很好，实在不忍心将她废掉。献帝还在犹豫之时，曹操已经擅自命令尚书令华歆起草废后的诏书，献帝被逼无奈，只得亲手盖上了皇帝的印玺。曹操立即派人送给伏皇后，伏皇后听闻后，正收拾细软准备搬出居住的后宫，却忽然听到殿门外面人声嘈杂，竟是华歆奉曹操的指令，带着士兵来抓捕她。伏皇后心知不妙，也不敢出去，赶紧躲到了宫殿墙壁的夹层中，还是被华歆搜到，华歆一把揪住伏皇后的头发，将她一直拖到大殿外面，此刻献帝和御史大夫郗虑坐在殿外，愁眉不展，唉声叹气。伏皇后光着双脚，披头散发，对献帝哭泣说:"陛下，我真的难以活命吗?"献帝泪流满面，叹息着回答说:"我也不知道自己还能活多久!"伏皇后又问郗虑说:"郗公! 天下竟然有这样的事情吗?"不待伏皇后和献帝最后告别，华歆就将伏皇后拉走，关进了监狱，最终幽闭而亡。就连伏皇后所生的两名皇子也被曹操下令毒死，伏氏家族受株连被处死的有100多人。献帝竟然不敢稍做劝阻，眼睁睁地看着自己的亲生骨肉变成冰冷的尸体，当皇帝当到如此地步，献帝也算是古往今来第一位窝囊皇帝了。在大肆屠杀了伏皇后不久，曹操就暗示献帝再立新皇后，而人选只有两个，那就是曹操早就送入宫中被封为贵人的大女儿和二女儿。建安二十年(215)正月，献帝将曹操的二女儿曹节册立为皇后。

曹操"挟天子以令诸侯"的如意算盘兵并没有达到他预期的效果，各地方诸侯强烈抵制,大骂曹操"托名汉相、实为汉贼"。曹操也曾想过将汉献帝抛弃,自立为帝,却又担心自己"匡扶汉室"的大招牌就此毁于一旦,因而遗臭万年。同时,在他的强权压迫下,献帝也时有反抗。当初"议郎赵彦常为献帝陈说时事,曹操恶而杀之",随后,当曹操上殿朝见献帝时,献帝终于忍耐不住,对曹操说:"君能相辅,则厚;不尔,幸垂恩相舍。"这无异是在说我的忍耐也是有限度的,你要是不想辅佐我,就把我抛弃了吧。这番话让曹操大吃一惊,一时间竟然不知道如何应答,从此之后,曹操很少再去朝见献帝。

被逼退位

曹操挟持汉献帝,征战一生,并实行"唯才是举"和屯田的经济政策,辛辛苦苦地打下了半壁江山,和刘备,孙权等人三足鼎立。虽然他心中想过无数次要取献帝而代之,却始终缺乏一点勇气,"使天命在吾,吾其为周文王"。曹操在不甘心和犹豫之间又做了多年汉臣,直到建安二十五年(220)正月,曹操病死,他的儿子曹丕袭爵为魏王。

闻听曹操的死讯,献帝满心欢喜,他以为多年的忍耐终于到了尽头,自己可以堂堂正正地坐在殿堂之上,亲自执掌政权。于是,献帝即刻下令,将建安二十五年(220)改为延康元年。

可是,献帝的希望再一次化成了泡影,曹丕和父亲曹操不同,他早就想尝尝当皇帝的滋味,如今终于轮到自己当家做主,当然就要尽快实现这个心愿。曹丕指派人假造各种祥瑞,并大传谣言说汉代的气数已尽,将由魏曹来代替。魏相国华歆、太尉贾诩、御史大夫王朗、禁卫军左中郎将李伏等大臣,未经通传,就带领全副武装的士兵,闯入献帝的寝宫,胁迫他自动让位,并言之"汉室国运已终,气数当尽,望陛下效法尧、舜,以江山社稷,禅让魏王"。献帝闻言大惊,眼泪不由自主地流下来,他想不到自己隐忍了多年,等来的却是这样的结果。他慌忙逃往后宫,曹皇后听到嘈杂声,出来查看,献帝哭述说:"皇后,你的哥哥想要自立为帝,将我谋害呢!"曹皇后大怒。她将献帝护在身后,直眉冷对追赶而来的华歆等人,大声呵斥道:"你们竟然为了荣华富贵,想要谋害皇帝。我父亲功高盖世,也未敢自立为帝,仍然甘为汉臣,兄长为何做此乱逆之事,他继位不久,即思篡汉,天

周文王——泽及枯骨

必不保尔等长久!"毕竟曹皇后是曹丕的亲妹妹,华歆等人一时也不敢有所举动,只得灰溜溜地带着士兵们退出宫去。

几天后,曹丕即将抵达许都,华歆等人上奏请献帝上朝,献帝被逼无奈只好上朝面见群臣。华歆马上将已经拟好的退位诏书递给献帝,逼他亲自昭告天下。献帝不敢不答应,只得派御史大夫张音将诏书送给正在曲蠡的曹丕,曹丕心中大喜,但故意推辞不受,华歆等人连忙上书曹丕,劝说其应天下臣民之请,登基称帝。同时加紧胁迫献帝将皇帝玉玺交出来。献帝哭着说:"玉玺一向由皇后保管,不在我身边。"华歆带人向曹皇

后索要玉玺，曹皇后拒不肯交，曹丕听说后，派曹洪、曹休领兵逼迫曹皇后，曹皇后见兄长对自己毫无怜惜之情，绝望之极，甩手将皇帝玉玺扔到宫殿外。华歆又逼着献帝下达了第二道诏书，连同玉玺一起送给了曹丕，曹丕仍然摆出一副不答应的架势，而将玉玺和诏书退回。献帝只得再次下诏，曹丕觉得时机差不多成熟了，才做出勉为其难的样子答应了。曹丕在接受汉献帝"禅让"后，

曾说"舜禹受禅，我今方知"，汉献帝与曹丕这出"三让三辞"的把戏，根本瞒不过世人的慧眼。

公元220年十月，曹丕在繁阳亭登上受禅坛，接受玉玺，改建康元年为黄初元年，国号为魏，是为魏文帝。随即，追尊其父曹操为魏武帝，将废献帝封为山阳公，曹皇后为山阳公夫人，逼令他们立即搬出皇宫，但允许其在封地山阳城（今焦作市东南部）内奉汉正朔和服色，建汉宗庙以奉汉祀。魏文帝曹丕还安抚刘协说："天下之珍，吾与山阳共之。"

东汉王朝历经196年，至此终于在献帝朝宣告灭亡。而14年后，即魏青龙二年（234）三月间，亡国之君刘协病死在封地，终年54岁，以汉天子礼仪葬于禅陵（今河南修武县北），谥号孝献皇帝。据《谥法》所说："聪明睿智曰献。"说明汉献帝在天下人眼中，确实不是一位糊涂无能的皇帝，可惜"献生不辰，身播国屯"。献帝在东汉末年黑暗混乱的社会中连年流离迁徙，不能自主掌权，而被迫受不同的强势力量操纵。他的聪明才智难以施展，更难有能量挽救被外戚和宦官搅腾的乌烟瘴气、遍体鳞伤的东汉王朝，只能眼睁睁地随着东汉一步步走向必然的灭亡结局。

魏武帝曹操

人物档案
姓名:曹操
生卒年:公元前 155~220 年
父母:父,曹嵩
后妃:卞氏
谥号:武帝
陵寝:未知
性格:猜忌、谋略
名家评点:
曹操至少是一个英雄。

——鲁迅

魏武帝曹操

出身显赫,心机深远

　　曹操(155~220)又名吉利,字孟德,小字阿瞒,沛国谯(今安徽亳县)人,出生于一个显赫的官宦家庭。

　　曹操的祖父曹腾,是东汉末年宦官集团中的一员。父亲曹嵩,是曹腾的养子。曹嵩的出身,当时就搞不清楚,所以陈寿称他"莫能审其生出本末",但也有人认为他是夏侯氏之子。曾先后任司隶校尉、大司农、太尉等官。

　　曹操是曹嵩的长子,他"少机警,有权数",自幼博览群书,善诗词,通古学,也有过人的武艺。曹操"任侠放荡,不治行业",未被时

清代年画《击鼓骂曹》

人所重,但素以知人名世的太尉桥玄一见曹操就大为惊奇,说:"天下将乱,非命世之才不能济也,能安之者,其在君乎?"随之,桥玄又让曹操去拜访汉末主持"月旦评"的名士许子将,许子将评价曹操说:"子治世之能臣,乱世之奸雄。"由此,曹操渐知名于世。

　　灵帝熹平三年(174),20 岁的曹操被举为孝廉,入洛阳为郎。不久,被任命为洛阳北部尉。洛阳为东汉都城,是皇亲贵戚聚居之地,很难治理。曹操一到职,就申明禁令、严肃法纪,造五色大棒十余根,悬于衙门左右,"有犯禁者,皆棒杀之"。皇帝宠幸的宦官蹇硕的叔父违禁夜行,曹操毫不留情,立即处死。于是,"京师敛迹,无敢犯者"。

灵帝中平元年(184),黄巾起义爆发,曹操被拜为骑都尉,受命与卢植等人合军进攻颍川黄巾军,结果大破黄巾,斩首数万级。随之迁为济南相。济南相任内,曹操治事如初。济南国(今山东济南一带)有县十余个,各县长吏多依附贵势,贪赃枉法,无所顾忌。曹操之前历任国相皆置之不问。曹操到职,大力整饬,一下奏免长吏八名,济南震动,贪官污吏纷纷逃窜。"政教大行,一郡清平。"当时正是东汉政治极度黑暗之时,曹操不肯迎合权贵,遂托病回归乡里,春夏读书,秋冬戈猎,暂时隐居了。

中平五年(188),汉灵帝为巩固统治,设置西园八校尉,曹操因其家世被任命为八校尉中的典军校尉。

组织义兵,讨伐董卓

中平六年(189),董卓进入洛阳,废少帝,立献帝刘协,后又杀太后及少帝,自称相国,专擅朝政。曹操见董卓倒行逆施,不愿与其合作,遂改易姓名逃出京师洛阳(今河南洛阳东北)。

曹操到陈留后,"散家财,合义兵"。组织起一支5000人的军队,准备讨伐董卓。

献帝初平元年(190)正月,关东州郡牧守起兵讨伐董卓,共推袁绍为盟主。曹操以行奋武将军的身份,参加讨董军。二月,董卓胁迫献帝迁都长安(今陕西西安西北),自己留居洛阳抵御关东军。董卓之凉州军骁勇善战,关东军十余万人驻酸枣(今河南延津北)一带,无人敢向洛阳推进。曹操认为董卓"焚烧宫室,劫迁天子,海内震动",应趁机与之决战,遂独自引军西进,曹操行至荥阳汴水(今河南荥阳西南),与董卓军遭遇,大败。士卒死伤大半,自己也被流矢所伤。回至酸枣,曹操建议诸军各据要地,再分兵西入武关(今陕西丹凤东南),围困董卓,关东诸将不肯从。

关东诸军名为讨董卓,实际各自心怀鬼胎,意在伺机发展自己势力。不久,诸军之间发生摩擦,相互火并。

初平三年(192),司徒王允与吕布在长安定计杀掉董卓,董卓部将李傕、郭汜等攻陷长安,杀王允,逐吕布,关中也陷入战乱。是时,州郡牧守各据一方,形成诸侯割据的局面。

收编义军,苦心经营

初平三年(192),青州黄巾军大获发展,连破兖州郡县,阵斩兖州刺史刘岱。济北相鲍信等迎曹操任兖州牧。曹操和鲍信合军进攻黄巾。鲍信战死。曹操"设奇伏,昼夜会战",终于将黄巾击败。获降卒30余万,人口百余万。曹操收其精锐,组成军队,号"青州兵"。

献帝初平四年(193)秋,曹操进兵徐州(治郯,今山东郯城),向东南扩展势力。徐州牧陶谦退守郯县。不久曹操军粮将尽,撤围回军。次年夏,曹操再征徐州,略地至东海。曹操征徐州期间,所过大肆杀戮,一路上"鸡犬亦尽,墟邑无复行人"。

曾参加讨董卓之战的陈留太守张邈和曹操部将陈宫对曹操不满,遂叛操,迎吕布为兖州牧。当时只有鄄城(今属山东)和东郡的范(今山东范县东南)、东阿(今山东阳谷东北)两县尚在曹操掌握之中,分别由司马荀彧和寿张令程昱、东郡太守夏侯惇等坚守,形势异常危急。曹操从徐州赶回,听说吕布屯于濮阳,遂进军围攻濮阳。二军相持百余日,蝗灾大起,双方停战,曹操军还鄄城。

兴平二年(195)夏,曹操整军再战吕布,于巨野(今山东巨野南)大破吕布军,吕布逃往徐州投靠刘备。

曹操从陈留起兵到将吕布、张邈赶出兖州,经过六年的经营,终于有了自己的一块根据地。曹操起兵之初,仅有数千人,出任东郡太守前后,他陆续延揽一些拥有宗族、部益等家兵的豪强地主归附自己,后击溃青州黄巾军,又收其精锐组成"青州兵"。这样,曹操又有了一支颇具战斗力的军队。根据地和军队,是曹操得以成事的基本条件。

挟持汉帝,迁都许昌

献帝刘协自被董卓劫至长安后,一直处于颠沛流离之中。建安元年(195)七月,献帝终于回到洛阳。洛阳经董卓之乱,已是一片废墟。百官没有地方居住,"披荆棘,依丘墙间"。洛阳也没有粮食,"州郡各拥强兵,而委输不至,群僚饥乏,尚书郎以下自出采招,或饥死墙壁间"。

早在初平三年(192),曹操的谋士毛玠就向曹操提出了"奉天子以令不臣,修耕植,畜军资"的战略性建议,曹操深以为是。建安元年(195)八月,曹操亲至洛阳朝见献帝。随即挟持汉帝迁都许昌。从此,曹操取得了挟天子以令诸侯的优势。这是曹操政治上的一大成功。

兴办屯田,发展生产

汉魏之间,社会生产遭受严重破坏,出现大饥荒。这一时期,粮食供应成为各军事集团最大的问题,因军粮不足而无故自破者不可胜数。

建安元年(195),曹操采纳部下枣祇等人的建议,利用攻破黄巾所缴获的物资,在许下募民屯田,当年即大见成效,得谷百万斛。于是曹操命令在各州郡设置田官,兴办屯田。屯田有效地解决了曹操集团的粮食问题,所以曹操说,"后邀因此大田,丰足国用,摧灭群逆,克定天下"。

在兴置屯田的同时,曹操采取各种措施,扶植自耕农经济。针对当时人口流失,田地荒芜的情况,曹操先后采取招怀流民、迁徙人口、劝课农桑、兴修水利、检括户籍等办法,充实编户,恢复农业生产。此外,曹操还陆续颁布法令,恢复正常租调制度,防止豪强兼并小农。建安五年(200),曹操颁布新的征收制度,到建安九年(204),又进一步明确为"其收田租亩四升,户出绢二匹,绵二斤而已,他不得擅兴发"。曹操前后实行的这一系列措施,使濒于崩溃的自耕农经济不断得到了恢复和发展。这成为曹操集团的雄厚经济基础。

汉末华佗

通过以上两项措施,曹操统治区的农业生产迅速恢复。这是曹操在经济上的一大成功。

迎献帝迁都于许和恢复农业生产是曹操得以成功的两个重要条件。

从建安二年(196)起,曹操利用他"挟天子以令不臣"的政治优势,东征西讨,开始了他剪灭群雄、统一北方的战争。

其时,在曹操的北边,是占有冀、并、幽、青四州的袁绍;南边,是占据扬州的袁术;东南,是占据徐州的吕布;正南,是占据荆州的刘表;西边,是关中马腾,韩遂诸将。此外,董卓部将张济之侄张绣投降刘表后,屯驻于宛县(今河南南阳),对许都形成威胁。

东征徐州,大败刘备

建安三年(198)九月,曹操东征徐州,进攻久与他为敌的吕布。在曹军攻势之下,吕布军上下离心,十二月,吕布将侯成、宋宪等生擒吕布、陈宫归降曹操,曹操将吕布、陈宫处死,收降吕布将臧霸、孙观、张辽等人,初步控制了徐州。

当时,群雄实力最强的是袁绍。曹操预作布置,命在青州有潜在影响的臧霸等人攻入青州,占领齐(治今山东临淄)、北海(治今山东寿光东南)等地,巩固右翼;又命大将于禁屯军黄河南岸,监视袁军。不久,张绣听从谋士贾诩之计,投降曹操,曹操大喜,拜张绣为扬武将军,解除了后顾之忧。这年十二月,曹操自率军屯于官渡(今河南中牟北),准备迎击袁绍。

建安五年(200)正月,董承等人谋诛曹操事泄,被曹操杀掉。刘备遂袭杀徐州刺史车胄,占据徐州。

刘备在徐州牧陶谦死后,曾一度出任徐州牧,后徐州被吕布攻占,刘备投奔曹操。曹操认为刘备是个英雄,先后表他为豫州牧、左将军。曹操攻占徐州不久,淮南袁术准备逃往青州往依袁绍,曹操派刘备去截击。曹操为了免于将来同袁绍作战时前后受敌,决定先消灭在徐州立足未稳的刘备。时诸将皆怕袁绍趁机来攻许都,曹操对此胸有成竹,说:"刘备,人杰也,今不击,必有后患。袁绍虽有大志,而见事迟,必不动也。"遂进军,以迅雷不及掩耳之势击破刘备。刘备逃奔袁绍。

煮酒论英雄

官渡之战,以少胜多

袁绍是当时北方最强大的一股势力,也是曹操统一北方最强大的敌人。袁氏一门,自袁绍曾祖袁安以下,"四世居三公位","门生故吏遍于天下",势力本就很大,后袁绍取得冀、并、幽、青四州之地,实力大增,有军队数十万人。袁绍以其长子谭、次子熙、外甥高干分守青、幽、并三州,后方稳固,兵精粮足,根本不把曹操放在眼里。他挑选精兵十万、战马万匹,志在一举消灭曹操。建安五年(200)二月,袁绍命大将颜良等人进兵白马(今河南滑县北),自率大军进屯黎阳(今河南浚县东),向曹操发动进攻。

曹操的实力比袁绍弱得多。曹操所占的黄河以南地区,地盘既小,又是四战之地,残破不堪,还没有完全恢复,物资比不上袁绍那样丰富。曹操的兵力也远不及袁绍,其总兵力大概不过几万人,投入前线的兵力据《武帝纪》说"兵不满万,伤者十二三"。刘宋裴松之认为此数不准确,操之兵力不会如此之少,但曹操兵力远逊于袁绍却是毫无问题的。袁绍大军来攻,许都震动。曹操安慰众将说:"吾知绍之为人,志大而智小,色厉而胆薄,忌克而少威,兵多而分画不明,将骄而众令不一,土地虽广,粮食虽丰,适足以为我奉也。"曹操对袁绍有很深的认识,他敢于在袁绍将要大军压境之时抽身去进攻刘备,正是基于这种认识之上。

建安五年(200)二月,袁军颜良等人围攻白马,拉开了大战的序幕。四月,曹操亲自率兵北上解白马之围,他采纳谋士荀攸之计,先进军延津(今河南延津北,在白马以西),做出要渡河袭击袁军的态势,吸引袁军分兵西向,然后突然转向兼程去救白马。曹操军突然杀到,袁军措手不及,颜良被曹军杀死,袁军大败,白马之围遂解。曹操救出白马军民,沿黄河西撤。袁绍闻知,立即渡河追赶曹操。曹操见追兵渐近,命军士解鞍放马,并置辎重于道。袁军追兵大至,争抢辎重,阵形混乱。曹操率领仅有的骑兵突然杀出,大破追兵,阵斩袁绍另一大将文丑。颜良、文丑为河北名将,二战分别被杀,袁军大震。曹操初战得胜,主动撤军,继续扼守官渡。

八月,袁绍大军连营而进,东西数十里,依沙堆为屯,进逼官渡。曹操分兵坚守营垒,伺机而动。袁军向曹营发动猛攻,先是作高橹、起土山,由上向曹营中射箭,接着又挖地道,欲从地下袭击曹营,皆被曹操以相应办法击破。两军一攻一守,相持近两个月。久战之下,曹操处境极为困难。

十月,袁绍从河北运来粮草万余车,派大将淳于琼等带万余人看守,屯于离袁绍大营40里的乌巢。恰好这时袁绍谋士许攸来投曹操,献计让曹操偷袭乌巢。曹操大喜,亲率精锐步骑5000人,乘夜从小路偷袭乌巢。曹操军至乌巢,命四面放火,袁军大乱,淳于琼拒营死守。袁绍闻知,急忙派兵救援,曹操左右见"'贼骑稍近,请分兵拒之。'操怒曰:'贼在背后,乃白!'士卒皆殊死战,遂大破之,斩琼等,尽燔其粮草"。当袁绍听说曹操袭击乌巢时,认为这正是攻破曹操大营的好机会,因此派去的援兵很少,而以重兵围攻曹操大营。但曹营未破,乌巢败讯已经传来,袁军溃散,大将张郃等人投降曹操。袁绍弃军逃回黄河以北。于是曹军大获全胜,斩首七万余级,尽获袁军辎重图书珍宝。曹操清点袁绍书信,得到自己部下写给袁绍的信,尽烧之,说:"当绍之强,孤犹不能自保,而况众人乎?"

三国时魏名将典韦

从客观条件上说,曹操本处于劣势,但由于他能正确分析客观条件,善于听取别人的正确意见,所以能扬长避短,采用正确的战略战术,使战争向有利于自己的方面转化,经过自己主观上的努力,终于赢得了胜利。

官渡一战,曹操击溃了最大敌人袁绍,由他统一北方已是大势所趋。

建安七年(202),袁绍病死,袁绍的两个儿子袁谭、袁尚不和,发生火并。袁谭不敌袁尚,向曹操乞降。

建安九年(204)二月,曹操趁袁尚出兵攻打袁谭之机,进军围攻邺城。袁尚率军回

救，依滏水(今滏阳河)为营。曹操进军将其营寨包围。袁尚害怕，请求投降，曹操不许。袁尚乘夜逃跑，袁军溃散。袁尚逃奔中山(今河北定县)。曹操命人拿缴获的袁尚的印绶节钺招降邺城守军，城中斗志崩溃。邺城遂被曹操攻破。第二年正月，曹操又以负约为名，攻灭袁谭，冀州平定。于是，曹操让还兖州牧，改任冀州牧。

袁尚兵败后，逃奔幽州刺史袁熙。不久。袁尚，袁熙又逃奔三郡乌桓。

远征乌桓，肃清袁氏

建安十二年(207)，曹操为了肃清袁氏残余势力，也为了彻底解决三郡乌桓入塞为害问题，决定远征乌桓。汉末，辽西、辽东，右北平三郡乌桓结合，是为三郡乌桓，其首领为辽西部的蹋顿。三郡乌桓与袁氏关系一直很好，并屡次侵扰边境，掳掠人口财物。这年五月，曹操亲率大军到达无终(今河北蓟州区)。正值雨季，道路积水，"浅不通车马，深不载舟船"。曹操从无终人田畴之议，改从一条久已断绝，但"尚有微径可寻"的路线进军，在田畴的引导下，曹操大军登徐无山(今河北玉田北)，出卢龙塞(今河北喜峰口附近一带)，"堑山堙谷五百余里"，直指乌桓老巢柳城(今辽宁朝阳南)。曹军进至离柳城不足二百里时，乌桓才发现，于是蹋顿与袁尚、袁熙等人率数万骑兵迎击。

八月，二军相遇，时曹军辎重在后，"被甲者少，"而放军军势甚盛。曹操登高眺望，见敌军虽多，但阵势不整，遂命大将张辽为前锋，趁敌阵稍动之机，向敌军发动猛攻。乌桓军大乱，曹军阵斩蹋顿，大获全胜，胡、汉降者20余万，袁尚等人逃奔割据平州的公孙康。这时，有人劝曹操乘势进击公孙康，曹操说："吾方使康斩送尚、熙首，不烦兵也。"遂率军还师。不久，公孙康果然斩杀袁尚、袁熙，并将其首级献与曹操。诸将不明所以，曹操说："彼素畏尚等，吾急之则并力，缓之则自相图，其势然也。"于是，曹操攻破三郡乌桓，也彻底肃清了袁氏势力。

赤壁之战，三国鼎立

建安十三年(208)六月，曹操恢复丞相制度，并自任丞相。

曹操基本平定北方后，兵锋转而南向。建安十三年(208)七月，进军南征荆州刘表。八月，刘表病死，其子刘琮接任荆州牧。九月，曹操大军进至新野(今属河南)，刘琮以为无法抵挡，举荆州之众投降曹操。这时，官渡之战后投奔刘表的刘备屯驻于樊城(今湖北襄樊)，听说刘琮投降，便率军向江陵(今属湖北)撤退。江陵为荆州重镇，存有大量军用物资。曹操听说，怕江陵落入刘备之手，遂亲率5000骑兵从襄阳(今湖北襄樊)疾驰300里。在当阳长坂(今湖北当阳东北)追上刘备，并将其军击溃，随后进占江陵。

由于曹操的进军威胁了孙权的统治，孙权命大将周瑜率军三万，与刘备联军抵抗曹操。

曹操自江陵东下，至赤壁(今湖北江夏区西赤矶山)与孙刘联军接战不利，暂驻军于乌林(今湖北洪湖市东北，长江北岸邬林矶)，与对方隔江对峙。

周瑜用诈降之计，命大将黄盖率小战船十艘，上装柴草，灌以膏油，假称投降，向北岸而进，至离曹营二里之处时，各船一齐点火，然后借助风势，直向曹军冲去，曹军大败，舟船被烧。曹操率军从华容道(今湖北监利西北)陆路撤回江陵。遂撤军北还。

赤壁大败后,曹操采取一些措施,稳定内部。建安十五年(210)春,曹操下《求贤令》,说:"今天下尚未定,此特求贤之急时也……二三子其佐我明扬仄陋,唯才是举,吾得而用之。"曹操提出不拘品行、唯才是举的用人方针,目的是尽量把人才收罗到自己身边。

建安十六年(211),曹操开始对关中用兵。三月,曹操遣司隶校尉钟繇率大将夏侯渊以讨伐汉中(治南郑,今陕西汉中东)张鲁为名进兵关中。关中马超、韩遂,杨秋等十部心生疑惧,一时俱反。曹操立即派大将曹仁进攻关中,马超等人屯据潼关。七月,曹操率大军亲征关中。九月,大破关中诸军,马超,韩遂逃至凉州,杨秋逃至安定(治临泾,今甘肃镇原南)。十月,曹操进军安定,韩遂,杨秋投降,马超投奔汉中的张鲁,关中地区基本平定。

建安十八年(213),曹操起兵号称40万,亲自南征孙权。次年正月,曹军进至濡须口(今安徽巢县东南),攻破孙权设在江北的营寨,生擒其将公孙阳。孙权亲率军七万,前至濡须口抵御曹军。二军相持月余,各无所获。曹操见孙权军容严整,自己难以取胜,遂撤军北还。五月,献帝封曹操为魏公,加九锡,割冀州的河东,魏郡等十郡以为魏国封地。曹操封魏公后,所任丞相和冀州牧如故,权势愈来愈大。七月,曹操建魏国社稷宗庙,又在魏国内设置尚书、侍中。

建安二十年(215)三月,曹操见刘备已取得益州,而汉中是益州门户,"若无汉中,则无蜀矣",刘备必然要攻取汉中。于是曹操抢先一步,率十万大军亲征汉中张鲁。七月,曹操大军进至阳平关(今陕西勉县西北)。张鲁听说阳平关失守,逃往巴中。曹操进军南郑,尽得张鲁府库珍宝。十一月,张鲁出降曹操,汉中遂为曹操所有。

曹操主力退出汉中后,刘备随后向汉中发动进攻。建安二十三年(218),刘备亲率大军进至阳平关,夏侯渊等人与刘备夹关对峙。七月,曹操亲率大军赶往关中,坐镇长安,以便随时指挥汉中战局。建安二十四年(219)正月,刘备自阳平关南渡沔水(今汉水),依山而进,驻军于定军山(今陕西勉县东南)。夏侯渊出兵与刘备争夺地势,被刘备杀掉,曹军大败。曹操遂放弃汉中,军队全部撤回长安。

关羽败走麦城

建安二十四年(219)七月,曹操刚刚从汉中撤出,刘备大将关羽就从荆州向他的东南防线襄、樊一带发动了进攻。曹操闻知,立刻派大将于禁率兵往救樊城。八月,关羽趁洪水泛滥之机,大破于禁所统七军,乘势进军,将樊城围住。时樊城曹军只有数千人,城被水淹,水面离城楼仅有数尺,曹仁率军死守。曹操又派徐晃领兵去救樊城。十月,曹操从关中赶到洛阳,亲自指挥救援樊城。

孙权因关羽处其上游,很不愿意让关羽势力发展,而且他早已有攻取荆州之心。于是联结曹操,准备以大将吕蒙偷袭荆州要地江陵。曹操接信后,将这一消息通知曹仁,命他继续坚守,自己进至摩陂(今河南郏县东南),临近指挥,又派兵12营增援徐晃,命他反击关羽。不久,吕蒙偷袭江陵得手。关羽撤兵,路上被孙权军擒杀。

曹操在孙权擒杀关羽,取得荆州后,表孙权为骠骑将军,荆州牧。孙权遣使入贡,向曹操称臣,并劝曹操代汉称帝。曹操将孙权来书遍示内外群臣,说:"是儿欲踞吾着炉火上耶!"曹操手下群臣趁机向曹操劝进。曹操自己还不想废献帝自立,他说:"若天命在吾,吾为周文王矣。"

建安二十五年(220)正月,曹操还军洛阳。当月,病死在洛阳,终年66岁。这年十月,曹丕代汉称帝,国号魏,追尊曹操为太祖武皇帝。

曹操不但是中国历史上一位杰出的政治家、军事家,还是一位杰出的文学家,他的《薤露》《短歌行》《苦寒行》《碣石篇》都是不朽的文学作品。

徐晃

魏文帝曹丕

人物档案

生卒年:公元 187~226 年

父母:父,武帝曹操;母,卞氏

后妃:甄皇后、郭皇后、李贵人等

年号:黄初

在位时间:公元 220~226 年

谥号:文帝

庙号:高祖

陵寝:河南首阳陵

性格:风雅狭隘,刻薄寡恩

魏文帝曹丕

名家评点:

曹魏帝国开国皇帝曹丕跟他的父亲曹操一样,是一个杰出的文学家,但他缺少他父亲的政治军事才能,只能维持父亲遗留下来的局面,不能再开创新局。

——柏杨

曹丕,字子桓,中平四年(187)生于沛国谯郡(今安徽亳县),是著名大政治家曹操的次子。曹丕的青少年时代,正是东汉王朝迅速走向没落,群雄角逐,军阀混战的时期。曹丕四岁就开始学习骑马射箭,自幼跟随父亲南征北战,过着戎马生活。建安二年(197),曹操遭到张绣围攻。曹操的勇将典韦战死,长子曹昂和侄子曹安民均被射死,而年仅十岁的曹丕竟能乘马逃脱,可见此时的曹丕已是一个善于骑射的英俊少年了。

曹丕在《典论》自叙中说,他不仅时常驰骋平原,击猎狡兽猛禽,使弓不虚弯,而且也擅长剑术,曾拜师于河南人史阿,学得精熟。邓展擅长搏击,通晓五兵,能空手夺刀。曹丕曾与邓展在酒席间以甘蔗作兵器,进行演练,数个回合中,曹丕三次击中邓展的胳臂。邓展仍不服,于是重新交手,曹丕一击正中邓展的额子,如果战场搏击,邓展肯定毙命了,所有在场饮酒观看的人,都为曹丕的高超武艺所惊服。由于连年征伐的战争环境,使得人人都必须学习骑射,以便战场搏敌,平时自卫。曹丕的弟弟曹植也娴熟武艺,而武功最出众的,当数绰号叫"黄须儿"的曹彰。曹彰不仅能手格猛兽,而且在战场上也是一员骁勇过人的虎将。和曹彰的勇武相比,曹丕要略逊一筹。曹彰常常领兵出征,曹丕则主要是留守后方。

曹操喜爱文学,当时知名的文人如杨修、陈琳、丁仪、王粲、徐干、应场等都聚集在曹操周围。曹丕和他弟弟曹植正是在这样环境的熏陶下长大的。曹丕八岁便能写文章。建安八年(203),年仅十七岁的曹丕随父攻伐据在黎阳的袁谭、袁尚,途中赋诗记叙出征行军的雄壮场面:"千骑随风靡,万骑正龙骧。金鼓震上下,千威纷纵横。"写得很有气势。这一时期,正是曹操以汉丞相名义四处征伐,剪灭群雄的时期,曹操在消灭异己过程中,势力迅速发展,成了中原地区事实上的霸主。曹丕兄弟也在这种氛围中成长起来。战争生活不仅使他们增长文韬武略,也培育了他们政治上统驭江山的雄心。

建安十三年(208),赤壁之战以后,曹操和孙权、刘备逐渐形成了三分天下的局面。东汉政权已经名存实亡。东汉建安十八年(213)曹操被封为魏公、加九锡,又诏曹操位在诸王之上,随后又封曹操为魏王,以丞相领冀州牧。东汉朝廷一切政务,皆出自曹操,汉朝廷的文武官员就是丞相府的官员,魏王与皇帝已经只是名义上的差别。这时,不少文武官吏劝曹操自立为帝,但曹操出于政治上考虑,没有这样做。曹操说:"如果天命在吾,吾为周文王。"他把改刘汉为曹魏的使命留给了自己的后代。

在这种情况下,立谁为将来承续基业的王太子,就是十分重要的问题了。曹操有二十五个儿子。长子曹昂在随曹操南征张绣时被射死。曹昂死后,曹丕在诸兄弟中就是长兄了。在曹丕诸兄弟中,除曹丕、曹彰、曹植、曹熊是被立为正室的卞夫人所生,其他都是庶生。而庶生子一般是没有资格立为太子的。因此,按照嫡长子继承的传统制度,曹丕在争立太子的过程中具有最为优越的条件。同时,曹丕能文能武,在建安十六年(211)时,就被封为五官中郎将、副丞相,按说把曹丕立为太子是自然的。但事实却并非如此。曹丕面对着的不仅是一个常常不循旧规,有雄才大略的父亲,而且有几位才识卓越亦雄心勃勃的兄弟,太子的桂冠是不会轻易落到他头上的。

最早对曹丕构成威胁的,是他的同父异母小弟曹冲。曹冲聪敏过人,五、六岁时,已经有成年人的见识和智慧了。有一次,孙权送给了曹操一头大象。曹操想知道象的重量,询问群臣们,如何才能得知,众人都想不出办法。这时年幼的曹冲说,可以把大象放到船上,然后在船上贴水面刻上记号,把象从船上牵出后,将石块等物称过重量放到船上,直到使船上刻的记号下沉到与水面相平,那么船上所载物体的重量就是大象的重量。这就是人们熟知的曹冲称象的故事。曹冲小小年纪就有如此才智,使曹操十分高兴。当时战乱年代,刑法严峻,不少人因犯了小罪过而被处死。曹冲每见到犯罪受刑的人,就前去探询,了解其中是否有冤情。对于那些平时勤勉而因某一过失触犯刑律的将吏,曹冲经常替他们向曹操陈述,代为请求宽刑。经曹冲辨明冤情而免遭杀戮的有几十人。因此曹操经常对群臣称赞曹冲,说他既才识明达,又有仁爱之心,并且容貌俊美,一表人才,有让曹冲继承事业之心。不过,这位小兄弟的寿命不长,建安十三年(208),曹冲十三岁,便得病死去。曹操十分悲痛,曹丕劝曹操不要过分悲伤,曹操说:"这是我的不幸,却是你们兄弟的大幸。"可见,曹冲若在,曹丕能否继位是很成问题的。曹丕当了皇帝后还经常说:"假若仓舒(冲字)在世的话,我也不会有天下。"

在立太子的问题上,真正使曹丕提心吊胆的是二弟曹植。同曹丕一样,曹植也是能文能武,胸有大志的人物,并且论才思敏捷,比曹丕有过之而无不及。建安十五年(210),曹操在邺城(河北临漳县)筑铜雀台。曹操率诸子登台,令他们各自作赋。曹植年仅十九岁,援笔立成,文辞通达,曹操很是惊异他的才华。曹植平时生活简朴,不尚华丽,每当曹操问以军国大事,都能应声而答,因此特别受到曹操的宠爱。当时杨修、丁仪、丁廙、贾逵、王凌等人都倾向曹植,积极给曹植出谋划策。杨修是当时有名的才士,任曹操的主簿官,他才智过人,善于领会曹操的心思。有一次,曹操去看正在修建的相国府大门,看完后只在门上写了一个"活"字走了。杨修见后,就令工匠把大门拆了,重新修得小一点。别人问他为什么,他说丞相在门上写一"活"字,门中有"活",是"阔"字,丞相嫌门修得大。门改小后,曹操又来看,果然很高兴。丁仪深得曹操器重,曹操曾想以爱女给丁仪为妻。曹丕知丁仪与曹植友善,于是以丁仪眼睛不好而劝曹操罢议,丁仪知道后很恨曹丕。丁仪与曹植过从甚密,在众人面前数次称赞曹植为奇才,积极赞成立曹植为太子。丁仪的兄弟黄门侍郎丁廙也向曹操进言,劝曹操立曹植为太子,曹操感到他说的很有道理。杨修、邯郸淳、杨俊等人,在曹操征询他们有关立太子的问题时,也屡次称赞曹植的才智。

邯郸淳初次见到曹植时,曹植为之净身傅粉,跳舞击剑,诵俳优小说数千言。又与之评说造化之端,论列古今人物文章、当官为政之要及用武行兵方略。其学识之渊博,见解之卓越,令邯郸淳深为叹服,谓之"天人"。杨修、贾逵、王凌并且忖度曹操的心思,就有关问题预先给曹植做好十余条答词,每当曹操要曹植答问,曹植都能迅速应对。曹操为了观察曹丕与曹植的能力,令曹丕和曹植各从邺城一城门中出去,同时又密令守门官吏不准放走任何人。曹丕来到城门,没法出去,只得回来了。曹植去请教杨修,杨修告诉他:"你奉王命出城,如果门吏阻挡,可将门吏斩了。"曹植依言而行,曹操果然认为曹植比曹丕有能力。

曹丕见曹植及其同党如此活动,不敢懈怠,也与一帮亲信官吏积极谋划。早在东汉建安十六年(211),曹丕被封为五官中郎将时,就开始培植自己的势力,一时五官中郎将府第前宾客如云。曹植虽然文才优于曹丕,但在政治斗争方面却不是曹丕的对手,论筹谋夺权、治理国家,曹丕是胜曹植一筹的干才,因此朝廷上许多官吏早已有心依附在曹丕门下。曹丕团结的是些明于政略而在朝掌握实权的官僚人士,支持曹植的多是些文人学士。支持曹丕为太子的有贾诩、崔琰、毛玠、邢颙、吴质、桓楷、卫臻等。他们根据《春秋》立嫡以长之义,力主立曹丕为魏王太子。当时担任魏国尚书的崔琰,论关系,与曹植较亲近,因为曹植是他的侄婿。但当曹操征询应立谁为太子时,崔琰就以《春秋》之义相对,坚持立曹丕为太子。

为了与曹植争位,曹丕经常派人探听曹植及其同党的活动,并收买曹植府中的下人,让他们到曹操那里告密,使曹操知道了杨修等人为曹植作答词等事情,引起曹操对杨修和曹植的不满。同时曹丕也经常与自己的支持者积极谋划。为了躲避曹植等人的耳目,曹丕在与吴质商量时,就用车载着些废弃的篓子,让吴质藏在篓子中,这样进出官府。但还是被杨修知道了,杨修告诉了曹操。曹丕很害怕,吴质说:"明天可继续以车载篓进出,里面放上布匹。"杨修看到后又去告诉曹操。曹操派人查验,发现里面是布匹,并没有藏人,曹操于是怀疑杨修是诬告。曹操出征时,曹丕与曹植都在路边送行,曹植称颂曹操的功德,预祝出师克捷,出口成章,文思高妙,左右的将佐都凝神倾听,曹操也很高兴。曹丕没有曹植这样的才思,在那里默然不答,怅然若失。这时吴质悄悄告诉曹丕:"等魏王开始走时,你流涕就是。"等到曹操走时,曹丕一边哭着一边跪拜,祝愿父王与将士平安,曹操及左右将士也都叹息。于是大家都认为曹植只是能说会道,词语华丽而已,但论心地诚实仁厚却不如曹丕。

面对曹植争立的威胁,曹丕问深有谋略的太中大夫贾诩,如何才能巩固他的地位。贾诩告诉他要宽厚仁德,奉行仁人志士简约勤勉的精神,朝夕兢兢业业,不要违背做长子的规矩。曹丕听了他的话,时时注意修养,深自砥砺,使曹操对他看法越来越好。而曹植却正相反,曹植平时任性而行。饮酒无度,行为不检点,又不注意掩饰,多次犯了曹操的禁忌。有一次曹植乘车行驰,私自打开司马门而出,这是违犯禁令的,曹操知道后大为生气,令将赶车的官吏处死,并下令严禁诸侯们犯违制度。曹操说:"最初我认为子建(植字子建)是诸子中最可以定大事的。""自临淄侯曹植开司马门私出后,使我另眼看待此子了。"有一次曹操登高台,恰好看到曹植妻穿得很华丽,曹操是崇尚简朴的，于是以曹植妻违犯服饰制度，将曹植妻子赐死。

曹植在曹操眼中是越来越失宠了。但曹操仍认为曹植是诸子中最有才华的，作为善于选拔人才，并且深知人才对于事业成败重要性的曹操，在立太子的问题上仍是举棋不定。一天，曹操屏退左右，就立太子事单独征询贾诩，贾诩只是微笑，并不回答。曹操说："问你问题，你不回答，这是为什么？"贾诩说："我现在正思考着一件事，因此不能马上回答。"曹操问："你想什么？"贾诩答："我正想着袁本初、刘景升父子的事呢。"曹操大笑，于是立谁为太子的事在曹操心中最后定了下来。袁本初即袁绍，刘景升即刘表，贾诩虽然没有明说，实际上是提醒曹操：如果像袁绍、刘表那样废长立幼，难免日后诸子纷争，内乱不休。这正好触及了曹操的心事。如何使自己开创的基业传续下去，并且长治久安，这才是曹操最关心的。至于《春秋》之义，对于不循常规的曹操来说倒并不重要。

东汉建安二十二年（217），曹丕终于被立为魏王太子，时年三十一岁。曹丕得知立为太子，欢喜异常，情不自禁地抱住丞相长史辛毗的脖子说："辛君知道我有多么高兴吗！"的确，这是他将来成为魏王，最后登上皇帝宝座的关键一步。

建安二十五年（220），曹操的头疼宿疾又犯了，不久便在洛阳病逝。朝中文武百官一面派人向太子曹丕、鄢陵侯曹彰，临淄侯曹植，萧怀侯曹熊等报丧，一面将曹操装殓入椁，连夜扶灵椁向邺郸进发。曹丕率领邺郸大小官员出城，迎接曹操灵椁入城。文武百官哭作一团。这时兵部尚书陈矫大声说："先王驾崩，天下惶恐，太子应当节哀，先即王位，以安民心。否则一旦有变，国家危险。"有人提出，按照规定，诸侯王崩，太子继位，须有皇帝封授的诏书。陈矫厉声说："现在非常时刻，岂能拘泥于常规！"当时一听说曹操去世，社会上已经有了混乱迹象，军队内部首先开始骚动，曹操赖以起家的青州军先自离散。不赶紧继承王位，使权位虚悬，时间一长，难免不出祸患。恰好这时御史大夫华歆自洛阳赶来。华歆是曹氏集团的积极追随者，也是拥立曹丕为太子的得力人物。他为了向曹丕献殷勤，在洛阳逼着献帝下诏，封曹丕嗣位为丞相、魏王、领冀州牧。有了皇帝诏书，文武百官更加起劲，一天之内就把继位的仪式筹备齐全，扶曹丕继承了王位。正在这时，曹彰自长安率领十万大军赶到。曹操病重时，曾召曹彰回洛阳，大概是担心在自己病危时发生动乱，因而召回统帅重兵的亲子以防不测。曹彰比较赏识他的弟弟曹植，而对他兄长曹丕却不怎么恭敬，他愿意让曹植嗣位。因此曹彰见到曹植就说："先王让我回来，是想让你继位的。"曹植说："不能这样做，你没见袁谭、袁尚兄弟吗？难道你也愿意咱们兄弟相残吗？"曹丕听说曹彰率大军赶来，不免着慌。他深知这位黄须老弟的刚烈脾性，弄不好是会动武的，他手中的魏王玺绶尚未拿稳就有可能丢掉。其他官员也很忧惧。这时，谏议大夫贾逵挺身而出说："让我出城说服他。"曹彰将十万大军在城外扎住，见到前来迎接的贾逵，劈头就问："先王的玺绶在哪里？"贾逵沉下脸来严肃地说："国家自有其承续大位的人，现在太子在邺城已经继位，正在料理丧事，先王的玺绶，不是你这样的诸侯应该问的。"曹彰虽威猛，但却很识大节，于是便不再作声，带领亲随跟贾逵进城奔丧。贾逵问："你是来吊丧的，还是来争王位的？"曹彰说："我当然是吊丧的。"贾逵说："那么你带这么多兵将进城干什么？"曹彰立即让跟在身边的亲兵亲将也一同留在城外军营，自己只身一人进城哭拜父王。曹植、曹熊等兄弟也都赶来，哭拜在父亲的灵堂前。二月，曹丕兄弟与文武百官为曹操隆重出殡，将曹操葬于高陵。

曹丕任魏王兼丞相、领冀州牧后，成了汉王朝的实际主宰。曹丕上任之初，即提拔在拥立自己登上王位的过程中出了力的官吏。他首先提升贾诩为太尉,华歆为相国,王郎为御史大夫,把大权牢牢掌握在自己手里。鉴于汉末宦官乱政的教训,决定宦人做官不能超过诸署令,只能做跑腿服侍的杂役小官。

为了广泛培植势力,曹丕听从吏部尚书陈群的建议,创立九品中正制。九品中正制是对汉代实行的州郡察举选官制度的改革,即州设大中正,亦称都中正,郡设小中正,亦只称中正,以贤能有识鉴的人来担任,即由他们品评本郡的人才,定其高下,分为九品,送入吏部,任命为官。九品中正制本来是要按才能品选人物,最初也确实选拔了一些人才,在当时那种人士流移的时代是起过作用的。但后来却演变成由中正来决定人才的高下,而中正又都是由本州郡的世家名门贵族官僚来担任,因而所定为上品者,无非世族名门。这种选举制度,对于形成后来的门阀政治起了重要作用。

为了建立功名,曹丕在当年六月,兴兵南征,想让臣民们知道新的魏王也是一位抱负恢宏能治国将兵的大才。度支中郎将霍性不识时务,上疏劝阻,说什么兵者凶器,登基之始,不可擅动,竟被曹丕砍了头。

八月份,曹丕率领大军浩浩荡荡来到安徽亳县。孙权闻报,忙派遣使者来向曹丕奉献古玩珍宝,求和结好。这正中曹丕下怀,如果真打,还不知道什么样子,先王曹操何等谋略,对孙权也无可奈何,他曹丕现在能否打个平手也难说。现在孙权主动求和,使他既不必交战,又在臣民面前树起了威信,何乐而不为。既而又接到报告说,刘备名将孟达领众来降。曹丕继位不过半年,在与孙、刘对抗中接连占了上风,真使曹丕高兴。

于是曹丕在亳县宰牛摆酒,大飨六军和父老百姓。召来许多优伶乐工,演出各种戏曲杂耍,曹丕同众将佐在皎洁月光下开怀畅饮,着实快活了一番。

权位的巩固,威望的增加,使曹丕取汉而代之的欲望越来越强烈。他一边总揽朝政,裁决万机,一边为代汉做准备。社会上也接连传出了象征改朝换代的吉祥之兆。三月,亳县出现黄龙。据说,东汉熹平五年(176),亳县也出现过黄龙,当时光禄大夫桥玄问主管天象历法的太史令单飏"是何兆",单飏说,当有新君兴起,不到五十年,黄龙会再次出现。在旁边的殷登把这话记住了。到这次亳县出现黄龙,正好过去了四十五年。殷登说:"单飏的话,现在应验了"。曹丕听说此事后,马上召见殷登,对他倍加赞赏,说殷登德高诚实,记识天道,特地赐给殷登三百斛谷,以示嘉奖。四月份,饶安县又报称出现了白色山鸡,这又是一个吉兆。曹丕又赏赐饶安的臣民,减免饶安的租赋,并让祭祀官大祭宗庙。八月,石邑县又云凤凰群集。连续出现吉兆,使朝野上下都知道天意要改朝换代了。凡此种种舆论,都表明曹丕正在紧锣密鼓,准备代汉称帝。

东汉延康元年(220)十月,在改朝换代的汹汹舆论下,当了几十年傀儡,整天担惊受怕忍辱偷生的汉献帝,在皇宫里再也混不下去了。这一天,深谙曹丕心意的左中郎将李伏,太史丞许芝与华歆、贾诩、陈群、王郎等,到皇宫奏请汉献帝禅位于魏王曹丕。李伏奏道:"孔子玉版中,已有预言,定天下的人,魏公子桓(曹丕字子桓),正是魏王表字,合于符谶,因此出现种种祥瑞,陛下当应天顺人,仿效尧舜故事,禅位于魏王。"太史令许芝以天文权威的身份,举出了魏当代汉的种种天象佐证。接着魏王侍中刘虞、辛毗、刘晔、尚书令桓阶、尚书陈矫、陈群、给事黄门侍郎王毖、董遇等官员也纷纷上奏,要献帝禅位。在众臣威逼下,献帝只得让御史大夫张音持节奉玺禅位,并册告魏王曹丕:"从前帝尧禅位于虞舜,舜也将帝位禅给了禹,天命无常,惟归有德。汉的治道早已不成样子,传到我后,更是天下大乱,群凶肆虐,幸赖魏武王神武明达,拯救四方灾难,廓清环宇,才延续了汉家宗庙。今王继承前业,光大仁德,恢宏文武,发扬了先考的弘烈。上天降下各种祥瑞,汉朝天禄已终。历数在你,你就顺应天命吧。成大礼,以承天命。"曹丕见到玺绶和册告,自然欣喜,但也假意做作谦让一番。然后才举行了禅让典礼,正式登基称帝,国号为魏,改元黄初。这时,曹丕三十三岁。

曹丕虽然在权力争夺中接连获胜,却没有忘记那些曾对自己带来很大威胁的兄弟。尤其三弟曹植,素有才名,身边又有一帮文人推波助澜,实在是心腹之患。丁仪、丁廙在帮助曹植争夺太子位时,积极参与谋划,并在曹操和众人面前多次称赞曹植的才干,曹植封临淄侯后,丁仪、丁廙又时常与曹植在一起饮酒赋诗,过从甚密。因此,曹丕一立为魏王,就将丁仪、丁廙收捕入狱。曹植知道中领军夏侯尚与曹丕关系密切,就去托夏侯尚向曹丕说情,希望夏侯尚就像少年救野地里的黄雀那样救出丁仪兄弟,丁仪兄弟也对夏侯尚叩头哀求。但此事犯在曹丕的心病上,尽管夏侯尚再三求情,曹丕还是把丁仪、丁廙杀了,并且尽诛其族中所有男子。

接着,曹丕又分遣诸兄弟们回各自的封地。曹彰自以为先王在世时,他攻城略地,多受重用,希望能得到曹丕的任用。但曹丕却感到他手握重兵对自己是一大威胁,因此也不例外。曹彰见兄长铁面无情,十分不高兴,不等他下令,就交出了自己统领的大军,回封地中牟县去了。曹植更为惶恐,他自知过去对这位兄长多有冒犯,现在密友被斩,自己闹不好也得成为曹丕泄愤的牺牲品,因此更不敢有任何违逆的表示。曹植要求去祭告一下先王再走,曹丕也不批准,曹植只得悲悲切切地离开京城,去当他的临淄侯了。

曹丕为了显示新朝福祉,提拔了许多功臣元勋,封赏了大量官衔爵位,对他的亲兄弟也不能不有所表示。曹魏黄初二年(221),曹丕诸弟鄢陵侯曹彰、宛侯曹据、鲁阳侯曹宇、谯侯曹林、赞侯曹衮、襄邑侯曹峻、张农侯曹干、寿春侯曹彪、历城侯曹徽、平舆侯曹茂,一律晋爵为公,只有曹植没有晋封。原来曹植在临淄十分郁闷,过去赋诗唱和的朋友没有了,而朝廷派来监管的官吏管制得又十分厉害,使他动辄违犯规定。他心灰意懒,深感忍活苟且也不容易。终日饮酒,借酒浇愁。醉后行为自然疏狂。临淄侯封地的监国官灌均就上奏,说他"醉酒悖慢,劫胁使者"。曹丕不禁大怒,派兵火速到临淄把曹植擒拿到京,想治曹植的罪。曹丕的母亲卞太后急忙出来阻止,卞太后召曹丕来哭着说:"你兄弟曹植平时就嗜酒疏狂,他自恃胸中有才,行为放纵,但念及你们是同胞兄弟,你就存下他一条命吧。你若宽恕了他的罪过,我死后也就瞑目了。"曹丕说:"我也深爱他的才华,只是想惩戒一下他的疏狂脾性,并不杀他。"华歆是曹丕的心腹大臣,他劝曹丕说:"子建才智颇高,又有大志,若不早日除掉,必为后患。"曹丕说:"母命不可违。"华歆又献策说:"人们都说子建出口成章,我不太相信,皇上可召他进来,试试他的才华,如果不能出口成章,就杀他;如果真是如此,就贬他。"曹丕认为可以。一会儿曹植进来拜见。曹丕说:"我和你情分上是兄弟,但道义上是君臣,你竟敢倚仗有才就蔑视礼仪,以前先王在世时,你常常向别人夸耀显示你的文章,我怀疑你是找人代写的。现在我限你七步之内作诗一首,如能做到,就免你一死,否则从重治罪,决不宽贷。"曹植说:"请出题目。"当时殿堂墙上挂着一幅画,画着两只牛相斗于墙下,一牛坠井而死。曹丕指着画说:"就以这幅画为题,诗中不许犯着'二牛斗墙下,一牛坠井死'字样。"曹植走了七步,即吟成一首诗:"两肉齐道行,头上带凹骨,相遇块山下,频起相搪突。二敌不俱刚,一肉卧土窟。泲是力不如,盛气不泄毕。"曹丕和群臣都吃一惊。曹丕又说:"七步成章我还以为很慢,你能应声作一首诗吗?"曹植说:"请命题。"曹丕说:"我和你是兄弟，就以此为题，但也不许犯着'兄弟'字样。"曹植连想都没有想一下，即随着曹丕的话音赋诗一首："煮豆燃豆萁，豆在釜中泣。本是同根生，相煎何太急。"曹丕听了，动了骨肉之情，禁不住潸然落泪。他母亲从殿堂后走出来说："你为兄的为什么要对弟弟如此相逼呢？"曹丕慌忙说："我们虽是兄弟，但国法不可废弃。"于是贬曹植为安乡侯，随后迁为鄄城侯。曹植在其母的庇护下，以其超群的文才总算逃过了一次危难。

曹丕为了削弱诸弟的力量，对他们多方限制，处处防范。曹魏皇初三年（222）三月，曹丕立皇子曹叡为平原王，同时也将诸弟晋爵为王。四月，把曹植也晋爵为鄄城王。然而，他们实际上都是徒有空名而无实地。每个王国只拨给一百余老兵守卫，王国与京都相隔千里，又不准聚会，诸王外出游猎不得超过三十里。又设防辅监国的官对他们进行监视，这些人几乎天天都要向曹丕打小报告，说诸王的坏话。诸王在封地内形同软禁，想当稍微自由些的老百姓也当不成。在这种情况下，曹氏兄弟们人人自危，不敢有少许违逆的举动。北海王曹衮，为人非常谨慎小心，平时专爱研读儒家经典，不参与其他活动。负责监督他的文学、防辅官员们商量说："咱们受诏督察王公的行为，举报他们的错误。他们有过失当然要上奏，但有善行也应让上面知道。"于是共同上表称赞北海王行为端正。曹衮知道后，却十分害怕，责备防辅官员说："你们这样做，实在是帮倒忙，突然联名上表称赞我，对我并没有益处。"可见当时诸王的处境。

对于曹植更加严厉。当初曹丕代汉称帝时，曹植曾经怨激而哭。曹丕也记下了一笔账。曹丕曾对左右官员说："人心真是不同，当我登大位的时候，天底下竟有哭的人。"侍从的大臣们都知道曹丕此言指的是曹植。曹魏黄初三年（222），曹丕因小过而杀了宛城太守杨俊，与杨俊常在曹操面前称赞曹植有关。在此前已杀了赞成立植为太子的孔桂。由于曹丕与曹植关系如此，一些官吏对曹植也颇不恭敬。甚至时常有人为了讨好曹丕而诬告曹植，使曹植的处境更加艰难。黄初三年（222），曹植为东郡太守王机、防辅吏仓辑等诬告，被辑拿到京都。曹植不得不面陈受的滥谤。事后他写诗说"众口铄金，谗言三至，慈母不亲。愤愤俗间，不辨伪真。"表现了他的愤慨。黄初四年（223）五月，曹植与白马王曹彪，任城王曹彰到京都朝拜。曹植自思曾有过错，应当面向皇帝谢罪。曹丕得知后，使人拦住曹植，不让他朝拜。卞太后担心曹植会自杀，对着曹丕直哭。这时曹植已经光着头背着铁铭（一种刑具）赤着脚来到了阙下。兄弟见面后，曹丕仍板着面孔，神色严峻，不同曹植说话，也不让他戴帽穿鞋。曹植伏在地上哭泣请罪，卞太后见状自然很不高兴，曹丕这才让曹植穿好衣服。满腹才华、傲视一切的曹植，真是到了万般无奈的地步。

任城王曹彰的遭遇更加悲惨。曹彰刚毅威猛，武艺过人，并且深谙兵法。连曹操在伐吴蜀时也问曹彰如何行军布阵。当时外地曾献到京都一只猛虎，其虎满身锦斑，异常凶猛，装在铁笼子里，连那些枭傲不羁的人也不敢轻易走近看看。曹彰拽住虎尾缠在臂上，老虎奋拉着耳朵不敢吼一声，众人都佩服曹彰的神勇。南越国献了一头白象，曹彰用手扯住象鼻，象伏在地上连动都不能动。曹丕铸了一口千斤重的大铜钟，十多个壮士都抬不动，曹彰搬起来能小跑。各地听到曹彰巡视，都息兵自保，不敢妄动。曹丕说："以任城王的雄壮威武，吞并巴蜀，如苍鹰衔死鼠那样容易。"正因为曹彰如此骁勇，曹丕才很忌恨，因此，曹丕决心除掉他。黄初四年（223）六月，曹彰进京朝见，曹丕与他在卞太后宫中下围棋，边下边吃枣。曹丕事先命人在一部分枣中下了毒，自己挑无毒的吃，曹彰不知，随便拿着吃，当即中毒。卞太后到处找水抢救，可是所有瓶罐早已被曹丕预先命人砸毁，卞太后急得光着脚跑到井边，可仍无法打水，就这样眼看曹彰被毒死。曹丕本想再害死曹植，卞太后气愤地斥责他："你已经杀了我的任城王，不许你再杀我的东阿王（当时曹植为东阿王）！"也许是太后的话起了一点作用，也许因曹植不掌兵，是个文人，又表现温顺得多，后来总算没有被害。

曹氏诸王的封地和境况如此可怜，但曹丕还害怕日后尾大不掉。临终前他又改封诸王为县王，诸王的封地由一郡缩小到一县，这种分封已是虚应故事了。曹丕分封诸王不是为了屏障中央，而是为了防止诸弟争权，这个目的确实达到了。曹魏政权始终没有出现过外藩强盛欺凌中央的局面。但它也造成了皇室孤立无援的弊病，使日后司马懿父子能够较为容易地篡夺曹氏的大权。

曹丕对于治国之术颇为精通，也知人善任。黄初二年（221），曹丕擢升辽东（今辽宁辽阳）郡守公孙恭为车骑将军，使这一鞭长莫及的地区保持稳定。又命张既为凉州刺史，去平息当地胡人的反抗。张既到金城，不顾兵少道险，渡河击敌。发现胡人大军在要隘鹯阴口屯扎，企图阻住张既军。张既扬言要猛攻鹯阴口，以吸引敌人，暗地里选精兵直出武威，突然来到敌人后面，胡骑以为是天降神兵，不战而去。张既赏赐将士，率军追击。诸将都说："士卒已很疲倦，难以与敌再战。"张既说："不乘此时敌人大败追击，必为后患。现在我们兵寡将少，正可吸引敌人再战，如果我后续大军都来了，敌人惧怕，逃到深山，再想歼灭他们就不容易了。而我们一退军，他又出来骚扰。正所谓'一日纵敌，患在数世。'"于是引军前进，与数千胡骑相遇。张既趁夜埋伏下三千骑兵。然后令参军成公英率领一千多人前去挑战，交锋后，张既令成公英佯败而退。胡骑见张既兵少，果然争先追击，张既即令伏兵齐出，截击胡骑背后，成公英亦率军回击，前后夹攻，大败胡骑。河西走廊遂告平定。曹丕又乘胜设置都护府，重新开通了与西域的联系，密切了与西域少数民族的关系。曹丕通过剿抚并用的手法，使边疆地区稳定下来，巩固了魏王朝的统治。

黄初二年（221），刘备在成都称帝。鼎立三方中已经有两家正式亮出了旗号，只剩孙吴一家了。刘备当了皇帝后，起兵几十万，沿长江东下攻打孙权，要为关羽报仇。在刘备大军压境的严峻形势下，孙权派遣使者面见曹丕，向丕称臣，奏章恭敬卑微，并送于禁返国。文武百官一齐道贺，丕也沾沾自喜。这时，刘晔说："应乘势出大军，渡江击吴，孙权灭亡了，则蜀国势单力孤，势难久存。这是天赐良机，不可错过。"曹丕却不以为然，说："别人投降称臣，我们却乘机翻脸，恐怕会阻塞天下英雄归降之心。"曹丕终于接受了孙权的降表，并派太常邢贞前往武昌（今湖北鄂城）封孙权为"吴王"，加九锡。孙权亲自前往驿站等候邢贞，他手下的文臣武将都认为这是耻辱，孙权却说："从前刘邦也曾接受项羽封号为汉王。做人做事，要有勇气面对现实，一个虚名，对我有什么损失呢？"如此能屈能伸的气度，真不愧为鼎足而立的雄主。

曹丕听说进攻孙权的蜀军，用树木做栅栏，连营七百多里，便说蜀军犯了兵家大忌，必败。果然，不久陆逊就在夷陵大败蜀军。曹丕要孙权把儿子送到洛阳，作为两家和好的保证。孙权虚与委蛇，一味推托。曹丕才发现上了孙权的当，不禁大怒，打算起军伐吴。刘晔说："现在讨伐时机已过去了。孙权刚刚获得胜利，上下一心，而且有江河湖川相阻，不可能仓促将他制服。"曹丕不听，遣大军南征。孙权因为扬越一带少数民族没有完全征服，有心腹之忧。加上与蜀大战刚罢，需要休整，于是又谦卑地上书曹丕，请求准许他改过自新。并说："打算代儿子孙登向皇家求婚。"又说："打算派孙邵、张昭护送孙登同时入洛阳。"曹丕此时倒抓住了要害。回书说："我岂愿劳师动众到长江边去，孙登早晨上道，我晚上便退回大军。"至此孙权已哄骗不下去，便不再使用曹魏年号,自奉年号为"黄武"。与曹魏再次决裂,正式自主了。

曹丕被孙权耍弄了一番,十分震怒,便御驾亲征。孙权派太中大夫郑泉到蜀国访问,与蜀汉恢复往来。东吴和曹魏双方在长江边互相攻伐,谁也奈何不了谁。尽管曹魏人多势众,却常常吃亏。到黄初四年(223)三月,曹丕只得下令班师。这次南征,劳师糜饷,无功而返。

这年夏天,蜀主刘备在永安(今四川奉节县)逝世,太子刘禅继位,丞相诸葛亮辅政。诸葛亮派尚书邓芝出使吴国,与吴交好。孙权也明白只有两国互相依靠,才能与魏鼎足而立。如果两家不和,势必被曹魏所乘,都不可能生存下去。于是吴蜀恢复了联盟。

曹丕闻听吴蜀复盟,感到不妙,便于黄初五年(224)再次伐吴。侍中辛毗劝阻,他不听,留下尚书仆射司马懿镇守许昌。八月,曹丕登上御舟,顺着蔡河颍水进入淮河,九月抵达广陵(今江苏扬州市)。东吴将军徐盛率军备战。这时江水正涨,波涛汹涌。曹丕走到江边,长叹道:"我们虽然有强大的骑兵,却没有用处,看情形无法攻击。"正好暴风骤起,曹丕乘坐的御舟,锚链刮断,失去控制,随波漂荡,几乎翻覆。曹丕于是下令班师。

黄初六年(225)春,曹丕又命司马懿为抚军大将军,留守许昌,亲率水陆大军,再度伐吴。宫正鲍勋劝阻说:"王师屡次出征,始终不能战胜,原因在于东吴跟蜀汉,唇齿相依,依仗山川险阻,我们难以攻下。大军一出,物资消耗很大,不可以兴兵。"曹丕大怒,把鲍勋降为治书执法。此时,蜀汉诸葛亮率军南征,七擒孟获,降服了西南少数民族。

曹丕大军于十月抵达广陵。江岸上,魏国军队十余万,绵延数百里,旌旗招展十分壮观。然而东吴戒备森严,无隙可乘。适逢天气寒冷,水道冰封,船舰不得入江。曹丕只得再次下令班师。东吴将领孙韶,派部将高寿,率敢死队五百人在曹军归途狭路上,突然袭击曹丕御营,曹丕大惊。高寿夺得曹丕的备用御车"羽盖"呼啸而退。数千艘舰船,拥挤在河冰中,不能前进。尚书蒋济多方设法,才把舰船一艘艘拖进淮河,返回基地。曹丕生前的最后一次征伐,就这样结束了。

曹丕在位期间,几次对吴用兵,均无功而还,其实也是必然结果。此时鼎立三方经过多年经营,根基均已巩固,吴蜀虽然弱小,但联合起来,足以与曹魏抗衡。曹丕虽然很想建功立业,但当时既不具备灭吴灭蜀的客观条件,曹丕本人也没有曹操那样的雄才大略。在孙权和诸葛亮这样老谋深算的对手面前,他在军事上不可能取得什么大的成就,并不奇怪。

曹丕父亲曹操喜好文学,又爱搜求人才,因此,当时知名文人罗织了不少。东汉建安九年(204),曹操剪灭袁谭、袁尚,俘虏了陈琳。陈琳曾替袁绍起草"讨曹檄文",把曹操祖父是宦官都揭出来,当时曹操十分恼怒陈琳笔如钢刀,但看到这样出色的檄文,又不觉拍案叫好。俘虏了陈琳,陈琳表示愿降,曹操爱其才而冰释前嫌,东汉建安十三年(208),曹操南征刘表,又得到了久闻其名的王粲。曹操听说大文学家蔡邕多才多艺的爱女蔡文姬流落匈奴,马上派周近持玉璧将蔡文姬赎回。于是,邺城形成了一个以曹氏父子为首的文人集团。曹丕和曹植,在父亲的影响下,自青少年就有很好的文学造诣,现在同集合在曹氏政权周围的孔融、王粲、陈琳、阮瑀、刘桢、应场、徐干、杨修、邯郸淳等才华横溢的文人在一起,如鱼得水,诗文大长。

曹操连年在外征伐,常以曹丕留守邺城。曹丕在公务之余,与文友饮宴歌舞,赋诗唱和,隐隐领导着邺城文坛。曹丕深知战乱时期男女离别的痛苦,写出了有名的《燕歌行》。这首诗代表了曹丕诗歌的特点,大都是男女之情和游子思妇之作,内容并不惊人。在韵律上也还不够成熟,但这却是有史以来的第一首七言诗。他的《黎阳诗》是六言体,也是前无先例。而《大墙上蒿行》则开长句长篇之首,全诗三百六十四字,句子长者达十三字。

曹丕的诗多很通俗。《善哉行》:"高山有崖,林木有枝。忧来无方,人莫之知。人生如寄,多忧何为? 今我不乐,岁月如驰。"这些句子如同口语,代表着一种健康的现实的诗歌创作倾向。

东汉建安十六年(211),曹丕被封为五官中郎将以后的数年间,文学名士之间往来尤其密切。五官将府一时宾客如云,名流如卿。除孔融因时与曹操龃龉被操所杀,曹丕与"建安七子"中的其余六子王粲、陈琳、阮瑀、徐干、应玚、刘桢经常在一起,赋诗作文,唱和酬答,欣赏奇文,相析异议。这个时期,可说是建安文学的繁盛时期,建安文人的力作,多出于此。王粲的《七哀诗》,阮瑀的《驾出北郭门行》,曹植的《送应氏》《白马篇》,刘桢的《亭亭山上松》,均为传世佳篇。曹丕的抒情散文《与朝歌令吴质书》,也为世人称道。

东汉建安二十二年(217)冬天瘟疫流行,徐干、陈琳、应玚、刘桢先后去世。文友作故,曹丕不胜悲痛。他写信给好友吴质说:"徐、陈、应、刘一时俱逝,痛何可言邪! 昔日游处,行则同舆,止则接席,何尝须臾相失! 每至觞酌流行,丝竹并奏,酒酣耳热,仰而赋诗。当此之时,忽然放声高歌,不自知乐也。谓百年已分,长相共保,保图数年之间,零落略尽,言之伤心。"

这年冬天,曹丕著述的《典论》脱稿了。在《典论·论文》一篇中,曹丕对亡友的文学成就和诗文特色做了公证的评说。指出:"王粲擅长写赋,徐干的诗文经常表现出舒缓的格调。陈琳、阮瑀的章表书记,是当今的杰作。应玚的诗文平和而气势不够遒劲,刘桢的诗作气壮而不够绵密。孔融文章的才气高妙,有超人的地方,然而不善于议论,往往是文辞雄辩而道理不足,甚至间杂有嘲笑戏谑的句子,至于他所擅长的地方,可以同扬雄、班固比列。"他结合自己的创作体会和亡友诗作特点,提出了"文以气为主"的论点,在文学理论上做出了重要建树。他提出四科八类的文章分类,各种文体都有自己的体要特点。同时,在文章中他反对"文人相轻""贵远贱近"的倾向,提倡"审己以度人"。末了,曹丕意气昂然地指出,文章是"经国之大业,不朽之盛事",把文学的地位和价值提到从来没有过的高度。这篇文学理论批评专论,总括了建安时期各位名作家的诗文成就和特点,对文学提出了新的认识和新的观点,确是不朽之作。

为了纪念诸亡友,曹丕编辑了徐干、陈琳、应玚、刘桢文集。至此,在建安文坛上叱咤风云的只剩曹丕与弟曹植了。曹植才倾天下,连曹丕也承认他天资过人。困窘的境遇,进一步成就了曹植在文学方面的造诣。曹植在逆境中的诗作比少年得志时所写的诗成就高得多,那篇脍炙人口的《野田黄雀行》,就是在曹丕把好友丁仪处死时的激愤之作。曹植在《赠白马王彪》中的悲愤倾诉,也充满了感染力。

黄初七年(226)正月,南征归来的魏文帝曹丕,拖着疲惫的身子,在文臣武将的簇拥下,返回许昌。这次伐吴,数千战舰,十万铁骑,旗幡帆幔,遮江蔽日,何等气势。叵除了对着咆哮的江水示示威外,仍没有动着东吴一根毫毛,反而在班师时遭到几百吴兵突袭,弄的手脚失措! 曹丕脸色阴沉,心情沉重地思考着。将要进城了,突然,城南门平白无故地崩塌了。曹丕不由脸色煞白,这可不是吉兆! 曹丕怒喝一声,车驾转向洛阳而去。

曹丕在洛阳病倒了，临终立曹叡为皇太子。弥留之际，曹丕为太子选择辅政大臣。也许是神志恍惚的缘故，也许是司马懿平素的干练忠顺给了他良好印象，曹丕在这关键时刻忘了先王曹操的嘱咐："司马懿鹰视狼顾，不可付以兵权，久必为国家大祸"。曹丕选择了中军大将军曹真、镇军大将军陈群，征东大将军曹休，也选择了抚军大将军司马懿为辅政大臣。其实，这时的司马懿并无异志。多年来，曹操对司马懿既使用又限制，时时提防，给司马懿留下了深刻印象。到曹丕掌权，才渐渐付以实权，令懿独当一面。曹丕的信任，使司马懿倍加勤奋忠诚，加上才智过人，确实为魏王朝办了许多漂亮事，在这三国争战的多事之秋，的确是个难得的人才，曹丕正是看到了这些才临终托孤的。曹丕并没有错。司马懿毕竟是曹丕死后为曹魏挡住诸葛亮多次攻伐和平定各方叛乱的不二能臣，没有司马懿，魏明帝曹叡的日子会更不好过。问题在于明帝曹叡临终竟又一次像他父亲那样托孤于司马懿，而没有看到司马懿此时已权重翼丰，从而为曹氏子孙留下了后来的祸患。

黄初七年（226）五月，在洛阳嘉福殿病逝，终年四十岁，葬于首阳陵。

蜀汉昭烈帝刘备

人物档案

生卒年:公元161~223年
父母:父,刘弘;母,王元姬
后妃:吴皇后、甘夫人、糜夫人、孙夫人
年号:章武
在位时间:公元221~223年
谥号:昭烈帝
庙号:烈祖
陵寝:四川惠陵(武侯祠正殿西侧)
性格:深沉宽厚,大仁大义

名家评点:

刘备这个人,有英雄志,有英雄气,有英雄魂,有英雄义。

——易中天

昭烈帝刘备像

破落贵族,有志少年

刘备(161~223)字玄德,涿郡涿县(今属河北)人。据说是西汉景帝之子中山靖王刘胜的后代。刘胜之子刘贞,西汉元狩六年(前116)被封为涿县陆城亭侯,因为不及时向皇帝缴纳贡金,失去侯爵,于是世代成为涿县人。刘备的祖父刘雄和父亲刘弘,都曾在州郡做官。

刘备少年丧父,家境贫寒,与母亲贩鞋织席为生,艰苦的生活使他从小得到许多锻炼。少年老成的刘备,处境虽然艰难,对前途却充满了憧憬和希望,他坚信终有一日能够摆脱贫困,干一番大事业。15岁那年,刘备经母亲张罗,又得到同宗刘元起的资助,与公孙瓒等人一起,拜九江太守、当时著名的儒学大师卢植为师。

刘备平日喜好的是狗马、音乐和衣着一类的东西,对读书其实没有太大的兴趣。这期间,他的一大收获是与比他年长的公孙瓒成了好朋友,建立了深厚的感情。刘备平时

桃园三结义

不大讲话,喜怒哀乐不形于色,但很善于接近他人。由于他喜欢交结天下豪侠,所以在他周围聚集了包括关羽、张飞在内的一批有作为的青年人。

镇压黄巾，枭雄起家

汉灵帝中平元年(184)，黄巾起义爆发。当时，中山国大商人张世平、苏双等正在涿郡一带从事贩马活动，他们对农民起义十分害怕，见刘备很有组织能力，就捐助了许多钱财，让他纠合起一支队伍，跟随校尉邹靖镇压黄巾军。不久，刘备因为镇压有功，被任命为中山国安喜县(今河北定县东南)尉。一天，郡督邮因公到县，刘备满怀希望求见，却遭到拒绝。盛怒之下，刘备强行进入督邮的住处，将督邮绑起来狠狠地打了一顿，但也因此丢了官。此后，刘备加入大将军何进的队伍，继续参与镇压黄巾军。下邳一役，刘备表现突出，被任命为下密县(今山东昌邑东)丞，不久又做过高唐县(今山东禹城西南)县尉、县令。

初平元年(190)，黄巾军攻下高唐县，刘备投奔已经做了东汉中郎将的公孙瓒。当时天下大乱，形成军阀混战的局面。公孙瓒以刘备为别部司马，让他和青州刺史田楷一道，抵抗冀州刺史袁绍的进攻，屡立战功，先后被提升为平原县(今山东平原南)县令、平原国相。其时，战事频仍，天下饥馑。刘备矢志功名，乐善好施，他经常与那些地位比他低的士人同席而坐，同桌而食，交结了一批能够推心置腹的朋友。平原国有位叫刘平的人，素来瞧不起刘备，见刘备地位比他还高，心中甚是不平，于是收买了一名刺客前去刺杀刘备。刘备浑然不觉，对来客照样热情备至，刺客不但没有下手，反而将实情全部告诉了刘备。

中原争霸，屡败屡战

公孙瓒被袁绍打败后，刘备与田楷向东转移，屯驻齐国(今山东淄博市临淄北)。初平四年(193)，曹操大举进攻徐州，徐州牧陶谦派人向田楷告急，刘备与田楷迅速前往相救。刘备所部共一千余人，还有一些乌丸骑兵，途中，又收容了几千饥民。到徐州后，陶谦表奏刘备为豫州刺史，让他驻守小沛(今江苏沛县)，以防曹操。刘备在此广交文武豪杰，礼贤下士，赢得当地人士的好感。碰巧陶谦一病不起，他于临终前对心腹糜竺说："非刘备不能安定此州。"陶谦死后，糜竺依嘱率州人迎请刘备，此时为兴平元年(194)冬。徐州"殷富，户口百万"，做徐州牧对于一心想要"立功立事"的刘备来说，无疑是求之不得的事。但此举并非可以无所顾忌，近在寿春的袁术就让他十分头疼，于是刘备推托说，袁术"四世三公，海内所归"，你们应当去请他。北海相孔融劝刘备说："冢中枯骨，何足介意？今日之事，百姓与能，天与不取，悔不可追。"刘备这才做了徐州牧。

不出所料，袁术听说刘备做了徐州牧，于建安元年(196)六月，率兵来攻。刘备留张飞守下邳(今江苏睢宁县西北)，率领关羽、赵云到盱眙(今江苏盱眙东北)、淮阴(今江苏淮阴西南)一带迎战，相持一个多月，互有胜负。

没想到另一支势力吕布乘虚向刘备后方下邳发起了进攻。下邳守将曹豹本来就与张飞不和，此时与吕布联合，击败了张飞，吕布于是掳走了刘备的家属及将士家口。刘备急忙回军下邳，结果溃败。刘备重新聚合散兵后，攻取广陵(今江苏扬州市西北平山堂)，但又被袁术打败，不得已退守海西县(今江苏灌南县西南)，打败了那里的杨奉、韩暹。当时兵疲粮乏，吏士自相啖食，刘备主动向吕布求和。结果吕布归还其妻儿，还让他做了豫州刺史，吕布自己做了徐州牧。刘备驻守在小沛，暗中招兵买马，不久发展到万余人。建安三年（198）春，吕布派人外出买马，刘备的部下不明情况，贸然抄略了他们的钱财。吕布一气之下，亲自出兵攻打刘备，刘备只身出逃，投奔了曹操。

刘备到许（今河南许昌）后，曹操对他非常器重，曹操的谋臣程昱对曹操说："据我看，刘备才能出众，又很得人心，终究不会屈居人下，应该趁早除掉他。"曹操考虑再三说："现在正是收揽英雄的时候，如果因为杀掉他一人而失天下人士之心，是我们不该干的。"于是推荐刘备做了豫州牧。为了让刘备去攻打吕布，曹操一面让他在沛县收集散卒，一面资助他粮食和兵力。公元198年，吕布进攻刘备，曹操先派夏侯惇救援，战败。于是亲自率军前往梁国（今河南商丘市城南），与刘备会合，然后包围下邳，吕布屡战屡败，部将侯成、宋宪、魏续等率众投降，最后吕布也被活捉。刘备与曹操回到许后，被提升为左将军，曹操对刘备更加客气，出则同车，坐则同席，但刘备对曹操挟天子以令诸侯，专擅朝政的做法十分不满。那时，汉献帝亲手授给外戚车骑将军董承一道密诏，要他筹划诛杀曹操，刘备后来参与了密谋。建安四年（199）春，当他们还没有发难的时候，曹操举行了一次盛大的酒宴。曹操同刘备评论当时英雄人物，从容地说："今论天下英雄，看来只有您和我。袁绍之徒，不足挂齿。"刘备正在吃饭，一听此话，还以为自己恢复汉室的密谋被曹操发现，顿时吓得连正在夹菜的筷子都失手掉落。当时外面正在打雷，刘备为掩饰自己的失态，对曹操说：怪不得古人说"迅雷风烈必变"，此刻一震，便致于此。

为了争取主动，刘备索性暗中加快速度，与董承等人谋划，准备除掉曹操。正在这时，淮南的袁术因力单势弱，想经徐州北上依附袁绍，曹操担忧二袁联兵以后难以对付，就派了刘备等人率军去截击。曹操的谋士程昱、郭嘉闻讯赶来，告诫曹操："刘备放走不得！"曹操也意识到不妥，想改变主意，但已追之不及。刘备还没到徐州，袁术就病死了。刘备趁机再次占领下邳，杀死徐州刺史车冑，自己还驻小沛，让关羽留守下邳。这时，附近的一些郡县脱离曹操，归附刘备，刘备兵力迅速发展到数万人。他又派孙乾到冀州（治邺城，今河北临漳县西南邺镇东），与袁绍结盟。曹操得知刘备占据徐州，急忙派兵征伐，但没有成功。

建安五年（200），曹操决定亲自东征。当时袁绍正准备兴兵南下，攻击曹操，所以诸将劝阻曹操说：与您争天下的是袁绍，他现在兴兵南下，您反而去东征，如果他趁机从后进攻，我们将措手不及。曹操说：刘备为人杰，今日不除，必为后患。袁绍虽有大志，但处事迟缓，不会马上南下的。于是分兵把守官渡，亲率精兵征讨刘备。刘备原以为曹操大敌当前，无暇东顾，所以并无应敌准备。曹操精兵突然而至，使刘备大惊失色，他来不及做正面抵抗，便弃众而投奔了袁绍。曹操收编了刘备的部众，截获了他的家属，还活捉了刘备的名将关羽。

张飞——当阳退敌

一代帝王

图文珍藏版

三顾茅庐,隆中对策

袁绍听说刘备要来,十分高兴,不但派长子袁谭远道接应,而且亲自出城迎接。不久,袁绍率大军南下,与曹军在官渡对峙。袁绍派刘备和刚刚从曹操那里投奔过来的汝南黄巾军刘辟袭击曹操的后方许,结果为曹军所败。但值得庆幸的是,关羽又回到了刘备身边。接着,刘备率领本部人马与汝南黄巾军首领龚都等合兵,发展到数千人。曹操在官渡之战中打败袁绍后,接着进攻刘备。刘备投奔荆州的刘表。刘备至襄阳,荆州牧刘表待他以上宾之礼,交给他一支部队,让他屯驻新野。

屯驻新野期间,刘备广交荆州英雄豪杰,贤能之士,以图振兴汉室。有一次,他去拜访荆州名士司马德操,向他请教天下大事。司马德操素以善于识别人才著称,他谦虚地对刘备说:我一介俗士,哪能看得清天下大事? 只有俊杰才能识时务。他向刘备推荐了外号卧龙、凤雏的两个人。刘备赶紧问谁是卧龙,谁是凤雏。司马德操告诉他,诸葛亮是卧龙,庞统是凤雏。不久,名士徐庶到新野见刘备,也向刘备推荐了诸葛亮,他说:我的朋友诸葛孔明,人称卧龙,是个少见的杰出人才,将军您想见见他吗? 刘备

关羽

说,你和他一起来吧。徐庶说:"像诸葛孔明这样的人才,只能您去见他,不能随便召他来见您。"刘备觉得有道理,于是带着关羽、张飞,从驻地前往隆中拜访,没想到一连两次都吃了闭门羹,第三次才见着。

诸葛亮(181~234)字孔明,琅琊阳都(今山东沂南南)人。父亲诸葛珪做过东汉的太山郡丞。诸葛亮父母早亡,投靠了叔父豫章太守诸葛玄。后来诸葛玄为避乱世,带着诸葛亮投奔了荆州牧刘表。叔父去世后,诸葛亮隐居在襄阳西北20里的隆中,一个院落,几间草屋,一面种地,一面读书,过着清贫的生活。诸葛亮读书与当时大多数人不一样,不是拘泥于一章一句,而是观其大略。通过潜心钻研,他不但熟知天文地理,而且精通战术兵法。他志向远大,以天下为己任,常常自比为春秋时候的大政治家管仲和战国时候的大将乐毅,很想干一番大事业。他

诸葛亮

十分注意观察和分析当时的社会,积累了丰富的治国用兵的知识。熟悉他的人都认为他是个了不起的人才,像卧龙一样随时准备腾飞而起。

刘备见到诸葛亮后,屏退众人,推心置腹地对诸葛亮说:"现在汉室倾危,奸臣擅政,致使皇上颠沛。我自不量力,试图伸张大义,但苦于智谋短浅,至今仍然没有多大建树。不过我的志向没变,您看我该怎么办,才能取得成功?"诸葛亮早就听说刘备思

贤若渴,善于用人,此刻见刘备坦诚求教,就毫不保留地把他对时局的看法和个人的设想,和盘托了出来。他说:"自董卓以来,豪杰并起,跨州连郡者不可胜数。曹操比于袁绍,则名微而众寡,然操遂能克绍,以弱为强者,非惟天时,抑亦人谋也。今操已拥百万之众,挟天子而令诸侯,此诚不可与争锋。孙权据有江东,已历三世,国险而民附,贤能为之用,此可以为援而不可图也。荆州北据汉、沔,利尽南海,东连吴会,西通巴、蜀,此用武之国,而其主不能守,此殆天所以资将军,将军岂有意乎?益州险塞,沃野千里,天府之土,高祖因之以成帝业。刘璋暗弱,张鲁在北,民殷国富而不知存恤,智能之士思得明君。将军既帝室之胄,信义著于四海,总揽英雄,思贤如渴,若跨有荆、益,保其岩阻,西和诸戎,南抚夷越,外结好孙权,内修政理;天下有变,则命一上将将荆州之军以向宛、洛,将军身率益州之众出于秦川,百姓孰敢不箪食壶浆以迎将军者乎?诚如是,则霸业可成,汉室可兴矣。"

　　这就是著名的《隆中对》。刘备听了诸葛亮这一番精辟透彻的分析,思想豁然开朗。他觉得诸葛亮人才难得,于是恳切地请诸葛亮出山,帮助他完成兴复汉室的大业。诸葛亮见刘备虚怀若谷,抱负宏大,当下就痛快地答应了刘备的请求。不久,刘备以隆重的礼节把诸葛亮接到了自己的驻地。经过一段时间的接触了解,刘备对诸葛亮更加佩服,他们之间的关系日益密切。刘备的知己关羽和张飞,见诸葛亮寸功未立,就受到刘备如此的青睐和倚重,不免流露出一些不快,刘备向他们解释说:吾之有孔明,犹鱼之有水也。希望你们不要再说什么。关、张二人见刘备对诸葛亮如此敬重,就停止了对他不服气的议论。

　　经过几年经营,到刘备屯驻樊城时,他们已经拥有了一支万余人的军队。在刘备的周围,聚集了关羽、张飞、赵云等武将,诸葛亮、徐庶、孙乾、糜竺等谋士。由于刘备善于用人,荆州一带许多士人都归心于他。

诸葛亮——祁山伐魏

联吴抗曹,立足荆州

　　曹操统一北方后,雄心勃勃,企图一举南下,统一全国。当时南方有江东的孙权,荆州的刘表和益州的刘璋三大势力。刘表割据的荆州之地,北据汉、沔,利尽南海,是一个非常富庶的地区。这里距离中原最近,曹操担忧刘备一旦夺取荆州,将刘表的七八万水陆军和数以千计的战船全部据为己有,必将构成对自己统一事业的威胁,于是决定先从荆州下手。

　　建安十三年（208）八月，曹操率领十多万大军南征，直指襄阳。就在此时，刘表突然病死，其次子刘琮继任荆州牧。大臣劝刘琮投降曹操，刘琮说："现在我和你们占据全楚之地，守着我家先辈的家业，坐观天下，为什么不行呢？"有个叫傅巽的大臣对他说："您自认为比得上刘备吗？"刘琮回答："我不如他。"傅巽分析说："假如刘备有足够的能力抵御曹操，那么刘备就不会甘居于您之下。希望您能当机立断。"刘琮慑于曹操的军威，于这年九月，就派使者向曹操投降了。当时屯驻樊城的刘备，对曹操南征和刘琮不战而降等事一无所知，刘琮也不敢将乞降的事告诉他，所以，直到曹操大军抵达宛（今南阳市）城，刘备才听到消息。刘备兵微将寡，腹背受敌，形势非常严峻。经过商议，决定向南撤退，约好在江陵（今湖北江陵）会合。江陵是重要的军事基地，可以西接益州牧刘璋，东联江东的孙权，而且那里囤积了不少军需物资，有利于同曹操周旋。刘备派关羽率领水军乘船走水路，自己率余众经襄阳南撤。

　　经过襄阳时，诸葛亮建议刘备攻杀刘琮，以便占据荆州。刘备说："刘表临死前，将刘琮托付给我，现在为了保全自己，背信弃义，我实在不忍这么干。不然，我死后有什么脸见刘表？"于是刘备主动邀请刘琮一起南撤，刘琮没有接受。但刘琮左右的人和其他一些荆州人都归附了刘备。到达当阳（今湖北当阳东北）时，跟随刘备的百姓多达十余万。由于带着数千车物资，队伍行动缓慢，有时一天只能前进十多里路。有人提醒刘备说："宜速行保江陵，今虽拥大众，被甲者

诸葛亮挥泪斩马谡

少，若曹操兵至，何以拒之？"刘备回答："成大事者以人为本，今人归我，我怎么能忍心抛弃他们？"依然照旧缓慢行进。刘备后来在当阳境内的长坂被曹操追上，结果兵众四散，几千车物质也被曹操截获。刘备带领诸葛亮、张飞、赵云等数十骑逃脱，斜趋汉津，恰好与关羽的水军相会。前来迎接的刘表长子刘琦也带着一万多人随后赶到。合兵以后，刘备所部共两万多人，一同前往夏口（今武汉市汉阳）。

　　曹操南征以来，一路收编了刘琮的七八万水陆军队，缴获了大量粮草和武器。占领江陵后，他决定乘胜顺江东下，一举消灭刘备、刘琦，然后再图江东。

　　当曹操南征，刘表病死的消息刚刚传到江东的时候，孙权就感觉到形势不妙，连忙派鲁肃前往荆州观察动静。鲁肃找到刘备，诸葛亮，已是长坂之败以后，当时刘备正准备投奔苍梧（今广西梧州一带）太守吴巨。鲁肃劝刘备说，与其远投岭南，不如近联孙权。建议他们向东撤退。诸葛亮见情况紧急，也劝刘备向孙权求救，于是刘备一面率领队伍向东撤退，一面派诸葛亮去见孙权。

当时孙权拥军柴桑（今江西九江市西南），观望曹刘成败。诸葛亮跟着鲁肃来到柴桑，为了促成孙刘联盟，他用计激孙权说："曹操现在攻破荆州，威震四海，将军如果能以吴越之众与他抗衡，就应早日与他绝交；如果抵挡不住，为什么不按兵束甲，向他称臣呢？"孙权听后大怒说："我拥有全吴之地，十万之众，岂能受制于人。"于是决定与刘备共同抗曹。诸葛亮为了坚定孙权取胜的信心，解除后顾之忧，仔细地分析了当时的形势："豫州（指刘备）军虽败于长坂，今战士还者及关羽水军精甲万人，刘琦合江夏战士亦不下万人。曹操之众远来疲敝，且北方之人，不习水战；又荆州之民归附曹操，为兵势所逼，并非心服。今将军如能命猛将统兵数万，与豫州协规同力，破曹操必矣。荆、吴之势强，鼎足之形成矣。"孙权听了大喜，立即派周瑜、程普、鲁肃等统领三万水军，跟随诸葛亮与刘备会合，迎击曹操。

建安十三年（208）十月，曹操亲统大军自江陵顺流而下，与逆水西进的孙刘联军相遇于赤壁（今湖北江夏区西赤矶山）。当时曹军士兵大多水土不服，染上疾疫，初战即败，于是撤退到江北的乌林，和联军隔江相对。后来联军利用火攻，大败曹军，曹操留下曹仁、徐晃驻守江陵，乐进驻守襄阳，自己带领军队退回北方。

经过赤壁之战，孙权的统治得到巩固，刘备也趁机向江南发展势力。他表奏刘琦为荆州刺史，又南征武陵、长沙、桂阳、零陵，这四郡的太守先后投降，刘备因此占据了荆州的江南部分。不久，刘琦病死，刘备做了荆州牧，领兵屯驻油口，改油口为公安（今湖北公安）。刘备以诸葛亮为军师中郎将，使督零陵，桂阳、长沙三郡，征收赋税，供军政费用。为了加强孙刘联盟，共同抵御曹操，孙权嫁妹给刘备，在鲁肃的建议下，孙权又同意刘备的请求，将南郡借给他，即所谓"借荆州"。后来，曹操正在写字时，听说孙权借荆州给刘备，连笔都落到地上了。至此，刘备在荆州立足已稳。为了实现诸葛亮《隆中对》中提出的目标，刘备集团开始谋划，准备夺取西面的益州。

周瑜——赤壁纵火

西取益州，奠定基业

益州包括今天的四川全部和云南、贵州的大部分地区，地方广大，土地肥沃，素以"天府之国"著称，但在刘焉、刘璋父子的统治下，这里成为一个社会矛盾尖锐复杂的地方。公元208年，曹操打下荆州，刘璋曾归附曹操。赤壁之战后，刘璋断绝了同曹操的关系。孙权曾遣使和刘备商议，试图共同攻取益州，刘备因为另有打算，拒绝了孙权的建议。

原来，刘备在此之前，已经与刘璋方面的人士有了一些接触。刘璋在赤壁之战前，派部下张松，赤壁之战后又派部下法正，先后拜见过刘备。刘备不但热情地接待，而且借机询问了许多益州的情况。张松、法正见刘备才能突出,善于用人,于是都对他十分倾心,把益州的地理形势和府库钱粮、人马兵器等情况,都告诉了刘备,甚至还画了益州详细的山川地理形势图,供刘备参考,使刘备"尽知益州虚实"。张松、法正从刘备那里回益州后,都劝刘璋与刘备结好,后来二人又密谋寻找机会迎接刘备入蜀。

谋臣庞统这时也劝刘备尽早占据益州,他说:"荆州荒残,人物殚尽,东有孙吴,北有曹氏,鼎足之计,难以得志。今益州国富民强,户口百万,四部兵马,所出必具,宝货无求于外,今可权借以定大事。"最后,他还提醒刘备:"今日不取,终为人利耳。"

建安十六年(211),益州牧刘璋听说曹操准备派大将钟繇率军进攻汉中的张鲁,十分恐惧。张松趁机向刘璋进言:"刘豫州,使君之宗室而曹公之深仇也,善用兵,若使之讨鲁,鲁必破。鲁破,则益州强,曹公虽来,无能为也。"巧妙地向刘璋提出了迎刘备入蜀的建议。刘璋为了抵抗曹操,派法正领兵4000,携带厚礼往荆州迎接刘备。法正出发前,主簿黄权曾提醒刘璋:刘备是一个有雄才大略的著名人物,接他来益州,如果以部下对待,他不会满意;如果以宾客礼对待,一国不容二主,势必造成累卵之危,请他做长远考虑。但刘璋根本就听不进他的意见。所以当时就有人说刘璋此举是引狼入室。

果然,法正一到荆州,就劝刘备趁机占据益州,他说:"刘璋懦弱可欺,又有张松做内应,您肯定能占领益州;成功以后,凭借益州险阻,利用那里的财富,不愁成不了大事。"刘备听后点头称是。

刘备以接受刘璋的邀请为名,率领步卒数万人,与庞统、黄忠等进入益州,留下诸葛亮、关羽、张飞等守荆州。刘备经江州(今四川重庆市)、垫江(今合川)抵涪县(今绵阳市东北),刘璋率步骑出城热烈欢迎。刘璋让刘备做了行大司马,兼领司隶校尉,又将杨怀,高沛统领的白水军交给刘备,让他去攻打张鲁。张松让法正提醒刘备,可以趁机袭杀刘璋,谋臣庞统也赞成这么做。刘备认为此事非同一般,不能仓促,就暂时按刘璋的意图,率领约三万人,带着大量的武器装备,向北前进,去攻打张鲁。当前进到葭萌(今四川广元西南)的时候,刘备根本不再考虑什么讨伐张鲁的问题,而是停下来拥军自保,"厚树恩德,以收众心",为夺取益州做准备。

建安十七年(212)十月,曹操进攻孙权,孙权请刘备回救。刘备以孙权和他势同唇齿为借口,派使者请刘璋给予一万兵力及武器粮草,以便他援救孙权。刘璋对刘备不讨张鲁,却去援救孙权相当不满,只勉强答应给兵4000,武器粮草等也都只给刘备要求的一半,刘备借机激怒将士说:"我为刘璋征讨强敌,将士辛勤劳顿,无暇安宁;刘璋虽然资财积累丰富,对我们却如此吝啬,这怎么能让大家为他拼死作战呢?"使军中上下都对刘璋产生了不满情绪。在成都的张松以为刘备真的要离开益州,赶紧给他写信说:"今大事垂手可立,怎么就放弃而走呢?"不料此事被他的哥哥广汉太守张肃所告发。刘璋当即捕杀了张松,然后下令各守关将领不得放刘备通过。刘备闻讯大怒,果断诱杀了刘璋的白水军督杨怀、高沛,收编了白水军,接着与黄忠、卓膺率兵进驻涪城,准备继续南下进攻刘璋。

刘璋得到消息,慌忙派刘璝、冷苞、张任、邓贤等迎击,结果连吃败仗,退守绵竹(今四川绵竹东南)。刘璋又派李严总督绵竹诸军,准备反击,不料李严倒戈投降。至214年刘备兵势加强,于是分兵攻占附近诸县,最后将刘璋的儿子刘循包围在雒城(今四川广汉西北)。但围攻雒城的战事非常不顺利,一年多也没能攻克,庞统也被流矢射中而死。于是刘备下令留守荆州的诸葛亮火速领兵西上。诸葛亮留下关羽驻守荆州,自己立刻与张飞、赵云统兵入蜀。一路上,诸葛亮、张飞、赵云攻下巴东、江州、江阳(今四川泸州)、犍为(今四川彭山西)、巴西(今四川阆中)、德阳(今四川遂宁东南)。214年五月,刘备攻下雒城,乘胜追击,在成都与诸葛亮的军队会师,将刘璋围困在成都。当时,成都城内有三万精兵和可供一年支出的粮食布匹,不少人还想固守。但刘璋见大势已去,无心抵抗,便说:"我家父子在益州20余年,对老百姓无恩无德,已经让他们四处奔波,攻战三年了,我怎么能忍心再让他们为我受苦呢!"于是在这年六月出降。刘备终于取得了益州。在此之前,马超前来投奔,刘备闻讯,特别高兴地说,这下准能取得益州了。

占据益州后,刘备自称益州牧,以诸葛亮为军师将军,依靠法正、关羽、张飞、赵云、马超等文臣武将,收拢了董和、黄权、李严等一部分刘璋旧部,初步具备了封建统治的规模。从此,刘备外出征战,诸葛亮镇守成都,足食足兵,配合十分默契。

作为外来势力,刘备占领益州后,吸取刘璋的教训,一开始就注意搞好与当地"土著"以及刘璋旧部的关系,只要不公开反对他,就加以笼络和任用。黄权曾极力反对刘璋迎刘备入蜀,刘备入益州后,黄权还闭城坚守,直到刘璋投降后,他才投降。对这样的人,刘备也不计前嫌,加以任用。这样,刘备较好地调和了主客之间的矛盾,使他的统治得到初步的稳定。

刘备刚刚进入成都时,有人主张将成都内外的一些土地房屋分赐诸将,赵云提出反对意见说:"现在天下尚未平定,切不可追求安乐。益州百姓遭受了战争的祸害,我们应该把土地房屋归还给他们,使他们安居复业。我们也可以征调赋税徭役,满足财政军事的需要。"刘备从统治者的长远利益考虑,很痛快地采纳了他的意见。另外,攻破成都时,兵士将财宝钱物争抢一空,后来军用不足,刘备很是担忧。有个叫刘巴的建议说,这不难,您只要铸造钱币,平抑物价,开展官市,就行了。刘备照他说的办了。不久,财政状况果然有了好转。

刘璋统治益州时,由于地方豪强和官僚们的专横自恣,侵夺百姓,不仅阶级矛盾尖锐,而且统治阶级内部也因分赃不均而矛盾重重。进入益州后,诸葛亮采取了"先理强,后理弱"的政策,来改变这种现状。"理强"即是限制、打击"专横自恣"的豪强官僚"理弱"即是扶植农民发展生产。

在刘备的支持下,诸葛亮厉行法治,对那些为非作歹以及敌视刘备集团的豪族官僚进行了严厉的打击。有些人因此攻击诸葛亮刑法峻急,法正也写信劝诸葛亮说:"我们刚刚占据益州,还没有垂恩德于地方,就施用权威,按主、客关系论,我们也应该多行点恩德,把刑罚、禁令放得宽一些,以示安慰。"诸葛亮回信说:"刘璋暗弱,自焉以来有累世之恩,文法羁縻,互相承奉,德政不举,威刑不肃。蜀土人士,专权自恣,君臣之道,渐以陵替;宠之以位,位极则贱,顺之以恩,恩竭则慢。所以致弊,实由于此。吾今威之以法,法行则知恩,限之以爵,爵加则知荣;荣恩并济,上下有节。为治之要,于斯而著。"

为了更有效地实行法治,军师将军诸葛亮制定和颁布了一些法令,条例,后来的《蜀科》就是其中的一种。由于诸葛亮赏罚严明,刘备集团的工作效率提高了,统治秩

庞统

序也进一步稳定。

荆州受挫，北据汉中

建安二十年（215），刘备正准备向北进攻，扩大自己的统辖范围，孙权以刘备已经取得益州为理由，派人要求他归还荆州。荆州为刘备集团财政收入的主要来源地之一，是赤壁之战后刘备取得的一份胜利果实，严格说来并不存在借与还的问题，所以他自然不会轻易让给孙权，于是推辞说："等我夺取了凉州，荆州自然归还给你。"孙权大怒，认为刘备对荆州借而不还，太不讲信用，不加说明，就派吕蒙夺了长沙、零陵、桂阳三郡之地。刘备闻讯，急忙领兵五万来争。孙刘间的冲突眼看就要升级。正值此时，曹操打败张鲁，平定汉中，进而直接威胁巴、蜀。刘备权衡利害，不得已与孙权讲和，约定孙权统辖江夏、长沙、桂阳，刘备占有南郡、武陵、零陵三郡，然后迅速回防益州。这样，刘备虽然丢掉了一些地盘，却避免了与孙权的一场火并，得以腾出力量与曹操在汉中周旋。

荆州受挫后，夺取汉中，并把它作为对付曹操的军事据点，已成为刘备集团的一个战略目标。汉中周围群山环绕，中间是汉水盆地，土厚民丰，是一个十分重要的战略要地。刘备如能占有汉中，进可以伺机出军中原，袭击曹操，退可以拥有雍州（今陕西西安市西北）、凉州（今甘肃张家川）。汉中本属益州，曹操从张鲁手中夺下汉中后，蜀中上下一日数十惊，刘备想用斩首示众的办法制止慌乱，都无济于事。当时曹操的谋臣刘晔劝曹操一鼓作气，灭掉蜀汉。曹操考虑到自己后方不稳，控制汉中又需要大量的人力物力，所以没有采纳他的建议。实际上，后来曹操控制汉中都没有足够的力量。建安二十二年（218），曹操以夏侯渊、张郃守汉中。刘备采纳谋臣法正的建议，让诸葛亮驻守成都，负责供应军需，自己率兵进攻汉中。建安二十四年（219），刘备在汉中西南的定军山（今陕西勉县东南）与夏侯渊对阵，令老将黄忠出击，阵斩夏侯渊，大获全胜。曹操迅速率军从长安赶来，企图夺回失地，刘备自信地说："曹操即使赶来也没用，我肯定夺下汉中了。"刘备占据险要，任凭曹操多次挑战，始终不出兵交锋。日子一长，曹军开小差的日益增多，到这年夏天，曹操仍然一筹莫展，不得已撤军回了长安，刘备终于实现了占领汉中的目标。这年秋天，刘备自立为汉中王，提拔魏延为督汉中镇远将军，领汉中太守，留守汉中，自己迁至成都。

同年七月，关羽接到刘备命令，趁曹操汉中失利，东部又疲于淮南防御孙权的时机，对曹军占领的襄阳和樊城（今湖北襄阳市）发动了进攻。结果曹军大败，于禁、胡修、傅芳等将军或者被俘，或者投降。关羽在荆州的节节胜利，吓得曹操准备迁都，也使孙权极度不安。在曹操的离间下，孙权放弃已经很脆弱的孙刘联盟，吕蒙袭取了关羽的后方公安、江陵，关羽弃樊城回救，兵败被杀。刘备失去了荆州。

兴兵复仇，兵败猇亭

建安二十五年（220），曹操病死，曹丕代汉称帝，建立魏国。为了继承汉统，第二年，诸葛亮等人也请刘备称帝，刘备还想推脱，诸葛亮劝道："今曹氏篡汉，天下无主，大王刘氏苗族，绍世而起，今即帝位，乃其宜也。士大夫随大王久勤苦者。亦欲望尺寸之功耳。"认为刘备称帝既合理，又必要，刘备于是在这年四月正式称帝，国号汉，也叫蜀或蜀汉,定年号为"章武"。任命诸葛亮为丞相,许靖为司徒。同年五月,立刘禅为太子。章武元年(221)七月,刘备决定进攻孙权。赵云和其他一些文武大臣谏阻说,蜀国的当务之急是早图关中,控制黄河、渭水上游,讨伐曹魏。而不是讨伐孙权。吴蜀一旦交战,祸福难料。但刘备拒绝接受这些意见,下决心夺回荆州,为关羽报仇。

关羽是刘备的生死患难之交。关羽早年跟随刘备,寝则同床,恩若兄弟,在大庭广众之下,常常整日侍立护卫,不辞艰险。后来,他们又共同经历了四处奔波、寄人篱下的岁月。建安五年(200)官渡之战前,刘备被曹操打败,关羽也被曹操捉去。曹操十分佩服关羽的为人,任命他做了偏将军,又封他为汉寿亭侯。关羽却始终不为所动,他说:"吾受刘将军厚恩,誓以共死,不可背之。"不久,关羽果然寻机逃回刘备身边。刘备,诸葛亮先后入蜀以后,关羽依然留守荆州,为保证刘备夺取益州做出了很大贡献。关羽突然被孙权杀死,刘备从感情上始终难以接受,所以他不可能不为关羽报仇。这一点连曹魏的刘晔都料到了,他说:"关羽与刘备,义为君臣,恩犹父子。关羽死了,刘备不为他兴军报仇,怎么着也是说不过去的。"另外,从当时刘备集团的利益看,刘备也确有攻击孙权,夺回荆州的必要。诸葛亮隆中对策为刘备制定的蓝图中,把占据荆州作为刘备能否完成帝业的重要条件之一,现在失去荆州,北面失去作为屏障的汉,沔地区,直接受到来自曹操入侵的威胁,东南失去大量物质财富的来源,刘备仅靠蜀中益州,处境是非常艰难的。而且,就当时吴蜀两国形势看,刘备凭借地理优势,如果指挥得当,也不是没有打败东吴军队、夺回荆州的可能。所以,尽管有许多大臣谏阻,刘备还是没有改变东征的决心。

遗憾的是,刘备指挥失当,导致了这次东征失败。

临出发前,张飞被部将刺杀。孙权听说刘备东伐,赶紧派使者向刘备请和,孙吴南郡(今湖北江陵东北)太守诸葛瑾(诸葛亮的哥哥)也写信给刘备,劝他不要以兵戎相见,刘备都未予理睬。蜀军由三峡顺流而下,攻破孙吴的巫县(今四川巫山),秭归(今湖北秭归)守军。为了便于固守荆州,孙权一方面遣使向魏称臣,避免西面受敌;一方面迁都武昌(今湖北鄂城),任命年轻大将陆逊为大都督、假节、安西将军,督将军朱然,潘璋、韩当、徐盛、孙桓等五万大军,进驻夷道,夷陵,加强西线防务。

章武二年(222)二月,刘备率军从秭归分两路出发攻吴。黄权请战说:"吴人悍战,我们顺流东下,进易退难,我请求当先锋同敌人交兵,陛下宜为后镇。"刘备未予采纳,而是自统主力军,在江南岸沿山势东进,最后在猇亭(今湖北宜都西北)一带扎营。

三国时蜀国名将姜维

与此同时,刘备还派侍中马良到五溪蛮地区安慰动员,结果,五溪蛮积极出兵响应。蜀军自巫峡至夷凌界,树栅连营700余里,立几十营,凭借高处,据守险要,气势锐盛。陆逊见此情形,只得不与蜀军交战,等待时机。由于蜀军在山地布阵,兵力难以展开,而且劳师费时。双方在猇亭对峙将近半年,蜀军弱点逐渐暴露出来。蜀军没机会与吴军决战,粮草物资一天天减少,士气逐渐低落。刘备急于求成,改变战略,命水军也全部登陆,进入山林。陆逊见有机可乘。立即下令全线出击,让士兵每人带一把茅草,包围蜀军,一边放火,一边进攻,结果连破蜀军40余营。蜀军损失惨重,丢掉了四万多人,舟船、器械、水步军资也损失殆尽。刘备连夜向西突围,抄小道逃往白帝城(今四川奉节县东)。

帝业未半,中道崩殂

猇亭战败,刘备愧恨交加,他曾惭愧地说:"我竟败在陆逊手下,难道是天意吗!"加上军旅劳顿,积劳成疾,刘备竟一病不起,留在白帝城。孙权由于害怕曹魏趁机袭击后方,没有攻入蜀境,而是遣使请和;刘备一败涂地,无力再战,只得同意议和。刘备惨败的消息传到成都,诸葛亮大为震惊,叹息说:"如果法孝直(法正)不死,一定会劝阻主上东征;即使东征,也不会导致这样的局面。"

陆逊火烧连营

章武三年(223)四月,刘备病情恶化,死于白帝城永安宫,终年63岁。临终前,他派人把诸葛亮请到白帝城,托付后事。他恳切地对诸葛亮说:"君才十倍于曹丕,必能安国,终定大事。若嗣子刘禅可辅佐,则辅佐之;如其不行,君可取而代之。"诸葛亮哭着说:"我一定竭尽全力,效忠贞之节,死而后已!"于是刘备对刘禅说:"我死之后,你要把丞相看作父亲一样,和他共同治理蜀汉。"刘备又留下遗书,叮嘱刘禅不可懈怠。凡事不能以为是小恶就随便做,也不能以为是小善而不去做。这年五月,刘备的梓宫运回成都,葬在惠陵,谥号昭烈皇帝。

吴大帝孙权

帝王将相大传

一代帝王

图文珍藏版

人物档案

生卒年:公元182~252年

父母:父,孙坚;母,吴氏

后妃:谢夫人等

年号:黄龙,嘉禾,赤乌,太元,神凤

在位时间:公元222~252年

谥号:大皇帝

庙号:太祖

陵寝:江苏蒋陵

性格:礼贤下士,多谋善断

名家评点:

孙权在当政的前期,在许多事情上能明断是非,处置得宜;可是孙权愈到晚年,消极面愈大。

——白寿彝《中国通史》

吴大帝孙权

承父继兄,奠基立业

孙权(182—252)字仲谋,吴郡富春(今浙江富阳)人,是东吴政权的开国皇帝。

孙权的父亲孙坚,少为县吏。史书称他"世仕吴",又说他"孤微发迹",孙家大概是浙东地区一个门第不算高的豪族。熹平三年(174),孙坚以吴郡司马的身份募召精勇千余人,协助扬州刺史和丹阳太守的州郡兵,共同镇压了会稽的许生起义。黄巾大起义爆发后,中郎将朱儁表坚为佐军司马。时孙坚为下邳丞,他以跟随他的乡里少年,又募商旅及淮、泗精兵,总共1000多人,组织成他的基本队伍,跟随朱儁向黄巾军挥舞屠刀。中平四年(187),东汉政府为了镇压南方的农民起义,任孙坚为长沙太守,长沙、零陵、桂阳三郡的农民军都被他压平。关东州郡讨董卓时,孙坚也起兵响应,并进军中原,成为袁术的部下。在州郡兵中,孙坚的军队是一支少有的劲旅。他曾在阳人(今河南临汝西)大破董卓的队伍,董卓迁都长安后,他又进军收复了东汉的京都洛阳。初平二年(191),袁术派孙坚往攻刘表,在围攻襄阳的战斗中,孙坚被黄祖的部下射死。

孙坚的长子、孙权的哥哥孙策,在孙坚进军中原时,与家人徙居舒县(今安徽庐江西南)。孙策在江淮间结交知名人士,与舒县大族周瑜相友善。孙坚死后,策往见袁术,术以坚余兵归还给他。孙策因为不是袁术的心腹,故不被重用。这时割据群雄正倾其全力在中原混战,江南地区是一个没有大割据势力的空虚地带。兴平二年(195),孙策征得袁术的同意,率兵进取江东,想到那里开辟一个新天地。事实证明,这个正确的战略选择,对以后孙氏势力的发展壮大起了关键性的重要作用。

孙策在寿春离开袁术时,仅有兵千余人,马数十匹,力量很小。他沿途招兵买马,比及历阳(今安徽和县),已发展到五六千人。孙策过江后,首先与扬州刺史刘繇发生了冲突。经过牛渚(今安徽当涂采石矶)、秣陵(今江苏江宁)等地的几次战斗,孙策击溃了刘繇的势力,占据刘繇的根据地曲阿(今江苏丹阳)。

孙氏父子在江东的名声并不好,所以孙策初过江时,"百姓闻孙郎至,皆失魂魄,长吏委城郭,窜伏山草"。孙策为笼络民心,下令整顿军纪,严禁士兵抢掠,至"鸡犬菜茹,一无所犯"。他又规定:"乐从军者,一身行,复除门户;不乐者,勿强也"。这样,孙策的势力便壮大起来,军队迅速发展到两万多人。

建安元年(196),孙策南下攻会稽(治所在今浙江绍兴),太守王朗兵败投降。建安四年(199),袁术病死。其部下投奔庐江太守刘勋于皖城(今安徽潜山)。孙策袭皖,逐刘勋,袁术的部曲三万多人皆归孙策。孙策又兵临豫章(治所在今江西南昌市),太守华歆不战而降。策分豫章为庐陵郡(治所在今江西吉水东北)。在此前后,孙策又削平了丹阳(治所在今安徽宣城)、吴郡(治所在今江苏苏州)的割据势力。这样,孙策就占据了扬州的会稽、吴、丹阳、庐江、豫章、庐陵六郡,大体上统一了江东。

建安五年(200),被孙策杀死的吴郡太守许贡的部下,在丹徒刺杀了孙策。

孙坚,孙策虽然都过早地死去,但他们却拉起了一支有很强战斗力的队伍,也占据了一块相当大的地盘。这就为孙权在江南建国,奠定了良好的基础。

孙权之妻潘夫人

联刘抗曹,以弱胜强

孙权曾随孙策转战江东,常在一起进行谋划。策死后,孙权在张昭、周瑜等的辅佐下继位。他一方面"招延俊秀,聘求名士",另方面"镇抚山越,讨不从命",使动荡的局面很快稳定下来。

这时,北方的曹操已渐次消灭袁绍集团,席卷了冀、幽、并、青四州,成为最大的割据势力。襄阳的刘表也占领了包括今湖南、湖北的荆州地区,"地方数千里,带甲十余万",成为仅次于曹操的第二大割据势力。但刘表无能,举措失宜,所以地位不稳。诸葛亮为刘备制定的战略方针,第一步即取代刘表;曹操在略平三郡乌桓以后,也把刘表作为首先要兼并的对象。因此,建安十三年(208)孙权一举攻灭刘表的江夏太守黄祖。但未等孙权对刘表用兵,曹操已率大军袭襄阳,继承刘表基业的刘琮不战而降,荆州被曹操占领。接着,曹操从江陵顺江东下,图谋一举消灭孙权,席卷江东。出发前,他写信恫吓孙权说:"今治水军八十万众,方与将军会猎于吴。"在这种形势下,吴将甘宁向孙权建议:"南荆之地,山陵形便,江川流通,诚是国之西势也。宁已观刘表,虑既不远,儿子又劣,非能承业传基者也。至尊当早规之,不可后(曹)操。图之之计,宜先取黄祖。"这样,历史上决定三国分立的赤壁大战爆发了。

在赤壁之战中,日后魏,蜀、吴三国的主要人物都做了充分的表演。时孙权才26岁,但已显露出他足以与曹操,刘备并称无愧的政治家的才干。当他听了东吴内部主战派和主降派七嘴八舌的辩论以后，"拔刀斫前奏案曰：'诸将吏敢复有言当迎操者，与此案同！'"这是何等的气魄！在赤壁之战中，主要是由于孙权有抗曹的巨大决心，在各方面又处置得宜，因而才取得了以孙刘五万联军大破20多万曹军的奇迹。

赤壁之战以后，曹操主要致力于关陇后方的巩固，孙刘两家围绕着荆州问题，展开了长期的争夺。荆州人口众多，物产丰富，吴、蜀都不愿放弃这个能搜刮大量兵源和物资的重要基地。荆州居长江上游，北上可以进攻曹魏的襄樊，威胁许昌，东下可顺流达孙吴的腹地。蜀若失去荆州，就被封闭在三峡以西的四川，在东面无法与吴、魏争衡。吴若不占领荆州，就时刻受到长江上游的威胁，无法确保江东。所以从战略上说，荆州是吴、蜀必争之地，而荆州对吴比对蜀还重要一些。

起初孙刘两家为了联合抗曹，孙权同意把荆州借给刘备。当刘备跨有荆、益以后，势力急剧壮大，对孙权造成严重威胁，孙刘矛盾趋于激化。建安二十年（215），孙权向刘备讨还荆州未果，即派吕蒙带兵攻取长沙、零陵、桂阳三郡。后孙刘双方妥协，以湘水为界，平分荆州。这是争夺荆州的第一个回合。

建安二十四年（219），镇守荆州的蜀将关羽，向曹军发动大规模的襄樊战役，掳于禁，斩庞德，军势极盛。关羽和孙权关系不好，扬言说，"如使樊城拔，吾不能灭汝（孙权）邪？"可见如关羽获胜，蜀对吴造成的压力当更大。起初孙权想趁机攻取曹魏的徐州，但遭到吕蒙的反对，他向孙权说："至尊今日得徐州，操后旬必来争，虽以七八万人守之，犹当怀忧。不如取羽，全据长江，形势益张"。吕蒙的主张显然更符合东吴的利益。孙权改变主意，采取与曹魏联合，达成夹击关羽的密谋。关羽在吕蒙的偷袭下，一败涂地，荆州全部丢失。这是争夺荆州的第二个回合。

刘备为了替关羽报仇，夺回荆州，在他称帝后倾全力向吴进攻。蜀和吴有所不同：蜀处群山环绕之中，易于自守，外敌很难进攻，所以它大举攻吴，不必顾忌魏的袭击；吴与魏仅一江之隔，极易受到魏的攻击，它如对付蜀，就更得提防魏。因此，孙权不得不低声下气地向曹丕称臣、进贡，并接受曹丕赐给他的吴王封号，以避免"二处受敌"的困境。曹丕受孙权的迷惑，对吴、蜀之争采取中立。在这种情况下，吴以全力对蜀，终于在夷陵大破刘备的军队。这是争夺荆州的第三个回合。经过以上三个回合的斗争，最后确立了吴在荆州的统治。

在魏、蜀、吴三国中，就其政治凭借来说，吴不如蜀、蜀不如魏。曹操和曹丕"挟天子而令诸侯"，一切以汉献帝为招牌，名正言顺，当曹丕具备称帝的条件以后，仅导演了一场禅让的闹剧，就率先当了皇帝。刘备是"帝室之胄"，虽然比较疏远，但也有兴灭继绝的称帝资格，所以当曹丕废汉献帝以后，刘备就马上宣布是汉室的合法继承人，登上了皇帝的宝座。这种政治凭借在当时是重要的，但东吴却没有。在三国中孙权称帝最晚，这当然是由于吴、蜀长期争夺荆州，孙权不得不对魏采取韬晦的策略，但也与他缺

甘宁——酌酒后兵

乏这种政治凭借有关系。直至夷陵之战以后,孙权与蜀恢复了联盟关系,解除了西顾之忧,又经过几年的酝酿,孙权才在黄龙元年(229)正式称帝。

孙权为什么能在江南建立起巩固的封建政权呢?从客观上来说,西汉以后江南经济有若干发展,为东吴在这里建国奠定了重要的物质基础。从主观来说,还依赖于孙权所执行的正确的政策。孙吴政权关键的战略措施,约有以下三端。

其一,尽力争取江北和江东大族地主的支持。东汉来年的大混战,使一部分地主豪强在北方不能立足,便带领他们的宗族和依附的农民纷纷过江,想在这个较为宁静的地区暂时躲避一下,以待机北归。如有宗族、部曲300多口的临淮东城人鲁肃,有私客百人的汝南细阳人吕范,有僮客800的南阳人甘宁,以及皖北大族周瑜等,便都是这一类人。他们到达江南后,迫切地需要有一个政权来保护他们的利益,孙氏政权的建立可说适应了他们的这种要求。

孙策

孙策和孙权对这些流亡地主皆曲意笼络,如孙策自称与周瑜情同"骨肉",对吕范"亲戚待之",孙权更师礼张昭,兄事周瑜,都是突出的例子。因此,在孙策的旗帜下就聚集了一大批北方大族,成为他渡江转战的骨干力量。这些北方大族清楚地知道,他们和孙氏政权有着共同的利害关系,即"犹同舟涉海,一事不牢,即俱受其败"。因此,他们对孙氏政权的支持,可说鞠躬尽瘁,死心塌地。东汉末年,被称为吴郡四姓的顾、陆、朱、张和被称为会稽四姓的虞、魏、孔、贺等江东大族,都正处在迅速发展、壮大的过程中。孙家本身就是江东的"地头蛇",孙坚起兵时所依靠的核心力量是"乡里少年",孙坚的兄弟孙静曾在家乡"纠合乡曲及宗室五六百人"进行武装割据。当时散布在江东的这种豪强武装,在史书中被称为宗部或宗伍,领导它的豪强被称为宗帅。孙策和

鲁肃与孔明

孙权如果不和这些土著豪强合作,特别是得不到像"吴郡四姓"这样显赫大族的支持,他们的政权就会像无基之屋,经不起风吹雨打。因此,孙氏兄弟对江东大族也尽力拉拢。孙吴政权建立后,吴郡四姓充作郡吏的数以千计。吴郡陆氏一家,前后出二相,五侯、将军十余人。陆凯说:"先帝(孙权)外仗顾、陆、朱、张。"这些事实都说明江东大族也成为孙吴政权的重要的社会支柱了。

其二,审时度势,灵活处理与蜀、魏之间的关系。孙策临死时,对辅佐孙权的张昭等说:"中国方乱,夫以吴、越之众,三江之固,足以观成败。"鲁肃也对孙权说:"为将军计,唯有鼎足江东,以观天下之衅。"这种立足江东,面向全国,有机会再图进取的策略,

完全符合东吴的利益,这实际上就是孙权所遵守的立国方针。在赤壁之战时期,孙权与刘备联合大败曹军,在襄樊之战和夷陵之战时期,孙权又与曹魏联合夺取荆州。夷陵之战以后,蜀汉的势力收缩到益州,对吴已构不成威胁,曹魏成为吴的唯一大敌。在这种情况下,孙权转回头又与蜀汉长期联盟,甚至当东吴的大臣谣传蜀欲背盟时,孙权则认为绝不可能,并说"朕为诸君破家保之"。可见在后期孙权与蜀联合的态度是坚决的。孙权通过再次与蜀联合,不仅顺利地当了皇帝,也有效地抵抗了魏的军事进攻。孙权从联蜀抗魏或联魏抗蜀中大捞好处,就是他的上述立国方针的灵活运用。在魏、蜀、吴三国中,魏的力量最强,从长远来看,吴,蜀联合抗魏是客观的趋势,但并不排斥在个别时期吴,蜀之间的矛盾也会激化。孙权在这个问题上看得较透,处理得较好,与刘备、曹丕相比,显然棋高一着。由于孙权对这个大问题处理较好,因此使他能"乘间伺隙,兵不妄动,故战少败而江南安",这也是孙权能在江南建立巩固政权的一个重要原因。

　　其三,举贤任能。孙策临死时对孙权说:"举江东之众,决机于两阵之间,与天下争衡,卿不如我;举贤任能,各尽其心,以保江东,我不如卿。"事实证明,孙策认为孙权善于举贤任能的看法是正确的。在举贤方面,如出身"凡品"的鲁肃,张昭等都瞧不起他,但周瑜把他推荐给孙权以后,孙权经过考察,认为鲁肃很有才能,就重用不疑,后鲁肃成为接替周瑜的名将。吕蒙、陆逊也都是在未成名以前,即被孙权赏识,很快提拔到关键岗位的。孙权曾与陆逊在一起论鲁肃,认为鲁肃有一短二长,而"其一短,不足以损其二长","周公不求备于一人,故孤忘其短而取其长"。这种不求全责备,与曹操的"士有偏短,庸可废乎"的举贤思想如出一辙。

陆逊

金无足赤,人无完人,看来曹操和孙权懂得这个道理,因此他们都能选出大批有才能的干部。

　　在任能方面,陈寿批评孙权对人"性多猜忌"其实这是孙权晚年的情况,在他早年并不如此,而是能够做到推诚任之,放手使用的。夷陵之战以前,吴南郡太守诸葛瑾曾写信给刘备,劝刘备收兵议和,这完全是为了维护吴的利益,但后来却有人向孙权告发诸葛瑾里通外国,孙权不信,说:"孤与子瑜(诸葛瑾)有死生不易之誓,子瑜之不负孤,犹孤之不负子瑜也。"可见孙权对诸葛瑾很信任,陆逊以荆州牧坐镇武昌,负责对蜀的外交,"时事所宜,权辄令逊语(诸葛)亮,并刻权印,以置逊所。权每与(刘)禅、亮书,常过示逊,轻重可否,有所不安,便令改定,以印封行之"。这说明孙权对陆逊的任用更为放手。孙权对部下很体贴,典型的事例正如孙盛所指出的:"泣周泰之夷,殉陈武之妾,请吕蒙之命,育凌统之孤。"由于孙权重视选贤任能,而且有一套方法,这不仅使他能够罗致一批人才,也使东吴统治阶级内部比较团结。曹丕伐吴时,曾望江叹曰:"彼有人焉,未可图也。"孙权称帝时,蜀有人主张伐吴,诸葛亮说:"彼贤才尚多,将相缉穆,未可一朝定也。"胡三省评论说:"观孙权君臣之间,推诚相与,谗间不行于其间,所以能保有江东也。"这都说明了孙权的举贤任能对巩固东吴政权所起的重要作用。

开发江南,功在千秋

东汉以前,江南经济虽有进步,但还相当落后。这有很多原因。长期以来,北方的中央政权对江南不够重视,无疑是造成它经济落后的一个重要原因。东吴政权是在江南建立的第一个大政权,它的规模和实力,要远超过秦以前的吴、越、楚,而足以与北方的曹魏和西南的蜀汉相抗衡。为了维持这个大政权,需要相应的人力、文化、技术和经济条件,这对江南的开发是有利的。由东吴开始的六朝时期,落后的江南成为与北方相对抗的政治舞台,它的经济获得了巨大的发

《东吴招亲》

展。孙权的历史功绩,主要是他在开发江南经济上做出了卓越的贡献。

推行屯田制

为了开发江南经济,孙权的第一个战略措施,就是仿照曹魏推行屯田制度。东吴的屯田制度始创于建安七八年,一直推行到吴亡,历时70多年。和曹魏一样,东吴的屯田制也分军屯和民屯两类。屯田的地区,在今江苏境内有溧阳、湖熟、于湖、江乘、赭圻城、毗陵、吴郡等地,在今浙江境内有海昌、上虞等地,在今安徽境内有新都、皖城等地,在今江西境内有柴桑,在今湖北境内有夷陵、江陵、金城、白沙口、金女、大文、桃班、武昌、下灵山、厌里口、安乐浦,阳新、浔阳等地。这些屯田基地,有些是在与曹魏军事对立的邻近地带,有些是在孙吴的腹地,分布很广泛。从皖城的屯田基地有屯兵数千家,毗陵屯田上的劳动者有男女各数万口,可见东吴屯田的规模是很可观的。

为了配合屯田生产,东吴很重视水利灌溉,如《水经注》卷三五《江水》三称:巴"水出零娄县之下灵山,即大别山也。……吴时,旧立屯于水侧,引巴水以溉野";新阳县富"水之左右,公私裂溉,成成沃壤,旧吴屯所在也"。孙权对屯田十分重视,黄武五年(226)"陆逊以所在少谷,表令诸将增广农亩"。权报曰:"甚善。今孤父子亲自受田,车中八牛以为四耦,虽未及古人,亦欲与众均等其劳也"。这可证明东吴的屯田也和曹魏一样,是普遍用牛耕田的。汉代江南已用牛耕,但到南朝始普及,其间由不普及到普及的转折,也许就是东吴推行的牛耕屯田吧。由于东吴推行的屯田很广泛,重视水利灌溉,普遍利用牛力,所以尽管它剥削很重,但对江南经济的开发还是起了巨大的促进作用。

征讨山越

东汉末年,在今江苏、安徽、浙江、江西、福建等省的山岭地区,散居着许多"椎髻鸟语"的山越人。《资治通鉴》卷五六建宁二年胡三省注:"山越本亦越人,依阻山险,不纳

王租,故曰山越。"胡之所说大抵有据。但经过长期的历史发展,不仅山越人已大体汉化,而且在他们聚居的地区也迁进了不少逃亡的汉人,所以山越与先秦时期作为一个种族实体的越族已大不相同,他们与汉族已没什么区别了。东汉末年,随着州郡和豪强武装崛起的浪潮,山越在他们大族的领导下,也建立起许多拒绝向官府服役纳税的割据王国。因为这些割据王国大多坐落在山区,所以被旧史诬为"山贼""山寇";又因为它们和平原地区结聚宗族而起的汉族豪强武装没有什么不同,所以也被史书称为"宗部""宗伍"。这些山越武装小者人数以千计,大者达数万人,其力量不容忽视。东吴政权建立后,为了与魏,蜀抗衡,需要广开兵源、税源,因此就对各地的山越展开了长期的征讨。

孙吴政权对被征服的山越人,采取了"强者为兵,赢者补户"的政策。东吴来自山越的兵,有史可稽者,如陆逊讨丹阳山越,"得精卒数万人",后又讨鄱阳山越,"料得精兵八千余人";贺齐讨丹阳山越,"料得精兵八千人";全琮讨丹阳、吴、会三郡山越,"得万余人";潘璋讨建昌山越,"得八百人";诸葛恪讨丹阳山越,"得甲士四万人","恪自领万人,余分给诸将";顾承"与诸葛恪等共平山越,别得精兵八千人";张承"为长沙西部都尉,讨平山寇,得精兵万五千人";等等。略计上列数字,就达十余万人,约占吴兵总数20多万的一半。东吴的士兵都要在军屯上进行生产,"春唯知农,秋唯收稻,江渚有事,责其死效"。所以,东吴从征讨山越中得精兵十余万,同时也就是为国家增加了十多万精壮的劳动力。

所谓"赢者补户",就是把被征服的山越的老弱、女丁编为国家的自耕农和民屯上的生产者。这一部分人究有多少,不得而知,但肯定会大大超过补兵的人数。东吴在山越聚居的邻近地区增殖郡县,就是为了安插、统治被迫出山的山越人。如建安十年(205),孙"权使贺齐讨上饶,分为建平县";建安十二年(207),"使贺齐讨黟、歙,分黟为始新,新定,犁阳,休阳县,以六县为新都郡";建安十五年(210),"分豫章为鄱阳郡,分长沙为汉昌郡":黄武五年(226),又一度分丹阳、吴、会稽"三郡恶地十县置东安郡"。郡县的增置是以国家控制户口的增多为前提的。

山越人民离开深山以后,他们受东吴统治者的剥削和压迫可能比受大族的剥削和压迫要重一些,但他们居处的自然条

三国时期的著名美女大乔、小乔。

件改善了,而且由于和汉族进一步融合,也使他们的生产技能和文化水平进一步提高。这对江南的开发有着重大的意义。

发展交通和手工业生产

在吴国的经济中,水上交通和若干手工业部门的发展是引人注目的。赤乌三年(240),孙权使左台御史郗俭,凿都城建业西南,自秦淮抵宫苑之内的仓城,以运输粮食,名运渎。赤乌四年(241),孙权又诏凿东渠,通北堑,以泄玄武湖水,南接秦淮,逶迤

15里,名曰青溪。赤乌中,孙权又令凿潮沟,引江潮抵青溪,接秦淮水,西通运渎,北连玄武湖。运渎、青溪、潮沟是沟通建业一带的水运线路。赤乌八年(245),孙权"遣校尉陈勋将屯田及作士三万人凿勾容中道,自小其(今江苏句容县东南)至云阳(今丹阳市西南)西城,通会市,作邸阁"。这段水道名破冈渎。破冈渎东南连接云阳至吴、会的水道,西北与运渎接通,这样吴越运船就可直达吴京都仓城。孙权还令"岑昏凿丹徒至云阳"的水道,与吴、会至云阳的水道相接。《南齐书·州郡志》所谓"丹徒水道,入通吴、会",就是指孙权时凿通的这条水道。这条水道也就是以后江南运河的前身。

为了水运和作战的需要,孙权很重视造船业的发展。当时最大的造船基地在建安郡侯官(今福建福州市),吴在此设典船都尉,许多罪犯被罚到这里造船。武昌的官府造船业也很兴盛,它造的一艘名为"大船"的战舰,能"容兵士三千人";另一艘名"长安"的战舰,"船楼装高",也是一个庞然大物。孙权曾派万人船队北至辽东,南到台湾、海南岛,为航海事业的发展做出贡献。吴亡时,西晋从吴接收的舟船达5000余艘。这都说明吴国有极强的造船能力。

纺织业和冶铸业的发展也较显著。江南盛产麻布、葛布,华歆北还时,孙权赠以越布、香葛,曹丕也曾遣使向吴求细葛,可见江南所产布、葛的质量居全国上选。江南的丝纺织原来很落后,吴时始见起色。诸暨、永安生产的丝因质量优异,被列为贡品,称"御丝"。孙权在后宫设织络厂,起初生产者不满百人,孙皓时已发展到上千人,这些多来自罪犯的女徒专为统治者生产高级丝织品。吴国最大的冶铸基地是在建业和武昌。建业的石城门外有冶城,以后一直成为东晋南朝的冶铸中心。孙权曾在黄武四年(225)"采武昌山铜铁,作千口剑,万口刀,各长三尺九寸,刀头方,皆是南钢越炭作之",可见武昌有巨大的冶铸作坊。《宋书·百官》上称:"江南诸郡县有铁者,或置冶令,或置丞,多是吴所置。"这说明吴的冶铁十分普遍,为以后南朝冶铁业的发展奠定了基础。

开拓岭南

秦汉在岭南都没有行政组织。西汉末的交阯太守锡光和东汉初的九真太守任延,向当地人民推广汉族的先进技术和文化,"教其耕犁,使之冠履;为设媒官,始知聘娶;建立学校,导之经义";促使岭南地区渐趋开化。但在一个很长的历史时期,岭南无疑还属于国内有待开发的最落后的地区之列。

三国时期东吴名将太史慈

东汉末年,交州刺史朱符被当地人民所杀,州郡扰乱。交阯太守士燮趁机向朝廷上表,以其弟壹为合浦太守,䵍为九真太守,武为南海太守。士燮为政宽厚,长于《春秋》之学,北方避难的士人多往依之。士家成为雄踞岭南的一大势力。建安十五年(210),孙权以步骘为交州刺史,领武射吏千人,便道入岭南。苍梧太守吴巨不服,被步骘诱杀。步骘威声大震,合兵两万南下,在高要峡口击溃了苍梧人衡毅、钱博的阻击部队。士燮兄弟相率服从,吴始占有岭南地区。建安二十二年(217),步骘在番禺建筑城郭,并迁州治于此。

吴在岭南建立统治后,该地所产的明珠、大贝、犀角、象牙、玳瑁、翡翠、战马等珍品,源源不绝地运到东吴朝廷,这说明吴对岭南的统治是有效的。孙权称吴王后,贬经学大师虞翻于交州,翻"虽处罪放,而讲学不倦,门徒常数百人",这是继士燮之后又一次在岭南大规模地传播儒学文化。《水经注》卷三六《温水注》称:"(交州)火耨耕艺,法与华同。名白田,种白谷,七月火作,十月登熟;名赤田,种赤谷,十二月作,四月登熟;所谓两熟之稻也。……米不外散,恒为丰国。桑蚕年八熟茧,《三都赋》所谓八蚕之绵者矣。"由此可知,左思《吴都赋》所谓"国税再熟之稻,乡贡八蚕之绵",指的是吴交州地区。可见岭南经济的发展。东汉时在岭南置交州,下辖7郡、56县;吴分交州置广州,两州共辖15郡、92县。州郡县的增多,也反映了岭南的人口增加和经济发展。

范文澜曾指出,长江流域"一向落后的经济,逐渐追上黄河流域的水平。黄河、长江两大流域合起来,中国封建经济的势力更繁盛了。在这个基础上,才产生出比两汉更强大的唐朝"。由此可见,长江流域的经济发展有重大意义。孙权正是在这个有重大意义的事件上做出了自己的贡献,他把江南经济向前推进了一大步,为以后长江流域经济赶上黄河流域的水平奠定了坚实的基础。

百般猜忌,判若两人

孙权年轻的时候,很重视学习,读过《诗》《书》《礼记》,《左传》,《国语》等典籍;他掌权以后,又博览三史、诸家兵书,"自以为大有所益"。孙权在当政的前期,在许多事情上能明断是非,处置得宜,应与他重视学习有关。但孙权除对劳动人民的剥削和压迫十分残酷以外,在处理政事上,也犯过许多错误。陈寿评论说:权"性多嫌忌,果于杀戮,暨臻末年,弥以滋甚"。可见孙权愈到晚年,消极面愈大。孙权晚年的猜忌、残暴,主要表现在偏信奸佞吕壹和不恰当地处理孙和与孙霸之争两件大事上。

吕壹为中书校事,负责"典校诸官府及州郡文书"。实际上充作孙权的耳目,对官员进行侦察、告密,深得孙权的信任。壹因此作威作福,"举罪纠奸,纤介必闻,重以深案丑诬,毁短大臣,排陷无辜"。丞相顾雍、江夏大守刁嘉因吕壹诬陷,前者几乎丢官,后者几乎被杀。太子登多次向孙权进谏,孙权不听,官员都敢怒而不敢言。太常潘濬见孙权固执,竟想借宴会之机袭杀吕壹,事虽未成,足见吕壹为害之甚。后吕壹又对左将军朱据进行陷害,结果事败,在赤乌元年(238)被孙权诛杀。孙权派中书郎袁礼往告谢诸大臣,并征求对政事的意见,诸葛瑾、步骘、朱然、吕岱等都借口不管民事,闭口不言,要袁礼去问陆逊、潘濬。陆、潘虽有所陈,但"怀执危怖,有不自安之心"。可见东吴大臣对孙权的猜忌都存有戒心。

起初孙权立长子登为太子,登死后,又在赤乌五年(242)立和为太子,并封和同母弟霸为鲁王。孙权表面上对二子同样宠爱,实际上则偏爱孙霸。孙霸被封为鲁王后,孙权仍使他与太子和同居一宫,待遇完全一样。后因大臣上言,"以为太子、国王上下有序,礼秩宜异",孙权才使孙和、孙霸分宫,各置僚属。孙霸不服,到处拉拢势力,谋夺太子地位;孙和也积极反抗。两派势力的发展,造成统治集团的大分裂,"自侍御,宾客,造为二端,仇党疑贰,兹延大臣",乃至"中外官僚、将军、大臣,举国中分"。孙霸一党多次向孙权诬告孙和,孙权对太子越来越反感。大臣陆逊、顾谭、吾粲由于为太子辩护，顾谭及其弟承被流放于交州，吾粲被杀，孙权数次派宦官向陆逊责问，逊愤恚而死。

就两派来说，孙和是受害者，也比较好一些，这一点孙权后来也逐渐意识到了。但孙权没有采取正确的对策，而是采取了不分好坏、统统打击的蛮干做法来解决这个问题。赤乌十三年（250），孙权废太子和为庶人，流徙丹阳故鄣。反对孙权废太子的陈正、陈象遭到族诛，朱据、屈晃被各杖一百，据左迁为新都郡丞，晃被罢官回乡，"群司坐谏诛放者十数"。同时，孙权又赐鲁王霸死，鲁王的党羽杨竺、全寄、吴安、孙奇等也被诛杀。在这次事件中，孙权制造了大批冤案，进一步加深了统治阶级的内部矛盾。这次事件以后，孙权立年仅十岁的孙亮为太子，这对孙权死后的政局影响很大，使它更加不稳。

为什么孙权在年轻时对大臣能推诚相与，到晚年就百般猜忌、甚至横加屠杀呢？其原因大概有二：在主观上，这是孙权晚年专制作风恶性发展的结果；在客观上，与孙吴时期大族势力的急剧扩张有关系。后一点需要多说几句。孙权为了拉拢统兵将领，曾实行世袭领兵制度和复客制度，又把大量土地赏赐给他们，并免税优待，孙吴的将领多出身大族，经孙权着意培植后，他们拥有的土地和劳动力就越来越多，势力急剧膨胀，乃至"僮仆成军，闭门为市，牛羊掩原，田池布千里"。大族肯定是封建政权的阶级基础，但另一方面，它也是中央集权的离心力量。因为大族势力越发展，国家的兵源税源就越少，阶级矛盾也越尖锐，给封建统治带来危机。这是历代中央集权与地方大族产生矛盾的根源。事实证明，东吴后期中央与大族之间的矛盾已十分尖锐。贺邵为吴郡太守时，曾到当地大族顾、陆诸家的屯邸检括他们非法役使的官兵和逃亡农民，许多大族被判罪，后经江陵都督陆抗向孙皓求情，才得释放；此其一。凤凰三年（274），孙皓又曾"遣使者二十五人分至州郡，科出亡叛"，这些"使者"的任务和贺邵在吴郡干的工作性质完全一样；此其二。由于陆凯多次对孙皓直言进谏，孙皓对他恨得咬牙切齿，但因凯"宗族强盛，不敢加诛"，可见东吴皇帝对大族多有顾忌；此其三。以上三例，虽都是发生在孙皓时期的事，但可以肯定，东吴中央皇权与大族之间的矛盾绝非自孙皓始，而是在孙权后期就相当尖锐了。孙权对大臣猜忌，甚至屠杀，在相当大程度上应是这种矛盾的反映———一种曲折的反映。当然，猜忌和屠杀并不能解决中央和大族之间的矛盾，从孙权所处的时代来看，比较好的解决方法，应是曹操所制定的"重豪强兼并之法"、诸葛亮所制定的"威之以法，法行则知恩，限之以爵，爵加则知荣"这一类抑制大族势力发展的政策，但孙权却没有制定出这种政策。这说明，就军事、用人以及开发江南经济来说，孙权的才干和历史功绩堪与曹操、诸葛亮相媲美，但在治国上则要差一些。这也许就是孙权这个重要历史人物过去长期遭到人们忽略的一个原因吧。

吴国孙和的宠妃邓夫人

晋武帝司马炎

人物档案

生卒年：公元236～290年

父母：父，司马昭；母，王元姬

后妃：杨皇后、赵夫人等

年号：泰始，咸宁，太康，太熙

在位时间：公元265～290年

谥号：武皇帝

庙号：世祖

陵寝：河南峻阳陵

性格：荒淫奢靡，深沉宽仁

武帝司马炎

名家评点：

他在表面上虽然是开国皇帝，却只是坐享其成的花花公子，对醇酒和美女，要比对国家社会更有兴趣和更有心得。

——柏杨

处心积虑，争权夺位

晋武帝司马炎（236～290），创立晋王朝，继而消灭东吴，统一全国。在位前期实行无为而治，让人民得到了休养生息的时机，国家出现"太康盛世"的局面。后期逐渐由俭入奢，大肆分封诸侯，社会上出现斗富的风潮，西晋繁荣的景象慢慢走向衰败。

司马炎是司马昭的长子，字安世，据说生来异相，双耳过肩，双手过膝。父亲司马昭并不喜欢这个相貌奇特的长子，而偏心为人忠厚仁慈，喜欢古籍文章、具儒者风范的小儿子司马攸。

司马昭虽然把司马攸过继给了哥哥司马师，但依然很想把他立为世子，即自己晋王王位的继承人。每次和司马攸在一起的时候，司马昭总是拍拍自己的座位，对他说："这就是桃符（司马攸的小名）以后的座位。"

司马炎看到父亲宠爱司马攸，冷落自己，很不甘心。况且自己又是长子，按照历来的规制，王位是要由他继承的，弟弟没有这个权利。所以，司马炎便憋着股劲儿和弟弟争夺世子的位置。他在朝中培养自己的心腹，慢慢积聚力量。最后终于得到群臣力谏，打消了司马昭废长立幼的念头，将自己立为世子。

自司马懿杀死曹爽夺权后，曹魏的政权一直把持在司马氏父子手中，魏帝曹髦实在忍受不了司马氏的专横，一天把尚书王经等三个大臣召进宫里，气愤地对他们说："司马昭之心，路人皆知，我不能坐着等他来收拾我。今天，我要同你们一起去讨伐他。"

年仅20岁的曹髦，根本不懂得怎样对付司马昭。他集合了宫内的禁卫军和侍从太监，吵吵嚷嚷地从宫里杀了出来，自己还拿了一口宝剑，站在车上指挥。

司马昭的心腹贾充带了一队兵士赶来拦截，双方立时打了起来。贾充的手下的兵士一见皇帝自己动手，毕竟有点胆怯，准备逃跑。贾充手下有个叫成济的，对贾充说："您看怎么办？"贾充厉声说："司马公平时养着你们是干什么的！还用问吗？"贾充这一说，成济胆大了，拿起长矛就往曹髦身上刺去。曹髦来不及反应，就被成济刺穿了胸膛，跌下车来死了。他手下的士兵一看对方连皇帝都敢杀，顿时一哄而散。

司马昭听说他手下人真的杀了皇帝，也有点着慌，连忙赶到朝堂上，召集大臣们商量。老臣陈泰主张斩了贾充，但司马昭不愿意。后来，司马昭用太后的名义下了一道诏书，给曹髦加上许多罪状，宣布废为平民，想把曹髦被杀的事轻轻掩盖过去。但是朝中大臣还是议论纷纷，司马昭没办法，就把罪责一股脑儿推给了成济，下令这个倒霉的家伙满门抄斩。

西晋骑俑

除掉了曹髦，司马昭从曹操的后代中找了一个15岁的曹奂接替皇位，即魏元帝。公元265年，司马昭逝世，司马炎继任为晋王。同年十二月，司马炎下令给最后一任皇帝曹奂，教他禅让，魏国在建立46年后灭亡。司马炎改国号为晋，首都仍设在洛阳，史称西晋。

审时度势，稳定政局

司马炎坐上皇帝宝座之后，并没有开始过高高在上的奢靡生活，而是审时度势地巩固自己的帝位。

他知道父亲司马昭和祖父司马懿对曹氏所进行的残酷杀戮使人们对他也存有戒心，南边的东吴也还没有消灭。为了统一天下，司马炎采取了以仁义治国的方针：赏赐安乐公刘禅的一个子弟做驸马都尉，安抚人心；下诏书准许陈留王曹奂继续用皇帝的仪仗出入，向他上书时也可以不用称臣。

司马炎在上台伊始，意气风发，是很想有一番大作为的。为了发展经济，增强国家实力，司马炎专门颁布诏书，将无为而治作为治国方针。当年，他又向地方的郡国颁布了五个诏书：一是正身；二是勤百姓；三是抚孤寡；四是敦本息末，即鼓励农业这个国家之本，压制商业这种末业；五是去人事，也就是精简机构，裁撤冗员。这种诏书虽然有些作秀的味道，但其中的很多措施确实是当时应该做的。曹操原来实行的利国利民政策，到了魏国末期已经被众多剥削民众的苛政所取代，司马炎这时的诏书即使不能全部施行，也给遭受繁重剥削的百姓带来了一丝希望。

司马懿

分封诸侯,种下祸根

公元 277 年,将军杨珧等人建议说:"古时候分封诸侯,是为了藩屏护卫王室;现在诸位王公都在京都,这就失去了保卫的意义。异姓诸将领居住在国家边境地区时,应当让皇室的亲戚参与其中。"

司马炎觉得有道理,于是下诏书,将扶风王司马亮改封汝南王,出任镇南大将军,都督豫州诸军事;琅邪王司马伦改封为赵王,督邺城守事;渤海王司马辅改封为太原王,监并州诸军事;东莞王司马当时任镇东大将军,假节,都督徐州诸军事,遂改封为琅邪王;汝阴王司马骏因当时任镇西大将军,使持节,都督雍凉等州诸军事,遂徙封为扶风王。诸王封国在其都督区内,使他们得以长期留任。如赵王司马伦坐镇邺城达 14 年之久。诸王中不担任官职的,都把他们遣返回各自的封国。

异姓大臣中有立过大功的,也都被封为郡公或郡侯。贾充被封为重郡公,王沈被追封为博陵郡公,钜平侯羊祜被封为南城郡侯。

羊祜见到诏书后,坚持推辞不接受。羊祜每当被授予官职和爵位时,经常避让,他的至诚

羊祜

之心一贯有名,所以他被特别许可不接受分封他的官爵。羊祜一直掌管关键重要的部门,凡是他参与谋划商议的事情,都把草稿烧掉。由羊祜荐举而做了官的人,自己都不知道是谁推荐的。羊祜常说:"在公众的朝廷里授予官职,但是却让别人向你个人谢恩,这样的事情是我所不敢做的。"

诸侯们分封到地方后,慢慢积聚自己的力量,为后来的"八王之乱"埋下了伏笔。

平定东吴,太傅之功

和蒸蒸日上的西晋相比,这时的吴国却在走下坡路。吴主孙皓的荒淫,残暴使吴国丧失了重整旗鼓的机会。孙皓命令大臣的女儿要先经过他的挑选,漂亮的入后宫供他一人享受,剩下的才能谈婚论嫁,这使他丧失了大臣们的支持。对他劝谏的大臣不会受到表扬,反而会被他用烧红的锯条锯下舌头或是残忍地打死。孙皓杀人的方法很多,十分残忍,像挖眼,剥脸皮和砍掉双脚等等,这让他手下的将领们丧失了信心,纷纷投降西晋。

司马炎知道吴国并非不堪一击,于是派羊祜到边界镇守,为灭吴做准备。羊祜到任后,首先占领了战略要地和物产丰富的地方,实行屯田。为以后的军事行动做充分的物质准备。羊祜在和吴国作战时,不是为了战胜对方,而是用攻心战来得到吴国将士的人心,俘虏的将士和百姓,或者送回,或者热情款待。时间一长,吴国竟有人称羊祜为羊公。

但是因为晋朝大臣的阻挠，司马炎总是不能下决心灭吴，羊祜最终遗憾地去世了，没能看到统一江东。去世前，羊祜给司马炎写了一个详细的进攻吴国的军事方案，并举荐杜预代替他驻守边镇。

司马炎终于下了攻打吴国的决心，发兵20万，采取羊祜生前制定的战略进攻东吴国都城建业（今江苏南京）。由镇南大将军杜预打中路，向江陵进兵；安东将军王浑打东路，向横江（在今安徽省）进军；还有一路水军，由益州刺史王濬率领，沿着大江，顺流向东进攻。

杜预到达荆州后，积极进行军事部署，同时派兵奇袭西陵。西陵（今湖北宜昌东南）是孙吴的西部边镇，战略位置十分重要。只要晋军能突破西陵，益州的水师就可以顺流而下，驰骋荆州了。大军部署完毕后，杜预命令他的军队包围江陵。江陵城防坚固，易守难攻，杜预不想在这里消耗时间和兵力，对它只是围而不歼，切断了江陵和外部的联系。

羊祜——轻裘缓带

据《晋书》记载，杜预本人没有什么武艺，连骑马都不会，射箭的技术就更谈不上了。但每有军事活动，朝廷都要召他参谋规划，因为他知彼知己，善于同敌人斗智。在灭吴战争中，吴人最恨杜预，主要是因为他善于用兵，常常给敌人以致命打击。杜预有大脖子病，东吴人就给狗脖子上戴个水瓢，看见长包的树，写上"杜预颈"，然后砍掉，借以发泄对杜预的仇恨。

王濬也是个有能耐的将军，他早在益州督造了大批战船，船上还造了城墙城楼，人站在上面，可以四面眺望。

为了不让东吴发觉，造船是秘密进行的。但是许多削下的碎木片掉在江里，顺水漂流到东吴的地界。东吴太守吾彦发现后，敏锐地感觉到事情不妙，连忙向吴主孙皓报告说："这些木片一定是晋军造船时劈下来的。晋军在上游造船，看来是要进攻东吴，我们要早做防守的准备。"

可是孙皓对这一正确的分析并没在意，只是满不在乎地说："怕什么！我不去打他，他们还敢来侵犯我！"

吾彦没有办法，只得在江面险要的地方打上大木桩，钉上大铁链，把大江拦腰截住，又把一丈多高的铁锥安在水面下，好像无数的暗礁，使晋国水军没法通过。

当杜预和王浑的两路人马节节胜利之时，只有王濬的水军被铁链和铁锥阻拦，不能前进。此时，王濬得到了杜预的大力援助——大批木筏运到。王濬命士兵在每个木筏上放上草人，披上盔甲，手拿刀枪。让几个水性好的兵士带领这一队木筏随流而下。这些木筏碰到铁锥，铁锥的尖头便就扎在木筏子底下，被木筏扫掉了。

至于那一条条拦在江面的铁链，王濬也想出了办法。他命士兵在木筏上架起一个个很大的火炬，然后让这些装着大火炬的木筏驶在战船前面，遇到铁链，就烧起熊熊大火，时间一长，铁链铁锁便都被烧断了。

扫除了水底下的铁锥和江面上的铁链，大队战船顺利地打进东吴，很快和杜预的大军会师。这时，晋军已是长时间作战，有人主张暂时休整。但杜预说："现在我军军

威大振,正像劈竹子一样,劈开了几节以后,下面的竹子,就可以迎刃而解,一劈到底了。"

果不其然,晋国军队很快就攻陷了建业(今江苏南京),把孙皓活捉。吴国自孙权称帝到被晋武帝司马炎灭亡,共历52年。东吴平定了,武帝在庆功宴上流着泪说:"此羊太傅之功也。"

消灭了东吴后,司马炎罢州郡兵,屡次责令郡县劝课农桑,规定男女占田的假定亩数和应负担的田租户调的实际亩数,宣布每名男子可以占田70亩,女子占田30亩。不到三年,西晋的户数就上升到370余万,比初行占田制时增加了一半。司马炎还允许官吏按官品高低占有不同数量的土地和佃客、荫户,承认官僚地主的特权。社会得到了短暂的安定与复苏,"是时,天下无事,赋税平均,人咸安其业而乐其事"(《晋书·食货志》),史家誉称为"太康繁荣"。

西晋大将周处

纵欲宣淫,羊车游宴

自从公元280年灭掉吴国后,司马炎就把年号改为太康,十年间再没有发生大的战争,社会得到了一个喘息的机会。

在西晋稳定的太康时期,司马炎开始贪图醇酒和美女。听说江南的美女与北方不同,娇柔美艳格外令人销魂,就让臣下选了许多江南的美女入宫做婢妾,不分早晚地纵欲。

他宫中的姬妾多到一万余人,以致使他每天发愁,不知道到谁那里睡觉才好。于是就乘坐羊车,任凭羊停在何处,他就宿在何处。有些聪明的美女为了得到皇帝的宠信,便想出一个办法,将竹叶子插在门口,地上洒了许多盐汁。羊生性喜欢吃竹叶,又喜欢吃咸的东西,因此就停下来不走。这些美女于是就得到了宠幸的机会。

不久,宫里的美女都知道了这个办法,纷纷仿效,以至于每一个门前都插上了竹叶,地上都洒了盐。羊也变得刁猾起来,开始随意走随意停,不再被竹盐所诱惑。美女们没有办法,只好再次听天由命了。

卖官肥私,痴儿为嗣

大臣们见司马炎变得昏庸荒淫,便找机会劝谏。

一次,司马炎和众人去洛阳郊外祭祀,回来后,司马炎得意地问司隶校尉(当时京城地区的监察官)刘毅:"你说我能与汉朝的哪个皇帝相比?司马炎觉得刘毅肯定会回答高祖刘邦、武帝刘彻以及光武帝刘秀之类有名的皇帝。"没想到刘毅却说他只能和桓帝、灵帝相比。司马炎很不高兴,因为这两个皇帝统治时期是东汉政局最混乱的时候。司马炎不甘心地问:"我怎么会和他们一样呢?"刘毅直言不讳地说:"当年桓帝卖官,让人把钱都归入了国库;陛下您现在也卖官,所得的钱却都进了自己的腰包。要么来说的话,您恐怕还不如桓、灵二帝呢!"司马炎无法狡辩,只好讪讪地替自己找个台阶说:"爱卿所言极是。不过在桓帝时没有你这样的直言之臣,但我身边却有,这说明我还是比他们好一些啊!"

不仅卖官,司马炎每天仅三餐饭就要一万钱,还嫌没有可吃的菜,无法下筷子。而一万钱,在当时足够一千人一个月的伙食。

司马炎一次在女婿王济家吃饭时,有一道乳猪非常好吃,司马炎就问王济是怎么做的。王济偷偷告诉他,乳猪是用人的乳汁喂养大的,做的时候又用人的乳汁烹制,所以很好吃,司马炎听了不高兴,觉得女婿超过了自己,结果宴席没结束就借故走了。

"太康繁荣"就在这种腐败中走向末路。

司马炎在公元267年,立了司马衷为皇太子,但司马衷是个痴呆,因此司马炎心里一直有些犹豫和担心。

司马炎的胞弟司马攸,被封为齐王,为人清和平允,亲贤好施,声名良好。司马炎在内心深处,一直把这位端凝美姿容的弟弟当作最强的竞争对手。司马昭临死时,曾挣扎着向司马炎、司马攸兄弟讲解汉朝淮南王、魏朝陈思王(曹植)与当兄长的皇帝之间不相容的故事,劝诫二人友爱相扶。母亲王太后在临死前,也流着泪对司马炎说:"桃符性急,而你这位哥哥也不慈爱,如果我死了,恐怕你们兄弟必不相容。希望你能友爱自己的弟弟,勿忘我言。"

司马攸获封齐王后,"总统军士,抚宁内外",有匡济大功。"而时有水旱,百姓则加振贷,十减其二,国内赖之",对晋朝以及他自己封地内的官吏、人民恩养有加。"降身虚己,待物以信",并不时劝谏晋武帝务农重本,去奢即俭。

晚年的司马炎知道司马攸是众望所归,于是不再让他留在京城,把齐王和他的儿子们都放了外任。司马攸于是上书,乞求自己为死去的生母王太后守陵,但司马炎不答应。眼见催促赴封国上任的诏书一道比一道急,司马攸又气又急,一下子病倒了。

为了查明弟弟是否装病推脱离京,晋武帝不停派宫中御医到齐王府邸诊视。御医们终日在宫中行走,揣知武帝心思,都知道司马炎心中在防备齐王,回宫后都报称齐王身体很好,没有大碍。而真实情况是,司马攸的病势一天重过一天,但催其上道的诏书却日益严厉,没有丝毫回旋的余地。

齐王司马攸生性刚强,虽然已经病得几乎不能走路,仍旧挣扎着换上一身新朝服,梳洗停当,入宫面辞武帝。兄弟两人各怀心事,握手道

南北朝时期重装骑兵作战图

别。辞出数日,半路颠簸辛苦的齐王终于支持不住,吐血而亡,年仅36岁。

晋武帝得知皇弟死讯,才明白司马攸不是装病,恸哭不已。下诏处死了数位为齐王诊病的御医,借此也掩饰自己的过失。

英明的弟弟死了,司马炎虽然不再担心他会篡夺自己的皇位,但对于痴呆的太子司马衷,始终犹豫不决。恰巧有一天晚上宫中着了火,司马炎到城楼上观看火情,这时,司马衷年仅五岁的儿子却过来拽爷爷的衣服,说夜里危险,不能让光亮照到皇帝身上。

司马炎听了又感动,又惊讶,如此小的孩子竟有这样的智力。司马炎从此坚定了让傻儿子做太子的决心,希望孙子以后能有大的成就。

公元290年四月，晋武帝病倒，使诏令儿子汝南王司马亮即速回京辅政。杨芷皇后为了使其父杨骏单独辅政，百般进行阻挠，最后扣住诏书不发，并伪造遗诏，封杨骏为太尉，兼太子太傅，统帅军队，并总领尚书，执掌朝政。

杨皇后将这伪造的遗诏给司马炎过目，司马炎睁着双眼看了许久，颓然松手，将它掷在地上，不表示可否。等杨皇后出宫后，司马炎已经到了弥留之际，他从昏沉中清醒过来，问左右近侍："汝南王来了没有？"左右回答还没有到。司马炎长叹一声，再也讲不出话来，次日便死于洛阳宫中的含章殿了。

汉光文帝刘渊

人物档案

生卒年：？～310 年

父母：父，匈奴左贤王刘豹；母，呼延氏

后妃：单皇后，呼延皇后，张氏

年号：元熙，永凤，河瑞

在位时间：公元 304～310 年

谥号：汉光文帝

庙号：高祖

陵寝：永光陵

性格：自负，果敢，坚韧

名家评点：

刘渊是一个极有政治头脑的高明人物。

——沈起炜

光文帝刘渊

冒姓刘氏，地位尊贵

刘渊（？～310），匈奴冒顿单于直系后裔，文武全才，建立汉赵国。

自汉朝以来，居住在蒙古大草原上的匈奴人一直过着"逐水草而居"的游牧生活，匈奴人与中原汉人的关系时好时坏，你来我往，交流从未中断。

东汉时期，蒙古大草原发生了一次前所未有的大旱灾，持续时间非常长，"赤地数千里，草木尽枯"。匈奴人"死耗大半"，加上内部战争和与汉朝的冲突不断，导致强盛雄武的匈奴汗国陷入了分裂，散裂为南、北匈奴。

北匈奴一直向西迁移，最后立足于东欧，五世纪的匈奴王阿提拉曾经大显神威，杀得欧洲血流成河，被罗马帝国畏称为"上帝之鞭"。而南匈奴则大部分依附东汉，被安置在五原塞（现内蒙古包头以西、乌拉山以南），不久又迁至西河美稷（现内蒙古准格尔旗）。

公元 216 年，曹操发现迁居塞内的匈奴人日益繁盛，便把南匈奴分为左右南北中五部，"以弱其势"，每部署部帅一人。派汉人做司马，以为监督。在各个匈奴部落中，最著名的有屠各种、羌渠种、卢水胡等。

由于汉高祖刘邦曾嫁宗室公主入匈奴，所以屠各贵族就冒姓刘氏，他们在匈奴诸种中地位最尊贵，因此五部匈奴部帅都是刘姓的匈奴贵族。这些匈奴人移居塞内时间长，汉化日深。他们当中的贵族子弟不仅博览群书，还精于骑射，可以说是能文能武的高门士族。

在曹操设置的五部中，刘豹是其中一部的首领。在东汉末年，羌渠单于被杀，其子于扶罗自称单于，率几千骑逃入汉地，恰值当时董卓之乱，他就趁机狂掠太原，河东地区，并在河内地区驻屯。于扶罗单于死后，其弟呼厨泉单于继任，以于扶罗单于的儿子刘豹为左贤王。这位左贤王，就是日后大名鼎鼎的刘渊的父亲。

好学深思，文武双全

刘渊自幼便居于汉地，深受汉文化熏陶，从小又刻苦好学，师从上党名儒崔游，学习《毛诗》《京氏易》《司马尚书》等汉族传统典籍。由于出身将门，他还特别喜爱研读《春秋左氏传》《孙吴兵法》等与征伐相关的权谋兵书。

刘渊七岁丧母，年幼的他"擗踊号叫，哀感旁邻，宗族部落咸共叹赏"。如此"孝道"，也显示出刘渊的道德礼仪近乎完全汉化。

青年时代，刘渊就显现出很大的志向，他常对同门学习的汉人文士讲："吾每观书传，常鄙随陆无武（汉朝文臣随何、陆贾），绛灌无文（指汉朝武将周勃和灌婴，周勃曾受封绛侯）。道由人统，一物之不知者，固君子之所耻也。"

刘渊发奋习武，"妙绝于众，猿臂善射，膂力过人"。而且他"姿仪魁伟，身长八尺四寸，须长三尺余，当心有赤毫毛三根，长三尺六寸"。许多相士见到刘渊后，都大惊，说："此人相貌非常，吾所未见也。"

曹魏咸熙年间（公元264~265年），刘渊作为"任子"（少数民族贵族子弟在京城做"人质"）在洛阳居住，当时司马昭很器重他，常邀请刘渊入府做客。

晋武帝建立西晋后，王浑不停地在晋武帝面前荐举刘渊，晋武帝于是召见刘渊，只一面，便对他产生了很好的印象，马上就要下旨派这位匈奴人去带兵平定东吴。幸亏当时的大臣孔恂、杨珧很有政治远见，进谏说："刘渊的才干，确实超出常人。陛下如果给兵不多，不足以成事；如果授之以威权，恐怕他平吴之后，肯定自立为王，再也不会北渡了。非我族类，其心必异！如果真的以其匈奴本部交由他统领，凭借朝廷威名外讨，为臣真为陛下寒心！"晋武帝听后默然，没再坚持。刘渊的第一个"好机会"就这样错过了。

不久，关陇一带的氐族酋帅树机能反叛，晋武帝于朝中大臣间访寻谁能胜任平叛的主将。上党人李憙又推荐刘渊："陛下诚能发匈奴五部之众，授刘渊将军名号，鼓行而西，可指期而定。"大臣孔恂又一次谏阻："李公之言，只能是一患未平又生一患！"

李憙勃然大怒，辩驳说："以匈奴之劲悍，刘渊之晓兵，奉宣国威，为什么不能平叛呢！"

孔恂说：刘渊果真能斩杀树机能，夺取了凉州，恐怕凉州才是真正面临大祸乱。蛟龙复得云雨，就不会再蜷缩池中了。

晋武帝也认为孔恂的话有道理，刘渊第二次一显身手的机会又丧失了。

受到这两次沉重的打击，刘渊有些心灰意冷。恰巧以游侠著称的东莱人王弥自洛阳返乡，刘渊为王弥饯行。几巡酒后，刘渊哭着对王弥说："王浑、李憙两位是我的老乡，多次在皇上面前举荐我，却招致谗毁之言。其实我本来就没有当大官的打算，二公好心却成坏事，唯有您深明我心！自今以后，我恐怕要老死于洛阳城内，与君永诀了！"说完，刘渊悲歌慷慨，纵酒长啸，一座之人皆深为感动。

刚巧，晋武帝的弟弟齐王司马攸当时也在此处宴客，听见附近人声喧哗，便过来想瞧个究竟。刘渊的一番言语都为这位睿智聪明的王爷目睹。司马攸回朝后，马上对司马炎说："陛下不除掉刘渊，恐日后不得安宁！"

关键时刻，又是王浑出面保奏，说："刘渊是个厚道人，我以身家性命担保，他不会有异心。我大晋怀远以德，怎能做出杀害匈奴入侍质子的事情呢！"

晋武帝认为王浑说得有理,刘渊因此逃过一劫。

自立汉王,收揽民心

不久,刘渊的父亲刘豹病死。依据晋朝律令,刘渊得以返回本部,世袭左部帅之职。

刘渊回到本部后,"明刑法,禁奸邪,轻财好施,推诚接物,五部俊杰无不至者"。就连幽州、冀州一带的名儒、秀士,也不远千里,慕名投靠他。

晋武帝死后,外戚杨骏辅政,为了拉拢人心,树立私恩,加封刘渊为建威将军,五部大都督,并封为汉光乡侯。

晋惠帝期间,八个司马王爷以及众位勋贵各怀鬼胎,你争我斗。刘渊趁机在五部纠结人马,以观时变。眼见晋朝宗室相伐,天下动荡,刘渊心中窃喜,只是身在汉地,不敢有太大的动作。

这时,刘渊的堂叔祖刘宣秘密召集五部的上层贵族,准备见机起事。刘宣说:"我们匈奴先人与汉朝约为兄弟,荣辱与共。自汉朝灭亡,魏晋代兴,我们匈奴族人只有虚号,没有实土之封,虽号称王族世家,和普通百姓编户没什么区别,想想真是屈辱啊!现在司马氏骨肉相残,四海鼎沸,正是我们兴邦复业的大好时机。"于是,五部贵族上层秘密盟誓,推举刘渊为大单于。

刘渊身在邺城,听说自己已被五部暗中遥尊为大单于,欣喜过望。但他仍不动声色,假称五部族人有丧事,向成都王司马颖请假,说自己要回部落参加葬礼。司马颖没有答应,不过这可不是这位王爷有先见之明,而是当时各王之间争斗激烈,司马颖太想把刘渊留下来当帮手,所以才不放他回去。

刘渊见不能成行,又不敢贸然私下逃归,便让属下呼延攸回去,让刘宣等人召集五部并诱引宜阳诸部胡人,齐集兵马,打着声援司马颖的旗号,准备伺机兴兵。

公元304年,司马颖在邺城宣布自己为皇太弟,废掉侄子司马覃的皇太子封号,这下给东海王司马越以口实,双方开打。荡阴一战,司马颖得胜,把惠帝掌握在了自己手中,高兴之余,加封一直在身边出谋划策的刘渊为冠威将军。

但没等司马颖高兴太久,王浚便起兵攻打司马颖,而且是率鲜卑、乌桓等部的十多万人,直扑而来。强敌来逼,"貌美而神昏"的司马颖不知所措了。刘渊趁机进言:"现在二镇跋扈凶猛,有甲士劲卒十多万人来攻,恐怕都城宿卫军士抵御不了这些强寇。请殿下允许我只身返回五部,带匈奴五部之兵杀返,以赴国难!"

司马颖虽然有些迟疑,但自己也想不出好办法御敌,便同意了。

刘渊于是得以回到左国城,刘宣等人立刻尊他为大单于。短短20天,刘渊就召集了五万余众,集中于离石(今山西离石区)。

不久,王浚的部将祁弘率领鲜卑兵打到邺城,司马颖迎战失利,只好挟惠帝南奔洛阳。刘渊闻讯,说:"司马颖不听我的计策,失败了,真是个笨蛋!但我和他曾有约定,要带兵助他,不能失约。"于是命令右于陆王刘景,左独鹿王刘延年等,率步骑两万,准备进攻鲜卑。

刘宣等人再三进谏,说:"晋朝发生内乱,自相残杀。这正是我们恢复地位的好时机啊!怎么能带兵帮他们打仗呢!要抓住机会自立才是!"

刘渊却说:"要灭掉晋朝,还不是像掰断一根朽木一样容易?但是晋朝的百姓未必会向着我们。我看汉朝立国的年代最长,在百姓中影响大。我们的上代又是汉朝皇室的兄弟。现在汉朝亡了,我们用继承汉朝的名义,也许可以得民心。只有得到民心,才能得到天下。"

大家听了,觉得刘渊的话确实有道理,便同意了。刘渊于是宣布自己是汉王,很快攻下了上党、太原、河东、平原等几个郡,势力越来越大。一些势比较小的各族反晋力量也都来归附刘渊。

公元 308 年,刘渊称汉帝。第二年迁都平阳(今山西临汾西南),集中兵力进攻洛阳。洛阳的百姓虽然恨透了腐朽的西晋王朝,但也不愿受匈奴贵族的统治。所以刘渊两次进攻,都遭到洛阳军民的猛烈抵抗,不得不退兵。

公元 310 年,刘渊带着遗憾去世。

汉昭武帝刘聪

人物档案

生卒年:? ~318 年

父母:父,光文帝刘渊;母,张氏

后妃:呼延皇后、刘皇后、靳皇后、樊皇后、宣皇后、王皇后、刘贵人等

年号:光兴,嘉平,建元,麟嘉

在位时间:公元 310~318 年

谥号:汉昭武帝

庙号:烈宗

陵寝:宣光陵

性格:聪明勇武,凶残荒淫

名家评点:

刘聪为人暴虐,嗜杀成性,在他的统治下,汉国政权所奉行的民族仇杀、民族歧视政策,从根本上改变了刘渊举兵反晋的正义性,从而揭开了中国民族关系史上黑暗的一页。

——白寿彝《中国通史》

昭武帝刘聪

生有异相,人中龙凤

刘聪(? ~318),汉赵国第二位国主,在位期间消灭西晋,让汉赵的国力达到顶峰。但随后沉溺于酒色,统治日益残暴。他游猎无度,广建宫殿,致使生产荒废,人民逃离,因连年战争,各将领形成割据势力,为汉赵的分裂埋下伏笔。

刘聪字玄明,是刘渊的第四个儿子。传说刘聪的母亲张氏怀孕的时候,曾梦见一轮红日钻进怀里,醒来后她对刘渊说起这件事,刘渊告诉张氏这是吉祥的预兆,不要对外面说出去。张氏足足怀了 15 个月的身孕,才将刘聪生下来。刘聪出生的那天夜里,家里出现一道白光,待生下来,家人发现刘聪的左耳有一抹二尺余长的白毛。

刘聪从小就聪悟好学,博士猗纪见了他以后觉得十分惊奇。14 岁的时候,刘聪就已经研究通了经史,综合百家之言能得出自己独到的结论,并且尤其喜欢诵读《孙吴兵法》。在书法方面,刘聪的草书与隶书字写得最好;在文章方面,他曾写过百余篇述怀诗,五十余篇赋颂,都是字字珠玑,文采斐然。

15 岁时,刘聪开始学习击刺的武术,善于射箭,能够拉开三百斤的弓,可以说是冠绝一时。

刘聪身上既有父氏匈奴骁武的遗传,也有母氏汉族诗文积淀的灵性,确是人中龙虎。20 岁时,刘聪在洛阳游学,交结名士无数,当时的大臣乐广、张华都对他大加叹赏。在京城见过大世面后,刘聪回到故地,官至右部都尉,善于抚接匈奴五部士众,族人归心。其父刘渊在成都王司马颖手下效力的时候,刘聪唯恐父亲有三长两短,自告奋勇在司马颖手下任积弩将军,常常冲锋陷阵,为父亲刘渊争功。

能征善战，杀兄夺位

汉赵国一直局促于并州（今山西）甫部一隅，后来定都平阳（今山西临汾）。刘渊当了皇帝不久就卧病不起，临终时，将兵权交给了刘盛。

刘盛年幼时不喜欢读书，只读《孝经》和《论语》两本书，他说："读这两本书能够照着去做，就足够了，哪里还用多读而不去做呢？"刘渊因为他忠诚执着，所以才将重要的职务交给了他。

刘渊去世后，太子刘和继承了皇位。刘和性格多疑，平时也没有什么恩德对属下，因此汉赵朝中的实际权力还控制在能征善战的刘聪手中。

呼延攸是刘和的舅舅，刘渊临终任命了一批大臣，唯独没有他，这让呼延攸感到即羞耻又愤恨。他对刘和说："先帝不考虑轻重的情势，使三王在皇城里统领强兵，大司马刘聪拥兵十万在近郊驻扎，陛下不过是在他人那里寄寓的皇帝罢了。应当尽早考虑对付这种情势。"刘和一向对舅舅深信不疑，马上让安昌王刘盛出兵剿灭刘聪。

刘盛说："先帝的棺椁还没有安葬，四王刘聪也没有变节，您就要自相残杀，天下会怎么说陛下？请您不要听信挑拨离间的小人的谗言，疑忌自己的兄弟，兄弟尚且都不能相信，那别人谁还值得相信呢？"呼延攸大怒，命令左右随从把刘盛杀了，密谋攻打刘聪。

岂知刘聪早有准备，没等呼延攸的军队集结完毕，就率先下手，收服了呼延攸手下的兵将。在光极殿西室，刘聪亲手杀死了哥哥刘和，并把呼延攸斩首，将首级悬挂在交通要道上。

大臣们于是请刘聪登上皇位，刘聪表示北海王刘义是刘和的同胞弟弟，皇位应该由刘义继承，但刘义坚持请刘聪即位。刘聪谦让了一阵后，也就同意了，宣布继承汉赵帝位，并说："北海王以及诸公是因为祸乱困扰还多，看重我年纪大几岁罢了。这是国家的事业。我怎么敢推辞！等北海王长大，我将把大业交还于他。"于是尊奉刘义的母亲单氏为皇太后，自己的母亲张氏为帝太后。以北海王刘义为皇太弟，兼大单于，大司徒。立自己的妻子呼延氏为皇后，封儿子刘粲为河内王，刘易为河间王，刘翼为彭城王，刘悝为高平王。

不久，刘聪因为自己是超越次序而当的皇帝，开始猜忌他的嫡兄刘恭。趁刘恭睡觉的时候，刘聪挖穿房间的墙壁，钻过去把刘恭刺杀了。

北海王刘义的母亲单氏年轻貌美，刘聪与她私通。刘义知道后，多次对此进行劝说，单氏也觉得惭愧，忧愤而死。刘聪因此对北海王的宠信逐渐减弱，只是因为单氏的缘故，还没有废黜他罢了。

六人肩舆

皇后呼延氏一直将北海王视作眼中钉，不断地对刘聪说："父亲死后由儿子继承。是古今通常的道理。就像陛下继承高祖刘渊的事业，皇太弟算干什么的？等陛下百年之后,如果让皇太弟继位,那咱们的儿子,刘粲兄弟几个一定会被他杀了。"刘聪说:"你让我考虑考虑再做决定。"呼延氏说:"事情放着不处理,就会发生变故。皇太弟看到刘粲兄弟几个渐渐长大,心里一定感到不舒服,万一再有小人在其中挑拨离间,祸患说不定就会在今天发生。"刘聪心里也认为皇后说得对,暗暗下了决心。

刘义的舅父感到事情不妙,哭着进言说:"关系疏远的人不替代关系亲近的。皇上有让河内王刘粲当太子的心思,殿下为什么不躲避呢?自己请求撤销皇太弟的封号,才可能免除杀身之祸。"刘义说:"当初是皇上自己考虑到嫡、庶的区别,以大位辞让给我的。我因为皇上年长,所以推奉他即位。天下是高祖的天下,哥哥死了弟弟来继承,有什么不可以的?再说父子和兄弟之间,难道还有什么亲疏吗?"大祸临头还如此不自知,这位皇太弟的命运就可想而知了。

大兴土木,宠爱刘后

公元 313 年,刘聪把贵嫔刘娥立为皇后,为她建造仪殿。廷尉陈元达恳切地劝谏,说:"天生百姓而为他们树立君主,是让君主管理他们,并不是用千万百姓的生命满足一个人穷奢极欲。晋朝廷无道,大汉受命于天,百姓翘首以待,差不多可以稍加养息。您的父亲刘渊身穿粗布,居住的地方也没有双层的坐垫,皇后妃嫔也不穿绫罗绸缎,拉车的马匹不喂粟谷,这是爱惜百姓的缘故。陛下即位以来,已经建造了 40 多处宫殿,加上一再兴兵作战,军粮运输不停,饥馑、疾病流行,造成人们死的死、逃的逃,但您还想大兴土木,这难道是做百姓的父母的想法吗?现在晋朝的残余还在西边占据着关中地区,陛下不为这一切担忧,却又在宫廷中建造殿堂,这难道是目前所急需的吗?"

这番话无疑是捅了马蜂窝,刘聪勃然大怒,骂道:"朕身为天子,建造一个殿堂,为什么要问你这样的鼠辈呢?你竟敢胡说八道扰乱大家的情绪,不杀掉你这个鼠辈,朕的殿堂就建不成!"于是向左右随从发出命令:"拖出去杀了!连他的妻子儿女一起在东市悬首示众,让这群老鼠进到一个墓穴里去!"

当时刘聪是在后宫逍遥园的李中堂内,陈元达事先早就料到刘聪的反应,因此在腰间绑了一把大锁。听到刘聪要把他拉出去,陈元达马上跑到园中,用锁把自己锁在堂下的树上,大声呼喊起来:"我所说的,是为社稷大业考虑,而陛下却要杀掉我。我能够与龙逢,比干同游,这就满足了!"随从们上前拉他,却怎么也拉不动。

这时,站在一旁的朱纪、范隆,刘易等人一起叩头,叩得出血,说:"陈元达为先帝所赏识器重,他也一直尽忠竭虑,知无不言。今天他所说的话虽然有些狂妄直率,但希望陛下能够宽容他。因为直言劝谏而杀列卿,这让后世怎么办?"

刘聪听大臣们这样说,一时不便再喊"拖出去砍了",便阴沉着脸,不置可否。

刘皇后听说后,暗中命令随从们停止对陈元达的刑罚,马上写了一道奏疏给刘聪,说:"现在宫室已经齐备,用不着再营建新的,四海还没有统一,应当珍惜百姓的财力。陈元达的直言是社稷的福气,陛下应该加以赏赐。现在反而要杀他,天下要怎么来评说陛下呢?直言进谏的忠臣固然不顾自己的性命,而拒绝进谏的君主也是不考虑自身的性命。陛下为了给我营建宫殿而杀劝谏的大臣,这样,使忠良之臣缄口不言是因为我,远近都产生怨恨愤怒是因为我,公私两方面的困窘弊害也是因为我,使国家社稷面临危险还是因为我,天下的大罪都集中到我的身上,我怎么能承担得起呢?我观察发现,自古以来造成国破家亡的,没有不从妇人开始。我心里常常为之痛心,想不到今天自己也会这样,使得后世的人看我,就像我看古人一样!我实在没有脸面再伺候您,希望您允许我就死在这个殿堂里,来弥补陛下的过错!"

刘聪看完皇后的奏疏,脸色都变了,过了许久,才慢慢地说:"朕近年以来,因为中了点风,喜怒超过限度,不能自己控制。陈元达是忠臣,朕却没有看出来。各位能够磕破头让我了解他,确实是深明辅佐之臣的职责。我的惭愧藏在心中,怎么敢忘掉呢?"

说完,叫陈元达上来,把刘皇后的奏疏给他看,说:"在外有像您这样的人辅佐,在内有像皇后这样人辅佐,我还有什么可忧虑的呢?"又赏赐给在场劝谏的人不同数量的稻谷与布帛,把逍遥园改称为纳贤园,李中堂改称为愧贤堂。刘聪对陈元达说:"你本该怕朕,现在反倒使朕怕你了!"

灭亡西晋,杀害降帝

刘聪攻克洛阳俘虏了晋怀帝后,司马氏将司马邺扶上了帝位,宣布在长安继承西晋皇位。公元316年八月,刘聪派大将刘曜率军围攻长安。

双方军队僵持了四个月,长安城内粮尽,无法拒守。刘曜攻陷长安的外城,内外断绝了联系,城中一斗米值二两金子,人吃人,城里人死了一大半,兵士逃亡不能控制禁止,只有凉州义兵几千人,誓死不动。京城粮食仓库有几十个麦饼,守将麹允把饼弄碎做成粥给司马邺吃,不久也吃光了。

司马邺哭着对麹允说:"现在这样穷困,外无救援,应该忍受耻辱出去投降,使士人、百姓能够生存下来。"司马邺赤露肩背,口含玉璧,乘坐羊车,出城求降。群臣围住羊车号哭,有的爬上车拉住他手臂,不让他出城。司马邺悲不自胜,又无可奈何,只好推开臣下,驱车出城投降。

西晋至此宣告灭亡。

刘聪再一次面对西晋降帝,百般羞辱于他。出猎时,命令司马邺全身披挂,手执长戟,作为前导。西晋的百姓见了,围观痛哭。公元316年十二月,刘聪在光极殿会宴群臣,也像对待晋怀帝那样,命令司马邺穿上青衣,替大家斟酒,洗怀,甚至在自己小便时,命令司马邺替他揭开便桶盖。陪伴司马邺的晋朝尚书郎辛宾见皇上如此受辱,失声大哭。事后,刘聪担心如留着这个废帝,晋人复国之心不灭,就在同月派人杀死了司马邺。

司马邺死后,谥号愍帝。至此,黄河以北的中原地区名义上尽归汉赵国所有。

骄奢废政,纲纪全无

刘聪执政时期,重新制定了匈奴汉国的百官制度,除中央机构沿袭刘渊建国初的旧制外,创立了一套胡、汉分治的地方行政体制,置左、右司隶,各领民户20余万,每万户置一内史,共设内史43人;用以统治汉人。又设大单于,大单于之下设左右辅,各领六夷十万落,每万落置一都尉。刘聪以子刘粲为丞相,领大将军,封晋王,以中山王刘曜为大司马。刘聪所建立的这套行政机构,形式上是曹操对匈奴五部分治法的继承和大范围的应用,但实际上有很大的不同。刘聪的百官建制仍然保存了大单于的职能,大单于的地位仅次于皇帝,担任大单于的大都是皇位的继承者。在刘氏统治机构中虽然也吸收了一部分汉人,但大权基本上掌握在匈奴贵族手中。

刘聪虽攻克洛阳，长安，灭了西晋，但他实际所能控制的地方，东不逾太行，南不越嵩、洛，西不过陇坂，北不出汾晋。在中原地区曹嶷据青、齐，石勒据河北，鲜卑拓跋部据代北，皆各据一方。

但刘聪显然没意识到这一点，自从灭亡西晋后，他渐渐骄奢起来，每次用餐时必须准备珍馐美味，而且一定要有新鲜的鱼。宫殿也装饰得穷奢极丽。

左都水使者刘摅有一次送鱼蟹来迟了，被枭首在东市。刘聪喜好出外游猎，早晨出去夜里才回来，回来后点起几千蜡烛，用来延续白昼的欢乐。

刘聪骄淫荒虐，朝廷内外也没有一点纲纪。刘聪的母

牛车画像砖

亲因为刘聪刑罚太过严厉，三天不吃饭以示警告。刘聪的次子、大将军刘敷屡次哭着劝谏，刘聪大怒说："你想要我死吗？朝朝夕夕生来哭人！"刘敷于是积病死了。

刘娥皇后去世后，刘聪开始到大臣的家中游乐，看到臣子漂亮的姬妾、女儿，就统统收入宫中。一天，刘聪去中护军靳准家里饮酒，看见了靳准的两个女儿，都是沉鱼落雁的美色，分别叫靳月光、靳月华。靳准早就有意凭借两个女儿谋取高官，这一条美人计已经筹措多时。当下靳准便将两个女儿献给了刘聪。

第二天，刘聪便封二女为贵嫔。两姐妹中，靳月光尤其讨人喜欢，过了十多天，刘聪便将她册封为皇后。

虽然备受宠爱，但后宫佳丽众多，靳月光也不能天天见到刘聪。时间一长，靳月光便耐不住寂寞了，找了几个美少年入宫打发时间。不料这件事被陈元达探听得一清二楚，他将靳月光的秘事收集了许多证据，写在奏折里交给了刘聪。刘聪一看证据累累，不由得怒火中烧，立刻跑到皇后的宫内，痛骂了一番靳月光，将陈元达的奏折掷在靳月光脸上让她自己看。靳月光仔细看完奏折，不敢分辩，只是跪在地上哭泣，哀乞刘聪的饶恕。刘聪大怒之下拂袖而去，靳月光当晚便服毒自尽了。

刘聪本来是一时气愤，听说靳月光自尽，赶忙跑去。见到靳月光的脸色凄惨无比，刘聪便抱着尸体大哭了一场，从此将靳月光的死归咎于陈元达，无论他再有什么规谏，刘聪都置若罔闻。

从此以后，刘聪命儿子刘粲为丞相，一切国事都让刘粲决定，自己每天在后宫纵欲宣淫，不出来管理朝政。

天落红雨，刘乂殒命

刘聪把国家大事都交给了儿子刘粲，很明显有传位于他的意思。皇太弟北海王刘乂虽仍有储副的名号，居于东宫，但威权日去。恰值一次天落红雨，使他所居的延明殿周围一片殷红，形同上天降血。古人迷信，刘乂心中不由得惧恶顿生，忙把东宫属官卢志、崔玮、许遐等几个汉族儒官请进宫来，商议对策。卢志等人劝说道："当初皇帝以您

为皇太弟，是继位之初安定人望而采取的不得已举动，他真正的想法是传位给刘粲，朝中王公大臣都心知肚明，一边倒地拥戴他。况且，刘粲近日又获封为丞相，羽仪部伍已超逾您所居的东宫，朝中大事无不由他专决，您想继位根本是不可能之事。不仅继不了位，您现在还要旦夕忧虑身家性命，实在应早做打算。如果能下决心，东宫四卫精兵有两万之众，京内统领各营诸王都年幼，可一举夺掉他们的兵权。刘粲轻佻无防，派个刺客就可以把他解决掉。大将军刘骥连年征战在外，城内没有可以抵战的悍将，只要您有意，发兵鼓行冲向云龙门，宿卫将士肯定倒戈奉迎，必能成功！"

卢志等人远虑深谋，把情势分析得条条是道。但皇太弟刘乂政治经验极其缺乏，没有勇气行此大事。没几天，刘乂手下的东宫舍人荀裕上告卢志等人劝刘乂谋反的事情，刘聪大怒，把卢志等数位汉人收入诏狱，随便安个罪名杀掉了，并下令冠威将军卜抽监守东宫，把刘乂软禁起来。

刘粲早就对这位挡在自己前面的小皇叔恨得牙根痒痒，至此更是杀心顿起。几天后，刘乂正在府中呆坐，忽然丞相刘粲手下的将军王平闯入，一脸焦急和凝重，通告他说："奉皇上诏旨，京城内有人想叛乱，请诸王宗室裹甲执兵，以备非常！"

青瓷六足砚

刘乂不敢怠慢，连忙命令东宫府臣卫士全身披挂，各执兵器，在府内集结，等待命令，准备为皇上效死。

刘粲得知一切皆如意料之中发展，马上奔赴皇宫，禀报父亲刘聪说："皇太弟刘乂准备作乱，手下已内着甲衣了。"刘聪大吃一惊，说："怎么会有这种事情！"令刘粲马上率军包围东宫。刘粲拘捕了听命于东宫的氐、羌酋长十多人，严刑拷问，把他们的头颅都枷锢于高木格之上，烧红铁器炙灼双目，酋长们便诬陷自己和皇太弟共同谋反。

刘聪于是下令，诛杀东宫所有官员，平素与皇太弟亲近、交厚的人也一律格杀勿论，废黜皇太弟，改封为北部王。不久，刘粲就让靳准谋杀了皇太弟。刘聪听说皇太弟的死讯后，悲恸痛哭说："我们兄弟仅剩二人却不能相容，怎么才能使天下人知晓我内心的情感呢？"

由于皇太弟刘乂有大单于的头衔，平时在京中的氐族和羌族贵族均是他所掌属。因此皇太弟死后，氐族、羌族反叛的很多，刘聪让靳准代行车骑大将军职务，征讨平定了叛乱，并将刘粲立为皇太子。

纵欲过度，暴病而死

太监王沈的养女，容颜美丽，刘聪想立她为左皇后。尚书令王鉴，中书监崔懿之，中书令曹恂进谏说："臣听说帝王册立王后，效法乾坤相配之理，在世时承嗣宗庙祭祀，去世后配祀土神，必须选择道德传家、名门显族的女子，本人也应贤淑，才能与四海之民的期望相称，使神祇满意。汉成帝立赵飞燕为皇后，结果使子嗣灭绝，社稷毁为废墟，这是前代的教训。即便是王沈的妹妹或亲女儿，也不过如同阉宦丑类，尚且不能让她们玷污后妃之位，更何况王沈的婢女呢！君王六宫的嫔妃，都是王公贵胄的子孙，怎能轻率地让婢女做她们的主人！臣恐怕这不是国家的福兆，选立皇后怎么能不以道德为准绳呢。"

　　刘聪非常生气,对刘粲说:"王鉴这帮小子,口出狂言,侮慢尊上,不再有君臣上下的礼节,应该快快定他的罪!"刘粲于是收捕王鉴等人,没有审讯就将他们送往刑场斩首。

　　王鉴等人临刑前,王沈用手杖叩击他们,说:"无用的奴才,还能再作恶吗? 选皇后关你们什么事!"王鉴怒视王沈,骂道:"小子! 覆灭国家的就是你这样的鼠辈! 我一定要向先帝控告你,把你拘到地下治罪。"崔懿之也对靳准说:"你谋杀皇太弟,心像畜类和鸮鸟一样残忍,必定是国家的祸害。"

　　刘聪此时沉溺在后庭成千上万的粉黛中,由于纵欲过度,他渐渐感到体力不支,躺在光极殿寝室里,每天都听见鬼哭的声音。于是搬到建始殿中,还是能听到鬼哭的声音。大概是淫欲过度产生了幻觉。公元 318 年七月,喜酒好色的刘聪终于淘空了身子,病重暴死。

后赵高祖石勒

帝王将相大传

一代帝王

人物档案

生卒年:公元274~333年

父母:父,周曷朱;母,王氏

后妃:刘皇后、程氏

年号:太和,建平

在位时间:公元319~333年

谥号:明帝

庙号:高祖

陵寝:高平陵

性格:英明大度,雄武智略

名家评点:

石勒崛起于穷困的少数民族之中,能够统一中国北方的大部,在文治上也有若干建树,并且有统一中国之志,这在当时十六国中确是个杰出的帝王。

——白寿彝《中国通史》

高祖石勒

精通骑射,胆略超群

石勒(274~333),羯族,是十六国时期后赵国的建立者。公元328年,石勒杀死前赵刘曜,消灭了前赵,两年后自称皇帝。至此,石勒暂时统一了中国的北部,与东晋以淮水为界,形成了南北对峙的形势,是十六国期间非常有魄力的帝王。

石勒,字世龙,先祖是匈奴支系羌渠的后代。祖父和父亲虽然都做过部落的将领,但后来家境还是衰落下去了。

从七八岁起,石勒便整日面朝黄土背朝天,赤脚在田里干苦力。当时这个苦孩子除相貌怪异外(羯人高鼻深目),没有什么特别过人之处,只是在累得半死回家吃饭时,蹲在茅草房的炕角,端着大碗,向母亲抱怨说自己听到有战马嘶鸣、金鼓擂击之声。石母不以为然,说:"你干活太累,耳鸣罢了,不是什么不祥的征兆。"

14岁时,身骨壮健的石勒为人雇作脚夫,曾贩运东西到洛阳城内的上东门。大概是劳累数日,刚刚饱餐一堆胡饼,石勒腹圆肚饱之际,兴奋地大吼。恰值东晋高门贵族王衍乘轿经过,看见怪模怪样的一个大身板少年在那里乱叫,就对左右人讲:"刚才那个胡族小孩,观其音声相貌很奇特,恐怕将来会成为动乱天下的祸害。"于是,他命人快马返回,想抓住石勒。集市已散,往来人多,石勒早不知混到哪个沟垄地边去歇着了,并很快被大清谈家王衍淡忘得无影无踪了。

石勒自小在外闯荡,不但精通骑射,而且胆略超群,这使他的能力超过了父亲。父亲乞翼加虽然武艺出众,但不太会管理部下,而且脾气暴躁,动不动就打骂部下,将士关系非常紧张。父亲见石勒越来越能干,便让他代管理部落,石勒凭借自己的胆识和能力,很快便赢得了大家的尊重,部落也管理得井井有条。

图文珍藏版

后来，石勒部落所在的地方发生了大饥荒，饿死了许多人，石勒也和几个人一起，从雁门逃到了阳曲，谁知却在那里遇到了一次灾难。

当时的建威将军阎悴向东瀛公司马腾建议，抓一些胡人押送到山东，解决军队的兵源问题，司马腾便下令让属将郭阳和张隆去办。就这样，石勒便和许多人一块被抓送到了冀州。张隆是个见利忘义的小人，想在这些被抓的胡人身上搜罗一些钱财，但没想到这些人是逃荒

威武的铜虎子

出来的，身上根本没有钱财。张隆在失望之余，开始虐待这些胡人，不但不让他们吃饱，还经常无故殴打。

好不容易到了冀州，石勒在第二天便被卖给了山东茌平（今山东茌平县）人师欢。师欢虽然是个地主，但还比较开明。石勒和其他人一样下地劳动，但总觉得自己常听到鼓角之声，便告诉劳动的同伴，同伴又将这事告诉了师欢，师欢觉得石勒这个人不是一般的人，便打听了石勒的来历，然后填写了一张放免书，除去了石勒的奴隶身份，让他成为一名有人身自由的田客。

石勒被放免后，便在武安（今河北省武安市）一带继续做田客，靠租种别人的土地生活。这期间他又经历了一场劫难，被朝廷的散兵游勇抓住，差一点又要失去自由，恰好有一群梅花鹿在旁边跑过，军卒都去追梅花鹿了，石勒这才趁机逃脱，又回到了山东茌平一带。

勇猛无敌，名闻天下

石勒本是名门之后，又曾经率兵作战，如今沦落到一个遭人欺侮的下等人，甚至被卖为奴隶，心中十分不平。为了改变自己的命运，石勒联合另一个朋友——牧马人汲桑，先后召集了18个人组成一只小骑兵队，号称"十八骑"，正式开始了他的军戎生涯。十八骑中包括了汉族和匈奴、乌桓等少数民族的人。

公元305年，成都王司马颖的旧将公师藩聚众数万起兵反晋，石勒便率领着自己的"十八骑"参加了公师藩的军队，公师藩任命他为前队督。

这时的石勒还没有正式的名字，只有一个小名，汲桑觉得他领兵打仗，应该有个正式的名字，于是就给他取了"石勒"这个名字，因为他的祖先曾经是中亚的石国人。石勒领兵作战勇猛无敌，不久便随公师藩打到了邺城之下。

公师藩和镇守邺城的晋军作战时，不幸腹背受敌，战死沙场。石勒便和汲桑逃回到了山东。石勒劝说汲桑投奔汉王刘渊，以图发展，但汲桑不肯，结果在石勒和他分手之后不久，汲桑便战死在山东。

此时的刘渊已经建国三年，在北方有了自己稳固的根据地，各地的起义军都去投靠他。石勒也从山东往山西投靠刘渊，那时刘渊刚迁到山西的新都城黎亭（今山西壶关县），石勒中途经过自己的老家上党郡时，说服了当地的割据将领随他一起投奔刘渊。

在石勒和说服的几千兵马经过乐平(今山西昔阳县)时,听说这里有一只 2000 人的乌桓部军队,首领是张伏利度。以前刘渊多次想收服他,都未能成功。石勒想,如果自己能把这件事办好,就更能得到刘渊的赏识和器重。

于是,石勒令其他人率领部下先走,自己单身来到了张伏利度的营帐,表示愿做他手下的一员,终身为他效力。张伏利度很高兴地收下了他,任为部将。

此后,石勒凭借自己的勇气和谋略,不但使张伏利度和他结拜为兄弟,其他的将领对石勒也极为佩服。石勒见时机已经成熟,便在一次开会时将张伏利度绑了起来。他说自己想率领众将士去投奔刘渊,以图更大的发展,如果张伏利度也能去,还奉他为主帅。张伏利度见石勒并没有加害自己的意思,便答应了。

刘渊见石勒说服张伏利度来投奔他,高兴异常,任命石勒为督山东征讨诸军事,赐号辅汉将军,封平晋王,张伏利度也封为乌桓王,由石勒统一率领他们投奔的全部人马。

公元 308 年,石勒在一年中相继攻占了魏郡、邺城和赵郡等地,兵马发展到了十多万,势力空前壮大起来。

在攻打常山时,石勒得到了谋士张宾,从此石勒的事业如虎添翼。

石勒让张宾将军中有文化的汉族士人集中起来,组成一个智囊团,也叫"君子营",专门研究军事作战,由张宾做主管。

公元 312 年,石勒在葛陂驻兵,征集民工大造战船,准备沿江攻打建邺(今江苏南京),但这年的雨季提前来临,暴雨冲垮了道路,将石勒的简易军营冲得不成样子。同时,瘟疫也开始在军中蔓延,一半的士兵病死。

在石勒遭受天灾的时候,晋兵开始准备讨伐石勒。石勒赶忙召集众将士商议对策,有的主张先和晋讲和,然后再想良策,有的则主张先到高地躲避洪水,石勒听了都不满意,便问张宾该怎么办。张宾直率地说:"我们去年就不应该在这里安营扎寨,既然现在大雨不停,那我们就不能在这里待下去了。北方的邺城一带西连平阳,而且又有山河的天然屏障,那是个好地方,我们应该北上去夺取,如果能成功的话,控制了河北地区,那天下就属于您的了。晋军之所以要防守进兵,就是害怕我们南下进军,如果我们现在突然撤退走了,他们高兴还来不及呢,根本不会追击我们。现在我们必须先把辎重物资运走,兵马则趁机运动,做出进军的样子来迷惑敌人,等我们的辎重都运完了再掉头北上,那就会平安撤退,开创新的霸业。"

石勒听了满心欢喜,马上任命张宾做右长史,尊称他为"右侯",依计而行,果然顺利北上到达了邺城。

坞壁画像砖

到了邺城,石勒又征询张宾下一步该如何走。张宾说:"如今天下已经大乱,我们不能这样没有根据地到处游击,常言道,得地者昌,失地者亡。现在看来,附近的襄国和邯郸地势很险要,我们可以选其一作为我们建都的地点,有了坚固的根据地,再派兵将四处征讨,不用多长时间,霸业便可以建立起来。"

石勒边听边频频点头,决定进军襄国。

石勒占领襄国后,开始练兵屯粮,准备四处征讨,扩大领地,消除外部的威胁。

当时,游纶和张豺率领数万军队占据苑乡(今河北任县东北),离襄国仅有几十里,对石勒构成了巨大威胁。石勒便派兵进攻，一战就将游纶的部队击溃。

游纶急忙向幽州刺史王浚求救。王浚是西晋的幽州刺史，字彭祖，并州晋阳人（今山西太原市晋源镇），听说石勒将游纶击溃，连忙派出了五万兵马来围攻石勒的襄国。统帅是辽西的鲜卑人段疾陆眷，段氏鲜卑人作战极为强悍，石勒吃了好几个败仗，只好下令退到城中固守。段疾陆眷见石勒退回城里，便命将士伐木打造云梯，准备攻城。

张宾见状，对石勒说："他们从辽西一直打到这里，已经很疲惫了，现在见我们困守孤城，思想上一定很麻痹。军心必定松懈，正好可以利用。《墨子》的《备突篇》中写有'突门巧战'和'关门擒虎'的战术，从古至今还没有人用过，我们用它破敌，说不定能出奇制胜。"

石勒于是便问张宾什么是"突门巧战"和"关门擒虎"，张宾解释说："我们现在固守，向敌人显示我们的畏惧心理，然后趁敌松懈的时候加紧准备。可在北城墙里边悄悄凿出20多个供骑兵出入的洞口。等到敌军攻城阵脚还没有稳定时，让我们的骑兵便猛冲出城，袭击敌军，必能一战退敌。等敌人的精锐部队被我们消灭后，其他的便会不攻自破。然后，北面的王浚就不难平定了。"

石勒听了非常高兴，下令按照张宾的计策准备。将士们在北城城门两侧的城墙上每隔一二百步打一个供骑兵通行的大洞，等离外城墙还有半尺时便停止，以掩蔽行动。就这样，一共打了二三十个大洞。这些将要打通的门就叫"突门"。

不久，段疾陆眷果然领兵来攻城。石勒命精锐骑兵都在突门后边等候，城墙上的将士却故意装出惊慌失措的样子，引诱敌军攻城。段疾陆眷知道孤城难守，早晚会被他占领，于是下令停止攻城，只让十几个士兵在城墙下高喊，让石勒投降。其他的将士见好长时间没有动静，逐渐松懈下来，后来干脆解甲卸鞍，就地坐下躺下休息。

石勒见时机已到，下令出击，城门和突门同时打开，部队以迅雷不及掩耳之势向敌军横扫过去，打乱了敌军的阵脚。段疾陆眷赶忙整顿残兵反扑，石勒见不能取胜，就召回了军队。军队从突门中撤回后，便用砖石将突门堵死。段疾陆眷的将领尾随追进城门，却被放下的闸门困住了，最后被俘虏。

王浚——铁锁沉江

捉住了敌军的骁勇将领，石勒马上命令军队从突门出击，勇将被擒，挫掉了敌军的士气，在石勒军的勇猛打击下，段疾陆眷败退而去，伤亡惨重。

此后，石勒又将活捉的将领释放，从而缓解了和鲜卑族的关系，稳定了北方，自己的势力也逐渐强大起来。

建立后赵，称霸中原

公元318年，汉王刘聪病死，儿子刘粲即位，大司空靳准发动了叛乱，将刘粲杀死，当年的十月，刘渊的侄子刘曜继位，封石勒为大司空、大将军。

刘曜知道石勒骁勇善战，不是自己所能控制的，因此不信任他。后来，刘曜听信小人之言,将石勒的左长史王修杀死,气得石勒暴跳如雷,对下属说:"我为了刘氏江山出生入死,屡立战功,没想到他们恩将仇报,反而要拿我开刀,原来我还盼望着能封王,现在看来只能由我自己封自己了。"然后自己设立了尚方令、太医令等官职,又让人开始建造宫殿。

张宾等人看出石勒有了称帝的想法,便请石勒正式称帝。石勒在推辞一番后,于公元319年称赵王,建立了后赵政权,与前赵对立。虽然没有正式称帝,但石勒的礼仪已经和天子一样了。

石勒建国后,下令胡人改称为"国人"。为了能在中原的汉族地区巩固统治,石勒争取汉族地主的支持,让张宾主持制定了门阀地主的等级,定了五品,后来又改为九品。为了招揽人才,他又命令大臣以及各州郡的官吏向中央推荐人才,到各部门里任官。

在石勒称赵王建立后赵政权时,南方的祖逖开始为北伐积极准备。石勒听说后,命人去修好了祖逖的祖坟。祖逖听说后,派人专程来道谢,并和石勒约定和好,这为中原地区争取到了难得的和平生活。

石勒为人宽宏大量,在他建立后赵政权之后,将老家武乡的乡亲们请到了襄国,但小时候的一个伙伴李阳没有来,原来他在年轻时曾和石勒为争夺沤麻用的池塘而多次打架。现在怎么也不敢去见做了赵王的石勒。石勒又派人专程去请他,等李阳到了石勒的宫殿,石勒高兴地拉住他的手说:"以前你打过我,我也打过你,咱们抵消了,现在仍然是好朋友。"石勒任命李阳做他的参军都尉,李阳感动不已,从此成了石勒手下的一员战将。

公元325年,石勒命侄子石虎领兵攻打前赵的石梁和并州,大败前赵军队,坑杀一万多人,前赵皇帝刘曜气得大病一场。

公元328年,石勒趁东晋发生王敦、苏峻之乱无力北进,前赵又在西征关陇无暇东顾的大好时机,派侄子石虎领兵四万西进突袭前赵国的河东郡(今山西夏县一带),黄河沿岸的50多县纷纷投降归顺。石虎围攻黄河东边的蒲阪城(今山西永济市),直接威胁到了前赵的都城长安。

前赵皇帝刘曜因为三年前石虎曾将前赵军队全军俘获,气得大病一场,现在见石虎又来进攻,顾不得身体有病,亲自领兵十万迎击过来。

石虎得到消息连忙撤退,刘曜追击赶上了石虎,将石虎打败,石虎率领余部急忙向东退却。刘曜并不追赶,反而渡过黄河,向后赵的洛阳包围过去。他想拿下洛阳之后,再北上和石勒决战,消灭后赵。

石勒急忙调集重兵火速南下救援洛阳,在顺利地通过成皋关时(今河南汜水县虎牢关),石勒欣喜异常,知道刘曜没有什么大的军事谋略。作为洛阳的北大门,成皋关竟然不派兵把守,只固守洛阳一带,是无法取胜的。

这时的刘曜并没有积极备战,迎击石勒,而是每天和歌女、大臣饮酒,寻欢作乐。有大臣劝谏,他说是扰乱军心,把劝谏的人全都杀掉。直到听说石勒已经渡过黄河,这才想起来要派兵去守成皋关,但为时已晚。

石勒到达之后,便联合洛阳城内的守军,内外夹击刘曜军队。刘曜最终被石勒的将领活捉。石勒让他写信劝降驻守长安的皇太子刘熙,刘曜却在信中说:"社稷为重,不要顾虑我的安危。"结果激怒了石勒,派人将他杀了。第二年春天,前赵的皇太子撤出长安西逃,长安落入后赵手中。

不久,石虎领兵和前赵军队决战,将皇太子活捉斩首。将关中等地收复,石勒最终完成了统一中原大业,后赵在十六国中的是一个版图辽阔、实力强盛的国家。

公元330年,在大臣们的劝说之下,石勒自称大赵天王,儿子们全部封王,众大臣也依次加官晋爵。九月,石勒正式称帝,改元建平,立妻子刘氏为皇后,世子石弘为太子,儿子石宏为骠骑大将军、石斌为左卫将军,任中山公石虎为太尉、尚书令,并进升爵位为王,石虎的儿子石邃封为冀州刺史,封为齐王;石宣为左将军;石挺为侍中,封为梁王。

中山公石虎对此很不满意,私下对齐王石邃说:"主上自从建都襄国以来,端身拱手,坐享其成,都是靠着我身当箭石,冲锋陷阵。20多年来征战南北,才成就大赵功业。大单于的称号应当授予我,现在却给了奴婢所生的黄吻小儿,想起来令人气愤,寝食难安!等到主上驾崩之后,我不会再让他活命。"

石勒称王后,删定律令,减百姓一半田租,严禁兵士欺侮衣冠华族士人,并在襄国都城内立小学十余所,崇文敬教,并铸造赵国自己的丰货钱。

第二年,石勒到达邺城,想在这里再建都城,结果遭到了廷尉续咸的反对,石勒非常生气,说:"不除掉这个老家伙,我的宫殿就没法建成。"将续咸投入了监狱。中书令徐光劝说石勒放了续咸,石勒说:"当了皇帝竟这么不自由,老百姓家里有了钱还要造栋新房子呢,何况我是一国之君。宫殿早晚是要建的,但也要听从臣下的直言,那就暂时停下来,等以后再说吧。"

过了不久,下了一场暴雨,把山上的许多树木冲了下来,石勒见状,高兴地说:"老天爷也让我建都啊,你给我送来这么好这么多的木料,那还有什么可说的呢!"石勒向往的宫殿终于破土动工了。

不过,石勒并不是好大喜功、奢侈浪费的君主,他对自己的地位和功绩也有自知之明。公元332年,石勒设国宴款待高丽使臣,酒到半酣,石勒问徐光:"你看我能和前代哪个皇帝相提并论呢?"

徐光说:"陛下您应该高过汉高祖刘邦,比您高的仅仅是轩辕黄帝。"

石勒笑道:"人应该有自知之明,我没有那么大的功绩,假如我能遇到刘邦,我会向他俯首称臣的。如果遇到汉光武帝刘秀这样的人,我倒可以跟他一争天下。大丈夫做事要光明磊落,怎么能像曹操和司马懿那样,欺负孤儿寡母篡夺人家的天下呢?"大家听了,对石勒莫不心悦诚服。

石勒虽然自己没有文化,但是却十分重视读书人,命令部下凡捉到读书人,不许杀死,一定要让他自己处理。石勒在都城内设立学校,要他部下将领的子弟进学校读书,还建立了保举和考试的制度。凡是各地保举上来的人经过评定合格,就选用他们做官。

石勒严禁部下提到"胡"字、"羯"字,但是为了安抚汉族士人,有时候也没有执行禁令。一次,汉族官员樊坦被任用做官,进宫朝见的时候,穿了一身破破烂烂的衣服。石勒吃惊地问他:"你怎么穷到这地步?"樊坦忘了禁令,回答说:"刚刚碰到一批羯贼,把我的家当都抢走,连一件像样的衣服都没留下。"石勒笑着说:"羯贼这样乱抢东西,太不应该!我来替他们赔偿吧!"樊坦这才意识到自己犯了禁令,吓得浑身发抖,连忙向石勒请罪。石勒则笑着说:"我这个禁令,是对付一般百姓的。你们这些老书生,我不怪你们。"说着,真的赔给樊坦一些衣服钱财,还赏给他一辆车,一匹马。

还有一次,有位饮酒大醉的羯人骑马闯入王宫,石勒大怒,立即怒问卫队小队长汉人冯翥："君王威行天下，王宫之内，为何有人敢驰入？作为守卫值班的军官，你为什么不能阻止来人！"惶惧之间，冯翥忘了忌讳，回答说："刚才那个醉胡乘马驰入，速度很快，我向他喊叫了半天，那个羯胡也听不懂我说什么。"自己话音刚落，冯翥忽然意识到自己刚才犯了"国讳"，叩头出血，以求宽恕。谁料石勒只是笑了笑，说："胡人确实难和他们讲话沟通。"

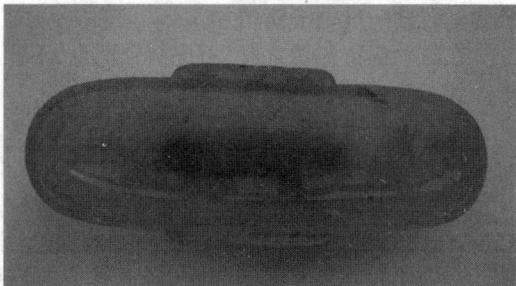
白玉耳杯

石勒因为自己不识字，便常找一些读书人把书讲给他听，一边听，一边还发表自己的见解。一次，他让人给他读《汉书》，听到有人劝汉高祖封旧六国贵族后代的历史，就说："唉！刘邦采取这样错误做法，还怎么能够得天下呢？"讲书的人马上给他解释，后来由于张良的劝阻，汉高祖并没有这样做。石勒点头说："这才对啦。"

内患未除，悔之晚矣

后赵右仆射程遐向石勒进言说："中山王石虎不仅勇悍，而且有权谋武略，群臣中无人比得上，观察他的志向，除陛下以外，对他人都视而不见。再加上性格凶暴残忍，长期出任将帅，威震内外，他的各位儿子年龄都不小了，而且都握有兵权。陛下在世，自然没什么事，但恐怕他不甘心做少主的臣子。应当尽早除去他。"

石勒说："如今天下还没有安定，太子石弘也年少，应当得到强大的辅佐。中山王是我的骨肉至亲，有辅佐王命的功绩，正应委以重任，怎么会像你说的那样！你是唯恐不能专帝舅的权力吧？放心，我也会让你参与辅政的，不必过分忧虑。"

程遐哭泣着说："我所顾虑的是国家，陛下却认为是为自己打算，忠言从何处能入耳呢！中山王并非陛下的亲骨肉，虽然有功劳，但陛下酬答他们父子的恩惠、荣耀也足够了，但他的心意、欲望却没有止境，难道是有益于将来的人吗！如果不除去他，我看宗庙将为绝祀了。"

石勒不听，程遐退下后，将此事告诉徐光，徐光说："中山王一直痛恨我们俩人，恐怕不仅会危害国家，也将是你我的祸殃。"

一次，徐光看到石勒不高兴，便问他为什么事发愁。石勒说："东吴、西蜀没有平定，我恐怕后人不把我当作承受天命的君王看待。"徐光说："魏国继承汉朝国运，刘备虽然在蜀地兴起，汉朝又怎能不亡国呢！陛下囊括长安，洛阳二都，平荡八州，帝王的正统不在陛下，又会在谁呢！况且陛下不忧虑心腹之患，却反倒忧虑四肢之患吗！中山王凭仗陛下的威略，所向无敌，但天下人都说他的英俊威武仅次于陛下。而且他禀性不仁，见利忘义，父子都占据权位，势力可倾覆王室，自己又有不满之心。近来在东宫侍奉宴饮，有轻视皇太子的神色。我恐怕陛下辞世之后，就不能再控制他了。"

石勒默默不语，开始命令太子多多参与国事，而且凡事可以自己做主，只有征伐断斩方面的大事才呈报石勒。太子的权力大了，中山王石虎的门庭日益冷清。这一来，石虎更加怏怏不乐。

公元333年，石勒去邺城巡视刚刚落成的沣水宫，中途回来时得了重感冒。不久石勒派使者到东晋,表示愿意和晋朝重新修好,但司马衍不领情,下诏焚烧了使者带来的礼物。石勒一气之下病情加重。

在石勒病重弥留之际,石虎封锁消息,不让石勒的儿子们来看望,大臣们也禁止入内。到七月,石勒感到时间不多了,便口授了一份遗嘱:"在我死后三天就可以下葬,在这几天不准禁止民间的嫁娶、祭祀、饮酒、食肉,各地的守将和官吏不准来奔丧。送葬时不许太浪费,只准用普通的车辆。坟墓中也不许陪葬珍珠、金银和宝物。我死之后,儿子们要吸取东晋司马氏兄弟内斗导致国破家亡的教训,互相谦让,和睦共处。"几天之后,后赵的建立者,戎马一生的石勒病逝,享年60岁。

石勒死后的第三天的深夜,石虎将他悄悄运到山谷中埋葬了。当时,石虎共命人组成了八支送葬队伍,抬了八口棺材从襄国的四门出发,朝东、西、南、北和西北、西南、东北、东南八个方向前进,都埋在了山谷的深处。没有人能说清楚究竟哪个棺材里装的是石勒。

过了12天,石虎才为石勒正式发表。丧礼非常隆重,专门派了60名大臣的子弟做挽歌郎,然后将一口空棺埋葬在襄国城外30里外的一块荒地上,历史上称为"虚葬"。这处陵墓称为高平陵。

前秦宣昭皇帝苻坚

人物档案

生卒年:公元 338~385 年

父母:父,东海王苻雄;母,苟氏

后妃:苟皇后、张夫人、李夫人等

年号:永兴,甘露,建元

在位时间:公元 357~385 年

谥号:宣昭皇帝

庙号:世祖

陵寝:无

性格:雄图大略,果断勇敢,刚愎自用

名家评点:

苻坚是五胡十九国最英明的君主之一,前秦帝国在他治理下,走上轨道。他任用汉族一位平民出身的王猛当宰相,是他最大的成功。

——柏杨

宣昭皇帝苻坚

相貌奇特,少年老成

十六国时期,是我国历史上分裂割据的时代,北方先后建立了 16 个割据政权,进行了长达 130 多年的混战,出现了 70 多位君主。但是,真正有所作为,并统一了整个北方的明君,还是常被后世称道的前秦皇帝苻坚。

苻坚(338~385)是前秦开国君主苻洪的孙子,苻雄的儿子,苻健的侄子。苻坚的父亲苻雄因辅佐长兄创业有功,被封为东海王。苻雄死后,苻坚袭爵。

苻坚生下来,后背就有红色纹理,隐约看上去是"草付臣又土王咸阳"八字。苻坚从小聪颖不凡,目有紫光,苻洪非常喜欢这个孙子,称他为"坚头"。八岁的时候,苻坚突然向爷爷苻洪提出请个家庭教师的请求。苻洪惊奇地望着孙子,说:"我们这个民族从来只知喝酒吃肉,如今你想求学,实在太好了。"

当时有个善于相面的人,在路上看到苻坚长相奇特,就上前拉住他的手说:"这里是皇帝巡行的街道,你们在此玩耍,不怕司隶校尉把你们捆起来吗?"苻坚回答说:"司隶校尉只捆有罪的人,不捆玩耍的孩子。"相面人对随行的人说:"这孩子有霸王之相。"

后来两人又相遇,相面的人悄悄对苻坚说:"你的面相不同寻常,日后必定大贵。"苻坚一本正经地说:"如果真的有那一天,我终生不会忘记您的恩德。"

重用王猛,推行教化

公元 353 年,苻健病死,其子苻生继承帝位。苻生是天下少有的暴君,不久即被苻坚杀死。

苻坚即位时，前秦一片混乱。关中本来就是各民族杂居的地区，民族仇杀此起彼伏。前秦在战乱中建国，法律制度都不健全。苻生又实施残暴统治，当时水旱灾害时常发生致使千里秦川豪强横行。

苻坚继位后，果断处斩了帮助苻生作恶的佞臣董荣、赵韶等20余人。提拔重用了一批精明廉洁的汉族士人参与朝政，其中最有影响的就是寒门出身的王猛。

王猛

王猛少年时家贫如洗，为了糊口，靠贩卖畚箕为生。王猛人穷志不穷，为人严谨、博学多才。后来经吕婆楼推荐认识了苻坚，二人一见如故，苻坚大有当年刘备遇到诸葛亮之感，即位后立即拜王猛为中书侍郎。

当时，京师的西北门户始平县豪强横行，苻坚于是派王猛为始平县令前往治理。王猛执法严明，雷厉风行，下车伊始就把一个作恶多端的奸吏当众打死，致使奸吏的狐朋狗党联名上告，并勾结执法官将王猛逮捕，押送到长安狱中。

苻坚亲自到狱中看望和责问王猛："当官理政要把仁义道德放在首位，怎能上任就杀人？"王猛从容地说："治理安定的国家要用礼，治理乱世要用法。我一心为陛下铲除奸暴不法之徒，现在才杀掉一个奸吏，还有千万个奸吏扰乱社会治安；如果陛下认为我不能消灭奸吏，安定社会治安，我甘愿受惩罚；若说我太残酷，实在不敢接受。"苻坚听罢很高兴。认定王猛是治理乱世的干才，当即赦免王猛，对他更加信任。

王猛是一介寒士，还是汉人，接连得到苻坚的重用和提拔，让一些前秦的元老显贵很不服气，妒火中烧。

姑臧侯樊世，是随苻健入定关中的氐族豪帅。他居功自傲，当众侮辱王猛说："我们与先帝共兴大业，辛苦耕耘；你无汗马之劳，凭什么坐享其成？"王猛冷笑着说："让你去耕种还算便宜了你，还想让你当屠夫做厨子呢！"樊世勃然大怒，说："姓王的，走着瞧，若不把你的脑袋割下来挂在长安城门上，我就不活在世上。"

苻坚得知后，对王猛说："如果放任樊世之流跋扈不杀，朝纲就无法整肃。只有杀了这个老混蛋，朝规才能得以整肃！"正说话间，樊世进宫，苻坚也不理他，而是故意对王猛说："我想让杨璧娶我的女儿，你觉得杨璧这个人怎样？"

樊世在旁一听，立时勃然大怒，说："杨璧是我的女婿，订婚好久了，陛下怎么能让他娶公主呢？"

王猛趁此机会高声斥责樊世："陛下是天下之主，你敢和陛下争女婿，一点也没有尊卑上下！"樊世于是起身要打王猛，左右急忙拉扯解劝。樊世不依不饶，继续破口大骂。

王猛扪虱

苻坚大怒，马上命武士立斩樊世于马厩。宫内的氐族贵族纷纷护短，在苻坚面前历数王猛的不是,苻坚更气,或骂或打,朝廷之上乱成一团。大臣权翼趁机进言,说:"陛下您有汉高祖宏达的气度,但谩骂斥责的态度也不可取。"苻坚闻言才笑了出来,说:"朕也有过错啊!"

樊世被杀,在氐族蒙强中引起轩然大波。一些氐族显贵不知收敛,自恃是皇亲国戚,仍旧恣意妄为。苻坚的妻弟强德就是其中一个,他酗酒行凶,抢男霸女,胡作非为。王猛早有所闻,一天又见他在大街上胡闹。王猛当即决定逮捕强德,斩首示众,陈尸街头。随后又和御史中丞邓羌通力合作,全面查处扰民乱政的权贵,接连诛杀了20多个不法的贵威豪强。于是,京城内外百官震肃,豪强贵戚无不老实守法,社会风气大为好转,出现了路不拾遗,夜不闭户的良好秩序,老百姓拍手相庆。苻坚看在眼里,喜在心头。他深有感触地说:"现在我才知道天下有法制的好处。"

随着吏治的整顿,恣意妄为、贪污受贿等腐败现象日趋消除,社会风气和社会治安大为好转。苻坚开始设立学校办教育,提高民众的文化素质,培养治国人才。他自幼学习汉族文化,仰慕儒家经典,为扭转氐族迷信武力、轻视文化知识的落后观念,积极恢复了太学和地方各级学校,广修学宫,招聘满腹经纶的学者执教,并强制公卿以下的子孙入学读书。苻坚每月到太学一次,考问诸生经义,品评优劣,勉励他们刻苦学习。

苻坚还亲自挑选品学兼优的学生,让他们到各级权力机构任职。同时规定:俸禄百石以上的官吏,必须"学通一经,才成一艺"。如果不通一经一艺,则一律罢官为民。由于苻坚的大力倡导,并同官吏的选任结合,前秦很快就出现了劝业竞学、养廉知耻的风气。不仅培养了官僚后备队伍,提高了统治阶层的文化素质,同时也促进了民族间的文化交流。

以农为本,偃革尚文

苻坚即位后,前秦的经济形势也极其困难。由于战乱不息,天灾连年,出现了国库空竭,民生凋敝。为了迅速扭转百废待兴的萧条局面,苻坚决定偃甲息兵,大力发展生产。

公元358年,前秦广大地区遭到大旱,苻坚下令减少自己的膳食,撤销歌乐,后宫皇妃以下的宫女改换布衣。不再穿绫罗绸缎。文武百官也相应地减少俸禄,以示与民共休戚。同时还指令开发山上的矿产林木,解除限制河流湖泊渔业的禁令,使国家和老百姓共同分享。停止一切军事行动,使人民获得休养生息。由于苻坚的措施得力,虽然遭遇大旱,却没有引起大的饥荒灾难。

为了解决关中地区少雨易旱的问题,苻坚下令官府证调了豪富童仆三万人,开发泾水上游,凿山起堤,疏通沟渠,灌溉梯田和盐碱地,使荒芜了多年的田地又重新长出了五谷,老百姓

耕地图

深受其利。苻坚还亲自耕作,他的夫人苟皇后也到近郊养蚕,以劝勉农民积极从事农业生产和丝织。苻坚又多次派遣使臣到各地巡视,抚恤孤寡老人。朝廷屡次发诏劝课农桑,推广先进的生产技术,奖励努力种田的农民。后来,前秦再次遭遇大旱灾,苻坚考虑到农民歉收,就下令减免部分租税,节约官府开支,适当降低官俸,并规定不是当

务之急就不要征派徭役了。

由于苻坚把发展农业作为基本国策，前秦的经济恢复很快，几年后便出现了安定清平、家给人足的新气象。史载，从长安到各州都，都修了通道驿亭，游人和商贩沿途取给十分方便。

一意孤行，败国亡家

随着经济实力的恢复，苻坚接连征服了前燕、前凉，瓦解了代国，使前秦获得空前的强盛。这时苻坚也出现了奢侈的苗头；接见群臣的大殿，挂起了珠帘；皇宫檐梁以及车马服饰等，也都用珍珠、宝石、美玉装饰起来。

尚书郎裴元略进谏说："我听说尧帝和舜帝住的是茅草屋，周文王和周武王也都鄙视华丽的宫室。他们勤俭治国，所以才能够使天下和平兴盛了800年。秦始皇追求享乐，穷极奢丽，结果未能传到孙子就亡了国。希望陛下引以为戒，修建宫廷不必追求雕梁画栋，要为天下广施淳朴的风尚，留下美好的风范。要以金玉为贱，以五谷为珍宝，体恤人民的疾苦。大力发展农业生产。除去那些无用的器皿，放弃那些难得的财货。要发扬高尚的道德情操以勉励浅薄的习俗，要兴办教育推广德政以怀柔边远地区的民众。这样才能使百姓安居乐业，最终获得天下统一。这就是臣下的心愿。"

苻坚听罢非常高兴，于是下令撤去珠帘，并任命裴元略为谏议大夫。

公元375年，王猛得了重病，苻坚亲自为他到南、北郊以及宗庙、社稷坛祈求神灵，并分派侍卫大臣前往黄河、华岳祈祷诸神。王猛的病情稍有好转，苻坚又为此而对判死刑以下的罪犯实行赦免。

王猛上疏说："没想到陛下因为臣的性命而损害了天地之德，这是开天辟地以来没有过的事情。臣听说回报恩德没有什么能比得上尽情直言，谨以我行将完结的生命，私下里向陛下进献剩下的一点忠诚。臣想到陛下威德功业震动八方以外，声望教化照耀天地之中，九州百郡，十有其七，平定燕、蜀，有如俯拾小草，善于开创的人不一定善于守成，善于起始的人不一定善于结束，所以古代的圣哲帝王，知道建功立业的不易，都是战战兢兢，如临深渊。臣盼望陛下能够追随前代的圣哲帝王，这是天下的大幸。"

苻坚看了王猛的上疏，十分悲痛，亲自到王猛的宅第察看他的病情，见王猛已无好转的可能，并向他询问后事。

王猛说："晋朝虽然偏居长江以南，但他们是正宗相沿，上下安定和睦，臣死了以后，愿不要把晋朝作为图谋的对象。鲜卑、西羌、是我们的仇敌，最终也要成为我们的祸患，应该逐渐消灭他们，以使江山安定。"说完这话，王猛就死了。

苻坚亲自参与装殓王猛，三次前往痛哭，并对太子苻宏说："上天不想让我统一天下吗？为什么这么快就夺走了我的王猛呢？"

襄阳之战

苻坚在王猛生前对他是言听计从，但是他却没有听王猛临死留下的忠告。

苻坚十分信任从前燕来投奔他的鲜卑贵族慕容垂和羌族贵族姚苌，在他们的撺掇下，他不顾重人的反对，决定攻打东晋。苻坚派他的儿子苻丕和慕容垂、姚苌等带了十几万大军，分兵几路进攻东晋的襄阳。

四月，前秦的军队抵达沔水以北，梁州刺史朱序认为前秦的军队没有舟船，未做防备。等到前秦的5000骑兵顺流渡过汉水后，朱序惶恐惊骇，固守中城。

朱序的母亲韩氏听说前秦的军队将要到达，亲自登上城墙察看是否坚固。行至西北角，认为这里不够坚固，就率领女仆及城里的成年女子 100 多人，在城墙里边又斜着修筑了一道城墙。等到前秦的大军来到以后，西北角的城墙果然被攻破，兵众们转移到新城墙上防守，襄阳人于是称这段城墙为"夫人城"。

慕容垂投秦

苻丕想要急攻襄阳，姚苌说："我们的兵众十倍于敌人，储备的粮食堆积如山，只要逐渐把汉水，沔水一带的百姓迁徙到许昌、洛阳，阻塞他们转运的通道，断绝他们的援军，他们就如同坠入罗网的鸟，还怕抓不到他们吗？何必要以将士们过多的伤亡为代价，而急切地求取成功呢？"苻丕听从了他的意见。

襄阳的守将朱序宁死不降，坚壁清野，与前秦打持久战。此时桓冲在拥有兵众七万人，由于害怕前秦的强大，不敢进军救援襄阳。前秦花了将近一年的时间，才把襄阳攻了下来，俘虏了朱序。

苻坚认为朱序能够为晋国坚守襄阳，是个有气节的忠臣，把他收在秦国做了官。苻坚想乘胜追击，接着派兵十几万从襄阳向东进攻淮南，东晋守将谢石、谢玄率领水陆两路进攻，把前秦打得一败涂地。

公元 382 年，苻坚下决心再次大举进攻东晋，召集大臣商量策略。没想到，大臣们纷纷表示反对。权翼说："晋国虽然弱小，但是他们的国主还没犯什么大错，手下还有像谢安、桓冲那样的大臣，团结一致。东晋有长江作为天然屏障，再加上百姓都想抵抗，咱们要大举攻晋，恐怕不是时候。"

苻坚听了很不高兴，大声说："长江天险有什么了不起，我们的军队那么多，大家把手里的马鞭子投到长江里，也可以把长江的水堵塞，他们还能拿什么来做屏障？"

谢玄

这时，苻坚的弟弟苻融站出来说："现在打晋国，不但没有必胜的把握，京城里还有许许多多鲜卑人、羌人、羯人。陛下离开长安远征，要是他们起来叛乱，后悔都来不及。您难道忘记了王猛临终前讲的话吗？"

苻坚的脑袋里此刻好像塞满了黏土，什么都听不进去。他转头要慕容垂谈谈看法。慕容垂说："强国吃掉弱国，大国并吞小国，这是自然的道理。像陛下这样英明的君王，手下有雄师百万，满朝是良将谋士，要灭掉小小晋国，不在话下。陛下只要自己拿定主意就是，何必去征求许多人的意见呢？"苻坚这才高兴起来，马上吩咐左右拿 500 匹绸缎赏给慕容垂。

第二天，苻坚下令，派苻融、慕容垂充当先锋，姚苌为龙骧将军，指挥益州，梁州的人马，准备出兵攻晋。慕容垂的两个侄儿偷偷跟慕容垂说："皇上骄傲得过分了。看来这次倒是我们恢复燕国的好机会呢！"

淝水之战

公元 383 年八月，符坚亲自带领 87 万大军从长安出发。向南的大路上，烟尘滚滚，步兵，骑兵，再加上车辆，马匹，辎重，队伍浩浩荡荡，差不多拉了千把里长。

过了一个月，符坚主力到达项城（在今河南沈丘南），益州的水军也沿江顺流东下，黄河北边来的人马也到了彭城（今江苏徐州市），从东到西一万多里长的战线上，前秦水陆两路进军，向江南逼近。

这个消息传到建康，司马曜和京城的文武官员都着了慌。晋朝军民都不愿让江南陷落在前秦手里，大家都盼望宰相谢安拿主意。

谢安把自己的侄儿谢玄推荐出来镇守广陵（今江苏扬州市），掌管江北的各路人马。谢玄也是个军事人才。他到了广陵以后，就招兵买马，扩大武装。当时有一批从北方逃难到东晋来的人，纷纷应征。他们中间有个彭城人叫刘牢之，从小练得一身武艺，打仗特别勇猛。谢玄派他担任参军，叫他带领一支精锐的人马。这支人马经过谢玄和刘牢之的严格训练，成为百战百胜的军队。由于这支军队经常驻扎在京口（今河苏镇河市），京口又叫"北府"，所以把它叫作"北府兵"。

谢玄手下的北府兵虽然勇猛。但是前秦的兵力比东晋大十倍，谢玄心里到底有点紧张。出发之前，谢玄特地到谢安家去告别，请示一下这个仗怎么打法。

哪儿知道谢安听了像没事一样，轻描淡写地回答说："我已经有安排了。"

谢玄心里想，谢安也许还会嘱咐些什么话。等了老半天，谢安还是不开腔。

谢玄回到家里，心里总不大踏实。隔了一天，又请他的朋友张玄去看谢安，托他向谢安探问一下。

谢安出游

谢安一见到张玄，也不跟他谈什么军事，马上邀请他到他山里一座别墅去。到了那里，还有许多名士先到了。张玄要想问，也没有机会。

谢安请张玄陪他一起下围棋，还跟张玄开玩笑，说要拿这座别墅做赌注，比一个输赢。张玄是个好棋手。平常跟谢安下棋，他总是赢的。但是，这一天，张玄根本没心思下棋，勉强应付，当然输了。

下完了棋，谢安又请大伙儿一起赏玩山景，整整游玩了一天，到天黑才回家。

这天晚上，他把谢石、谢玄等将领，都召集到自己家里，把每个人的任务一件件、一桩桩交代得很清楚。大家看到谢安这样镇定自若也增强了信心，高高兴兴地回到军营去了。

那时候，桓冲在荆州听到形势危急，专门拨出 3000 名精兵到建康来保卫京城。谢安对派来的将士说:"我这儿已经安排好了。你们还是回去加强西面的防守吧!"

将士回到荆州告诉桓冲,桓冲很担心。他对将士说:"谢公的气度确实叫人钦佩,但是不懂得打仗。眼看敌人就要到了,他还那样悠闲自在。兵力那么少,又派一些没经验的年轻人去指挥。我看我们准要遭难了。"

很快寿阳失守,水军部队只得在离洛涧(今安徽淮南东)20里处驻扎下来。苻坚得知秦军攻下了寿阳,便把大军留在项城,率8000轻兵赶至寿阳。他自以为胜利在望,便派朱序去劝晋军投降,但朱序却将秦军的底细告知了晋军。谢玄根据朱序所报进行部署,突袭驻在洛涧的秦军前哨阵地,歼灭秦军万余人,接着挺进至淝水东岸,与秦军对峙于淝水。

苻坚登上寿阳城楼,见晋军阵营严整,又远望八公山上的草木,以为都是晋军,心中畏惧。当时秦军贴水布阵,谢玄要求秦军稍退,让晋军渡过淝水进行决战。苻坚以为可以乘晋军半渡时进行偷袭,便一口应允。岂料秦军皆是强征得来的乌合之众,人心浮动,将士厌战,加上从前的晋军降将朱序趁机高呼:"秦军败了!秦军败了!"于是秦军一退不止,东晋军队乘胜追击,大败秦军。苻坚在逃跑途中,听到风声鹤唳,都以为是晋军追来。

坐镇后方的谢安接到谢玄的书信,知道前秦的军队已经失败。当时他正与客人玩围棋,拿着信放到了床上,毫无高兴的样子,继续下棋。客人问他是什么事,他慢条斯理地回答说:"小孩子们已经最终攻破了寇贼。"下完棋以后,他返回屋里,过门槛时,高兴得竟然连屐齿被磕断都没有发觉。

虎落平阳

淝水之战后,前秦元气大伤,先前被征服的鲜卑、羌等部族酋豪纷纷举兵反叛,建立割据政权。慕容家族先是慕容垂逃回前燕故地,慕容宗族的子弟跃马披甲,遍地狼烟,羌族的姚苌等人也重新崛起,丁零、乌丸相续起叛。北方重新四分五裂。

苻坚困守长安,看见前燕贵族背信弃义,把慕容暐叫到面前大骂:"你们家族兄弟子侄布列上将,当时虽称是灭国,其实我待你们像回家一样。现在慕容垂、慕容冲、慕容泓各个称兵,你们家族真是人面兽心,枉亏我以国士待你们。"虽然如此,苻坚看见在自己面前涕泣陈诉的慕容暐等仍不忍诛杀。长安城外,慕容冲率军歼灭秦军数万,占据阿房城,步步逼近。慕容冲12岁时前燕国亡,曾与14岁的姐姐清河公主一道为苻坚纳入后宫,作为娈童伺侍苻坚。苻坚在城上观战,心里慨叹敌人之强,派人送了一个锦袍给慕容冲,想打动对方念忆从前之情。慕容冲答道:"孤家现在以天下为任,怎能看这一袍小惠?如果你束手来降,我们慕容家对待你也不会比你从前待我们家差。"苻坚气得几乎吐血,大叫:"后悔不用王景略(王猛)和阳平公(苻融)之言,使白虏敢猖狂如此!"(鲜卑族人皮肤白皙,故苻坚呼之为白虏)

此时的长安城内,仍有鲜卑数千人,慕容暐时刻不闲,秘密召集族人准备埋伏人马袭杀苻坚,其间消息泄露,苻坚大惊,这才诛杀慕容暐父子及其宗族,城中鲜卑人不论少长及妇女全被杀光。

慕容冲在长安城外围城日久,城中乏粮,以至于出现了人吃人的惨剧。苻坚倾最后家底设宴款待群臣,打仗的将军也分不到几片肉吃,塞进嘴里不敢咽下,回到家"吐肉以饴妻子"。数月之间,烟尘四起,百姓死亡无数。慕容冲率众登长安城,苻坚全身甲胄,亲自督战,飞矢满身,血流遍体。最后,城守陷落,苻坚奔逃,慕容冲纵兵大掠,死者不可胜计。

　　苻坚逃到五将山，他从前征服后饶之不死的羌族首领姚苌派兵包围了他，秦兵溃奔，苻坚身边只剩下十余个侍卫，不久便被姚苌的大将吴忠俘获，捆起来送到了新平。

　　姚苌派人向苻坚索要传国玉玺。苻坚大骂："国玺已送晋朝，怎能送给你这个忘恩负义的叛贼？"姚苌又让苻坚把帝位禅让给他，苻坚又骂："禅代是圣贤之间的事。你姚苌什么东西，敢自比古代圣人！"姚苌羞愤，派人把苻坚缢死在新平佛寺。

宋武帝刘裕

帝王将相大传

人物档案

生卒年:公元363~422年

父母:父,刘翘;母,赵安宗

后妃:皇后臧爱亲、张夫人等

年号:永初

在位时间:公元420~422年

谥号:武帝

庙号:高祖

陵寝:江苏初宁陵

性格:果断勇猛,谋事沉稳

名家评点:

武帝刘裕

可惜,刘裕只是半截英雄。他的目标不是统一中国,而是皇帝宝座。

——柏杨

风骨奇特,勇猛无敌

刘裕(363~422)原为东晋大将,后来自己称帝,成为南北朝时期南朝宋国的创建者。他在江南大力发展农业生产,镇压卢循叛军,兴兵北伐灭亡后秦,收复了长安,自潼关以东,黄河以南直至青州全为南朝版图,江淮流域得到保障,这是祖逖,桓温、谢安经营百年所未能达到的。

刘裕,字德舆,小名寄奴,彭城人(今江苏徐州)。据史书记载,他是汉高祖刘邦的弟弟刘交的后代。

刘裕生下来不久,母亲便死了。父亲刘翘生活贫苦,想把他扔掉。同郡人刘怀敬的母亲是刘裕的姨母,她生下刘怀敬还不到一年,便来到刘裕家,把刘裕救了下来,断了刘怀敬的奶来喂养刘裕。

刘裕长大后,风骨奇特,异常勇武健壮,胸怀远大志向。他识字不多,依靠贩卖鞋子维持生计,又爱好赌博,因此被同村的人轻视。

东晋的刘牢之征讨孙恩,把刘裕征召来任参军事,派他带几十个人去探听变民军队的动静。刘裕走出没多远就遇上一支数千人的变民军队,立即迎上前去攻击,跟他同来的士兵全部被杀死。刘裕跌到岸下,变民士兵来到河岸边准备下去,刘裕奋勇地挥舞长杆大刀,仰面朝上砍杀了数名敌人,才得以重新登上岸来,仍然大声吼叫着追杀敌人,敌人全部逃走。

刘牢之奇怪刘裕为什么这么久没有回来,带着兵出来寻找他,正好看见刘裕手举大刀,一个人驱赶砍杀几千人的敌兵,大家同声感叹,于是趁机冲上前去一起追杀变民军队,将他们打得大败。

在众寡悬殊的情况下,刘裕的赌徒性格毕现,一跃而起,魄力至伟。

孙恩的军队逼近海盐,刘裕率军与他对抗,在海盐的旧城址上修筑阵地。孙恩几

一代帝王

图文珍藏版

乎每天都来对刘裕的阵地发动进攻,但每次都被刘裕击败,还斩杀了孙恩的将领姚盛。

刘裕因为城里的部队太少,难以长期抵挡,一天夜里,命令士兵把战旗全部放倒,把精锐部队埋伏起来。第二天早晨打开城门,刘裕只让几个老弱残兵登上城墙。变民部队一看,远远向他们打听刘裕到哪里去了。他们说:"昨天夜里逃跑了。"变民部队的士卒相信了他们的话,争先恐后地进了城。刘裕突然向他们发动了猛攻,将变民部队打得大败。

孙恩知道不可能把这座城攻克,于是改向沪渎进军,刘裕马上放弃了这座城池,追击孙恩,再次把他打得一败涂地。孙恩屡战屡败,在陆上站不住脚,只能退回海上做海盗,不时袭扰周边城市,但势力已大不如前。又经过几年征讨,孙恩终于穷途末路,被部下杀死。

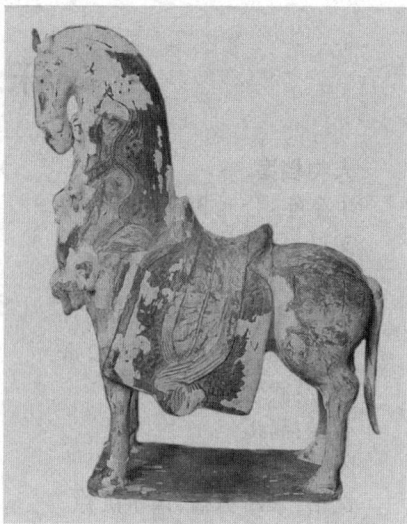
彩绘铠甲陶马

东晋的恒玄举兵叛乱,俘虏了安帝司马德宗,宣称皇帝下诏书,命令把掌权的司马道子赶出京城,贬逐到安成郡居住,不久后赐给他毒酒。司马道子的儿子们,以及庾楷、张法顺等人,全部押到建康城的街市上,斩首示众。

桓玄任命刘牢之为会稽内史。刘牢之说:"刚开始就来剥夺我的兵权,大祸就要来了。"不久上吊自杀。刘牢之手下的将帅官吏们一起把他装敛起来,把他的棺木运送到丹徒。桓玄下令劈开棺木,把刘牢之尸首上的脑袋也砍了下来,并把他的尸体扔到街上示众。

恒玄见司马德宗懦弱,索性废了他,自立为帝。但好景不长,三四个月后,北府兵将领刘裕得知刘牢之的死讯,突然率军打了回来,一仗便击败桓玄,迎司马德宗复位。

远离京城,进退自如

桓玄灭亡后,最大的赢家当属刘裕。由于迎安帝复位,对晋室有"再造"之功,东晋朝廷封刘裕为侍中,车骑将军、都督中外诸军事,使持节、徐青二州刺史如故。刘裕愈推让,群臣愈积极,簇拥着安帝亲幸刘裕的宅第。

此时的刘裕,对于皇帝赐给他的封号表示出诚惶诚恐的样子,这可不是假装,因为当时刘裕资历较浅,虽新立大功,但没有多少势力基础。而且桓玄的灭亡,也让刘裕清楚地看到:冒险称帝是件多么危险的事情。刘裕是个聪明人,他在接受了册封后,移镇京都之外,遥控朝廷。这样既保证了自己军权在手,又远离了京城这块是非之地,可以进退自如。

这时,逃于岭南的孙恩的妹夫卢循、徐道覆"遣使贡献",做出服从朝廷的姿态。东晋朝廷便授卢循为广州刺史,以徐道覆为始兴相。

卢循为人十分诡谲,得了便宜卖乖,他派人送给刘裕一大篓"益智粽",意思是说刘裕缺心眼,应多吃这种粽子补补脑子。刘裕也是市井出身,当然明白其中的含义,便回赠了卢循一大坛"续命汤"中药,意思是先让你多活些时间,等我有空一定去收拾你。

东晋内部就这样得到了暂时的平静，刘裕于是派使臣出使后秦，以平等的姿态示好，并要求讨还原为东晋领土的南乡诸郡。后秦的姚兴是大儒出身，竟出人意料地答应交还了一大片土地。后秦群臣纷纷进谏，姚兴坚持己见，反驳说："天下善恶的标准是一样的。刘裕出身寒微，能够诛除桓玄，兴复晋室，内整庶政，外修封疆，对这样的人，我岂能因吝惜数郡之地而不成其千秋美名呢？"于是，后秦尽还汉水以北十二郡给东晋。

当时，北燕正遭国变，国主慕容熙被杀，大夏的赫连勃勃和后秦的姚兴兵戈相见。南燕国主慕容超也趁乱发兵，但他进攻的不是后秦，而是东晋淮北的宿豫城。南燕这次攻伐东晋，完全不是为了开拓疆土，只是因为慕容超喜好音乐，想从东晋的汉人中拣选少男少女，送入教坊司学习音乐，供自己娱乐罢了。

公元 409 年四月，刘裕上奏朝廷，要征伐南燕。"朝议皆以为不可，惟左仆射孟昶，车骑司马谢裕，参军臧喜以为必克。"

宋高祖刘裕留衲戒奢

刘裕于是率大军自建康出发，一路经过的每处战略要地，刘裕均派精兵筑城守御，唯恐南燕有奇兵突袭断绝补给之路，重蹈当初桓温北伐的覆辙。

听说刘裕出兵，慕容超受惊不浅，他没料到攻掠东晋的边地会引起对方这么大反应，急忙和大臣商议对策。

公孙五楼是慕容超宠信的佞臣，虽然平日卖官鬻爵中饱私囊，却十分有战略头脑，他分析说："晋军初锋勇锐，难与争锋。我们应该主动出兵，抢先占领大岘山险关，拒敌于国门之外。这样一来，旷日持久，敌军锐气必受摧，后勤也会逐渐供应困难。我们还可以简选精骑两千，顺沿海边南驰，绝断晋军的粮道后深入敌后。这样一来，腹背夹击晋军，可为上策。其次，严命各地军将凭险拒守，除本军本城用度以外，余下储备一律焚毁，就是庄稼也都要令人刈除，坚壁清野，坐守待时。此乃中策。下策则是任凭敌军入大岘关，然后集合精兵，出城拒战。"

大臣们你一言我一语，议论纷纷。慕容超是个好大喜功的人，最后拍板定议道："京都殷盛，户口众多，非可一时入守。青苗遍野，一下子也刈除不尽。我大燕今踞五州之强，带山河之固，战车万乘，铁马万群，待晋军过大岘关，出现在平原地区，我们正好发挥铁甲精骑的长处，冲践敌军，可一举成擒。"皇帝自己选择了下策，公孙五楼也无话可说了。

就这样，刘裕未见南燕的一兵一卒，顺利渡过大岘关。慕容超听闻晋军已经飞渡大岘关，亲率四万大军前往临朐，与段晖等人合军。同时又命令公孙五楼赶往川源，想在上游切断晋军的水源，可惜的是，刘裕早有防备，先一步派前驱将军孟龙符攻据川源，迎头把公孙五楼打得大败。

两军在平原交战，南燕的铁骑本来很厉害，但没想到晋军使用兵车坚阵，骑兵冲荡践踏的优势完全发挥不出来,反而被兵车上的晋兵以利予捅死在车前,侥幸跃过兵车的,又被阵内的晋兵刀砍斧剁。

晋军以4000人对敌四万,毕竟燕军人多,双方一直未分出胜负。刘裕于是派遣檀韶,向弥与胡藩绕过燕军正在战场上厮杀的主力,突然向临朐发动进攻,一举克城。同时,刘裕派人四处散布晋军已有众多援军自海道赶至战场的消息。

慕容超身为皇帝,自己正在临朐城内大本营当总指挥,城内守兵总共才有两三千人。眼见城陷,慕容超单骑逃至段晖的营内。燕军看见临朐插上了晋军的旗帜本就心慌,又隐约得知大批晋朝援军从海上来攻,再也坚持不住,纷纷扭头奔逃。晋军乘胜追击,斩杀了段晖。慕容超侥幸逃出一劫,但他的玉玺、御辇以及全套皇帝仪仗,全部成了晋军的战利品。

刘裕穷追不舍,第二天就攻陷了广固的外城,逼使慕容超只得龟缩于内城死守。此时此刻,南燕只

南朝宋武帝刘裕之女寿阳公主

有求后秦来救援这一条路了,慕容超于是遣韩范出使长安借兵。

后秦的姚兴正与大夏国赫连勃勃相攻伐,见南燕乞援,姚兴不得不派使臣到广固城下见刘裕,威胁说:"慕容氏与我是友好邻国,我军准备遣十万铁骑,径据洛阳。晋军如果不退兵,铁骑当长驱而进!"

刘裕听了使者这番威胁的话,冷笑一声,说:"你回去告诉姚兴。我本来打算灭掉燕国之后,休整三年再来消灭你们。现在既然你们愿意送上门来,那就来吧!"

很快慕容超兵败,刘裕一举荡平了南燕。

刘裕于是开始进攻后秦,派大将王镇恶,檀道济带领步兵,从淮河一带出兵向洛阳方向进攻,自己亲自率领水军沿着黄河进军。

那时候,北方鲜卑族建立的北魏开始强大起来,它的势力已经发展到黄河北岸。北魏在北岸集结了十万大军,威胁晋军。刘裕的水军沿着黄河前进,有时风猛水急,晋军的船只被水冲到北岸,就受到魏兵的攻击。

刘裕派水军上北岸去打魏军,魏兵就逃,等晋军回到船上,他们又在北岸骚扰,弄得晋军来回奔跑,没法顺利进兵。

刘裕派了一个将军带了700兵士,100辆兵车登上北岸,沿岸摆开一个半圆形的阵势,两翼紧紧靠着河岸,中间鼓出,当中的一辆兵车上竖了一根白羽毛,因为这种布阵形状像个月钩,所以名叫"却月阵"。

魏兵远远观察着晋军的布阵,不懂是什么意思,也没有敢动。

一会儿,只见晋军中间车上有人举起白羽毛,两侧就涌出了2000名兵士,带着100张大弓,奔向兵车。

魏兵看看这个阵势,也没有什么大不了,就集中三万骑兵向河岸猛攻晋阵。晋阵上100辆兵车上的弓箭齐发,仍旧挡不住魏兵。

没料到晋军在却月阵后面,另外布置好一千多支长矛,装在大弓上。这种长矛约

有三四尺长,矛头特别锋利。魏兵正向晋军猛攻的时候,晋军兵士们就用大铁锤敲动大弓,那长矛往魏军飞去,每支长矛就能射杀魏兵三四个,三万名魏兵一下子就被射死了好几千。其他魏兵不知道晋军阵后还有多少这种武器,吓得抱头乱窜,全线崩溃。晋军又乘胜追击,杀死了大批魏兵。

王镇恶——蒙冲溯渭

刘裕打退魏军,打通了沿黄河西进的道路,顺利西进。那时候,王镇恶和檀道济带领的步兵,已经攻下洛阳,在潼关和刘裕水军会师。接着刘裕派王镇恶攻下长安,灭了后奏。

刘裕因为一直忙于战事,便任命刘道怜监留府事,刘穆之兼右仆射。朝廷的事情,无论大小,都由刘穆之决定。他又任命刘钟领石头戍事,屯扎在冶亭。

司马休之府里的司马张裕和檀范之听说这事之后,找到鲁宗之,认定自己将被刘裕排挤出朝廷,便给鲁宗之的儿子鲁轨写信,相约起兵抵抗刘裕。

刘裕写密信给司马休之府的韩延之,招请他背叛司马休之,为自己效力。韩延之回信说:"承蒙你亲自统领军马,踏上遥远的西方疆域,这个举措让荆州全境的人都感到惊慌震骇。你屈尊给我写信,我很荣幸。但司马休之忠心爱国,待人处事宽怀诚恳,因为你立过匡复朝廷的巨大功勋,朝廷与宗室还需依赖你辅佐,因此推重你的德行,对你一片赤诚,几乎做每件事都听你的指教,看你的脸色。四海之内的人,谁看不出你的用心?但是你却还要说谎欺骗国内的通达之士!你的来信说:'怀有谦敬之心,对别人的要求历来如此。'可今天你出兵征伐别人的君主,写信用私利引诱别人,这难道真是所谓的,怀有谦敬之心,对别人的要求历来如此吗?用甜言蜜语夸耀地方要员,先稳住他们,然后再用轻装部队对他们发动突然袭击,这是你干的事吧?假如上天注定丧乱的局面还要延长,各派的纷争还要继续污浊不堪,那么我自然要到九泉之下去游荡了,不再多言。"

刘裕看到这封信,叹息良久,还把信拿给手下的将领和官员们看,说:"做别人的属下,应当这样啊!"不久,韩延之因为刘裕的父亲名叫刘翘,字显宗,就把自己的字改成显宗,并给儿子取名叫韩翘,表示绝不做刘氏的臣下。

很快两军对阵,鲁轨、司马文思统领着司马休之的军队四万人,依傍着陡峭的江岸排下战阵。刘裕的军队士卒,没有人能攀登上去。刘裕披挂起铠甲,打算亲自攀登,各位将领纷纷劝阻,他却坚决不听,越发怒不可遏。

谢晦上前抱住刘裕,刘裕拔着佩剑指着谢晦说:"我杀了你!"谢晦说:"天下可以没有我谢晦,但是却不可以没有您!"建武将军胡藩率领游击部队,此时正在江津,刘裕于是派人去叫胡藩,让他登岸,胡藩有些疑虑。刘裕命令身边的侍从去把他抓来,打算杀了他。胡藩看着来人说:"我止打算去进攻贼兵,没时间前去受教!"于是,用刀尖在江岸上掘出小洞,仅能容下脚趾,他便踩着飞身跃上江岸,后边跟着他向上爬的人渐渐多了。登上江岸之后,便直奔上前,拼力死战。司马休之的军队无法抵挡,渐渐向后撤退。刘裕军队因此趁机猛攻,司马休之的部队完全溃败,刘裕于是攻克江陵。

灭亡东晋，大赦天下

刘裕大权在握，一直想当真正的皇帝，密谋毒死司马德宗，另立琅邪王司马德文。因为司马德文常在司马德宗身边，饮食睡眠，都不离开。刘裕买通王韶之，让他伺机下手。王韶之窥伺多时，总找不到机会。

正巧，司马德文患病，出宫休养。王韶之于是用衣裳拧成绳索，在东堂勒死了司马德宗。司马德宗死后，刘裕见时机尚不成熟，就伪造遗诏，立司马德文为帝。

不久后，刘裕命令傅亮草拟好禅位诏书，入宫逼司马德文誊抄。司马德文强作欢颜地对左右说："桓玄篡位，晋朝那时已经失国，多亏刘公出兵讨平，恢复晋朝，才得以再延续了近20年。今日禅位，我心甘情愿，没有什么怨恨。"说完，提笔抄誊诏书，交给了傅亮。然后携同后妃等眷属凄伤出宫，被刘裕降封为零陵王，迁居秣陵县城（今湖北省荆门市），由冠军将军刘遵考带兵监管。

不久司马德文的皇后褚秀生下一个儿子，褚秀之兄遵照刘裕的命令，将男婴害死。刘裕也想暗害司马德文，但司马德文整天和褚皇后共处一室，一切饮食也都由褚皇后亲自动手，使刘裕一时无法下手。

公元420年九月，刘裕命令张伟携毒酒一瓶，去杀司马德文。张伟不忍谋害故主，但又怕回去后难以交代，就自己喝下毒酒自杀了。刘裕又派褚淡之假意去探望褚皇后，命令自己的亲兵暗暗跟在后面。褚皇后听到兄长来了，出外相见。亲兵趁机越墙进入司马德文室内，将毒酒放在他面前，逼他快饮。司马德文摇头拒绝说："佛教说：人凡自杀，转世不能再投人胎。"兵士便将他挟上床去，用被子蒙住他脸面，用力扼死，然后跳墙而去。

司马德文被杀后，谥号为恭帝，葬于冲平陵（今江苏省江宁县蒋山西南）。刘裕率领文武百官亲临朝堂，哭泣哀悼了三天。东晋王朝在南方统治了104年，到这时候灭亡了。

刘裕即位做了皇帝，改国号为宋。登基典礼结束后，刘裕乘着皇帝的车驾从石头城进入建康宫。徐广悲痛不已，在祭坛放声大哭。

侍中谢晦忙将他拉到一边，说："徐公如此，未免有点过分了吧？"徐广说："您是宋朝佐命的大臣，我是晋室的遗老，悲欢之情，当然是各不相同。"

刘裕于是宣布大赦天下，凡是行为不道德，受过舆论抨击的人，一律清除罪名，使之改过自新。刘裕为人十分节俭，寡欲严整，做了皇帝之后也没什么改变，常穿着连齿木屐，在神虎门外散步。由于刘裕本人出自寒门，知道民间的疾苦，因此采取了许多措施，相对减轻了人民的负担，并对世家大族的横暴侵占进行了严厉打击，抑制了豪强势力。

刘裕任命徐羡之为司空，掌管国事。任命王弘为卫将军，谢晦为领军将军兼散骑常侍，入宫值班，总管宫廷安全保卫事务。

刘裕还是东晋的宋公时，谢瞻为宋国的中书侍郎，他的弟弟谢晦为右卫将军。

当时谢晦的权势和地位已经很高了，只要谢晦在家，宾客们就会从四面八方涌来，车马盈门，一直堵塞巷口。谢瞻看到如此情形，不胜惊骇，对谢晦说："你的声望和职位并不很高，人们却如此奉承你！谢家一向淡泊权利，不愿干预朝政，交游的人不是亲戚便是朋友。而你却权倾朝野，这哪里是家门之福？"于是，谢瞻用篱笆把自己家和弟弟家的门庭隔开,说:"我不忍心见到这种场面。"

谢瞻多次对刘裕说:"我本出身于清贫之家,祖、父的官禄不过二千石,我的弟弟谢晦年方三十,志向平庸,才能不高,却荣居高位,地位格外尊崇,掌理机要。享福太过,灾难必生,应验不远,请求您贬降谢晦的官阶,以保存我们衰微的家门。"

谢晦有时把朝廷中的机密告诉谢瞻,谢瞻就故意传给亲戚朋友,作为谈资,目的在于使谢晦闭口。刘裕即位后,谢晦因有辅助开国的功劳,官位更高。谢瞻也为此更加忧惧。不久谢瞻出任豫章太守,患病不治。临终前,他留了一封遗嘱给谢晦,说:"我幸能保全一身,再无恨事。你要自思勉励,为国为家。"

至于徐羡之,平民起家,没什么学问,但有很大的志向和气度,一旦居于高位,掌理国家大权,朝野上下,都推崇佩服他,认为他有宰相的声望。徐羡之平时沉默寡言,喜怒不形于色,对于弈棋非常精通,但每次观看别人对局,他却一言不发,好像什么都不懂似的,当时的人因此加倍推崇他。

傅亮、蔡廓常说:"徐公虽沉默寡言,但心中通晓万事,善于调解纠纷。"徐羡之曾经与傅亮、谢晦酒筵欢聚,傅亮,谢晦才学渊博,善于辞辩,而徐羡之总是庄重严肃之态,只在适当的时候才发言。

刘裕的得力助手刘穆之,在内总管朝廷政务,在外供应军旅的给养,遇事当机立断,快如流水,因此一切事情,没有堆积迟滞的。各方宾客从四面八方集中到这里,各种请求、诉讼千头万绪,内内外外,咨询禀报,堆满台阶屋子。刘穆之竟然能够眼睛看辞作讼书,手写答复信件,耳朵同时听属下的汇报,嘴里也应酬自如,而且同时进行的这四种工作互相之间又不混淆错乱,全都处置得当。

刘穆之喜欢宾客来往,说笑谈天,而且从早到晚,毫无倦意。偶尔有闲暇时间,他便亲自抄书,参阅古籍,校订错误。刘穆之的性格奢放豪迈,吃饭一定要宽大的饭桌,一大早便经常准备十个人左右的饭食,而且总有客人,从来没有一个人单独进餐的。

刘穆之对刘裕说:"我刘穆之的家庭出身本来贫穷微贱,维持生计都很艰难。自从得到您的信任忝任高位以来,虽然心中常常想着节俭,但从早到晚所需要的花销,仍然稍微显得过于丰厚了一点,除此而外,没有一点儿是对不起您的了。"

皇太子刘义符常和一些奸佞小人厮混,谢晦曾对刘裕说:"陛下年事已高,应考虑如何使大业万世长存,帝位至关重要,不能交给没有才能的人。"刘裕于是问道:"你看刘义真如何?"谢晦说:"没深交,且容我观察观察。"

出宫后,谢晦即去拜访刘义真。刘义真知道谢晦此来的目的,设宴盛情款待,并想要与谢晦长谈。但谢晦总是支吾其词,不愿答话。

回宫后,谢晦对刘裕说:"德行低于才能,不是人主。"

不久,刘裕便把刘义真派出了京城。

登基刚刚三年,刘裕就得了重病,他把太子刘义符召到床前,告诫他说:"檀道济有才干,精于谋略,却无野心,不像他的哥哥檀道韶,有一种难以驾驭的气质。徐羡之,傅亮,不会有其他企图,谢晦多次随我南北征战,善于随机应变,将来如果有问题,一定是他。"

几天后,刘裕在西殿去世,谥号武帝。皇太子刘义符即皇帝位,年仅17岁。

宋文帝刘义隆

人物档案

生卒年：公元407~453年

父母：父，武帝刘裕；母，胡道安

后妃：皇后袁齐妫，嫔妃沈容姬、潘淑妃等

年号：元嘉

在位时间：公元424~453年

谥号：文帝

庙号：太祖

陵寝：江苏长宁陵

性格：明达深沉、仁厚犹疑

名家评点：

承大难之余，居大位，秉大权，欲抑大奸以靖大乱……不贪大位，不恤私恩，不惮凶威，以伸其哀愤，则一夫之雄入于九军！

——明末清初·王夫之《读通鉴论》

文帝刘义隆

幸运登基，铲除权臣

刘义隆（407~453）继位后，铲除了专权大臣谢晦等人的势力，坚持宋武帝刘裕的集权政策。他在位期间，压抑豪强兼并，清理户籍，减免赋税，劝课农桑，奖掖儒学。刘宋国内"兵车勿用，民不外劳，役宽务简，氓庶繁息，至余粮栖庙，户不夜局"，政治经济文化均得到较大的发展，史称"元嘉之治"。

刘裕死后，皇太子刘义符继位。刘义符在为刘裕服丧期间，喜欢与左右侍从亲昵轻佻，嬉戏游乐，不能自我节制。丧事结束后也不问政事，一味游玩享乐。群臣多次劝谏，他一概不听。甚至在宫中开设酒店，自充酒保，以为游戏。

刘裕的另一个儿子刘义真聪睿敏捷，喜爱文学，但是性情轻浮，常与谢灵运、颜延之和慧琳道人一起游玩。刘义真曾经说："有朝一日我当上皇帝，就任命谢灵运、颜延之为宰相，慧琳道人为西豫州都督。"谢灵运是谢玄的孙子，性情傲慢偏激，不遵守法令及世俗的约束。当时朝廷只把他放在文学侍从之臣的位置上，却不认为他有从事实际工作的才干。谢灵运自认为自己的才能足以参与朝廷机要，因而常常愤愤不平。

徐羡之等对刘义真与谢灵运的交游十分厌恶，认为谢灵运、颜延之挑拨是非，离间亲王与朝廷的关系，诽谤朝廷要臣，贬谢灵运为永嘉太守，颜延之为始安太守。

刘义真来到历阳之后，不断向朝廷索要供应，掌权的朝臣每次都裁减，不完全听命，因此刘义真深怀怨恨。此时，徐羡之等已经在密谋策划废黜刘义符，但废黜刘义符后，身为次子的刘义真依照顺序，应当继位。于是，徐羡之等便利用刘义真与刘义符之间早已存在的宿怨，先上疏弹劾刘义真的种种罪行，将刘义真贬为平民，

徐羡之等因檀道济是刘裕时代的大将，威望震慑朝廷内外，而且掌握强大的军队，

于是便征召檀道济和王弘入朝,把废立皇帝的计划告诉了他们。

当时,刘义符在皇家园林里造了一排商店,自己充当商人,亲自买入卖出,讨价还价。傍晚,刘义符常率左右游逛,夜里就睡在龙舟上。檀道济选定日子,引兵开路,徐羡之等随后入宫,兵士杀掉了刘义符的两个侍从,砍伤了刘义符的手指,收缴了皇帝的玉玺和绶带,把刘义符送回到他的故居太子宫。

徐羡之宣称奉皇太后张氏之命,列举了刘义符的过失罪恶,废为营阳王,由宜都王刘义隆继承皇帝之位。

两个月后,徐羡之等派刑安泰前去刺杀刘义符,刘义符年轻力壮,奋战突围,逃出昌门,追兵用门闩捶击,将刘义符打翻在地杀死。不久,徐羡之等又派人杀死了流放在新安的刘义真。

就这样,年仅18岁的刘义隆宣布继承皇位,下诏让谢晦镇守重镇荆州。

谢晦赴任前向蔡廓辞行,屏去左右侍从,问蔡廓道:"你看我能够幸免吗?"蔡廓说:"你们接受先帝临终托孤大事,以社稷的兴衰为己任,废黜昏庸无道的君主而改立英明的皇帝,从道义上讲,没有什么不可。可是你杀害人家的两个哥哥,又有震主之威,还镇守长江上流重镇,恐怕在劫难逃。"

一番话让谢晦心惊胆战,开始害怕无法得以逃脱,等到船只离岸,谢晦回首顾望石头城,终于按捺不住内心的喜悦,说:"今日终于得以脱险了!"

刘义隆任命孔宁子为步兵校尉。孔宁子与侍中王华都有追求荣华富贵的强烈愿望,对徐羡之、傅亮等专揽大权深怀不满,日夜在刘义隆面前捏造罪状,陷害徐、傅二人。

正巧,谢晦的两个女儿将分别嫁给彭城王刘义康、新野侯刘义宾,所以谢晦派他的妻子曹氏和长子谢世休送女儿抵达建康。

刘义隆本来打算诛杀徐羡之和傅亮后,发兵讨伐谢晦,于是宣称要征伐北魏。傅亮预感到事情没这么简单,写信给谢晦说:"目前,朝廷就要动员讨伐黄河以北,事情并不到此为止。"但谢晦并没放在心上。

刘义隆认为王弘、檀道济并没有参与废弑刘义真、刘义符的阴谋,而且王弘的弟弟王昙首又是自己的心腹。所以在开始行动之前,刘义隆秘密派人告诉王弘,并且召见檀道济,打算派檀道济去讨伐谢晦。

檀道济抵达建康后,刘义隆下诏,公布徐羡之、傅亮、谢晦杀害营阳王刘义符、庐陵王刘义真的罪状,命令逮捕诛杀,并且说:"谢晦据守长江上游,可能不会立即伏法。朕将亲自统率朝廷的大军前往讨伐。罪犯只限谢晦一人,其他胁从者一律不加追究。"

这一招有瓦解人心的大作用,而且一箭双雕,不仅能使谢晦军中人心动荡,出现反叛,还能彰显皇帝的宽厚仁慈。

这天,刘义隆下诏召见徐羡之、傅亮。徐羡之走到建康城西明门外,谢世休飞报傅亮说:"殿内举动异常!"傅亮马上借口嫂嫂生病,暂时回家,派人通知徐羡之。徐羡之逃出建康城,在一个烧陶器的窑里自缢身死。傅亮乘车逃出城不久就被抓住后斩杀,谢世休也没能逃脱。

刘义隆将要讨伐谢晦,向檀道济询问策略。檀道济说:"我当年与谢晦一同北伐,当时得以入关的十项计策,有九项是由谢晦提出的。谢晦才略精明老练,大约很少有敌手。但他从没有单独带领部队打过胜仗,战场上的军事行动,恐怕不是他所擅长的。我了解谢晦的才智,谢晦也了解我的勇敢。今天我奉皇帝的命令来讨伐他。可以在他没有摆开阵势以前,就把他擒获。"

此时,谢晦已得知徐羡之、傅亮等被杀,后悔没早做准备。于是,谢晦先为徐羡之,傅亮举行了祭礼,又为儿子发布死讯,然后亲自走出虎帐统率军队。

谢晦当年随刘裕南征北讨,经验丰富,所以发号施令,指挥调动,莫不切实妥当,几天之间,人们从四面八方投奔谢晦,很快就聚集了精兵三万人。于是谢晦上表,盛赞徐羡之,傅亮等都是忠贞之臣,却遭受横暴的冤杀。又说:"我们这些人如果想长久地把握权柄,不一心为国家着想,我们当初在废黜营阳王时,陛下您远在荆州,武帝的儿子中还有幼童,我们完全可以拥戴小皇帝,发号施令,谁敢说个不字?怎么会逆流而上3000里,虚位70多天,去迎接陛下的鸾旗?已故的刘义真,在营阳王在位的时候,就曾积恨、冒犯皇上,是他自己死于非命。不有所废黜,怎么会有兴起?我有什么地方辜负了宋皇室呢?这都是因为王弘、王昙首、王华一伙阴险、狂暴,多所猜忌和挑拨离间造成的灾祸。现在,我要发动大军,以清除陛下身边的邪恶之徒。"

当初,谢晦与徐羡之、傅亮为了保全自己,就用谢晦把守长江上游,把檀道济安置在广陵,使他们各自拥有强兵。这样足以挟制朝廷,而徐羡之、傅亮在朝中居高官、掌实权,可以维持长久的安定。没想到今日弄巧成拙。

谢晦听说檀道济率兵来攻打自己时,大为惶恐。檀道济的大军一到,立即与当地守军到彦之的军队合兵一处。谢晦最初看见战舰不多,毫不在意,也不马上发动攻击。到了晚上,东风大起,官军的船舰帆篷满张,陆续抵达,前后相连,塞满了江面。谢晦军队的士气一下子涣散,军心沮丧,不再有斗志。

双方一交锋,谢晦的军队一触即溃,全军大败。谢晦在夜色的掩护下出走,投奔巴陵。不久谢晦的部将全部散尽,谢晦便携同他的弟弟谢遁等人,共七匹马向北逃去。谢遁体胖,不能骑马,谢晦常常要停下来等候,因此逃亡的速度很慢。结果被光顺之俘虏,用囚车送到京师建康。

刘义隆下令斩谢晦,谢遁以及他们兄弟的儿子。谢晦的女儿彭城王妃披散头发,光着双脚,与父亲诀别,说:"大丈夫应当战死沙场,为什么要行为不法以致在都城的市上被斩?"谢晦败走的时候,左右亲信都抛弃他各自逃命,唯独延陵盖一人追随谢晦不肯离去,刘义隆将延陵盖留下,封为侍从。

谢灵运一向自以为他的才能、名望和辈分,都足以有资格参与朝政。可是没想到刘义隆也只看重他的文才,只是常常让他参加宴会,跟他谈论和欣赏诗文而已。王昙首、王华,殷景仁的名望和地位,一向居于谢灵运之下,他们都得到了重用,并被委以国家机要大事,谢灵运因此愤愤不平。

谢灵运

于是,谢灵运经常声称有病,不参加朝会。有时他出城游玩旅行,走出200里,十余日也不回来。即不上疏奏报,也从不请假。

刘义隆念及谢灵运的名望，不愿伤害他的面子，婉转地让他自己辞职。谢灵运于是上书，声称自己有病。刘义隆马上批准他休假，让他返回会稽养病。谢灵运回会稽后，仍然游乐欢宴，结果被法司纠举，被免除了官职。

言辞恳切，深得人心

公元429年，王弘多病，况且又早下决心远离权势，因此每件事都推给刘义康处理。

刘义隆于是写信给弟弟刘义恭，告诫他说："天下时事，十分艰难，家事国事，关系重大。虽说是继承并保住现成的基业，实际上也还是相当不容易。你的性情急躁偏激，心里想着什么，就要不顾一切地达到目的。有时你的心里并没有某些愿望，一受外界引诱，你就立刻产生欲望，这是最容易招致祸端的，应该时刻提醒自己，极力克制。卫青对待士大夫礼貌谦恭，对小人也有恩惠；西门豹性情刚直急躁，常常佩带苇草；董安于性情宽容，做事缓慢，常常佩带弓弦，都是为了警告自己，矫正自己的性情，他们的美名一齐得到了后世的传颂。你待己处事，要深刻体会古人的行为，作为借鉴。

倘若有一天朝中发生不测，我的儿子年纪还小，刘义康必然要负起周公的责任，你也不可不尽到恭敬辅弼的道义。到那个时候，国家的安危存亡，就全取决于你们二人了。

你每月的私人开支，不能超过30万，倘若还能比这节省，那就更好，嬉戏游乐都不能过分。饮酒赌博，捕鱼狩猎这一切都不应该做，日常用品、衣服饮食，都应有节制。至于新奇的服饰和器物，不应鼓励制作。

你还应该多多接见府中的官员，召见的次数少，就会彼此不亲近；不亲近，你就没有办法知道官员们的思想感情；不了解他们的思想感情，因此也就无法知道民间的具体情况。"

这封信言辞诚恳亲切，立时在朝中传扬开来，朝臣们纷纷赞扬皇帝的明智圣德。

临阵杀将，自毁长城

刘义隆自从即位以来，就有收复黄河以南失地的雄心。他见朝内人心稳定后，便下诏挑选披甲精兵五万人，分配给右将军到彦之，并责令到彦之统率王仲德、竺灵秀带水军进入黄河。同时，刘义隆又派骁骑将军段宏率领精锐骑兵8000人，直指虎牢，刘德武率军一万人随后进发，长沙王刘义欣统兵三万人，监征讨诸军事。

在军事行动开始以前，刘义隆先派田奇出使北魏，正告北魏国主拓跋焘说："黄河以南的土地本来就是宋国的领土，中途却被你们侵占。现在，我们收复旧土恢复旧日疆界，与黄河以北的国家毫无关系。"

拓跋焘暴怒如雷，喝道："我生下来头发还没干的时候，就已经听说黄河以南是我国的土地。这块土地怎么是你们能妄想得到的呢？你们如果一定要出兵攻取，现在我们会暂且撤军相避，等到冬天天寒地净，黄河结上坚冰，我们自然会重新夺回来。"

刘宋军队一路上旗开得胜，但很快严冬来临，北魏军队开始反击，他们大举渡过黄河，进攻宋朝，在黄河以南占领了大片土地。刘宋军队节节败退，唯有檀道济率领大军抵抗得有些成效。

在短短20多天里，檀道济跟魏军打了30多仗，宋军节节胜利。见到其他的宋军都在败退,檀道济于是骄傲起来,防备也有点松懈了。魏军瞅个机会,用两支轻骑兵向檀道济的宋军前后两翼发起突然袭击,把宋军的辎重粮草放了把火烧了。

檀道济的将士虽然英勇善战,但是断了军粮,就没法维持下去,准备退兵。这时北魏派出大军追赶檀道济,想把宋军围困起来,宋军将士看到大批魏军围上来,都有点害怕,有的兵士偷偷逃跑了。檀道济却不慌不忙地命令将士就地扎营休息。

当天晚上,宋军军营里灯火通明,檀道济亲自带领一批管粮的兵士在一个营寨里查点粮食。一些兵士手里拿着竹筹唱着计数,另一些兵士用斗子在量米。

檀道济——唱筹量沙

有人偷偷地向营里望了一下,只见一只只米袋里面都是雪白的大米。这个消息马上被魏兵的探子听到了,赶快去告诉魏将。说檀道济营里军粮还绰绰有余,要想跟檀道济决战,准是又打败仗。

其实,魏军中了檀道济的计。檀道济在营里量的并不是白米,而是一斗斗的沙土,只是在沙土上覆盖着少量白米罢了。

到了天色发白,檀道济命令将士戴盔披甲,自己穿着便服,乘着一辆马车,大模大样地沿着大路向南转移。魏将看到宋军从容不迫地撤退,吃不准他们在哪儿埋伏了多少人马,不敢追赶。

由于檀道济的功劳大,威望高,让刘义隆感到了不安。恰巧这年刘义隆生了一场大病,刘义康就跟心腹商量说:"如果皇上有什么三长两短,留了檀道济总是一个祸根。"他们就用刘义隆的名义下了一道诏书,诬陷檀道济谋反。

檀道济在被捕的时候,气得瞪圆了眼,愤怒的目光像要喷射出火焰来。他恨恨地把头巾拉下,摔在地上,说:"你们这是自毁长城!"

檀道济还是被杀了。消息传到北魏,魏朝的将士都高兴得互相庆贺,说:"檀道济一死,南方就没有叫人害怕的人啦!"

沉疴难愈,兄弟反目

刘义隆长年患病,稍微操劳,旧病就会复发,多次病危。

每次刘义隆患病,刘义康都尽心侍奉,药物非经自己亲口尝过,绝不让刘义隆服用,有时一连几夜都不睡觉。朝廷内外的大小事务,刘义康一个人决定施行,而且处理得无不精密妥善。刘义隆因此把很多大事都委派给他。

刘义康只要有奏请,立即就被批准,因而刘义康的势力倾动远近,朝野上下的各方人士,都集中在他周围。每天早晨,刘义康府第前面常有车数百辆,刘义康对来访客人亲自接待,从不懈怠。而且刘义康的记忆力极强,一经耳闻目睹,终生不忘。

但刘义隆总认为兄弟之间是至亲手足,因此从不严格用君臣的礼节约束他的行为,常常由着他任性行事,也不考虑他的行为是否会触犯禁忌。刘义康在府中私养僮仆6000多人,未曾上奏朝廷。各地进贡的物品,都把上品呈献给刘义康,而把次等的呈献刘义隆。一年冬天吃柑,刘义隆叹息柑的外形和味道太差。刘义康说:"今年的柑也有好的。"于是派人到府中去取,取来的柑比进贡给皇帝的,大了一倍还多。

刘湛与仆射殷景仁结怨很深,因此打算倚靠刘义康的势力,排挤殷景仁。刘湛刚刚进朝廷做官时,刘义隆对他十分优待。刘湛特别擅长谈论经邦治国的道理,熟悉前代的历史掌故,每每说起来,条分缕晰,使人忘记疲劳。每次进宫朝见,刘湛的左右侍从及仪仗队伍都各自散去,因为不到

火烤长沙王

傍晚谈话不会结束。等到后来,刘湛煽动和唆使刘义康恣意妄为,刘义隆对他心怀不满,但对他礼遇却仍不改变。刘义隆对他的亲信说:"当年刘湛来,我与他谈话,常看时间早晚,唯恐他离去;最近他入宫,我也常看时间早晚,苦于他不快走。"

刘义隆一度病重,命刘义康起草托孤诏书。刘义康回到府中,痛哭流涕地告诉刘湛和殷景仁,刘湛说:"治理国家不胜艰难,怎么是年幼君主所能胜任的?"刘义康没有搭腔。刘义隆病愈后,略微听到这些情况,逐渐与刘义康离心离德,不久就把刘义康降职了。但刘义隆赐赏刘义康的财物十分丰厚,而且信件不断,朝中大事都告诉刘义康。

至于刘湛,刘义隆不想单单降职这么简单。当初,檀道济曾举荐沈庆之,说他忠诚谨慎,通晓兵法。逮捕刘湛的那天晚上,刘义隆开启宫门召见沈庆之,沈庆之全副武装,束紧裤管进门晋见。刘义隆问:"你为什么这般装束?"沈庆之说:"夜半召见,定有急事,不能宽服大袖。"刘义隆于是派沈庆之逮捕了刘湛,当即斩首。

刘义康失败后,与他关系密切的徐湛之也被捕,罪当处死。徐湛之的母亲是会稽公主,在刘义隆的兄弟姊妹中,她是敬皇后所生,年龄又最大,一向备受礼遇。皇室事务不论大小,一定征求她的意见以后再决定。刘裕贫贱的时候,曾经到新洲砍割荻草,身穿补过的布衫棉袄,都是敬皇后亲手缝制的。刘裕即皇帝位以后,把穿过的旧衣服拿给公主看,说:"后世子孙,如有人骄傲奢侈,不知节俭,你可以把衣服拿给他们看。"

因为徐湛之,会稽公主入宫晋见皇上,大声哭号,也不向刘义隆行礼,把用绸缎包裹的破衣服重重抛在地上,说:"你们家本来出身贫贱,这是我母亲为你父亲做的衣裳,才吃一天饱饭,就要杀我的儿子了!"刘义隆于是赦免了徐湛之的死罪。

不久,会稽公主设宴,邀请刘义隆前来,兄弟姐妹在一起非常愉快。突然,会稽公主起身跪在地上,再拜叩头,不胜悲伤。刘义隆不明白她的用意,亲自把她扶起来。会稽公主说:"义康到了晚年,陛下一定不能容他,今天特地求你饶他一命。"随后痛哭

不止。

刘义隆也泪流满面,发誓决不伤害刘义康。他把正在饮用的酒封起来,送给刘义康,附上一封信,说:"我与会稽姐宴饮,想起了你,把剩下的酒封起来送给你。"因此,会稽公主在世的日子里,刘义康得以平安。

赴宴平乱,范晔伏法

一次,刘义隆在武帐冈为衡阳王刘义季饯行。临出皇宫时,刘义隆告诉儿子们暂时不要吃东西,等到达送别刘义季的地方再设宴进餐。可直到太阳西斜,刘义季还没有来到,大家都饿得脸色很难看。

刘义隆这才对大家说:"你们从小生活在富裕安适的环境中,看不到老百姓生活的艰难。今天就是想让你们知道,世间还有饥饿困苦,让你们以后知道使用东西要节俭罢了。"

孔熙先的家非常富有,他常常和范晔在一块儿赌博,故意输钱给范晔。范晔既爱他的钱财,又喜欢他的才华,二人慢慢亲近起来。孔熙先一直为刘义康抱不平,因此时常鼓动范晔谋反。

范晔和吏部尚书沈演之都为刘义隆所信任。每次范晔先到朝廷时,一定要等待沈演之,然后一同入宫。可是沈演之先到,却曾经单独被刘义隆先行召见,范晔因为这事怀有怨气。

谢综和他的父亲谢述都受到刘义康的厚待,谢综的弟弟谢约又娶了刘义康的女儿,便和孔熙先约定一同谋反。

刘义隆到武帐冈赴宴这天,范晔等人图谋叛乱。许曜侍卫刘义隆,将佩刀微微拔出,向范晔使眼色。可范晔突然害怕起来,不敢抬头。不一会儿宴席结束,徐湛之害怕事情不能成功,就将孔熙先等人的阴谋全都报告了皇帝。刘义隆于是命令有关部门严密搜捕追查,这天夜里,范晔被召唤入宫后就被软禁。孔熙先见风使舵,将一切罪责都推到了范晔身上。

范晔在狱中作诗说:"虽不像嵇康被杀时索琴而弹,却可以像夏侯玄临刑时面不改色。"行刑这天,范晔的母亲赶到刑场,痛哭流涕责骂范晔,用手打范晔的脖子,但范晔并未显出惭愧的样子。可当范晔的妹妹及妻妾,歌妓们前来作别时,范晔却悲从心起,涕泪横流。谢综在一边说:"舅舅这样做,可赶不上夏侯玄那时的样子。"范晔于是又止住了泪水。

朝廷没收范晔家产,见那些音乐器具,服饰珍玩,都非常珍奇华丽,歌妓妻妾们有用不完的珠宝翡翠,唯独范晔母亲居住的房子简陋不堪,只有一个堆着木柴的厨房,他的侄子竟然没有冬天盖的棉被,叔父的冬装也只有一件单薄的布衣。

北伐失利,国势衰微

公元450年,刘义隆决意再次北伐,北魏国主拓跋焘听说后,又一次去信说:"我们两国和好的时间已经很长了,可你却贪得无厌,引诱我边境的老百姓。现在听说你打算自己亲自来,请随便行动吧。来的时候,我不迎接,离开这里我也不相送。如果你已厌倦你所居住的国土,那么,你可以到平城来居住,我也前去扬州居住,我们不妨易地而居。你50岁了，还未曾迈出过家门，虽然你自己有力量前来，也不过像三岁的孩子，同我们生长在马背上的鲜卑人相比，你该是个什么模样呢？我们没有多余的东西可以送给你，暂且送给你12匹猎马和毛毡、药物等等。你从很远的地方来此，马力不足，可以乘我送给你的马。水土不服，可以吃我送去的药。"

这封侮辱信让刘义隆大为光火，开始全国军队的大规模动员，上起王公、王妃、公主及朝廷官员，下到富有的民众，每人都捐献出金银、玉帛及其他物品来援助，而且进行了大规模的征兵。就是僧侣、尼姑的积蓄有满20万钱的，都要借出四分之一来供军队急用，战事结束即归还。

刘宋宁朔将军王玄谟的军队士气旺盛，武器精良，但是王玄谟刚愎自用，贪婪好战。最初包围滑台时，滑台城里有很多茅草房，众士卒请求用火箭把这些茅草房烧掉。王玄谟说："那些茅草房是我们的财产，为什么要烧？"这样一来，滑台城里的北魏守军就赶快撤掉茅草房而挖掘洞穴住进去。当时，居住在黄河、洛水沿岸的老百姓都争先恐后地给刘宋军队送粮秣，而且每天都有数以千计的人拿着武器前来投奔，王玄谟不按这些人的原来组织统率，而把他们配备给予自己关系密切的人使用。他发放给每家一匹布，却又命令每家交出800个大梨，然后派兵把这些梨运到南方贩卖，钱都装进了自己的腰包。大家非常失望。

不久北魏国主渡过黄河，号称百万士兵，王玄谟见状害怕了，赶快撤退逃走。北魏军队追击他们，杀死一万多人，王玄谟部下逃跑战死，到最后几乎没剩一人，丧失的军用物资及武器堆积如山。

萧斌正要派沈庆之前去援助王玄谟，这时王玄谟已经逃回来了，萧斌大怒，要斩王玄谟，沈庆之坚决劝阻，说："拓跋焘威震天下，统率着百万大军，怎能是王玄谟抵挡得住的呢？况且斩杀战将削弱自己的力量，这不是好办法。"萧斌无奈，只得听从沈庆之的建议，率军撤退。

刘义隆任命柳元景为弘农太守，到陕城与庞法起等会师。庞法起等来了援军，一举打进潼关，北魏的守将娄须弃城逃走。

北魏永昌王拓跋仁进攻悬瓠、项城，刘义隆害怕他们会攻到寿阳，就命令前进中的刘康祖班师回朝。结果拓跋仁率领八万骑兵追击刘康祖，而刘康祖只有8000将士。副将胡盛之打算依靠山势的险要，让军队从小路到达寿阳，刘康祖大怒，说："我们亲自到黄河搜索敌人，没有搜索到；值得庆幸的是他们自己送上门来了，怎么能躲避他们呢？"于是宣布迎敌。刘宋军将士都拼死同北魏军队搏斗，战斗从早晨一直进行到下午，刘宋军击杀了北魏一万多人，血流淹过人的脚踝。刘康祖身上十处受伤，但斗志却更加高昂。北魏军队将剩下的将士一分为三，采用车轮战术，边休息边作战。这时正赶上夜幕降临，风力很大，北魏军队借此就用战马驮草，火烧了刘宋军营，一支流箭飞来穿透了刘康祖的脖子，其余士众见主帅死了不能继续战斗，随即崩溃，全军覆没。

北魏军队不断南下，声称要南渡长江。建康受到震惊，一片恐怖，老百姓都挑着担子站在那里，准备随时逃走。太子刘劭率领军队镇守石头城，全权指挥水军。刘义隆不放心，登临石头城头观看，不禁面露忧色，说："当初我们决定向北征伐时，赞同的人本来就很少。如今将士、百姓劳顿怨苦，我们不能不感到惭愧。我为大家带来了灾难，这是我的过失。"又说："如果檀道济仍然在世，岂能让胡虏军马跑到这里来？"

刘义隆于是下诏，悬赏购买北魏国主及其王、公的首级，许诺若有成功者加封爵位，赏赐金银绸缎。同时派人把用野葛酿成的毒酒放在空无人烟的荒村，想毒死北魏将士,但却没能伤到他们。

这时的北魏国主拓跋焘没有发动进攻,而是下令开凿瓜步山,修筑盘山路,在山上搭好毛毡帐篷房。拓跋焘不喝黄河以南的水,用骆驼驮着黄河以北的水跟随在自己身边。同时,他派人送给刘义隆骆驼、名马等礼物,要求和解,并请求与刘宋皇室联姻。刘义隆于是也派遣田奇带着奇珍异果送给拓跋焘。拓跋焘得到黄柑,拿过来就吃,身边的侍从中有人趴在他耳边低语,怀疑食物里有毒药。拓跋焘没有回答,而是抬起手指着天,把他的孙子叫过来给田奇看,说:"我从很远的地方来到这里,不是想要成就功业,传播自己的名声,其实是想维持过去的友好,安定百姓,永远结成婚姻,永远相互援助。宋国皇帝如果能够把他的女儿嫁给我这个孙子,我也把自己的女儿许配给武陵王为妻,那样,从今以后不会再让一匹马南下骚扰。"

南朝宋孝武帝刘骏笑祖俭德

田奇回到建康,刘义隆召集太子刘劭及各位大臣前来商议,大家一致认为应该答应北魏的联姻,只有江湛反对,说:"戎狄没有亲情,答应他不会有什么好处。"

刘劭非常生气,对江湛说:"如今三位亲王都处于危险境地,拒绝他们,他们就会逮捕三位王,我们怎么可以这样坚持反对?"大家商议完毕后一同走出来,刘劭指使持剑人和左右侍从推撞江湛,江湛几乎被撞昏倒地。

刘劭对刘义隆说:"北上讨伐,我们失败招来了奇耻大辱,导致我们几个州郡沦陷残破,只有杀了江湛、徐湛之,才能够向天下老百姓谢罪。"刘义隆说:"北上征伐本来是我一个人的意思,江湛、徐湛之只是不表示异议而已。"从此,太子刘劭同江湛、徐湛之结下了怨仇。

北魏所提出的皇家联姻的建议,最终也没能实现。拓跋焘在瓜步山上召集全体官员,按照功劳大小,分别封爵升官进行奖赏,然后沿长江北岸燃起烽火,劫掠了驻地的居民,焚烧了老百姓的房屋后,向北而去。

公元453年,刘劭与弟弟刘骏争夺王位,结果都遭到刘义隆的贬斥。刘劭一气之下,入宫杀了刘义隆,宣布自己为皇帝。不久刘骏起兵,杀了刘劭,继承皇位。

刘义隆在位期间,提倡文化,整顿吏治,重视农业生产。使江南有了一段相对安定的时期,史称"元嘉之治"。但晚年的一场北伐让江南的恢复丧失殆尽,刘义隆死后的皇位争夺战,更是把刘宋帝国送上了衰败的道路。

宋前废帝刘子业

帝王将相大传

一代帝王

图文珍藏版

人物档案

生卒年：公元449~465年

父母：父，武帝刘骏；母，王氏

后妃：皇后何令婉等

年号：永光，景和

在位时间：公元464~465年

谥号：无

庙号：无

陵寝：葬于秣陵县南

性格：昏庸荒淫，凶残变态

名家评点：

　　自古淫昏之主，莫如桀、纣；然未有若宋子业之即位逾年，而淫凶狂暴，若是其甚者也！

　　　　　　　　　　　　　——蔡东藩

前废帝刘子业

失宠于父亲　报复心切

　　刘子业生于公元449年，小字法师，是宋孝武帝刘骏的长子。在他两岁的时候，父亲刘骏被任命为江州刺史，出镇浔阳，他的祖母路氏和母亲王氏都跟随父亲外迁，而年幼的他却被留在建康。也就在这一年，他的祖父刘义隆为争夺权力杀死弟弟彭城王刘义康。而不到两年，他的叔父刘劭又杀害文帝刘义隆自立。之后，他父亲刘骏起兵讨伐刘劭，刘劭将他囚禁在侍中下省，同时关在一起的还有江夏王刘义恭的12个儿子。在这里，他几次险些被杀，而刘义恭的12个儿子却因刘的叛逃全都被刘劭所杀。后来，他父亲攻克建康取得帝位后，又对刘氏宗亲进行了屠杀。在这十几年里，刘宋皇室骨肉相残的事情对他产生了深刻的影响。

　　刘子业在父亲刘骏即位称帝的同年，就被立为太子。他生性急躁，常常会惹刘骏不满，这也导致他的母亲王氏逐渐失宠。而殷淑妃因为年轻貌美而颇为受宠，特别是生下儿子刘子鸾后，刘骏对她们母子更加看重。刘骏因为喜欢刘子鸾，对刘子业也就越来越看不惯，就想着废掉刘子业，另立刘子鸾为皇太子。不过幸得群臣们劝阻，说废长立幼不利于国家社稷稳定，刘骏才打消了废立的念头。不过，这一事件对刘子业的心灵造成了很大的伤害，对此他一直耿耿于怀。

　　即位后不久，他便露出了残暴的一面，对父亲及其他一些人展开了疯狂的报复行动。他下令废除父亲统治时期所颁布的所有法令与制度，恢复文帝刘义隆元嘉时的制度。平日里，他总会借机会讽刺他的父亲。有一次，他请人在太庙里画祖宗的画像，随后他亲自去观看，对着武帝刘裕、文帝刘义隆的画像，他都会赞叹一番，而到了他父亲孝武帝画像前，就斥责画工说："这个人是个酒糟鼻，怎么不画上去？"当场就命令画工画上，他才满意。

之后，他又想到了曾经差点害他被废的同父异母的弟弟刘子鸾。此时的刘子鸾年仅7岁，但是刘子业不管这些，他派人赐刘子鸾死，同时也赐死了刘子鸾同母弟妹。他觉得还不解恨，又把当年父亲宠爱的殷贵妃从坟墓里挖出来，进行鞭尸，以解心头之恨。疯狂的刘子业还想把他父亲刘骏的景宁陵挖了，但最后在大臣的劝阻下才罢休。

对之前歌颂殷贵妃的谢庄等人，刘子业也想一概杀之。当年殷贵妃病死，谢庄作诔文，其中有"赞轨尧门"之句，他认为这是谢庄有意将殷贵妃比做汉朝的钩弋夫人，那么就有意把殷贵妃的儿子刘子鸾比做是后来的君主。谢庄由此被刘子业关在狱中，受尽了折磨。

嗜杀成性　侮辱宗亲

报复完父亲及刘子鸾，下一批遭罪的轮到了他父亲重用过的大臣。刘骏临终前，曾任命了太宰刘义恭、尚书令柳元景、领军将军沈庆之以及颜师伯、王玄谟等人为辅政大臣。其中颜师伯骄奢淫恣，目空一切，刘子业对其十分不满，于是首先拿他开刀。他下诏任颜师伯为尚书左仆射，免去他的卫尉卿、丹阳尹等职，使其有职无权，又任吏部尚书王或为尚书右仆射，分其权任。这几步下来，颜师伯才知道小皇帝不可小看，心中十分恐惧。后来，刘子业听信近侍太监的谣言，杀掉了朝廷重臣戴法兴，震惊朝野，大臣们人人自危。颜师伯于是就与柳景元密谋，废掉刘子业，另立刘义恭为皇帝。柳景元一时无法决断，他就找到沈庆之商讨。沈庆之与刘义恭关系不好，不愿立刘义恭为帝，又看不惯颜师伯专断，经过一番思考，就把此事告到皇帝刘子业处。刘子业马上就派人诛杀此意欲叛变的三人。刘义恭及他的4个儿子全都被杀，刘子业居然还把刘义恭的眼球取出来用蜜汁浸泡，称之为"鬼目粽"。柳元景及其8个儿子，6个弟弟，还有诸多侄子都惨遭杀身之祸。颜师伯及他的6个儿子最终也全部被杀。

之后，刘子业又借故杀了著名将军沈庆之和三世老臣王玄谟。自此，他就更加肆无忌惮。当时，他的几个弟弟还算比较年幼，不会对他的皇位产生什么威胁。但是他还有几位年富力强的叔叔，这几个人对年仅16岁的刘子业来讲不能不说是一个巨大的威胁。其中又以湘东王刘或建安王刘休仁、山阴王刘休祐威胁最大。为了防备这几位叔叔作乱，刘子业就把他们都调入京师软禁起来，并用各种方法进行侮辱与虐待。这三人都很胖，刘子业就把他们分别放入竹笼中过秤，其中因刘或最肥，刘子业便称他为"猪王"，而刘休仁被称为"杀王"，刘休祐被称为"贼王"。有一次，刘子业突发奇想，叫人挖了一大坑，里面装满泥水，然后叫"猪王"刘或脱光衣服，命令他在坑里像猪一样滚爬，还得像猪一样吃猪槽里的猪食。有一次，刘或不慎得罪了刘子业，他马上就令人把"猪王"绑起来，准备宰猪。后来幸亏有心计的刘休仁劝阻，刘或才得以幸免。

变态生活　被刺身亡

杀了这么多人，刘子业做什么事情都没有人敢管了，于是他就放心大胆、恣情享乐。他常常率领亲信们出宫游玩，他的姐姐山阴公主刘楚玉也常常同行。公主荒淫无度，刘子业也不顾伦理道德，与山阴公主同寝交欢。后来，公主还嫌不满足，就厚颜无耻地对刘子业讲："我们都是先帝所生，但为什么陛下可以有三宫六苑，而我却只有驸马一人。"于是刘子业就给她送去30个貌美风流的男子，命他们陪在公主左右。对此，公主还是不满足，他见吏部郎褚渊长得俊美，就想把他也霸占到府上来，于是就央求刘子业允许让褚渊为她的侍从。不过，褚渊誓死不从，最终她没办法只能放他回去。

姐姐尚且如此，对于更加没有管束的刘子业来讲，他玩起来更加荒唐。刘子业在华林园的竹林堂，他叫宫里的宫女全部脱光衣服在湖光山色之间追逐打闹，自己在一旁观看。有一天，刘子业又把各王王妃、公主集中起来，强令左右侍从奸污她们。南平王刘铄的王妃江氏誓死不从，他就下令杀死她的三个儿子，又令人鞭打江氏。他还强令宫女与动物交欢，稍有不从，便将其处死。刘子业还强占了他的亲姑母宁朔将军何迈之妻新蔡公主刘英媚，封其为夫人，纳入后宫。为了独占新蔡公主，他后来又杀死了宁朔将军何迈。

这些荒淫无道、滥杀无辜的行为使得朝廷百官怨恨不已。刘彧在受尽折磨之后认识到尽早会被刘子业所杀，只有举旗反之，才能逃脱魔掌。于是，他决定不再坐以待毙，秘密联系亲信阮佃夫、李道儿，又主动联系到刘子业的近侍寿寂之、姜产之等10多人作为内应。

公元465年十一月的一天，刘子业听信了巫师话，认为竹林堂内有鬼，于是在这天夜里屏退士卫，带着巫师与数百名彩女到竹林堂射鬼。就在此时，阮佃夫、寿寂之等也秘密准备弑帝另立的工作。等刘子业射完鬼，刚要设宴庆贺时，寿寂之等人提刀冲了进来。刘子业见状料知发生叛变了，赶忙转身就跑，不过，被追赶上来的寿寂之刺死。

齐高帝萧道成

人物档案
生卒年:公元 427~482 年
父母:父,萧承之;母,陈道正
后妃:皇后刘智容等
年号:建元
在位时间:公元 479~482 年
谥号:高帝
庙号:世祖
陵寝:江苏泰安陵
性格:深沉谨慎,志向恢宏

名家评点:
出身寒微,博学多才,并且胸怀革除时弊的远大志向。
　　　　　　　　　——詹子庆《中国古代史》

高帝萧道成

平叛建功,独揽朝政

　　萧道成(427~482)是南朝齐国的创建者。刘宋皇朝末年,宋皇室成员争权,自相残杀,朝廷实权渐集于萧道成之手。公元 477 年,萧道成逼刘宋皇帝禅位,建国号为齐,史称南齐。建国后他减免了百姓的租债,宽简刑罚,下令扩大清理户籍。但校籍工作弊端百出,致使内乱叠生。

　　萧道成、字绍伯,父亲曾是刘宋的汉中太守。萧道成从 16 岁起,便跟随父亲在战火中磨炼,23 岁,到雍州刺史萧思话手下当左军中兵参军,长期寄人篱下,一直不得志。

　　公元 466 年,刘宋国内发生多起叛乱,朝廷内的许多大臣,将佐都畏缩不前,只有刚升任右将军的萧道成奉命率部平叛。东讨晋陵(今江苏常州)时,他勇敢进击,一天之内连续攻占叛军的 12 个营垒,声威大震。这时,徐州刺史薛安都投了北魏,萧道成又奔赴东线作战,力挫薛安都之悍将——不少人畏之如虎的薛索儿,解除了青、冀二州的威胁。

　　从此以后,萧道成在刘宋的地位迅速地上升,奉命统一筹划北方军事,成为独当一面的战将。从这时开始,萧道成有意迎接宾客,收养豪杰。第二年,刘宋明帝刘彧调萧道成入朝,擢升为散骑常侍,太子左将军,后又迁任右将军,掌管禁卫军,与尚书袁粲共掌朝廷机密大事。

　　后废帝刘昱即位不久,叔叔刘休范欲夺位称帝,自寿阳发兵数万,顺江而下,直扑建康,来势极为凶猛,朝野上下一片恐慌,将军们都面面相觑,手足无措。这时,又是萧道成挺身而出,详细分析当前局势,部署了作战计划。刘昱和大臣们本来吓得无所适从,此时便唯萧道成之言是从。

　　萧道成布置停当后,亲率部队赴前线戍守,与刘休范进行直接交锋。萧道成让属下黄回、张敬儿诈降刘休范。刘休范没有丝毫怀疑,将二人安置在身边,还单独请他俩喝酒。乘酒酣不备,张、黄二人夺过刘休范的防身短刀,将其杀死。但这时叛军的另两路兵马丁文豪、杜黑螺所部却一举越过秦淮河,直杀进皇宫。好在这时刘休范的死讯传开,萧道成终于平定了叛乱。不久,萧道成升任中领军将军,独掌朝政。

权倾朝野,堂皇自立

萧道成权倾朝野后,将朝中有势力的对手一一铲除,离登基称帝仅仅一步之遥了。萧道成揽一切大权于手中,有皇帝之实。

刘昱即位时年仅12岁,自小就喜欢猴一样地爬竿玩耍,而且喜怒无常,他是一个天生的手工匠人和音乐家。刘昱继位后,常常是夜里从承明门出,夕去晨返,晨出暮归,随从们都执长矛大棒,路上凡遇见男女行人及犬马牛驴立时杀死,致使人民惊扰,道无行人。小皇帝每每施行击脑、椎阴、剖心的刑罚以为乐趣,每日都杀死数十犯人。如果跟随他的从人中在施刑时面有不忍之色,刘昱就让那人立正站直,亲自用长矛刺穿杀掉。刘昱还在耀灵殿上养着几十头驴,自己所乘的御马就在床边喂养。出门时,如果遇见婚丧嫁娶,刘昱就下马与那些拉车担货的少年相坐一处,高歌饮酒为乐,别人也不知道这位衣装普通的小子就是天子。

南朝仪仗画像砖

一次,一个叫孙超的亲信口中有蒜味,为了证明他吃过大蒜,刘昱让左右抓住孙超,用刀剖腹,探看他肚子里到底有没有大蒜头。不久,听说大臣孙勃家里金银财宝非常多,刘昱就亲率人马去劫掠,而且挺刀中锋在前,"身先士卒",第一个冲入。孙勃当时正居丧在家,眼看皇帝带兵前来,知道家族不免横死,就扑上前揪住小皇帝的耳朵,骂道:"你比桀、纣还要坏,日后难逃屠戮!"左右杀掉孙勃后,刘昱恨这位大臣敢揪自己的耳朵,亲自脔割尸体解恨。

由于太后多次教训申斥,小皇帝很是厌烦,让太医煮毒酒,准备鸩杀太后。左右从人劝他说:"如果太后死了,您就得以孝子身份参加那些复杂的丧礼仪式,就没时间出去玩了。"刘昱听见这话,方才打消毒死母亲的念头。

一天刘昱闯进领军府,看见萧道成挺着个大肚子正在睡午觉,刘昱立时来了兴趣,引满弓箭要射。左右急忙劝解说:"大肚子固然是个好靶,可是一箭射死,以后就再也没有了,不如改用草箭,射了还可再射。"刘昱于是改用草箭,一箭正中萧道成肚脐,哈哈大笑。

萧道成甚是气愤,密与几位大臣想借机废掉刘昱。禁卫军首领越骑校尉王敬则也与小皇帝身边的亲信暗中联系,伺机行事。

不久,刘昱乘坐露天无篷车,跟左右侍从前往台冈,比赌跳高。然后前往青园尼姑庵。夜晚，刘昱来到新安寺偷狗，煮吃狗肉后醉醺醺地回仁寿殿睡觉。弄臣杨玉夫一向得到刘昱的宠信，而今天，刘昱忽然对杨玉夫大为痛恨，一看见他就咬牙切齿，说："明天就杀了你这小子，挖出肝肺！"刘昱命杨玉夫观察织女渡河，说："看见织女渡河时，马上叫醒我；看不见，就杀了你。"

当时刘昱出宫进宫没有一定时间，宫中各门夜间都不敢关闭，负责宫廷保卫的官员，惧怕跟皇帝见面，都不敢出门。禁卫军士卒更是躲得远远的，内外一片紊乱，互不相关，没有人管理。当天夜晚，杨玉夫等到刘昱呼呼大睡时，与杨万年合伙，取下刘昱的防身佩刀，砍下了刘昱的人头。然后假传圣旨，命宫女演奏音乐。陈奉伯把刘昱的人头，藏在袍袖里面，跟往常一样，神色自若，宣称奉皇帝派遣，出宫把人头交给了王敬则。

王敬则飞马奔向领军府，敲门大喊，萧道成恐怕是刘昱的诡计，不敢开门。王敬则把人头从墙上扔进去，萧道成令人洗净血迹辨识，果然不错，这才全副武装，骑马而出。萧道成进入仁寿殿，殿中官员惊慌恐怖。但紧接着听到刘昱已死的消息，都高呼万岁。

死去的刘昱被宣布为废帝，萧道成以皇太后的名义，迎立明帝第三子刘准为帝，时年仅八岁。

公元479年，萧道成逼刘准退位，要刘准到殿堂举行禅位仪式。刘准害怕，就躲到佛盖下面不去。萧道成的死党王敬则带兵抬着板舆进殿，左寻右找才找到他，硬把刘准抬走。萧道成降封他为汝阴王，迁居丹阳，派兵监管。不久，监视刘准的兵士忽然听见门外马蹄声杂乱，以为发生了变乱，就一刀将刘准砍死，事后谎报说刘准是病死的。

萧道成就这样宣布继承皇位，改国号为齐，刘宋王朝自此灭亡。

提倡节俭，利国利民

齐朝在萧道成统治时期，局势平静，社会经济有所发展。萧道成奋斗半生，既切身体会到创业艰难，也深刻明了误国祸患，所以和其他许多开国之君一样，勤勉于朝政，谨慎治国，取得了较好成果。

萧道成在剪除刘宋残余势力的同时，大力改革，下令免除老百姓的旧租宿债，减轻市税；下令诸王不得各自营立邑邸，封略山湖，以保护自耕农的利益，希望达到"公不专利、氓不失业"理想境界。

南齐朝廷规定：禁止招募部曲，安抚流民返乡务农。在这个基础上，政府派员检定户籍、整顿户口，以分辨门第清浊界限，防止偷漏税赋，保证财政收入。这也是南齐的一项重大举措。萧道成办事历来雷厉风行，为此设立了专门的机构，实行严格、全面的检籍，凡有违抗，便罚充远戍。但在实践中，由于官吏贪赃枉法，实际效果有限。

萧道成身为天子，倒是能够一直以身作则。他倡导节俭，自己便衣着简朴，不饰文绣、不求精细。后宫的器物栏杆等，以铜为装饰的，一概以铁取代。

透雕龙纹玉器

这一系列的举措，确实起到了节省政府开支，提高行政效率，改良民风的作用，此外，萧道成还提倡儒学，注重学校教育和文化发展。一次视察衣库，萧道成看见里面有一个玉导,说:"留着此物,正是滋长一切弊病的根源!"当即命令将玉导打碎,还检查库中存放着什么奇巧的物品,一概依照这一事例处理、他经常说:"假如我能够有十年时间治理天下,我就能让黄金的价值与泥土相等。"

这固然是大话,但萧道成治国的成效却是不可否认的。可惜的是,萧道成在位仅仅四年便因病死去,萧齐的前途也跟着他进了坟墓。

齐东昏侯萧宝卷

人物档案

生卒年：公元 483～501 年
父母：父，明帝萧鸾；母，刘惠端
后妃：褚皇后、潘贵妃等
年号：永元
在位时间：公元 498～501 年
谥号：无
庙号：无
陵寝：不详
性格：放纵荒淫，任性残忍

名家评点：

辅政大臣相继被诛，各种政治势力相互火并，萧齐皇
朝面临着严重的统治危机。

——白寿彝《中国通史》

东昏侯萧宝卷

无视礼法，诛杀大臣

萧宝卷(483～501)是中国历史上著名的荒唐皇帝，在他的统治下，南齐加速了走向灭亡的进程。

公元 498 年，萧宝卷即南齐皇位，时年 16 岁，他就是中国历史上鼎鼎大名的东昏侯。

萧宝卷的父亲萧鸾死时，遗命徐孝嗣为尚书令，沈文季为左仆射，江祐为右仆射，刘暄为卫尉，陈显达为太尉主持军政，始安王萧遥光与上述大臣同参内外大政。

萧宝卷登基后的第一件事，是为父亲办丧事。但他每每看见巨大的棺椁摆放在太极殿里，就很不高兴，因为那黑森森的棺材影响了他玩乐的心情，于是下令让速速拉去陵墓里埋掉。但古代礼法森然，停枢有固定的天数，徐孝嗣争执了好久，才使萧鸾的棺材又多摆放了一个月。其间，每当臣下祭拜或属国使臣临吊时，萧宝卷作为"孝子"，应该在旁"临哭"，但每次他都推称"喉痛"，只是在一旁站立，装装样子。

太中大夫羊阐是个秃头，一次哭拜时官帽落地，露出了光头，萧宝卷顿时哈哈大笑起来，对左右说："秃羊啼叫了！"大臣们心中惊疑不已，从未见过这样的"孝子"和皇帝，而且是在如此庄重肃穆的场合。

萧宝卷在东宫当太子时就十分顽劣，讨厌读书写字，最喜爱的事情就是半夜里和几个小太监一起挖洞抓耗子。

萧鸾临死时虽然安排了贤明的大臣辅政，但同时又提醒萧宝卷，要他"做事不可在人后"，即对属下王公大臣要果于诛杀，不能先被别人算计废杀掉。萧宝卷对于父亲临终的这番话倒是身体力行，凡是劝谏他不要过度玩乐的人，一律诛杀。

萧宝卷性格内向，加上有些口吃，因此平时很少说话，只喜欢出宫闲逛，可是却不

允许任何人看到他。每次出宫都先行戒严，为了预防有人从门缝偷看，凡他经过的街道，两旁房舍都要空出来。萧宝卷每个月都要这样出游20多次，而且忽南忽北，忽东忽西，时常夜游。一次一个孕妇来不及躲避，被萧宝卷看见了，下令剖腹，母子齐死。

在辅政大臣中，徐孝嗣待人处事圆滑周到，不露棱角，因此虽然官高名显，却始终平安。许准看到萧宝卷残暴，劝说徐孝嗣另立新帝。徐孝嗣长久迟疑难决，以为欲行此事一定不能动用干戈，必须是等待皇帝出游的机会，关闭城门，召集群臣百官在一起商议，把萧宝卷废掉。

徐孝嗣虽然有此想法，但是终究不能决策而行。萧宝卷身边的那帮宠信之徒也对徐孝嗣渐渐厌憎。沈文季以年纪大且有病在身为由，不参与朝政，沈昭略对他说："叔父你年纪才60岁，身为仆射而不管事，你想以此而免祸自保，岂能办得到呢？"沈文季笑着不吭声。

东昏侯萧宝卷的爱妃潘贵妃

不久，萧宝卷把徐孝嗣、沈文季、沈昭略三人召入宫去，赐给他们毒酒。沈昭略愤怒不已，骂徐孝嗣说："废掉昏君，另立明主。这是从古到今的宪章大法，全因你这做宰相的无能，以致我们才有今日。"接着把酒瓯砸到徐孝嗣脸上，并且说："我让你死了也做一个破了面的鬼！"徐孝嗣喝了毒酒，一气喝了一斗多才死去。徐孝嗣的儿子徐演娶了武康公主为妻，另一个儿子徐况娶了山阴公主为妻，但是都受父亲牵连而被杀。沈昭略的弟弟沈昭光听说抓捕的人来了，家中人劝他逃走，但是他不忍心丢下自己的母亲，就进入屋中，拉着母亲的手悲声哭泣，抓捕者进来把他杀了。沈昭光的哥哥的儿子沈昙亮逃走了，已经得以幸免，但是听说沈昭光死了，叹息地说："家门遭受如此屠灭，我还活着干什么呢？"于是扼断自己的喉咙而死。

骄恣放荡，兵变迭起

始安王萧遥光见辅政大臣接连被杀，心中惊惧。这时，萧宝卷又下诏召他返回建康议事，更让他相信小皇帝要杀自己，于是索性起兵造反。

萧遥光率兵连夜攻占建康东城，由于出其不意，开始时很顺利，但由于本性怯懦，没有乘胜攻入禁宫，丧失了最好的机会。天一放亮，台军（首都禁卫军）全部集结起来，本来兵锋占优势的萧遥光一日之内兵溃退走，最后跑到床下躲避，被兵士搜出砍了头。从起事到被杀，全部加上才不过四日。

萧遥光是萧鸾的侄子，少年时便和萧宝卷吃住在一起，感情很深，萧宝卷常昵称萧遥光为"安兄"。萧遥光被杀后，萧宝卷登上旧时和萧遥光一起玩耍的旧宫土山，遥望萧遥光被杀的东府，怆然呼唤"安兄"，黯然泪下。萧宝卷此种"正常人"的举止，史书上仅此一件（《南史·卷三十一·齐宗室》）。

平灭萧遥光后，萧宝卷觉得宰杀大臣太容易了，在不到一个月内，又杀掉本来参与镇压萧遥光叛乱的功臣刘暄、萧坦之和曹虎等大臣。杀刘暄时，萧宝卷有些犹豫："刘暄是我的亲舅，怎么会谋反呢?"一个侍卫说："明帝乃武帝同堂（指萧宝卷之父齐明帝与齐武帝是堂兄弟），恩遇如此，犹灭武帝之后，舅舅又怎么可信呢?"于是萧宝卷族灭刘暄。

此时，六位顾命大臣中只剩下太尉陈显达一人了。陈显达谦厚有智谋，自以为寒人出身而位居大官，每次升迁都有愧惧之色。他常常嘱诫自己的儿子："我本意不及此，汝等勿以富贵凌人!"萧宝卷即位后，陈显达在外督军进攻北魏，杀伤无数，惊得魏孝文帝亲自率十余万大军增援，虽然最后陈显达被击退，但累得大名鼎鼎的孝文帝回去后不久就病死了。

陈显达在听闻徐孝嗣等人的死讯后，感到祸之将至。公元499年十一月，陈显达于寻阳起兵数万，在采石与朝廷军相遇交战，大胜，建康上下震恐。由于身经百战，陈显达太过轻敌，即刻北上袭城，一时间禁宫四门紧闭。

陈显达只带数百步兵，在西州前与台军大战，70多岁的老人挥矛如飞，矛杆杀断后拿着矛尖还杀掉十余人。不久，增援的官军来到，陈显达不支败走，被杀于鸟傍村，时年73，随后被满门抄斩。

诛杀陈显达后，萧宝卷更加骄恣放荡，觉得自己帝位稳固，是上天的旨意。一月之中，他出外游玩的时间竟有二十几日之多。一次萧宝卷来到定林寺，一个老和尚生病未及走避，躺在草丛中想躲过一劫，被萧宝卷发现，下令左右侍卫发箭，把老和尚射得像刺猬一样。

萧宝卷自小爱玩，身体十分强壮，他爱玩一种叫"担幢"的游戏，即做白虎幢高七丈五尺，左臂右臂来回担玩。后来觉得不过瘾，又把几十斤重的白虎幢移到牙上担玩，掉了好几颗牙齿，仍旧担玩不已。

由于萧宝卷数次诛杀大臣，豫州刺史裴叔夜很惊惶，以寿阳城投降了北魏。萧宝卷闻讯，派护军将军崔慧景前去讨伐。崔慧景也是三朝老臣，出城后大喜过望，说："此脖项终能免于被这群小辈所砍!"

萧宝卷的三弟江夏王萧宝玄当时坐镇京口，听说崔慧景带兵北行，就发密信劝他造反。崔慧景见信大喜，立即掉头返回，攻下东府，石头、白下、新亭诸城，包围建康。萧宝玄是萧宝卷的亲弟弟，娶了徐孝嗣的女儿为王妃。徐孝嗣被杀后，女儿也被株连。萧宝卷把自己用过的两个姬侍送给萧宝玄做妻子，萧宝玄因此又恨又羞，起了取而代之的想法。

众军包围都城后，都劝崔慧景发火箭烧掉北掖楼，城崩后就可直入城里。崔慧景觉得胜利在望，入城后立了新帝又要重新造楼太浪费，不用此计。他本人又好佛理，有南朝人清淡的习性。大战前夜，竟住在法轮寺与宾客高谈玄言，诸将怨恨失望。

萧衍的哥哥萧懿当时屯兵小岘，闻讯后即刻带兵驰援，从采石渡江，凌晨时分进战，率兵大破崔慧景军。崔慧景单骑逃至蟹浦，遇见从前的门卫士兵太叔荣之，该门卫士兵假装请他饮酒，趁其不备一刀砍下头颅去请赏。

萧宝玄也被擒获，萧宝卷把这个三弟招入后堂，用步障把他围起来，令数十太监敲鼓鸣叫绕行鼓噪，告诉他说："前几天你和崔慧景包围我时，我就是这种感觉。"隔了几天，萧宝卷越想越气，派人杀掉了萧宝玄。

荒唐升级，南齐灭亡

萧宝卷最宠幸的妃子姓俞，乐户出身。萧宝卷听说宋文帝有个潘妃，得以在位 30 年，于是就改称俞姓女子为潘贵妃。萧宝卷平素称呼潘妃的父亲俞宝庆和茹法珍为阿丈，呼宠臣为阿兄，这些人常在小皇帝左右捉刀应救，时人谓之"刀救"。

萧宝卷常戎服骑马前往诸刀救家中游宴，婚丧嫁娶无不参加。一次前往俞宝庆家里，小皇帝自己跑到井边打水，给厨子做饭打杂，嬉笑互骂，没有一点儿帝王架子，与奴同乐。

后宫之中，天下珍奇相聚，骇人眼目。潘妃有一双不盈一握的小脚，萧宝卷派人特意打制纯金的莲花铺在地上，令潘妃在上面跳舞，叹赏道："此步步生莲花也。"

一次宫内失火，烧毁了华林至秘阁的殿宇 3000 多间。萧玉卷趁机大造新殿。其中专门为潘妃建造的就有神仙、永寿、玉寿三座宫殿，都是金碧辉煌。其中玉寿殿中的飞仙帐，四面织锦彩绣，窗间尽画神仙飞舞飘荡，殿内的一切书字、灵兽、神禽、风云、华炬等等都是用纯金纯银打制。小皇帝还命人把宫内外的玉饰和佛寺中的宝物全部凿剥下来，重新剖剔一新，装饰潘妃的宫殿。

萧宝卷还喜欢园林景致，在大暑天种树，朝种夕死，死而复种，最后没有一棵树活下来。为了保持园林常绿，他令人在城里城外大肆搜刮，见树就取，破门毁院，从居民家里把树木倒腾出来。不少几人合抱的大树，费尽人工移掘至宫内，没看上几眼就落叶荡尽。宫中的阶庭之内，全是细草铺地，绿色茵茵，这些都是刮取的草皮覆盖其上，太阳晒一天就枯死，每天每日需要不停更换，以保持常绿常新。

后来，萧宝卷还下令把园林山石都涂上彩色，远远望去五彩斑斓，很像是童话世界。又建紫阁等台阁，墙壁上绘满春宫图画，以供淫乐观赏之用。

由于潘妃之父是小商贩出身，潘妃自小就喜爱市场买卖的热闹景致。萧宝卷专门为她在皇宫后花园设立店肆，模仿城内集市的样子，放置所有日用百货杂物，与宫人太监一起假装商贩立于店内高声吆喝。潘妃充任市令（市场管理员），萧宝卷自己做市吏录事（管理员助手），时不时还"扭送"几个"打架争吵"的"商贩"到潘妃前听候处罚。萧宝卷自己有过错，潘妃也怒目圆睁大声叫打，萧宝卷很惧内，只得暗中吩咐从人，不能在潘妃发怒时用大荆棍对他施刑。

在集市内游走时，潘妃坐小轿，萧宝卷戎服乘马跟随伺候。潘妃喜欢在小酒肆内当老板娘酿酒，萧宝卷就立于肉案后，当屠户切肉，玩得有模有样，不亦乐乎。

萧懿平灭崔慧景之乱后，获封尚书令，又掌卫尉（禁军司令）。茹法珍等人忌惮萧懿的威仪，撺掇萧宝卷杀掉他。有人得知消息后，在江边准备小船，劝说萧懿逃往弟弟萧衍处，萧懿不信，说："自古皆有死，哪有尚书令叛逃的？"

果不其然，萧宝卷派卫士于宫中赐毒药给萧懿。萧懿愚忠，在喝下毒酒之前，还说："我弟弟萧衍现在在襄阳，以后必反，我深为朝廷忧之。"

萧衍听说兄长被杀，起兵直发都城。由于萧宝卷不停地诛戮功臣武将，人人自危，纷纷投降。萧衍挟持南康王萧宝融为天子（明帝第八子，时年 14 岁），连破竟陵、江陵，在湘中诸军相会，直压汉口，并攻克都城门户郢州。

郢州失陷后，萧宝卷一点也不慌张，依旧驰马游玩，他对茹法珍说："一定等敌军来到白门前（建康城西门），我才要和他决一死战！"

待到萧衍兵临城下，萧宝卷才招集兵马固守城池。由于投降萧衍的太多，萧宝卷于是把监狱内的囚犯放出来，发给兵器充当守城军士，其中那些不可赦免的死囚，就近在朱雀门前被砍头，一天之内，百余人被杀。

公元 501 年，萧宝卷派征虏将军王珍国等迎敌，让宦官王宝孙持自己的白虎幡督战。萧衍将士死战，王珍国等人大败，淹死于秦淮河的南齐兵士不计其数，致使萧衍的兵士踩着浮尸就可以冲过河去。

萧衍长驱直入，围攻建康六门。萧宝卷派人烧毁城内营署，驱逼士民，逃入宫城内紧闭四门守城。当时宫城内仍旧有甲士七万多人，萧宝卷又喜欢打仗，外面攻城时还不断与卫士、宫人在华光殿前演习战斗格杀。他自己身着戎服，以金银为铠胄，遍插羽毛、宝石装饰，跟平常一样不慌不忙。听见城外攻城鼓声阵阵，他就穿着大红袍登景阳楼往城外眺望观赏，几乎被飞弩射中。

萧宝卷之所以心中有底，是因为先前的陈显达、崔慧景等人的围城攻伐都以失败告终，他觉得自己是天命之子，萧衍肯定也不会例外，必败无疑。萧衍围城前，他不以为意，连粮草都没准备。

平日，萧宝卷总是喜欢赏赐左右钱财，而且动不动就以亿万计。但这时，萧宝卷不知怎么突然吝啬起来，不肯出钱物赏赐守城的军士。茹法珍情急，叩头请求他出金银赏赐属下，萧宝卷回答说：“贼来只是要我一个人的命吗？干吗只找我要东西。”

萧宝卷的后殿有数百张大木片，士兵们想拿去加围城防，但萧宝卷硬是不准，说这些木头要留着做殿门用。还催促御府赶制 300 人的精仗，准备萧衍败退后庆功时给仪仗队用，并大施金银宝物雕饰仪仗铠甲。城内人闻讯后，莫不愤恨，都想逃亡投降。

退败守城的王珍国等人听说这个消息，害怕自己被杀，就密谋串通宫内的宦官和侍卫一起，先下手为强。

几天后，萧宝卷刚刚在含德殿吹笙唱歌完毕，躺下还未入睡，一行人就叫喊着冲入殿中。萧宝卷感觉不妙，翻身跳起，从北门跑出想逃往后宫，这才发现大门已闭，手中也没有武器。这时叛兵纷纷上前，萧宝卷很快挨了一刀，躺在地上后还口中大喊：“奴才要造反吗？”

兵士们大刀在手，二话没说，挥刀就把这位皇帝的脑袋剁下了。众人用浸过油的黄绢包起他的首级，派人送给萧衍投降（浸过油的黄绢透明，以便萧衍辨认）。

萧衍于是进城，斩了潘妃、茹法珍等人，又以宣德太后令，废萧宝卷为东昏侯，立萧宝融为皇帝。

公元 502 年，萧衍废掉萧宝融，自己称帝，建立梁朝取代了南齐。

梁武帝萧衍

帝王将相大传

一代帝王

人物档案

生卒年:公元464~549年

父母:父,萧顺之;母,张尚柔

后妃:郗皇后、丁贵妃等

年号:天监、普通、大通、中大通、大同、中大同、太清

在位时间:公元502~549年

谥号:武帝

庙号:高祖

陵寝:江苏修陵

性格:勤俭虚饰,深沉机略

名家评点:

独有一萧衍老翁,俭过汉文,勤如王莽,可谓南朝一令主。

——钱穆《国史大纲》

武帝萧衍

博学多才,谋略出众

萧衍(464~549)是南朝梁的建立者,才华横溢,是著名的书学理论家。年轻时与沈约等七人共游,号称"竟陵八友"。后趁南齐内乱,起兵夺取帝位,在位48年,国家在政治、经济、军事、文化各方面都有发展,百姓安居乐业,都城建康发展成为人口超过百万的大城市。萧衍晚年沉迷于佛教,政治渐趋腐朽,后因"侯景之乱",饿死于台城。

萧衍的父亲萧顺之,是南齐高帝萧道成的族弟,曾经做过侍中,卫尉等高官。萧衍从小就很聪明,喜欢读书,是个博学多才的少年,尤其在文学方面很有天赋。年轻时的萧衍与沈约、谢朓等七人号称"竟陵八友",其中的沈约后来写了《宋书》《齐纪》等书,谢朓则是这时期有名的诗人。

在两晋南北朝时期,门第观念非常重,不是名家大族的人,想做官比登天还难,萧衍因为他的家族背景,刚做官时就是在卫将军王俭手下。王俭见萧衍很有才华,言谈举止也很出众,就提拔他做了户曹属官。因为萧衍办事果断机敏,和同事以及上司关系融洽,不久又提升为随王的参军。父亲去世后,萧衍守丧三年,然后复官,升任太子庶子和给事黄门侍郎。

针砭时弊,初露头角

公元493年,齐武帝萧赜病重,当时的大臣王融想在武帝去世后立自己喜欢的皇帝,以便控制,掌握政权。后来事情败露,王融被入狱赐死。对于王融的如意算盘和悲惨结局,萧衍原来就已经推算出来了,他的好友范云由此对他异常敬佩。

图文珍藏版

　　齐武帝去世后，新皇帝只知道吃喝玩乐，对大臣们的劝谏也不接受。掌权的大臣萧鸾很生气，打算把他废掉，另立皇帝。在和萧衍他们商议时，萧衍表示反对，他说："废立皇帝是大事，不能轻率从事，现在废立难免会遭到众王爷的反对。"

　　萧鸾则说："现在的众王爷没什么才能，只有随王萧子隆文武兼备，而且占据荆州。如果把他召回来，就万事大吉了。但怎么才能让他回来呢？"

　　萧衍认为随王徒有虚名，并无真才干，他的属下也没有什么出色的人，只是依赖武陵太守卞白龙，但这个人贪图金钱，只要许诺高官厚禄，就可以把他召回来。没有了左膀右臂，随王到时候也会跟着回来。

　　萧鸾对萧衍的分析很赞同，于是废立了皇帝。三个月之后，萧鸾干脆自己做了皇帝，这就是齐明帝。萧鸾称帝之后，没有忘记萧衍的谋划之功，把他提拔为中书侍郎，萧衍的地位开始显赫起来。

南朝齐武帝的亲信大臣周山图

身先士卒，勇退北魏

　　不久，北魏的孝文帝率领 30 万军队亲自征讨南齐，沿淮河向东攻打钟离。齐明帝萧鸾先派左卫将军崔慧景、宁朔将军裴叔业领兵迎战。听到北魏军队分兵攻打义阳后，又派遣萧衍和平北将军王广之领兵救援。

　　王广之领兵进到离义阳百里之外时，听说北魏军队人强马壮，于是畏缩不前。萧衍则请求充当先锋，和北魏军队交战。王广之于是派部分军队归萧衍指挥，进兵义阳。

　　萧衍带领军队连夜抄小路赶到了距离北魏军只有几里地的贤首山，然后命令士兵将旗帜插满了山上山下。等到天一亮，义阳城中的齐军看到后，以为重兵已经赶到给他们解围来了，于是士气大增，马上集合军队出城攻击北魏军，同时顺风放火。这边的萧衍也趁机夹攻北魏军，萧衍亲自上阵，摇旗擂鼓助威，齐军士气高昂，个个奋勇杀敌。北魏军在齐军前后夹击下，溃不成军，只好退却。齐军最终取得了这场战役的胜利，萧衍也因战功而升任太子中庶子。

因祸得福，扶摇直上

　　公元 487 年秋天，北魏军再次南下，接连攻下了新野和南阳，前锋直逼雍州（今湖北襄樊）。齐明帝萧鸾赶忙派萧衍、左军司马张稷、度支尚书崔慧景领兵增援雍州。

　　公元 488 年，萧衍和崔慧景领兵与北魏军作战，在雍州西北的邓城被北魏的几万铁骑兵包围。萧衍知道城中粮草和枪械缺乏，就对崔慧景说："我们远道征战，本来就很疲惫，需要休整，现在又遇到强敌围困。如果军中知道粮草缺乏的实情，肯定会发生兵变。为防万一，我们还是趁敌人立足未稳，鼓舞士气杀出重围为上策。"

崔慧景却说:"北方军队都喜欢游动作战,不会在夜里攻城的,不久自然退兵。"没想到,北魏非但没有退兵,反而开始增兵。崔慧景一看不妙,没有和萧衍商议,私自带着自己的部队逃走了。其他各部见统帅溜了,也纷纷逃散。萧衍无法控制局面,只好边战边退。北魏军在后边追赶射箭,齐兵死伤惨重。

最后,萧衍退到了樊城才得以站稳脚跟。这次战败后,齐明帝没有责怪萧衍,而是让他主持雍州的防务,任雍州刺史。从此萧衍就有了一块固定的根据地,这为他势力的发展奠定了基础,成为日后争夺齐政权的资本。

大权在握,废帝自立

齐明帝萧鸾在位只有五年就病死了,儿子宝卷即位,这就是著名的东昏侯。不但治国无术,而且异常残忍,杀掉了很多大臣。

在东昏侯冤杀了萧衍的哥哥——军功大臣萧懿之后,萧衍召集部下商议废掉东昏侯。为了增加号召力,萧衍掌控了南康王萧宝融。很快,萧衍领兵到达了建康城下,和守军激战。城内将士反叛,杀死在国难当头还在醉生梦死、歌舞不断的东昏侯,将他的头颅送出,献给了萧衍。

萧衍在攻占首都建康后,立萧宝融为帝,是为和帝。自己则升任大司马,掌管中外军国大事,还享有带剑上殿的特权,不用向皇帝行叩拜大礼。

萧衍虽然大权在握,也想废和帝自己做皇帝,但并没有急于求成,而是静待时机。好友沈约知道他的心事,便委婉地向他提起此事。第一次时,萧衍虽心中高兴,但还是装糊涂推辞过去了。第二次沈约提起时,萧衍犹豫片刻,后来也就答应了。

沈约于是告知了范云,两人都同意拥立萧衍做皇帝,萧衍知道后很是高兴。在他们谋划的过程中,萧衍竟然贪恋起原来宫中的两个美女来,把头等大事忘到了脑后。范云知道后很着急,又找到萧衍,说明利害,这才使萧衍下决心灭掉齐,免得夜长梦多。

范云和沈约一面逼萧宝融禅位,一面在民间大造舆论,说萧衍奉天命应当做皇帝。等萧宝融的禅让诏书送到后,萧衍假装谦让。于是,范云带领上百名大臣,再次上书称臣,请求萧衍早日登极称帝。太史令也陈述天文符谶,证明他称帝合乎天意,萧衍这才装着勉强接受众人的请求,在公元502年,正式在都城的南郊祭告天地,登坛接受百官跪拜朝贺。

然后,萧衍派人给萧宝融送去金子,逼其吞金自尽,继而对外谎称是病死的,追认为和帝,并按照皇帝的规格举行了丧礼。

萧衍虽然杀了萧宝融,但对前朝宗室还不算太残忍,毕竟自己与他们同属一宗,不过是宗属稍疏罢了。萧道成一系的支属萧子恪兄弟十余人,均被授以清闲之官,得以安度生活。

看破红尘,醉心佛教

萧衍做了皇帝后,很勤于政务,而且不分冬夏春秋,总是五更天起床,批改公文奏章,在冬天把手都冻裂了。为了广泛地纳谏,听取众人的意见,萧衍下令在门前设立两个盒子(当时叫函),一个是谤木函,一个是肺石函。如果功臣和有才之人,没有因功受到赏赐和提拔,或者良才没有得到使用,都可以往肺石函里投书信;如果是一般的百姓,想要给国家提什么批评或建议,可以往谤木函里投书。

当时梁朝的法律十分严酷,并且株连犯罪,不管老幼一概不免,一人逃亡,全家以身抵押服劳役,百姓既然被逼迫得走投无路,各种作奸犯科的窃盗反乱案件就更严重了。一次萧衍去郊祀,有一个秣陵老头借此机会拦住御驾讲道:"陛下执法,对庶民太严酷,对权贵则太宽松,这不是长久之道。如果能打一个颠倒,则天下大幸呀!"

萧衍于是考虑对百姓执法加以放宽,下诏说:"自今开始,流放之家以及罪该以身抵押服劳役者,如果有老人或小孩,可以把他们除外。"

萧衍的节俭也是出了名的,史书上说他"一冠三年,一被二年",不讲究吃穿,衣服可以是洗过好几次的,吃饭也是蔬菜和豆类,而且每天只吃一顿饭,太忙的时候,就喝点粥充饥。

萧衍很重视对官吏的选拔任用,要求地方的长官一定要清廉,并且经常亲自召见他们,训导他们遵守为国为民之道,清正廉明。为了推行自己的思想,萧衍还下诏书到全国,如果有小的县令政绩突出,可以升迁到大县里做县令。大县令有政绩就提拔到郡做太守。政令执行起来后,官治状况得到显著改善。

不过,萧衍的猜疑心很重,总害怕开国功臣们要夺他的皇位。对于范云和沈约,萧衍也没加重用,范云是在梁建国后就病逝了,而沈约非但没能主持朝政,还经常受萧衍的斥责,后来也病死了。

萧衍对功臣吝啬,但对自己的亲戚却是格外照顾,甚至不惜徇私护短。萧衍的六弟萧宏窝藏杀人凶手,萧衍不但不加惩罚,反而加封官职,妄加纵容,萧宏于是更加肆无忌惮地胡作非为,最后竟和自己的侄女——萧衍的大女儿通奸,并谋划着篡夺萧衍的皇位,结果在派人刺杀萧衍时事情败露。萧衍的女儿于是自尽,萧宏因为极度恐惧,得病而死。

萧衍在没有子嗣的时候,抚养了临川王萧宏之子萧正德。萧正德从小就很粗野阴险,萧衍即位后,萧正德一心想成为东宫太子。

不久萧衍的长子萧统出生,萧正德于是被交还父母,并被赏赐西丰侯的爵位。但萧正德心中恨恨不平,一直蓄有谋反之心。这一年,萧正德由黄门侍郎升为轻车将军,不久他逃奔北魏,自称是被废弃的太子,前来避祸。

北魏尚书萧宝寅上表朝廷说:"伯父是皇帝,父亲是扬州刺史,而他却丢下亲人,远远地投到别的国家来,岂有此理! 不如杀了他。"萧正德于是又从北魏逃了回来。萧衍流着泪教诲他,恢复了他的爵位。

萧综是萧衍的次子,但他的母亲吴淑媛原来是东昏侯的妃子,跟了萧衍七个月后,生下了萧综。但萧衍很喜欢这个儿子,封他为王,还做了将军。不久后吴淑媛失宠,开始怨恨萧衍,就把七个月生萧综的事告诉了儿子。从此,萧综觉得自己是东昏侯的儿子,和萧衍逐渐疏远,

不久梁和北魏在边境发生冲突,萧衍让萧综领兵,督率各军作战,但萧综却投奔了北魏。北魏很高兴,授予萧综高官厚禄。萧综于是改名为萧缵,并表示要为东昏侯服丧三年。萧衍听说后非常生气,撤销了给他的封号,还把吴淑媛废成庶人。后来,萧衍听说萧综有要回来的意思,就让吴淑媛给他送去小时候的衣服。但萧综却不愿意回来。不久吴淑媛病逝,萧衍又起了恻隐之心,下诏恢复萧综的封号,给吴淑媛加了谥号为"敬"。

这两次打击对于萧衍来说是很大的,开始看破红尘,信仰佛教。

舍身佛寺，代价不菲

公元527年，萧衍来到同泰寺，做了三天的住持和尚。自从信佛之后，萧衍不近女色，不吃荤，不仅自己这样做，还要求全国效仿。并要求以后祭祀宗庙不准再用猪牛羊，而要用蔬菜代替。理由是：皇帝吃素，神灵自然也吃素。

这个命令下达后，大臣们议论纷纷，都表示反对。最后，萧衍只得允许用面捏成牛羊的形状祭祀。

萧衍醉心佛事，在他统治的末年，建康"佛寺五百余所，穷极宏丽。僧尼十余万，资产丰富。所在郡县，不可胜言"。他还曾经三次"舍身"，自进寺院为"寺奴"（分别在公元527、529、547年），而且一次"舍身"比一次"舍身"的时间要长。皇帝"舍身"，大臣们得公私齐凑钱财为他"赎身"，三次"赎"皇帝，共花费三亿多万的钱。佛教的盛行，让大批男丁为了逃避兵役，徭役而出家为僧，使梁朝国力每况愈下。

梁武帝舍身佛寺

错用侯景，误国误民

晚年的萧衍信任大将侯景。侯景原来是被鲜卑族同化的羯族人，和高欢（其子高洋建立了北齐）关系很好，在怀朔六镇起义失败后，侯景投奔了高欢，高欢很欣赏他，委以重任。

高欢死后，侯景和高欢的儿子高澄不和，侯景就投降了西魏，但西魏对他有戒心，于是侯景又想请求萧衍接受他。

萧衍恰巧在这时做了一个梦，梦见北朝的刺史，太守都来向他投降，萧衍认为这是个好兆头。过了20多天，侯景派人来，说他跟东魏、西魏都有冤仇，决心向南梁投降，还表示愿意把他控制的函谷关以东13个州都献给南梁。

萧衍接见了侯景派来的使者后，马上召集大臣商议。大臣们大多认为南梁和北朝多年相安无事，现在接纳了北朝叛将，只怕引起纠纷。但是萧衍一心恢复中原，再想起他做过的那个梦，认为这是佛祖来帮助他了，不听大臣的劝阻，把侯景封为大将军、河南王，派侄儿萧渊明带兵五万去接应侯景。

萧渊明带兵北上，受到东魏的进攻，几乎全军覆没，萧渊明也被俘虏了。东魏又进攻侯景，侯景大败。

东魏派使者到南梁，主张双方重新讲和。侯景害怕起来，派一个人冒充东魏使者送信到建康，提出用萧渊明交换侯景。萧衍不知道这是侯景的试探，写了一封信交给使者，说只要把萧渊明放还，就立即把侯景交给东魏。

侯景走投无路,他找到萧正德,诱骗他说,只要他肯做内应,推翻萧衍之后,就拥戴他做皇帝。萧正德权迷心窍,秘密派了几十艘大船,帮助侯景的叛军渡过长江,把梁武帝居住的内城——台城包围起来。由于救援的兵马都隔岸观火,因此台城很快失守,萧衍成了侯景的俘虏。

侯景带着500甲士去见萧衍。萧衍见侯景来,不慌不忙地问道:"你是哪里的人,竟敢作乱,你的妻子、儿女还在北方吗?"侯景竟不知道怎么回答,旁边的部下替他说:"臣景的妻子和儿女都被高氏杀了,现在只有一人归顺陛下。"萧衍又问道:"你过江时有多少兵马?"侯景这回自己回答道:"千人。"萧衍问:"攻城时多少?""十万。""现在呢?"侯景想了想,说:"率土之内,莫非己有。"萧衍点点头,说:"你有忠心于朝廷,应该管束好部下,不要骚扰百姓。"侯景听了,只是点了点头。

南北朝时期西魏杰出将领韦孝宽

见过萧衍后,侯景对身边的亲信王僧贵说:"我多年征战疆场,从没有胆怯过。这次见萧衍竟然有点害怕他,莫非真是天子威严不容侵犯吗?"

但是,侯景毕竟是打进都城的,他的军队掌握了都城的管理大权,卫兵进出皇宫也很随便,还佩带武器。萧衍见了很奇怪,问左右侍从,侍从说是侯丞相的卫兵。萧衍生气地喝道:"什么丞相! 不就是侯景吗?"侯景不久就杀了同伙萧正德,派人监视萧衍,限制他的供应。萧衍毕竟年迈,很快就病倒了,最后连饿带病死去,终年85岁。

陈武帝陈霸先

人物档案

生卒年:公元 503~559 年

父母:父,陈文赞;母,董氏

后妃:钱皇后、章要儿等

年号:永定

在位时间:公元 557~559 年

谥号:武帝

庙号:高祖

陵寝:江苏万安陵

性格:明达果敢,恭俭勤劳。

名家评点:

上临戎制胜,英谋独运,而为政务崇宽简。

——北宋·司马光《资治通鉴》

武帝陈霸先

出身寒微　平乱起家

公元 503 年,陈霸先出生于吴兴下若里(今浙江湖州市长兴县)。虽然出身寒微,但他从小就胸怀大志。陈霸先不喜欢从事任何生产劳动,喜欢读史书与兵书,对一些纬侯、孤虚、遁甲之术十分感兴趣。他身体高大魁梧,练得一身好武艺,再加上他长于谋略,处事明达果断,可谓一个难得的少年英雄。

最初,陈霸先只是乡中里司小官,后来,怀着满腔报国之志的他,来到梁都建康做了一个看守油库的小吏。由于他能识文断字,陈霸先不久就担任了新喻侯萧映的传令官。陈霸先忠于职守,办事牢靠,受到了萧映的赏识。在大同年间,萧映被朝廷任命为吴兴太守,赴任时他指名带上陈霸先。后来,萧映转任广州刺史,推举陈霸先为中直兵参军,不久陈霸先又出任西江督护、高要太守。

公元 544 年,因交州刺史萧谘对百姓暴虐,导致民心丧失。当地豪族李贲趁机联合其他几州豪杰起兵造反,赶走交州刺史萧谘。梁武帝命新州(治在今广东新兴)刺史卢子雄、高州(治在今广东阳江旁)刺史孙冏火速出兵镇压。但后来朝廷怀疑卢、孙与李喷贲私通叛国,在广州将这两人赐死。这事激起了卢子雄部下将士的不满,周文育、杜僧明等聚众哗变,围攻广州。广州刺史萧映急忙召陈霸先平乱。陈霸先率 3000 精兵赶到广州,经过几次激战,大败叛军,迅速平定叛乱。梁武帝萧衍听到叛乱已平的消息十分高兴,立即下诏封陈霸先为直阁将军,还派画师前往广州,画下陈霸先像,以示表彰。

公元 545 年,李贲仿梁朝制度,设置百官,自称越帝,反叛梁朝。朝廷封陈霸先为交州司马、领武平太守,命他与交州刺史杨日票共同征伐叛逆。陈霸先接到朝廷旨意立即招兵买马,整修兵器。次年六月,陈霸先率领讨伐大军到达交州,李贲率 3 万人马在苏历江口抗击。对阵李贲时,陈霸先身先士卒,率领大军冲锋陷阵,取得大胜。李贲兵败后逃到嘉宁县屈獠地区,屈獠到处都是崇山峻岭,环境恶劣,陈霸先只好驻守在周围。后来经过三年苦战，他终于除掉了以李贲为首的地方分裂势力，收复了交、爱、德、利、明等数州（约今北越全境）。这次平叛使陈霸先声名鹊起，但由于当时的社会极其讲究家世出身，功勋卓著的陈霸先仍被梁武帝任命为西江督护、高要太守，只加了一个督七郡诸军事的军职。

不过，机会总是有的。陈霸先率兵回到高要不久，梁朝就爆发了侯景之乱。侯景，原是东魏丞相高欢手下的一员大将，深得高欢器重，被封为河南道大行台、都督十三州诸军事。高欢死后，侯景不服高欢的儿子高澄的统治，举兵反叛，并于公元 547 年二月投靠梁朝，梁武帝派侄子萧渊明领兵 5 万北伐东魏，接应侯景。但是，萧渊明与侯景都被打败，渊明被俘，侯景逃到了寿阳（今安徽寿县）。不久，侯景又举兵反梁，包围台城。由于梁国各路援军互相钩心斗角，大都观望不战。致使侯景终于攻破宫城，软禁梁武帝，立太子萧纲为傀儡皇帝。

陈霸先率军到江陵，投到梁武帝第七子、湘东王萧绎门下，取得了北伐的合法权。在战胜各种地方割据势力后，陈霸先大军于公元 551 年六月发兵南康，沿赣江北下。公元 552 年，陈霸先南路征讨大军从豫章出发，与西路都督王僧辩会师。三月，在建康与侯景展开了大决战，终于彻底摧毁了侯景势力。不久，萧绎在各路将士的劝进下在江陵称帝，陈霸先因平乱有功进位司空，镇守京口。

功高震主　受禅建陈

公元 554 年九月，西魏发兵突袭江陵，王僧辩未及时救援，梁元帝萧绎被杀。陈霸先便与王僧辩商议，迎立梁元帝第九子萧方智为帝。但是，北齐高洋想趁梁国破败之时前来瓜分，于是又送萧渊明回建康当皇帝，想以此使梁朝成为齐的附庸。开始王僧辩不同意，不过后来迫于北齐出兵施压，他也就顾不上陈霸先的劝阻，于公元 555 年五月迎立萧渊明为帝，改立萧方智为皇太子。

陈霸先由此与王僧辩产生了矛盾。九月，陈霸先在京口起兵，突袭建康，杀死王僧辩。萧渊明见状，知道自己的皇帝位是保不住了，于是主动逊位。十月，陈霸先扶持萧方智复位，改元绍秦。萧方智复位后，任命陈霸先为大都督，总摄梁朝军国大事。

王僧辩死后，他的余部先后起兵反陈霸先。吴兴刺史杜龛与义兴太守韦载以及王僧辩的弟弟、吴郡太守王僧智等都据城抗击陈霸先。陈霸先派部将周文育进攻义兴，出师不利，吃了败仗。韦载乘胜在城外据水立栅，与周文育对峙。陈霸先于是亲自东征，两天之内就把韦载在城外设的水栅拔去。然后，陈霸先派韦载的族弟劝降了韦载。

就在陈霸先离开建康不久，谯、秦二州刺史徐嗣徽和南豫州刺史任约突然投降北齐。在北齐的支持下，徐嗣徽、任约就率 5000 兵偷袭建康，占据石头城，与留守台城的侯安都形成相持局面。十一月，北齐派 5000 兵渡江占据姑孰（今安徽当涂），支援徐嗣徽、任约。不久，北齐又派安州刺史翟子崇、楚州刺史刘士荣、淮州刺史柳达摩领兵万人从胡墅（今江苏南京长江北岸）渡江，向石头城送三万石米，千多匹马。

面对北齐咄咄逼人的气势，陈霸先采纳了韦载的建议，先派周铁虎夜袭胡墅，烧毁北齐船只千余艘，断绝敌人粮道；然后派人在大航（今南京镇淮桥东）修缮侯景故垒，派兵据守，保障与东部联系的运输线。齐军也在仓门、水南设栅栏据守。过了几天，陈霸先亲自率领精骑，大败徐嗣徽。徐留下柳达摩守石头城，与任约去采石迎接北齐援军。

十二月，侯安都率水军攻破徐嗣徽栅栏，俘获数百人。陈霸先又在治城架起浮桥，渡河攻北齐仓门、水南两栅，大败齐军。徐、任二人引北齐水陆兵马一万余人想进驻石头城，被陈霸先派兵所阻，只得驻于江宁浦口。不久，陈霸先派侯安都率水军对徐、任驻军进行了猛烈攻击，迫使徐、任败逃。这样，石头城只留柳达摩一人孤守。陈霸先召集水陆各军，四面围住石头城。最终因城内无水，柳达摩只得派人向陈霸先求和，但是要求陈霸先送其儿子作为人质。建康朝臣急欲讲和，陈霸先无奈只得同意。

打退北齐的大规模进犯之后，陈霸先相继讨灭了东扬州刺史张彪、江宁令陈忠嗣、黄门侍郎曹郎和岭南的萧勃等反叛势力。

公元556年三月，北齐不顾讲和之信，派大都督萧轨与徐、任合兵10万，进军梁山。陈霸先早有防备，侯安都、周铁虎都在此驻军，因此齐军遭到惨败，退往芜湖。陈霸先又调定州刺史沈泰前往梁山协助侯安都守御。不久，陈霸先亲自到梁山巡视。安都侯趁着北齐不敢进逼的机会，率精骑袭击了齐行台司司马恭，大获全胜，得数万俘虏。齐军心怯，于是就致书梁朝，称只要交还萧渊明就退兵。陈霸先答应了，但是没过几天，萧渊明就"疽发背"死了。得知这一消息后，萧轨感到被侮辱了，第二天就发兵走旱路，直逼建康。陈霸先立即召还梁山各军，在建康做好防御准备。由此，空前激烈的建康保卫战打响了。

一开始，陈霸先趁齐军主力未到，还没有立住脚跟，率兵给先到的齐兵沉重打击。但是随着齐军主力陆续到达，陈霸先在兵力上处于劣势。于是，他暂避齐军锋芒，且战且退，不断用游骑骚扰齐军的补给线。过了不久，陈霸先就发现自己到了退无可退的境地，南、北、东三面都出现了敌军，建康被包围了，形势十分危急。但天无绝人之路，此时江南的梅雨季节来临，连日大雨不断，城外的齐军一来没有熟的东西可吃，再者要时刻提防陈霸先偷袭，士兵得不到休息，整日站在水中，脚趾都泡烂了，精神上更是疲惫不堪。而城内陈霸先军队在高处，又经常调换，得到了很好的休整。

陈霸先抓住这个时机，亲自率军一鼓作气对齐军发动进攻，最终大败齐军，并俘获齐军主帅萧轨。建康保卫战的胜利使陈霸先威名远扬。敬帝萧方智封陈霸先为中书监、司徒、扬州刺史，晋爵为长城公。公元556年九月，萧方智又进陈霸先为丞相、录尚书事、镇卫大将军、扬州牧、义兴公。自此之后，陈霸先集朝廷军政大权于一身，萧方智完全成了傀儡皇帝。第二年九月，陈霸先又进位相国，总百揆、封陈公，备九锡之礼，陈国设置百官，俨然如皇帝一般。十月，陈霸先再晋爵为王。在做好一切准备工作后，陈霸先废敬帝萧方智，代梁称帝，建立陈朝，定都建康，年号为永定。

征伐叛逆　力瘁身死

陈霸先篡位称帝，引起了南梁众多旧臣的不满，纷纷起兵反对他。因此，自称帝以来，他几乎没有过上一天舒心安稳的日子。早在他立萧方智为帝时，湘州王琳就不服管制，大造船舰，准备进攻陈霸先。公元557年六月，陈霸先派平西将军周文育、平南将军侯安都等领水军2万征讨王琳。十月，两军分进合击，会师于武昌。就在他们准备进兵之时，得到了陈霸先废梁自立的消息。对下一步的行动，侯安都和周文育产生严重分歧，以至于没能攻克郢州(今湖北武汉)。

不久，王琳率军进至弇口(今湖北武汉西南)，侯安都把军队撤到沌口(今武昌)，仅留沈泰守汉曲(今汉口)。在与王琳军对峙数日后，双方交战，结果侯安都军大败，周文育、侯安都等均被俘，仅沈泰突围成功。公元558年正月，王琳率兵10万进至溢城(治所江州,今江西九江),驻扎白水浦(九江西)。王琳想率军东下,但是被北江州刺史鲁悉达截住中流。于是,王琳向北齐求援,并请回了梁永嘉王萧庄。王琳即刻拥立萧庄即帝位,改元天启。萧庄以王琳为梁侍中丞相、录尚书事。六月,陈霸先派司空侯填、徐度率水军攻王琳。在取得一场大胜后,陈霸先又另派谢哲前往游说王琳投降。因战事不利,王琳同意退军湘州(今湖南长沙)。

陈霸先在征伐叛逆的同时,任贤使能,宽政廉平,也十分注意经济的发展。他把大量的广东兵民迁移到江南地区,补充人口,恢复生产。因此,陈霸先在位期间,江南局势渐趋稳定。就这样,他开创的陈朝在一个纷乱的时局中顽强地守住了中国经济最繁荣的地区,为隋唐大一统留下了丰厚的遗产。

公元559年六月,由于长期不断的征战,陈霸先精疲力尽患上重病,不到半月便去世,时年57岁。陈霸先死后葬于万安陵,谥号"武帝",庙号"高祖"。

陈后主陈叔宝

人物档案

生卒年:公元 553~604 年

父母:父,宣帝陈顼;母,柳皇后

后妃:沈皇后、张贵妃、孔贵妃等

年号:至德,祯明

在位时间:公元 582~589 年

谥号:炀帝

庙号:无

陵寝:洛阳邙山

性格:骄横刁钻,荒唐奢侈

名家评点:

陈后主自幼长于深宫,称帝后只知享乐,荒于酒色,不恤政事。百姓流亡,田园荒芜。统治集团内部矛盾激烈,内乱频发,众叛亲离。

——詹子庆《中国古代史》

后主陈叔宝

命运多舛的少年

陈叔宝(553~604)是南陈最后一个皇帝。在他统治时,南陈的政治日趋腐败。陈叔宝荒于酒色,不恤政事,每天就是游宴后庭,制作艳诗,大建宫室,滥施刑罚,对于一衣带水的强大隋朝了无防备。公元 588 年,隋朝以晋王杨广为元帅南下。陈叔宝恃长江天险,不以为意。次年隋军攻入建康,陈叔宝避入井中被俘,南陈灭亡。

陈叔宝在两岁时,江陵城陷,与父母及异母兄弟陈叔陵一同被西魏掳走,十岁后才得返回建康。

陈宣帝病重弥留之时,陈叔宝、陈叔陵以及另外一个兄弟陈叔坚一同入宫侍疾。陈叔陵早就"阴有异志",让典药的官吏把切药刀磨快些。药刀再快,也不好使,陈叔陵试了几次,都不顺手。宣帝刚咽下最后一口气,陈叔陵就吩咐从人到外面取剑。"左右不悟,取朝服木剑以进",惹得这位始兴王跺脚大骂。

陈叔宝见状,与弟弟长沙王陈叔坚都起了疑心,便一直暗中监视这位二哥。宣帝小敛之时,陈叔陵搬出切药刀,猛然砍向跪地痛哭的陈叔宝的脖子。由于刀钝没有砍深,却也使得这位储君"闷绝于地"。陈叔宝的生母柳皇后见状急忙跑来相救,被陈叔陵剁了数刀。幸亏陈叔宝的乳母吴氏从后面抓住了陈叔陵的胳膊,陈叔宝才得以逃脱。

陈叔陵见陈叔宝跑了,急忙追赶,这时陈叔坚冲入殿内,扼住了陈叔陵的脖子,夺去他手中药刀,用衣带把他绑在殿柱上。

陈叔坚捆住陈叔陵后,急忙去找陈叔宝,要听他吩咐如何处理陈叔陵。哪知陈叔陵力气很大,竟然挣脱了。这位王爷驰马还到府里,赦免了狱囚充当战士,并且大散金帛,亲自披甲提刀,召在建康的诸王将帅与他一起进攻皇宫。王公大臣没有一人应召,只有新安王陈伯固"单马赴之"。

当初,年仅16岁的陈叔陵被封为都督江、郢、晋三州诸军事,独当一面,"政自己出,僚佐莫预焉"。他少年老成,生性严刻,在任上为所欲为,对部下凌虐备至,阿谀奉承者,升官发财;刚直憨厚者,逼辱至死。太子陈叔宝虽为储君,但完全是个摆设,没有军权。

陈叔陵有一个最大的爱好——盗墓。建康周围古墓众多,他常率一二百人在郊外游荡,只要看见墓志铭上的墓主是知名人物,就下令左右挖掘。

陈叔陵释囚招兵折腾了半天,只有千余兵马愿意跟随他。当时建康城内没多少军马,长沙王陈叔坚十分镇定,请示柳皇后,派太子舍人司马申出宫,以太子的名义召右卫将军萧摩诃入宫受敕。萧摩诃当时虽然手下仅有数百兵马,却是百战名将,接到命令后直奔东府杀来。

听说萧摩诃带兵来,陈叔陵心慌了,忙派人把自己的全部仪仗鼓吹送过去,许诺说,自己为帝后,马上升任萧摩诃为"宰臣"。萧摩诃是个智勇双全的将军,回报说:"王爷您派心腹人自来,我才敢相信。"陈叔陵大喜,忙派其两个心腹谋臣戴温、谭骐骥二人赶去。这二人一下马,兵士立即上前捆住,押至阁道处,斩首示众。

陈叔陵这回知道大事不妙,飞奔入内宅,把王妃张氏和平时最受宠的六个美人叫到井边,也不说话,径直把她们扔入井中淹死。然后自己率亲兵数百人,想驰奔城外新林,那里有他的嫡系部属。如果能跑到新林,陈叔陵就可以乘舟船入水路逃走。

萧摩诃早就派手下的军士沿路堵截了,跟随陈叔陵的新安王陈伯固见势不妙,掉转马头就往路边小巷子里面跑。陈叔陵一见,"拔刃追之",陈伯固只得被迫返回陈叔陵身边。双方刚一交战,陈叔陵就落败,被萧摩诃的手下当场杀死。

这次平乱陈叔坚的功劳最大,于是被封为骠骑将军、开府仪同三司,扬州刺史。没过几天又迁司空。由于陈叔宝脖子上的伤很重,朝政大事全由陈叔坚一个人说了算。

陈叔坚很快"因肆骄纵,事多不法"。陈叔宝伤愈后,下诏解除陈叔坚手中的兵马以及人事任用的实权。陈叔坚愤愤不平,让匠人制作木偶,白天黑夜连轴转,"能跪拜,昼夜于日月下醮之",诅咒陈叔宝早死。

有人上书告发长沙王诅咒之事,陈叔宝大怒,派人把长沙王府搜查一遍,人证物证齐全,于是把陈叔坚囚于宫内反省,准备赐死。陈叔坚跪地服罪,痛哭流涕。陈叔宝想起弟弟的救命之恩,心软了,于是赦免其罪,以王爷身份免官还家。不久又重新起用,封为侍中、镇左将军。

陈叔坚此后再不敢闹事,陈朝亡后,陈叔坚以亡国之王身份入关,与发妻沈氏开了个酒馆,当垆酤酒,善终于家。

游宴不止的皇帝

陈叔宝脖子上的伤一好,便开始奏乐饮酒,天天玩乐不休。大臣毛喜不悦,在陈叔宝的宴会上假装心绞痛忽然昏死过去,搅了皇帝的雅兴。陈叔宝酒醒后非常生气,对左右亲信说:"我后悔召毛喜入殿。他肯定没病,假装摔倒,只为阻我欢宴!此人负气,不能为我所用,我准备把他交给他的仇人鄱阳王兄弟,让他们报仇算了。这样做好不好?"好在有大臣反对,陈叔宝只得把毛喜废置不用,外派到一个小地方当官。

南朝发展到南陈这一时期,疆域已经大大减少,人口也只有 200 万人。比起刘宋时期的户近百万,人口 470 万,基本打了对折。连年的战乱让自耕农的破产日益严重,繁重的徭役、兵役以及官吏的层层盘剥,更使普通百姓的生活困苦不堪。

此外,北方隋朝建立起来,皇帝杨坚本人就是汉族,北朝地区的人民基本上完全汉化,士兵自西魏起就在均田制基础上创造性地发明了"府兵制",军人的自豪感、荣誉感以及他们身份的日益提高,战斗力随之越来越强。

杨坚在建隋之初,和南朝陈氏很想和睦相处。但南陈的士兵不断侵略北境,隋军一度派军南征。这时适逢陈宣帝病死,"兵不伐丧",杨坚下令班师,还遣使赴吊,表现得十分谦恭。陈叔宝见状,开始自我膨胀起来,认为隋兵是"退走",不是"撤走",又自恃文才,回信写了不少倨傲之语,激起了杨坚的愤怒。

陈叔宝在继位两年后,便在光照殿前建造起三座弘丽高大的楼阁,分别命名为临春阁、结绮阁、望仙阁,给宠妃张丽华居住游玩。

张丽华出身兵家,八九岁时入太子宫做侍女。十岁时,陈叔宝见而悦之,收为姬妾,不久便生下儿子陈深,后来被立为太子。陈叔宝继位后,马上拜这位宠姬为贵妃。由于出身贫贱,张贵妃聪慧的秉性发挥到极致,而且拥有男人最为心醉的美德:不妒。她常常把美貌的宫女推荐给陈叔宝,于是"后宫等咸德之,竞言贵妃之善,由是爱倾后宫"。

张贵妃"发长七尺,鬓黑如漆,其光可辨",而且"有神采,进止闲暇,容色端丽,每瞻视盼睐,光彩溢目,照映左右"。不仅天生丽质,张贵妃还"才辩强记,善候人主颜色"。当时陈叔宝倦于政事,百官奏书皆由太监进呈御阅,陈后主每每把张贵妃抱置膝上,"共决之",而且条理分明,批奏有度,"无所遗脱"。陈叔宝见张贵妃如此聪颖伶俐,"益加宠异","所言无不听"。

陈叔宝的文学修养极高,填词作曲更是不在话下,他的代表作《玉树后庭花》更是诗句脱俗。自负的陈叔宝,每天便在一群文人骚客和美女们的陪伴下,作诗饮宴,游乐

陈后主玉树新声

无度。

幸运的亡国之君

公元 588 年，统一了北方的隋朝以晋王杨广、秦王杨俊、清河王杨素为行军元帅，率 50 万大军南下伐陈。

陈叔宝听说后，没有派兵防御，而是自我安慰说："王气在此，自有天佑。齐兵三来，周师两至，无不摧败。隋军此行，又能何为！"

都官尚书孔范也附和说："长江天堑，自古以来，阻隔南北，今日房军岂能飞渡？边将军校想邀功，妄言事急，没什么大不了的！为臣我常患官小，北房若渡江，为臣可依凭杀贼之功，将能当太尉的大官了。"朝中众佞臣，你一言，我一语，互相吹捧，陈叔宝听得高兴，"奏伎，纵酒，赋诗不辍"。

两个月后，隋朝大将贺若弼从广陵渡江，晋王杨广的大军也在六合镇扎下大营。隋军会合后，很快便对建康形成合围之势。"陈人大骇，降者相继。"当时建康城内还有十多万军队，但陈叔宝"唯日夜啼泣"，先前的自信、霸气荡然无存。

此前，陈朝大将萧摩诃数次请兵，要趁隋军立足未稳出击，但都被陈叔宝拒绝。待建康城被围成铁桶一般时，大将任忠、司马消难劝陈叔宝北据蒋山，南断淮水，坚守建康与隋军相持，待其疲惫后再想办法破敌。

孔范这时候不知道哪里生出胆子，想要立功，他对陈叔宝说："司马消难是狼子野心（此人是北来降臣），任忠是淮南伧士，怎能听这两个人的话？请陛下下令，我率军与敌一决，定能成功！"

陈叔宝竟然同意，下令诸军出击。"诸军南北二十里，首尾进退不相知。"隋朝大将贺若弼听说陈军出击，率轻骑登山，观察军情后，仰天大笑，以甲士 8000 人为阵，等待陈军来攻。

陈军方面人数众多，可只有大将鲁广达一人率部下两三千人进战隋兵，虽然杀掉隋兵近 300 人，吓得贺若弼"纵烟以自隐"。但是陈朝的其余将领都各怀鬼胎，不全力迎战。孔范由一帮亲兵围着，处于陈军核心中的核心，龟缩观望。萧摩诃因为陈叔宝不用自己先前的策略，又恨他与自己老婆通奸，故而一直率部下"观战"。

刚得小胜的陈朝兵士斩杀隋兵后，纷纷拿着人头回奔建康城内，向皇帝"领赏"。趁陈兵骄惰，贺若弼指挥隋军径直朝孔范一军杀来。两军还未交手，孔范纵马便逃，一时之间，"陈诸军望见，骑卒溃乱，不可复止，死者五千人"，连大将萧摩诃也被活捉。

任忠跑回城中，告诉陈叔宝打了败仗，陈叔宝顿时慌了手脚，急忙拖出两大箱黄金给任忠，让他出外募人出战。任忠带着这两大箱黄金，一出城就投降了隋将韩擒虎，并掉转头带领隋军直入朱雀门。

陈叔宝这才真正意识到情况危急，赶忙召集百官来商议对策，结果没有一个人来，自己身边只剩下尚书仆射袁宪一个人陪侍。陈叔宝长叹道："我平日待卿甚薄，今日深感惭愧。非唯朕无德，也是江东衣冠道尽！"

隋兵很快从四面八方冲入皇宫，陈叔宝又惊又怕，准备避匿。袁宪劝他说："请陛下正衣冠，御正殿，依梁武帝见侯景故事。"陈后主本性怯懦，表示"白刃兵锋，不知祸福，我还是避一下再说"。说完，跟着一帮宫人就往景阳殿跑，但因为体力不支，只好躲入一个枯井内。

就在陈后主躲进枯井的时候，隋军已然进入宫殿。陈叔宝的皇后沈氏"居处如常"，张贵妃所生的太子陈深虽然只有 15 岁，也安坐在宫内，舍人孔伯鱼站在一旁侍立。隋军推门闯入，这位少年安坐不动，神色安详，还向兵士道辛苦说："戎旅在途，众位辛苦。"隋军见陈朝太子如此风度，都立于原地不敢妄动，一齐向他行军礼。

隋军到处找不到陈后主，捉住几个太监一问，才知道陈后主逃到后殿投井了。隋军兵士来到后殿，果然看到一口枯井，隐约还能看到井里有人，就威吓着叫喊说："我们要扔石头了。"井里的陈后主吓得尖叫起来。兵士把绳索丢到井里，把陈后主和两个宠妃拉了上来。

至此陈朝灭亡，隋朝得三十州、一百郡、四百县，平毁建康宫室。杨坚统一四海，心中大悦，"既而宥之"，对陈朝亡国君臣，皆饶以不死，并好吃好喝好宅子地养起来。对陈叔宝，杨坚赏他做了个三品官，每次朝宴时怕陈叔宝伤心，总是嘱咐乐师不许演奏江南音乐。不料，陈叔宝奏称说每次朝会自己没有官号，要杨坚给他实封一个官。杨坚听后苦笑，对侍臣们说道："叔宝全无心肝。"因为陈叔宝天天喝得大醉，很少有清醒的时候，杨坚又怕陈叔宝的身体被毁，让监守官员节制供酒，但不久后又下令："任他喜欢供酒吧，否则他不畅意喝酒，日子肯定也过不舒服。"后来陈叔宝跟随杨坚东巡，还献诗一首："日用光天德，山河壮帝居，太平无以报，愿上东封书。"称颂杨坚的功德。杨坚心中十分快意，继而叹息说："如果陈叔宝把作诗和喝酒的心思用于治国，又怎会有今天呢？"

北魏道武帝拓跋珪

人物档案

生卒年：公元 371~409 年

父母：父，拓跋寔；母，贺兰氏

后妃：慕容氏、刘氏等

年号：登国，皇始，天兴，天赐

在位时间：公元 386~409 年

谥号：道武帝

庙号：太祖

陵寝：山西金陵

性格：勇猛冷酷，宽厚大度

名家评点：

通过连年征战，拓跋珪降服了匈奴刘库仁和刘卫辰的部众，成为无敌于塞上的强盛大国。

——詹子庆《中国古代史》

道武帝拓跋珪

大难不死，深得众心

公元 4 世纪初，鲜卑族拓跋部在今山西北部、内蒙古等地，建立代国，后为前秦苻坚所灭。淝水之战后，拓跋珪(371~409)于公元 386 年重建代国，同年改国号为魏，史称北魏。公元 398 年建都平城(今山西大同)，399 年改号称帝，后逐步并吞夏、北燕、北凉。

属于鲜卑族一支的拓跋部，最早远居漠北，是个逐水草而居过着游牧生活的小部落。后来，拓跋部南进，重组部落，什翼犍自称代王，建都盛乐(现内蒙古托克托)，加速了拓跋部立国的步伐。

什翼犍与同属鲜卑族的前燕慕容氏广结姻亲，大具开国气象。可惜什翼犍生不逢时，恰值比他更英武豪雄的前秦苻坚大帝自立。苻坚先是灭前燕慕容氏，而后就把目光投向什翼犍的代国。

在代国灭亡的前五年，什翼犍的大臣长孙斤谋反，在朝会时拔刀直奔御座，想刺杀什翼犍。当时身为嫡子的拓跋寔徒手与其格斗，结果被长孙斤刺中肋部，伤重而死。代国灭亡时，拓跋寔的儿子拓跋珪年纪尚幼，被生母贺兰氏带着逃走，归依刘库仁部。后来，苻坚兵败淝水，北中国的各部族乘乱纷起，刘库仁的儿子刘显要杀拓跋珪，多亏贺兰氏机智多谋，带着儿子逃回娘家，依附拓跋珪的舅舅贺兰讷。不久，贺兰讷的弟弟贺兰染干见自己这个外甥越来越得众心，想方设法要杀掉拓跋珪，但皆未得逞。

据史书记载，拓跋珪也是个奇童，生下来体重就比平常的婴儿重一倍，年纪很小就会开口说话。爷爷什翼犍死时，拓跋珪年仅六岁。逃过几次劫祸，大难不死，加上他是什翼犍嫡长孙的身份，17 岁那年，拓跋珪在牛川即代王位，改元建国。当时，汉人崔玄伯、邓渊、王德等人帮助魏国制定国家制度、天文历法，拓跋珪不久便改称魏王。

南征北讨，威立四方

建国之后，拓跋珪连年征伐，先后击破刘显、库莫、高车诸部，又记恨前仇，讨伐舅氏贺兰部。

一直与代国（魏国）有世仇的刘卫辰，此时也派儿子直力鞮攻击贺兰部，贺兰讷遂向拓跋珪乞降，毕竟是骨肉相连的血亲，拓跋珪于是率部反击直力鞮的军队。接着，他率军征伐黜弗部。又在戈壁上冒险行军，连追三天，在南床山大破柔然部落，斩杀不可胜计。（《魏书》中记载，柔然是东胡苗裔，原姓郁久闾，后来世祖太武帝拓跋焘恚厌柔然人数次侵掠反叛，认为他们头脑简单，状类如虫，所以改其号为"蠕蠕"。）

刘卫辰父子瞧不起年轻的拓跋珪，面对北魏大军不仅不避其锋芒，反而再三侵掠，趁拓跋珪伐柔然之际，派兵攻击魏国南部。拓跋珪大败直力鞮于铁岐山，获牛羊20多万头，擒斩直力鞮。刘卫辰只得逃走，路上被手下所杀，将其首级送至魏国。

拓跋珪是个记仇的人，他把俘获的刘卫辰家族的5000多人不分老少，全部杀死，投入黄河之中，一时间，黄河水全部变成红色。刘卫辰全族尽灭，只有刘卫辰的第三子勃勃逃脱，他就是后来建立大夏国的那位杀人如麻的赫连勃勃。

拓跋珪在攻灭刘卫辰部的战争中，共获良马30多万匹，牛羊400多万头，奠定了国家繁盛的物质基础，周围的各部落也纷纷降服。

此时，由于苻坚在淝水一战大败，北中国狼烟四起，从前依附前秦的部族蜂拥叛乱，大家打得不亦乐乎。慕容垂趁苻坚败兵之际收复了前燕的失地，恢复了燕朝（史称后燕）。慕容垂立国后，先灭掉同是慕容氏的西燕。西燕国主慕容永在都城被围之际，一面向晋朝求援，一面向当时还是后燕附庸国的北魏乞求救助。拓跋珪知道唇亡齿寒的道理，派兵去救援西燕。可还没等北魏的军队赶到西燕的国都，慕容永的西燕就已经灭亡了。

早些时候，拓跋珪曾派弟弟拓跋觚向后燕进贡，慕容氏的年轻贵族们知道北魏多良马，就扣下拓跋觚当人质。拓跋珪做事也很刚狠，坚决不向后燕献马，致使两国的关系陷入断绝的地步。

既然已经撕破了脸皮，自己又发兵来救西燕，索性一不做二不休，拓跋珪便不时派兵袭扰燕国边境。这样一来，慕容垂派太子慕容宝、辽西王慕容农、赵王慕容麟率八万精兵来伐魏，连战连胜，锐不可当。

幸运的是，燕军的太子慕容宝是个绣花枕头，"少而轻果，无志操，喜人佞己"，他的继母段氏曾对慕容垂说："慕容宝资质虽雍容华贵，但柔而无断，太平时期能为仁明之主，乱世战时可不是济世救国的雄才。如要托之以国家大业，他不一定能承负得起啊！而且，赵王慕容麟奸诈任性，总有看不起太子的意思，恐怕以后要弄出事端。"

北魏敦煌写经纸

后燕国大臣高湖也劝谏说："魏国与燕国世为婚姻通好。为了索要马匹我们不让拓跋珪的弟弟回国，本来就理亏，加之拓跋珪沉勇有谋，从小就历经艰难，志气果锐，现在他手下兵精马壮，不是容易战胜的对手。我们的太子年纪太轻，现在让他专任一方统帅，他肯定会轻视魏军，万一得不了胜，可能会严重损毁太子的威望！"

但慕容垂并没有听进这一番良言，仍派慕容宝率兵灭魏，想让这位太子兵胜立威，日后更加顺理成章地承继帝位。

北魏大将张衮听说燕军来攻，就上言魏王拓跋珪说："燕军新近破翟钊于滑台，灭慕容永于长子，现倾国而来，肯定有轻我之心。我们应该假装害怕，退兵回避，让对方产生骄傲轻敌之心，才有机会战胜燕国。"

拓跋珪依计，把部落国人全部迁移西渡黄河千余里，以避燕军兵锋。燕军一路皆胜，几乎没遇到什么抵挡，只差渡河一举攻灭魏国了。

北魏泰山郡太守羊侃

公元 395 初冬，拓跋珪治兵于黄河南岸迎战。慕容宝整军准备渡河决战，忽然暴风大起，数十艘军船漂往南岸。魏国俘获燕军甲士 300 多名，但全部释放，让他们归回燕军阵垒。慕容宝出发时，慕容垂已经得了重病。拓跋珪让放回去的人对慕容宝大喊："你爸爸已经死了，还不早点回去争位！"慕容宝一听，非常忧恐，兵士也心中骇动。

魏、燕两军相持几十天，赵王慕容麟手下将领慕容嵩认定老皇帝已死，暗中作乱，想杀了慕容宝，奉戴慕容麟为皇帝，结果事情败露，慕容嵩等被杀，慕容宝、慕容麟兄弟两人暗中也互相猜疑。这一来军心涣散，燕军只得烧了战船，连夜逃回。

当时黄河尚未结冰，慕容宝认为魏军没有船不能追击，就没设掩护的军队，大军缓慢撤退。哪知寒流忽至，一夜暴风，黄河便结了冰。拓跋珪亲自引兵从冰上过河，不带辎重，只选精兵两万骑急追燕军。

燕军行至一个叫参合陂的地方，慕容宝认为已经离魏军很远了，索性命令军队原地休息，自己跳下马鞍，躺在草地上睡起大觉来。

一觉醒来，燕军起营将要东还，回头一望，突然瞧见山上像鬼神一般静静站立着大批魏军，顿时血往上涌，浑身都僵住了。拓跋珪纵兵自山而下冲杀，燕兵被淹死的、被人马践踏而死的就有万余人。太子慕容宝、赵王慕容麟等人单骑逃出，陈留王慕容绍等数千人不是被杀就是被俘。拓跋珪大获全胜，把俘虏的近五万燕兵全部活埋。

逃窜回国的太子慕容宝深以参合陂兵败为耻，劝慕容垂让他再次统兵击魏。公元396 年四月，慕容垂以古稀之年，皇帝之尊，亲自率兵攻打魏国。

慕容垂毕竟是身经百战的人，也不像慕容宝那样好大喜功，他引兵密发，越过青岭，经天门，凿山通道，出其不意，直奔云中。

驻守龙城的魏将拓跋虔认为燕军刚刚打了败仗，不值得畏惧。哪知这次来攻的，是燕军中从来未打过败仗的隆城兵，这支军队直攻平城，拓跋虔一战败死，部下皆降。

这下轮到魏王拓跋珪肝胆俱裂了,只想马上逃跑,但一时之间又想不出来往哪个地方逃窜才好。就在此时,北魏峰回路转。燕军经过参合陂,见到积骨如山,残尸遍野,那些被活埋掉的燕军的亲人,顿时放声大哭,声震山谷。慕容垂也是悲从中来,愤而吐血,在距平城30里的地方旧疾复发,十天后死于军中。

拓跋珪听说慕容垂死了,想马上引军追击,但又怕慕容垂假死,慑于这位老英雄的威名,拓跋珪退至阴山等候消息。慕容宝见父亲驾崩,慌忙退军,回国继位。

拓跋珪见慕容垂真是死了,再无惧怕,亲率40万大军伐燕。慕容宝把皇宫里的珍宝全部拿出来,招募兵士抵御。公元397年二月,拓跋珪扎营于巨鹿,晚间,忽然被慕容宝的军队偷袭,大火烧得这位魏帝来不及穿衣戴帽,光着脚击鼓迎战。天亮后,魏国将士以骑兵攻击慕容宝的军队,燕军大败,万余人被斩首,12万燕军将士逃入山中,忽遇大风,冻饿而死。

慕容宝就这样败下阵来,在逃亡的路上,子侄兄弟还相互攻杀。公元398年,慕容宝被自己的舅舅兰汗诱杀于龙城。至此,后燕在北中国已不是北魏的对手了。不久,后燕分裂为辽东的北燕和山东的南燕,慕容氏至此一蹶不振。

公元399年,魏军大破高车30多个部落,俘获7万军人,得马匹10多万,牛羊140多万头。在以后的八九年中,北魏四处兴兵,征伐不已,成为北方强国。

南北朝时期北魏大将杨大眼

随着拓跋珪四出征讨的节节胜利,大部慕容鲜卑、中原汉人、"高丽杂虏"等等各族人均被北魏迁至塞上,"给以耕牛,计口授田",为拓跋鲜卑军队提供兵源以及军粮。

渐渐地,拓跋鲜卑从氏族形态转变为地域形态,日益仿效中原汉族政权形式,奴隶制形式慢慢转化,军事贵族也渐渐成为汉地郡县制的统治类型。恰恰是拓跋鲜卑制度的"汉化"和兼收并蓄的灵活化,田租户调日益成为拓跋北魏的主要统治形式,原来的鲜卑军事贵族也都逐渐成为类似中原汉族的"大地主",由此,奠定了日后赫赫大魏的强大的经济、政治基础。

喜怒无常,命丧子手

拓跋珪晚年,常服食一种叫"寒食散"的补药,其中的矿物质提成物对人体有害,因此使得这位不到40岁的皇帝屡屡病发,或数日不食,或数夜不睡,整晚地自言自语,精神忧闷不安。

白天上朝时,拓跋珪喜怒无常,追思朝臣的旧恶前怨,大加杀害。见到大臣脸色有异,或呼吸不调,或言辞失措,就大叫而起,亲自殴打致死,然后将尸体一字排开摆放在殿前。这一来,使得朝野上人心骚动,各怀忧惧。

拓跋珪在年轻的时候,见到母亲贺太后的妹妹很漂亮,就对母亲说要娶小姨为妻

（拓跋珪部起自沙漠，礼仪人伦不同于汉族）。当时贺兰太后就坚决表示不行，说："我这个妹妹太漂亮了，必有不善不吉的兆头。而且她已经嫁人了，不能夺抢别人的妻子。"

拓跋珪不听，秘密派人杀掉了贺兰氏的丈夫，纳之为妃，生下清河王拓跋绍。

拓跋绍自小就很凶狠，喜欢打劫行人，剥光人家的衣服取乐，又常常杀猪剁狗，荒悖无常。拓跋珪为了教育这个儿子，曾经把他头朝下吊在井里，垂死之时才放出来，但仍然无济于事。

公元409年的某一天，性情无常的拓跋珪公然大骂贺兰妃，把她关在宫里，扬言要杀掉她。贺兰妃赶快派人向儿子拓跋绍求救。当时拓跋绍才16岁，于是在夜里与宦官宫人密谋，跳过宫墙冲入天安殿。周围侍者见到黑影惊呼"有贼"，拓跋珪四处摸索了半天，找不到弓箭，就在这时，冲进来的拓跋绍把他一刀杀死，时年39岁。

北魏孝文帝拓跋宏

人物档案

生卒年：公元 467～499 年

父母：父，献文帝拓跋弘；母，李氏

后妃：冯皇后、高贵妃等

年号：延兴，承明，太和

在位时间：公元 471～499 年

谥号：孝文帝

庙号：高祖

陵寝：河南长陵

性格：聪慧勤学，宽仁俭朴

名家评点：

孝文帝的全面汉化政策，使胡族政权不但在政治上而且在文化上被中原文明所同化。

——樊树志《国史十六讲》

推行汉化，决心改革

孝文帝拓跋宏

拓跋宏（467～499）是北魏的第六代君主，亲政后大力推行汉化政策，促进了民族大融合，使北魏的国力达到鼎盛。

公元 471 年，拓跋宏即位，下决心改革，巩固北魏的统治。拓跋宏受过很好的汉族教育，他认为要使国家强大，就一定要吸收中原的文化，改革一些落后的风俗。

拓跋宏继位不久便亲临虎圈，颁布诏书说："虎狼凶猛残暴，捕捉它们的时候，往往要伤害许多人，既没有什么好处，浪费又实在太多。从现在起，不要再捕捉它们进贡。"

不过，由于拓跋宏年幼，因此一直由冯太后掌权。公元 483 年，北魏颁布均田法，规定：男子 15 岁以上，国家授给露田（不栽树木的田）40 亩，女子 20 亩。此外，还授男子桑田 20 亩，需对每家课种桑 50 株，枣树 5 株，榆树 3 棵。不适合种桑树的地方，男子授麻田 40 亩，女子 5 亩。均田法还规定，桑田可留给农民作"世业"，死后可以不归还国家，其余土地，身死时要还给国家。因此，这些举措限制了农民的自由迁徙，保障了北魏的租调来源。均田制制定得严密，充分照顾到田地的肥瘦、远近、宽窄等诸多因素，同时，又辅以"三长制"，强化了地方组织，搜括荫户，最终使北魏均田制的实施顺利而到位，"课有常准，赋而恒分"，不仅对当时中国北方的农业恢复起到了重要作用，而且从根本上改变了鲜卑国家的经济结构，使得农业逐渐占据了绝对重要的地位，加速了鲜卑王朝脱离奴隶制的过程。

冯太后在公元 490 年逝世后，拓跋宏才真正做了皇帝。

迁都洛阳，民族融合

洛阳是两晋南北朝时期的政治和军事重镇。洛阳在东汉时已经成为首都及中原最大的商业中心。东汉末年,洛阳遭到了严重的破坏。公元220年曹丕称帝后,从河北等地迁居民数万以充实洛阳,并在汉宫的基础上重新建筑洛阳宫城和外城。随着北方地区的逐步统一,洛阳的经济也得到了恢复和发展。洛阳城中的丝织业、制盐业、冶铁业比较发达,商业已逐渐兴盛。全城有三个主要市场:金市、马市和羊市。西晋统一后,以洛阳为国都,人口有了显著增加,并成为全国贸易中心,全国各地的珍贵商品在洛阳市场上都有出售,从绢布、粮食、药材、器皿到生产工具,应有尽有。西晋八王之乱,使洛阳腹地经济受到很大破坏。公元310年,匈奴刘曜攻破洛阳,纵兵劫掠,洛阳再次毁于战火。永嘉之乱后,十六国100余年间,洛阳几成废墟。

拓跋宏是一个政治上有作为的人,他认为要巩固魏朝的统治,一定要吸收中原的文化,改革一些落后的风俗。为了这个,他决心把国都从平城(今山西大同市东北)迁到洛阳。他怕大臣们反对迁都的主张,先提出要大规模进攻南齐。

有一次上朝,他把这个打算提了出来,大臣纷纷反对,最激烈的是任城王拓跋澄。拓跋宏发火说:"国家是我的国家,你想阻挠我用兵吗?"拓跋澄反驳说:"国家虽然是陛下的,但我是国家的大臣,明知用兵危险,哪能不讲?"拓跋宏想了一下,就宣布退朝,回到宫里,再单独召见拓跋澄,跟他说:"老实告诉你,刚才我向你发火,是为了吓唬大家。我真正的意思是觉得平城是个用武的地方,不适宜改革政治。现在我要移风易俗,非得迁都不行。这回我出兵伐齐,实际上是想借这个机会,带领文武官员迁都中原,你看怎么样?"

拓跋澄恍然大悟,马上同意了拓跋宏的主张。

公元493年,拓跋宏亲自率领步兵骑兵30多万南下,从平城出发,到了洛阳。正好碰到秋雨连绵,足足下了一个月,到处道路泥泞,行军发生困难。但是拓跋宏仍旧戴盔披甲骑马出城,下令继续进军。

大臣们本来不想出兵伐齐,趁着这场大雨,又出来阻拦。拓跋宏严肃地说:"这次我们兴师动众,如果半途而废,岂不是给后代人笑话。如果不能南进,就把国都迁到这里。诸位认为怎么样?"

平城的贵族中反对的还不少。他们搬出一条条理由,都被拓跋宏驳倒了。最后,那些人实在讲不出道理来,只好说:"迁都是大事,到底是凶是吉,还是卜个卦吧。"

拓跋宏说:"卜卦是为了解决疑难不决的事。迁都的事,已经没有疑问,还卜什么?要治理天下的,应该以四海为家,今天走南,明天闯北,哪有固定不变的道理?再说我们上代也迁过几次都,为什么我就不能迁呢?"贵族大臣被驳得哑口无言,迁都洛阳的事,就这样决定下来了。

拓跋宏把国都迁到洛阳以后,决定进一步改革旧的风俗习惯。有一次,他跟大臣们一起议论朝政。他说:"你们看是移风易俗好,还是因循守旧好?"咸阳王拓跋禧说:"当然是移风易俗好。"

拓跋宏说:"那么我要宣布改革,大家可不能违背。"接着就宣布几条法令:改说汉语。30岁以上的人改口比较困难,可以暂缓,30岁以下、现在朝廷做官的,一律要改说汉语,违反这一条就降职或者撤职;规定官民改穿汉人的服装;鼓励鲜卑人跟汉族的士族通婚;改用汉人的姓。北魏皇室本来姓拓跋,从那时候开始改姓为元。拓跋宏改名为元宏,就是用了汉人的姓。

这种大刀阔斧的改革,使北魏政治,经济有了较大的发展,也进一步促进了鲜卑族和汉族的融合。

北魏太子元恂不喜欢学习,长得身肥体胖,受不了河南夏天的炎热,经常思念回到北方去。元宏赐予元恂汉人的衣服和帽子,他却常常私下里穿着胡服。高道悦多次恳切地劝谏元恂改装,元恂非常厌恶他。

不久,元恂与心腹密谋策划,叫来马匹骑上直奔平城,亲手把高道悦杀死在宫殿之中。中领军元俨严守门禁,以防遏事态扩大,到了夜间才平定下来。次日天刚亮,陆琇急忙骑马去向元宏汇报,元宏一听大吃一惊,但没有声张其事。

元宏不动声色的召见元恂,数说了他的罪过,并且亲自与咸阳王元禧轮番把元恂打了100多棒,然后命人把他扶着拽出去,囚禁在城西,一个多月之后,元恂方才可以起床。

一年后,孝文帝巡视代地,中尉李彪上奏说,太子又与左右谋逆。已经对元恂大感寒心的元宏不问真伪,派兄弟元禧携诏书毒酒,于河阳监所赐死元恂,时年15,"以粗棺常服",随便找个地方在当地埋掉了。

御驾亲征,无功而返

公元497年夏天,元宏见改革顺利进行,于是发兵20万,直向南朝杀来。

拓跋宏的南伐没取得多大成功,在宛城还被南朝南阳太守房伯玉埋伏的虎纹衣士兵差点暗杀掉,受惊匪浅。不久,南朝齐明帝崩,笃信儒教的孝文帝下诏称:"礼不伐丧。"引兵而还。回军途中,拓跋宏因为四处征伐太过劳累,忽患重疾,便赴邺城养病。

公元498年,孝文帝回到洛阳,不顾自己病躯未愈,一进城就召任城王元澄,问他说:"朕离京以来,风俗有改变吗?"元澄谨答:"圣化日新。"

元宏说:"朕入城,见车上妇人犹戴帽,穿小袄,依旧北鲜卑的装束,如此又怎谓'日新'?"元澄回答道:"穿鲜卑旧服的人少,不穿的多。"拓跋宏不以为然,语重心长地说:"如果放任自流,满城妇人肯定都会穿回鲜卑旧服!"

四月间,元宏感觉自己身体有所恢复,又御驾亲征,想完成他统一中原的梦想。行至梁城,病势加重,只能北还。

公元499年,元宏病危,将国事托付给兄弟元勰后,便去世了。死后谥号孝文帝。

孝文帝对他的几个弟弟非常爱护,彼此始终没有产生隔阂。一次,他曾对元禧等人说:"我死

北周彩绘武士陶俑

之后,子孙们如果不肖,你们看情况而办,可以辅佐则辅佐,不可辅佐则取而代之,千万不要让江山为他人所有。"

元宏常常说:"一国之主患在不能用心公平,以诚待人。如果能做到这两点的话,即使是胡、越之人也可以使他们成为兄弟。"

他用法虽然严厉,对于大臣们,只要有罪,绝不姑且宽容。但是,如果别人有小过失,又常能宽大而不计较。

有一次,他在饭中发现了虫子,又有一次手下人进羹时不小心烫了他的手,他都笑而宽恕,没有治罪。衣服穿旧了,浆洗一下仍旧穿用,坐骑的鞍勒唯用铁木而已。

北齐文宣帝高洋

人物档案

生卒年：公元529~559年

父母：父，高欢；母，娄昭君

后妃：皇后李祖娥、嫔妃段昭仪等

年号：天保

在位时间：公元550~559年

谥号：文宣帝

庙号：显祖

陵寝：武宁陵

性格：荒淫暴虐，智勇深沉

名家评点：

（高洋）沉湎酒色，兴役土木，任意淫烝，逞情杀戮，儗以桀、纣，诚有过之无不及者。

——蔡东藩

文宣帝高洋

抽刀断线，大智若愚

高洋(529~559)是北齐显祖，汉人，东魏大宰相高欢的次子。公元550年，高洋篡位为帝，在位前期励精图治，使魏晋以来的刑律削繁就简；对外用兵，使北齐的面积大为增加。在位后期生活荒淫，草菅人命，与历代暴君无异。

高洋肤色黝黑，脸大，面部的肌肉往两边奔拉，一身牛皮癣，踝骨畸形。与哥哥高澄相比，高洋完全是个丑陋的少年，但父亲高欢对这个丑儿子很看重。

一次，高欢为了试探儿子们的智力，在每人面前扔了一团乱丝线，观察当时还都是少年的儿子们的反应。大家见到线团，都手忙脚乱想把丝理顺，唯独高洋"抽刀斩之"，口里还恶狠狠地说："乱者须斩！"

因为父亲是东魏高官，高洋也出任京畿大都督，掌管外朝大政，但是他假装愚钝憨直，连自己的妻子被哥哥齐王高澄多次调戏也假装不知道。无论国事家事，高洋都睁一只眼闭一只眼，只求相安无事。

篡位自立，威震天下

不久，高澄因为专横跋扈被杀，"内外震骇"。高洋当时年仅21岁，却神色不变，指挥若定，亲自围捕兰京等人，"自脔斩群贼而漆其头"。事后，高洋被封为大丞相，都督全国的军队，还承袭了他哥哥的爵位——齐王。自此以后，高洋一下子像变了个人似的，不但办事井井有条，一清二楚，还推行新法，把晋阳城管理得市井繁荣，井然有序。

对于高澄之死，东魏孝静帝十分高兴，对左右说："此乃天意，威权当重归于我。"可没高兴多久，高洋便带着武士去了晋阳宫。高洋自己不说话，让随从人传话，告诉东魏帝说，自己要去晋阳，然后虚拜了两下，扭头便出。东魏帝大惊失色，望着高洋背影，沉痛地说："此人似乎更不相容，吾不知死在何日！"

没多久，高洋就在高德政、徐之才、宋景业等人的撺掇下自晋阳向邺城出发，准备篡位。当时，不仅高欢的挚友司马子如、高隆之等人不大愿意高洋急着篡位，连高洋的母亲娄氏也说："汝父如龙，汝兄如虎，犹以天位不可妄据，终身北面事人，你以为自己是谁，敢行尧舜之事！"

这样一来，高洋犹豫了，半路返回晋阳，闷闷不乐。徐之才善察人意，进言说："正为不及父兄，才应早升尊位以定人心！"恰巧，高洋自铸铜像成功（北朝人喜以铸像占卜吉凶），便欣然上马，率军马直奔邺城，登上了皇帝之位。

至此东魏灭亡，齐国建立，史称北齐，其时为公元550年五月，改元天保。高洋追尊其父高欢为神武皇帝，其兄高澄为文襄皇帝，尊其母娄氏为皇太后。

建国初期，高洋励精图治。高丽、蠕蠕、库莫奚、南朝萧绎都相继遣使朝贡。"终践大位，留心政务，理刑处繁，终日不倦。以法政下，公道为先。"

公元552年春，高洋亲自率军，讨伐在代郡一带屡次侵境的库莫奚，"大破之，获杂畜十余万"。随后，高洋北巡冀、定、幽、安四州，北讨契丹。"亲逾山岭，为士卒先，指麾奋击，大破之，虏获十万余口、杀畜数十万头"。此次征伐，高洋以皇帝之尊，露头袒膊，昼夜不息，骑行1000多里，"唯食肉饮水，壮气弥厉"。至此，远近山胡种落莫不慑服。两年后，高洋发180万役夫筑长城，自幽州北夏口至恒州900余里。从此，高洋"既征伐四克，威震戎夏"。

嗜酒施虐，骇人听闻

当了皇帝的高洋开始嗜酒，渐渐变得昏乱妄为，脾气暴躁。有时喝到酣畅时，他自己就起身擂鼓，然后跳舞，直跳得筋疲力尽。有时他脱光了衣服，乱叫乱闹。有时他披头散发，穿上胡服，到街上挥刀舞剑。有时随意乱走，到大臣家去乱闹一通，搅得人人胆战心惊。三伏天，高洋会赤身裸体躺在地上晒太阳；三九天，他则在风雪中光着身子跑来跑去。不但自己发狂，他还让随从们仿效他，弄得随从们苦不堪言。

高洋酒醉后不但发疯，还人性泯灭，兽性大发。一次，他疯狂地撕乱父亲的小妾尔朱氏的衣带，企图强奸。尔朱氏不从，双手紧紧护住身体，哀求他千万不要乱伦。高洋假意应允，却趁尔朱氏不备，用刀捅进尔朱氏的下体，将其残忍杀死。

高洋有个宠妃姓薛，被封为薛嫔。薛嫔的姐姐也十分美貌，高洋便将她也弄进宫来，薛氏姐妹于是恳请皇帝封他们的父亲为司德公。高洋知道薛氏姐妹的父亲是个卖唱之人，地位卑贱，不配当官。后来不知怎么又探知薛嫔与以前的丈夫高岳藕断丝连，不禁大怒。便令人当着高岳的面，将薛嫔的姐姐活活锯成八块，接着砍掉薛嫔的头，将她的尸体乱刀剁碎，继而把两姐妹的血渗进酒里，让大臣共饮。高洋还叫乐师剔去薛嫔大腿的筋肉，用白森森的腿骨做成乐器。在每次杀人后的酒宴上，让乐师用薛嫔腿骨做成的乐器弹奏"佳人再难得"的曲了，以示对薛嫔的"怀念"。

随着酒瘾大增，高洋几乎每日沉醉。别人大醉时昏睡，高洋一醉就杀人。杀人还不是好杀，或肢解，或焚燃，或投河，以把人虐死为至乐。就这样日复一日地酗酒，杀人，到了30岁时，高洋已经不能吃饭了，每天只靠几碗酒度日，最后终于死在昏醉之中。

隋文帝杨坚

人物档案

生卒年：公元541~604年

父母：父，杨忠；母，吕后

后妃：独孤皇后、蔡妃等

年号：开皇，仁寿

在位时间：公元581~604年

谥号：文皇帝

庙号：高祖

陵寝：陕西泰陵

性格：深沉稳重、狠辣多疑

名家评点：

杨坚道地十足的有马基雅弗利的作风。

文帝杨坚

过去的历史家曾对此隋朝创业之主既褒且贬。他的残酷而兼带着道德的名分，在我们看来已不足为奇。

——黄仁宇

出生："真龙天子"降世

杨坚，西魏大统七年（541）生，仁寿四年（604）卒，谥号文帝，享年64岁，葬太陵。杨坚581年登基，在位24年。他结束了自西晋以来270多年的分裂局面，重新统一全国。杨坚建立的隋朝是中国历史上最富庶的朝代。

西魏大统七年（541）六月十三，杨坚出生在同州（今陕西大荔）般若寺。杨坚的父亲是云州（今甘肃庆阳）刺史、大都督杨忠。杨忠，史称美髭髯，身长七尺八寸，状貌魁伟，武艺绝伦，识量沉深，有将帅之略。杨忠青年时为独孤信帐下将领，随独孤信征战，屡建奇功。公元537年，杨忠与独孤信被北周太祖宇文泰召回长安，留居帐下。一次，杨忠随从宇文泰在龙门狩猎，一猛兽向宇文泰扑来，杨忠大吼一声，一跃上前，抵挡猛兽，经殊死格斗，杨忠左手死死挟住猛兽，在猛兽张口伸舌的瞬间，右手一下子拔掉了猛兽的舌头，太祖大为赞赏。

杨忠曾随独孤信攻克东魏的荆州，后东魏发大军争夺，二人不得已弃城奔梁，深为梁武帝器重。在患难之中，二人成为莫逆之交。几年之后，二人双双逃离南梁，奔还北周。公元562年，杨忠迁大司空，时独孤信已位至晋公，官职始终在杨忠之上。北周以鲜卑人为重，杨忠以汉人身至高位，已属不易；后来杨忠之子杨坚娶独孤信之女，虽说也是门当户对，但杨坚始终敬畏独孤氏三分。

杨坚出生这年杨忠35岁。自大统四年（538）与东魏大战洛阳后，总算能过上短短几年相对安定的家庭生活。夫人吕若桃有喜，带给他无限的喜悦和希望。夫妻俩再合计，决定把孩子送到毗邻的般若寺，一来祈求平安吉祥，当时战事频仍，杨忠说不定哪天就得开赴前线，婴儿也好有个寄托。二来将头胎儿女献于佛前，报答神明的保佑，并祈福于未来。

刚出生的杨坚方脸高额，五官端正。一家人欢天喜地，斟酌着给儿子起了个"坚"字单名，希望他长大后能像父亲一样威武坚毅，卓尔不群。杨坚出生的时候，窗外笼罩在紫金暮霭之中，仿佛神迹！一家人兴奋不已，奔走相告。后来，隋朝内史令李德林写道："皇帝载诞之始，赤光蒲室，流于户外，上属苍旻。其后三日，紫气充庭，四邻望之，如郁楼观，人物在内，色皆成紫。"

著作郎王劭撰《隋祖起居注》称："于时赤光照室，流溢户外，紫气充庭，状如楼阁，色染人衣，内外惊异。"

这些传说在隋代广为流传。唐人在编修《隋书》时，也采纳其说，似乎杨坚是应天命而降生人世，注定要位登九五，统一中国，从而给他披上一件金光灿灿的神衣。

在古代，大凡君王伟人出世，都有一番神灵瑞象的铺陈，暗示他是真龙天子降世，日后必应天命而得天下。如西汉高祖刘邦，《汉书》说刘邦母曾在野外休息，不一会儿进入梦乡，梦中与神相遇，这时候雷电晦冥，刘邦父太公前来，只见其妻正与龙相交。不久，刘妻有娠，生下了刘邦。大概因为刘邦是龙子，在秦末农民战争中，他提三尺剑起兵，成为汉王。后与西楚霸王项羽争夺天下时，虽屡遭失败，但有上天佑护，最终使项羽兵困垓下，自刎于乌江。

不过，像杨坚这种以佛教灵迹为底蕴的渲染，却是绝无仅有。

相传，杨坚出生那天，有一位法名智仙的尼姑，从山西风尘仆仆赶来，黄夜造访杨家。当时，天气异常闷热，杨坚的母亲吕氏打扇驱暑，却将杨坚扇得寒战不已，几致气绝。就在这时，智仙赶到，杨坚转危为安。智仙对杨忠夫妇说道："此儿所从来甚异，不可于俗间处之。"虚惊一场的杨忠便将杨坚托付给智仙，还将自家宅院改作佛寺。过了一段时日，吕氏按捺不住对儿子的思念，悄悄来到智仙房中，将杨坚轻轻抱起，仔细端详。就在这时，杨坚突然头上长角，身体生鳞，化作一条小龙。吕氏大惊，怀里的婴儿坠落于地。智仙从外间进来，连忙将杨坚抱起，埋怨道："何因妄触我儿，遂令晚得天下。"从此，杨家人不敢轻易过问儿子的日常生活。

反映狩猎生活的银器

杨坚随智仙在佛寺里度过燃灯诵佛的童年。13岁那年，杨坚已是伟岸少年，"为人龙颜，额上有五注入顶，目光外射，有文在手曰：'王'"，俨然一副人君仪表。智仙给他取了个与其名字相对应的小名，叫"那罗延"，送他出寺回家，转入太学学习。

杨坚因父亲的荫庇，14岁步入仕途，京师长安的地方长官京兆尹薛善任用他为功曹。功曹是重要的属吏，职司庶务。薛善任用14岁的少年为功曹，完全是看在杨忠的面子上。15岁时，杨坚又因父亲的功勋被授予散骑常侍、车骑大将军、仪同三司的官衔，封成纪县公，入宫为官。不久又升为大兴郡公。16岁时，杨坚又升为骠骑大将军、开府仪同三司。

据《隋书》记载，周明帝见杨坚面相不凡，顿生猜疑，曾派遣名誉京城的相面先生赵昭审视杨坚,赵昭诡言回禀周明帝:"不过作柱国耳。"之后赵昭随即私下跑到杨坚官邸,对杨坚说:"公当为天下君,必大诛杀而后定。善记鄙言。"

周武帝登基后,杨坚升为左小官伯。不久,出为随州(今湖北随州)刺史,进位大将军。相传,他在随州做刺史期间,有一神秘僧人,法名僧空,前来探访,见到杨坚,惊道:"公非人臣之相,异日必大贵,当执掌符命。"杨坚笑而不答。其实早在杨坚在京做仪同三司之时,关中地方官吏、豪绅就都以杨坚有私志,纷纷劝其伺机废周,杨坚"深然其言"。如果说此前杨坚只有废周的意向而无实际行动,那么自他在随州为政期间便开始暗中派人潜交豪友,招徕人才,为废周提前做好准备。当地新贵名流以杨坚"人心所向""众望所归",竞相表示愿鼎力以事杨坚。杨坚任刺史还不满三月,当地士庶之心就尽为其所收买,足见其笼络人心的手法之高超。在随州任刺史期间收获不少,因此杨坚私喜此行。之后杨坚被征还京师,适逢母亲罹病,杨坚昼夜服侍,不离左右。25岁那年,杨忠与独孤信亲自操办了他们子女的婚姻,杨坚娶了14岁的独孤伽罗为妻。

中立:不露声色巧夺权

杨忠与独孤信从西魏到北周都一直是战场上患难生死的兄弟,两人的交情好到恨不得把自己最好的子女跟对方子女成亲。从这个意义上说,杨坚娶独孤伽罗为妻有一定的必然性,但实际上他们更是两情相悦的。杨坚与独孤伽罗首次见面就互相一见钟情。独孤伽罗肢体窈窕、美若天仙,杨坚仪表轩昂、玉树临风,两人互相喜欢。因此他们联姻虽有父亲包办的成分,但还是两相情愿的。

北周武帝天和三年(568),杨忠去世,杨坚袭爵成为隋国公。杨忠去世前,北周的大权实际掌握在权臣宇文护的手中,这个宇文护是开国皇帝宇文泰的侄子,宇文泰去世时太子年幼,于是遗命让宇文护辅佐少主,没想到宇文护却把少主干掉,另立傀儡,自己独揽大权。当时的皇帝周武帝虽然是宇文护扶植的,却不甘于傀儡地位,不断暗中积蓄力量准备夺回权力,两派之间暗潮汹涌。宇文护看中杨坚的才能,向他示好,要拉拢他。这时,宇文护的势力占绝对优势,如果换个缺乏政治远见的人,一定会兴高采烈地投入宇文护的怀抱,但杨忠、杨坚父子并非常人,杨忠遗言告诫杨坚说:"两姑之间难为妇",杨坚因此在皇帝与权臣间严守中立。杨坚严拒了宇文护的拉拢,引起宇文护的极端仇视,多次想暗杀杨坚,幸亏大将侯伏、侯万寿兄弟替他说情,才免于一死。

事实证明了杨氏父子的政治嗅觉是多么敏锐。杨忠去世后第四年,周武帝发动宫廷政变,暗杀了宇文护,将其党羽一网打尽,幸亏当初杨坚没受宇文护的拉拢,不然一定没命了。这场政变实际上是很冒险的,当时周武帝的势力并不强,只是实在受不了压迫之铤而走险,不料竟成功了。这也是由于宇文护不得人心,他在世时还能压住场面,他刚被暗杀,那些中立派就全跑到皇帝那里去了。皇帝派实力暴长,宇文护的党羽群龙无首,自然无法回天。

皇帝虽然夺回了政权但由于本身的心腹并不多,不得不大力拉拢那些原来的中立派,这就

隋代一佛二菩萨雕像

给了杨坚很好的发展机会。政变后的第二年,周武帝为自己的太子娶了杨坚的大女儿杨丽华当太子妃。太子是未来的皇帝,杨坚成了未来的国丈,政治地位大大提高。

杨坚虽然深得武帝宇文邕器重,但他根本瞧不起宇文邕,不把武帝放在眼里。不过,他羽翼未丰,不敢有所表示,只是心中暗暗地盘算,偷偷地培植自己的势力。

一些精明的大臣觉察出杨坚图谋不轨。齐王宇文宪奏告武帝:"普六茹坚相貌非同寻常,臣每次见到他,总感到浑身不自在。此人恐不是久居人下者,请尽早把他除掉!"武帝大怒,道:"必天命有在,将若之何!"内史王轨也奏言杨坚有歹相,也没有引起武帝的重视。杨坚听说宇文宪、王轨等奏劾他图谋不轨,并没有胆怯,只是更加隐秘地做夺权的准备。

周武帝虽非庸才,但杨坚棋高一筹,因此周武帝被杨坚的假象所迷惑,加上武帝此时的精力用在攻伐北齐上,对杨坚也无暇留心考察。

建德四年(575),杨坚34岁,武帝下诏伐齐。北周出动水步18万大军,武帝亲率六万士卒直趋河阴(今河南孟津),杨坚奉命率领水军三万,顺黄河东下。起初,进军较为顺利,攻取了一些州县。但在攻打漳城(今河南孟津)时受阻,围攻了二十多天也没攻克。武帝心急如焚,病倒了,大军不得不西撤。第二年十月,武帝再次御驾亲征,14万多兵马分为左三军、右三军和前军,杨坚统领右三军中的一军。这次出兵,大获全胜,灭亡北齐,统一了北部中国。

杨坚以功进位柱国,出任定州总管,随即转为亳州总管。不久,武帝驾崩,皇太子宇文赟即位,也就是宣帝。宣帝立杨坚的女儿杨丽华为皇后,父以女贵,杨坚被拜为上柱国、大司马。第二年,转为大后丞,右司武。遇到宣帝外出的时候,便由杨坚处理日常政务。

年轻的宣帝是个昏君,荒淫无道。武帝尸骨未寒,他便把父皇的宫人全部接收过来,供他发泄兽欲。忠直的大臣遭诛杀,奸佞小人却受到重用。他做皇帝的第二年,禅位于七岁的皇太子宇文阐,也就是静帝,自己称"天元皇帝",做太上皇去了。不过,宣帝并没有放弃权力。北周王朝在他的统治下迅速走向黑暗。

正觊觎着皇位的杨坚心中暗喜,他抓住时机,积极准备取代周室的工作。

一次,杨坚与好友宇文庆谈论时局,杨坚道:"天元皇帝没什么德政,看相貌也不会长寿。加上法令繁多而严苛,整天沉湎于声色中,我看皇上的统治维持不了多久。宇文宗室诸王各就封国,既不能有效地控制地方,朝廷内也失去亲信。像这种局面,一旦天下有事,局势将不可收拾。"接着,他又对掌握实权的地方势力做了分析:"安阳太守尉迟迥是皇亲国戚,声望素著,若天下有变,他必首先起来作乱,但此人才智平庸,子弟也多轻浮,且贪财好利,对部下不事拉拢,肯定成不了大事。驻守郧州的司马消难是个反复无常的小人,若有机会,肯定会发难,不过此人轻薄,缺少智谋,也不足为虑,至多失败后投奔江南。益州易守难攻,总管王谦却是个蠢材,没有什么心计,即使受人唆使而作乱,也成不了气候。"

杨坚料定北周的统治即将结束,对他取代周后如何应付可能出现的动乱局面有了充分的准备。

周宣帝虽然是个昏君,但对杨坚图谋不轨也略有觉察。他有四个宠妃,并立为皇后。四个皇后争宠,互相诋毁。宣帝对杨丽华皇后最为不满,动辄骂道:"朕要诛灭你家族!"有一次,他宣召杨坚进宫,吩咐身边的卫士:"若他表情有异,就立即把他杀掉!"杨坚入宫,神情自若,宣帝又怀疑起自己的判断力来了:是不是自己搞错了,杨坚果真有二心吗？他拿不定主意，放过了杨坚。

尽管杨坚表面上不露声色，但心中对宣帝的猜忌甚感不安，他权衡再三，决定暂时离开朝廷，到地方上避避风头。他把自己的想法告诉了同窗好友郑译。郑译是个见风使舵的无耻小人，善于阿谀奉承，深得宣帝欢心。但他明白，北周气数已尽，杨坚迟早要夺权的，遂表面上信誓旦旦地效忠宣帝，背地里却投靠了杨坚。大象二年（580）五月，宣帝心血来潮，要南征，郑译乘机推荐杨坚为扬州总管。

大军未发，宣帝就病倒了，宣召大臣刘昉、颜之仪进宫，欲托以后事。两人到时，宣帝已不能说话。静帝宇文阐年方八岁，乳臭未干。刘昉是个很识时务的人，他知道宣帝一死，宇文阐是无法控制杨坚的。为了自己的前程，刘昉下定决心投靠杨坚。他找来郑译，两人一同草拟了一个假诏，声称宣帝遗嘱杨坚辅政。然后，刘昉去找杨坚，杨坚还有顾虑，刘昉道："你要愿意就赶快答应。若不愿意，我就自己去做。"杨坚遂答应下来。但是，当刘昉拿着假诏要颜之仪签字时，颜之仪却断然拒绝，说诏书有诈。于是，刘昉便强行替他签了字。不久，宣帝驾崩，刘昉、郑译秘不发丧，把假诏颁发，任命杨坚都督中外诸军事，总理朝政。杨坚接管了权力后，他们才公布了宣帝的死讯。此时，宣帝已经死去三天了。刘昉、郑译把杨坚扶上辅政大臣的地位后，建议杨坚任大冢宰，郑译做大司马，刘昉为小冢宰，三人共掌朝政。杨坚不愿让他们分割自己的权力，在亲信李德林等人的支持下，拒绝了他们的建议。经过周密策划，杨坚出任左大丞相，任命郑译为相府长史，刘昉为相府司马，把他们二人置于自己的控制之下。

杨坚已基本上控制了朝政。杨坚虽然成为北周实际上的最高统治者，但要代周自立，还需花一番工夫。

首先是培植自己的心腹党羽。郑译、刘昉仅会阿谀奉承，没什么才干，一心牟取私利，不肯死心塌地地为杨坚效力。他们要求做大司马、小冢宰的愿望被拒绝后，心中颇为不满。靠他们这号人是不行的，必须另物色人选。

杨坚费尽心机，网罗得力干将。高颎便是其中一个。高颎，又名敏，字玄昭，自称系渤海蓚县（今河北景县）人，聪明机智，才华出众。杨坚看中了他，派人与他面谈，他欣然应允，愿举家以事杨坚，赴汤蹈火，在所不辞。杨坚大喜，委任他为相府司隶，颇为依重。

经过一番努力，杨坚网罗了一批有真才实学且死心塌地愿为其效力的心腹。有了一批党羽后，杨坚便开始行动了。

当朝天子静帝的叔父宇文赞官居上柱国、右大丞相，与杨坚平起平坐。杨坚让刘昉去劝他回家，不要过问朝政，骗他说以后让他做皇帝。宇文赞是个不满20岁的年轻人，刘昉天花乱坠的一番话，竟把他说动了，高高兴兴地回家等着做皇帝去了。

但是，在对付几个藩王上，杨坚却颇费周折。

赵王宇文招、陈王宇文纯、越王宇文盛、代王宇文达、滕王宇文迪，都是宇文泰的儿子，身居王位，握有重兵。杨坚知道，他们是不会坐视自己代周而立的。还在宣帝死讯未公布时，杨坚便假借千金公主出嫁突厥的名义，召他们入京。一个月后，五王到了长安，被收缴了兵符。这时，五王才知道中计了。

诚如杨坚从前分析的那样，尉迟迥在相州（今河南安阳）起兵，传檄天下，讨伐杨坚。王谦、司马消难等纷纷响应。杨坚命大将韦孝宽出击尉迟迥，梁睿出击王谦，王谊出击司马消难。京师长安城中，五王也蠢蠢欲动。杨坚陷于危险的境地。

派去出击尉迟迥的韦孝宽，率军进至河阳（今河南孟州市）便停了下来，没人敢再前进一步。传言梁士彦、宇文忻、崔宏度等将校收受了尉迟迥的贿赂。形势危急,需派一名既忠心耿耿又有魄力的人去做监军。杨坚挑选了大臣崔仲方,崔仲方以老父在尉迟迥的占领地为由拒绝。杨坚又想到了郑译、刘昉,但郑译说他有老母在堂,刘昉说他没有带过兵。杨坚犯难了。这时,高颎自告奋勇,甘负重任。杨坚欣然同意。高颎到达前线后,调整战术,督军进攻,大败尉迟迥。王谦、司马消难也被梁睿、王谊击败。消息传到长安,杨坚大为亢奋。

五王听说尉迟迥等兵败,大惊,为了宇文氏的江山,他们决定铤而走险,刺杀杨坚。经过一番密谋,一个刺杀计划敲定了:由赵王宇文招出面,宴请杨坚,周围埋伏刀斧手;把杨坚的随从挡在门外,只让他一人入内;席间,宇文招的儿子送瓜上来,拿刀切瓜时刺杀杨坚。一切准备就绪,宇文招开始行动。

杨坚对于五王的警惕不足,觉得已经收缴了他们的兵符,解除了他们的兵权,谅他们也没什么作为了,见宇文招有请,遂带着杨弘、元胄等几个随员前往。到了赵王府邸,随从都被挡在门外,杨弘和元胄硬闯了进去。元胄进去一看就知道苗头不对,便对杨坚道:"相府有事,丞相不宜久留!""我与丞相说话,你插什么言!"宇文招斥责元胄,喝令他退下。元胄两眼圆睁,不但不退,反而提刀上前保护杨坚。宇文招不敢动强,问过元胄姓名,道:"你过去不是在齐王手下做事吗?真是一个壮士!"赐给元胄一杯酒,说:"我哪有什么恶意,你何必如此紧张?"说完,装作呕吐,欲离开座位,被元胄强行扶回座位上。宇文招几次想离开,都被元胄"劝"止。宇文招又说口渴,元胄便让人送来水让他在座位上喝。宇文招被置于元胄的威胁下,他手下的人也不敢轻举妄动。这时,滕王宇文迪来到,乘杨坚出门迎接,元胄在他耳边说:"苗头不对,赶快离开这里!"

杨坚估计风险不大,道:"他没有兵马,能干什么?"

"兵马本来就是他们的,只要他们先下手干掉丞相,一切都完了。"元胄道:"不是我怕死,因为我死了也解决不了任何问题。"杨坚没有走,镇静地回到席上坐下。

元胄听到后堂有披挂盔甲的声音,急了,上前对杨坚说:"相府的事那么多,丞相怎么这样,老坐着不走?"说完,拉着杨坚就走。宇文招快步追出来,元胄堵在门口,等杨坚出了府邸大门,他才紧走几步赶上。

杨坚回到了相府,以谋反的罪名杀了宇文招。

就这样,杨坚彻底击败了反对派。

不久,杨坚以静帝的名义下诏,任命自己为大丞相,废除左、右大丞相,免得有人利用二相并立的条件与自己分庭抗礼。两个月后,静帝颁诏,盛赞杨坚功德,进位相国,以20郡之地封杨坚为随王,剑履上殿,入朝不趋,赞拜不名,位在诸侯王之上。杨坚假意谦让了一番,最后,除了减去十郡封地外,其他全部接受。

为了削弱宇文氏的影响,杨坚下令废除所有对汉人的赐姓,令各复本姓。这一命令得到了汉人的普遍拥护。不久,在杨坚的授意下,静帝又颁诏:杨坚的王冕为十二旒,建天子旌旗,出警入跸,乘坐金银车,驾六马,享用八佾乐舞。杨坚假意辞让,前后三次,才无可奈何般地接受。

统一:改朝换代定四方

杨坚的人臣之位已经是无以复加了。静帝写好退位诏书,诏书由朝廷大臣奉送到随王府。在百官劝进下,杨坚勉为其难般地接诏,受传国玺。他穿上皇服,在百官簇拥下入宫,入幸临光殿即皇位。立国号隋,年号开皇,宣布隋朝建立。"隋"字来源于杨忠和杨坚父子"随国公"的封号,杨坚认为"随"有走的意思,恐不祥,遂改"随"为"隋",并以之为新王朝的国号。

杨坚即位当天,悉除北周苛政,大赦天下。长安城内万民欢呼雀跃,新贵名流欣喜若狂。长安东西两市110坊,夜不闭户,彩光缤纷,载笑载乐,共庆隋皇朝之兴。

开皇二年(582),隋高祖下令在旧都城外修筑新都城,因为杨坚最早被封为大兴公,故新都命名为大兴城。大兴城的营建,由高颎提出总的制度,并负责总的施建方针,而具体的规划、设计则是由宇文恺完成的,其他的副使主要是协助负责施工和材料管理诸事务。

兴建大兴城,不是在旧有基础上进行改建、扩建而成的城市,而是在短时间内按周密规划兴建而成的崭新城市。全城由宫城、皇城和郭城组成,先建宫城,后建皇城,最后建郭城。开皇二年(582)六月开始兴建,十二月基本竣工,次年三月即正式迁入使用,前后仅九个月,其建设速度之快令人惊叹。整个工程的规划、设计、人力、物力

高颎

的组织和管理都应是相当精细和严谨的。在规划设计和建设施工中,还得考虑地形、水源、交通、军事防御、环境美化、城市管理、市场供需等的配套,以及都城作为政治、军事、经济、文化中心的特点等诸多方面的因素,解决一系列复杂的问题。因此,大兴城的兴建标志着当时的中国所达到的经济和科学技术水平。

宫城位于南北中轴线的北部,"东西四里(不含掖庭宫),南北二里二百七十步,高三丈五尺",实测东西长28203米(含掖庭宫),南北宽1492.1米。城内有墙把宫城分隔成三部分。中部是大兴宫,由大兴殿等数十座殿台楼阁组成,是皇帝起居、听政的场所。东部为东宫,专供太子居住和办理政务。西部为掖庭宫,是安置宫女学习技艺的地方。

皇城(又称子城)在宫城南面,由一条横街与宫城相隔,"东西五里一百一十五步,南北三里一百四十步",实测东西长与宫城相同,南北宽为1843.6米。皇城是军政机构和宗庙所在地。"城中南北七街,东西五街。左宗庙,右社稷。百僚廨署列于其间,凡省六,寺九,台一,监四,卫十有八。东宫官属,凡府一,坊三,寺三,率府十"。

郭城(又称罗城、京城)"东西一十八里一百一十五步,南北一十五里一百七十五步,周六十七里,其崇一丈八尺",实测东西长9721米,南北宽8651.7米。全城由南北向大街11条,东西向大街14条,划分为108里坊和两个商市,形成棋盘型的布局。

城中的街道都很宽。通向城门的街道之宽度都在百米以上;最宽的是介于宫城和皇城之间的横街,宽达220米以上;位于南北中轴线上的主干道朱雀大街宽150米;不通城门的街道宽42~68米;最窄的是四周沿城墙内侧的顺城街,宽25米。里坊都筑有坊墙,坊中也有街道。大的里坊四面开四个坊门,中辟十字街;小的里坊开东西二门,有一条横街。这些纵横相交的街道形成一个交通网络,井然有序。各大街的两侧都开

有排水沟，街道两旁植以榆、槐为主的行道树，株行距整齐划一，使道路成为宽广笔直的林荫大道，为城市增添了风采。

在大兴城的规划和兴建中，对于环境美化和给排水问题，也给予了高度的重视。整个城址位于渭水南岸，西傍沣河，东依灞水、浐水，南对终南山。根据其地理环境和河道情况，开凿了三条水渠引水入城。城南为永安渠和清明渠，城东为龙首渠，龙首渠又分出两条支渠。三条水渠都分别流经宫苑再注入渭水，不但可以解决给排水问题，而且可以进行生活物资的运输。水渠两岸种植有柳树，形成了"渠柳条条水面齐"的宜人景色。城东南还开辟有曲江"芙蓉园"，其"花卉周环，烟水明媚，都人游赏盛于中秋节。江侧菰蒲葱翠，柳阴四合，碧波红蕖，湛然可爱"，是全城的风景区和旅游区。

开皇五铢钱

有人曾列举世界古代十座城市的面积进行比较：隋大兴城，583年建，面积84.1平方公里；北魏洛阳城，493年建，面积约73平方公里；明清北京城，1421～1553年建，面积60.2平方公里；元大都，1267年建，面积50平方公里；唐东京（洛阳城），605年建，面积45.2平方公里；明南京，1366年建，面积43平方公里；汉长安城，建于公元前202年，面积35平方公里；巴格达，800年建，面积30.44平方公里；罗马，300年建，面积1368平方公里；拜占庭，447年建，面积11.99平方公里。

从上所列可以看到，中国古代都市的规模之大在世界上是无与伦比的，而大兴城则更是位列榜首，堪称世界第一城。

杨坚在即皇位之后，把自己的儿子们封到各地去驻守，同时掌管当地及周围的军事。这是吸收了北周被自己灭掉的教训，加强对地方的控制。为了更好地治理国家，杨坚罢黜了一些没有才干的大臣，包括对自己夺取帝位有功的人，将一些有真才实干的人提拔上来，辅佐自己管理国家政务。杨坚厘定了一套新的体制。

在中央，设置三师、三公、五省、六部、二台、九寺、十二府。

太师、太傅、太保，为三师。三师官衔为正一品，在名义上是皇帝的老师，与皇帝坐而论道，但不置官署，没有什么实权，仅是赐予德高望重大臣的荣誉官衔。三公为太尉、司徒、司空，也是正一品。三公虽置僚属，有参议国家大事的权力，但一般不设；即使设置，也不单设，而是给某些重臣的加官。五省，为内史省、门下省、尚书省、秘书省和内侍省。秘书省管理图书历法，内侍省是宦官机构，这二省在政权中不占重要地位，真正的权力中枢是内史、门下、尚书三省。内史省协助皇帝决策军国人政，长官为内史监、内史令，各一人，旋即废内史监，置内史令二人，正三品。门下省负责审核大政方针，认为不妥的，可以驳回，长官为纳言二人，正三品。尚书省主持日常政务，长官为尚书令一人，正二品，但一般不授人，有隋一代，只有炀帝时杨素以翊戴之功，进位尚书令，故尚书省长官实际上是左右仆射，从二品。在尚书省之下，设吏、礼、兵、都官（后改刑部)、度支(后改民部)、工六部,分掌具体事务。吏部负责文官的选拔、考核,礼部负责礼乐、学校,兵部负责武官的选拔、兵籍、军令,都官负责刑狱、司法,度支负责赋税、财政,工部负责土木工程、水利。六部长官为尚书,正三品。尚书左仆射领导吏、礼、兵三部,右仆射管理都官、度支、工三部。左右仆射和六部尚书,合称"八座",地位显赫。二台为御史台、都水台。御史台职司监察,都水台掌管舟楫、河渠。九寺为太常寺、光禄寺、卫尉寺、宗正寺、太仆寺、大理寺、鸿胪寺、司农寺,太府寺,分司各项事务。十二府为军事机构,各设大将军一人,将军二人。

上面这些,只是中央主要机构,此外还有一些权位较低的衙署。对最要害的三省六部,杨坚委任他最信任的八人担任长官:高颍为尚书左仆射兼门下纳言,李德林为内史令,虞庆则为内史监兼吏部尚书,韦世康为礼部尚书,元岩为兵部尚书,元晖为都官尚书,杨尚为度支尚书,长孙毗为工部尚书。这八人都是杨坚做丞相以来网罗的心腹,且都是精明强干的人物。特别是高颍,身兼尚书、门下二省长官,权位极重。

至于郑译、刘昉这样的人,杨坚的看法是:"朕抑制委屈他们,是为了保全他们的性命。没有刘昉、郑译及卢贲、柳裘、皇甫绩等人,则朕不至于此。然而他们都是反复无常之人。周宣帝时,他们以无赖进幸,及宣帝病重,他们为了个人私利,推举朕辅政。颜之仪等忠臣请周室宗王辅政,此辈行诈,伪作假诏顾命于朕。朕将为治天下,他们又要捣乱。因此刘昉谋大逆于前,郑译为巫蛊于后。如卢贲之徒,皆不满志。对这些人,若任用他们,他们不会老实做事;不用

杨素——歧亭攻栅

他们,他们又牢骚满腹。他们自作孽令朕难以信任,并非朕抛弃他们。众人见此,或有窃议,谓朕薄于功臣,其实不然。"结果,郑译得到的仅是第一等勋官官阶——上柱国,刘昉得到的是第二等勋官官阶——柱国。

杨坚登基的时候,地方上有州201个,郡508个,县1124个。每个州管辖的郡,仅两个或三个;每个郡也只管辖两个或三个县。州、郡、县都分九等,一般都有两套职官,一套是由吏部直接任命的,州除刺史外,还有长史、司马等;另一套是由刺史聘任的,如州都、祭酒从事等。郡也是这样,除太守、丞由中央任命外,还有一大批由太守聘任的僚佐。县也是如此。这样,州、郡、县官员十分庞大,如第一等州额定官员多达323人。造成了民少官多、十羊九牧的局面。开皇三年(583),杨坚下令裁省郡一级行政单位,实行州、县二级制,又合并了一些州县,并下令废除州县长官聘任的僚佐。这样,既节省了开支,又简化了政令推行的程序。

为了有效地控制地方,杨坚把子弟分遣到战略要地,镇守一方。他们大都是挂着"行台尚书省"长官的官衔出镇的。行台尚书省简称行台省,长官也叫尚书令,相当于中央尚书省在地方的派出机构,总统一方军政,管区内的州县都受其节制,权任极重。开皇二年(582),置河北道行台于并州(今山西太原),以晋王杨广为尚书令;置西南道

行台于益州(今四川成都),以蜀王杨秀为尚书令;置河南道行台于洛州(今河南洛阳),以秦王杨俊为尚书令。在行台尚书省之外,还有总管府,掌一州或数州军政,一般也以亲王充任总管。

在刑律上,制订、颁布了《开皇律》。

这部新律是苏威、牛弘等人修订的。苏威是武功(今属陕西)人,牛弘是安定(今甘肃泾川北)人。两人都博闻强记,精通律令。开皇三年(583),杨坚把制订新律的重任交给他们,他们广泛汲取了魏晋南北朝以来的立法经验,结合当时社会的实际状况,完成了一代法典《开皇律》。《开皇律》共分12篇,500条,删除了魏晋南北朝以来一些残酷的刑罚,定刑名为五种:死刑二,有绞、斩;流刑三,有一千里、一千五百里、三千里;徒刑五,有一年、一年半、二年、二年半、三年;杖刑五,从六十至一百不等;笞刑五,从十至五十不等。为了确保杨氏家天下,又规定"十恶":谋反、谋大逆、谋叛、恶逆、不道、大不敬、不孝、不睦、不义、内乱,属于"十恶"的罪犯,从重从严惩处,不得宽赦。官僚地主犯罪,只要不是十恶不赦之罪,都可以减一等,也可以出钱赎罪,还可以用官品来折抵徒刑。

由于赋税越来越多,所以,农民总是设法逃避。豪强地主也是想尽办法少交租税。为了增加国家的财政收入,杨坚在建立隋朝后,采用了两项赋税措施,即"大索貌阅"和"输籍定样"。

大索貌阅,就是根据相貌来检查户口,是不是隐瞒了,或者报了虚假年龄。输籍定样则是在第一个的基础上确定户口数,编制"定簿",以此为依据来收取赋税。这样,既增加了收入,也防止地方豪强和官僚勾结,营私舞弊。同时,从豪强手里将原来依附的人口解放出来,也有利于增加国家的劳动力,调动他们的生产积极性。

农民的赋税包括租、调和力役几种,在隋朝,对年龄有明确的规定:3岁以下的男孩和女孩都叫作黄,4岁到10岁的叫作小,11岁到17岁叫中,18岁到60岁叫丁,60岁以上叫老。

国家的赋役对象是丁,一对成年的夫妇每年向国家交粟三石,这是租。种桑养蚕的地方每年交绢一匹,相当于四丈,以及绵三两;种麻的地区则改为交纳布一端,相当于五丈,以及麻三斤,这两种都叫调。另外,成丁的男子每年要服役一个月,叫力役。到了后来,隋高祖又规定,50岁以上的人的力役可以用布帛来代替,这叫庸。

同时,隋高祖还统一了币制,废除其他比较混乱的古币以及私人铸造的钱币,改铸五铢钱。度量衡也在这时重新统一。

在经济上,隋朝继续推行均田制。

均田制在实际实行过程中,存在着农民受田不足,贵族官僚,倚仗权势,多占田地,或采取非法手段,巧取豪夺侵吞农民土地的现象,所以隋文帝和隋炀帝统治时,几次下令均田,以推动均田制的实行。每个成年男子(18~60岁)给露田80亩,永业田20亩;成年女子给露田40亩。耕种人死后,露田归还政府,永业田却可以传给子孙。奴婢也像平民一样分田,亲王的奴隶受田限300人,一般地主不得超过60人。每头耕牛给露田60亩,限四牛。自亲王至都督,给永业田100顷至40亩不等。京官自一品至九品,给职分田自五顷至一顷不等,作为俸禄。

均田农民要负担租调力役,农民一家每年要交租三石粟;桑田交调两丈绢(丝拖)、三两绵;麻田交两丈布、三斤麻。男丁每年服20天力役。均田制度的推行使隋政府掌握到更多的纳税农民,许多依附于地方豪强的农民转归到封建国家手中,所以均田制推行的直接后果,是隋朝国家仓库的空前充实。

这些办法大量地减少了国家的财政开支,从另一个角度看,就是增加了国家的财政收入。由于有了这些有效的措施,所以,整个隋朝都是很富足的。因而后来隋炀帝才如此豪爽地向西域的商人炫耀自己的实力,才有了挥霍的资本。

当杨坚登基时,华夏大地仍处于分裂状态,隋的南面还有梁、陈两个小朝廷。

梁的都城在江陵(今属湖北),历史上称为"后梁"。后梁地盘不大,自萧詧建国以来,一直依附于北朝,是个"儿皇帝"角色。杨坚称帝时,统治后梁的是萧詧的儿子萧岿,杨坚派特使赐他黄金五百两、白银一千两、布帛一万匹、马五百匹,以示恩宠。第二年,杨坚又派人去江陵为晋王杨广选妃,经过占卜,所选美女都不吉,萧岿想起自己还有个女儿在舅父家住着,何不让她一试?于是派人把女儿接来,占卜吉凶,得了个"吉",于是萧岿的女儿就成了杨广的妃子,后来杨广做了皇帝,萧妃又成了皇后,

隋白釉瓷龙柄象首壶

这是后话。由于这次联姻,杨广很优遇萧岿,取消了派去监视萧岿的江陵总管,让萧岿自己处理后梁事务。第三年上,萧岿去长安朝见杨坚,杨坚又钦准他的地位在王公之上。翌年,萧岿病死,子萧琮嗣位。萧琮为人倜傥,博学好文,娴于弓马,风采不逊乃父。但在杨坚眼里,已不被看重了,原因很简单,这时隋内部已整顿完毕,杨坚腾出手来,准备完成统一大业了。杨坚宣布恢复江陵总管,重新把后梁置于隋的监管之下。萧琮即位第三年上,杨坚征萧琮入朝,萧琮自然不敢违命,率文武百官两百余人北上,江陵父老叹道:"我主这一去,就回不来了。"正如他们所料,萧琮离江陵北上,隋将崔弘度就带兵南下,说是去守卫江陵。萧琮叔父萧岩知道崔弘度来者不善,率城中官民十余万人投奔陈而去。消息传到长安,杨坚宣布废掉后梁,改封萧琮为莒国公。

杨坚的下一个目标,就是建都建康(今江苏南京)的陈了。

当时,坐在建康皇宫龙座上的是陈叔宝。他最宠爱的妃子,一是张丽华,一是孔贵妃,就连上朝听政,陈叔宝也要一手揽着张丽华一手抱着孔贵妃,一边与她们调情一边决断军国大事。若两贵妃插上一句,他马上就说:"就按贵妃说的办!"昏君在位,纲纪紊乱,奸佞专权,贿赂公行,江南锦绣江山被他们搞得乌烟瘴气。几个有识之士上疏劝谏,陈叔宝置若罔闻。陈的覆灭已是指日可待。

废除后梁以后,杨坚大举攻陈。

隋军51.8万人马,兵分八路出击:八路大军由晋王杨广节制,在东起大海、西迄四川的数千里战线上,同时发起强攻。不久,隋军将士的呐喊就淹没了皇宫里面的歌舞

声。贺若弼、韩擒虎两路大军突破长江防线，陈军十万将士，全无斗志，大将任忠投降，引韩擒虎所部从朱雀门攻入建康城。文武百官四散逃命，偌大一个宫殿，只剩下一个叫袁宪的侍臣陪伴在陈叔宝身边。"我从来待你不如他人，现在只有你在这里相陪，真令我追悔莫及。"陈叔宝说了几句感激的话，就要找个地方藏起来，袁宪劝他说，事已至此，哪里还有藏身之处？陈叔宝不听，说："锋刃之下，怎敢大意？你不必多说，我自有办法。"说完，就拉着张、孔二贵妃躲进一口枯井中。不久，隋兵杀入皇宫，见井边有绳，伏下身去喊叫，不见答应，便说往下填石头，才听见喊声，即用绳拉人，但觉得很沉，不免有些惊异，待拔出井外，才发现一根绳子系了陈、张、孔三人，众人不禁失笑。陈叔宝成了阶下囚，陈各地官军，也纷纷投降。

自西晋倾覆以来270多年的分裂局面至此结束，全国重新统一。

平陈的消息传到长安，杨坚大喜，宴赐群臣。于是下诏盛夸韩擒虎、贺若弼："中国威于万里，宣朝化于一隅，使东南之民俱出汤火，数百寇旬日廓清，专是公之功也。高名塞于宇宙，盛业光于天壤，逖听前古，罕闻其匹。班师凯入，诚知非远，相思之甚，寸阴若岁。"贺若弼、韩擒虎两人回京之后，在杨坚面前互相争功邀赏，贺若弼自卖自夸："臣在蒋山死战，破其锐卒，擒其骁将，震扬威武，遂平陈国。韩擒虎略不交阵，岂臣之比！"韩擒虎也不甘落后，道："本奉明旨，令臣与弼同时合势，以取伪都。弼乃敢先期，逢贼遂战，致令将士伤死甚多。臣以轻骑五百，兵不血刃，直取金陵，降任蛮奴，执陈叔宝，据其府库，倾其巢穴。弼至夕，方扣北掖门，臣启关而纳之。斯乃救罪不暇，安得与臣相比！"杨坚笑道："二将俱合上勋。"于是两人同时进位上柱国。随后有司法官员弹劾韩擒虎纵容兵将，淫乱陈宫。韩擒虎犯了此罪，因此不能像贺若弼一样幸运地被升爵加邑。

韩擒虎——威临突厥

其后突厥沙钵略可汗遣其子库合真特勤来朝，杨坚问道："你听说过江南有陈国天子吗？"突厥使者答道："听说过。"杨坚命左右引突厥使者来到韩擒虎面前，道："此人便是执得陈国天子者。"韩擒虎厉然顾视突厥使者，突厥使者惶恐，不敢仰视。

在灭陈的当年，杨坚认为军人和兵器的历史使命应该结束了，否则，便会造成不安定因素。于是，杨坚下令：除边疆和京师戍卫军队外，其余的兵器等军事装备立即停止制造，民间兵器立即销毁；军人子弟应偃武习文。开皇十五年（596），杨坚又下令收缴天下兵器，若发现有私自打造者，严加惩处。

军事方面，鉴于南北朝晚期，突厥藉强大的军事力量，不时侵扰北周、北齐。故隋立国后，杨坚便派将兵攻打突厥，后来更采用离间分化策略，使突厥分为东西两部，彼此交战不已，隋则得以消除北顾之忧。

内政方面，史书这样记载：杨坚"每旦听朝，日昃忘倦，居处服玩，务存节俭，令行禁止,上下化之。"杨坚从五更起就驾临听朝,从早到晚,不知疲倦,乐此不疲。复杂棘手的政务难题,被杨坚思考片刻就巧妙地得以迎刃而解。杨坚即位后,新皇朝处处危机四伏、险象环生,困难层出不穷,杨坚竟然如此轻松,把勤务思政都当成了乐事,并将庶务政事都轻而易举地圆满解决,数尽历朝皇帝,能有如此高深莫测的理政艺术,已达"理政自娱"境界的皇帝,就只有他一个了。之后的李世民、李隆基、康熙、乾隆虽然都是中国历史上特别杰出的治世明君,但哪个能有他这样运用自如的治世驾驭能力?

乐于勤政,除了坐朝处理军政大事,从早到晚,不知疲倦之外,杨坚更经常下到社会当中,"乘舆四出",路遇上表奏事之人,即驻马"亲自临问"。有时派人到各地暗中采听民情,了解吏治得失。史称:"人间疾苦,无不留意"。开皇十四年(594),关中大旱,引起饥荒。杨坚派左右之人出宫,看视百姓所食。带回来的都是些豆渣、杂糠,高祖"流涕以示群臣,深自咎责",决定亲自带领关中饥民"就食于洛阳",取消御膳中的酒肉之设。第二年东拜泰山,路上与就食洛阳的饥民相遇,命左右随行不准驱赶,饥民与杨坚的侍卫夹杂而行。遇有扶老携幼者,杨坚还给让路,"辄引马避之,慰勉而去"。在道路艰险处,见有负重者,则"令左右扶助之"。到达齐州(今山东济南),高祖仍以民情为念,立即"亲问疾苦"。

高祖在吏治方面尤其注重奖良惩贪。岐州刺史梁彦光多年有惠政。开皇二年(583),高祖驾临岐州(今陕西凤翔),知其能干,下诏褒奖。梁彦光后来调任数州,都能够以德化人,使得"吏民感悦"。

县令之中,房恭懿为政在京畿各县称"最",高祖召至卧榻前,"访以理人之术",认为很有才干,便破格提拔为州司马。所到之处,"有异绩","政为天下之最",高祖又破格提拔他为州刺史。同时,对各州官员表彰房恭懿"志存体国,爱养我百姓"。直至高祖后期,仍然很注意县令的政绩。临颍令刘旷,史书记载称其为"不知何许人也",但其

隋代陶屋

"清名善政,为天下第一",高祖闻知则召见他,认为"若不殊奖,何以为劝",下优诏破格提拔为莒州刺史。

另一方面,高祖对于贪赃不法的官吏,惩处尤其严厉,甚而过于杀戮。一次,高祖命身边侍臣送西域朝贡使出玉门关,此人所到之处,都接受地方官馈赠的"小物"或鹦鹉、麂皮、马鞭之类,高祖"闻而大怒","亲自临决"。后来,他甚至暗中派人给地方官送贿赂,一有受贿,立即处死,决不宽容。

正是由于隋高祖的"法眼"无孔不入、无所不察，即使是"深藏潜伏于九地之下"的贪官也全被揪了出来，彻底灭绝了官吏们收贿匿财的侥幸之心，使得开皇、仁寿年间，地方上200个州，500多个郡，1100多个县中从来没有发生过官吏贪污。下至地方官员，上至王公将相，就连合法的私有资产都不敢向上隐瞒，一一如实申报，何况在当时贪污更是无异于自戮。高祖的继承人炀帝登基后，虽说炀帝本人"逞欲无厌"，但其打击官吏腐败与高祖相比，有过之而无不及，对待贪官污吏更是变本加厉地严惩不贷。就连炀帝暴政最严重的时期，也只有恶官酷吏而无贪官污吏。因此从高祖兴隋、炀帝盛隋直到炀帝亡隋，由于高祖及炀帝的努力，官吏贪污在整个大隋时期一直被压抑不起，至唐朝才又重新死灰复燃。与之形成鲜明对照的是，秦，西汉、东汉、唐、元、明、清朝之所以灭亡，都有着官吏腐败的深刻社会根源，只是腐败程度略有不同，总之它们衰亡的原因都有官吏腐败这一条，都在贪官污吏的手上栽倒过。

杨坚的"开皇之治"，大量地减少了国家的财政开支，增加了国家的财政收入。正因为如此，隋朝府库中才积储了数量庞大的粟帛。杨坚初登基时全国人口400万户，隋炀帝登基时已达890万户，以一户六口计，全国人口不下5000万，这个数字大约直到唐玄宗时才达到。直到唐太宗死后，唐高宗继位，计户口380万户。唐玄宗时，全国760万户，4100万人。就是唐的鼎盛时期，开元元年（742）至天宝十四载（755），已垦田地也不过1430万顷。而早在隋开皇九年（589），已垦田地1944万顷，隋炀帝大业中期垦田面积已达到5585万顷。隋炀帝登基就有890万户，而唐太宗直到驾崩才有380万户。

可见，隋朝才是经济最富庶的朝代，唐朝不过是中国历史上军事最强大，民族关系最密切、对外交流最频繁的朝代而已。从经济上看，唐朝跟隋朝比差远了。

隋皇帝杨坚是中国历史上少有的全才皇帝，凡事亲力亲为，全面亲自独立规划兴隋蓝图，他总宰百揆职司如烹小鲜，竟把庶务杂难都当成乐此不疲的事。什么政务难题对杨坚而言都能轻松地迎刃而解。杨坚所兴隋朝是经济最富庶的朝代，仅凭"开皇之治"就足以彪炳千秋，名传万载。

皇后：以一妇人轻天下

杨坚的"开皇之治"实有赖于独孤皇后的帮助。

独孤氏出生于西魏大统十年（544），父亲是北周宇文泰集团的核心成员独孤信，他给女儿起了个佛教的名字叫"伽罗"。她开始记事时，就已经习惯了父亲骑高头大马不时出征的日子，知道了战争的不安以及胜利所带来的喜悦和荣耀。又过了几年，父辈们尊敬的英雄宇文泰去世。那以后，父亲经常沉默不言。此前，父亲做了一项重要决定，把她嫁给老部下杨忠之子杨坚。第二年春天，独孤信就被大权独揽的宇文护害死了。如果独孤氏不是已经出嫁，她大概只能随家人一道被押送入蜀，流于边地，不仅是她个人，恐怕北周后来的历史都要改写。

独孤氏由于杨家的庇佑得到幸免，她只能辅助丈夫在政坛上崛起，才能有重新出头之日，洗刷家门耻辱。

在隋朝草创到强大的过程中，独孤皇后倾注了毕生精力。每次文帝杨坚上朝，她都与之相携同行，至殿阁而止，让宦官跟随而进，沟通联络，"政有所失，随则匡正，多所弘益"。待到文帝下朝，她早已等候在外，两人一同回宫。在宫中，她一有闲暇便手不释卷,学识不凡,文帝对她"甚宠惮之",几乎是言听计从,"宫中称为二圣"。所以,隋朝的政治决策,很难分得清哪些是独孤皇后的主意,哪些是杨坚的主意。而她对隋朝政治的作用,远不止影响文帝而已。比如她向文帝推荐原来独孤信家的门客高颎。高颎位居首辅十余年,对隋朝的意义不言而喻。

独孤皇后虽然热心于政治,但她并不属于爱出风头、锋芒毕露的类型。从伦理道德的层面来看,她倒是相当保守的。她随丈夫上朝,却不进入正式的朝堂。在她心里,这里存在着一条不能逾越的界限。有一次,某部门提出根据《周礼》之义,百官之妻,命于王后,故请依古制。但独孤皇后不以为然,说道:"以妇人与政,或从此渐,不可开其源也。"予以拒绝。

在生活上,独孤皇后颇能以身作则。她起居俭朴,不尚华丽。突厥与隋交易,有明珠一箧,值800万。幽州总管阴寿劝她买下,她回答说:"非我所须也。当今戎狄屡寇,将士疲劳,未若以八百万分赏有功者。"百官听后,深受感动。

这些性格与文帝十分合拍。两人情投意合,结婚时发誓不再拥有其他异性。如此彻底的一夫一妇主张,实属少见。

她不但严于律己,同时也以己律人,对于娶妾者尤其痛恨。雍州长史库狄士文有位堂妹,国色天姿,为齐帝嫔妃,齐灭后被赏赐给薛国公长孙览为妾。长孙览的妻子郑氏善妒,告到独孤皇后那里,独孤皇后当即命令长孙览与妾离绝。纳妾在古代社会是合理合法的行为,但它不但不为独孤皇后所容许,甚至成为官吏仕途沉浮的一

陈后主叔宝之妹乐昌公主

个不成文的标准,史称独孤皇后"见诸王及朝士有妾孕者,必劝上斥之"。独孤皇后缺乏宽容的性格,与文帝的褊狭猜忌相结合,是他们夫妇组合上最大的瑕疵。

文帝与诸弟宗亲的关系,有一个特点,就是与年龄较大的诸弟不和,而与年幼或受其扶助的诸弟关系亲密。关系不好的诸弟媳必与独孤皇后不和,由此家族关系来看,文帝夫妇对待弟妹恐怕不甚宽容友爱,应该说还是比较霸道。以我为中心,要求兄弟无条件顺从。也就是说,即使是在家族内部,权力关系也始终高于亲情。尤其到了文帝夫妇权力欲极度膨胀的晚年,政治清洗更是把最后一点骨肉感情也涤荡无遗。

开皇初年,文帝曾经自豪地对大臣们说道:"前世皇王,溺于嬖幸,废立之所由生。朕傍无姬侍,五子同母,可谓真兄弟也。岂若前代多诸内宠,孽子忿净,为亡国之道邪!"

动乱年代帝王家庭内部丧心病狂的相互残害,引起后世帝王的认真思索。文帝当

然不会例外,他以为造成此类悲剧的原因在于君王生活糜烂,嫔妃宠幸过多,以致诸子异母,骨肉亲情淡薄,相互敌视。因此,他把奢靡与腐化视为家族失和的万恶之源,经常告诫其子。

太子杨勇勤奋好学,平日交结一批文士,切磋学问,以为宾友。有一次,他弄到一副蜀铠,十分高兴,装饰一通。文帝看到后,很不高兴,生怕儿子染上奢侈恶习,语重心长地告诫他。文帝把节俭作为家教的重要方面,希望儿子自强不息,强悍果决,时刻以一个政治家自律,所以特地把象征权力的刀子赐给他。

文帝共有五个儿子,依次为太子勇、晋王广、秦王俊、蜀王秀和汉王谅,五子皆为独孤皇后所生,家庭自应十分和睦。开皇初年以来,文帝以诸子出镇各地,兄弟同心,国运日隆。然而,平陈以后,这个幸福的家庭也开始出现危机。

秦王俊仁恕友爱,颇得父母欢心。小时候受父母影响,打算出家为僧,不为文帝所许。隋朝建立时,他11岁,被封为秦王,翌年出任河南道行台尚书令,加右武卫大将军,领关东兵。颇有治绩,文帝专门下书奖励他。

随着天下太平,皇权加强,秦王俊也日益追求享乐,生活逐渐奢侈。为了增加财路,他放钱收息,被人告到中央。文帝遣使追查,抓了一百余人。但秦王俊并不当回事,依然故

隋铜虎符

我,盛修宫室,穷极侈丽。他本人心灵手巧,经常亲持斤斧,制作工巧之器。还为妃子修造水殿,香涂料壁,五合阶,雕梁画栋,好不壮丽。水殿落成。他邀来宾客艺妓,载歌载舞,十分快活。哪想惹恼了王妃崔氏。崔氏是酷吏崔弘度的妹妹,崔弘度在长安可是个让人谈虎色变的人物,时人称:"宁饮三升酢,不见崔弘度"。因此,崔氏性妒如火也就不足为奇了。她见秦王成天穿梭于石榴裙中,当然愤恨不平,一怒之下,竟在瓜中下毒,略施薄惩,让秦王卧病在床,乖乖听她照顾。

可是,这一闹,却把事情闹大闹糟了。开皇七年(597)秋,文帝听说儿子被媳妇下毒,立即把他们召回,崔氏毒害丈夫,下诏废绝,赐死于其家;秦王奢纵,免官,以王回府,刘升和杨素都为秦王求情,遭到文帝的回绝。

文帝平时威严惯了,子女对他心存畏惧,秦王病中遭谴,赶忙派人向父亲悔过认错,可是,文帝并不原谅,对其使人斥责道:"我戮力关塞,创兹大业,作训垂范,庶臣下守之而不失。汝为吾子,而欲败之,不知何以责汝!"吓得秦王一病不起,到开皇二十年(600)六月二十日,秦王终于忧惧而死。

文帝听说秦王病死,携独孤皇后前往探视一下,哭数声而已,并吩咐将秦王生前所作奢丽器物统统烧毁,丧事从简,以为后世成例。秦王的女儿时仅12岁,哀恸尽礼,绝食鱼肉,让人看了可怜。秦王平时善待部下,故其卧病时,侍卫官王延日夜服侍,衣不解带,秦王死后,他数日不食,哀毁骨立,下葬之日,号畅而死,最后陪葬于秦王俊墓旁。

秦王被废黜,等他死后,蜀王秀很快就成为新的目标。

蜀王秀比秦王俊小两岁,长大后,相貌堂堂,体格魁梧,美须髯,有胆气,武艺出众,甚为朝臣所畏惮。文帝早就对独孤皇后预言道:"秀必以恶终。我在当无虑,至兄弟必

反。"由此看来，蜀王秀性情刚猛，不为文帝所喜。

蜀王秀落难于太子勇遭黜之后。长子杨勇无故被废，而搞阴谋的晋王广继立为太子，蜀王秀当然很不服气。这一切，新立的太子十分清楚，他担心四弟迟早会公开反对自己，不如先下手为强，让杨素罗织蜀王秀的罪状上呈文帝。文帝已经亲手废黜了两个儿子，把一个好端端的家庭搞得乱糟糟，自己也变得神经兮兮，疑神疑鬼，加上本来就对杨秀有偏见，于是，在仁寿二年（602）将他征还京师。杨秀入朝觐见，文帝板起面孔，一句话都不说。次日，他派遣使者切责杨秀，杨秀磕头谢罪，太子及诸王亦在一旁赔罪。文帝厉声斥道："顷者秦王靡费财物，我以父道训之。今秀蠹害生民，当以君道绳之。"下令将杨秀交给执法部门论罪，并丢下一句话："当斩秀于市，以谢百姓。"

太子广唯恐四弟不死，派人暗中制作木偶人，上书五弟汉王谅名字，缚手钉心，埋于华山之下，再让杨素前往发掘，当然是罪证确凿。而且，杨素还发现蜀王秀作的反叛檄文，宣称将统帅雄兵，"指期问罪"云云。于是，文帝下令将杨秀废为庶人，幽禁于内侍省，不得与妻子儿女相见。

身遭囚禁的杨秀实在不清楚自己到底犯了什么弥天大罪，上表做检讨，说自己"九岁荣贵，艰知富乐，未尝

石药碾

忧惧。轻恣愚心，陷兹刑网"，同时请求文帝让他与爱子相见，"请赐一穴，令骸骨有所。"这一检讨与其罪名相去实在太远了，也许杨秀经过反思，能检讨的就是这些了。但此时文帝完全是以"君道绳之"的态度来对待儿子，自然大为不满，干脆下诏公布其谋反罪状，足足列了十条，无非是把父子兄弟不和的琐事怨言上升到政治的高度，其中包含太子广的栽赃，所以，很难辨别这些罪状哪条是真，哪条是假。唯一表现出一点人道的是一段时间以后终于允许杨秀之子陪禁。就这样，杨秀被长期关押，直到隋朝灭亡时，为宇文化及所残害。

杨勇早在隋朝建立当初就被立为太子，杨勇"颇好学，解属辞赋，性宽仁和厚，率意任情，无矫饰之行"。杨勇善于体谅民情，注重文治，主张对老百姓怀柔安辑，在急功近利的世道，难能可贵，遗憾的是其政治主张与文帝差距不小，在文帝励精图治的开皇前期，他的一些主张尚能被接受，但是，随着文帝后期日益专制独裁，他与文帝思想上的歧异便被视为离经叛道。

杨勇逐渐被文帝所疏远，在开皇中已可找寻到蛛丝马迹。平陈之后，文帝完全沉浸在欢呼声中，飘然欲圣。此时，已经长大的晋王广适时地一再请求封禅，最后，文帝换个形式，基本予以采纳。于是，杨广在文帝心中的地位扶摇直上，相比之下，不善于阿谀奉承的杨勇开始黯然失色。

杨广善于博取父母欢心，平日对父母的言行举止无不留心观察，仔细揣摩，满门心

思都用在矫情饰行、塑造自己在父母心里的形象,平日接待朝臣,也总是礼极卑屈,从而钓得虚名,与专横跋扈的诸弟相比,更显得"鹤立鸡群"。他知道父母崇尚俭朴,便刻意将王府修整得异常朴素,文帝临幸时,见到乐器弦多断绝,上面布满灰尘,便以为他不好声妓。有一次,在观猎的时候,遇到下雨,左右送上雨衣,他慨然说道:"士卒皆沾湿,我独衣此乎?"听者无不感动。每进皇宫,他都轻车简从,十分朴素。他深知父母对权力与服从的无限渴望,便装得极其恭顺,每次有宫中使者到来,哪怕身份再低微,他都要奔出门外,招呼迎接,曲承颜色,一说到不能在父母身边侍奉,必定泪流满面,让那些受宠若惊的宫使看了心里跟着发酸,忘不了回去夸奖他仁孝。

在加紧攻心的时候,他轻重有序,十分正确地选择独孤皇后为主攻方向。宫中一些婢女心胸狭隘,饶舌多嘴,杨广深谙此理,所以,遇到独孤皇后派遣婢女前来探访,总是让萧妃屈尊与之同寝共食。独孤皇后最痛恨内宠,他便在人前只与萧妃厮守,而将后庭生下的子女悄悄弄死,如此"不好女色",让独孤皇后赞不绝口,对杨广满心欢喜,事事顺眼。独孤皇后的态度,对文帝和朝臣都起着微妙的影响。

南陈有一人,名叫韦鼎,当年曾作为陈朝使者来到北周,见到杨坚,大异道:"观公容貌,故非常人,而神监深远,非群贤所逮也。不久必大贵,贵则天下一家,岁一周天,老夫当委质。公相不可言,愿深自爱。"后来,文帝果然得天下,因此,对韦鼎十分信服,平陈后,专门派人召他入京,待遇丰厚,经常访以家事。其时,兰陵公主寡居,文帝为她择婿,请韦鼎前来看相,似乎漫不经心地问道:"诸儿谁得嗣?"太子之位早已确定,文帝此问非同一般,韦鼎何等聪明,回答得十分圆滑中听,说道:"至尊、皇后所最爱者,即当与之,非臣敢预知也。"显然,文帝不但对杨勇不满,而且对太子地位心怀犹豫。

文帝铁下心来向太子杨勇动手是在开皇十八年(598),当时陆续将东宫得力的属官调往地方任职,以削弱其势力。扫清外围之后,核心阵地的攻防战旋即展开。有一天,文帝十分露骨地对高颎说:"晋王妃有神凭之,言王必有天下,若之何?"事关重大,高颎立即跪倒在地,口气坚决地回答道:"长幼有序,其可废乎!"高颎提出继承制度的根本性问题,文帝一时语塞,默然而止。

朝内的野心家也看出,不扳倒高颎就难逞其

折枝花银饰

计。于是,有关高颎的流言蜚语开始散布开来。但文帝对长期辅佐自己的功臣高颎还是信任的。不过,事情很快发生了戏剧性的变化。

文帝对独孤皇后固然一往情深,但暮年花心,有时也觉得老守着一个黄脸婆,皇帝当得有点索然无味。恰好在此时,早年被籍没入宫的逆人尉迟迥的孙女不知不觉中长

大成人,尉迟家本来就多美女,其孙女更是出落得风韵绰约,楚楚动人。文帝有一次在仁寿宫与她撞见,一见钟情,百般怜爱,大有晚霞漫天的意气风发。

面对换了个人似的丈夫,独孤皇后大觉蹊跷,略一探听,原来如此,气得她七窍生烟,等一天文帝上朝的时候,带人进入文帝寝宫,当场就把尉迟氏给活活整死。文帝从朝中兴冲冲奔了回来,进门看时,早已是香消玉殒。文帝欲哭无泪,从苑中牵了匹马,单骑出宫,直往山中疾驰而去。看得左右胆战心惊。高颎和杨素赶忙飞身上马,一路穷追,足足追了二十多里地才追上。高颎扣马苦谏,文帝长叹道:"吾贵为天子,而不得自由!"高颎劝道:"陛下岂以一妇人而轻天下!"说得文帝多少听得进去。如此劝了大半夜,才把文帝劝回宫中。高颎和杨素又为文帝夫妇和解半天,才算把此事摆平。

独孤皇后听说高颎称她"一妇人",恨的心里直发火。高颎是她一手提拔的,竟敢如此无礼,还公然支持太子勇,简直是不知好歹。她决定不顾一切地报复,让高颎知道"一妇人"的厉害。

后来,终于找机会罢免了高颎。废了太子杨勇,立杨广为太子。

开皇二十年(600),文帝60岁。这年十月九日,废黜皇太子杨勇及其诸子为庶人。十一月三日,立晋王杨广为皇太子。

后期:颁舍利一体向佛

601年元旦,隋文帝改元仁寿。大赦天下。

和开皇年号相比,仁寿颇有功成享福的味道,表明文帝锐意进取的远大抱负已经销蚀殆尽,代之的是自我陶醉的沉沉暮气。善于揣摩上意的御前文人术士号准了文帝的脉,纷纷出动,掀起一场声势浩大的神化文帝运动。

王劭把文帝生平事迹和道家的经书细加对照,诸条道来,竟天衣无缝,仿佛这些经书都是预先为文帝而作,以证明他乃天神下凡。文帝龙颜大悦。

有人在黄凤泉洗澡时,拣到两块石头,觉得纹理异常,赶忙当作祥瑞呈献邀赏。石头到了王劭手里,他摇头晃脑地指给文帝看。那儿是天神地祇,那儿是风师雨伯,文帝如何端坐南面,而"杨"字正好排在"万年"之前,"隋"字恰巧与"吉"字相并,正是长久吉庆之兆也!说得文帝分不清自己是神是人。

仁寿元年(601)六月,文帝宣布废除中央及地方学校,仅保留国子学72名学生。同时宣布向全国30州颁送舍利。此前,文帝曾与信任有加的高僧谈到登基前有天竺高僧送他一裹舍利,说:"此大觉遗身也,檀越当盛兴显,则来福无疆。"言讫,飘然不见。

这明显是与其出生神化中神尼预言他日后登基兴佛一脉相承的故事。送舍利的举动也是神化文帝的又一个方法。文帝还下诏,劝谕官民一体向佛。

不过劳民伤财的颁赐舍利没有给文帝带来预期的安定祥和,反而因为加重了百姓的负担,而使得承受能力本已不高的社会绷得更紧。在统治力相对薄弱的地区,民众的反叛揭竿而起。而高度集权加剧了官吏的腐败,逾制违法的行为日趋普遍。文帝发明的杖打下级的做法,使得权力更加恐怖可憎,也使得上级官僚越发横行傲慢。

居功自傲和集权政治把文帝腐蚀得面目全非了。岁月的流逝和身体的衰老,无论在生理或者心理上,也都使他越发僵化。仁寿年间,表面上看佛教活动好不热闹,可内里却是腐蚀的加速,帝国的停滞和精神的颓靡。

从舒适的仁寿宫遥控朝政固然使后期政治紊乱的一个表现,但同时也暗示着文帝夫妇精神体力的衰老。自从文帝在仁寿宫发生粉红色事件之后，独孤皇后内心受到强烈的打击，不仅有对亲人背叛的愤怒，更有年老色衰的刻骨悲伤。

仁寿二年（602）八月，独孤皇后走完了59年的人生历程。两年之后的七月，文帝崩。

文帝死后，杨广秘不发丧。杨广令亲信伊州刺史杨约和郭衍赶回京城，撤换留守者，矫称文帝诏令，缢杀杨勇，等控制住京城后，陈兵集合，发布文帝讣闻。

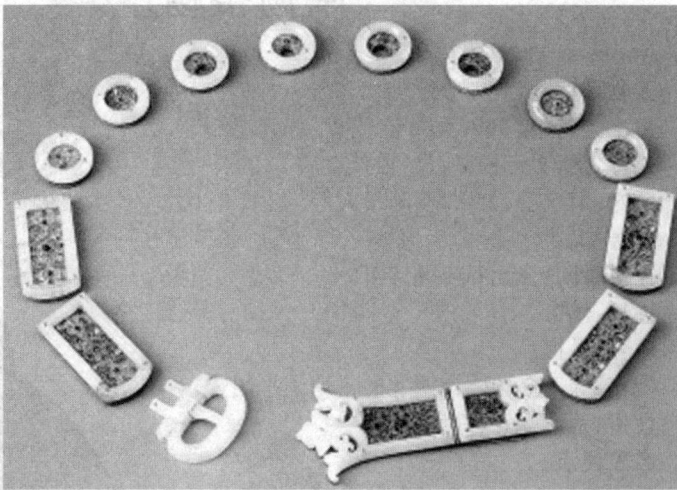

金框宝钿白玉带

二十一日，在仁寿宫为文帝发丧，杨广于灵前即位。

文帝晚年最宠爱小儿子汉王谅，让他坐镇并州，统领山东五十二州。汉王谅自以为居于天下精兵之处，野心陡长，杨勇和杨秀被废黜之后，他便阴蓄异图，招集亡命，豢养士卒。文帝死后，隋炀帝让屈突通带着伪造的文帝玺书征召汉王谅入朝。汉王谅一看玺书上没有文帝与他约定的暗号，知道发生变故，立即起兵造反。很快被杨素的大军镇压。汉王谅兵败被擒，幽禁而死。文帝引以为豪的五个儿子，四个废黜于骨肉相残之中。

十月十六日，文帝被安葬于太陵。庙号高祖。根据他的遗愿，和独孤皇后合葬在一起，异穴同坟。

隋文帝的遗诏虽然没有得到隋炀帝的遵循，但他忧国忧民之情，溢于言表，广为传扬。日本史家将它略加删改，作为雄略天皇的遗诏记载于《日本书纪》，充分显示出隋文帝及其王朝在世界上的巨大影响。

隋文帝留下的政治异常是巨大的，唐朝史臣评论他说：自强不息，朝夕孜孜，人庶殷繁，府藏充实，虽未能至治，亦足称近代之良主。然天性沉猜，素无学术，好为小数，不达大体，故忠臣义士莫得尽心竭辞。其草创元勋及有功诸将，诸夷罪退，罕有存者。又不悦诗书，废除学校，唯妇言是用，废黜诸子。逮于暮年，持法尤峻，喜怒不常，过于杀戮。

唐人的评价影响深远，后人所论，大同小异。

隋炀帝杨广

人物档案

生卒年：公元 569~618 年

父母：父，文帝杨坚；母，独孤皇后

后妃：萧皇后、萧嫔妃、陈贵人等

年号：大业

在位时间：公元 604~618 年

谥号：炀帝

庙号：世祖

陵寝：葬于今扬州市西北的雷塘南平冈

性格：荒淫昏暴，好大喜功

名家评点：

隋朝第二个皇帝杨广才能盖世，做事却不假思索。

——黄仁宇

炀帝杨广

文武全才，军功显赫

杨广，隋文帝杨坚的第二个儿子，北周武帝天和四年（569）生，隋大业十四年（618）卒，谥号炀帝，享年 50 岁。杨广 605 年登基，在位 14 年。他是中国历史上名声最差的皇帝之一，人们对他的评价也是毁誉参半。杨坚开创的隋朝仅维持了短短的 38 年，便和杨广的生命一起终结了。

北周武帝天和四年（569）的一天，杨坚的夫人新近生下第二子，即后来的隋炀帝杨广。

杨广又名杨英，他出生之时，红光满天，牛马齐鸣，这是老天显示的奇异征兆。传说杨广还未出生时，怀孕的独孤皇后某夜梦见一条龙从自己的身体中钻出来，在天空中飞了十多里，然后坠落于地，尾部折断了。独孤后将这个梦告诉隋文帝。文帝觉得那并不是一个吉兆，沉吟不语。

杨广生得天庭饱满，五官端正，皮肤白皙，很有灵气。他三岁时，有一天在父亲身边玩耍，杨坚将小杨广抱在怀中，嬉笑逗乐。他看此儿聪明过人，笑着对独孤氏说："这孩子生相极贵，但恐怕将来会败我杨家。"

杨广少时嗜好读书，文学诗赋，前朝史书，常爱不释手。至十岁时，天文、地理、技艺、术数、药方，已无不通晓。独孤夫人见小杨广聪明机敏，好学深思，过目不忘，心想儿子长大后必是能做一番事业的人，心中十分高兴。也因此在几个儿子中特别钟爱杨广。

杨坚建立隋朝后，杨广被封为晋王，当时杨广只有 13 岁。除了王位外，杨广还做了并州（治所是现在的山西太原市）的总管。

杨坚之所以要让很小的儿子担任并州总管，拱卫京城，是吸取了北周没有亲近的

重臣辅佐，而被自己灭掉的教训。为了让儿子得到锻炼，真正能在以后胜任，杨坚让很有才干的大臣王韶担任杨广的辅臣。王韶没有辜负杨坚的信任，对杨广尽心尽力，有一次，在他出巡长城时，杨广便趁机造园林，结果等王韶回来后立即劝止了杨广。

后来，隋朝兴兵灭南朝的陈，刚20岁的杨广是统帅，但真正领兵作战的是贺若弼和韩擒虎等将领。灭掉陈后，进驻建康，即现在的南京，杨广表现得很有气度：杀掉了陈后主陈叔宝的奸佞之臣，封存府库，不贪钱财，最后将陈叔宝及皇后等人押回京城。灭掉陈后，杨广进封太尉之职。

韩擒虎

此后，杨广也是屡建战功。隋开皇十年(590)，奉命到江南任扬州总管，平定江南的叛乱；次年，北上击败突厥进犯。这些功劳是其他皇子所没有的。从这点来看，他和李世民有些相似，都是次子，都有战功，都是通过非常手段得到的皇位，只不过李世民比杨广的政绩突出一些，也许因为这个原因，后来的人们就对李世民称誉多一些，对杨广贬低多一些。

弑父杀兄，得掌大权

杨广共兄弟五人，哥哥杨勇，老三是杨俊，老四是杨秀，最后是杨谅。在隋文帝称帝后，很快将杨勇立为太子。杨广因为自己的战功在哥哥之上，这使他渐渐有了取代哥哥的欲望。

为了实现做太子，以后做皇帝的梦想，杨广费尽心机地将自己伪装起来。而太子杨勇却缺少杨广那样的心机。明明知道父亲杨坚喜欢节俭，他偏偏要奢侈浪费；明明知道母亲独孤皇后痛恨男子宠幸众多姬妾，他还要很张扬地寻欢作乐，不但如此，还冷落了母亲精心为他挑选的妻子元氏。这使得父母都对他有怨气，加上后来杨勇还过分地接受百官的朝贺，使杨坚更为不满，这就为杨广的夺位提供了好机会。

杨广比杨勇善于伪装。知道父母都很节俭，他也装得很简朴，实际却是很奢侈。在听说父母要来时，他就让美丽的姬妾都躲藏起来，自己和正妻萧氏一同到门口亲自迎接，还让年老、面貌一般的妇人穿着破旧衣服侍奉父母亲。杨广的伪装讨得了父母的欢心，他还常给父母身边的侍从们一些好处，送些礼物，这些人回去都说杨广的好话，两方面的作用使得杨坚夫妻越来越喜欢次子杨广。

为了加快夺太子位的步伐，杨广在一次进宫回来向母亲告别时，突然跪在地上，很伤心地哭起来，母亲问他为什么，他说哥哥杨勇想谋害他。母亲因为平时就对杨勇印象不好，听杨广这么一说，就深信不疑了。

在母亲那儿加了一把火，就等于太子之位得到了一半，因为父亲对母亲的话基本上是听从的。杨广又采纳了亲信宇文述的计策，去请当朝的重臣杨素来帮忙。

　　杨素很受隋文帝杨坚的信任，为了说服杨素帮助自己，向杨坚提出废除太子之事，杨广让宇文述先找杨素的弟弟杨约，因为杨约和哥哥杨素的关系非常密切。宇文述先是经常陪杨约赌博，而且故意输给他很多的钱，借机将杨广的意图告诉了他："你们兄弟俩现在和杨勇矛盾很深，如果将来他继承了皇位，那么兄弟俩也就难逃一劫了。"杨约赶忙问怎么办，宇文述便请他说服哥哥杨素，顺应皇上已经有的废太子的意思，推荐杨广继任太子之位。

　　杨素兄弟最终答应了杨广的要求。在杨素的努力下，清除了支持杨勇的大臣，最后使杨坚下决心将杨勇废为庶人，立杨广为太子。

　　为了进一步巩固太子之位，杨广让杨素编造罪名，陷害弟弟杨秀，使他也被杨坚废为庶人。仁寿四年（604），杨坚病倒在了仁寿宫。杨广贪恋皇位，等得有些不耐烦了，就找杨素要主意。杨素的回信被送错了地方，落到了杨坚的手里，使杨坚非常生气。后来杨坚又听说自己宠幸的宣华夫人陈氏被杨广调戏，更是火冒三丈，要人把杨勇招来，意思是要废掉杨广的太子身份，传位给杨勇。

　　杨广安排在杨坚身边的亲信赶忙把这个坏消息报告给了杨广。杨广先是撤掉了杨坚身边侍奉的人，都换上自己的亲信。后来，干脆心狠手辣地将自己病中的父亲和哥哥杨勇杀死，自己踏着血腥之路坐上了梦寐以求的皇帝宝座。

　　听说哥哥篡权夺位，最小的弟弟杨谅起兵讨伐，但不久便被镇压了。

　　公元605年农历正月初一，杨广大赦天下，改元大业。杨广去年七月当皇帝，仍沿用隋文帝仁寿年号，至此新年伊始，才改立年号，这一年就是隋炀帝大业元年。之后，杨广立萧妃为皇后，又派侍臣带诏书至长安，立晋王杨昭为皇太子。

　　隋炀帝杨广暂居洛阳行宫，究竟觉得不舒服，他心中时常记着"修治洛阳还晋家"的谶语。大业元年（605）三月，隋炀帝诏令尚书令杨素、纳言杨达、将作大匠宇文恺营建东京。隋炀帝任用杨素，可谓人得其才。杨素为文帝建造仁寿宫，很会替皇帝着想，施工速度快，宫殿质量好，具有督办大型工程的卓越能力。修仁寿宫时，挖山填谷，督役严急，征发的丁夫多累死，杨素命将尸体扔进坑内，填上土石，仁寿宫修成，隋文帝要前去巡视，但还有死尸无处掩埋，杨素命全部火焚。后来仁寿宫侧，夜晚常见绿色萤火，闻鬼哭之声，所以隋文帝后命道士设坛，追荐亡魂。

　　宇文恺是北周王室，隋文帝受禅时，诛杀宇文氏，宇文恺也在被杀之列，因兄宇文忻有功于杨氏，杨坚派人从刑场上赦免了他。宇文恺多技艺，隋文帝时，曾任营宗庙副监，又具体主持修建大兴城，监修引渭水达黄河，沟通长安漕运，修仁寿宫时，任检校将作大匠，又修独孤皇后陵。隋文帝时，国家修建工程，都是宇文恺具体负责。应该说，他是隋朝著名建筑工程设计师。

　　隋炀帝命杨素任营东京大监，宇文恺任营东京副监，不久又升任将作大匠。隋炀帝每月征发役丁200万人，充东京工役。宇文恺揣测隋炀帝心中想东京建得宏伟奢侈，所以设计得规模宏大，穷极壮丽。杨素催督工役又是行家里手，他以统兵之方，严厉督促役丁，限日完工，不得丝毫拖延。所以才三月时间就已建成一座规划有致、略呈正方形的高大都城。

　　新建的东京后称东都。东京大城西接汉魏洛阳故城，东越檀涧，南跨洛川，北逾谷水。东京城中的宫城南临洛水，修大道直对端门街，又称天津街，街宽100步，两旁种植松杉。石榴。端门是宫城南面的正门，从端门至罗城南面的正门建国门，南北九里。两旁是人行道，中间是皇帝车辇行走的御道。

城南洛水两岸，修建坊市，供市民居住。每坊周长四里，开四门连接大街。坊内民居都是二三层楼房。统一用丹粉装饰一新。洛水南岸有 96 坊，洛水北岸有 36 坊，大街小巷，纵横相对。每坊居住的人，大都操同一职业，如道术坊，就全是懂阴阳有道术的人居住。

隋代五牙舰

东京初具规模，隋炀帝命迁徙洛州郭内居民及诸州富商大贾数万人入居东京。这样，东京有皇帝宫殿，各坊街区又有居民商人，一座新兴城市，繁华帝都，很快就在伊、洛之滨拔地而起。

隋炀帝得陇望蜀，住进东京新宫，又思应有一离宫，像长安城外的仁寿宫那样，供问政之暇，游玩观赏。于是敕命宇文恺与内史舍人封德彝营造离宫。此时，隋朝经隋文帝 20 多年的治理，已是国富民康。隋文帝受禅之初，民户不满 400 万，平陈以后，民户达 500 万，至仁寿末年，民户已超过 890 万；人口有 4600 多万，人数最多的冀州，户口已达 100 万户。有隋文帝时期创造下的经济基础，隋炀帝决心要将东京的宫室苑囿，修得比长安更美丽壮观。

封德彝是隋朝著名佞臣，奉隋炀帝命令，就和宇文恺到洛水南滨，运筹策划，选址定形，划定方圆数十里地，修建离宫。此宫北跨洛滨；南接皂涧。兴土动工之时又调发长江之南、五岭以北奇材异石，输送洛阳；又求海内嘉木异草，珍禽奇兽，充实离宫；一时间，水路陆路，运送队伍络绎不绝。几十围的大木，三五丈的大石，要多少丁夫，流多少汗水，才能运抵东京！宇文恺、封德彝二人加紧修造，不久，一座壮丽的离宫就在东京南面的洛水之滨建成。

隋炀帝知离宫建成，马上前往观看，宇文恺、封德彝陪同隋炀帝在离宫巡视一圈，不时向隋炀帝介绍。隋炀帝见离宫极山水之盛，奇花异草，珍禽异兽，点缀苑中，确实是天下第一的离宫，喜不自胜，他对宇文恺、封德彝二人说："从前江南的临春、结绮，哪有这样富丽的豪华离宫。正合朕心意。二爱卿功劳的确不小！"隋炀帝把新的离宫定名为显仁宫，命皇后把妃嫔都迁入显仁宫居住。

隋炀帝与萧后在显仁宫细细游赏了几天，不觉心旷神怡，乐在其中。萧后是梁明帝萧岿之女，江南风俗，二月生子者不自养。萧后生于二月，因此由叔父萧岌收养。不久，萧岌夫妻死去，又转养舅舅张轲家，舅家贫穷，萧后因此经历了贫穷劳苦的磨炼。隋炀帝当晋王时，隋文帝欲从梁女中选妃，众人遍占在长安的梁王室诸女，都不吉利。

萧岿本是依附北周的后梁儿皇帝,寄人篱下,看这是巴结杨坚的好机会,就马上派人到舅家迎回女儿,隋文帝令使者占萧岿女,得"吉"卦象,于是册立萧女为晋王杨广妃。萧后出身江南王室之家,聪明美丽,是典型的江南才女,性格温柔,隋文帝十分喜欢,杨广也格外宠敬。隋炀帝大业元年(605),立萧妃为皇后。

隋炀帝虽有萧后陪伴,但在观赏显仁宫美景之余,不免又生出几分惆怅。萧后向来善解人意,她再三询问,隋炀帝才吞吞吐吐,说出实情,原来他又思念起在长安的宣华夫人。萧后虽是后梁明帝之女,但这后梁是西魏攻灭梁元帝萧绎于江陵后,在江陵建立的依附政权,所以萧后与隋炀帝的关系,就远不是独孤后与隋文帝的关系。以萧后的出身背景,她不可能像独孤后管束隋文帝那样去管束杨广。萧后深知杨广的为人,她是聪明人,知道怎样维护自己的地位,她明白历来帝王哪个不有几个妃嫔,哪个不会在正妃之外另有所爱。所以萧后表现出十分的大度,她听说隋炀帝想宣华夫人,就微笑着说:

"妾还以为是什么大不了的事。既然陛下喜欢宣华夫人,何不将她召来,这显仁宫新建成,陛下应高兴才是。"

隋炀帝大喜称谢,马上派内使飞马驰往长安,秘密引请宣华夫人。宣华夫人此时居长安仙都宫,也正郁郁寡欢,听说隋炀帝召请,忙起身梳洗妆饰,轻车便马,日夜兼程,很快来到东京显仁宫。

隋文帝爱妃宣华夫人

隋炀帝正与萧后晚宴,听说宣华夫人到来,眉飞色舞,忙起身迎请。宣华夫人拜见隋炀帝和萧后,多少有些不好意思,萧后热情地挽住宣华夫人的手,请她入席共进晚餐。席间谈笑风生,隋炀帝心花怒放,开怀痛饮,萧后和宣华夫人喝酒相陪。几杯酒后,二人面红耳热。晚宴过后,萧后借口不胜酒量,要回宫歇息,令宫女掌灯,送隋炀帝、宣华二人入别宫休息。

隋炀帝又得宣华夫人陪伴,乐不胜言,今天赏花,明日玩月,饮酒赋诗,十分愉快。但显仁宫的花木多半从江南采来,这人工培植的景色,究竟不是自然风景。隋炀帝曾在扬州住了几年,真是江南风景旧曾谙,隋炀帝知江南好,他能不忆江南?

从洛阳到江南,陆路要走好多天,隋炀帝曾多次往返于扬州、长安之间,鞍马辛苦,深有体会。在扬州的日子里,他常乘船游玩于江南水乡,比起风尘仆仆的骑马,真是舒服极了。于是,他想要修一条水路,从东京直达扬州江都。

大业元年（605）三月，隋炀帝在修造显仁宫的同时，就命尚书右丞皇甫议征发河南、淮北诸郡民夫，前后百余万，开通济渠。

通济渠西段自东京西苑引谷水、洛水，循东汉阳渠故道东流，至偃师东南入洛水，由洛水入黄河；东段从板诸（今河南荥阳汜水镇东北）引黄河水东流，循汴水故道至浚仪（今河南开封）东，折而东南流经陈留、雍丘（今河南杞县）、襄邑（今河南睢县）、宁陵（今河南宁陵东南）至宋城（今河南商丘南），东南入药水故道，经谷熟（今河南魔城西南）、永城（今河南木城北）、蕲县（今安徽宿州东南）、夏丘（今安徽泗县）至徐城（今江苏洪泽湖西鲍集附近）东南，在今盱眙对岸处入淮河。

同年，隋炀帝又征发淮南民工十多万开邗沟。早在开皇七年（587）时，隋文帝为平陈做准备，以利运送兵马物资，就开山阳渎，北起山阳（今江苏淮安），东南经射阳湖与邗沟相接。山阳渎沟通了山阳、江都之间自淮河入长江的运道。隋炀帝此次是要重新疏浚、改造春秋末年吴王夫差所凿沟通江淮的邗沟，以取代山阳渎。

通济渠和邗沟从北至南沟通了篙河、淮河、长江之间的水路交通。

开皇四年（584），隋文帝命宇文恺开广通渠，从大兴城西北引渭水，略循汉代漕渠故道而东，至潼关入黄河，长300余里，名广通渠。这样，沟通了渭水和黄河，从此天下的贡赋，从黄河沿广通渠，源源不断运送京师，所以人称富民渠。仁寿四年（604），又改名永通渠。

自此，从长安至江都的水路已经沟通，隋炀帝命从长安至江都沿线，修建离宫四十多座，以备他使用。通济渠和邗沟要供隋炀帝巡游江南使用，修得最好，渠宽40步，渠旁筑有御道，并种有柳树。

大业四年（608），隋炀帝又征发河北诸郡男女百余万人开永济渠，引沁水南通黄河，又在沁水下游东岸凿渠，引沁水下接清河、淇水，略循白沟，清河故道东北至今德州（自内黄至武城，渠在卫河之西；武城至德州，渠在卫河之东），沿今南运河抵今天津市，然后利用沽水上接桑乾水（即今天津至武清的白河与武清至北京西南郊的永定河故道）至源郡（今北京市）。永济渠全长两千余里，沟通黄河以北诸水系。

大业六年（610），隋炀帝又命开凿江南河。北起京口（今江苏镇江市），南至余杭（今浙江杭州市），利用六朝以来开凿的旧运渠，加以疏导，拓宽至十多丈。江南河全长八百余里，沟通了长江与钱塘江间的水路交通。

以上就是隋炀帝时期完成的举世闻名的大运河。这条大运河西自长安大兴城，北抵涿郡，南至余杭，全长约四千里。大运河沟通了海河、黄河、淮河、长江、钱塘江五大水系，并把长安、东京、涿郡、浚仪、梁郡、山阳、江都、吴郡、余杭等南北城市联系在一起，客观上加强了各地区之间的联系。尽管隋炀帝修运河的强烈动机是巡游，但数百万丁夫流血流汗凿成的大运河，对国家南北经济、文化交流，维护国家统一和中央集权制，都发挥了巨大作用，所以历代史家对隋炀帝修大运河的历史作用，都持肯定态度。

大业元年（605）五月，显仁宫刚修成不久，隋炀帝又命筑西苑。隋炀帝在显仁宫住了一段日子，感觉显仁宫虽然宏丽，但究竟是座宫殿格局，缺乏游玩的情趣和意境。他少年时在师傅辅导下读《史记》《汉书》，就对秦始皇、汉武帝的上林苑羡慕不已。秦始皇在长安渭南开辟了上林苑，听政之余，可到上林苑游赏打猎。著名的阿房宫，就修在上林苑中。可惜陈胜、吴广农民军一把大火，烧了阿房宫，毁了上林苑。汉高祖刘邦还假正经，允许人民进上林苑开垦种田。还是汉武帝有气魄，不愧是雄才大略的皇帝，他又将上林苑收为皇家宫苑，方圆有200多里，苑内放养珍禽怪兽，汉武帝兴致一来，就可驰马入苑，打猎游乐，在长安皇宫住烦了，又可到上林苑住上几天，清静清静。

隋炀帝自恃才不下秦皇、汉武，他不满足于当晋王，屈居人下，略施小计，终于如愿以偿，成为君临天下的帝王，少年时代憧憬、羡慕的东西，他现在都要得到。他瞧不起那些所谓励精图治的皇帝，像刘邦那样，搞什么无为而治，与民休息，勤俭节约，身为皇帝，还是未脱净当亭长那股小家子气，他绝不做这种皇帝。他父亲杨坚，当皇帝后那么节俭，洁身自好，到了晚年，杨素给他修座仁寿宫，修得漂亮了一点儿，最初还挨了一顿训斥。他认为父皇的行为不值得自己效仿。

史书对上林苑的形貌记载很简略，但西汉司马相如的《上林苑》，是他少年时熟读背诵的作品，司马相如以大量的连词、对偶、排句，层层渲染，大肆铺陈上林苑的壮丽及汉武帝射猎的盛举，《上林赋》那种气势充沛、波澜壮阔的描写，至今还使他心旷神怡，激动不已。

隋炀帝宠幸的江都御车女袁宝儿

上林苑在长安，难道洛阳就不能兴造上林苑？东汉明帝时，就在洛阳城西修上林苑、汉明帝常常"车骑校猎上林苑"。隋炀帝主意已定，就召见内史侍郎虞世基，谈了想仿秦皇、汉武，修造上林苑的想法。

虞世基本是陈朝尚书左丞，博学有高才，写得一手漂亮的草隶。陈后主曾在草府上打猎，令虞世基作《讲武赋》，虞世基出口成章，即席呈上一篇洋洋洒洒的骈文，使陈后主称赞不已。虞世基是江南才子，被誉为当今的潘岳、陆机。隋炀帝尤重其才，亲礼甚厚，命虞世基管理机密，参与朝政。虞世基在尚书省，为隋炀帝撰写敕书。

虞世基作为江南人，熟谙江南园苑之妙，马上提出一项建苑计划，正合隋炀帝心意，当即命虞世基负责督造苑囿。虞世基揣摩隋炀帝心思，与一班能工巧匠，拟定出建苑蓝图，即动手兴建。

苑址在东京城西，也划定方圆200里地。花中心是人工海，方圆十余里，海中筑蓬莱、方丈、瀛洲三神山。山上建造宫殿亭阁，备极工巧。三神山高百余丈，西可回眺长安，南可远望江淮。

人工海外，又造五湖，暗寓天下五湖。每湖方圆十里，湖边砌成长堤，栽种奇花异草，湖边百步一亭，五十步一榭，供驻足赏景。亭榭两旁又多栽植红桃绿柳。湖内有游船，什么青雀舫、翠凤舸，还有龙舟一艘，供隋炀帝乘坐。五湖流水，都与内海相通，形成内海外湖的布局。

在内海北边一带，筑有一道长渠，接引海水，淙淙流过。傍渠风景胜处，便建造一院,总共十六院,以作三神山、五湖的点缀。

新苑建成,隋炀帝兴致勃勃,前往视察,见海天一色,绿水荡漾,真是人间仙境,隋炀帝高兴地对虞世基说:"秦汉上林苑,是陆地苑囿,打猎跑马还不错,卿造此苑,以水见长,比上林苑,景色更胜,卿以为此苑应取何名?"虞世基忙回答:"陛下文思泉涌,这苑囿名称,应由陛下圣裁!"隋炀帝信口说:"这苑造在东京之西,就称西苑好了。"

西苑建成以后,每当明月皎洁的夜晚,隋炀帝就在数千宫女的陪同下游西苑,欣赏美好夜色。一次,隋炀帝游兴所至,想起曹植诗有"清夜游西园"之句,遂在马上即兴作《清夜游曲》,令宫女在马上吹奏,乐声优雅,更助游兴。后来,《清夜游曲》成为隋炀帝游西苑的必奏乐曲,如果说隋炀帝是中国历史上最喜欢夜生活的皇帝,那是一点儿不过分的。

隋炀帝游西苑

就在隋炀帝游乐西苑的时候,宗室内部起了事端。由于隋炀帝是用阴谋手段夺取帝位的,当了皇帝后对杨氏诸王充满了猜忌,引起宗室的不满。滕王杨纶和卫王杨集首先发难。滕王杨纶和卫王杨爽都是杨广的堂弟。二人遭隋炀帝猜忌,心中惶恐。他们经常和术士来往,占卜吉凶,希望推翻杨广。不料被隋炀帝的耳目告发,结果,杨纶被除名为民,流放始安。杨集也被除名为民,远徙边郡。这是大业元年(605)六月的事,后遇天下大乱,不知生死。杨纶则在唐朝建立后,归顺大唐,封怀化市公。

南巡江都,北狩突厥

隋炀帝下令开凿大运河的同时,就报遣黄门侍郎王弘等人前往江南,造龙舟及各种规格的船只数万艘。通济渠、邗沟开通时,龙舟及船只已造好,王弘率船队北上东京,迎接隋炀帝游幸江都。

大业元年(605)八月,隋炀帝率文武百官南下江都。隋炀帝从显仁宫出发,王弘派龙舟奉迎。出发之日,隋炀帝与萧后身穿崭新的龙袍凤服,乘坐一辆金围玉盖的逍遥辇,率领显仁宫、西苑内三千宫女,宝马香车,迤逦至通济渠乘船。隋炀帝的龙舟分四层,高45尺,长200尺。上层有正殿、内殿和东西朝堂,中间二层有120间房,都用金玉装饰,最下层是内侍居住。萧后乘坐的舟比隋炀帝的龙舟略小,但装饰无异。另外有九艘浮景,上分三层,充作水殿。以上船只供隋炀帝与萧后使用。另外有数千艘船载着应用的物品。总共用八万余人拉船。

隋炀帝的巡行船队，前后相接两百余里，两岸有二十余万骑兵护卫，另有十余万步兵在两岸护卫船队，可谓是水陆并进，旌旗蔽野，自古帝王出巡，还未见这等气派和声势！

隋炀帝所到之处，命五百里以内的州县官府都要敬献食品。地方官吏纷纷督办佳肴美食，有的州供食至数百车之多，穷极水陆珍馐，当时天下丰乐，备办这些供应并不困难，所以后宫嫔妃毫不珍惜，吃不完的食物任意抛弃河中。

隋炀帝此次南巡，沿途行宫都仅停留一二日，船队扬帆直下，冬十月车驾抵达江都。江都风景依旧，但隋炀帝心境却大不相同，他身为大隋天子，已非昔日晋王，重游江南胜境，踌躇满志，遂天天与萧后和众嫔妃宴饮游乐，领略江南秋色。隋炀帝高兴之下，命赦江淮以南罪人，免除扬州境内人民五年税赋，免除原扬州总管辖区内人民三年税赋。

隋炀帝在江都，时间过得飞快，不久即到大业二年（606）元旦。新年伊始，隋炀帝在江都升殿，接受文武百官的朝贺。几天后，东京将作大匠宇文恺奏报，说东京城坊宫殿，全部竣工。

大业二年（606）三月，隋炀帝车驾从江都出发，从陆路返回东京。四月下旬，抵达东京。隋炀帝刚回东京，权臣宇文述就上表状告李圆通行贿。

隋炀帝巡游江都时，派兵部尚书李圆通留守长安。长安近郊民告宇文述霸占田地，李圆通经调查属实，判宇文述归还民田。宇文述恼羞成怒，就诬告李圆通留守长安期间接受他人贿赂。隋炀帝听后大怒，马上召李圆通至东京，罢免他兵部尚书官职。

李圆通在杨坚家服侍多年，杨坚年轻时，每次宴请宾客，都命李圆通监厨。李圆通办事严肃认真，婢仆都敬畏他。但世子乳母恃宠不把他放在眼里，常常

隋炀帝游幸江都

是菜未供宾客，她就端一两碗自用，也不管李圆通不同意。有一次，乳母又先端菜，李圆通斥厨人狠狠痛打，乳母呼天叫地告饶，僚吏左右都大惊失色。宾客走后，杨坚知晓原委，召李圆通予以奖励。从此杨坚十分器重他，认为可委以大任。

杨坚当丞相后，赐封李圆通为怀昌男。不久，又授帅都督，晋爵新安子，视为心腹。

李圆通多力劲捷，武功很好，当时北周诸王多次想伺机加害杨坚，赖李圆通保护，得以免祸。所以杨坚非常赏识他，从此参与政事。杨坚称帝后，他官至尚书左远、领左朔卫骠骑将军，摄刑部尚书。李圆通被免官后，心里明白并非因为自己失职，而是宇文述诬告，隋炀帝不问是非曲直，趁机罢免他的官职，明显是要清除朝中旧臣，所以在家闷闷不乐，终于忧郁发疾死去。李圆通之死，可视为隋炀帝清除旧臣的开始。

第二个死去的是杨素。

杨广当上皇帝，杨素是第一功臣。平定汉王杨谅起兵，杨素更是功盖当世。不料杨素平的权谋、干练和用兵方略，却渐渐引起了隋炀帝的猜忌。

杨素受命营建东京，完工后又与牛弘、宇文恺、虞世基、许善心等人制定舆服，也算是忠心侍奉隋炀帝了。杨素是随杨坚夺取北周政权，建立隋朝的开国元勋，也是久经沙场的战将，他对历代治乱兴衰之理，当然不会不懂。杨素助杨广夺取帝位，除了自身利益因素外，就是杨广的伪装仁厚、俭朴欺骗了他，他与杨坚一样也看错了人，以为杨广是可以君临天下的仁厚之人，所以不遗余力，将杨广推上皇帝之位。

营建东京，杨素倒没什么异议。当东京还在修建中，隋炀帝就急不可待地修显仁宫、辟西苑，又挑选数千美女，整日游乐，完全没有隋文帝励精图治的气象，杨素不免着急。因此，杨素屡次借机劝诫隋炀帝。他自恃功高，又是杨广父辈之人，有时直呼杨广为郎君，隋炀帝只好心中隐忍。

一次，杨素入宫和隋炀帝在池中钓鱼。时值盛夏，杨素和隋炀帝共用一个御盖遮阳，隋炀帝不一会钓了几条，杨素却不见开张。隋炀帝对杨素说："公文武双全，原来钓鱼是外行。为何许久一条也没钓到？"杨素从来不甘人后，脱口而出："陛下只钓了几条小鱼，等老臣钓条大鱼来。岂不闻大器晚成？"

隋炀帝听杨素此话，不由心生愤怒。又见杨素在伞下相貌堂堂，颇有帝王气度，愈加嫉恨。有心派内侍杀了杨素，被萧后劝止。从此，隋炀帝对杨素外示殊礼，内情甚薄。

不久，宣华夫人病死，年仅29岁。隋炀帝十分悲恸，好几天不能视朝。杨素闻讯，入宫问安。他心想：隋炀帝好女色太盛，为了这样一个女人竟然数日不上朝，我真愧对先皇信任。他这样想着，不觉已至殿门，忽然一阵阴风扑面，杨素恍惚中看见隋文帝手执金钺斧对他怒目而视。杨素心中恐惧，转身欲走，不想脚下被绊住，摔倒在地，当即晕倒。卫士们招呼人把杨素送回家，请医生救治，方才苏醒。杨素从此卧病在床，想到隋炀帝的猜忌之心，也不保养身体，不久就病故了。隋炀帝按重臣之礼厚葬，赐谥号景武。

大业二年（606）十月，隋炀帝以开皇末年法令峻刻，诏改修律令。次年四月，牛弘等人制订成新律共18篇，称《大业律》。《大业律》比开皇律令宽松，颁行以后，老百姓都很高兴。但后来征役频繁，民不堪命，地方官吏临时胁迫老百姓应付征役，《大业律》也就名存实亡了。

大业三年（607）四月，隋炀帝改州为郡，这时全国有190郡，1255县。又改度量权衡，恢复秦汉古式。又改中央官制。隋文帝时，上柱国下至都督共十一等，全改为人夫，凡九大夫。新设殿内省，与尚书、门下、内史、秘书为五省。唐代的官制沿袭了隋炀帝改革后的官制。

隋代西北边境有一强大的突厥民族，突厥原是秦汉匈奴的别支，在南北朝时，始见突厥这个名称。早期突厥部落活动于叶尼塞河上游庸努山和萨彦岭之间，后迁徙至高昌西北山中，即今天山东段的博格达山。大约在公元40至60年代，柔然占据高昌等地，突厥成为柔然统治下的民族，为柔然打铁，锻造兵器。这时突厥被迫迁往金山（阿尔泰山）南麓，因金山状如兜鍪，俗呼兜鍪为"突厥"。因此作为民族称号。

公元6世纪中叶，突厥中出现了一位杰出的首领，姓阿史那，名土门，土门是万人长之意。阿史那土门在西魏大统十二年（546），乘机吞并铁勒5万余家，开始在西北民族中崛起。这时土门向柔然可汗阿那环求娶公主。阿那环大怒，遣使者到土门帐下呵骂说："你是我的奴隶，居然不知天高地厚，竟妄言婚娶之事。"

土门一怒之下，斩杀柔然使者，公开摆脱柔然的羁属。西魏大统十六年（551），土门向西魏求婚，西魏以长乐公主嫁土门，突厥遂与中原王朝建立了关系，此举提高了突厥在西北各民族中的地位。

西魏大统十七年（552），土门发兵击败了柔然，阿那环自杀，土门自号伊利可汗，创立了突厥政权。到伊利可汗次子木杆可汗在位期间，最终灭掉柔然，辖地东自

隋炀帝的宫妃吴绛仙

辽海以西至西海万里，南自沙漠以北至北海五六千里，控制了大漠南北；建立了强大的突厥汗国。由于这个突厥政权的中心在漠北，就整个突厥族的分布来说，位于东部，所以将东部突厥政权称为东突厥。

突厥首领阿史那土门率众西征柔然获胜后，土门率众东返，命其弟室点密率十姓部落留居西域，并建立起突厥政权，这个政权当时虽然仍与漠北的东突厥政权保持着形式上的隶属关系，但实际上是一个独立的政治实体，因为他位于西部，所以被称为西突厥。

突厥木杆可汗之弟佗钵可汗（572～581）时，有控弦之士数十万；北周、北齐政权都争相结好突厥。佗钵可汗曾得意地对部下说：

"只要使我在南边的两个儿孝顺，何忧没有东西享用呢！"

北周建德六年（577），北周灭北齐，佗钵立北齐范阳王高绍义为齐帝，以替北齐报仇为要挟，迫使北周将宗室女千金公主下嫁佗钵可汗。隋初，沙钵略可汗（581～587）在位，按突厥风俗，千金公主又嫁给沙钵略；千金公主要替周室报仇，挑唆沙钵略攻隋。沙钵略可汗也说："我是周室姻亲，今隋公自立而不能制，还有什么面目见可贺敦呢？"于是多次率骑兵南下劫掠，对隋朝形成极大的威胁。

开皇二年（582），隋文帝派元晖出伊吾道，至西突厥占厥可汗处，双方订立互不攻

击的盟约;同时,长孙晟又派人到东突厥,与处罗侯突利可汗结好。这样,隋成功地瓦解了东西突厥之间的联盟和东突厥贵族间的团结。

开皇三年(583),隋军分八路进攻东突厥。隋军首先击破阿波可汗,迫使他与隋军结盟,然后集中兵力击败了沙钵略。沙钵略失败后,迁怒于阿波,阿波被迫投靠西突厥。从此,东西突厥之间展开了长期的战争,东突厥贵族之间也分裂成为两派。

开皇五年(585),东突厥沙钵略可汗遭到西突厥达头可汗和东契丹的两面夹击。在内外交困中,沙钵略可汗向隋文帝奉表称臣,又率部众南迁,要求寄居白道(今内蒙古呼和浩特市西北)内。隋文帝将沙钵略的可贺敦北周千金公主赐姓杨氏,改封大义公主。从此东突厥沙钵略可汗臣附于隋朝。

开皇七年(587),沙钵略可汗死,弟处罗侯继位,称叶护可汗。叶护可汗发兵西征,打着隋赐旗鼓,敌人以为得隋兵援助,纷纷降附,遂生擒了投靠西突厥的阿波可汗,但他在开皇八年(588)的西征中中流矢而死。诸贵族拥戴沙钵略可汗的儿子雍虞闾为可汗,称都蓝可汗。都蓝可汗仍沿袭突厥旧制,在国内分封宗室为诸小汗,其中势力较大的是统治东突厥北部领土的突利可汗。

这时大义公主又改嫁都蓝可汗,她因惧怕都蓝,而煽动都蓝侵隋,并有意在都蓝可汗与突利可汗之间制造矛盾,以削弱都蓝可汗的势力和影响。开皇七年(587),隋文帝将宗室女安义公主嫁给突利可汗,又多方优礼突利可汗,引起都篮可汗的愤怒。开皇十九年(599),都蓝可汗联合西突厥达头可汗攻打突利可汗,尽杀其兄弟子侄,突利可汗夜率五骑与隋使长孙晟逃入长安。隋文帝派高颍、杨素等击退追兵,又封突利为意利珍豆启民可汗,突厥语"智健王"之义,简称启民可汗。

汉白玉武士俑

隋文帝又在朔州筑大利城(今内蒙古和林格尔县西北土城子),安置启民可汗及属民。这时安义公主已死,隋文帝又将义成公主嫁给启民。不久,都蓝可汗被部下杀害,西突厥达头可汗占据东突厥大部地区,东突厥部落大量南迁,投归启民可汗,启民成为当时东突厥政权的象征。

仁寿元年(601),隋文帝决计用武力使启民可汗重返故地,任杨素为云中道行军元帅,同启民可汗共同北征,第二年打败西突厥达头可汗,平定了东突厥内乱,启民可汗统治了大漠南北,每年向隋朝进贡。

大业二年(606)冬,启民可汗上表,欲入朝庆贺元旦,隋炀帝允准。隋文帝时,命牛弘定乐,凡非正声调商及九部四舞,全部放还民间。这时宫廷音乐歌舞,有传统的华夏正声,有平陈后得到的宋、齐清商乐,有西凉、龟兹、天竺、康国、疏勒、安国、高丽等九部

西域民族音乐,有鞞、铎、巾、拂四舞。

隋炀帝嫌这些音乐歌舞还不丰富,不足以夸示突厥。太常少卿裴蕴揣知隋炀帝心思,就奏请广搜天下周、齐、梁、陈宫廷乐家子弟,聚集东京,充作乐户。此外,六品官以下至老百姓,凡擅长音乐及歌舞百戏的人,都由太常掌握。从此以后,全国各种音乐歌舞都荟萃乐府,而且设置博士弟子,教习传承,宫廷乐人多至三万余人。

隋炀帝又亲自填写歌词,命乐正白明达谱成曲,令乐人传唱。隋炀帝擅长写艳词。乐师据词意谱出的歌曲,听来哀怨缠绵,隋炀帝听后高兴地对白明达说:

"北齐国偏安一隅,乐工曹妙达犹被封王,我今天下大同,也将会提拔你,望好自为之!"

大业三年(607)年元旦,隋炀帝命在东京陈列文物。启民可汗入朝参观中原文物后,十分羡慕,请求改穿中原衣袍冠带,隋炀帝不许。第二天,启民可汗又率下属上表请求,言辞恳切,隋炀帝很高兴,对牛弘等人说:

"今衣冠礼仪齐备,使单于羡慕而解辫改服,这是卿等的功劳!"

启民可汗在东京参加元会大典,又到各风景名胜处游览几天,辞行时邀请隋炀帝北巡,这正合隋炀帝心意,当即应允。

大业三年(607)年二月,隋炀帝从东京还长安。隋炀帝早在任扬州总管时,就多次听说东南沿海多异事,现在诸事都很顺利,正好探访异域,以显示隋朝的国威。遂派羽骑尉朱宽入海求访异俗。

朱宽接受任务,来到东南沿海,寻访到海师何蛮等人,在南海打鱼为生,常出远海。每年春秋二暗天清风静,他们在海中东望,似有烟雾之气,估计有人居住;于是朱宽请何蛮同行,船队在南海中航行几天,那有烟雾之气的地方愈来愈清晰,原来是一海岛,当时称琉球国,即今天的台湾。

大业六年(610),派遣武贲郎将陈稜朝、清大夫张镇州率兵万余攻打琉球。陈稜挥军进攻,连战皆捷,攻克琉球都城,焚烧宫室,俘虏男女数千人,缴获大量战利品而还。

隋炀帝命朱宽寻访到琉球,这是继东吴卫温、诸葛直之后,中国内地人又一次进入台湾岛,对台湾风土民情的了解,也是中国内地人知道得最早最清楚。从隋炀帝开始,以后历代王朝都和琉球保持来往。明代末年,始称琉球为台湾。说台湾宝岛自古以来是中国领土,实际指始于隋炀帝时期对流球的征服,这应该说是隋炀帝的历史功绩。

大业三年(607)五月,隋炀帝车驾从长安出发北巡。这时,隋炀帝还多少有些体恤老百姓,他敕命百司在巡行途中,不得任意践踏庄稼,要绕开庄稼地走,必须要开辟为道路的田地。要计量收成多少,命就近国家粮仓补偿,务必不得让老百姓吃亏。

隋炀帝车驾行至并州境内时,突厥启民可汗派儿子前来隋炀帝帐前朝见,并迎访隋炀帝北巡。这时,隋炀帝拟走太行山,北巡塞外,就发黄河以北十余郡丁男凿太行山,修通直达并州晋阳城的驰道。隋炀帝车驾出晋阳时,启民可汗又派遣兄子毗黎伽特勤来迎请隋炀帝。不久,启民可汗又派遣使臣请求亲自入塞,牵迎车驾,隋炀帝遣使臣回报,令启民在帐守候。

隋炀帝车驾过雁门(今山西代县),雁门太守丘和,贡献食物十分丰盛。至马邑(今山西期县)时,马邑太守杨廓为政清廉,考虑边郡是贫困地区,不愿再向老百姓征发,以贡献隋炀帝一行。所以杨廓仅出城迎接,并未敬献土特产,隋炀帝心中很不高兴,但表面上又不便责备。

隋炀帝对两位太守的不同态度,很快做出回报。他调丘和任博陵(今河北定县)太守，丘和从贫困的边郡，迁任富庶的内郡，这是一种赏赐。同时命杨廓至博陵，向丘和学习怎样做官当太守。这样一来，隋炀帝北巡所经过郡县，官员争相贡献丰美食物，以获取隋炀帝的欢心。

六月底，隋炀帝车驾驻扎杨林郡。隋炀帝北巡的主要目的是出塞阅兵，准备巡行突厥辖境，显示隋朝声威，他担心启民可汗有顾虑，就派武卫将军长孙晟先行，面见启民可汗勒旨。

隋炀帝派长孙晟先行，可谓知人善任。启民可汗知长孙晟前来，召集部落的酋长数十人迎接。长孙晟见启民牙帐中杂草丛生，想让启民亲自割除，给部落酋长看看，以显示天子威重，他故意指着帐前草说：

"此草很香啊！"

启民拔了一根草，嗅了嗅说：

"一点也不香啊？"

长孙晟说：

"天子行幸之地，诸侯亲自洒

长孙晟——一箭双雕

扫，耘除御路，以表致敬之心。今牙中芜秽，我还以为是专门留下的香草呢！"

启民一下子醒悟过来，拔出佩刀，亲自割草，手下的贵人和酋长也争相效仿。启民可汗又命突厥人从牙帐至榆林北境，在隋炀帝拟经过的三千里路上，开辟出百步宽的御道。

隋炀帝欲向突厥夸示隋的国力，令宇文恺制作一顶大帐，下面可坐数千人。隋炀帝在榆林城东，亲御大帐，备设仪位，宴请启民及部落酋长3500人。突厥人从来没有见过如此之大帐，第一次亲见隋炀帝的威风，第一次品尝如此丰盛的佳肴，个个又惊又喜。

隋炀帝又下诏，征发丁男百余万筑长城，东至紫河。尚书左仆射苏威谏不可征发太甚，隋炀帝不听，长城之役，二旬即告完工。

太常卿高颎、光禄大夫贺若弼和礼部尚书宇文彻在私下议论隋炀帝宴请启民太过奢侈，被人告发。隋炀帝认为他们诽谤朝政，下令处死三人。

高颎是渤海郡人，小时聪明，熟读史书，善于辞令。17岁时步入仕途。杨坚任北周丞相时，任高颎为丞相。军政要事都要高颎处理。杨坚称帝后，高颎官至仆射，这时母亲告诉他：

"你富贵已极，剩下的就是砍头了，千万要谨慎啊！"

高颎支持太子杨勇，后来得罪独孤皇后，被隋文帝免宫。高颎记得母亲的告诫，被免官后反而高兴,以为从此免于祸患。

隋炀帝即位后,又起用高颎任太常。高颎似乎已忘记了母亲的告诫,隋炀帝好侈靡,乐声色,征集天下散乐,他要劝课;兴长城之役,盛宴启民可汗,他也敢于发表不同意见,终于被隋炀帝找到借口,砍头杀害,诸子徙边。

高颎有文武大略,明达世务,是隋朝最得力的忠臣。他被杨坚任用后,竭诚尽节,推荐贞良,以天下为己任。苏威、杨素、贺若弼,韩擒虎等人,都是高颎所推荐,各尽其用,成为一代名臣。他屡建功业,数不胜数。当朝执政近20年,朝野推服。高颎被杀后,天下莫不伤惜,后世称冤不已。

其实高颎并非犯下可杀之罪,他在建康诛杀陈后主宠妃张丽华,隋炀帝心中就埋下了怨恨的祸根。他和杨勇是亲家,站在太子一方,隋炀帝在夺嫡斗争中,本欲唆使人将高颎问成死罪,但御史奏请斩高颎时,隋文帝仅把他除名为民。隋炀帝即位后,又起用高颎,实在是别有用心。高颎是智者千虑,必有一失,他没有看透隋炀帝的心机,为几句话让隋炀帝抓住把柄,引来杀身之祸。

贺若弼是河南洛阳人。父亲贺敦是员猛将,任北周的金州总管,遭宇文护嫉恨,罗织成死罪,临行刑前,呼贺若弼告诫说:"我志在平定江南,但此愿望已不可实现,你应当成就我的志向。我是因口舌死,你不可不思。"说完,父亲用锥刺贺若弼舌出血,告诫他切记慎口。

贺若弼少慷慨,有大志,骁勇有力,弓马娴熟,又博览群书,实为文武全才。贺若弼完成父亲遗志,平定江南,贵盛无比,位望隆重,也就渐渐骄傲起来,自以为功名出朝臣之右,常以宰相自许。不久杨素任左仆射,贺若弼仍是将军,心中不平,形于言表,因此被免官。几年后,竟因此下狱。公卿奏贺若弼心怀怨望,罪当处死。隋文帝惜他成功卓著,仅除名为民。一年后,恢复他的爵位,当不再重用他。

杨广当上太子后,曾问贺若弼:"杨素、韩擒虎、史万岁三人,都号称良将,但优劣怎样呢?"贺若弼说:"杨素是猛将,韩擒虎是斗将,史万岁是骑将,都非大将。"杨广问:"那么大将是谁呢?"贺若弼说:"由殿下选择。"言下之意,欲自诩为大将。隋炀帝嗣位后,对贺若弼尤其疏忌。这次隋炀帝找到借口,趁机将

史万岁——单骑赌胜

他诛杀。贺若弼死时64岁，妻子都没为官奴婢，流放边地。

大业三年(607)年八月，隋炀帝车驾从榆林出发，经云中(今内蒙古土默特右旗以东，大青山以南，卓资县以西，黄河南岸及长城以北)，溯金河而东行，北至启民大帐。隋炀帝的巡行队伍有甲士50余万，马十万匹，旌旗辎重千里不绝。

隋炀帝此次北巡，令宇文恺等造观风行殿，这种活动的殿堂可以拆卸，应用时很快就装置起来，殿下有轮子，转动自如，殿上可容侍卫数百人。隋炀帝在草原巡行时，就可坐在观风行殿中处理政事，观赏风光。

隋炀帝又命大技术家何稠造行城。此活动城城垣周围八里，用木板搭成、外蒙布为城墙表面，图画丹青，行城楼橹齐备，像真的城垣一般，旌旗密布，站满甲士，只得半夜功夫就可搭将起来。

隋炀帝的行城确实起到了威慑突厥的作用。突厥人见一夜之间，平地冒出一座城池，大惊失色，以为神灵相助，所以每望御营，十里之外，就下马跪拜。

启民可汗在隋炀帝巡幸路上插好庐帐恭迎隋炀帝。隋炀帝至启民帐中，启民奉觞祝寿，毕恭毕敬，突厥王侯以下都跪伏帐前，莫敢仰视。隋炀帝回想当年挥兵讨伐突厥的艰辛，见眼前突厥归附的场景，怎不志得意满？

在此之前，高丽与突厥暗中通使往来，启民可汗推诚奉国，不敢隐瞒境外之交。正值高丽使节前来，启民就带高丽使节见隋炀帝，高丽使节听说隋炀帝要巡行高丽，十分恐惧。隋炀帝北巡的目的达到了，就动身返回，启民可汗仍扈从入塞，至定襄(今山西大同市)，隋炀帝才令他归藩。

几天后，隋炀帝抵达太原，下诏建晋阳宫。九月底，隋炀帝车驾回到东都，结束了为期五个月、长达万里的北巡。秦始皇、汉武帝都曾巡边，但都没有隋炀帝规模大，时间长，路程远。

穷兵黩武，醉生梦死

隋炀帝成功地安抚了东西突厥后，西北边境剩下的一个有力对手是吐谷浑。吐谷浑本来是辽西鲜卑徒河涉归之子。徒河涉归有两个儿子，庶长子叫吐谷浑，少子叫若洛廆。徒河涉归死后，若洛廆代统部落，称慕容氏。吐谷浑与若洛廆不合，就率所属部落离开辽西，迁徙至陇，在甘松之南，洮水之西，白兰山以北立国，并以吐谷浑作为国名。

公元540年，吐谷浑吕夸可汗修建伏俟城(故址在今青海省青海湖西岸布哈河河口附近)，作为首都。这时吐谷浑疆域相当于今青海省的面积。吕夸可汗仿照中原官制，设王、公、仆射、尚书、郎中、将军等官职，当时正值南北朝时期，吐谷浑周旋于南北政权之间。

南北朝末年，吐谷浑贵族之间内讧，国内大乱，北周武帝宇文邕趁此机会派太子率大军讨伐，北周军攻至伏俟城，吕夸遁走，北周军掳其部众而返，吐谷浑遭到了沉重的打击。

隋开皇初，吐谷浑兵侵弘州，隋文帝以弘州地广人稀，被迫放弃。不久，隋文帝派上柱国元谐率步骑数万攻伐吐谷浑，多次击败吐谷浑军，吕夸率亲兵远遁，其名王十三人各率部落投降。隋文帝立归降的高宁王为河南王，使统领降附的吐谷浑部落。但是不久，吕夸卷土重来，又控制了吐谷浑。

开皇十年(591),吕夸死,予伏即可汗位,泥兄子无素奉表称藩,进献方物,与隋保持友好往来。开皇年(597),吐谷浑内乱,国人杀了予伏可汗,立其弟伏允为可汗。伏允每年派人赴隋朝贡,并时常注意探听隋朝消息。

隋炀帝即位后,伏允派王子赴隋朝贺。当时西北的铁勒常犯隋边境,隋炀帝派将军冯孝慈出敦煌防御。铁勒是匈奴后裔,当时分为数十姓,七大部,每部有兵两三万人,分属东,西突厥。

冯孝慈与铁勒战不利。不久西突厥归服隋朝,铁勒见东西突厥都先后与隋交好,隋朝威势日盛,也就赶忙派遣使者,谢罪道歉,请求归降。

大业四年(608)七月,隋炀帝派黄门侍即裴矩前往铁勒诸部慰抚,并游说铁勒击吐谷浑以立功自效。铁勒即召集各部兵马,奇袭吐谷浑,取得胜利。吐谷浑伏允可汗兵败,向东撤退,进入西平(今青海湟源、乐都间湟水流域)境内,并派遣使臣,向隋请降求救。

铁勒从西面进攻吐谷浑,吐谷浑被迫向东退,隋炀帝预期目的完全达到。这时,隋炀帝命观王杨雄出浇河,许公宇文述出西平救助,并伺机行事。宇文述兵至临羌城,吐谷浑见隋兵势盛,不敢投降,率众向西逃遁,宇文述挥师追击,攻克曼头、赤水二城,斩三千余级。

俘虏王公以下两百人,男女四千余人,伏允向南,逃至巴蜀边境的岷山雪岭中。吐谷浑故地东西四千里,南北两千里,都被隋占领。

隋炀帝命在吐谷浑境内设置鄯善、且末、西海、河源四郡、显武、济远、肃宁、伏戎、宣德、威定、远化、赤水等县。在一些军事要地置镇、戌。此后,凡犯轻罪的犯人,就徙居上述地区,以充居民。

大业四年(608)三月,时值春季。隋炀帝又动了巡游兴致。隋炀帝车驾出东京,浩浩荡荡,向北进发。这次隋炀帝巡行的目的地是五原(今内蒙古包头市西北)。隋炀帝车驾出塞时,要经过秦朝修筑的万里长城,当年秦始皇为防匈奴骑兵南下,不惜征调全国百姓,在塞北草原,筑起这座横亘东西的长城。去年,隋炀帝又发百余万丁修筑榆林至紫河的长城。现在他北巡至长城、登上城墙,俯瞰南北,南边风光,一路上他仔细观赏。

隋炀帝又下令征20万丁男,修榆谷以东的长城,诏免修长城丁男一年租赋。隋炀帝这次北巡,不仅怀柔突厥,还命车驾所经郡县免一年租调。隋炀帝命在汾阳兴建汾阳宫,以供北巡往返途中休息。隋炀帝即位以后,几乎无日不兴建宫室,长安、东京及江都,苑围亭殿很多,但去年北巡途中,没有一处宫室,遥远路途颇感寂寞。隋炀帝命左右拿来天下山川之图,亲自查看,选择胜地,最后选中汾州以北汾水之源,兴建汾阳宫。隋炀帝为此还专门分离石之汾源、临泉,雁门之秀容,设楼烦郡。汾阳宫就在楼烦郡汾源县,汾源县管涔山上有天池,汾水即发源于此。

汾阳宫环天池兴建,依山傍水修十二座亭子:翠微、闻风、彩霞、临月、飞芳、积翠、合壁、含晖、凝碧、紫纪、澄景、尚阳,每亭内纵广二丈,四边安剑阑,亭中铺六尺榻子一合,供隋炀帝观景休息,汾阳宫成为东京西北部的一处著名宫室。

隋炀帝第二次北巡,行宫设六合板城,这是在去年行城的基础上进一步改进制作的。六合城方120步,高四丈二尺。所谓六合,就是用一尺见方的木板拼合而成,外涂青漆,至六板为城,高三丈六尺,上加女墙,板高六尺,所以总高四丈二尺。

六合城开南北二门,又在城四角设二座敌楼,门观、门楼槛都图画丹青。六合城中建有六合殿、千人帐，又设置枪车，车载六合三板。枪车上张幕，幕下设弩箭，五名士兵守弩。宿营时，车辕向外，组成屏障。

六合城内设铁菱、弩床等暗器机关，都可向外发射，置人于死命。弩床上安旋机弩，用绳连弩机，人从外来，触绳则弩机旋转，向触发处发弩箭。

大业五年(609)七月，隋炀帝改东京为东都，又诏天下均田。

隋炀帝下诏均田几天底又动身赴长安。隋炀帝此次西行目的，是要巡幸河右。三月，隋炀帝车驾停住，祭祀古帝王陵及开皇功臣墓。三月下旬，隋炀帝车驾至长安，几天后，隋炀帝在武德殿设宴，宴请京师耆旧。

大业五年(609)三月，隋炀帝车驾西巡河右。隋炀帝出长安，顺路到扶风旧宅探望，这里他儿时居住的房屋依旧，隋炀帝即位后，他的扶风旧宅受到保护。隋炀帝可谓是衣锦还乡，心中不胜感慨。

隋炀帝车驾入陇西(今甘肃陇西东南)，这里有天然猎场，隋炀帝车驾停住陇西，布下围场，接连数日，大猎围场，颇尽兴致。高昌、吐谷浑、伊吾听说隋炀帝巡视河右，都派遣使者来朝拜。隋炀帝车驾至狄道(今甘肃临洮)时，党项羌又来贡献方物。隋炀帝车驾出临津关(今甘肃临夏境内)，渡黄河，至西平(今青海西宁市)，陈兵讲武、准备攻打吐谷浑。

五月，隋炀帝又大猎于拔延山(今青海化隆县境)，布长围20多里。然后入长宁谷。度星岭，至治理川时，桥未按时搭好；隋炀帝一怒之下，下令斩都水使者黄亘及监修桥梁官员九名。数日后，桥建成，车驾才渡过。

这时，吐谷浑伏允可汗率众退保覆袁川。隋炀帝命内史元寿率兵南屯金山，兵部尚书段文振率兵北屯雪山，太仆卿杨义臣率兵南屯琵琶峡，将军张寿率兵西屯泥岭，四面包围。伏允可汗见势不妙，率数十骑乘夜冲出包围圈，派手下名王诈称伏允，据守车我真山。隋炀帝命右屯卫大将军张定和率兵围捕，张定和轻敌，以为穷寇不足惧，不穿铠甲，挺身登山，被吐谷浑伏兵射死。副将柳武建率兵攻上车我真山，斩首数百人。

吐谷浑仙头王被围困，无计可施，只好率所属十余万人投降。隋炀帝又派卫尉卿刘权出伊吾道。攻打吐谷浑，至青海，俘虏千余人，乘胜追击至伏侯城下。这时，隋军已稳操胜券，隋炀帝踌躇满志，对给事郎荣征说："自古天子有巡狩之礼，但江东诸帝多涂脂抹粉，安坐深宫，不与百姓相见，这是什么原因呢?"蔡征说："正因为如此，所以他们的统治不能长久。"

隋炀帝西巡之前，为了显示自己的声威，命裴矩说高昌王麦伯雅及伊吾吐屯设等，以厚利相诱，劝他们来朝见隋炀帝。当隋炀帝至武威郡燕支山时，麦伯雅、吐屯设等联络西湖27国国王，早已在路旁恭迎隋炀帝。隋炀帝命侍从佩金玉，披锦袍，焚香奏乐，载歌载舞，渲染声势，显示中国帝王气派。隋炀帝又令武威(今甘肃武威)、张掖(今甘肃张掖)仕女修饰穿戴一新，乘坐擦亮的车马，汇聚燕支山下，绵延数千里，以显示中国人物之盛。

吐屯设献西域数千里之地，隋炀帝很高兴，就设置西海、河源、鄯善、且末等郡，谪发天下罪人赴西域诸郡充戍卒，戍守西域诸郡。隋炀帝又命刘权镇守河源郡积石镇，在黄河发源处周围大开屯田，防御吐谷浑，扼守通西域要道。

这时，天下共有190郡，1255县，890余万户，疆域东西9300里，南北14815里。隋朝至此趋于极盛。

隋炀帝赞赏裴矩绥怀远邦的方略才能，进位银青光禄大夫。从此以后，为保证西域诸郡的供给,自西京诸县及西北诸郡,都要负责运送粮食物资至塞外,每年达数亿万计。但西域路途险远,沿路又多寇盗劫掠,人畜死亡不能送达者,郡县官又征发其家属运送,因此百姓失业,西方诸郡先陷于困弊。

当初,吐谷浑伏允可汗派儿子顺来隋朝拜,隋炀帝将顺留下。这次伏允败走后,走投无路,只得率数千骑暂投党项寄居。隋炀帝就立顺为吐谷浑可汗,送至玉门,令统吐谷浑余众。隋炀帝以大宝王尼洛周为辅,护送顺至西平,部下杀死尼洛周,顺未能进入吐谷浑而还。

隋炀帝登观风行殿,大备礼仪,请高昌王国麹伯雅及伊吾吐屯设登殿宴饮。其余二十余国的少数民族使者,也在殿阶庭中入座。宴会中,宫廷乐队演奏著名的九部乐,宫廷戏班演出鱼龙戏,以助酒兴。隋炀帝举行宴会,庆祝西巡成功,并赏赐麹伯雅等及诸有功将士。隋炀帝又大赦天下,开皇以来流配罪人,全部放还原籍,但晋阳反叛逆党不在此例。陇右诸郡,免除一年租税,西巡经过之地,免除两年租税。

吐谷浑境内有青海,吐谷浑曾得波斯草马进入青海,生下小驹,能日行千里,时称青海骢,是远近闻名的良马。青海中有小山,俗传放牝马于其上可得龙种。隋炀帝命在青海设马牧,放两千多匹牝马在青海川谷以求龙种,但终未得。

大业五年(609)七月,隋炀帝车驾东还,经过一个山谷时,山路十分险隘,车马只能鱼贯而出。这里荒僻无人烟,又遇气候突变,风雪晦冥,气温骤降,文武百官又饥又饿,深夜不能至宿营地,士卒更是多半冻死,马驴冻死十之九八。后宫嫔妃、公主有的掉队,与军士杂宿山间。隋炀帝眼看西巡万事皆顺,大获成功,不想归途却遭此惨重损失。

九月,隋炀帝车驾入长安,休整一段时间后,于十二月回到东都。从此,隋炀帝再也不愿回长安。

就在这一年,民部侍郎裴蕴因当时国家掌握的户口多有脱漏,丁男诈伪老小以避赋役的现象严重,影响国家租赋收入。就上奏隋炀帝,建议在全国大索貌阅。大索就是搜括隐匿的人口,貌阅就是责令地方官员亲自当面检查老百姓的年龄、相貌、形状,查出那些属成丁年龄,却用诈老、诈小的办法逃避承担赋役的人。

隋炀帝认为此办法很富创造性,就严责官员执行,如果一人检查不实,官司要被解职,里正、里长要被流配远方。又采用奖励告密的办法,如果老百姓告发一人貌阅不实,就令被纠告之家代输赋役。

至年底,大索貌阅取得了显著效果,诸郡计账进丁20.3万,新附口64.15万。从西晋以来,地方豪强大族荫占人户,与国家争夺劳动力的问题,得到根本解决。从此,裴蕴为隋炀帝看重,逐渐成为亲信。不久,擢授御史大夫,与裴矩、虞世基参掌机密,成为朝中重臣。

裴蕴是河东闻喜人,祖父裴之平,是梁朝的卫将军。父亲裴忌,是陈朝都官尚书,与陈将吴明彻同时被周军俘虏,赐爵江夏郡公,在隋十余年而死。裴蕴聪明善辩,有吏治之才。在陈朝,官至直阁将军、兴宁令。裴蕴以父亲在北边,暗中致书杨坚,请求做内应。至平陈以后,隋文帝逐一审阅江南衣冠之士,量才录用。至裴蕴时,隋文帝以他素有向化之心,越级授予仪同。左仆射高颎不悟隋文帝旨意,进谏说:"裴蕴无功于国,官位却高于其他降人,臣以为不太合适。"隋文帝反而加授裴蕴上仪同,高颎又进谏,隋文帝干脆说:"可加开府。"高颎这才不敢劝谏,当天就拜裴蕴开府仪同三司,在陈朝降人中,礼赐算是最优厚的了。裴蕴历任洋、直、棣三州刺史,政绩都很好。

大业初年，裴蕴在官员考核中政绩最突出，隋炀帝听说他善于理政，调任他为太常少卿。裴蕴揣知隋炀帝喜好音乐歌舞，就奏请召周、齐、梁、陈乐家子弟，都编为乐户。善音乐及倡优百戏者，都听候太常调遣。从此以后，各种音乐歌舞百戏人才，都荟萃乐府。又设置博士弟子，教授技艺，隋朝宫廷乐人猛增至三万余。这样一来，迎合了隋炀帝喜好声色的心理；迁任裴蕴为民部尚书。

　　当时隋继隋文帝承平治世之后，户口隐漏较多。有的年已18成为丁男，却将年龄报小，逃避负担赋役的义务；有的未至60岁，却诈称已老，就免交租赋。裴蕴历任刺史，深知此中弊端，任民部尚书后，就提出大索貌阅的办法，收到了显著效果，成为隋炀帝时期一件颇具影响的政绩。

　　裴蕴做官，虽有治政之才，但在他身上，又有浓厚的官场习气。他最善于窥伺隋炀帝的微妙旨意，他任御史大夫，凡是隋炀帝欲加罪之人，必想方设法，要罗织出罪名，予以惩治；隋炀帝欲宽宥的人又千方百计开脱，直至无罪释放。这样一来，大小之狱，隋炀帝都付裴蕴处理，刑部、大理不敢与他相争。裴蕴必秉承隋炀帝旨意，然后决断。裴蕴又巧言善辩，口若悬河，判罪或轻或重，都由他口说，但他剖析明敏，人们很难驳斥他。

　　大业六年（610）正月初一，天快亮时，有数十人素冠练衣，焚香持花，自称弥勒佛，来到东都皇宫建国门前。当时佛教弥勒信仰十分盛行，守门卫士见是弥勒佛前来，都纷纷跪拜，这些人趁机夺过卫士武器，向皇宫冲去，欲杀隋炀帝，不料当时正遇齐王率卫士警卫皇宫，听说建国门生变，率卫士围堵过来，经一番格斗，将这几十人全部杀死。隋炀帝即严令在东都大肆搜捕，牵连此事的多达千余家。

　　建国门事件是一个信号，这些身穿弥勒佛信徒服装的起义者，敢于冲击皇宫，阴谋杀死隋炀帝。这说明社会上有人已极度不满隋炀帝的统治。

　　隋炀帝北出长城，西巡张掖，使西域诸国归附，时至新年。隋炀帝邀请西域诸藩酋长齐集东都。正月十五日，隋炀帝命在东都皇城端门街演戏庆贺，戏场周围五千步，参加音乐伴奏的乐手有1.8万人，音乐声起，数十里外都可听见。这可说是古代最大规模的音乐盛会。当时彻夜灯火，光烛照耀天地。隋炀帝率文武百官，登上端门南楼，观赏音乐百戏。隋炀帝见无数灯树，将黑夜照得如同白昼，好一派歌舞升平的盛世景象，不由得志得意满。

　　此后天天如此，盛大灯会持续至月底，花费亿万钱财。从此每年正月十五，都在端门观灯行乐。后世元宵灯会，成为中国一大民俗活动，就始盛于隋炀帝的上元观灯。

　　西域诸藩又请求进东都最大的东市交易，隋炀帝欣然同意。隋炀帝先命东都市政官员，监督各商家整饰店堂门面，盛设帷帐，摆满珍奇货物，店主都穿戴一新，甚至卖菜的都用龙须席摆菜。胡人来东市买东西，惊叹中国富裕。有的胡人经过饭店，店主热情邀请就座，酒醉饭饱之后，胡人要付饭钱，店主不收费，欺哄他们说："中国丰饶，酒食例不收费。"胡人更加惊叹不已，认为中国是神仙之国。其实这是隋炀帝命市政官员的有意安排。但胡人中也有聪明人看出其中破绽，他们见街旁树干都用缯帛缠裹，就问店主说：

　　"中国也有穷人，衣不蔽体，不如用此缯帛给那些穷人作衣，缠树有什么用？"店主惭愧，不能回答。

　　隋炀帝临朝面对百官，举止稳重严肃，发言降诏，有条有理，无懈可击。在一般大臣眼中，他俨然是道貌岸然的贤明君主。但回到深宫之中，隋炀帝对声色表现出异乎寻常的兴趣,他在两都居住,或出外巡游,经常有僧、尼、道士、女道士随同玩乐,称为四道场。

当时隋炀帝最宠幸的娱乐伙伴是梁公萧矩、千牛左右宇文昆。隋炀帝每天在西苑的林亭间大摆酒馔,敕命燕王杨倓与萧矩、宇文昆及隋炀帝嫔御列一席,僧、尼、道士、女道士列一席,隋炀帝与诸宠姬列一席,每天罢朝以后就在一起饮酒作乐,三桌酒席紧挨一起,互相劝酒,逗乐取笑,酒酣以后,男女无别,调情作乐,尽兴而散。杨氏妇女美貌有色的,隋炀帝也不分人伦之礼,往往召至内宫侍寝。宇文昆随便出入宫掖,不限门禁,内庭嫔妃、公主都有风流韵事,隋炀帝也是睁只眼闭只眼,认为那不是什么大不了的事,不予问罪。

自古喜欢声色的帝王很多,但喜欢和僧、尼、道士、女道士一起玩乐的皇帝,隋炀帝却是第一人。隋代承继北朝风气,佛道二教十分盛行。隋炀帝大业初年,仅长安城就有120座佛寺,36座道观,京城佛寺道观之盛,超过了前朝。

隋炀帝迁都东京后,又在东京城内建造佛寺、道观,仅道观就有24座,道士一千多人。隋炀帝对道教情有独钟,始于他当晋王时对东海道士徐则的敬仰。东海道士徐则是周弘正的高足弟子,精通三玄,先后在纪云山、天台山隐居修道,辟谷养性,严寒隆冬,仅穿单衣。当时晋王杨广镇扬州,闻徐则名,亲自写书召请徐则。

徐则受诏来到扬州,晋王杨广请受道法。徐则早年隐修缙云山时,太极真人徐君曾对他说:

"你年出80,但为王者师,然后得道。"

徐则接到杨广书信,对门人说:

"我今年81,晋王来召我,徐君预言,看来可应验了。"

但徐则来到扬州见晋王杨广后,却觉得失望。中国历来有文如其人之说,徐则读杨广书时,以为他是礼贤下士,志慕清虚之人。见面一谈,以徐则道法之深,观杨广面相,知他非清心寡欲之辈,不可授以道法,就推辞时日不便,另择吉日。

数日后晚上,徐则命使者取香火,如平常朝礼之仪,至五更时分,徐则安然而死。徐则仙逝后,身体柔弱如生,停留数旬,预算内色不变。晋王杨广听说徐则羽化,前往看视,见徐则颜貌如生,知是修行有道之人,愈加崇敬。

相传这时江都至天台路上,人们看见徐则,说是放还天台,至天台道观旧居,取经书道法分赠弟子,又吩咐整理打扫出一间房,说:

"如有客至,可在此歇息。"

然后跨石梁而去,不知下落。不久,徐则尸枢送归天台,才知他已灵化。徐则死时82岁。晋王杨广听了徐则曾先归天台的传说,更觉神异,赠送锦帛千段。又派画工为徐则画肖像。

大业六年(610),隋炀帝因久住东都宫苑,虽每日玩乐,也生厌倦。时冬去春来,隋炀帝决定南游江都,萧后不耐跋涉,婉言劝阻,隋炀帝执意南下。这次萧后未随同前往,隋炀帝挑选部分宫女,随驾南行。

隋炀帝在江都一住数月,又想仿效秦始皇,冬巡会稽。秦始皇当年时陆路乘车马东巡,隋炀帝不愿步秦始皇后尘,在江南水乡,还是乘船游玩来得潇洒舒服。所以隋炀帝敕命开挖江南河,自京口至余杭。

这时隋朝已经征服琉球,斩琉球国王,俘虏万余人。倭国也遣使朝贡。东边的高丽,却有两年没有朝贡,隋炀帝接鸿胪寺卿报告后,以高丽小国,竟敢不将大隋天子放在眼里，决计暂停巡游余杭，先征讨高丽。

三年前，在塞外启民可汗帐，启民带高丽使者谒见隋炀帝，当时裴矩对隋炀帝说：

"高丽本周武王封箕子之地，汉、晋时为中国郡县，今乃不臣，另立国家。先帝久欲征讨，但杨谅无能，师出无功。今陛下当政，怎可不取，怎可容忍汉、晋属地，沦为蛮貊之乡！"

隋炀帝就要高丽使者转告高丽王，当效启民归附，如不来朝，当率启民巡视高丽。但高丽王并不买账，不理不睬。

开皇十八年（598）二月，高丽王高元率靺鞨之众侵隋辽西（今辽宁朝阳，辖境相当于今辽宁大小凌河流域、六股河流域、女儿河流域一带），被营州总管韦冲击退。隋文帝闻报后大怒，命汉王杨谅、王世积任行军元帅，率水陆30万大军讨伐高丽。

隋文帝发兵高丽是有原因的。当初高丽王高汤听说隋灭陈，十分害怕，就治兵积谷，做好防止隋进攻的准备。开皇十七年（597），隋文帝赐书给高丽王，安抚他。高丽王高汤得书后，惶恐不安，还没等奉表陈谢，就突然病亡了。其子高元嗣立为高丽王。隋文帝派使者授高元为上开府仪同三司，袭爵辽东郡公，赐衣一袭。高元奉表谢恩，隋文帝封他为王。

不想高丽王高元被隋文帝册封后，却率兵攻辽西！隋文帝当然要举兵讨伐了。开皇十八年（598）六月，隋文帝下诏贬黜高丽王高元官爵。汉王杨谅率军出山海关，不料数日大雨，水患成灾，冲毁道路，军中乏食，水灾后又流行疫病。九月，隋军只好还师，死者十之八九。高丽王高元见隋军大兵压境，也惶惧不已，遣使谢罪，上表自称"辽东粪土臣元"，隋文帝于是罢兵，仍既往不咎，待之如初。

自魏晋以来到隋朝，朝鲜半岛是高丽、百济和新罗三国鼎立时期。三国中，高丽在半岛西端，靠近中国。半岛的东南部是新罗，西南部是百济。

隋代执箕俑

高丽又称高句丽。高丽是从貊部落发展起来的一个国家，到公元3世纪中叶，高丽逐渐强大。高丽创业的君主叫朱蒙。朱蒙为了逃避夫余人的杀戮，从夫余南逃，建立了高丽国。高丽初期建都纥升骨城（今辽宁桓仁县西北），后迁都丸都城（今吉林集安县）。高丽长寿王（412~490）时，为加强王权，迁都平壤，成为朝鲜半岛三国中最强的一个国家，占有辽东平原和汉江流域地图，东西两千里，南北千余里。

东汉光武帝建武八年（32），高丽王派遣使节访问东汉都城洛阳。曹魏正始五年（244），高丽王位宫乘公孙渊新灭，想掠取辽东（今辽宁辽阳），被曹魏幽州刺史毋丘俭大败。高丽王又挥兵南下，攻取平壤。东晋十六国时期，高丽又想夺取辽东，前燕主慕容廆挫败了高丽的图谋，攻占了高丽国都丸都城，并将城平毁，有500余高丽人归附了前燕。到后燕慕容熙时，高丽乘后燕衰败之际，夺取了辽东郡。

百济是从马韩部落发展而来的一个国家。马韩在中国汉代时,分54个部落,公元346年,马韩54个部落之一的百济,统一了各部落;建立了百济国。百济建都居拨城(今汉江南岸慰礼城),疆域东西450里,南北900余里。

百济文化受中国影响很深。东晋太元九年(384),百济从东晋传入佛教,刘宋何承天的《元嘉历》也传入百济。百济与中国往来密切,北朝航海捕鱼的渔民和出使海东的使节在海上遇难,百济人往往加以救护。开皇九年(589)隋平陈时,有一艘战船漂至海东聃牟罗国,后还经百济,百济国王资送丰厚,又派使节奉表祝贺平陈。

新罗是从辰韩和弁韩发展而来的一个国家。辰韩和弁韩各有12个部落,共计四五万户,东晋永和十二年(356),辰韩、弁韩各部落联合,形成了新罗国家。新罗建都庆州,风俗、刑政、农服与高丽、百济相同。公元7世纪中叶,新罗灭百济和高丽,统一了朝鲜半岛。

开皇十四年(594),新罗派遣使者到隋朝,隋文帝封新罗王金真平为上开府乐浪郡公新罗王。隋炀帝大业年间,新罗每年都向隋朝朝贡,通商往来。

隋炀帝以高丽藩礼缺失,决心举兵讨伐。大业六年(610)底,隋炀帝课天下富人买军马,军马价钱一时猛涨,每匹要十万钱。又令富人准备武器甲仗,务必精新,又派使者至各地检查,马匹器仗不合要求者,使者就立斩不贷。

大业七年(611),隋炀帝登钓台,临杨子律,大宴百僚,算是离开江都前的告别宴会。然后,隋炀帝登上龙舟,溯水而上。四月,隋炀帝抵达涿郡(今北京市),隋炀帝住进新建的临朔宫。隋炀帝命建造战船时,又下了全国总动员令,征天下兵马,八方会聚涿郡。这时各路兵马,浩浩荡荡,如百川归海,都奔赴涿郡。其中有江淮以南水手一万人,弩手三万人。

次年八月,隋炀帝又征发江淮以南民夫及船运黎阳及洛口诸仓米至涿郡。一时间,在大运河上运送军粮的船只前后相接千余里,扬帆北上。陆路上,运送兵甲及攻城武器的民夫,往还在道常数十万人,道路上民夫川流不息,昼夜不绝。路上到处是累死的民夫,无人掩埋,臭气冲天。这样一来,老百姓人心惶惶,天下骚动。

这次隋炀帝共征调了113.8万兵力,同时又征发230万民夫运送军资,军队和民夫共计340万人。这是一次空前的大征调,无论是秦皇汉武,还是魏晋南北朝诸帝,哪一次军事行动都没有隋炀帝动用这么多的军队和民夫!

十一月,西突厥处罗可汗来涿郡临朔宫朝见隋炀帝。隋炀帝西巡时,派侍御史韦节召西突厥处罗可汗,令他来大斗拨谷相会,但突厥大臣都不同意,处罗可汗就婉谢使者,推托有其他事不能前来,隋炀帝大怒,但是没有办法。不久,突厥酋长射匮派使节来东京求婚,裴矩向隋炀帝献计说:"处罗不来朝见陛下,是自恃强大。臣请用计削弱他,使他国家分裂,就容易制服了。射匮是都六之子,达头之孙,世代为可汗,统治突厥西部,今听说他失职,附属于处罗可汗,所以派使节来隋联姻,寻求援助。陛下应厚礼使者,拜射匮为大可汗,则突厥势分,处罗、射匮都会归附隋朝了。"

隋炀帝连称妙计,就派裴矩去游说射匮使者。几天后,隋炀帝会见射匮使者,指责处罗不友好,称赞射匮心向隋朝,将立他为大可汗,令射匮发兵诛处罗,然后送宗女与他晚婚。射匮听使者传隋炀帝口谕,率兵袭击处罗,处罗猝不及防,遭到惨败。隋炀帝马上晓谕处罗可汗,劝他入朝。处罗窘迫之下,值得入朝。从此处罗可汗就跟随隋炀帝。

隋大军齐集辽水边,临水结成大阵。辽水是隋军攻高丽的第一道天然屏障,高丽

隋代著名医学家巢元方

兵早已隔江防守，撤毁桥梁，隋军被阻挡在辽水边。第一次麦铁杖强渡辽水失败了。隋炀帝命令何稠建造浮桥，再次强渡辽水。这次高丽军大败，死者上万。隋军乘胜东进，包围辽东城（今辽宁辽阳）。

辽东高丽军固守城池，隋炀帝命诸军攻城，但又自命诸将，高丽如降，就宜抚纳，不得纵兵。辽东城将被攻陷时，高丽人就请降，等隋军驰告隋炀帝，城中早已修补好快被攻破的城墙，再来抵抗隋军进攻。如是几次，隋炀帝还不醒悟。

时至六月，高丽顽强防守，隋军一座城池也没有攻下来。八月，隋九路军队渡过鸭绿江。高丽的大将乙支文德看见隋士兵面有饥色，采用诱敌深入的战术，每战都佯败，将隋军引到离平壤城30里处。乙支文德遣使诈降，说："如果隋军退兵，当擒高元送至将军营地。"隋军将领宇文述见士卒疲惫，不可再战，遂答应退兵。等隋朝大军退到萨水一半的时候，高丽兵从后猛攻，隋军溃败，不可禁止，将士一天一夜跑了450里，退到鸭绿江边。九路军队渡过鸭绿江时共30.5万人，回到辽东城下时，仅剩2700人，武器准备损失殆尽。

隋炀帝第一次征高丽，就这样失败了。

第二年，隋炀帝又一次出兵，这次刚到达前线，后方就出现了杨素儿子杨玄感的反叛，洛阳被重兵围攻。杨广听到消息，赶忙退兵救援洛阳。军事物资、营帐灯物都丢弃在了前线上。第二次又失败了。

这时的隋朝四处农民起义不断，王朝已经显露出败亡之兆。但杨广不管这些，613年，又发动了第三次对高丽的战争。这次在平壤附近，隋朝的水军打败了高丽军队，高丽提出罢兵言和。杨广知道无法彻底击败高丽，也同意了。高丽战争以无果而终。

隋炀帝喜欢四处游玩，去江都看江南山水前后就有三次之多，北上到突厥可汗驻地，向西还到达过张掖。有一次巡游到北方的长城，结果被突厥围困。也就在这次被围时，李渊领兵把他解救出来。

在隋炀帝北上被突厥围困，最后解围回到洛阳之后，他知道形势已经不允许停留在北方了，于是开始做南下巡游江都的准备。到了这个时候，他还不忘让江南造了龙舟送到洛阳。等到龙舟送来时，宇文述鼓动炀帝尽快到江都去。有的大臣劝谏，却被炀帝杀死。

隋炀帝这次去江都基本是走上了末路，在那里住了一年多的时间，看着自己的江山在农民起义的冲击下一泻千里，无法挽救。各地的将领也有很多割据称帝的。从太原起兵的李渊虽然没有称帝，但在攻下长安之后，拥立自己的孙子杨侑称帝，尊自己为太上皇,表面上是让他退位,实际是为李渊自己称帝做准备的。

知道日子不多的隋炀帝也没有忘记和嫔妃们寻欢作乐,醉生梦死。他还对萧皇后说些宽慰的话:"那么多的人想把我赶下去,代替我来做皇帝。我就是被赶下去了,也能做个长城公,你也能做第二个沈后(就是南朝陈的末代皇帝陈叔宝的皇后沈氏),咱们还是喝酒吧,何必自寻烦恼。"不过,内心里炀帝还是很担心自己性命的。一次,隋炀帝对着镜子发呆,然后对皇后说:"真是个好脑袋啊,不知道最后谁能砍下它来?"为了以防万一,炀帝还将毒药带在身上,免得被人折磨,不得好死。

大业十四年(618)三月侍从的卫士们推举宇文述的儿子宇文化及为首领,发动了兵变,隋炀帝最后被勒死,时年50岁,谥号"炀帝"。按古代谥法,好内远礼曰炀;去礼远众曰炀;逆天虐民曰炀。用作谥号的字眼还有文、武、景、昭:经纬天地曰文,威强睿德曰武,布义行刚曰景,圣闻周达口昭。不难看出,"炀"是这些说法中最坏的,也是评价最低的。

隋文帝杨坚原来夺取的是北周宇文氏的帝位,最后自己的儿子又被宇文氏的人所杀,历史在这转了一个小圆圈。不过帝位没有再传回去,而是到了李姓那一边,历史演进到了唐朝。

宇文化及

唐高祖李渊

人物档案

生卒年：公元 566~635 年

父母：父，李昞；母，独孤氏

后妃：窦皇后、万贵妃、尹德妃等

年号：武德

在位时间：公元 618~626 年

谥号：光孝皇帝

庙号：高祖

陵寝：陕西献陵

性格：谨慎稳重，率性豁达

名家评点：

唐高祖创立了初唐的制度和政治格局。以任何标准衡量，"武德之治"均称得上是取得了突出成就，为唐王朝打下了坚实的政治、经济和军事基础。

——剑桥中国隋唐史

高祖李渊

家世：西凉武昭王之后

李渊，字叔德，北周天和元年（566）生，贞观九年（635）卒，庙号高祖，谥号大武皇帝，享年 70 岁，葬献陵。李渊 618 年登极，626 年退位，在位九年。李渊是大唐帝国的开创者，他在中国历史从分裂走向统一的历史进程中发挥了非常重要的作用。

李渊祖籍陇西成纪（今甘肃秦安），他的七世祖李暠在晋末大乱时占据西凉（今甘肃西部），建立了西凉政权，就是史上有名的凉武昭王，可惜只传了三世，就被北凉灭掉了。李渊的祖父李虎是后魏的陇西郡公。正是在李虎一代，李渊的家族开始飞黄腾达。

李虎年少时风流倜傥，志向远大，喜爱读书却不死背章句。由于家境不错，他对身外之物看得很开，因此乐善好施，交了不少朋友。后来在同乡兼前辈、大都督贺拔岳手下做事时深受重用，随从贺拔岳讨伐北魏皇族元颢取得了胜利，李虎因功升宁朔将军，屯骑校尉。后来又跟随贺拔岳入关中平叛，贺拔岳因平叛有功升关西大行台和关西大都督，李虎也被提拔为左厢大都督，总管内外军事。

这时的关东已被高欢控制，高欢视贺拔岳为心腹之患，便鼓动关西另一股军事势力侯莫陈悦，让侯莫陈悦借召开军事会议之机杀害了贺拔岳。

贺拔岳死后，部下顿成一盘散沙。一位年长的将军寇洛把不知所措的小兄弟们召集在一起，在平凉驻扎下来。可是，队伍中却少了李虎。原来，李虎见贺拔岳遇害，悲愤万分，发誓要为贺拔岳报仇。他到荆州请贺拔岳的哥哥、荆州刺史贺拔胜主持大局。

贺拔胜听了李虎的请求之后犹豫不决。毕竟荆州也是军事重镇，如果轻易离开，难保敌人不会乘虚而入。最后贺拔胜派独孤信入关中收编贺拔岳的部众。不过，独孤信慢了一步，贺拔岳的残部最后被夏州刺史宇文泰收编了。李虎听说宇文泰当了领袖，准备起兵为贺拔岳报仇，急忙赶往关中，没想到路上被高欢的部将截获，送到洛阳，皇帝见到李虎大喜，因为皇帝早就与高欢不睦，一直想找一支力量压制高欢。他看中了宇文泰这股势力，于是拜李虎为卫将军，派到关中协助宇文泰。李虎因祸得福，以后对皇室一直非常忠心。在随后的征战中，李虎屡有战功：征讨侯莫陈悦、迎接皇帝入关中、水淹灵州刺史曹泥、破高欢于沙苑、平叛梁企定、杨盆生之乱等。在平定杨盆生之乱，充分显示了李虎的谋略。

杨盆生本是南岐州的兵卒，聚众谋反，被李虎击溃，遣使诈降。李虎不动声色，号令三军解甲休息。然后派使者回复杨盆生，接受他的投降请求。杨盆生知道后自以为得计，放松了戒备。李虎在夜晚突然进兵，杨盆生束手就擒。

李虎的绰号是"猛兽"，这源于李虎擒豹的故事。北山是李虎陪同宇文泰校阅军队的地方，常有人在那里被豹子吃掉。一次又有豹子伤人，被李虎碰上，他立刻拿着大棍赶过去，把豹子捉住杀掉，除了这一害。宇文泰夸赞道："公的名字是虎，果然名不虚传。"

李虎最后官至太尉，宇文泰的儿子建立北周王朝后，将已经死去的李虎列为开国第一功臣，追封唐国公。李虎还是西魏府兵八位柱国大将军之一，唐朝编纂的史书记载："今之称门阀者，咸推八柱国家，当时荣盛，莫与为比。"

李虎之子名昞。李昞是李渊的父亲，袭唐国公，官至周安州（治所在今湖北安陆）总管，柱国大将军。北周时期，李昞举家迁居长安。北周天和元年（566），李渊出生于长安的唐国公府邸，七岁时父亲李昞亡故，李渊袭封唐国公，被按照标准的贵族公子模式抚养长大，新、旧唐书都称他："及长，倜傥豁达，任性真率，宽仁容众，无贵贱咸得其欢心。"李渊的母亲独孤氏，是同为八柱国之家的独孤信的女儿。隋文帝独孤皇后是李渊的姨母。李渊自从祖父以来，家世贵显，不仅是北周皇室宇文氏的姻亲，也是隋朝杨家的贵戚。细论起来，李渊乃是隋文帝的内甥，隋炀帝杨广的姨表兄弟。

李渊历任诣州（治所在今安徽亳县）、陇州（治所在今陕西陇县）、岐州（治所在今陕西凤翔）等三州刺史。大业（605～617）初年，又先后为荥阳（治所在今河南荥阳），楼烦（治所在今山西静乐）二郡的太守。大业九年（613），迁卫尉少卿。当隋炀帝进攻高丽时，李渊为之督运军粮于怀远镇（在今辽宁辽阳市西北）。

李渊的妻子窦氏是京兆平陵（今陕西兴平）人，其父窦毅，在北周为上柱国。母亲是北周武帝的姐姐襄阳长公主。窦氏自幼聪明，读书过目不忘。武帝当时的皇后是突厥女，是不得已而成的婚，很不满意。窦氏劝说舅舅隐忍，保持与突厥的婚姻可以消除北方的威胁，全力对付南陈和北齐。武帝因此对她大加喜爱，将其养于宫中。后来，隋朝取北周而代之，窦氏愤愤不平地说："恨我非男子，不能拯

唐骠将军段志玄

为舅舅家祸。"窦毅赶紧捂住她的嘴："勿妄言，赤吾族"，意思是不要乱说，这可是灭门

之罪。

窦毅见女儿与众不同，不可随意许配于人，必须认真择婿，遂在门屏上画了两只孔雀，约定：凡求婚者发给两支箭，能用箭射中孔雀眼睛者才有资格。前后有求婚者数十人均未能如愿。后来，李渊连发两箭，各中孔雀一目。窦毅喜悦异常，遂将女儿许配给李渊。这就是后世传为美谈的"雀屏中选"。

窦氏对李渊在政治上的发展起到非常重要的作用。据《隋唐嘉话》记载，一次，隋炀帝大宴群臣，因为李渊的脸上有皱纹，隋炀帝便戏谑地称他为"阿婆"。李渊回来后闷闷不乐，窦氏劝慰他说："这可是吉兆，你封于唐，唐就是'堂'，阿婆就是堂主（唐主）。"李渊听过转忧为喜。

在政治上，窦氏极力促进李渊事业有成。隋大业年间，李渊有不少骏马，窦氏就劝他献马给爱马的隋炀帝："上好鹰爱马，公之所知，此堪进御，不可久留，人或言者，必为身累，愿熟思之。"李渊舍不得他的骏马，犹豫未决，最后还是没接受妻子的建议。不久，李渊便因为骏马的事情受到隋炀帝的指责，丢了官。45岁上，窦氏去世。妻子死后，李渊细细琢磨亡妻的话，觉得很有道理，于是就经常给隋炀帝送骏马和鹰犬，颇得隋炀帝欢心，李渊很快就升为将军。后来，李渊流着泪对儿子们说："我早从汝母之言，居此官久矣。"

窦氏前后生下了四男一女，长子李建成，次子李世民，三子李玄霸，四子李元吉。

起兵：从宫女侍寝开始

大业末年，因隋炀帝的暴政，民不聊生，天下大乱，各地农民起义此起彼伏，所谓"反亦死，不反亦死"。一方面是农民军遍地而起，一方面是统治集团内部离心离德，重臣杨素的儿子杨玄感等也起兵造反。隋炀帝对大臣多有猜疑。李渊由于善于和各方面人士交往，甚有威信，自然也在猜忌之列。

当时流传一条谶语"杨氏将灭，李氏将兴"，方士安伽陀甚至劝炀帝杀尽姓李的人。炀帝大概是觉得这项工程过于浩大，难以完成，没有听从方士的话，但对姓李的名门望族戒备重重，在毫无罪名的前提下，杀了右骁卫大将军、邸国公李浑宗族32人，就是要除掉隐患。炀帝对李渊也是大不放心。有一次，炀帝召见李渊，李渊称病未往，炀帝大为恼火。当时李渊有一姓王的外甥在后宫，炀帝遂问其甥道："汝舅何迟？"其甥答曰有病。炀帝怒气不息的又问道："可得死否？"李渊知道此事后，大为不安，颇有大祸临头之感，遂纵酒无度，对人行贿以示其精神失常的假象。这是李渊心里已经在酝酿起兵反隋的蓝图了。但他认为时机还不成熟，拒绝了身边的副将、妻兄窦抗等劝他起兵的建议。

尽管有所猜疑，由于隋炀帝要出兵高丽、镇压各地的造反者，不能不继续重用李渊。大业十三年（617），炀帝任命李渊为太原留守。

太原留守的驻地在晋阳，晋阳行宫的管理者裴寂和李渊是从小的好朋友，二人情趣相投、往来甚密。裴寂为讨李渊欢心，私下让晋阳宫的宫女为李渊侍寝。单凭一条"秽乱宫掖"的罪名便足以灭李渊满门，此事即便圣主明君也不能宽容，以隋炀帝之残暴，焉能容别人动自己的禁脔，此事不发则已，事发之日便是唐国公府灭绝之时。李渊若想永无后患，也只有举兵造反，取隋炀帝而代之一途了。

李渊不露声色，暗地里积极地准备反隋。身为太原留守，总掌一方军政大权，李渊要造反有许多便利之处。李渊秘密布署将领，随时准备起兵，又感于兵力不足，便以农民军将领刘武周占据汾阳离宫为契机，公开集结兵马，又派李世民、刘文静、长孙顺德、刘弘基等人四处招募兵马，十几天的时间便扩充了近万人。

为巩固太原这块根据地，李渊北面和突厥交好，南面镇压历山飞起义军。

李渊做了太原留守以后，北有突厥，南有历山飞起义军，都使他感到威胁。当时，历山飞众数不少，"劫掠多年，巧于攻城，勇于力战。南侵上党，已破将军慕容、将军罗侯之兵；北寇太原，又斩将军潘长文首。频胜两将，所向无前"。这就是说，在李渊看来，南不镇压历山飞起义军，北不解决突厥的问题，要想实现自己的抱负是不可能的。因此，他决定，自己和副留守王威共同带兵前往消灭历山飞起义军；同时，派另一副留守高君雅和马邑太守王仁恭共拒突厥。

历山飞是农民起义军领袖魏刀儿的外号，部下有十万多人，李渊和副留守王威领兵五六千与历山飞决战于河西郡（今山西汾阳）的雀鼠谷。王威见对方兵多，有些畏惧，李渊劝他不必担心，说"以智取胜，一战必胜"。

等历山飞的军队列阵十余里长，向李渊部队展开进攻时，李渊将队伍分成两阵，中间是大阵，都是老弱兵士，李渊让他们多树旗帜，队伍后面还带着很多辎重；外边是小阵，

釉陶乐舞群俑

数百名精锐骑兵分列左右。历山飞以为李渊就在大阵之中，便率主力进攻，看到辎重后又争相抢夺。趁此混乱之机，李渊率骑兵突然袭击，一举冲垮敌阵，打败历山飞的军队。

李渊如此用兵，是看到敌我力量对比悬殊，不能正面决战，他抓住了对方纪律差的致命弱点，用骑兵的快速袭击打乱敌阵，然后趁机掩杀，大获全胜。击败历山飞起义军后，李渊通过收编其残余，进一步壮大了自己的力量。

在李渊与王威镇压历山飞起义军的时候，高君雅和王仁恭对突厥的战争遭到失败，所以，隋炀帝要对李渊和王仁恭问罪。这可以说是李渊起兵的导火线。

当隋炀帝派人要逮捕李渊，解往江都的时候，李渊明确表示了立即起兵的决心。李渊没有及早起兵，是因为李建成、李元吉还在河东（今山西永济西），力量过于分散。因此，在得到隋炀帝的赦免以后，立即就通知李建成于"河东潜结英俊"，李世民"于晋阳密招豪友"。李建成、李元吉很快从河东赶到太原，李渊之婿柴绍也同时从长安（今陕西西安）到了太原。

在李渊密谋策划，准备起兵的同时，马邑郡（治所在今山西朔县）太守王仁恭因"多受货赂，不能振施"，而被其鹰扬府校尉刘武周所杀。刘武周自称皇帝，投靠突厥，割据一方。这给了李渊起兵一个极好的借口。于是，他命李世民、刘文静、长孙顺德、刘弘基等分头募兵，很快募得几万人，加速了起兵的准备。

李渊起兵反隋，还有一个心腹大患，就是隋炀帝的亲信、太原副留守王威、高君雅时刻在监视着他。为了排除隐患，李渊也颇费心机。

大业十二年（617）五月十四夜，李渊使李世民伏兵于晋阳宫城之外。次日早晨，李渊与王威、高君雅共同理事。刘文静引开阳府（太原有十八府，开阳府是其中之一）司马刘政会入立庭中，自称有密状要呈上。李渊要求当面呈状，刘政会不立即呈状道："所告乃副留守事，唯唐公得视之。"李渊佯作吃惊道："岂有是邪！"李渊看状后宣布："威、君雅潜引突厥入寇。"高君雅勃然大怒道："此乃反吉欲杀我耳。"在这种紧张的气氛中，李世民已经断绝了外出的道路，刘文静、刘弘基、长孙顺德立即逮捕了王威与高君雅。十六日，突厥数万人进攻太原。这样就更使人相信王威、高君雅与突厥确有密谋。李渊利用这个有利时机杀了王威、高君雅。

柴绍——对开幕府

为了解除后顾之忧，李渊必须首先解除突厥的威胁。这时的突厥"其族强盛，东自契丹、室韦，西尽吐谷浑、高昌诸国，皆臣属焉。控弦百余万，北狄之盛，未之有也。高视阴山，有轻中国之志"。大业十一年（615），突厥围困隋炀帝于雁门（今山西代县），隋炀帝一筹莫展，"抱赵王杲而泣、目尽肿"。可见，突厥异常强大，仅靠李渊的力量战胜突厥是不可能的。正是这种原因，李渊对突厥采取了拉拢、利用的手段，稳定了太原的形势。

大业十三年（617）五月，突厥数万人进逼太原，李渊加紧守备，命裴寂、刘文静严守诸城门，同时又令将城门大开，"不得轨闭，而城上不张旗帜。守城之人，不许一人外看，亦不得高声，示以不测"。突厥自外郭城北门入，又从东门出，而未敢进内城。李渊于北门附近埋伏少数兵力，欲袭击突厥军尾部，遭到失败。李渊又于夜间派兵出城，占据险要之地，早晨又改道入城，使突厥误认为是另有援军来到，更不敢轻举妄动。这种不战不和、虚张声势的空城计，使突厥可汗感到难以对付，从而主动撤兵，使太原之围立解。

太原解围了，但怎样才能使突厥不再进攻太原呢？这是李渊必须解决的问题。所以，当文武官员入贺突厥退兵的时候，李渊说，先别庆贺，还是先考虑怎么利用突厥的力量为好。因此，李渊给突厥写了书信："若能从我，不侵百姓，征伐所得，子女玉帛，皆可汗有之。"信中为了稳住突厥，李渊委曲求全地用了臣下的语气，这样做也是为了给南下用兵扫除后顾之忧。事实证明，李渊的策略收到了预期的效果。

李渊决定起兵后，辽山（今山西左权）县令高斌廉和西河（治所在今山西汾阳）郡远高德儒都持反对态度。高斌廉派人往江部向隋炀帝报告了李渊欲起兵的情况，隋炀帝命东都(今河南洛阳),西京(今陕西西安)严加防守。李渊认真分析了当时形势,因辽山位于太原东南,较为偏僻,故而他认为"辽山守株,未足为虑",而西河郡正值南进的交通要道上,必须首先拔掉这个钉子。于是,他命李建成、李世民率众攻取西河。

初次进军,李渊对两个儿子还不放心,持派太原令混大有为其参谋,并嘱咐混大有为两个儿子多作参谋。李建成、李世民精力充沛,勇气十足,他们与士卒同甘共苦,作战身先士卒。所率军队纪律严明。高德儒虽然闭城拒守,但终于城破被俘。李建成、李世民除了将高德儒一人斩首外,余者秋毫无犯。李渊高兴地说:"以此用兵,虽横行天下可也。"初战获胜,更加坚定了李渊进军关中的信心。

攻取西河以后,李渊又用开仓济贫的办法大量募兵,竭力扩充队伍。又建大将军府,李渊自封为大将军。李渊以裴寂为长史,刘文静为司马,唐俭、温大雅为记室,温大雅又与其弟温大有共掌机密,武士范为销曹,刘政会、张道源为户曹,姜暮为司功参军,殷开山为府掠,长孙顺德、刘弘基、窦琼、工长谐、姜宝谊、阳屯为左右统军。又命李建成为陇西公,左

太宗上书粘壁

领军大都督,李世民为敦煌公,右领军大都督,各置官属。还以柴绍为右领军长史,刘赡为西河通守。以上人员,都是李渊在太原起兵时的直接参与者。在这些人员中,李建成、李世民、李元吉、裴寂、刘文静等,是其骨干成员。

大业十三年(617)七月,李渊以李元吉为太原郡守,负责太原的一切有关事宜,自己亲率大军三万人,誓师动兵,向关中进发。同时,发布檄文,宣布了欲尊隋炀帝为太上皇,立代王侑为皇帝的主张。

在发布的檄文里,李渊斥责隋炀帝听信谗言,杀害忠良,穷兵黩武,致使民怨沸腾,"豺狼充于道路"。既然隋炀帝已经天怨人怒,所以他要废昏立明。这就是说,李渊开始把他改朝换代的愿望付诸实施了。

李渊起兵后的第一件大事,是处理和李密的关系。

李密,字玄邃,其祖先是辽东人。由于其曾祖父、祖父、父亲先后在北魏、西魏、北周、隋做官,遂定居长安。其父死后,以父荫为左亲侍。后因遭隋炀帝歧视,称病辞官,专以读书为事。这个失意的贵族,对于《汉书》尤感兴趣。由于他专心读书,得到了隋炀帝重臣杨素的赏识,从而使他有机会和杨素的儿子杨玄感成为好友。大业九年(613),李密参加了杨玄感推翻隋炀帝的起义。杨玄感失败后,李密也曾被捕。在被解往高阳(今河北高阳东)去见隋炀帝的途中,他设法逃跑了。当时,正是农民起义军迅

速发展的时候,他逃出囚笼,就到各地农民起义军中宣传自己的主张。李密先后到过郝孝德、王薄等的起义军,但没有人重视他的主张,最后他加入了翟让领导的瓦岗军。

李密比翟让有政治谋略,主张公开以推翻隋朝为最终目标。后来,翟让把首领的位置让给了李密。这时的李密,踌躇满志,似乎看到实施自己主张的机会了。于是,李密写信给李渊,想和他结盟共图大计,实际上是想让李渊尊他为盟主。

李渊刚刚起兵,正在进兵关中的途中,收到了李密的来信。收到信后,李渊非常高兴。他认为李密是一个夸夸其谈的人,成不了大事。李渊当时正需要有人为他阻挡中原还没有被消灭的隋朝军队,免去他的后顾之忧,集中兵力拿下长安。于是李渊给李密回信,对李密极尽吹捧之能事,说如今拯救天下生民的最佳人选就是李密,并说自己已经过了知天命的年纪,没有取代隋朝的想法。只请求李密在夺取天下后还让自己做唐国公,就心满意足了。这就是李渊自己所说的"卑辞推奖,以骄其志"的计策:掩盖自己起兵反隋的野心,麻痹李密,同时让瓦岗军和隋军互相拼杀,自己坐收渔人之利。

李密得信后,欣喜若狂,将信示于部下道:"唐公见推,天下不足定也。"意思是李渊极力推举他一统天下,可是仅仅平定天下哪里能完全施展他的能力呢?自此,李密"注意东郡,无心外略",瓦岗军专心致力于中原,李渊当然可以放心进兵关中了。

李密的爱姬儿

李渊太原起兵,震动了隋在长安的代王侑,代王侑派虎牙郎将宋老生带精兵两万进驻霍邑(今山西霍县),派左武侯大将军屈突通进驻河东(今山西永济西),企图阻止李渊大军南下。因此,李渊从太原南下,霍邑首当其冲。

李渊进军霍邑时,首先要经过贾胡堡(今山西汾西东北),贾胡堡位于霍邑西北,是险要之地。李渊估计宋老生要派兵坚守,但出乎所料,宋老生并未注意这个军事重地。李渊高兴地说:"老生不能逆战贾胡(堡),吾知无能为也。"

李渊害怕宋老生守城不出,以致旷日持久,贻误战机,对自己不利。李世民却认为可以挑战引他出来决战。于是李渊让两个儿子领几十名骑兵近城观察,自己将部队分成十几队,从城东南到西南,摆出一副安营攻城的架势。宋老生果然中计,以为李渊要攻城,便领兵三万出战。李渊领兵假装后退,让李建成和李世民领兵抢占了东门和南门,切断了宋老生的退路。在交战中李渊又散布宋老生已经战死的谣言,动摇了隋军的军心。隋军大败,全军覆没。宋老生也在被守军用绳子往城墙上提时,被李渊的军头卢军谔跳起杀死。大业十三年(617)八月,李渊顺利占领了霍邑。

战后,李渊部分贵贱等级,对有战功者大加奖赏,吸引了大量的农民加入队伍。对战败者,李渊安慰他们说:宋老生已经死了,别人一概不追究。对宋老生以本官之礼进行安葬。经霍邑一战,"未归附者,无问乡村堡坞,贤愚贵贱,咸遣书招慰之,无有不至。"

称帝：为贞观之治奠基

攻取霍邑之后，李渊决定对河东采取"攻而不取"的策略，牵制住河东守将屈突通，主力直接进入关中，分兵攻长安。李世民从西向东到长安，李建成奉命由东向西，与李世民会师于长安城外。

李渊从太原起兵进入关中，一路军纪严明，秋毫无犯。此时沿途有许多小股义军投入李渊麾下，"世民所至，吏民及群盗归之如流"，李渊的唐军不断扩大。大业十三年（617）十月四日，李渊到达长安，在春明门（长安外郭城东面的中门）外西北驻扎下来，李建成也进军至西汉长乐宫（在今陕西西安西北未央区未央宫乡）。这时，李渊把所有的军队汇集在一起，共20多万。

隋大兴城东西宽9721米，南北长8651.7米，周长36.7公里。在这样大的范围内，当时守城的隋军力量有限，根本无力防守。所以，李渊攻取隋京，主要进攻的是皇城和宫城。

十月十四日李渊令诸军围城，二十日下令攻城。中间拖了六天，李世民和李建成都等不及了，他们共同向李渊请求："从太原起兵以来，我们长驱直入，罕有不能攻克的城池。现在到了京师，久久不进攻，难免挫伤我军的锐气。千万不能贻误战机呀！"李渊回答说："岂是我不愿进兵，只不过我希望天下人都能理解我的意图，进兵长安才能得到认可。"也就是说，李渊希望先用政治手段解决问题，以使他能名正言顺、轻而易举地进入长安。这也是他屡次向守城的隋军宣布他的"尊隋夹辅之之意"的原因。

十一月九日，李建成的部属首先冲入皇城的东门景风门。李渊军入城，隋军很快土崩瓦解。李渊遂命："封府库，收图籍，禁掳掠。吏民安堵，一如汉初入关故事。"

秦末，刘邦入咸阳，"封秦重宝财物府库，还军霸上"，当秦人向其军士献食时，刘邦辞而不受，说："仓粟多，非乏，不欲费人。"因此，刘邦深得民心，最后战胜项羽。李渊重视军纪，稳定民心，注意封存库府档案，他也像刘邦"还军霸上"一样，出城"舍于长乐宫，与民约法十二条，悉除隋苛禁。"

攻破长安后，文武将佐劝他早日称帝，不要像当年刘邦那样，入关以后没有称帝，等项羽来到的时候为时已晚。李渊却认为，刘邦"屈于项羽"的关键是没有立子婴为帝，所以不能挟天子以令诸侯。因此，十一月十五日，李渊迎13岁的代王即皇帝位于大兴殿。史称隋恭帝，改大业十三年（617）为义宁元年，遥尊隋炀帝为太上皇。十七日，李渊自长乐宫进城。代王以李渊为假黄钺，使持节，大都督内外诸军事，尚书令，大丞相，进封唐王。以武德殿为丞相府，每天于虔化门视事。虔化门在大兴殿前偏东。在这里视事当然是为了便于掌握小皇帝的动向。十九日，小皇帝下诏："军国机务，事无大小，文武设官，位无贵贱，宪章赏罚，咸归相府；唯郊祀天地，四时禘祫奏闻"。这就是说，一切军政大权皆归李渊，皇帝只是祭祀天地的傀儡。同时，李渊作为丞相还有自己的官属，如裴寂为长史，刘文静为司马。二十二日，以李建成为唐世子，以李世民为京兆尹、秦公，以李元吉为齐公。这样，李渊的地位在皇帝之下已经无以复加了。

大业十四年（618）五月，隋炀帝的右屯卫将军宇文化及在江都兵变，缢杀了隋炀帝，另立秦王浩（隋文帝第三子秦孝王俊之子）为帝。这时，长安有代王侑（隋炀帝长子元德太子昭之子），江都（今扬州）有秦王浩。隋炀帝被杀的消息传到洛阳，越王侗即皇帝位，改元皇泰。此外，其他各地方的农民起义军和地方割据势力自称帝或王者还为数不少。在这种情况下，李渊实行改朝换代，就不存在什么篡权夺位的问题了。

武德元年（618）三月，代王侑感到大势已去，以李渊"功德日懋，天历有归，欲行禅让之礼"，群僚也劝李渊顺水推舟，接受禅让，但李渊认为时机仍然不够成熟。李渊所谓的条件成熟，一是指隋炀帝已经被杀，篡弑之罪已由宇文化及承担；二是取得了臣僚们的真正支持。

武德元年（618）五月二十日，李渊即皇帝位于太极殿（即隋大兴殿），因为其封爵为唐王，故改国号为"唐"，仍然定都长安。改义宁二年为武德元年，改郡为州，以太守为刺史。从此，中国历史进入到大唐帝国时代。李渊作为唐帝国的开国之君，史称唐高祖。

唐高祖建唐称帝，首先必须巩固关中这块根据地。当时，直接威胁关中的是河东（今山西永济西）的隋军和金城（今甘肃兰州）的割据

唐代甲胄

势力薛举。河东位于东西两京之间，原来李渊攻取长安时，就顾虑河东隋军西进的威胁；现在建国称帝，如果东进统一全国，河东又是前进的障碍，所以，要巩固关中必须消灭河东隋军。金城的薛举，野心勃勃，时刻准备东下，进攻长安，更时高祖不可忽视的敌人。这两项任务是巩固关中的迫切问题。

屈突通，雍州长安（今陕西西安）人，"性刚毅，志尚忠意，检身清正，好武略，善骑射。"忠于隋文帝、隋炀帝。李渊西进后，屈突通命尧君素留守河东，自己率军数万人西援长安，但为刘文静所遏，迟迟不能前进。双方在潼关相持了一个多月。有人劝他降唐，屈突通痛哭流涕地说："吾历事两主（文帝、炀帝），恩顾甚厚。食人之禄而违其难，吾不为也！"同时还摸着自己的脖子说："要当为国家受一刀！"当他知道李渊已破长安，自己的家属被李渊所俘时，留桑显和镇守边关，自己引兵东去，欲赴洛阳。

屈突通刚离潼关，桑显和即向刘文静投降。刘文静派遣窦琼与桑显和率兵追赶屈突通，追至稠桑（今河南灵宝北），窦琼命屈突通子屈突寿出面劝降。屈突通破口大骂。桑显和知屈突通本人难以动摇，遂向其部众说："今京城已陷，汝辈皆关中人，去欲何之！"屈突通的部众眼看隋朝大势已去，遂"皆释伎而降"。这种情况下，屈突通只好束手就擒。到了长安，李渊以屈突通为兵部尚书，赐爵蒋公，兼秦公元帅府长史。

李渊派遣屈突通到河东城下劝降尧君素。两人见面，屈突通对尧君素道："吾军已败，义旗所指，莫不响应，事势如此，卿宜早降。"尧君素说："公为国大臣，主上委公以关中，代王付公以社稷。奈何负国生降，乃更为人做说客？公所乘马，即代王所赐也，公何面目乘之哉？"屈突通自感惭愧而退。

最后一年，高祖又多次派军进攻河东，均未攻下。尽管如此，尧君素已感到岌岌可危。于是他上表洛阳，越王侗虽知河东危急，但也无可奈何，只好又给尧君素加了一个金紫光禄大夫的头衔。

高祖为了不战而取河东，采取各种手段对尧君素进行劝降。先用从东都来降的庞玉，皇甫无逸对其陈述利害，又对其赐金券，许以不死，都未见效。最后，又用尧君素妻去劝降，妻劝夫道："隋室已亡，天命有属，君何自苦，身取祸败。"尧君素答曰："天下事

非妇人所知。"遂"引弓射之,应弦而倒"。尧君素尽管要死心塌地地忠于隋炀帝,但由于粮食乏绝,人不聊生,男女相食,众心离骇。更加城中已知炀帝被杀的消息,军心动摇,于是,河东发生内讧,尧君素左右薛琼、李楚客等人,杀尧君素投降唐军。

尧君素被杀后,尧君素的亲信王行本又杀薛琼、李楚客等数百人,继续拒守河东。以独孤怀思为首的唐军继续围困河东。这是武德元年(618)十二月的事。

武德二年(619)十月,王行本又响应刘武周反唐。武德三年(620)正月,唐军为了消灭刘武周而进攻河东,王行本因粮尽援绝,欲突围出走,但因众叛亲离,无追随者,故而开门出降。高祖亲到河东,斩了王行本,彻底解决了河东问题。

唐朝建立时,全国还在分裂之中,农民起义军和隋朝残余将领割据各地。李渊在长安安定之后,便开始了长达十年的统一战争。李渊颇有远见,不像刘武周、梁师都、李轨、薛举那样,满足于割据一方,做中国的一隅之主;而是要做全中国的皇帝。因此,他做皇帝以后,就开始了统一全国的事业。

李渊统一事业的第一步是平定薛举与李轨。

薛举,河东汾阴人(今山西万荣西南)人,从其父薛汪一辈徙居金城(今甘肃兰州)。薛举"容貌瑰伟,凶悍善射,骁武绝伦,家产矩万,交结豪滑,雄于边朔"。隋末、陇右一带也爆发了农民起义,薛举乘机发展势力,割据一方,自称西秦霸王,建元秦兴。大业十三年(617)七月,薛举又在金城称帝。薛举先后占领鄯州、廓州、秦州等地,还东进扶风,欲攻长安,号称30万众。这对李渊来说,当然是极大的威胁。武德元年(618)七月,薛举又进兵豳州、岐州一带,李世民所率唐军与其初战失败,薛举也因病死,而未能东进。

薛举死后,其子薛仁杲继承其帝位,住在折墌城,继续与唐为敌。八月,李世民又率军西进。十一月,唐兵至高墌,薛仁杲多次挑战,唐军坚壁不出,相持60多天,薛仁杲军粮用完,其部将梁胡郎又向唐军投降,李世民认为时机已到,遂即发动进攻,直逼折墌城下。薛仁杲看到大势已去,只得举城投降。

李轨,字处则,武威人。原是隋朝武威鹰扬府司马,薛举在金城割据称雄以后,他感到随时有被进攻的可能,遂于大业十三年(617)七月自称河西大凉王,也成为一支独立的力量。十一月,李轨即皇帝位,改元安乐。

当李渊对薛举作战时,曾派人联络过李轨,李轨的态度反复无常,时而欲降,时而拒降。武德元年(618),李渊派人和他联系,他非常高兴。主动让弟弟到长安做人质,唐高祖李渊封他为凉王。但册封使节到达时,李轨的下属对是否接受产生分歧,李轨不肯屈居李渊之下,对李渊自称"大凉皇帝臣轨",虽然用了"臣",但李渊并不领情,他不能允许还有一个皇帝的存在,于是加紧了对李轨的行动。

武德二年(619)五月,李渊派安兴贵去劝李轨降唐,安兴贵是李轨部将安修仁之兄,当安兴贵劝李轨降唐无效时,遂与安修仁密谋,发动兵变,围攻李轨。这时,李轨内部矛盾重重,互不谐调,很快分崩离析,李轨被俘。至此,唐朝又平定了河西,向东进军也就没有后顾之忧了。

唐朝统一全国的第二步是大败刘武周,巩固太原。

刘武周原是隋朝马邑鹰扬府校尉。大业十三年(617)二月,他杀了马邑太守王仁恭,自己做了太守。为了巩固自己的地位,他对突厥始毕可汗进行贿赂,突厥遂立刘武周为定杨可汗,刘武周也就自命不凡,以皇帝自居了。

武德二年(619)四月以后,刘武周勾结突厥,逐步扩张势力,逼近太原。九月,刘武周兵临太原城下。留守太原的李元吉弃城逃回长安。刘武周占据太原后，又派宋金刚攻陷晋州(治所在今山西临汾)，进逼绛州(治所在今山西新绛)，直捣龙门。宋金刚长驱直入，直达黄河岸上，长安大为震动。

十一月，李世民率唐军渡河，十二月，于美良川(在今山西夏县北)大败宋金刚部将尉迟敬德。武德三年(620)四月，唐军又败宋金刚部。唐军乘胜北进，一昼夜行军200余里，战数十合，在雀鼠谷(在今山西介休与霍县之间)再败宋金刚。刘武周闻讯，惊恐万状，放弃太原，北走突厥，后被突厥所杀。宋金刚看到残局不可收拾，也想逃奔突厥，结果也被突厥杀了。原来刘武周所控制的州县，全都归唐所有了。

唐朝统一全国的更重要一步，是镇压河北农民军，攻取洛阳。

隋炀帝时，洛阳逐步成了全国的政治中心。大业十二年(616)七月，隋炀帝最后一次离开洛阳到了江都。由于农民起义军遍地而起，他无法再回到洛阳。从此以后，洛阳就成为隋军残余势力的据点。

大业十三年(617)初，瓦岗军逼近洛阳，越王侗向隋炀帝告急，隋炀帝遂派江都郡丞王世充率部增援洛阳。王世充到了洛阳，虽然多次进攻瓦岗军，但始终没有改变洛阳隋军被围的困境。隋炀帝被杀后，越王侗也在洛阳做了皇帝，但实际大权都掌握在王世充手中。武德元年(618)九月，瓦岗军打败宇文化及后，自己也损失严重，"其劲卒良马多死，士卒疲病"。王世充乘机打败瓦岗军，加强了自己在洛阳隋军中的地位。武德二年(619)四月，他强迫越王侗让位，自己做了皇帝，建国号为郑，成为洛阳名副其实的最高统治者了。

武德三年(620)六月，唐军平定了刘武周，七月，李世民奉命东进洛阳。王世充率军三万人与唐军在慈涧(在河南洛阳西)交战。经过激战，王世充败退城内。李世民命行军总管史万宝由宜阳进据龙门(在今河南洛阳南)，命将军刘德威围攻河内(郡治在今河南沁阳)，命怀州总管黄君汉进攻回洛城(今河南洛阳东北)，命王君廓至洛口(今河南巩义市)，断绝王世充的粮道，主力军屯驻于洛阳北的邙山，对洛阳形成了包围的形势。

唐军与王世充相持于洛阳时，双方都曾派人去争取河北的窦建德。窦建德一面表示愿和唐军联合，同时请求唐罢围洛阳之兵；一面又向王世充表示愿意派兵相助。

当时，李渊要统一全国是不可动摇的方针。所以，唐军首先严词拒绝王世充"息兵讲好"的请求，接着，又拒绝了窦建德"退军潼关，返郑侵地，复修前好"的建议，同时威胁窦建德说：增援王世充"良非上策"，望择善而从，否则，"恐虽悔难追"。这样软硬兼施，阻止他增援王世充。

武德四年(621)三月，窦建德率军十余万，号称三十万，增援王世充。窦建德进军至成皋(即虎牢，在今河南荥阳西汜水)的东原，通知王世充，希望能够东西夹击唐军。

面临腹背受敌的威胁，李世民与将佐认真研究了形势。李世民认为，窦建德若入虎牢关，与王世充很快合兵一处，就难对付了。于是，他使屈突通等辅佐李元吉围困洛

王世充

阳，自己亲率精锐部队东赴虎牢关。几次交锋，唐军都取得了胜利。

五月初二这天，窦建德全力以赴，发动进攻。北距黄河，西薄汜水，南属鹊山，南北二十里（即今河南荥阳西旧汜水县至黄河沿汜水一带），鼓行西进。唐军以逸待劳，坚守不出，自早至午，农民军饥倦疲怠，正争饮水时，唐军突然出击。窦建德措手不及，战败受伤，退至牛口渚（今河南荥阳西旧汜水东北），被唐军所俘。窦建德失败，王世充所属的偃师（今河南偃师）、巩县（今河南巩义市）等地官吏相继投降唐军，王世充看到大势已去，也只得举城投降。

窦建德到了长安后被李渊杀死，他的部将刘黑闼举兵反唐。不到半年就恢复了原来窦建德的领地。李世民奉命征讨，和刘黑闼所部两万人激战，从中午到黄昏不分胜负。李世民便命唐军决堤水攻，刘黑闼败退，投奔突厥，然后又卷土重来。李渊命李元吉征讨，也被刘黑闼击败。太子李建成亲自出征，他采纳了谋士魏徵的策略，安抚民心，最终瓦解了刘黑闼的部下，刘黑闼被杀。河北和山东地区终于平定，这时已经是唐朝建立的第六个年头了。

窦建德

武德四年（621）九月，唐高祖命河间王李孝恭等人率唐军自夔州（治所在今四川奉节）沿江东下，进攻割据于江陵（今湖北荆州）的萧铣。萧铣是后梁宣帝的曾孙，隋炀帝时为罗县（今湖南湘阴东北）令。大业十三年（617），他乘农民起义之机，割据一方，自称梁王，次年，又称皇帝，以江陵为中心，逐步发展力量，以至"东自九江，西抵三峡，南尽交趾，北距汉川，铣皆有之，胜兵四十余万"。

萧铣听到唐兵压境的消息，大为恐慌，仓促迎战。唐将李靖把所得舰只弃而不用、尽散江中，顺水而下，萧铣所调援军见了散之江中的舟楫，以为江陵已破，不敢前进。于是，唐军集中力量围攻江陵。萧铣看到大势已去，遂听从了中书侍郎岑文本的劝告，投降了唐军。至此，长江中游与岭南一带也全为唐所统一了。

武德七年（624），唐军镇压了辅公祏起义，统一了长江下游。这时，除了仍然割据于朔方（郡治在今陕西靖边北白城子）的梁师都以外，全国又重统一起来了。

梁师都也是隋朝末年趁农民起义的乱世割据称帝者之一，他的中心在朔方郡（今陕西靖边白城子）。从隋大业十三年（617）到唐贞观二年（628），梁师都称帝达11年之久，正好与李渊并立。梁师都的存在主要靠突厥的支持，由于李渊派兵四处征讨，无暇顾及这个虽有威胁但并不大的梁师都，所以让他苟延残喘，最后一个才平定。

后来，梁师都所依赖的突厥发生分裂，失去支持的梁师都拒绝了唐太宗的招降，唐太宗便派重兵讨伐，先败突厥，后败梁师都，在绝境中，梁师都的从父弟弟杀了他，献城投降了唐军。

到此为止，唐太宗李世民最后完成了父亲李渊没有完成的统一大任，彻底结束了隋末以来的大乱局面。

在隋末的农民战争中,北方割据者一般都要和突厥结盟,向其称臣。李渊灭掉了刘武周和梁师都这两个割据政权,也打击了突厥的势力。

突厥在隋朝初年分裂成东突厥和西突厥两部分。当时,威胁唐朝的主要是东突厥。西突厥虽然也很强大,但没有打算进攻唐朝,反而派使者向唐朝进贡通好。高祖李渊打算联合西突厥进攻东突厥,东突厥可汗颉利得知消息后非常惊恐,赶忙和西突厥修好,这才使李渊的计策未能实施。颉利可汗非常害怕西突厥和唐朝联合。武德八年(625),西突厥的统叶护可汗向唐朝请求通婚,李渊答应了他的要求。后来西突厥又将聘礼送到长安。可是,颉利可汗威胁说:"如果迎娶唐朝公主,必定经过我的辖地,我绝不会允许通过。"最后致使婚事未成。

唐朝用联合西突厥对付东突厥的办法,主要是避免两面作战,这种策略起到了很好的作用,基本保证了长安地区的安定,也为统一之后,唐太宗李世民的大规模反攻突厥奠定了基础。

武德年间(618~626),当隋末战乱之后,一方面需要统一全国,一方面又需要恢复稳定秩序,发展生产,以利于新政权的巩固。唐高祖在进行统一战争的同时,总结隋朝灭亡的教训,恢复或新建各种制度,巩固唐朝政权。武德年间的各种措施,为后来"贞观之治"奠定了基础。

唐高祖认为,汉高祖"拨乱反正",纠正了秦的错误,从而出现了汉初的繁荣景象;他要"拨乱反正",纠正隋的错误,使唐朝富强。

唐朝的赋役制度主要是均田制和租庸调制。

均田制:丁男和18岁以上中男(满16岁男子)授田一顷,包括口分田80亩,永业田20亩。老男(60岁以上)、笃疾、废疾的人授口分田40亩,寡妻妾授口分田30亩。对于贵族田地也有限制:从亲王到公侯伯子男,授田数从100顷降到5顷。在职的官员从一品到八九品,授田数从30顷到两顷。此外,各级的官员还有职分田,用地租补充,作为俸禄的一部分。

均田制对土地的买卖也做了限制,官僚和贵族的永业田和赐田可以买卖,百姓在贫穷无法办理丧事时可以卖永业田,从狭乡(即人多地少)往宽乡(人少地多)搬迁时也可以出卖永业田。实施均田制之后,又实行了租庸调制:

受田的农民,每丁每年要交粟两石,这是租。每年交绢两丈、绵三两,或者交布两丈五尺,麻三斤,这是调。每丁每年服役20天,不服役可以折算为每天绢三尺,这是庸。假如官府额外加了役期,加够15天则免调,加30天免租调。每年的加役最多30天。

唐朝的租庸调制与隋朝相比,用庸代替服役的条件放宽了很多,更有利于农民从事农业生产。

古代货币的发展,到武德年间也起了很大变化。从西汉到隋朝,五铢钱一直在货币流通领域占主要地位。隋末,私铸钱大量出现,劣币盛行,"千钱初重二斤,其后愈轻,不及一斤,铁叶、皮纸皆以为钱。高祖入长安,民间行线环钱,其制轻小,凡八九万才满半斛"。针对这种情况,武德四年(621)下诏铸"开元通宝"钱。

"开元通宝"钱的流行,在我国货币发展史上有划时代的意义。"开元",即开国的意思,"通宝",即流通的宝货。其中不包含货币的重量,与秦半两钱、汉五铢钱(二十四铢为一两)比较,显然是改变了以重量为币名的传统。同时,以钱为宝,也反映了人们对货币的作用有进一步的认识,还说明把货币视为财富的观念大大增强了。从此以后,历代的铜钱都不再以重量为名,都称为"通宝""元宝"。货币的发展已到了更高级的阶段。

在隋朝末年，隋炀帝随意破坏法制，致使用法混乱。李渊占领长安之后，便和刘邦一样，与百姓约法十二条，除了杀人，劫盗，叛逆处死之外，其余一切苛刻法律全部废除。称帝建立唐朝之后又废除了隋炀帝徒有虚名的《大业律》，让裴寂等人在隋文帝《开皇律》的基础上修订新律法，开始时制定的是《五十三条新格》（格是皇帝诏书敕令的筛选汇编，一种重要的法律形式），后来则是在《五十三条新格》的基础上制定的较完备的《武德律》，这是流传下来的《唐律》（唐高宗时制定）修订所依赖的基础。现存的《唐律疏议》作为我

开元通宝金钱

国古代法律的集大成者，被誉为中华法系的代表，其蓝本正是《武德律》。

政治体制方面，李渊继承了隋朝的制度，又有一些发展。唐朝中央建立政治制度概括地说是"三省六部二十四司"。

三省是尚书省、中书省和门下省。尚书省掌管全国政令，是命令的执行机关。下属共有六部，即吏、户、礼、兵、刑、工。每部又分四司来作为办事机关。吏部掌管官吏的选用、考核与奖惩。户部掌户籍和赋税。吏部掌礼仪和科举。兵部掌军事。刑部掌刑狱。工部掌土木工程。中书省负责皇帝诏书的起草，是决策机关。门下省则审核中书省起草的诏书，不合适的驳回修改。监察机关是御史台，职责是监督、弹劾文武百官。

地方的政权机构分州县两级，长官分别是刺史和县令。刺史每年要巡查各县，考核官员政绩，还负责举荐人才；县要负责一县的各种事务，官很小，却是最繁忙的。县以下是乡、里。

唐代的官制也在武德年间确定下来。

《旧唐书》卷四二《职官志一》："武德七年定令：以太尉、司徒、司空为三公；尚书、门下、中书、秘书、殿中、内侍为六省；次御史台；次太常、光禄、卫尉、宗正、太仆、大理、鸿胪、司农、太府为九寺；次将作监……"三公地位高，无实权，实际上是荣誉职务。六省中的尚书、门下、中书是朝廷机关，长官都是宰相。其中尚书省系执行机关，政务繁多，故又设吏、户、礼、兵、刑、工六部，分别管理有关事务。由于这些部门在政权机构中所起的作用最大，所以，后来往往把唐朝廷的官制概括为三省六部制度。其他三省与政权机关无大关系，不甚重要。御史台是监察机关。寺、监是分别管理朝廷兵、刑、钱谷事务的机构。这些都是"京职事官"，另外，还有"州县、镇戍、岳渎、关津为外职事官"。这种官制，后来虽然也有过变动，但朝廷的三省六部制，地方的州县两级制，基本上是沿袭武德年间的。

隋末中断了的科举制度到唐初又恢复起来了。科举制度对封建的等级制度、门阀制度，都有一定的冲击作用，含有一定的平等竞争意义，在当时是进步的制度。唐朝将隋朝创立的科举制度完善了很多。参加考试的一是国子监所属学校的学生，叫"生徒"，一是各地的私学中通过州县保举的学生，叫"乡贡"，就是地方向国家推荐人才。

科举分为两种，一是常举，二是制举。常举每年定期举行，制举则由皇帝临时进

行,亲自主持,考试科目也临时确定,时间和录取人数不定,没有常举那么受重视。

常举的考试科目主要有秀才、进士、明经、明法、明算,进士和明经最受欢迎,因为这是做官的重要途径。进士一科主要考诗词和歌赋,还有时务策,这科很难考,录取率只有百分之五左右,有的白了头发还在考。到了宋朝,特设了"恩科",专门录取一些这种矢志不渝的老考生。

唐朝和宋朝不一样,唐朝科举录取后不立即"释褐"(即脱掉百姓的粗布衣服换丝质官服做官任职),所以,有"白衣卿士"之说,即前途无量的刚中举的读书人。

府兵制度,从西魏开始到隋末中断,唐高祖"以天下未定,事资武力,将举关中之众以临四方",在武德初年又将其恢复起来。府兵制是一种职业兵制。这种制度创始于西魏的宇文泰时期,经过北周、隋朝,到唐朝沿用。在太原起兵进军长安的途中,李渊就逐步将手下军队纳入了府兵制度中。

府兵制将练兵权和领兵权分离,以防止将领拥兵自重,对抗中央。府兵制建立在了均田制的基础上,是兵农合一的制度,士卒平时在家生产,战时出征。农闲时由兵府负责操练,提高战斗力。在隋文帝时期,曾实行过这种制度。

府兵的重要职责是轮流到京师或者边塞服役,叫作"番上",战时则出征御敌。在服役期间,可以免掉自身的租和调,但不论"番上"还是出征,所需的兵器和衣服粮食等都要由自己负责筹备。

府兵制从根本上减轻了国家的负担,它不但能扩大兵源,也能保证战斗力。而北方的游牧民族如突厥,其骑兵来源和府兵制相似,但都是牧民组成,平时没有什么军事训练,所以,在和训练有素的内地军队的较量中,虽然他们总在数量上占优势,但战斗力却很弱,败仗经常出现。

以上各种制度,在武德贞观年间都得到了充分的发展,为唐政权的巩固与国家的富强发挥了积极作用。

恢复发展各种制度,实际上就是恢复社会秩序。社会秩序的作用,就是使统治者能够继续统治下去,被统治者能够在可以忍受的剥削奴役下继续生活下去。唐太宗利用这种社会秩序巩固加强了自己的地位,并使国家富强繁荣起来。

在文化教育方面,李渊也做了一些有效的工作。在唐朝,中国古代的教育制度基本定型,后来东亚和东南亚国家学习中国文化主要是学习唐朝的文化,包括学校的教育内容。

在唐朝,儒家很受尊崇,儒家的经书是教学的重要内容,如《周易》《左传》《礼记》及《尚书》。李渊对教育的重视可以从他专门颁布的敕令中看出来:"自古为政,莫不以学为先,学则仁义礼智信五者俱备,故能为利深博。朕今欲敦本息末,崇尚儒宗,开后生之耳,行先王之典谟。"

同时,李渊对佛教采取抑制政策。在唐朝初年,最早反佛的是傅奕。他是相州邺(今河北临漳西)人,在李渊做隋朝地方太守时便和傅奕结识,李渊建立唐朝后任命他为太史令。在武德七年(624),傅奕请求灭佛,认为佛教宣传的是"不忠不孝"的思想,迷惑百姓。傅奕所提倡的儒家思想是用忠孝来达到巩固政权的目的,而佛教却与此背道而驰。但李渊最后没有采取措施实施傅奕的灭佛思想。

唐高祖的文化贡献还有下诏编撰《艺文类聚》,这是一部类书,引用的古籍共有1431种,所引的古迹保存至今的不足十分之一。所以,等于为现在的人保存了很有价值的历史古籍。

还有修史方面,在李渊时已经下诏开始,为后来的史书修成创造了条件,也打下了基础。

总之,唐高祖李渊的工作是全方位的,严格来说,是他开创了"贞观之治",而唐太宗是完成了贞观之治。这正如统一全国的战争是李渊全面统领部署的,但真正统一则是到唐太宗的时候才最终实现。

无奈:立储反复酿大祸

利用政治和军事两种手段安定北方,为统一全国创造了良好的条件,李渊的谋略与刘武周和梁师都比起来都要高明。李渊曾经对儿子们说过:"皇帝这个位子,可不是谁想坐就可以坐,也不是谁想坐就可以坐稳的。特别是创业之君,更是如此。从来没有无功而可以得帝王者。我生自公宫,长于贵戚,后来典长州郡,从来都是衣食无忧,笙歌晏乐。过的都是欢娱的日子,饥寒的滋味、下贱的劳役,都是听见而从来没有亲历过;艰难险阻是怎么回事,也都是耳闻而已。"所以要儿子们不能只知道吃喝享受,要学会历经苦难、栉风沐雨,不知懈怠才可以成就帝王的奠基大业。李渊以所谓"霸王之才",基本完成了统一大业,所以当时对他就有"拨乱之主"的评价。

与历史上的所有帝王一样,在维护其政治地位和统治稳定方面,李渊也暴露出残暴专横的一面。李渊称帝后,尽管常常引贵臣共榻而食,与臣下均席而坐,并美其名曰不忘"宿昔之好",但他一时一刻也不曾忽视对大臣的防范。

武德二年(619)二月诛杀刘文静就很能说明这一点。

刘文静是隋末唐初的风云人物,为李渊建国立下汗马功劳。刘文静与李世民、裴寂等曾因功得免死的待遇,并担任门下省纳言。但他自恃功高,不满自己的地位而心生怨望,招致李渊的嫉

花卉纹蓝色琉璃盘

恨。当他弟弟刘文起请巫师行厌胜之术(古时一种巫术,谓能通过诅咒制胜,压服人或物)被人告发时,李渊就借机把他一起逮捕下狱。李世民和一些大臣据实力争,李渊充耳不闻,最终以谋反罪杀之,并籍没其家。刘文静临死前把这一切归于"飞鸟尽,良弓藏",说明了李渊作为大唐帝国的创业垂统之君,与历史上任何一个王朝的奠基者没有本质的区别。

虽然李渊并没有像后来的朱元璋那样大量杀功臣,但即使杀一个也会使其他人有兔死狗烹之虑,对政治生活不可能起到正面的作用。

随着统一战争的顺利进行,李渊的思想开始松懈下来,安于享乐,对政治事务不再像以前那么关心了,这直接导致了皇储问题的产生。

从封建宗法制度而言,太子李建成的地位既是毫无异议,也是不可动摇的。从李渊做唐国公时,李建成便以嫡长子的身份被立为世子,李渊后来为唐王乃至称帝,每一步也都是以建成为世子和太子,无论是李渊本人还是其他勋臣武将,对建成的太子地位都没有过任何别的想法。然而在天下已定时,建成的太子地位却受到强有力的挑战,这挑战恰恰来自他同母的弟弟秦王李世民,原因也很简单:秦王功劳太大,甚至可

以说这天下本就是秦王带兵打下来的，除了把太子位——就是将来的帝位传给他，否则无法酬赏他的功劳，当然还有另一种，那就是杀了他，如同刘邦对待韩信那样。

作为父亲，李渊想让几个儿子和睦相处，但又在立太子的问题上屡次反复，没有明确的主张，使得兄弟争斗不已。在刘武周大举南下，攻陷太原威胁长安的时候，李渊亲自为儿子李世民送行，还许诺得胜回来后立他为太子。但李世民回来后，他又反悔，听信后妃们的求情，保留了李建成的太子之位。这直接导致了兄弟间的不和，成了激烈争夺太子的导火线。可以说，玄武门之变李渊也要承担一定的责任。

玄武门之变发生之后，李世民让大将尉迟敬德入宫向李渊通报情况。李渊正和裴寂等人在南海池中泛舟，见尉迟敬德一身铠甲地站到岸边，非常惊慌。尉迟敬德说，太子李建成和齐王李元吉谋反，秦王已经将他们处死，为防不测，派我来护驾。李渊吃惊得说不出话来，最后只得下诏命令太子李建成和齐王李元吉的部下听从李世民的调遣。

武德九年(626)六月一日，李渊颁布诏书正式立李世民为皇太子。八月八日，李渊传位李世民，自己做了太上皇。

太上皇是秦始皇统一天下以后为他的父亲庄襄王追尊的称号，所谓"太上"就是再没有比他高的了，"皇"(如三皇)本来就在德方面高于"帝"(如五帝)，秦始皇想要尊崇其父亲，于是用了"太上皇"这个称呼。历史上有不到20岁就做了太上皇的，像北魏献文帝；也有85岁做太上皇的，像清朝的乾隆皇帝。李渊退位时已经61岁，他做太上皇既不是高龄者，也不是年轻者。做太上皇倒也无妨，如果不把南宋的高宗看为开国者，以开国之君又做了太上皇的，历史上李渊是第一人，也是唯一的一位。李渊自然也是大唐的第一任太上皇，在他的后世子孙中，做太上皇者还有不少。这似乎也是唐朝皇帝不同于历史上其他王朝皇帝的一大特点。

李渊做太上皇以后，开始几年是在太极宫生活的。

太极宫是皇帝听政、生活的地方。其中的东部是东宫，是太子居住的地方；西部有掖庭宫，是宫女的住处，也是犯罪的官员家属妇女配没入宫劳动的地方。居其正中的太极殿，就是隋朝的大兴殿，武德元年(618)改称太极殿，是皇帝每月初一、十五视朝的场所。太极殿之后，有两仪殿，是皇帝日常听政视事的地方。按照这种制度，李世民做了皇帝，仍居东宫，既不便到太极殿、两仪殿去听政视事，更不能显示皇帝的威风。因此，他不能不考虑把高祖迁出太极宫的问题。

贞观三年(629)四月，李渊从太极宫迁往弘义宫。自此，弘义宫改名大安宫。搬到了大安宫。李渊在大安宫生活期间，没有大臣去朝见他，他也不能和外人来往，实际上是被软禁起来了。

武德年间，即使在统一战争正在进行中，李渊还是四处游幸，到处打猎。东到华山(今陕西华阴)，西到稷州(今陕西周至)，北到宜州(今陕西宜君)、华池(今陕西三原)，至于长安城附近，更是不言而喻。但是，做了太上皇以后，不仅不能随心所欲，到处游玩，就算在炎夏出去乘凉避暑，也不能越雷池一步，擅自离开大安宫。

贞观六年(632)，李世民想去九成宫(今陕西麟游)避暑，却没有计划带李渊同去。监察御史马周上书说，太上皇年世已高(时年67岁)，皇帝应当"朝夕视膳而晨昏起居"，不宜远去。而且，皇帝出外避暑，留太上皇在京，不符合"温情之礼"。所谓"温情之礼"就是子对父应该冬温而夏清。不过，李世民没有改变自己的主张，仍然于三月独自去了九成宫。

　　贞观七年（633）五月至十月，李世民又去九成宫避暑，李渊仍留在大安宫。贞观八年（634）三月，李世民再去九成宫，七月他请李渊同去，李渊"以隋文帝终于彼，恶之"。这时的李渊已经重病染身，等到次年的五月，70岁的李渊在大安宫内的垂拱殿去世了。从退位到死，李渊又度过了九年的太上皇生涯。李渊死后，群臣为他上谥号"大武皇帝"，庙号"高祖"。贞观九年（635）十月，安葬于献陵（今陕西三原县内）。其妻窦氏加号太穆皇后，从安陵迁到献陵配葬。

　　李渊临终前，要求后事"务从俭约"，太宗表示要按照汉高祖刘邦长陵的制度为他营建陵园。由于事起仓促，工期紧张，在房玄龄的建议下，改为按照汉光武帝原陵的制度，也就是把九丈的封土改为六丈。

　　献陵在位于关中的18座唐代皇帝陵中，不算十分宏伟。比起后来的昭陵（太宗墓）、乾陵（高宗与武则天墓）、定陵（中宗墓）、桥陵（睿宗墓）都逊色得多，而且形制也不同。唐代的皇帝陵有两种形制：一种是堆土成陵，即选择地势较高的地方，深挖墓穴，然后封土夯筑成像土山一样的

献陵

土堆；另一种是因山为陵，即选择地势优越的山峦，从旁边凿石洞为墓穴，成为名副其实的山陵。后一种类型在唐皇帝陵中占多数。

　　献陵和汉高祖刘邦的父亲的陵墓形制相同，都是堆土成陵的覆斗形。而且两座陵墓相距15华里。很自然地让人把李渊和刘邦的父亲作类比。贞观七年（633）十二月，李世民从少陵原（长安成南）校猎还宫，与李渊置酒与西汉保留到当时的未央宫（在今陕西西安西北郊）。饮酒之间，李世民提到汉高祖也曾经在未央宫与当时的太上皇、刘邦的父亲饮酒作乐。

　　汉高祖九年（前198），未央宫建成。刘邦在未央宫大宴群臣。席间，刘邦向他的父亲、当时的太上皇敬酒说：始大人常以臣无赖，不能治产业，不如仲力，今某之业所就孰与仲多？这是刘邦讥讽其父鼠目寸光，看不到他能成就大事业。

　　李世民提到这个故事的目的，就是暗示李渊和刘邦的父亲一样，目光短浅，没有早日让他取代李建成的太子地位。有人说，李世民在李渊死后把献陵的位置作如此安排，同样是含沙射影地嘲讽李渊。

　　如今，献陵地面的遗物如华表、石虎、石犀等颇具特色。石犀造型巨大，轮廓清晰很适合陈放在荒郊旷野的陵墓前。石犀的雕工并不细巧，却抓住了犀牛的特征，如颈部下垂的厚皮，笨重的身躯和姿态等。这是关中18座唐代皇帝陵中唯一以犀牛为题材的艺术佳作。据史书记载，林邑王在贞观初年曾遣使进贡过犀牛。很可能是李渊亲自看到过，非常喜爱，所以人们在他的陵前石刻犀牛与他为伴。

献陵虽尚未发掘,但考古工作者已经对李寿(李神通)和李凤两座献陵陪葬墓进行了发掘,揭开了千余年前尘封于地下的历史记录的一页。通过这些,我们今天仍可依稀想象高祖李渊身后那被永远定格了的一幕,摹绘这位大唐近300年帝业开创者生前身后的历史图卷。

唐太宗李世民

人物档案

生卒年：公元 598～649 年

父母：父，高祖李渊；母，窦皇后

后妃：长孙皇后、徐贤妃等

年号：贞观

在位时间：公元 626～649 年

谥号：文皇帝

庙号：太宗

陵寝：陕西昭陵

性格：豪爽大度，英明果断

名家评点：

唐太宗李世民

太宗似乎像天命所归的人物，对他而言似乎没有什么事情是不可能的，他是社会的拯救者，也是统一与和平的恢复者。他的个性是如此的强悍有力，他影响了所有与他相处过的人物，并且成为一个后代子孙眼中的传奇人物。在中国的帝王中，无人可与之相提并论。

——（美）菲茨杰拉德

少年：龙凤之姿

唐太宗李世民（599～649），唐朝第二位君主，高祖李渊之次子。武德九年（626）登基，在位 23 年。李世民少娴军事，能征善战；登基后能任用贤能，从善如流，闻过即改，视民如子，不分华夷，开创了"贞观之治"的盛世局面，被后人视为太平盛世的典范。可以说，在中国数千年历史上，唐太宗李世民是个武能上马打天下，文能下马治天下的一代名君。

隋文帝开皇十八年十二月二十二日（599 年 1 月 23 日），李世民出生于武功（今陕西武功西北）一家贵族别馆。他的父亲李渊，是北周八柱国之一李虎的后人，母亲窦氏，是鲜卑贵族后裔。《旧唐书》说他出生时，"有二龙戏于馆门外，三日而去"，给李世民的身世增添了神秘色彩。《新唐书》说，李世民四岁时，有书生谒见李渊说："公在相法，贵人也，然必有贵子。"看见李世民后，又说："龙凤之姿，天日之表，其年几冠，必能济世安民。"这也就是李世民名字的由来。当然，这些都是修史书者的溢美之辞。不过李世民后来的确胜任了"济世安民"的重任，成为一代明君贤主。

由于李家是武将世家，又与西北少数民族关系密切，因此一直有着尚武的传统。李世民从小就娴习武艺，很会骑马射箭。他所用的箭，比通常的箭要大一倍，能够在百步之外，"射洞门阖"。他也喜爱读书，写得一手好字。为人豪爽有识见，"临机果断，不拘小节"，具有进取向上的性格。

大业九年（613），十六岁的李世民与长孙氏结婚。长孙氏是河南洛阳人，其先世源于北魏皇族拓跋氏,因担任过宗室长,故改姓长孙氏。她的祖父长孙兕,曾任北周左将军,父亲长孙晟,则为隋朝右骁卫将军。可见,长孙氏家族与李氏家族一样,都是军事贵族高门。他们之间的婚姻关系,称得上是门当户对。长孙氏知书达理,后来在辅佐李世民治国平天下方面具有不可磨灭在功勋,她的哥哥长孙无忌,后来成为李世民的核心谋士。

李世民很早就显示出军事才能。

大业十一年(615),隋炀帝被突厥始毕可汗率几十万骑兵围困在雁门,下诏求援。18岁的李世民应募从军,隶属屯卫将军云定兴部下。他向云定兴提出"必赍旗鼓以设疑兵"的策略,认为始毕胆敢领兵围困天子,一定是估计到隋兵仓促应战无法增援解围,应当在白天遍设旌旗几十里,在夜里则擂鼓相应,突厥人必定会以为大量救兵已到,便会望风而逃,不然敌人势众,万一倾巢出击,隋兵必定难以支撑。云定兴依计行事,突厥人果然中计,匆忙引兵退去。解雁门之围是李世民初次崭露头角的战役,表现了李世民根据敌我力量采取对策的军事才能。

大业十二年(616),李渊与农民军甄翟儿在雀鼠谷作战,李世民率领骑兵冲破义军的包围,从而取得了胜利。这件事表现出李世民善于以骑兵冲锋陷阵的战略眼光。

大业十三年(617)七月,李渊以李元吉为镇北将军、太原留守、负责太原的一切有关事宜,自己率军三万人,誓师动兵,向关中进发。与此同时,他发布檄文,宣布了要尊隋炀帝太上皇,立代王杨侑为皇帝的主张。

关于起事经过,据新、旧《唐书》和《资治通鉴》的记载,似乎李世民是晋阳起兵的主要决策者,李渊是在李世民的一再劝说和坚持下才决定起兵的,这同《大唐创业起居注》所载的经过有出入。事实上,新、旧《唐书》主要是根据《太宗实录》而来,而《太宗实录》是李世民登上皇位后所修,显然采取了压低李渊的态度,对李世民则多溢美之辞。《资治通鉴》也因袭新、旧《唐书》,所以内容基本相同。而《大唐创业起居注》则编撰于武德前期,所记应当更接近于事实。李世民在晋阳起兵前后,确实立下过很多功绩,但并不是起兵的首要决策者。晋阳起兵是李渊长期酝酿叛隋的结果,李世民在起兵过程之中,并不是主角,充其量只是一个"重要的配角"的作用。

唐太宗李世民朝服像

大业十三年(617)十二月,李渊攻占长安。大业十四年(618),李渊在长安称帝,改国号为唐,定年号为武德,李世民被封为秦王,哥哥李建成被立为太子,弟弟李元吉被封为齐王。

唐朝的建立并不等于全国的统一,事实上当时正是各派军事势力分裂与混战的高峰期。李渊在称帝之后就不便于亲征了,而李建成也要在长安辅佐父亲处理政务,这样,平定各方势力统一全国便成了李世民不可推卸的责任。李世民在统一战争中的功绩包括三部分,一是平定薛举父子,二是击溃刘武周、宋金刚,三是打败王世充和窦建德。

李世民在统一战争中所显示的军事才能和指挥艺术,后人把其归结为以下几个特点:

第一,"知己知彼,百战不殆"。李世民很善于分析敌我双方的军事形势,把握双方的长处与弱点,从而能够以己所长,攻敌所短。尤其是不利的情况下,能以弱克强,转败为胜。

第二,李世民具有敏锐的战略头脑,善于从战争的全局出发,抓住关键性的问题制订战略方针。

第三,李世民善于把握战场发展的趋势,因此在寻找战机、捕捉战机和创造战机方面总是得心应手,对于什么时候该深壁高垒,什么时候该勇猛出击,掌握得很稳很准,选择得比较正确。

第四,具有冷静的策略头脑,顽强的忍耐精神和当机立断的魄力。在瞬息万变的复杂形势下,李世民能保持思维敏捷,判断迅速,因而应付自如。一旦决心下定,他又有军事家的沉着、刚毅的性格和不可动摇的意志,来保证其指挥意图

唐太宗纳箴赐帛

的贯彻,甚至是父亲李渊的干预,如果是不正确的,他也敢于拒绝。

第五,注意调查研究,及时掌握敌人的情况和发展动向。李世民在每次战斗前或战斗中,都要亲自带领少数精兵,深入第一线侦察敌情。他所派出的侦察人员,也很得力,通常能提供准确的情报。

第六,李世民的战术灵活机动,因人因时因地而变通,善用心机,足智多谋。

第七,善于断敌粮道。无论是防御战还是围攻战,李世民十分重视断敌粮饷,以此造成敌军的纷乱,从而为战胜敌人创造战机。

第八,善于应用迂回战术。在双方决战时,李世民总是想方设法亲自迂回到敌人阵后或侧翼,有时则冲入敌阵,中心开花,以此扰乱敌阵,然后给敌人以致命打击。

第九,善于追击,扩大战果。在敌人撤退时,李世民绝不会放过机会,而是乘胜追击,力求全歼敌人,不给敌人一丝喘息的机会。

第十,善用骑兵。骑兵战术是李世民的制胜法宝,骑兵速度快,攻击力强,他能亲自带领骑兵冲击敌人,充分发挥骑兵的战斗力。

第十一,李世民本人骁勇善战,骑射俱精,在战斗中总是身先士卒,甚至单枪匹马深入敌人阵中。由于他武艺高强,胆气过人,前后数十战,没有一次受伤。

李世民是位善于学习、善于总结经验教训的人,因而他的指挥才能进步很快。当时他的军队中聚集了许多名将,如尉迟敬德、薛万均、薛万彻、秦叔宝、程知节、李神通、李道玄等等。这些武将后来也在玄武门之变中为李世民立下了大功。

夺嫡：宫门喋血

在统一全国的过程中，李世民的威望日渐提高，在上层统治集团中，特别是在兄弟中有着特殊的地位。在太原谋划起兵时，李世民起了重要作用，当时其兄建成、其弟元吉，身在河东，并没有直接参与起事。唐朝建立后，李建成以嫡长子身份被封为太子。太子是国之储君，需经常留在君主的身边，习理朝政，一般的领军作战是不派太子亲征的。这样就在客观上为李世民建功立勋提供了机会。如枭说李世民在唐朝建立之前的战功还不十分显著的话，那建立唐朝之后统一全国的军功则无人能与其匹敌，也正因为有了如此的赫赫战功，李世民才有了要夺取帝位的强烈愿望，才招致太子建成的嫉妒与谋害，才有了兄弟相残的"玄武门之变"。

在唐军进入长安之前，李世民与李建成的地位、权力、功绩大致相当；进入长安后，由于所处地位的不同，两人之间的关系开始发生变化。唐军进入长安后，四方豪杰之士纷纷归附，李世民乘机罗致了大批人才。如长孙无忌、房玄龄与杜如晦等人成为秦王府的重要谋士和决策者。长孙无忌是李世民的妻兄，博闻强记，卓有谋略。房玄龄"幼聪敏，博览经史，工草隶，善属文"，18岁考中进士，在隋代时已被视为"必成伟器"的人物。杜如晦"少聪慧，好谈文史"，曾被李世民引为秦王府兵曹参军，后来李渊欲调杜如晦任陕州总管府长史，房玄龄向李世民推荐说："杜如晦聪明识达，王佐才也。若大王守藩端拱，无所用之；必欲经营四方，非此人莫可。"于是李世民奏请李渊，继续把杜如晦留在秦王府。杜如晦果然不负所望，他随李世民征战四方，"尝参谋帷幄，军国多事，剖断如流，深为众服"。

武德四年（621）平定王世充，镇压窦建德之后，李世民以"海内渐平"，乃开文学馆，招募四方文学之士十八人，房玄龄、杜如晦等人都名列其中。

李世民将他们"分为三番，更日值宿，供给珍膳，恩礼优厚"，他自己也"朝谒公事之暇，辄至馆中，引诸学士讨论文籍，或夜分乃寝"。他又让阎立本为这些人画像，号"十八学士"。这实际上是以房玄龄、杜如晦为首组织起来的秦王府智囊团。

此外，李世民还在征战中到处网罗武将。比如，在攻打刘武周、宋金刚时，他招降了猛将尉迟敬德；在平定王世充时，又招降了秦叔宝、程知节、张公瑾、刘师立、李君羡等一大批武将。这样，以李世民为首的政治集团，文武俱备，已基本形成与太子李建成抗衡的势力。

由于李世民不但掌握着大批军队，而且兼任丞相一职，其地位在当时颇为显赫，势力日益膨胀，对太子建成构成极大威胁。李建成东宫府属太子中允王珪和洗马魏徵看到了这一点，提醒太子建成说："秦王功盖天下，中外归心；殿下但以年长位居东宫，无大功以镇海内。"

于是他们建议李建成趁刘黑闼在山东的复起之机，亲自率兵前往镇压，以争取功名，并借此机会结纳山东豪杰，增强自己的实力。李建成听取了他们的建议，破例统兵

杜如晦

出征，一举消灭了刘黑闼，并把幽州的罗艺招罗到自己麾下。

李建成一面抬高自己的威望，一面又联络宫中诸妃，使她们在唐高祖面前诽谤李世民，美化自己。同时，他还"擅募长安及四方骁勇二千余人为东宫卫士，分屯左、右长林，号长林兵"，作为自己的私人武装。

到了武德九年（626），双方的矛盾逐渐激化，刀兵相见，已是指日可待。

李建成先开始对李世民下毒手。武德九年（626）的一日夜晚，太子李建成召李世民赴宴，并事先在酒中下了毒药。李世民饮酒后腹痛不已，吐血数升，幸而没有性命之忧。这件事引起了李世民及其幕僚的强大不安，房玄龄跟长孙无忌商议道："今嫌隙已成，一旦祸机窃发，岂惟府朝涂地，乃实社稷之忧，莫若劝王行

房玄龄

周公之事，以安国家。存亡之机，间不容发，正在今日。"长孙无忌说："吾怀此久已，不敢发口，今吾子所言，正合吾心，谨当白之。"于是，长孙无忌、房玄龄、杜如晦等人一起劝李世民先发制人，杀掉太子和齐王，只有这样才能转危为安。

此时太子李建成与齐王李元吉也在加紧活动，打算用重金收买李世民部将尉迟敬德等人，但遭到拒绝。他们又派人行刺秦王李世民，仍然没有得逞。李建成对李元吉说："秦府智略之士，可惮者独房玄龄、杜如晦耳。"于是，他们向李渊谗毁房、杜二人，并将之逐出秦王府。这样李世民最为心腹的谋士只有长孙无忌仍在府中。

长孙无忌坚决支持房玄龄政变的动议，并与舅父高士廉和秦王部将侯君集、尉迟敬德等人日夜劝李世民诛杀太子与齐王，但李世民仍然犹豫不决。正在此时，突厥来犯，按惯例应由李世民率军抵御，但在太子李建成的推荐下，李渊决定由齐王李元吉代李世民北征，并抽调秦王府将领尉迟敬德等同行。他们的目的很明显，想借机抽空秦王府的精兵猛将，并计划在为李元吉饯行时杀掉李世民。李世民得知后，立即与长孙无忌等人商议，又派长孙无忌秘密召回房玄龄、杜如晦二人，他们合谋之后，决定将计就计，在玄武门伏诛太子和齐王。

六月三日，李世民向李渊报告了二人的阴谋，还趁机告发他们淫乱后宫，李渊答应第二天早朝时对质，再作处理。李世民并没有将希望寄托在父亲的处理上，他果断地部署了行动计划。李世民去见李渊的事被倾向李建成的后宫张婕妤得知，马上派人密告李建成，但李建成认为京城守卫都是自己的人，没想到出了意外。

六月四日清晨，李世民命属将伏兵于长安宫城北门口（即玄武门）。李建成没有收买成李世民的部将，李世民却成功地收买了守卫玄武门的李建成部将。正因为李建成认为有自己的人在，才敢于上朝去，结果走进了死路。

李建成和李元吉走到临湖殿时，发觉守门的士卒不是自己的属下，便想回头。但此时李世民骑马赶来，双方发生了激战，李元吉射了三箭没有射中李世民，李世民却一箭将李建成射死，尉迟敬德领骑兵将李元吉射死。然后，尉迟敬德向李渊报告说李建成和李元吉要造反，已经被秦王杀死，李渊只好下诏平息了两派的激战。六月六日，李世民被立为太子。八月，李渊传位给李世民，自己做了太上皇。

挑战：安抚为策

在玄武门政变成功后，登上帝位的李世民面临着几个严峻的问题。首先，玄武门之变虽然杀死了太子建成和齐王元吉，但东宫和齐王府集团的残余力量还分散在全国各地，尤其在山东地区（山东指太行山以东，包括黄河以北地区在内），有着较强的势力，成为引起社会不安的重要因素。其次，李世民当皇帝在形式上是由父亲高祖禅让，武德时朝廷的宰相班底，特别是支持太子建成和齐王元吉的大臣依旧当权，如何处理与他们之间的关系，成为又一个难题。再有，李世民依靠秦王府的谋士和武将起家，他登上皇帝宝座后自然还要依靠这些力量以巩固其政治地位。但是，李世民登基后，就不比原先做秦王时，只要照顾一方面就可以了，如果还只是固守着秦府原有班底，就不能扩大自己的统治基础，从而影响新政权的安定和巩固。这三个方面的问题成为李世民面临的最大挑战。

太子建成在山东的亲信有幽州都督庐江王李瑗和泾州的罗艺，他们都有重兵在手，蠢蠢欲动，随时可与长安附近的前太子集团残余势力里应外合，威胁京城。当时，秦府将领中有些人主张乘胜杀尽建成、元吉的党羽，并"籍没其家"。许多人还四处搜寻前太子集团的成员及兵勇，争相捕杀邀功。这使原太子集团的人惶惶不能自安。在玄武门事件中立有大功的尉迟敬德的头脑比较清醒，他极力反对这样做，他对李世民说：建成、元吉两位元凶既已伏诛，若再罪及余党，杀人太多，就不利于天下安定了。李世民也认识到这一问题的严重性，决定采用明智的安抚政策，来消除太子余党的对抗情绪。首先，他给太子建成和齐王元吉举行了隆重的葬礼，一定程度上缓解了原太子集团残余势力的不满情绪。然后，他一面下令禁止秦府人员滥捕滥杀，一面以唐高祖的名义下诏大赦天下，说"凶逆之罪"，只在建成、元吉两人而已，其余党羽，一概不加追究。赦令一公布，

尉迟敬德——殿前夺槊

果然奏效。曾率领太子府卫兵进攻玄武门的冯立、谢叔方等人逃匿在外，听到赦令，第二天即出来自首。薛万彻开始时不敢出来自首，李世民屡次遣使"谕之"，显示出一片诚意，解除了他的顾虑，于是也出来自首了。李世民公开提出，这些人为主子效命，都是忠义之士，并当众释放了他们。冯立、谢叔方，薛万彻等人也马上表示愿为李世民效忠。散亡在长安附近的太子府兵勇，有些人放下武器，自动投诚，有些人则销声匿迹，不再参与活动了。长安附近的隐患顺利解决。

接着，李世民又集中力量对付庐江王李瑗和泾州的罗艺。李瑗是高祖李渊堂兄之子，和李世民是同辈兄弟，以宗室在武德元年（618）被封为庐江王，任信州总管。武德九年（626），迁升至幽州大都督，与李建成结成死党，企图在北方策应建成。由于李瑗

玄武门之变

并非将才，高祖李渊又派右领军将军王君廓做他的副手。王君廓参加过农民起义军，勇力过人，李瑗为了拉拢他，与他结以婚姻，把他作为自己的心腹。

李建成被杀后，李世民召李瑗入朝。李瑗做贼心虚，怕进京后难以自保，于是将朝廷派来的使者崔敦礼囚禁起来。李瑗想找燕州刺史王诜商议如何应付，这时，兵曹参军王利涉对李瑗说："大王不奉诏进京而擅自发兵，此为反矣。诸州刺史都是朝廷命官，未必都肯听从，万一征兵不集，何以保全？"李瑗听了觉得有理，便问该怎么办，王利涉回答说："山东豪酋过去都是窦建德的部下，今被废黜，人心思乱，若旱苗之望雨。大王宜派使恢复他们原有官职，让他们在其本地统兵，诸州如有不从，即加以诛戮。此计得行，河北之地便可安定。然后分派王诜北连突厥，自太原南临蒲、绛，大王则整驾亲征洛阳，西入潼关。两军合势，不出旬月，天下可定。"

唐太宗弘文开馆

王利涉对山东形势的分析有一定道理，李瑗欣然采纳了他的建议，准备依计而行。可是让谁挂帅统领大军呢？王利涉建议李瑗撤掉王君廓，将兵权交给王诜，理由是王君廓曾随李世民东征作战，颇受宠信，所以不可信任。对此，李瑗一时为难，犹豫不决。不料消息被王君廓探知，他当机立断，抢先下手将王诜杀死，并当众宣布说：李瑗与王诜扣留朝廷使者，擅自发兵，图谋反叛，今王诜已斩，李瑗没有什么能耐，你们要是跟他干，难逃兵败族灭的下场。何去何从，好生选择。部众听后，都说愿跟王君廓讨伐李瑗。这时，李瑗还蒙在鼓里，不知事有变化，等到王君廓率领一千多人从狱中放出朝廷使者崔敦礼，李瑗才如梦初醒，匆匆纠集数百名兵士披坚执锐，冲出门外，结果当即被王君廓杀死。庐江王李瑗的叛乱就这样胎死腹中。

李建成的另一亲信罗艺，原是隋朝旧臣，趁隋末大乱据幽州起兵，自称幽州总管，武德三年（6 20）归唐，封为燕王，赐姓李氏。罗艺本是一英勇善战的武将，然而刚愎不仁，脾气火暴，十分凶险。李世民东征刘黑闼时，罗艺曾率领部众数万从战，颇有战功。第二年刘黑闼复起，李建成率兵镇压，顺势将罗艺拉为死党，并将其引入朝中。罗艺借势跋扈，与秦王府作对，李世民手下的人跑到他的营地，他竟然无故殴击。后来被高祖李渊调出京师，镇守泾州。李世民即位后，为了稳住罗艺，任他为开府仪同三司。可是罗艺仍"惧不自安"，遂诈言检阅武装，会集各路军队，率军离开泾州赴幽州。幽州太守赵慈皓不知罗艺谋反，出城拜谒，罗艺乘势开入幽州。李世民闻报，即命吏部尚书长孙无忌、大将军尉迟敬德率众讨伐。讨伐大军还未到达，赵慈皓与统军杨岌合谋赶走罗艺。罗艺察觉，将赵慈皓关入狱中。城外的杨岌发兵攻打罗艺，罗艺大败，抛下妻子儿女，急急忙忙率数百骑逃往突厥。行至宁州界时，罗艺被自己身边的人所杀，传首京师。罗艺的叛乱就这样迅速失败了。至此，太子集团残余的武装力量基本全被清除了。

太子集团中还有许多谋士，如魏徵、王珪、韦挺等人，都是些颇具才干的有识之士，并且都为建成、元吉出谋划策加害过李世民。但李世民并没有追究他们之前的所为，反而任命他们三人同为谏议大夫。

魏徵、王珪等人受到重用，为医治玄武门事变的后遗症，起到了良好的作用，其他太子集团的余党纷纷归附。李世民之所以宽免、重用魏徵等人，除了为安抚太子集团残余势力外，还有更重要的原因，那就是为了招抚山东豪杰之士。隋末唐初的所谓山东豪杰，其代表人物或是豪强地主，或是农民军领袖，而其下层群众则大多是铤而走险的失业农民，他们具有很强的战斗力，往往是当时各派政治势力在角逐中的争夺对象。在反隋斗争中，他们形成了三支强大的农民起义武装：以窦建德、刘黑闼为首领的河北豪杰，以翟让、李密、徐世勣（李世勣）为首领的河南豪杰，以秦叔宝、程咬金（程知节）、辅公祏、杜伏威等为代表的山东豪杰。其中以窦建德、刘黑闼的河北豪杰的社会基础最为深厚，势力最为兴盛，持续的时间最久。翟让、李密和辅公祏、杜伏威两支起义力量先后被唐军镇压或者招抚，基本上被唐廷所控制，其大部分将领，如徐世勣、秦叔宝、程知节、张亮等人后来都成了秦府集团的骨干。张亮曾受李世民密令在洛阳"阴引山东豪杰"，扩充自己的势力。

善于用兵的徐世勣

窦建德农民军的情况比较复杂。他们在隋亡以后，一直是同李唐争夺天下的强大武装力量。他们没有像李密、徐世勣等人那样归附唐王朝，而是一直在同唐军交战，屡败屡战。窦建德被俘后，送至长安惨遭杀害，但其部刘黑闼又数次起兵反唐。由于窦建德在河北地区有很深的群众基础，而李渊对河北地区的"山东豪杰"又一直坚持残酷的镇压政策，因此唐王朝和河北地区各种势力一直矛盾不断。

所有这一切，使李世民深深感到，要消除河北地区的隐患，取得人民群众的支持，最根本的办法是进行安抚政策，能够胜任这一使命的只有魏徵。魏徵曾是窦建德部下，而且李建成出兵平定刘黑闼之时，曾劝他对河北地区辅以安抚的手段，取得了一定的效果，因而与河北地区的势力建立了一定的联系。于是，李世民派魏徵到河北安抚民众,魏徵没有辜负他的期望,在他的努力安抚下,河北的局势一直比较稳定。

在稳定各地局面的同时,李世民也逐渐地形成了自己的宰相班底。除了前面所说,重用太子建成旧臣以外,他还贬逐了高祖时的老臣裴寂,并提拔秦王府的旧部下,到了贞观四年(630),经过多次反复的过程,他基本上完成了对中央政权机构的改组,以房玄龄为左仆射、李靖为右仆射、温彦博为中书令、王珪为侍中、魏徵为秘书监、戴胄为吏部尚书、侯君集为兵部尚书。这样,群贤毕集,个个精明强干,房玄龄是"孜孜奉国,知无不为",李靖是"才兼文武,出将入相",温彦博是"敷奏详明,出纳惟允",王珪是"激浊扬清,嫉恶好善",戴胄更是"处繁治剧,众务毕举",魏徵则是"耻君不及尧舜,以沛争为己任"。他们各守其职,一同为"贞观之治"做出了杰出的贡献。

事功:贞观之治

领导集团顺利组成之后,李世民又和大臣们共同总结了隋朝的灭亡教训。对于隋朝的兴亡,李世民是亲眼所见,有亲身体会的,在他眼里,隋朝本来是一个很有实力的大帝国,经济实力极为雄厚,所以隋炀帝才能有条件向西域商人炫耀,请他们来,还用上等的物质生活招待,最后还赏赐很多财物。据估计,隋朝当时储备的粮食够50年用的,但隋炀帝仅仅用了十多年的时间就使这个庞大的实力雄厚的帝国分崩离析,自己也落得个悲惨的下场。

为了使唐朝长治久安,李世民认真地总结了隋朝灭亡的教训,他总结出了三条原因:第一,奢华浪费,劳民伤财。隋炀帝为了享受,大修宫殿,为到南方巡游,大征民工修造运河。第二,生活腐化堕落,荒淫无道。为满足自己的贪欲,让全国进献珍奇宝物和大量美女。第三,战争太多,耗费国力。好大喜功的隋炀帝东征高丽,得不偿失,加上其他战争使得民不聊生,最终激化了社会矛盾,导致隋朝的灭亡。

李靖

在惨痛教训的对照下,李世民下决心进行彻底治理。他首先采取的措施是轻徭薄赋,发展生产。他曾生动地比喻说:"人君赋敛不已,百姓既弊,其君亦亡。"他即位后多次颁布减免全国或部分地区租赋的法令。并用免除几年赋役的办法招诱逃亡农民归业。李世民特别重视农业生产的恢复发展。他说:"国以民为本,人以食为命。若禾黍不登,则兆庶非国家所有。"外出官员回朝,他都要先问田苗好坏,百姓疾苦。为了不夺农时,他还把皇太子的冠礼(成年礼)由二月改为十月。在这些政策下,社会生产条件不断改善,广大农民定居下来,以辛勤劳动迅速改变农村的凋残景象。贞观四年(630),天下粮食丰收,一斗米不过三四钱,说明李世民发展生产的措施非常得力。李世民发展生产的措施还有很多,这包括:推行均田制;奖励垦荒;颁行租佣调法,劝课农桑;设置义仓,救灾备荒;增殖人口,奖励婚嫁;兴修水利设施,疏浚河渠等。

比如为了增殖人口,李世民下令:民间男子20岁,女子15岁可以结婚,还将人口增长与否作为考核官员政绩的一个重要标准。到了贞观二十三年(649),全国的户数

增加到了 380 万户,比他刚即位时增加了将近一倍。

此外,在李世民即位之后,在提倡节俭方面为群臣做出了表率,他最初住的宫殿还是隋朝时修建的,都很破旧。同时,他还禁止铺张浪费的厚葬习俗,明确提出要求,即五品以上官员和皇亲贵族都要严格遵守。至于官吏们的奢侈浪费,李世民也明令禁止。所以,在大臣中形成了一种良好的节俭的风气,出现了许多廉俭大臣。如户部尚书戴胄,由于生前生活俭朴出了名,死后家里连个祭祀的地方都找不到。至于魏徵更是如此,一生也没有个像样的正屋。

有了上述这些利民措施,太平盛世很快到来,粮食连年丰收,粮价持续下跌。百姓开始安居乐业。到贞观中期时,国家出现昌盛景象,贞观之治就是指的这个时期。这是中国历史上很难出现的太平盛世。

唐太宗搬殿营居

用人:不拘一格

作为政治家的李世民,一个重要的长处就是善于求贤举才,因此他身边才团结了一大批当时的精英。他认为"为政之要,惟在得人"。他在即位之前,已收罗了不少文武贤才;即位之初,就要求右仆射封德彝举贤。封德彝很久都没有举荐,理由是当今没有什么人才。李世民以"君子用人如器,各取所长"为由,认为人才无时不有,关键是在善于发现人才。

贞观三年(629),李世民对房玄龄、杜如晦说,宰相的职责在于求贤纳才,让他们注意广举贤才。这年夏天,因天旱下诏求言,中郎将常何条陈二十余事,深切时宜。李世民看了很奇怪,常何是武将,怎能写出这样的好奏章呢?细问之下,方知是出于他的门客马周之手,李世民立即召见马周,留置门下省供事,后来马周官至中书令。

李世民用人,不问亲疏,不论贵贱,一视同仁。在他的大臣中,有出身寒素的马周、戴胄、杜正伦、张玄素、刘洎、岑文本、崔仁师等,有来自敌方的屈突通、尉迟敬德、李世勣、秦叔宝、程知节等,有出身贵族的萧瑀、陈叔达等,有拔于怨仇的魏徵、王珪、韦挺等。

治理国家很重要的一条便是官吏的选拔和任用。在唐朝建立之初,从魏晋南北朝时期流传下来的重武轻文的传统还没有改变,许多大臣都是行伍出身,作战时勇猛无敌,但治理国家处理政务就不再是内行了。因此李世民将选官的标准定在了两个重要方面,一是才干,一是德行。这从根本上影响了唐朝的选官制度和考课制度,唐朝六品以下官吏由吏部和兵部选拔,以身(体貌丰伟)、言(言辞辨正)、书(楷法遒美)、判(文理优长)为基本的四个标准,除此之外,还用德、才、劳三个标准逐级次第选拔。五品以上的官吏根据政绩考核,最后由皇帝亲自裁定。正因如此,唐朝的楷书才在历史上首屈一指,出了颜真卿这样的楷书书法家。

李世民选拔官吏时虽然如饥似渴,但他没有因为求贤而降低了标准,他是用才干和贤能严格衡量的。他有句名言,就是内举不避亲,外举不避仇。说得很有道理,但后来的一些贪官污吏却以此作为自己任人唯亲搞裙带关系的借口。在正确标准的衡量下,许多有才干的人被李世民纳入高层领导集团,这包括原来太子李建成手下的许多人。

李世民也非常重视官吏的个人品德。尤其是地方官吏的选拔更为严格,他认为地方官是代表国家直接管理百姓的,他们的素质高低关系到百姓对国家的态度。他下令,县令由京城五品以上的官吏推荐,而刺史则由他亲手选派。为了选好刺史,李世民下了很大的功夫,他将全国刺史的名字等情况让人写在了自己寝室中的屏风上面,根据各方面的信息及时地记录他们的功过,作为以后考核的重要参考。另外,地方官还要在每年的年终进京述职,其政绩则由吏部全权考核,最后根据评定的等级来决定升级或降级。

唐太宗减轻刑罚

为了广开选官的途径,李世民对隋朝以来培养选拔人才的科举制进行了发展和改革。科举制度创始于隋文帝开皇时期,初设秀才、明经科。至隋炀帝大业年间,又增设进士科。这样,庶族子弟挤入统治上层,有了正常的途径。唐初的许多官员就是隋时通过科举制度选拔出来的人才,如房玄龄、杜正伦、许敬宗、岑文本等人都是郡举秀才,后因战乱才没能做官。

不过隋朝的科举制度只是初创阶段,规模较小。唐朝的科举制度基本上因袭隋制,李世民为了培养和选拔大量人才,对其制度有所改革和发展。科举考试一般分常科和制举两种。常科每年定期举行,国子监学生和州县学校的学生(即生徒)报考,非州县学校的学生,经州县考核后(即乡贡),也可报考。考中者,再由吏部考核,授以官职。隋时选人,每年冬天一次,至春而罢,时间仓促,许多人来不及赶考。唐朝时,经吏部侍郎刘林甫建议,李世民下诏改为"四时听选,随阙注拟,人以为便",并且对人数不加限定,因此每年进京应举者达数千人。贞观元年(627),关中饥荒,应举的人却大量增加,为保证科举考试的正常进行,李世民下令改在洛阳举行。有一次,李世民看着众多新考中的人,高兴地说:"天下英雄尽入吾彀中!"在常科之外,李世民还经常下诏命各地官员推荐人才,这就是制举。李世民在位期间,虽然举行制举的次数不多,但确实选拔了一些人才。

在广泛选拔人才的同时,李世民又精简了机构。在隋朝时,中央的官员达2 500人之多,李渊建立唐朝后基本上没有变动。李世民命房玄龄负责调整精简机构,最后确定官员的编制为640人,提高了办事的效率,也大量地节俭了政府的开支。

为严肃地方吏治,李世民还依照地理形势将全国分为十道,即关内、河南、河东、河北、山南、陇右、淮南、江南、剑南、岭南。然后从京城的高官中选任观风俗使,巡行四方,考核地方官,以定奖惩。

李世民对人才的任用也很有特色,他能知人善任,做到人尽其才,而且是充分发挥其长处。对于历史上有名的房玄龄杜如晦就是一个典型,他们不善于断案和处理杂务,但却善于谋划和决定国家大事,所以用为宰相,用其所长,避其所短。而戴胄则相反,他不通经史,但做事正直,所以让他做大理寺少卿,负责审理案件,结果他办事异常干练,案子从不积压,深得李世民赏识。

有了正确严格的选拔人才标准,加上君臣的共同努力,使贞观时期出现了众多贤良有才干的名臣。在贞观十七年(643),李世民让画师在凌烟阁画了二十四名功臣的画像,这就是贞观时期的杰出大臣,其中包括我们比较熟悉的长孙无忌、魏徵、房玄龄、杜如晦等谋士,还有尉迟敬德、柴绍、李靖、秦叔宝等武将,连一些有名的画家和书法家也榜上有名,如阎立本、欧阳询等。正是这些名臣共同促成了贞观之治。

唐太宗面斥佞臣

纳谏:从善如流

李世民不但明于知人,而且善于纳谏。早在武德九年(627)六月,李世民刚被立为太子时,他就令文武官吏们提出关于治理国家的意见与建议。八月正式即位后,又号召百官"上封事"。短短的几个月里,上书奏疏之多,简直像雪片似的飞来。

李世民还用奖赏的办法,鼓励臣下直谏。终贞观之世,对于上书切谏有功者,经常予以物质鼓励。如贞观四年(630),给事中张玄素谏修洛阳宫,赐绢200匹。贞观八年(634),中牟丞皇甫德参上疏切谏,赐帛二十段。贞观十一年(637),侍御史马周上疏,赐物百段。贞观二十二年(648),嫔妃徐氏上疏切谏,李世民特加优厚的赏赐。如此等等,不一而足。总之,由于李世民的积极倡导,谏净风行一时。当时犯颜直谏、面折廷争的事例屡见不鲜。上自宰相御史,下至县官小吏,旧部新进,甚至宫廷嫔妃,都有人敢于直言切谏。这种开明的政治局面,在我国封建社会里是罕见的。

在向李世民上谏的大臣中,魏徵尤为突出。魏徵原任太子洗马,是李建成的亲信。玄武门之变后,李世民召来魏徵,责问他:"你让我们兄弟互相斗争,这是为什么呢?"魏徵不卑不亢,从容地回答道:"若太子早听魏徵之言,就不会死于今日之乱。"李世民为魏徵敢于直谏而打动,不仅没有责罚他,还在登基后,拜魏徵为谏议大夫。魏徵感怀他的知遇之恩,更是竭尽忠诚,逐渐深受李世民信任。

朝中一些大臣嫉妒魏徵,就在李世民面前诬陷他,说他以权谋私,包庇亲友。李世民便命御史大夫温彦博调查此事,一向与魏徵不合的温彦博,禀告李世民说:"魏徵身为国家要臣,却不知检点避嫌,虽然此事查无实证,他也应该受责,以自省其身。"于是,李世民在朝堂上公开批评了魏徵,他觉得很不公平,就直言不讳地对李世民说:"据我所知,君臣同心为一体。彼此之间要以诚相待,才能把国家治理好。要是将国家大事弃之不顾,反而一味担心检点、避嫌,那国家又如何繁荣发展呢?"李世民若有所思,之后承认自己确实做错了。魏徵借机又说道:"希望陛下让我当良臣,而不是忠臣。"李世民大为疑惑,问道:"良臣和忠臣难道有什么不同吗?"魏徵微微一笑,回答道:"良臣,自身美名相传,其辅佐的帝王也功勋濯濯,万世传颂;忠臣,因犯上而招致杀身之祸,而帝王也落得昏庸残暴的骂名,以致国破家亡,被世人遗忘。这正是良臣和忠臣之大不同。"这番话语令李世民感慨万分,并对魏徵心生一份敬意。

魏徵善直谏,并且内容涉及各个方面,其中尤以军国大事为首要,根据《贞观政要》记载,魏徵向李世民面陈谏议有 50 次,呈送李世民的奏疏 1 1 件,他一生中的谏诤多达"数十余万言"。他劝谏李世民以隋炀帝奢靡为鉴,力戒骄奢淫逸,让天下百姓休养生息,不要穷兵黩武,以缓解隋末多年战乱带来的伤害;他劝谏李世民废除旧朝的酷刑,施法宽平;他还劝谏李世民以"才行俱兼"为选拔官员的首则,严惩贪赃枉法之官吏;他力主严守法规,赏罚分明,对于"贵贱亲疏"一律平等对待;他劝谏李世民注重听取民意民声,"兼听则明,偏信则暗"。

贞观六年(632),文武百官表示封禅为帝王盛事,现在天下安定,百姓安乐,于是多次上奏,请求李世民东封泰山,李世民自己心里也颇为向往,但魏徵对此大加反对,他认为李世民虽然功高德厚,国泰民安,四夷宾服,但是:"天下刚刚恢复生机,国

凌云阁功臣魏徵

库尚不充盈。百姓负担相对较重,此时车驾东巡,耗资巨大,实在是劳民伤财之举。而且封禅泰山,邻邦各国必然派使者前来祝贺,可眼下中原地区还较为荒芜,人丁稀少。这岂不是让邻邦笑话我们大唐国势薄弱。为满足虚荣心而做这样毫无益处的事情,陛下真的认为有必要吗?"在魏徵诚恳的劝谏下,又恰逢河南、河北等数地水灾肆虐,李世民遂放弃了东封泰山之行。

李世民对魏徵的直谏,一般都能欣然接受,但有些时候,也不免心生气恼。有一次,李世民为了壮大军力,特命将 1 8 岁的男子开始服兵役的规定,改为 16 岁以上。那时,皇帝的旨意要经过重臣们的会签后才能正式颁发生效,魏徵对此一直拒签,李世民心中不悦,当众责问魏徵为何不签字,魏徵说:"这违反了我朝的制度。竭泽而渔,现在不是没有鱼,可明年就不会有鱼了。焚林猎兽,也不是现在就无兽可猎,可明年却再无兽类了。兵不在多,而贵于精,不必为了一味贪求数量,却把不够年龄的人强征来呢?这是失信于天下之举啊!"李世民无言以对,从此不再提及此事。

因为魏徵在李世民面前从来都是直言不讳,甚而言辞激切,毫无顾忌。李世民毕竟是一朝天子,觉得在群臣面前有损皇帝威严。有一次,李世民气哼哼地回到后宫,对长孙皇后大声怒喝:"我迟早要杀掉这个乡巴佬!"长孙皇后莫名其妙,小心地问道:"陛下这是要杀谁?"李世民狠狠地说:"魏徵!他总是在大臣面前指责我,说我的不是,令我大失颜面。"长孙皇后明白了,当即回到自己的寝宫换上正式的朝服,回到李世民身

边,向他跪拜祝贺。李世民觉得奇怪,不解地问道:"为什么事祝贺呢?"长孙皇后温婉地说道:"君明则臣直。陛下之所以拥有像魏徵那样敢于直谏不讳的臣子,正说明了陛下是圣明之君啊!这自然值得祝贺。"李世民顿然醒悟,此后再不对魏徵直言进谏有任何不满。

贞观十七年(643),魏徵病逝,李世民异常悲痛,哭道:"人以铜为镜,可以正衣冠;以古为镜,可以知兴替;以人为镜,可以知得失。朕常保此三镜,以防己过。今魏徵殂逝,遂亡一镜矣。"李世民还去凌烟阁,对着魏徵的画像作诗一首:"劲条逢霜摧美质,台星失位夭良臣。唯当掩泣云台上,空对余形无夏人。"

贞观之世,群臣之所以敢于进谏,主要原因就在于李世民能够虚心纳谏。"贞观之治"的出现,也是和李世民善于用人和纳谏的政治表现分不开的。

边事:平定四夷

贞观初期,边疆上存在着两个威胁力量,一是北部的突厥,一是西部的吐谷浑,而突厥对唐的威胁尤为严重。

早在隋朝末年,北方的突厥部落势力就日益强大,逐渐成为北方、西北乃至东北各族的霸主。李渊建国以后,突厥不断南下侵扰,成为唐王朝国运巩固的最大障碍。

李世民正式登基后,突厥颉利可汗乘唐政权不稳,起兵进犯,直抵长安郊外的渭水。此时,长安城内兵力严重不足,为解燃眉,李世民不得不亲临渭水与颉利可汗订立"渭水之盟",答应年年进贡,突厥这才退兵。李世民将此引以为耻,就是所谓的"渭水之耻"。

贞观三年(629)八月,李世民乘突厥部内乱、饥荒开始大举反击,以便雪耻。他任命此时已为兵部尚书的李靖为行军总管,统率十几万军队,强力出击突厥。

唐太宗敬贤怀鹞

贞观四年(630)正月,李靖率三千轻骑孤军深入直达突厥颉利可汗的都城定襄城外。颉利可汗闻报后大惊失色,他们认为,如果不是有唐军强兵压阵,几千骑兵怎敢孤军深入。李靖乘对方军心大乱之机直取定襄,颉利可汗慌忙出逃。李靖仅以三千骑兵攻取定襄创造了一个军事史上的神话。

颉利可汗失城之后向唐王请降,以求休养生息来年再战。李世民接受了他的请降要求,派使者前往突厥部落签订降书。李靖认为,突厥降后必定会集结其他部族再伺时机进攻。与其等到他们兵强马壮之后再去征战,不如乘现在突厥虚弱之时一举消灭。

于是李靖亲率一万精兵紧随使者北进,至阴山全歼突厥的一部巡逻骑兵,而后神不知鬼不觉地靠近颉利的牙帐,突袭颉利可汗,颉利无力抗争仓皇奔逃,后被唐军俘虏。李世民听闻后非常高兴,他说:"靖以骑三千,喋血虏庭,遂取定襄,古未有辈,足澡吾渭水之耻矣！"自此，后患得以铲除，突厥部落尽归李唐，周边少数民族部落也纷纷向唐朝称臣，唐王朝以后国运兴盛也有赖于此。

贞观八年（634），即李靖攻灭突厥后第四年，位于青海和新疆南部的吐谷浑作乱，李世民决定将之铲除以绝后患。李世民认为李靖是最佳人选，不过这时的李靖已是退居在家的六旬老者，李世民正踌躇间，李靖却主动请缨，李世民大为叹服，他命李靖挂帅直捣吐谷浑。

李靖不顾老迈，一路踏冰踩雪，风餐露宿，率部直穿大漠，猛追穷寇，奔突两千余里，到达吐谷浑巢穴。吐谷浑可汗走投无路，为部下所杀，身死国灭。唐朝的西部边患自此解除。

平定吐谷浑之后，李世民继续经营西域，用兵高昌。高昌地处今新疆吐鲁番地区，是通向天山南北的要道。由于高昌依附西突厥，阻绝西域诸国与唐通商，并侵扰唐的伊州（今新疆哈密）。贞

唐太宗爱护百姓

观十三年（639）冬，李世民命交河行军大总管、吏部尚书侯君集率军数万人进击高昌。次年八月，唐军越过地无水草、寒风如刀、热风如烧、长达两千多里的沙碛，进抵高昌，击破田地城（今新疆鄯善县西南鲁克沁），迅速包围高昌都城。唐军填堑攻城，飞石雨下。在众寡不敌的形势下，高昌王麹智盛被迫出降。

贞观十八年（644），由于焉耆（今新疆焉耆西南）勾结突厥与唐为敌，郭孝恪经过奏请，亲自率兵平定焉耆。贞观二十一年（647），李世民为完成西域的统一，以阿史那社尔为昆丘道行军大总管，与契苾何力、郭孝恪等，率领大军10万进攻龟兹（都城在今新疆库车）。次年冬，唐军攻下龟兹都城，龟兹王布失毕逃保拨换城（今新疆阿克苏），唐军围攻四十日，城破，生擒布失毕，遂平龟兹。于是设置龟兹、焉耆、于阗（今新疆和田）、疏勒（今新疆克什）四镇，移安西都护府于龟兹以统之，有效地控制了广大的西部边疆，从而促进了中国与西域的经济和文化交流。

李世民除用军事力量对付敌对势力外，也用和亲政策保持边疆的安定，而以唐与吐蕃和亲影响最为深远。松赞干布是吐蕃杰出的君主。他向慕汉族文化，于贞观八年（634）遣使入贡，后来又奉表求婚，得到李世民的许可。贞观十五年（641），李世民命礼部尚书、江夏王李道宗护送文成公主前往吐蕃，不仅带去了大量的金银、绸帛、珍宝，还带去了内地先进的农业技术和精美的手工业品，带去了内地的菜种、蚕种以及各种药物和典籍，也带去了大批工匠和乐队。松赞干布对这桩婚事感到异常高兴。为了照顾文成公主的生活习惯，他修筑了专门的城郭和宫室让文成公主居住，自己还改穿汉人的衣服。文成公主进入吐蕃，对西藏地区经济、文化的发展起了重要的促进作用。

在东北边疆，长期占据辽东一带的高丽，阻挠新罗、百济与唐朝的通使，而且不时侵犯辽西，杀害边民。贞观十八年（644），李世民决定进攻高丽，以刑部尚书张亮为平壤道行军大总管，率水军四万，分乘战舰500艘，自莱州（今山东莱州市）渡海趋平壤；以太子詹事，左卫率李勣为辽东道行军大总管，率步骑六万趋辽东。第二年，李世勣攻下盖牟城（今辽宁抚顺），进攻辽东城（今辽宁辽阳）。张亮袭取卑沙城（今辽宁金县

东），陈兵鸭绿江上。李世民自统大军，亲到辽东前线督战。唐军攻破辽东城，进军安市（今辽宁海城东南），击败了高丽大将萨延寿、高惠真率领的援军，延寿、惠真降唐。但安市城守甚严，久攻不下。这时天气转冷，粮食将尽，李世民只好下令班师。

正当唐军征辽的时候，漠北的薛延陀乘机侵入河套。贞观二十年（646），李世民派江夏王李道宗等分兵数路，进击薛延陀，将其灭亡，原来服属薛延陀的诸部降唐。次年，唐于铁勒诸部设置六府一州，以各部酋长为都督、刺史。设燕然都护府于西受降城（今内蒙古自治区五原县）东南的大单于台，以统新置备府、州。还根据各部酋长的请求，在回纥以南，突厥以北，开了一条"参天可汗道"，置68驿，以供往来使者的食宿。唐朝的势力已达到漠北的广大地区。

李世民在统一边疆的过程中，采取了比较开明的民族政策。他认为四夷如一家，大家不应该相互猜忌，如果相互不信任，骨肉至亲也会沦为仇敌。因而他很注意改善民族之间的关系，促进了多民族国家形成的历史进程。

唐平东突厥后，将突厥降众安置内地，让他们保持原有的生产和生活习惯，仍以其酋长担任都督等职，统治原有的部众。突厥首领在长安被任为五品

唐蕃会盟碑

以上将军，中郎将的官员有一百多人。定居长安的突厥人将近一万家之多。吐谷浑平定以后，仍以慕容氏为可汗。后来又把弘化公主嫁给诺曷钵可汗。

由于李世民大量吸收了各民族的代表人物参加政权，密切了民族关系，促进了各族人民的交往和经济文化的发展。当时突厥与吐谷浑各请互市，他们从内地得到了大量的布帛，而内地从其他民族那里得到马匹和耕牛。内地的盐、茶、绸缎、文具、饰品与吐蕃的马匹、药材、皮毛等的互市，也十分活跃。特别是文成公主进藏，带去了大量的生活用品、医药、生产工具、蔬菜种子等物品，以及经史、诗文、工艺、医药、历法等书籍，使中原的生产技术和文化传入了吐蕃。在唐朝规模庞大的国学中，学生多达八千余人，其中有不少是西域、吐蕃、渤海等族酋长的子弟。在吐鲁番等地还曾发现《论语》《史记》《汉书》《神农本草》等书的残片。这都说明唐文化对边疆地区的深刻影响。同时，西域的贵族、僧侣、乐工、画师等大量进入内地，带来了不同风格的音乐、舞蹈和绘画艺术。高昌葡萄酒的酿造法和海马葡萄纹的铜镜，也传入内地，并被普遍采用。在"四海宁一"的条件下，正是以汉族为主体的各族人民共同创造了唐代高度发展的经济和文化。

贞观前期，李世民抱着比较谦虚谨慎的态度处理国家事务，在各方面获得了良好的效果。但是，随着国内形势的好转和边疆胜利的扩大，到贞观中期，李世民的思想里滋长了骄傲自满的因素，政治逐渐不如以前了，兼听、纳谏的良好作风渐渐冲淡，对农

民让步的政策开始不能很好地执行，侈靡奢纵的行为也有所发展。这种变化引起了一部分大臣的强烈反应。贞观十一年（637），魏徵连续上了论时政四疏，反复劝告李世民应该慎终如始，不要居安忘危，应当经常以隋亡为鉴。同一年，马周也在上疏中大声疾呼："如果陛下能像贞观初期那样，那就是天下的大幸！"贞观十二年（638），魏徵再度指出李世民听谏的态度与贞观初期有所不同，说他贞观初期能鼓励臣子进谏，以后也还能高兴地听取臣子的进谏，但近一两年则只能勉强受谏，而且总是心中不乐。贞观十三年（639），魏徵又上十渐疏，说他的志业不及贞观初期。

贞观十八年（644）东征高丽，是李世民一生的最后一次辉煌。他可能在此次东征中负了箭伤，从此以后，他的身体每况愈下，多愁善感的个性也显现出来。他最年轻的晋阳公主12岁夭折，太宗竟然一个多月不思饮食，垂泪伤悼。他说："我现在这么易于动情，究竟为什么，我也不知道。"为了重振雄风，延长寿命，他竟然迷上了方士铅丹。铅丹是古代方士或道士所炼的仙药，即经炉火烤炼的朱砂，称为"外丹"，据说服之能生发固精，延年益寿，实际上只是些骗人的把戏，丹铅性热，服之则精神亢奋，久而久之就会中毒，严重则可致死。太宗信此邪术之后，脾气反而更加暴躁，身体进一步受到伤害。

贞观二十二年（648）以后，李世民已经变得非常衰老，经常发病，心神不宁，还常做噩梦。

贞观二十三年（649）五月，太宗到翠微宫养病。翠微宫在长安郊外的终南山里，这里隐僻幽静，风光优美，本是休养的好地方。不想太宗却染上了痢疾，病情加重，不久病逝在翠微宫，时年52岁，葬于昭陵。

唐太宗不好祥瑞

唐高宗李治

人物档案

生卒年:公元628~683年

父母:父,太宗李世民;母,长孙皇后

后妃:王皇后、萧淑妃、武皇后等

年号:永徽,显庆,龙朔,麟德,乾封,总章,咸亨,上元,仪凤,调露,永隆、开耀、永淳、弘道

在位时间:公元649~683年

谥号:弘孝皇帝

庙号:高宗

陵寝:陕西乾陵

性格:仁孝厚道,明敏刚决

唐高宗李治

名家评点:

当人们观察他的时候,首先看到的往往是太宗以及贞观之治的耀眼光环;既而在他身后又是历史上唯一的一个女皇武则天,在他们两人并驾齐驱的时候,又总是被武则天抢占了头筹。

——任士英

储位之争:无心插柳柳成荫

唐高宗李治(628年~683),李世民第九子,唐朝第三位皇帝。贞观二十三年(649)即位,在位34年。李治性格柔弱,在位期间宠信武则天,加上体弱多病,后期朝政逐渐为武则天把持。弘道元年(683)十二月初四病逝,终年56岁,庙号高宗,葬于乾陵(位于今陕西省乾县的梁山)。

唐太宗开创了唐王朝的鼎盛局面,为了能长久地维持统治政权,他像历史上许多有为君主一样,十分重视死后的安排。因此在贞观末年,立谁为太子成为唐太宗李世民的一块心病。

早在武德九年(626)十月,刚登基为帝的太宗便立年仅八岁的长子李承乾为太子。承乾是太宗和长孙皇后所生的长子,"嫡"和"长"都占,真是储位的完美人选。太宗也十分喜爱承乾,从小便加意栽培,传授他治国法要,希望他能成为比自己更好更强的明君。贞观九年(635),李渊去世,太宗居丧期间,命令太子承乾在东宫处理国家日常事务,有意锻炼他的处理政务的能力,更显示出对太子的信任和宠爱。

太子承乾聪明过人,就是不喜欢读书学习,反而喜欢女色、音乐和打猎,喜欢奢侈的生活,这倒很有李渊的遗风,面对父皇委派的辅导自己的东宫官僚,承乾总是无比庄重,说的都是忠孝大义一类的话,既冠冕堂皇,又令人折服,回到内宫后便和身边的佞倖小人做些见不得人的荒唐勾当。时间长了,东宫官员有所察觉,想要劝谏,承乾总是能猜出对方的心思,抢先一步做深刻的自我检讨,认识深刻,态度诚恳,弄得要劝谏的

官员根本无法开口，所以初期内外大臣都夸赞太子贤明有德。

承乾喜欢打猎，一次从马上坠下，落下残疾。知子莫若父，太宗对长子的废学和不务正业极为头痛，屡次训诫却不奏效，又见他成了跛子，对其宠爱大减，转而宠爱起聪明好学，动辄循礼、多才多艺的皇四子魏王李泰。他为李泰开置文学馆，延请四方名士编纂《括地志》，以提高李泰的声望。他还因群臣对李泰不够尊重，少有的在朝廷上大发雷霆，而每月给李泰的钱比太子承乾的要多。太宗虽未表明易换太子的心思，但大臣们不难从他的言行中窥探出来，于是便有一些臣工转而拥戴魏王李泰。

太宗虽有此心，却也很犹豫，为了平息大臣们的纷纷猜测，强命魏徵出任太子太傅，把他比作汉高祖刘邦时保护太子的"四皓"，以此来表明自己绝无另立太子的心意。

太子承乾对父皇的保证并不安心，反而感受到来自李泰的越来越大的威胁。他落下残疾后，不免有强烈的自卑心理，愈发感到处处比不上李泰，而自己的太子地位怕是注定难保了，便有了铤而走险的意图。

承乾还有一样要命的毛病，就是喜欢太常寺的乐童称心，一同起卧如夫妻。又私召道士秦英，画灵符为自己作法祈福，后一种在历代宫廷中都是最犯忌讳的，太宗知道后大怒，把称心和两名道士处斩，重重责骂承乾。承乾以为是李泰告的密，更加怨恨李泰，对父亲也不免怨恨。他又错上加错，在宫中为称心设置了一个房间，悬挂称心的像，早晚祭奠，思念不已，又在宫中苑内为称心立坟树碑。太宗知道后更是生气，承乾也知道自己伤透了父皇的心，经常几个月称病不朝见父皇，在宫中养了100多名刺客，准备刺杀魏王李泰。

承乾凭借太子的地位，勾结对太宗不满的吏部尚书侯君集，左屯卫中郎将李安俨和太宗的弟弟汉王李元昌，准备起兵造反。

贞观十七年（643）四月，承乾所养的刺客首领纥干承基因受齐王李佑谋反案的牵连，被捕入狱，赐了死刑。纥干承基为求活命，便供出太子承乾谋反的全部阴谋。太宗特命长孙无忌，房玄龄，李世勣等重臣负责，大理寺、中书省、门下省共同审理，查实后太子承乾被免为庶人，关押在右领军府，汉王李元昌赐自尽，侯君集、李安俨等人一律处死。

承乾既废，太宗的心意便转到一向宠爱的李泰身上。李泰每天在太宗身边侍奉，太宗也当面许诺立他为太子，大臣岑文本、刘洎等人也极力赞同。

但此时新的矛盾又产生了。开始，魏王李泰自以为功将垂成，天天进大内侍奉太宗，太宗也当面许愿立他为太子。魏王泰感激涕零地说："臣今日始得为陛下子，乃更生之日也。臣有一子，臣死之日，当为陛下杀之，传位晋王。"魏王泰表面上说得冠冕堂皇，内心却深恐晋王李治成为自己竞争太子的对手。为求得万无一失之计，他在太宗不知道的情况下，要挟晋王李治说："汝与元昌善，元昌今败，得无忧乎？"缺乏经验的李治竟被吓得终日忧心忡忡。这时，太宗亲自在朝廷上公开吹捧魏王泰，并把李泰对他所说的话转告群臣，然后说："人谁不爱其子，朕见其如此，甚怜之。"这实际上是在放出空气试探大臣们的态度。当时，长孙无忌虽然极力反对，却沉默不言。谏议大夫褚遂良则不掩饰地反对立魏王泰，明确地提出："陛下言大失，愿审思，勿误也！安有陛下万岁后，魏王据天下，肯杀其爱子，传位晋王者乎？"接着又指出，如果立了魏王泰，那么他

高宗时的货币乾封泉宝

即位以后，前太子承乾和晋王李治的性命都将难保。以太宗的政治经验，本来是不难识破魏王泰许诺的虚伪和欺胁的，只是他一直宠爱魏王泰，现在形势被褚遂良一语道破，也不由得他不深思。而且，他也由此看到大臣们反对的力量大于支持的力量，于是怏怏不乐，扫兴罢朝。

此时太宗的心情七上八下，十分矛盾，他多年来不顾大臣们的反对，小心谋划，欲立魏王泰为太子，好不容易废了承乾，眼看瓜熟蒂落，大功将成，没有想到依然阻力重重，不能如愿以偿。另一方面，太宗也冷静下来深思，感到立魏王泰为太子也确有许多问题。特别是太子承乾在被废时的一番话，始终在太宗的头脑里盘旋。当承乾阴谋失败时，曾对太宗说："臣贵为太子，更何所求？但为泰所图，特与朝臣谋自安之道。不逞之人，遂教臣为不轨之事。今若以泰为太子，所谓落其度内。"太宗左思右想，考虑再三，最后不得不对侍臣说："承乾言亦是。我若立泰，便是储君之位可经求而得耳。泰立，承乾、晋王皆不存；晋王立，泰共承乾可无恙也。"而且立晋王李治为太子，正合大臣兼其舅舅长孙无忌的愿望。

太宗衡量当时的形势，意识到非立晋王李治为太子不可了。一天，他在两仪殿屏去其他臣僚，只留下长孙无忌、房玄龄、李世勣、褚遂良等人，又召来晋王李治，大声说："我三子一弟，所为如是，我心诚无聊赖！"说着，倒在床上，抽出佩刀便欲自杀，被长孙无忌等人拉住。长孙无忌等人问太宗打算怎么办？太宗答道："我欲立晋王。"长孙无忌当即回答道："谨奉诏，有异议者，臣请斩之！"然后太宗对晋王李治说："汝舅许汝矣，宜拜谢。"于是太宗改立李治为太子这一出戏，如此做作一番之后就这样戏剧性地收场了，从来没想过当太子的李治无心插柳，取得了太子身份，贞观十七年（643）四月，太宗下诏，正式公布立晋王李治为太子，贬承乾徙居黔州（今四川彭水县），徙李泰居均州（今湖北均县北）。

太宗之所以改变主意立晋王治为太子，还有其更深刻的政治原因。当时朝中势力分为两派，长孙无忌既是开国元勋，又是皇室贵戚，出身于关陇贵族，在当

凌云阁功臣长孙无忌

时统治集团中是个举足轻重的重要人物。而崔仁师、岑文本等人都出身于庶族，官位仅次于长孙无忌、房玄龄等人，在贞观朝中算是后起之辈。因此在立魏王泰为太子问题上的分歧，实际上反映了关陇贵族集团和关东庶族之间的矛盾斗争。在一废一立之间，很可能激化矛盾，打破朝廷中大臣各种势力多年来保持的相对平衡。

这时的唐太宗，似乎是如梦初醒，感到再也不能按自己的主观愿望去选择太子了，因为这个问题已经卷入关陇贵族与关东庶族之间的矛盾之中。如果魏王泰得立为太子，庶族官僚势力必然增长，长孙无忌为首的关陇贵族自然要加以反击，宗室诸士也将掀起争夺皇位的斗争，到那时魏王泰能否控制住局势就很难说了。万一发生新的政变，势必两败俱伤，削弱唐王朝的统治实力。另一方面，太宗虽然提拔了大量庶族出身的官僚，但他并没有也不可能完全摆脱旧的门第观念，关陇集团在唐朝政权中仍然占有十分重要的地位。在这种关键时刻，太宗当然不能以牺牲关陇贵族为代价去助长庶

族官僚的势力。如果立中间性人物晋王李治为太子,既照顾了关陇集团的利益,也不致引起庶族官僚的强烈反对,这是唐太宗改立"仁弱"的晋王李治为太子的根本原因。

太宗虽被迫立李治为太子,心里还是觉得李治仁弱,难承大业,半年后太宗偷偷对长孙无忌说:"公劝我立雉奴(李治的小名),雉奴懦,恐不能守社稷,奈何!吴王恪英果类我,我欲立之,何如?"长孙无忌坚决反对,太宗说出了心里话:"公以恪非己之甥邪?"被揭穿心思的长孙无忌并不辩解,只说了句冠冕堂皇的话:"太子仁厚,真守文良主;储副至重,岂可数易!"太宗看出长孙无忌是要死保李治了,只好屈从,而那句"公以恪非己之甥邪"既表明了太宗的愤慨和无奈,也暴露了长孙无忌死保李治的良苦用心。从此太宗再无更换太子的心思了。

贞观二十三年(649)四月,唐太宗病逝于翠微宫含风殿,将李治托孤于长孙无忌和褚遂良,年仅53岁。六月,太子李治即位为帝,是为唐高宗,第二年改年号为"永徽"。

唐太宗遇物教储

永徽之治:贞观老臣辅幼主

高宗即位后,加封长孙无忌为太尉,兼检校中书令,知尚书、门下二省事;以李世勣为尚书左仆射、开府仪同三司、同中书门下三品。两位重臣都非常懂得避嫌,长孙无忌坚辞知尚书事,李世勣则坚辞尚书左仆射。此外,太子少师于志宁为侍中掌管门下省,太子左庶子许敬宗兼礼部尚书。

高宗重用长孙无忌、褚遂良、李世勣等贞观老臣,这些老臣也没有让他失望。他们遵守贞观遗规,推行均田制,留意垦殖荒田,继续发展科举制度,百姓生活安定,人口迅速增加,因此后人有"永徽之治,贞观遗风"的说法。

在这期间,特别值得一提的有两件事,第一件事是《唐律疏议》的颁行。唐律不仅在中国,而且在世界法制史上都占有极其重要的地位。"西有罗马法,东有唐律",作为中华法系的核心,唐律一方面是后世各朝修订法律的楷模和蓝本,之后历代修律的基本精神和主要内容都未超出唐律的范围,另一方面也对东亚诸国,诸如日本、朝鲜、越南等国的古代法制产生过巨大影响。而我们所称的唐律,正是于永徽年间制定并颁行的《唐律疏议》。永徽初年,长孙无忌在《武德律》《贞观律》的基础上,正式完成了基本法典《永徽律》及"律疏"的制定,二者融为一体,称为《永徽律疏》。其中除律外,还有令、格、式三种形式,形成了完整的体系。令是规定国家各种制度的法典基本上包括了经济基础和上层建筑的各个方面;格也相当于律,是皇帝对国家机关或个人因时因事而颁行的诏书汇编;式则是国家机关经常和广泛适用的办事细则和公文程式。令、格从积极的方面来规定国家机关和官民人等应当遵守的制度,而律则从消极方面规定违反令、格、式以及其他一切犯罪的刑罚制裁。四种法律形式互相协调,体现了唐朝立法技术的高度成就。

《永徽律疏》经高宗批准,颁行天下。此后,唐朝其他皇帝再未做过较大的修订。

因此,《永徽律疏》就成为唐律的代表,后世称为《唐律疏议》,代表着中国乃至世界封建法律的最高成就。唐律体例完善,结构严谨,用刑持平,某些方面比如对变相贪污受贿罪的认定和量刑甚至到今天仍有借鉴作用,是大唐王朝留给今人的一份极为珍贵的瑰宝。

永徽年间另外一件值得称道的事情就是《五经正义》的颁行。五经指五部儒家经典著作,即《诗》(《诗经》)、《书》(《尚书》《书经》)、《礼》(《礼记》)、《易》(《周易》)、《春秋》。汉武帝时,朝廷正式将这五部书宣布为经典,故称"五经"。自东汉末年以后,战乱四起,儒家经典散佚,文理乖错。魏晋南北朝时期,国家长期分裂,经学也逐渐形成了"南学""北学"之争。再加上儒学内部宗派林立,各承师说,互诘不休,经学研究出现一派混乱局面。

隋唐建立以后,为了统一的封建政权的政治、思想、文化建设的需要,亟须整顿混乱的经学,由朝廷出面撰修、颁布统一经义的经书。唐太宗下令召集当时一些著名的儒士共同撰修《五经正义》,因国子祭酒孔颖达年辈在先,名位独重,故由他负责此事。《五经正义》撰成于贞观十六年(642),后又经马嘉运校定,长孙无忌、于志宁等再加增损,于唐高宗永徽四年(653)正式颁行。

《五经正义》引用大量史料诠释典章制度、名器物色,又详于文字训诂,为后人研读经书提供了方便。书中包含有政治、经济、思想、文化、社会习俗等方面的丰富内容,是研究者的宝贵资料。《五经正义》的撰著过程中,采摭旧文,取材广泛,汇集了汉魏、两晋南北朝时期学者的研究成果,故能"融贯群言,包罗古义",在唐代具有很高的权威性。

由于《五经正义》具有很高的学术权威性,又是朝廷颁布的官书,故士子相传习诵,不易亡佚。被它选用的注本地位大大提高,得以流传至今。更

奇异的《驯豹图》

由于它收录了大量重要古籍的内容,很多书在后世亡佚,后人全赖此书才得以窥其原貌,因此它保存古籍史料之功不可没。

《五经正义》经官方颁定后,便成为士子习经和科举考试的统一标准。自唐代至宋初,明经取士,以此为准。以科举取士取代九品中正制,是社会的一大进步,《五经正义》顺应科举考试的需要,革除儒学多门、章句繁杂之弊,形成经义统一的经学,在当时确有不可否认的进步作用和积极影响。

《唐律疏议》和《五经正义》的颁行,长孙无忌功不可没。甚至可以说,永徽之治的出现,长孙无忌当居首功,他在立法、行政、文教各方面所做出的贡献都是无与伦比的。

当然,高宗李治的表现也可圈可点,他继承了父亲善于纳谏、赏罚分明的作风,对于吏治,特别是地方吏治,尤为看重,一定程度上纠正了贞观末期重中央而轻地方的弊端。登基伊始便下令禁绝各州县贡奉,召集各地朝集使,称:"朕初即位,如有政令让百姓生活感到不便的,但说无妨,如果时间不够,可以回去写奏折呈上。"他甚至每天召集

刺史十人入阁，询问当地民生状况及政令执行情况。可见，高宗刚即位时，确实有心做一个像父皇李世民那样的有作为的皇帝。不过好景不长，另外一个女人的强势介入，不仅打乱了高宗和各位大臣之间的关系，而且几乎使李唐江山落入他人之手，这个女人就是武则天。

旧情复燃：武则天飞上枝头

在贞观末年，时为太子的李治就与太宗身边的才人武则天相识，不久两人产生私情。太宗驾崩后，武则天按照惯例到感业寺出家。后来在太宗忌辰时，高宗到感业寺祭祀，再次碰到武则天，两人旧情复燃，之后高宗就常到感业寺看望武则天。永徽四年（653）春，高宗后宫中王皇后与萧淑妃之间争宠，闹得不可开交。王皇后为了转移高宗的注意力，就把武则天再次接到宫中。

由于高宗性格柔弱，正好与武则天的性格相反，而且，武则天有处理政事的独特能力，高宗事事都愿与之相商，因此，他深深迷上活泼刚烈的武则天。这再一次引起了王皇后的妒忌，她利用皇后的权利，一再威胁武则天。

武则天当然不是善与之辈，她本来就觊觎皇后的宝座，现在受到王皇后的胁迫，便决定针锋相对地还击。首先，武则天用小恩小惠笼络宫中的侍女们，在宫中赢得了拥戴；其次，她一再在高宗面前形容自己的凄惨处境，控诉王皇后的暴行，本来就对王皇后不满的高宗越发讨厌王皇后，渐渐有了废后之心。

武则天在进宫之前生有一子，进宫后不久，又生了一个女孩。有一天，武则天在宫中闲坐，侍女来报说皇后驾到，她密嘱侍女一番，然后急忙闪入侧室。皇后进来，只有侍女跪迎，就问武则天哪里去了，宫女回答说："到御花园采花去了，就快回来了。"皇后还未坐定，就听到小公主的哭声，于是前去抱在怀里，抚弄了一回，待她变哭为笑，又渐渐睡去，才放回床上，用被子盖好。她等了一会，见武则天还不回来，便起驾回宫。王皇后一走，武则天就从侧室出

佛本生故事

来，见孩子睡得正熟，竟狠了心肠，掐死了小公主。然后武则天仍旧盖好被子，假装着到后花园采花。

过了一会儿，高宗驾到，武则天拈着花朵，迎高宗入宫。高宗命侍女去抱小公主给他看，侍女掀被一看，吓得半晌不能出声，只见小公主面如死灰，身体早已僵硬。武则

天大哭，高宗十分惊异，追问侍女，侍女说刚才只有王皇后来过。高宗顿时大怒，说道："如此悍妇，竟然做出这样恶毒的事情！"于是高宗下定决心要废黜王皇后。

在封建社会，对于皇后的废与立都是国家大事，必须由大臣们共同商议。这方面的阻力主要来自长孙无忌、褚遂良等贞观老臣，因为王皇后是关陇贵族后裔，而他们作为关陇集团的代表，当然明白废黜王皇后意味着什么。然而，李义府、许敬宗等庶族出身的大臣为了在高宗和武则天面前争功邀宠，就站到了长孙无忌等人的对立面，支持武则天做皇后。许敬宗甚至在朝堂上说："田舍翁多收了十斛麦子，还想换个老婆，何况天子！"于是，在废立皇后的问题上，朝中大臣分成了两派。

高宗心里明白，废立皇后一事能否得到朝臣的赞许，关键在于打通长孙无忌这一关节，于是他与武则天带着重礼亲自到长孙无忌家里拜访。在酒酣耳热之际，高宗当面封长孙无忌宠妃所生三子为五品朝散大夫，还赠送了十车金银珠宝与缯帛之物。然后，高宗流露了要废王皇后、立武则天为皇后的意思。尽管长孙无忌接受了厚礼与封赏，但却顾左右而言他，对于高宗的问话置之不理。高宗与武则天无计可施，只得怏怏而归。此后，武则天还让生母杨氏出面，带着重礼，到长孙无忌府上说情，均遭到拒绝。礼部尚书许敬宗也多次相劝，也遭到长孙无忌的严厉斥责。

一次，高宗把长孙无忌等反对的人召到一起，商量皇后的废立问题。武则天坐在帘子后面监听。长孙无忌等人为王皇后辩解，说她出身高贵，忠厚贤惠，没有什么大过失，不该废皇后之位；而武则天却是出身贫寒，还曾经侍奉过先帝太宗，再立为皇后违背了礼制。

由于长孙无忌是高宗的元舅，不好出面硬争，于是褚遂良出面，坚决反对，甚至还磕头磕到流血，一气之下提出辞官回家。武则天在后面见了，怒火顿生，大声喊道："怎么不把这种臣僚乱棍打死！"其他人见状，赶忙替褚遂良求情。褚遂良虽然保住了性命，但被贬官，去了谭州（今湖南长沙）任都督。

褚遂良

贞观老臣的反对让高宗郁郁不乐。一日，另外一位大臣李世勣入见，高宗问他："朕欲立武昭仪为后，你以为如何？"李世勣说道："此陛下家事，何必要问外人。"李世勣也是贞观时的大臣，是太宗临终时推荐给高宗的佐命之材，但李世勣是关东庶族出身，对于当时朝政由关陇集团掌控，心中不满。李世勣的话点醒了高宗，于是高宗决定不再与大臣商量，于永徽六年（655）十月直接下诏废王皇后为庶人，改立武则天为皇后。

垂帘听政：天下大权归中宫

自显庆五年（660）末起，高宗患风眩，整天头晕眼花，有时难以睁眼，将朝政大事逐渐交给武则天处理。上元元年（674），高宗称"天皇"，武后称"天后"，天下之人谓之"二圣"。

从武则天干预朝政开始，到高宗驾崩，在这段"天皇"与"天后"统治的时间内，政治、军事、经济等方面取得了一系列的成就。

在政治方面,二圣的措施是重用庶族官僚,打压门阀贵族,并整肃吏治。当时把持朝政的门阀贵族是关陇集团,这些人都出身于历朝显宦之家,代代相荫,形成庞大的家族势力。他们还互相通婚,枝叶相连,从而形成特殊的利益集团,不仅排斥集团之外的人,而且对皇家也构成很大的威胁。以长孙无忌为例,一个家族里有多人任四品以上的高官和或享有爵位,其中他的儿子担任着京中重要岗位之职,未成年的几个庶子也被授五品朝散大夫的散官,还有族子、族孙也都荫袭在位。长孙无忌一门在京中和地方为官者就有几十人之多。长孙无忌、韩瑗、来济、于志宁等各家彼此之间又联姻结亲,加上他们众多的门生,朝堂简直就是他们几个家族的天下。他们一荣俱荣、一损俱损,利害牵扯,长此下去,不仅堵塞了庶族有才干的子弟的升迁,而且对皇权造成了威胁。

大食人俑

武则天认为,只有摧毁门阀制度,根除门阀观念,才能使人才源源不断地涌现出来,为统治天下所用;也只有提高庶族地主官僚的地位,才能使出身寒微而有才能之士抬起头来,施展文武才能,为大唐的统治效力;而且,任用这些没有多少根基的庶族人士,也是巩固皇权的最好对策。武则天的想法得到了高宗的支持。他们首先采取的措施是修订《氏族志》。《氏族志》是贞观年间唐太宗不满魏晋以来的门阀制度而委派高士廉等撰写的、国家法定的贵族族谱。原来,早在魏文帝的时候,就确立了"九品中正制"的选官制度。当时用人的方法,首先是推选各郡有"声望"的人,出任"中正",由他们推荐把各地的士人按"才能"分别评为九等,朝廷按等选用。这本是一种选官制度,但后来,各州担任"中正"的人,都出自豪门世族之家,他们选人也都以门第高下为标准,并不真正看中才能,从而逐渐造成了"上品无寒门,下品无世族"的局面。不过,高士廉等人受门阀制度影响很深,他收集全国各个世族的家谱,依据史书,辨别真假,考证世系,推进忠贤,贬退奸佞,分清高下,定出上下共九等,不仅没有对门阀制度加以抑制,反而连唐太宗的设想也没有达到。反把山东望族崔民干列为第一等。

显庆四年(659)六月,许敬宗等人在武则天授意下,以《氏族志》不叙武氏家族为名,请求进行修改。武则天也在做高宗的工作,高宗很赞同她的意见,下诏命礼部郎中(礼部中级官员)孔志约等人进行修订,而不再任命世族出身的人插手,并命令改《氏族志》为《姓氏录》,把它作为门第高下的意义淡化了。该书以皇后族武氏为第一等,其余的望族都以在唐朝担任官品之高下为标准,分成九等。凡五品以上的官员,不管其出身是世族或是庶族,都写了进去,一概进入世族,贯彻了"各以品位为等第"的原则。通过《姓氏录》,高宗朝比较彻底地否定了旧的门第观念,笼络了许多庶族出身的新贵族,受到了大多数出身低微的人士的拥护。

在显庆、龙朔年间,已经安定了多年的唐朝四境,其形势开始复杂化起来。东部与唐朝关系密切的新罗受到高丽和百济的包围,向唐朝求救。西部西突厥进扰西域各地,影响中西商路的畅通,也使西域各地归附唐朝的少数民族不得安宁。面对这种局面,二圣继续采用唐太宗时期的和睦安抚和武力征伐的两手政策,任用老将程知节、李世勣、刘仁愿、刘仁轨等人,也大胆起用新人苏定方、薛仁贵等人,自显庆元年(656)至麟德元年（664）共十年时间，使四境局势为之一变，其武功绝不亚于贞观年间，甚或超过贞观年间。

面对西突厥的威胁，永徽六年（655），高宗任命贞观老将程知节任葱山道行军总管，出击西突厥。显庆元年（656），程知节击西突厥歌逻、处月二部，斩首千余级。这年十二月，程知节又引军至鹰娑川（今新疆焉耆境内），前军总管苏定方破西突厥及别部鼠尼施，但副大总管王文度矫旨以"程知节恃勇轻敌，委王文度为之节制"为名，主掌兵权，力主防守，并杀害降卒，分取其财物，导致将士离心，无功而还。高宗以"逗留"罪治程知节、王文度，特授苏定方为伊丽道行军总管，再率燕然都护任雅相等将领，自北道征讨西突厥。苏定方此次打破西突厥，俘虏了西突厥的沙钵罗可汗。沙钵罗被免死封官，不久病死长安，西突厥灭亡。高宗下令在西突厥故地天山北路一带，建置北庭都护府，下统二州，昆陵、濛池二都护，以及 23 个都督府。龙朔元年（661），又在天山南路分置 16 个都督府，及 80 个州，110 个县，126 个军府，进行管辖治理，都隶于安西都护府。至此，唐朝恢复了在西域的统治，对于巩固西部边防，维护国家统一，发展商业交通以及各民族之间经济文化交流，起了积极的作用。

薛仁贵东征

隋炀帝、唐太宗都曾亲征高丽，大都无功而返。高宗年间继续对高丽用兵。高宗吸取太宗的教训，认识到必须在朝鲜半岛建立根据地，才能持久作战。当时岛上三国，以新罗与唐关系最密切。然而，新罗受到高丽和百济的包围，与唐朝的通路时断时续，而百济在半岛西南，与唐境距离也近。有鉴于此，高宗对刘仁轨说："欲吞并高丽，先诛百济，留兵镇守，制其心腹。"显庆五年（660），高宗派大将苏定方率水陆大军十万，进攻百济。龙朔三年（663），唐大将刘仁轨大败援助百济的倭国军于白江口，然后唐军大破百济，其国王奔高丽，百济灭亡。然后，高宗分其地置五都督府，唐军在百济得以"渐营屯田，积粮抚士，以经略高丽"。乾封元年（666），高丽莫离支泉盖苏文死，其子泉男生继为莫离支，与其弟泉男产、泉男建争权相攻，男生不胜，遣子献诚向唐求援。这给了唐军进攻高丽的大好机会。高宗派大将契苾何力接应泉男生投奔唐朝。乾封二年（667），高宗派李世勣为辽东道行军大总管，率郭待封、薛仁贵等部众两万攻入高丽。总章元年（668），唐军攻下平壤，高丽灭亡。然后，高宗在高丽设九都督府、42 州、100 县，总隶于安东都护府，以薛仁贵为安东都护，总领之，镇守平壤。擢拔原高丽诸部酋长有功者为都督、刺史、县令，共同治理百姓。至此，唐朝东部边境得以安宁，唐朝的疆域也大大得到扩展。

在经济方面，高宗和武则天延续了贞观时期的均田制，劝课农桑，鼓励生产，加上永徽年间积累的财富，此时的唐朝在经济上可谓是非常富足了。麟德二年（665），"米斗至五钱，麦、豆不列于市"。这时，众多公卿大臣数请封禅泰山，以感谢"天地神祇"，武则天表示赞同，唐高宗便着手准备封禅大典。所谓封禅泰山，就是在泰山顶上筑坛祭天,在泰山脚下设场祀地,报答"天地"的恩赐,请求"神祇"的保佑。封禅泰山要耗费大量的人力财力,需要相应的国力才能进行,但越是难办到的事就越显得神圣,因而封禅泰山就成为皇上有德、天下大治时才能举行的盛典,昔日也只有全盛时期的秦皇汉武有过封禅之事,太宗时曾想封禅泰山,但因大臣反对而作罢。

在做了充分的准备之后,二圣一行于麟德二年(665)十月二十八日离开东都,向泰山进发。"从驾文武仪仗,数百里不绝。列营置幕,弥亘原野。东自高丽,西至波斯、乌长(今伊朗、巴基斯坦一带),诸国朝会者,各帅其属扈从,弯庐毳幕,牛羊驼马,填咽道路"。整个队伍浩浩荡荡,好不风光。乾封元年(666)正月,高宗率众在泰山举行了隆重的封禅大典,至乾封元年(666)四月,整个队伍才回到长安,告谒于太庙。

薛仁贵——天山三箭

此次封禅活动持续了半年时间,虽然向天下显示了二圣的政绩和大唐的国力,但也耗费了大量的人力物力财力。而且,这次封禅活动还有一个后遗症,就是朝廷逐渐骄奢,阿谀奉承之风又逐渐抬头。随后几年,灾情频繁出现,国库也日渐空虚。

在高宗晚年,朝廷内外谣言四起,都是关于执掌军政大权、被公认为野心勃勃的武则天的。但这些谣传高宗都无法听到,因为武则天一直陪侍在他的身边,谁也没有胆量把这些谣传告诉他。不过,高宗的身体时好时坏,一旦能忍受疼痛,他还是召见大臣,了解朝中的情况。而这些大臣则多少向高宗做出一些暗示。比如他就曾召见过同中书门下三品李义琰。李义琰是反对武则天执政的人,曾担任过前太子贤的右庶子。他对太子被废深感内疚,认为自己作为宫臣之一,却没能辅导太子走上正道。原以为太子李贤的不肖可以瞒过天后的那双眼,没想到最终没有瞒得住。在他内心里,一定认为当一位昏君的臣下一定比在一个女子的驱使下苟活要强得多,因此他对李贤的被废非常难过。在高宗召见他时,他一言不发,虽是一个道德君子,但毕竟是血肉之躯,不敢像上官仪那样往刀尖上碰。他用悲伤、忧郁的情绪来感染高宗,暗示高宗,希望他对皇后提起警觉。但高宗偏偏不问这方面的事情。后来这个很讲妇人要有妇德的道德君子为了一块好坟地,竟然把舅家的死人从坟地上迁出去,埋上自家的死人。高宗素讲仁义,对这种不道德之事很敏感,私下在其他大臣面前说:"利用权位行此无耻之事,此人不足与语大事,可他却还在我朝廷当什么宰相。"李义琰听了,吓得赶紧请求致仕,高宗也没有挽留他。另外一个大臣尚书右丞冯元常受高宗委托,经常向高宗汇报朝中的一些事情。冯元常就利用这种机会,悄悄告诫高宗说:"天后威权太重,应该稍加抑损。"高宗听了,也有所动心,点了点头。

高宗越来越觉得自己的大限已经不远了。对此他没有怨言,他已年过半百,寿命已经超过了父皇太宗。但他有一件心事未了,那就是身后继承人问题。几个儿子中,他最疼爱弘儿、贤儿,可是他们却一个短命,一个谋逆。其他两个儿子一个比一个糊涂。李显虽被立为太子,承继大统,但尚需其母亲辅佐。对于武则天的辅政能力,他是毫不怀疑的,但大臣们隐隐约约表示了对她的不满,郝处俊甚至认为皇后掌权事关李家的江山社稷。这不能不让他有所警觉。皇后今后会不会危及李家社稷呢？这他不敢肯定,也不敢否定。皇后对政事、权力看得太重,有才能,又有一股子威严,他也觉得有这样的个性是很罕见的,过去放心地委以权力,但并未授之以柄,就是因为郝处俊的话说得很严重。但到了自己百年之后,妻子作为太后,有了权柄,能肯定她不如郝处俊所言那样行事吗? 事关李家社稷,他也不能不防。因此,他想把太子李显以后的事也定下来,就可以放心一些。于是在永淳元年(682)二月,他建议立李显刚满月的儿子重照为皇太孙。后来,高宗还想给皇太孙置府署、官属,因不合礼制才作罢。

武则天对高宗仍是悉心照料。在料理政事之暇,她多与高宗在一起,亲自侍奉汤药。她还希望在高宗有生之年,能与她相偕遍封五岳,做出前无古人的惊天动地之举来。因此下令在嵩山南麓筑奉天宫,准备封嵩山。监察御史李善感谏道:"陛下封泰山,告太平,致群瑞,可以与三皇五帝比隆了。数年以来,粮食不收,饿殍相望,四夷交侵,用兵不断。陛下宜恭默思道,修德禳灾,但却广营宫室,劳役不休。天下莫不失望。臣忝为国家耳目,窃以此为忧。"自褚遂良等人死后,20年来朝廷内外无人敢极言直谏。李善感的这番话,官员们都觉得为他们大出了一口气,称为"凤鸣朝阳"。当时,东都暴雨,洛水决堤,淹没数千户人家。关中一带先水后旱,继以蝗灾和瘟疫,一斗米涨到400钱。两京之间死者相枕于路,甚至出现人吃人的惨相。武则天不顾灾火情,力主封山,确为不智之举。

弘道元年(683)正月,高宗夫妇行幸奉天宫,视察刚竣工的宫室。是年七月,刚准备封嵩山,高宗病情加重,于是把时间改在下年正月。十月,高宗夫妇再次来到奉天宫时,高宗又一次病重,只得下诏停封嵩山。

此时高宗已感到头昏目眩,眼睛几乎看不见东西,身体非常虚弱。御医张文仲、秦鸣鹤为高宗诊疗。秦鸣鹤找出了高宗的病因,知道是脑部神经痛,提出刺头部穴位至出血,或许可以治愈。武则天听了这话,在帘后大怒说:"这人应该斩首,竟敢说在天子头上刺针!"秦鸣鹤吓得叩头请饶命。高宗却说:"反正病到了这种程度,刺就刺吧。"于是让秦鸣鹤刺百会。脑户二穴。刺过之后,高宗果然觉得眼睛看得见了。于是武则天亲自抱来100匹彩缎赏赐给秦鸣鹤,表示感谢。

但是,高宗的病已经很难痊愈了。十一月,高宗和武则天返回东都,百官都知道高宗的大限到了,汇聚在天津桥南拜迎。十二月丁巳,为了祈求上苍赐福,武则天建议改元弘道,以祈求上苍赐福给他们夫妇,并大赦天下。为了表示虔敬爱民,高宗坚持要亲自登上门楼宣读赦令。他被扶出宫门后,却气逆不能乘马,于是召百姓到殿前宣布赦令。他问侍臣说:"百姓都高兴吗?"侍臣们连忙回答说:"百姓蒙赦,无不欢欣。"高宗点点头说:"苍生虽喜,我的命却危在旦夕。老天如果能让我延续一两个月的生命,让我能回到长安,我死亦无恨了。"

当天晚上,他召裴炎进贞观殿,受遗诏辅政。遗诏说:"朕死后,七天而殡,让太子在灵柩前即位。在太子即位之前,重要事情由天后决定,交中书省、门下省提出意见。丧葬务从节俭。新皇帝以后有疑难不决的军国大事,都要请示天后做出决定。"当晚,高宗驾崩于贞观殿,享年56岁。

圣神皇帝武则天

人物档案

生卒年:公元 624~705 年

父母:父,武士彟;母,不详

丈夫:李世民,李治

年号:光宅,垂拱,永昌,载初;天授,如意,长寿,延载,证圣,天册万岁,万岁,登封,万岁通天,神功,圣历,久视,大足,长安等

在位时间:公元 684 年 ~ 690 年;公元 690 ~ 705 年

谥号:则天顺圣皇后

庙号:无

陵寝:陕西乾陵

性格:强硬刚劲,圆滑多智

圣神皇帝武则天

名家评点:

武则天是封建时代杰出的女政治家。但就家庭角色而言,不难看出武则天也是个好妻子。

——宋庆龄

性非和顺,地实寒微

则天皇帝(624~705),名武曌(音同照,武则天专为自己名字造的字),她晚年的尊号为"则天大圣皇帝",死后谥曰"大圣则天皇后",唐玄宗时追谥"则天皇后",因此后人称之为"武则天"。武则天是中国历史上第一位也是唯一位女皇帝,也是中国古代最具争议的女性。在她长达半个世纪的统治中,形成了强有力的中央集权,社会安定,经济发展,上承"贞观之治"。下启"开元盛世",革除时弊,发展生产,完善科举,破除门阀观念,不拘一格用贤才,取得了令无数人称道的历史功绩。

唐高祖武德七年(624)正月二十三,武则天出生在都城长安。他的父亲武士彟庶族出身,曾追随唐高祖李渊起兵,是唐朝的新贵族;母亲杨氏出身世族,门第显赫,家里世代都有达官,而且是隋皇室的亲戚。

据《新唐书》记载,武士彟原籍并州文水(今山西文水县),祖上曾有人做过官,也算是官宦人家,但是从来没出过什么名士,世代以经商为主业。武士彟年轻时,经营木材生意,积累了一定财富,因此他以金钱结识达官贵人,想以此步入仕途,光宗耀祖。隋炀帝大业元年(605),炀帝堂弟、燧宁公杨达受诏与宰相杨素、宇文恺营建东都洛阳。武士彟得知消息后,备了一份厚礼,托关系见到杨达。杨达对他的言谈举止很有好感,不仅玉成了一笔大生意,而且还引为宾朋,允他时常往来。在杨达府邸,他又结识了时任殿前少监、卫尉少卿的李渊。李渊当时蓄谋反隋,到处结交豪士,对武士彟自然也"虚心结契,握手推诚",武士彟十分高兴,以为遇到了知己,便倾心相从。李渊曾多次前往河西镇压历山飞领导的农民起义,途经文水,就住在武士彟家中。骆宾王在著名的《讨武氏檄文》里说武则天"性非和顺，地实寒微"，也即是说她的父亲出身低下，并非名门之后。那时，门阀世族处于社会的上层，门第观念根深蒂固，武士彟能以寒士身份跻身唐朝开国功臣之列，并娶出身高门的杨氏为妻，确实有些过人之处。

义宁元年（617），李渊当上了太原留守，就请武士彟担任行军司铠，也就是负责军需的官职。这时，由于隋炀帝的残暴统治，各地的农民起义风起云涌，隋王朝的统治江河日下，武士彟暗中劝李渊举兵，并进兵书及符瑞。李渊大喜，许以将来同富贵。

在李渊父子招兵买马的过程中，引起李渊的副手、隋将王威的怀疑，他找武士彟商议，准备逮捕李渊，幸亏武士彟向王威进言，化解了他的疑虑，王威才没有深究此事。武士彟的这次随机应变为李渊顺利起兵立下了大功。

李渊起兵后，武士彟一路跟随唐军，直到唐军攻克长安。李渊论功行赏时，武士彟被拜为光禄大夫，封太原郡公，后来又升任工部尚书，加封应国公。出身低微的武士彟在新皇帝治下已经拥有了贵族身份。

武德三年（620），武士彟的原配夫人病逝，经李渊做媒娶了已故的杨达之女。杨家此时家道萧索，但杨氏依然是大家闺秀风范，知书达理，文思敏捷，因此颇得武士彟的宠爱。杨氏后来为武士彟生了三个女儿，其中第二个便是武则天。

武德八年（625），即武则天出生后不久，武士彟被任命为扬州都督。因为子女尚小，武士彟就独身赴扬州上任，家属都留在长安。武士彟并非能征善战的武将，也非满腹经纶的文士，不过他也算忠厚可靠，是个实干家。在扬州时，武士彟的政绩不错，曾得到李渊的赏赐和嘉奖。

玄武门事变后，李渊让位给李世民，是为唐太宗。李世民怕各地有不满情绪，便把李渊派往各地的大员召回京城，武士彟就在被召之列。不过武士彟对于李世民并没有反对意见，依然像拥护李渊一样拥护李世民。贞观元年（627），利州（今四川广

骆宾王

元）都督李寿不满李世民的弑兄政变行动，伺机谋反，事败被杀。继任的都督李孝常在长安朝觐时，私下发泄对李世民的不满，又被李世民诛杀。这时，李世民想到了忠厚可靠的武士彟，就派他到利州任都督。

在唐初，都督之职是大员身份，许多名将如李靖、李孝恭高祖的诸子侄等都曾担任这种职务。在唐初地方机构中，道为第一级，全国共分为十道，道辖诸州，设行台进行管理，不久行台被撤，改由朝廷黜陟或观风俗使分巡各道。但道只是依山河形势划分，并非行政区域，巡行使之官不是常任之官，而是派朝中大臣临时充任。州为第二级，州设刺史，而在重要的州则设都督一职，管辖数州之军事及本州政事，地位较刺史高，又是常任之官，因此实为地方重臣。

武士彟在利州任职四年，颇有政声。武则天也在四川度过了她的四至七岁的童稚年华。关于这段孩童时代的情况，古代史书、笔记中有过一些记载，但大多是后人根据官场和民间传说谣言编录的，其中包含对这位前无古人、后无来者的女皇帝在逻辑上应该会有的童年生活的揣度。在深信符命、巫术的中国古代，出了这么一位女皇帝，人们当然认为是上天的安排，而且这种天命必定有所征兆。其中一个传说认为，武则天

生于利州,利州有山名黑龙山,有水名黑龙潭,杨氏在梦中与黑龙相交而生下武则天。这一传说在武则天当皇帝以后就已产生,所以一百多年后的诗人李商隐也曾写下"感孕金轮所"的诗歌题注。

另据《大唐新语》记载,武士彟刚到利州之时,成都的著名术士袁天罡正好奉诏进京,途经利州,武士彟便请他到自己的府中给妻儿们相面。袁天罡看了看杨氏的面容,说:"夫人骨相非凡,一定生有贵子,可请公子小姐出来一看。"当武则天同父异母的兄弟元庆、元爽出来时,袁天罡说:"这两个孩子贵可做到刺史,堪称保家之主。"接着又相杨氏的长女,说道:"这女孩将来必有大贵,然而也会有不利之事。"武则天当时穿着男孩服装,由奶母抱着,袁天罡一见大惊道:"这个郎君神采奥澈,其将来不可测!"他提出让武则天下地走几步,让他相个究竟。武则天下地走了几步,袁天罡愣了半晌才说:"此儿龙睛凤颈,贵之极也,可惜是个男孩,如果是个女孩,将来要当皇帝的!"袁天罡给武则天相面之说最早出于私人笔记,后来许多古籍竞相采用,在唐宋时代传为奇闻。显然,在当时说一个人会当皇帝是要冒杀头的风险的,何况说一个女孩会当皇帝也不合情理。因此这无非是武则天当皇帝成为既成事实以后,由事后诸葛亮杜撰出来的。

不过可以肯定的是,武则天童年时代受到了良好的教旨。隋唐时的社会风气远较宋明时开放,对于女子没有太大限制。其时,武家家境富足,贵为国公的武士彟有条件延请名师传道授业,出入府邸的文人骚客也大有人在。而且杨氏自己就是熟读诗书之人,教育两个女儿应该绰绰有余。武则天后来显示的各种才能与她童年所受的教育和母亲的熏陶不无关系。唐初的教育,与后世完全为科举而读书有不同之处,当时,既读经史,学诗文书法,还重礼、乐、骑、射等全面的才艺。武则天天性聪颖,性情活泼,在母亲的影响和教育之下,对诗文书法很感兴趣,她的书法楷、草兼备,虽不十分杰出,但也韵味十足,自成一体,堪称佳品。在音乐方面,她也有很高的天赋,后来入宫为才人后曾写下许多祭祀用的配曲歌词。武则天还是一个脂粉气较少的淘气顽童,时常让父亲的侍卫教她骑马射箭,因此她骑术高超,这也是她时常穿男孩服装的一个原因。

贞观五年(631),唐太宗下令裁并都督府,利州也在裁并之列。于是武士彟被调到荆州继续做都督。荆州是唐朝的四大都督府之一,治所在今湖北省江陵县一带。于是七岁的武则天跟随父母家人前往荆州。荆州物产丰饶,人才荟萃,本是一个人杰地灵的好地方,不过武士彟的身体状况却越来越差,贞观九年(635),李渊在长安病逝,一直忠于李渊的武士彟因悲伤过度,病情加重,不久即抛弃妻子,郁郁辞世。这一年,武则天12岁。

武士彟死后的哀誉既不显隆,也不卑下,就像他生前的地位和在皇帝心中的形象一样。他没有能陪葬在高祖的献陵,但唐太宗追赠他为礼部尚书,谥曰"定",命归葬文水,并委派并州大都督李世勣监护丧事,"定"这个字对武士彟的人品才干可谓恰当评价。在大唐皇室和大多数重臣心目中,武士彟就如同一匹老名马,兢兢业业,虽然生命走到了尽头,但大唐的江山社稷依然要照样子运转。但对武家来说,武士彟的逝世绝对是一次重大打击。因为他是家中的顶梁柱,他一倒,一家人就无所庇护了。武则天的姐妹中,大者尚未出嫁,小者还在童稚,而两位哥哥元庆和元爽,还可以功臣之后的名义托荫授官,但因为是武士彟的前妻所生,对杨氏和武则天姐妹极为冷淡。

于是,杨氏带几个女儿到长安投奔亲戚,一个新的机遇摆在了武则天的面前。

八面玲珑,重返宫廷

杨氏携武则天姐妹到达长安后,投靠在亲戚家里。武士的同僚故旧,相继前来探望,武则天的美貌和才华给这些人留下了很深的印象,连唐太宗和长孙皇后也闻知了她的美貌。

不久,武则天的姐姐嫁到了贺兰家,杨氏身边只剩下两个女儿,她常常带着武则天和小女儿在亲戚家轮流走访。高祖的女儿桂阳公主的再醮驸马杨师道是杨氏的堂兄,杨氏就经常在桂阳公主那里走动,桂阳公主逐渐喜爱上聪明伶俐的武则天,并且在长孙皇后面前提到,长孙皇后因此想把武则天召入后宫。不过不久长孙皇后的病情加重,这件事就不了了之。

贞观十年(636),唐太宗的皇后长孙氏去世,皇后虚位,现有妃嫔的数目又与宫制很不符,宫中的女史也因数次放出嫁人而颇感缺乏,因此内侍省陆续斟选民间女子补充,兼从官宦之家选拔低级妃嫔。因为妃嫔要服侍皇上,所以选拔特别严格,必须有教养文才容貌,还要参考门第之高下。妃嫔的选拔往往要经数道手续。先由内侍省寻访于官宦之家,提出候选名册,再出宫中女长者(太后、太妃等)或皇后过目选拔,最后经皇帝首肯。由于太宗的母亲早亡,后位又虚悬,这种选拔多由内侍省进行,然后请皇上点头即可。有时太宗自己也凭传闻自做决断。

贞观十一年(637)的一天,内侍省官员为选宫女事请示太宗,太宗沉默少顷,说道:"前曾听文德皇后和桂阳长公主说,前都督武士彠的二女儿聪明貌美,熟知诗文,文德皇后曾让桂阳长公主带进宫来,听其意是心喜此女,不妨遵其遗愿,可将此女选进宫当才人。"于是武则天被召入宫中,这一年,她14岁。

武则天入宫之后不久,太宗赐给她"武媚"的称号,因此人们都称她"武媚娘"。由于她性格刚强,不善于施展女人的温柔手段,所以一直没有受到太宗的宠幸。据说有一次太宗在宫女们的陪同下检视西域进贡的烈马,有匹烈马众人不能驯服,武则天斗胆跟太宗说:"请给臣妾三件东西,臣妾当可以驯服这匹烈马。一是铁鞭,二是铁棍,三是匕首。臣妾先用铁鞭抽打它,不服,则用铁棍敲击它的脑袋,还不服,则用匕首割断它的喉管。"这番话得到了太宗的赞赏,令太宗对她另眼相看。但太宗本人刚烈勇猛,喜欢的是温柔女子,这使得武则天进宫12年后也没有为太宗生育一男半女,才人的称号当然也没有改变,地位也没有得到提升。

不过武则天的才华并没有被太宗忽视。有一次,太宗碰到武则天在御花园吟诵《诗经》篇目,得知她在诗文方面的才华,就让她在自己书房伺候笔墨。皇帝的书房是另外一个世界。这里是后宫与外界之间的前沿,皇上与大臣们的私下接触就在这里进行。在这里,侍女的工作主要是整理皇上特意挑选出来的往来案牍、侍候笔墨绢砚茶饮休息等,但她们耳朵里听到的不再是后宫的窃窃私语,蜚短流长,而多是君臣之间对国家大事的决策,他们或引经据典,或争辩论驳,慷慨陈词。在这里,武则天挨近了一个与后宫截然不同的新天地——男人们的世界,这个世界更适合她的兴趣、思想和精力。她负责对皇上选择出来的各种新旧案牍的清理造册,从内侍那里接过案牍或者将不用的案牍交由内侍递给皇上或送交入库,工作较为闲适,一有空闲就可翻看一番,或者静下心来听外面君臣们的交谈。在这里,什么君臣之道、官吏任免封赏、赈灾收赋、边境战事、四夷策略、罪刑处置以及外任来朝的都督、刺史陈述的地方事务与风土人情等等,她都听得津津有味。在这里,武则天不仅在诗文、书法、礼仪等方面取得了长足的进步,更重要的是,她跟随太宗学到了诸多处理政事的能力,增加了丰富的政治阅历。

随着年龄的增长,武则天也基本上弄清了宫廷生活的内幕。长期的才人生活使她深深感到,皇宫并不是每个人的天堂。这里有承欢粉黛的笑颜,也有皓首宫娥的辛酸。表面上,妃嫔的举止彬彬有礼,实际上,她们之间争风邀宠,矛盾重重,尔虞我诈,不进则退。她从中学到了许多有益的经验和教训。

依照武则天的性格,她绝对不会安于现状。在宫中想获得权力和地位,唯一的机会就是得到皇帝的宠幸,并爬上皇后的高位。但是她也明白,在太宗在位的情况下,自己并没有这样的机会,于是她把目光瞄准了太子李治。李治被立为太子后,太宗为了锻炼他的执政能力,让他经常陪侍在自己身边,学习理政。因此,李治跟太宗身边的妃嫔有了较多的接触。由于李治生性比较柔弱,因而性格刚烈的武则天吸引了太子李治的注意。两人之间逐渐产生了感情。

贞观末年,太宗亲征高丽回朝后,逐渐恶疾缠身,太子李治常常服侍在太宗身边。在这段时间,武则天和李治之间产生了私情,并许下相爱的诺言。唐初皇族的伦理观念比较淡薄,男女之间的禁忌也比较松弛,比如李世民就曾把弟弟齐王的妃子纳入后宫,因此武则天和李治两人之间的私情实属正常。后来李治在一份诏书中曾说,他在当太子的时候,深得太宗喜爱,常常陪侍在太宗身边,妃嫔往来,他连看也不看。太宗对此十分赞赏,就把武媚娘赐给了他。其实,李世民并未正式把武则天赐给李治,这种说法恐有文饰之嫌。

按照唐朝惯例,在皇帝驾崩后,没有生育过的妃嫔们就要出家做尼姑,生育过的则要打入冷宫,为死去的皇帝守寡,因为她们都是皇帝的"东西",即使皇帝死了,其他任何人也不能动。因此,在贞观二十三年(649)五月二十六日唐太宗驾崩之后,武则天到感业寺出家为尼。出家的生活单调乏味,但武则天在这里并没有自暴自弃,度过最初的难关后,她开始研习佛法,并坚信此时已经登上皇位的高宗李治会接她回宫。

永徽元年(650)五月二十六日,也就是唐太宗去世一周年的时候,唐高宗李治举行隆重的祭典仪式,并到感业寺进香。礼毕之后,他与武则天相见。武则天望着唐高宗,似乎满腹委屈,一时不知从何说起,便一个劲地抽拉起来。唐高宗见她这副模样,想起贞观末年的往事,也情不自禁地流下泪来。此后,高宗常来感业寺与武则天相会。武则天在名义上是比丘尼,实际上已成了唐高宗的妃嫔。唐高

唐太宗李世民

宗十分喜爱武则天,但武则天毕竟已成为尼姑,他找不到一个恰当的借口将她接回宫去,只好让她继续在感业寺里居住,等待机会。

此时,宫廷内部王皇后与萧淑妃之间的一场斗争,帮了武则天的大忙。王皇后是西魏大将王思政的玄孙,其父母两家都与唐室有一定的血缘关系。唐高宗为晋王时,她在同安公主的推荐下被太宗选为晋王之妃。贞观十七年(643),李治当上皇太子后,她被册为太子妃。高宗即位后不久,她被立为皇后。在唐太宗心目中,她是一位好媳

妇,长得也很有姿色,但她却得不到高宗的喜欢,可能是因为她出身名门,比较拘泥。她之所以被立为皇后,只是因为高宗对太宗的顺从和对长孙无忌等顾命大臣的尊重。史书上对于萧淑妃的出身并无记载,可能其家世不如王氏。高宗为太子时,她被选入东宫,封为良娣。高宗即位后,她又被升为淑妃。在当时众多妃嫔中,她是唐高宗比较喜欢的一个。王皇后得不到高宗宠爱还有一个原因,就是她很多年都没有生育一儿半女,而萧淑妃已经生了一个儿子两个女儿。这种情形直接危及王皇后的地位。因此两人暗地里钩心斗角,摩擦不断。这当然引起了高宗的不满。

永徽四年(653)春,王皇后与萧淑妃之间的关系空前紧张。由于王皇后是关陇望族后代,她的命运直接关系到关陇集团的利益。如果王皇后倒了台,那么与她相关联的关陇集团的利益必然遭受损失。所以他们要想方设法,阻止萧淑妃地位的上升。关陇集团的长孙无忌等人经过一番密谋后认为,燕王忠是高宗长子,他的生母出身卑贱,若立他为太子,一来可以扼断萧淑妃的晋升之路,二来也不会影响到王皇后的地位,可谓一箭双雕。于是他们联合上奏,请立燕王为太子。高宗看他们的要求颇为强烈,又受立嫡以长的传统观念影响,便立燕王忠为皇太子。

但是,太子既立,萧淑妃却受宠依旧,而且继续在高宗面前说王皇后的坏话。高宗几乎不到王皇后处来,这使得王皇后更加嫉妒。她也逮住机会就在高宗面前说萧淑妃的坏话,高宗不但不予理睬,反而对她越来越反感。王皇后急得无计可施,这时,她忽然想起了武则天与唐高宗的关系。当时,高宗常到感业寺会见武则天的事已是世人皆知,而且武则天已经为高宗生有一子。王皇后以为,如果把武则天接进宫来,一来可以夺萧淑妃之宠,若使她二人相争,则自己可以坐收渔翁之利。

于是,王皇后让武则天暗中蓄发,并在同年五月向高宗建议把武则天从感业寺接回宫中。这正是高宗求之不得的好事,当然一拍即成。于是,武则天奉唐高宗之诏,告别了生活四年之久的感业寺,再一次踏进了皇宫的大门。第二次入宫后不久,她被高宗册封为"昭仪"昭仪,正二品,是妃嫔中地位较高的一等。

武则天得封昭仪,自然不会忘记王皇后之助,因此在王皇后面前谦恭有礼,这对于长期受萧淑妃非礼而恼怒、恐慌的王皇后来说,实在是一大幸事。而且,自从武则天进宫之后,高宗对王皇后的态度有了很大改变,也很少到萧淑妃那里去了。这样,高宗和王皇后之间的关系得到了一定改善,武则天在宫中的地位也逐渐稳固。

武则天的性格决定了她不甘于居人之下,她的目标是皇后。只有这样,她才能掌握后宫的最高权力,才能不被人踩在脚下,任人宰割。等她的地位稳固之后,便开始有心计地活动了。首先,她在宫女们身上下起了功夫。虽然王皇后为人端庄有礼,但固执拘泥,时时刻刻不忘自己的地位,因此不能体贴下人,也不愿笼络她们,俯就她们。而且她的母亲魏国夫人柳氏自以为是女儿皇后,平时里对宫里的下人们颐指气使,因此不受宫女们的欢迎。宫女们从皇后住的正宫出来后,常常在一边发泄自己的不满情绪。武则天自己曾做过才人,因此能体谅到宫女们的苦处。她平时并不滥施威风,言语有礼中听,因此得到宫女们的拥戴。而如今,她既然有心于皇后的宝座,就更加八面玲珑了。只要得到皇上的赏赐,不论厚薄,她都会把礼物统统转赏给底下的宫女们,尤其是被皇后、柳氏刻薄对待的尚宫、女史,她更是用心笼络,赏赐丰厚,毫不吝惜。因此,武则天逐渐在后宫深得人心,得到宫女们的敬重、同情和效忠。宫女们有什么心里话都愿意跟她说,对各宫中发生的事也愿意告诉她。运用这些手段,武则天轻轻松松成为宫中消息最灵通的人,她对王皇后和萧淑妃的行动掌握得一清二楚。

在宫廷之中,妃嫔之间的斗争往往都是你死我活的斗争,武则天也是为达目的、不择手段之人。她残害自己的亲生女儿,然后嫁祸给王皇后。高宗由此迁怒于王皇后,下定决心要废掉她,立武则天为后。在李世勣、李义府、许敬宗等人的支持下,高宗于永徽六年(655)十月十三日,正式下诏书废王皇后、萧淑妃为庶人,六天之后,即十九日,正式立武则天为皇后。

控制后宫,清除异己

虽然经过千辛万苦争得了皇后,武则天并没有得意忘形。她知道皇后地位来之不易,而且要保住这一地位,还需要进一步的努力,因为后宫中,王皇后、萧淑妃两人仍有一定影响,而且皇太子燕王李忠并非自己的亲儿子,在朝中,劲敌关陇集团也仍然在威胁着自己。

武则天的第一个手段是控制后宫。武则天明白,皇后地位是当时女子所能取得的最高地位。它对于每个妃嫔都具有极大的诱惑力,她自己就是从才人爬升到皇后的。如果有其他妃嫔得宠,自己的地位将岌岌可危。因此,一定要控制后宫,慑服其他妃嫔,防患于未然。

当时王皇后和萧淑妃两人虽被贬为庶人,但武则天并没有放过她们。她先是把二人囚禁在暗无天日的"别院",不让她们与外界接触。后来,高宗有一次怀念旧情,去看望二人,被武则天得知,她索性一不做二不休,动用后宫家法,将二人各责打了100杖,然后残忍地砍去她们的双脚,泡在酒瓮里活活折磨死。武则天的报复心和凶狠残忍由此可见一斑。

除掉王皇后和萧淑妃二人后,武则天还有另外一件心事,那就是改立太子,这是巩固皇后地位的一个关键性的行动。武则天已有二子,长子李弘,在即皇后位之前所生,次子在即皇后位这一月所生,高宗给这个皇子取名为李贤,并封为潞王。当年燕王李忠被立为太子,是因为当时的皇后王氏没有生育,而现在,身为皇后的武则天已有了两个儿子,按皇位继承法,当然应改立嫡子。首先提出这件事的,是在废立皇后斗争中依靠武则天爬升起来的许敬宗,此时的许敬宗对武则天已经是忠心耿耿。

唐代贵妇

显庆元年(656)年底,时任礼部尚书、参知政事的许敬宗上奏说:"永徽初年,皇后无子,等于没有国之根本,所以彗星出现、示以不祥。今皇后生有嫡子,日月都出来了,再举火把取光就没有必要了。怎么能以枝干代根本,把衣裤倒穿呢?父子之间的事,别人不好说,但愿皇上把嫡庶之间的关系处理好,大家也就安心了。"

高宗明白他的意思,就把许敬宗召到密室,问他如何是好。许敬宗说:"皇太子是国家的本根,本根不正,就不能拴住天下百姓的心。而现在东宫太子的母亲出身低微,她知道皇上已有了嫡子,也不会安心的。应该及时把皇上的嫡子正式立为太子,把原太子安置好。这样,也可使他们安心。愿陛下仔细考虑。"高宗顺势说:"李忠已经要求辞去太子的位置了,朕就降封他为梁王,立武后的长子弘为太子吧。"

显庆元年(656)正月辛未,高宗下诏以皇太子忠为梁王、梁州刺史,立武皇后的长子、代王李弘为皇太子,以于志宁兼任太子太师,中书令崔敦礼为太子少师,许敬宗、韩瑗、来济等同为太子宾客(东宫高级属官),李义府兼太子左庶子,同时大赦天下。原太子李忠与母亲刘氏黯然离宫回归王府。当时原太子属官都害怕得罪高宗和武后,不敢相送,唯有昔日太子右庶子李安仁与李忠泣别。武后得知此事,对李安仁忠义之举大加赞赏,请高宗提升其官职。这套政治权术竟让高宗和大臣们感动不已。至此,武则天的皇后地位终于稳固下来。

显庆元年(656)二月辛亥,高宗下旨赠后父武士彟为司徒,赐爵周国公,后母杨氏也晋封代国夫人。同年十一月,武则天又生了第三位皇子,取名为显。为示庆贺,各京官和朝集使都加了勋级。李显也很快被封为周王。武则天在后宫总算是事事遂意,踌躇满志。因此,她也把目光瞄准了朝中的关陇集团。

关陇集团虽然在废立皇后和改立太子等一系列斗争中受到了一定打击,但是他们的首要人物长孙无忌等人依然在朝中占据着重要位置。除了褚遂良被贬为潭州(治所在今湖南长沙市)都督外,长孙无忌仍为太尉,韩瑗仍为侍中,来济仍为中书令,职位均没有变动。而武则天的亲信许敬宗、李义府等人却没有得到他们所期冀的政治权力和经济利益。他们迫切希望取代长孙无忌等元老重臣的地位。

关陇集团并不甘于被动挨打的地位,他们首先要做的,是替褚遂良平反。显庆元年(656)十二月,韩瑗上疏高宗,替褚遂良喊冤。在上疏中,韩瑗把褚遂良视为古今罕见的忠良、功臣,他被贬为潭州都督,完全是蒙受了不白之冤,应当昭雪平反。否则,便会忤逆人情,有损于皇上的英明。实际上是要求高宗将褚遂良调回京来,跻身中枢,重新委以重任。但此时高宗已不是刚即位时惟贞观老臣之命是从的小皇帝了,无论从维护武则天的地位还是从维护他本人的尊严方面考虑,他都不会答应韩瑗的请求。

韩瑗见高宗拒不采纳自己的意见,便以辞职相要挟。高宗看出他的用意,不许他辞职。韩瑗只好另想办法。他与来济等人商议,决定利用自己手中的权力,先改善褚遂良的处境,然后再做打算。显庆二年(657)二月,韩瑗等人利用手中职权改调褚遂良为桂州(治所在今广西桂林市)都督。

与此同时,许敬宗等人也在积极活动。他们密切地注视着关陇集团的动向。就在褚遂良当上桂州都督后不久,许敬宗等人诬告韩瑗、来济、褚遂良等人结为朋党,图谋不轨,根据是桂州用武之地,褚遂良为桂州刺史,其实是以为他作外援伺机谋反。于是,高宗毫不迟疑地贬韩瑗为振州(治所在今海南三亚市西)刺史,贬来济为台州(治所在今浙江临海市)刺史,再贬褚遂良为爱州(治所在今越南清化)刺史,柳奭为象州(治所在今广西象州县东北)刺史。这样一来,关陇集团元气大伤,完全处于被动状态。褚遂良至爱州后,上表自陈,罗列自己的功绩,字里行间充满了哀求,罗列了自己受诏辅政的功劳,但高宗不为所动。不久,褚遂良郁郁而终。

韩瑗等人被贬,朝中关陇集团的势力只剩高宗的元舅长孙无忌。自武则天当上皇后以后,长孙无忌很少抛头露面,主要承担领导编纂书籍的职责。当韩瑗、来济等被贬逐,褚遂良病死爱州之后,他就成为武则天等人的直接对手。武则天和许敬宗等人都明白,只要长孙无忌还在朝中,关陇集团随时都可能卷土重来。

显庆四年(659)四月,也就是距褚遂良之死半年的时候,洛阳人李奉节等告太子洗马韦季方和监察御交李巢互为朋党,被人告发,高宗诏令许敬宗审理。许敬宗审讯急迫,韦季方自杀未遂,许敬宗则乘机诬奏韦季方与长孙无忌构陷忠臣近戚,要使权归无忌,伺机谋反。由于废立皇后问题上高宗和长孙无忌之间曾有过冲突,长孙无忌已失去了高宗往日的尊崇。但高宗对许敬宗耸人听闻的诬奏感到惊讶和疑惑,不相信长孙无忌会谋反,命许敬宗再加核查。第二天,许敬宗上奏,诡称昨晚韦季方已承认与长孙无忌共同谋反,还编造了谋反的口实,极力敦促高宗以法收捕。许敬宗见高宗怕留下杀舅父的恶名,迟迟下不了决心,又列举了汉文帝杀其舅父薄昭,至今天下仍称为"明主"一事,以消除其疑虑,还进一步说:"古人有言:'当断不断,反受其乱',安危之机,间不容发。无忌今人之奸雄,王莽、司马懿之流也;陛下少更迁,臣恐变生肘腋,悔无及矣!"于是在他的一再劝说下,高宗没有召见长孙无忌,即下诏剥夺他的官爵、封邑,流放于黔州(今四川彭水),并发兵立即遣送。或许高宗仍念舅甥之情,或念他有拥戴之功,特准许按一品标准供给饮食。长孙无忌的家族也受到株连,从弟渝州刺史长孙智仁、族弟长孙恩、儿子驸马都尉长孙冲,族子驸马都尉长孙铨、长孙祥等也陆续被或诛或贬,无一幸免。

这年七月,唐高宗又命司空李世勣、中书令许敬宗等五名宰相再次审理长孙无忌一案。许敬宗命大理正袁公瑜前往黔州,逼迫无忌投绳自杀身死,并籍没其家。然后上疏高宗,说长孙无忌罪状属实。于是高宗又下诏赐死韩瑗、柳等人。至此,关陇集团彻底覆灭。

清除关陇集团后,武则天念念不忘长孙无忌说她出身贫寒的话,为了提高自己的威望,她奏请将《姓氏录》进行了修改,以提高武姓的地位。原来在唐太宗时期,曾经修订过《氏族志》,是太宗命高士廉按照官位高低来制订的。但受魏晋以来重视门第风气的影响,在里面也列了很多官职很低的人的姓氏,而且将武姓排除在外,这让武则天一直耿耿于怀。新的《姓氏录》由许敬宗负责修订,修成之后的《姓氏录》将武姓列为第一等,其他的则按照官职品位的高低顺序来排列。

女主临朝,大权独揽

武则天虽然心狠手辣,但她的政治才干不可否认。她曾经上意见书十二条,也就是历史上的"建言十二事",这里面包括了发展农业、减轻赋税、广开言路等,基本上是一套较完整的治国方略,被高宗颁布诏书推行。后来高宗之所以将处理政务的权利交给武则天,也是相信她有这方面的能力。

显庆五年(660)开始,高宗的头痛病开始加重。据史书记载,高宗当时"多苦风疾",大概是严重的高血压和耳前庭功能失调,常常感觉头重,目不能视。由于武则天早已显示出处理朝政的能力,高宗把她视为得力助手和顾问,因此,高宗把政务更多地交由武则天处理。按儒家的女主内男主外的训诫,这种做法是不合礼法的。但高宗信重武则天,而武则天又早有此种爱好和兴致,也从不为古习陈规所束缚。所以,高宗凡有政事,皆委武后详决。由于少年时代野性淘气,武则天的身体得到很好的锻炼,此时她精力充沛,正好弥补高宗体弱之缺陷,因此被推到执政皇后这种历史上绝无仅有的位置上。她的亲信大臣许敬宗受命每日在皇宫上朝的大殿西门值勤,因此武后对朝中百事及大臣动向、态度了如指掌。高宗在前台点卯,皇后在台后决断,夫妇两人配合默契,把朝中的大小事务处理得井井有条。

虽然皇太子李弘逐渐长大，可以成为唐高宗的得力助手，但李弘自从被立为太子，即多有疾病，后来得了严重的结核病，年仅24岁时，就过早地离开了人世。李弘死后，其弟李贤被册立为皇太子，时年20岁。李贤少年英俊，聪颖过人，深受高宗喜爱。但是，李贤被立为太子后，逐渐喜好声色，而且他看不惯武则天参政，密谋反叛，事败后被贬为庶人，太子之位由其弟李显继承。当时李显年少，且学识有限，仍不能独理朝政。因此，很多时候武则天依然参与朝政。

太子李贤被废，又引起了大臣们的私下议论。大臣们害怕的是，武则天向把持朝政的道路上又迈进了一步。高宗身体越来越差，太子却接二连三地出现问题，他们觉得担忧的事情即将发生。唯有裴炎等人无话可说，因为他们虽有如此担心，但太子无德谋反确有其事，此案是他们一手办下来的，最清楚内幕。不过，武后面对这种议论，她也无可奈何。

麟德元年（664）十二月，因为武则天请道士进宫被告发，高宗与宰相上官仪密谋废掉武则天。就在上官仪起草诏书之时，武则天得到耳目报告后赶到高宗面前，软硬兼施，说得高宗变了主意，还把责任全推到了上官仪的身上。武则天于是让许敬宗捏造上官

彩绘胡服女立俑

仪和已经被废的太子李忠图谋反叛，将上官仪父子处死。上官仪被杀之后，天下大权，悉归中宫，黜陟、杀生，都取于武则天之口，高宗只是拱手而已，时人称之"二圣"。从此之后，朝廷政事，武则天俱参与裁决，她的政治地位进一步尊崇。上元元年（674）八月十五日，唐高宗称天皇，武则天称天后，地位又升了一级。上元二年（675）二月，唐高宗旧病复发，风眩不支，准备逊位于武则天，由于宰相郝处俊等人反对而作罢。

弘道元年（683）十二月初四，唐高宗驾崩，临终前遗诏令太子在灵柩前即位，军国大事有不决者，请天后裁决。太子李显即位后，改元嗣圣，是为唐中宗，他尊武则天为皇太后，朝中大事依然由太后决断，中宗只不过是个傀儡。但中宗并不甘心受其母亲的摆布，他自作主张，把皇后的父亲韦玄贞自普州参军提升为豫州刺史，很快又要以其为侍中，高宗临死时立的顾命宰相裴炎不同意，中宗便不可一世地说："我就是把天下都给了韦玄贞，又能怎么样？"裴炎便报告了武则天，武则天大怒，立刻召集大臣们到了乾元殿，将中宗废为庐陵王，幽禁在深宫之中。幽禁中宗后，武则天把最后一个儿子李旦推上了皇位，改元文明，这就是唐睿宗。

李旦作为武则天最小的儿子，从来没想过有朝一日会当皇帝，也从未进行执政的培养训练，毫无执政经验。于是，武则天毅然决定令皇帝居别殿，自己以61岁高龄御武成殿，临朝执政。

废黜中宗后，朝野当然有议论。为了防备万一，武则天任命刘仁轨为西京留守，派左金吾将军丘神勣去巴州，检查防守前太子贤的住处，以防李贤被人利用。并任命太常卿、检校豫王府长史王德真为侍中，以她一手提拔的中书侍郎、检校豫王府司马刘祎之为同中书门下三品，又徙封杞王上金为毕王，鄱阳王素节为葛王，让他们出任外州刺史。

文明元年（684）三月，丘神勣在巴州把前太子李贤软禁起来，接着又逼令他自杀。丘神勣的这种做法应该是武则天授意的，因为一个小小的武将绝不敢对杀太后的儿子

这么重大的事自专。武则天认为前太子李贤有可能在动荡的政局中被人利用,使局势复杂化,因此只能把他除掉。

对于武则天的所作所为,大臣们当然是议论纷纷。他们认为太后废黜中宗而又不让年已二十多岁的睿宗亲政,目的是紧紧抓住朝政不放,甚至有取而代之的企图,但没有人敢当面犯颜直谏。

武则天随意废立皇帝,又欲改朝换代,既与传统的男尊女卑思想水火不容,又直接威胁李氏皇族的地位。这样一来,势必引起一些人公开反对武则天。

首先起兵反对武则天的是徐敬业。徐敬业是徐世勣(即李世勣,徐敬业起兵后被剥夺李姓)的孙子,曾任眉州(治所在今四川眉山)刺史,后来被武则天贬为柳州(治所在今广西柳州)司马。此时,其弟徐敬猷也被免官,另外,还有唐之奇、骆宾王、杜求仁等人,也都遭贬官处分。于是光宅元年(684),这些人会集扬州(治所在今江苏扬州),声称扬州长史陈敬之谋反,遂取而代之。徐敬业自称匡复上将领扬州大都督,以匡复庐陵王为号召,很快聚集十余万人,发布檄文,公开讨伐武则天。

骆宾王起草的檄文,文采斐然,脍炙人口。武则天看了这篇檄文也赞不绝口,认为文章精彩。当她知道这是骆宾王所为时,感叹地说:"这是宰相的过失啊,这样的人怎么得不到朝廷的重用呢?"从这件事可以看出武则天确有政治家的风度,她对敌对势力的人才,不是嫉妒,贬低,而是称赞,并为未能得到他而深感惋惜。

徐敬业起兵,武则天当然不能容忍。而且扬州是交通枢纽,经济意义非常重要。于是,她立即命左玉钤卫大将军李孝逸为扬州大总管,率军30万,镇压徐敬业。同时,又追削他的祖考官爵,复姓徐氏。

徐敬业起兵后,由于其内部意见不一,不能抓紧有利时机,主动进攻,而是在李孝逸军逼近时才被迫应战。结果,徐敬业全军溃败,自己也在逃跑中被杀。这场反对武则天的战争,不到50天就很快结束了。平定徐敬业叛乱后,武则天改元光宅,因此这一年就有了嗣圣、文明、光宅三个年号。

在出兵平定徐敬业叛乱的同时,武则天对朝廷内部的官员也进行了清洗,连她自己和大臣们都没有想到,首当其冲的竟然是辅政大臣宰相裴炎。

裴炎是在武则天为天后时一手提拔起来的,又是佐命大臣,所以武则天在临朝听政后对他重用不疑。但裴炎是坚持孔子的"春秋大义"的,中宗荒谬霸道,他不得不靠武则天来废黜中宗,改立新皇帝睿宗,然后自己辅政。但他没想到武则天却把睿宗踢在一边,临朝称制。裴炎因此心中不满,明里虽不敢说,暗中则在筹划如何让武则天归政给睿宗李旦。徐敬业起兵时,裴炎与之约为内应,在朝中对平叛徐敬业暗中阻挠,力主武则天归政睿宗之后才有名义出兵平叛。裴炎的行为引起武后和一些大臣的怀疑,于是她以谋反的罪名把裴炎下狱治罪,当时文武大臣中许多人都证明裴炎不反,武则天不信,她决心要惩治裴炎,杀一儆百,震慑反对者。光宅元年(684)十月,武则天下令斩裴炎于都亭,登记并没收其家庭财产,不过对于他的家人,并没有治罪。

裴炎谋反案还牵扯到当时的大将程务挺,有人告发他跟徐敬业、裴炎一起谋反。武则天听后大惊,因为程务挺是军中大将,担负西北守卫国土之责,又数立战功,在军中位高权重,如真有异心,可非一文臣可比。于是,武则天也不辨明事情之真假,密遣左鹰扬将军裴绍业就在军中斩了程务挺,籍没其家。

在平定徐敬业,处死裴炎、程务挺之后,朝中反对武则天的声音逐渐小了下来。但没过几年,李姓诸王又开始了反叛。

　　垂拱四年（688）七月，武则天的称帝行动进行得如火如荼，使唐宗室的李姓诸王感到岌岌可危，于是他们开始酝酿起兵反对武则天。参与这次反武斗争的有：豫州（治所在今河南汝南）刺史越王李贞（太宗第八子）、绛州（治所在今山西新绛）刺史韩王李元嘉（高祖第十一子）、青州（治所在今山东益都）刺史霍王李元轨（高祖第十四子）、邢州（治所在今河北邢台）刺史鲁王李灵夔（高祖第十九子）、通州（治所在今四川达县）刺史黄公李譔（元嘉子）、金州（治所在今陕西安康）刺史江都王李绪（元轨子）、博州（治所在今山东聊城）刺史琅邪王李冲（李贞子）等。是年八月，琅邪王李冲开始募兵，同时，分别通知韩王元嘉、霍王元轨、鲁王灵夔、越王贞等，立即起兵，共趋神都。武则天针锋相对，派左金吾将军丘神勣统兵进讨。

　　李冲首先募兵5000人，先攻武水（今山东聊城西南），武水县令闭门拒守，李冲力攻不下，七日而败。李贞于豫州举兵响应李冲，武则天派兵十万前往镇压，李贞仅有数千人，也因寡不敌众，兵败自杀。

　　本来，李姓诸王相约起兵，共同行动。但在没有准备充分，也没有约定好发动日期的情况下，李冲即仓促起兵，只有李贞响应，其他诸王均未发兵，故而声势不大，力量不强，所以武则天轻而易举地平定叛乱，取得胜利。接着，武则天又迫使李元嘉、李灵夔、李譔、常乐公主（高祖女）等自杀，其亲党皆受牵连而死。李元轨被贬

李贞

黔州，于途中死去。武则天为改朝换代进一步削弱了阻力，减少了障碍。以后，又陆续有宗室诸王多人以各种罪名被杀。仅天授元年（690）八月，一次就杀唐宗室12人，同时又鞭杀李贤两子，唐宗室尚存的一些幼弱后代都流放岭南，还诛其亲党数百家。

　　在镇压流放李姓诸王后，武则天登上皇帝的宝座已是指日可待了。

黄袍加身，改朝换代

　　武则天办事稳妥持重，尤其是对于当女皇这件前无古人的大事，她知道决不能操之过急。虽然当时已有大臣劝她马上黄袍加身，改朝换代，但她不为所动，认为时机还不成熟，要一步一步来。

　　武则天首先将东都洛阳改为神都，准备将来做都城用。她还把唐朝文武百官的名称进行了变动：尚书省改成文昌台，左、右仆射改为左、右丞相，门下省改为鸾台，侍中改为纳言，中书省改为凤阁，这明显地体现了女性特征，所以原来的宰相名称"同中书门下平章事"也改成了"同凤阁鸾台三品"。尚书省下属的六部也改了名称：吏部改成天官，户部成了地官，礼部是春官，兵部是夏官，刑部是秋官，工部是冬官。御史台分成了左肃政和右肃政两台，由左台负责监察朝廷，右台负责纠察地方郡县。

　　除了这些措施之外，武则天还利用当时百姓的迷信情结大做文章，大造舆论。

　　垂拱四年（688）四月，有个名叫唐同泰的人，向武则天献上一块刻有"圣母临人，永昌帝业"的石头，说是从洛水中打捞上来的。史书上称是武承嗣等人在背后捣鬼。武则天见了很高兴，认为这可以作为自己名正言顺地当皇帝的祥瑞之兆。为了造舆论，

她把那块石头命名为"宝图"，还提拔献石之人唐同泰为游击将军。武则天知道这些祥瑞是手下人为自己捧场而制作出来的，但她乐得利用，不愿戳穿。

同时，她决定利用这块"宝图"，大造舆论。五月，武则天下诏要亲拜洛水，以受"宝图"，还要在南郊祭祀昊天，以表示对上天的感谢，并命令诸州都督、刺史及宗室、外戚在拜洛水的大典举行之前十天齐集神都。五月，群臣给武则天加尊号为"圣母神皇"。这是一个比较含糊的尊号，既是圣母，又称神皇，已经非常接近皇帝的称号了，这是武则天要采取行动的征兆。七月，大赦天下，命将"宝图"更名为"天授圣图"，洛水命名为"永昌洛水"，封洛水之神为显圣侯，禁止在洛水上捕鱼垂钓，按山岳、河流祭祀的中等规格祭祀。"宝图"所出之处称"圣图泉"，泉侧置永昌县。又改嵩山为神岳，封其神为天中王，封太师，命为神岳大都督，禁止在山上放牧采集。这次行动是武则天的舆论准备和试探行动，她想知道天下百姓是否接受她当皇帝。

垂拱四年(688)十二月二十五日，雪后天晴，神都洛阳显得异常热闹。拜洛坛前，摆满了珍禽异兽和珠宝文物。洛河两岸，挤满了从四面八方进来观看的百姓。圣母神皇武则天备大驾卤簿，率皇嗣、文武百官、蛮夷酋长向拜洛坛进发，举行了声势浩大的拜洛受图仪式。

据说在上古时代，伏羲氏继天而王，有龙马负图出于黄河，伏羲据其文字，以画八卦，谓之河图；大禹治水有功，神龟负书出于洛水，大禹因而第之，以成九畴，谓之洛书。周人以为，龙马负图，神龟负书，乃是圣人出现的标志。《易·系辞传》里也说："河出图，洛出书，圣人则之。"

当时武则天之所以大张旗鼓，拜洛受图，实际上并不真的是天降符瑞，授命于她，而是她利用古代天人感应的学说，打着"天"的招牌，为自己登上皇帝宝座大造舆论。武则天拜洛还宫以后，神都父老都到拜洛坛前跪拜，可见他们对武则天此举并无异议，朝野上下对武则天的政绩是满意的，对她的长期临朝也是支持的。

武则天另外一个举措就是建明堂。明堂古已有之，《孝经》上有"宗祀文王于明堂，以配上帝"的记载，《周书·文王居明堂》篇也有关于明堂的记载。但史书中只有明堂之名而无具体制度，明堂是古代帝王与神灵沟通的地方，在这里既祭祀上帝与皇室祖先，又宣布政令，举行朝会、祭祀、选士、养老、教学等大典，表示接受神灵的监督审视，按上天的意旨办事。究其实质，应该是一种宣扬政教合一、皇权天授、显示帝王威仪为目的的建筑。自汉朝以后，诸儒议其制度，一直没有定论，于是各朝按各自的设想而兴建的明堂，都似乎不合古礼。隋朝时并没有建筑明堂，因此在唐太宗、高宗之时，虽然朝中有议论要兴建明堂，但因对其制不了解，又没有前朝旧制可以遵循，最后不了了之。

武则天临朝，发誓要大展宏图，让帝业永昌，其中当然包括确立皇帝的威仪，兴建明堂。她知道群儒争起来又会没完没了，所以她只与北门学士议其制度。不问群儒。按照诸儒的议论，明堂应建在国都之阳、丙己之地、三里之外、七里之内的地方。武则天认为按这种设想，明堂离宫太远，祭祀、布政都很不方便，既然周礼记载"文王居明堂"，那么明堂应该建在宫里而不是郊外。于是她力排众议，下令拆毁乾元殿，在那里建造明堂，让她的男宠、建筑大师、僧人薛怀义主管设计、施工和督工，参加兴建的劳工有数万人。

垂拱四年(688)十二月二十七日，即拜洛受图后的第二天，薛怀义主持修建的明党宣告竣工，整座建筑巍峨高耸，富丽堂皇，极为壮观。明堂的建成了却了武则天多年来的夙愿，同时显示了大唐的国力和她的无上权威。武则天称帝的准备工作已经越来越充分了。

不过，拜洛受图和建明堂都只是外在的象征性手段，那时男尊女卑的观念根深蒂固，一个女人想要名正言顺地登上皇帝宝座，还必须有思想上的支撑。

于是，武则天命薛怀义和当时的洛阳大德高僧法明，苦心研究"易世革命"的最后方案。唐朝自称道教的教主老子为祖先，建立新王朝，扩大自己实力。若想废唐朝，建立的新王朝，首先要排斥受李唐保护的道教，代以奖励保护佛教。于是，法明和九位弟子，共同撰写《大云经》四卷，由薛怀义献给武则天。在《大云经》里，有一节是释迦对净光天女说道："汝将降生于人间，成为女王，天下之人都将崇拜归顺。"

法明令弟子为《大云经》扩大宣传，很快地，"太后是弥勒菩萨降世"的传言，风起云涌，一时间成为一股浪潮。首先是一些酷吏，听到这种宣传后，动员属下，很快掀起一股集体签名请愿、请武则天尽快登上帝位的运动。

天授元年（690）九月，侍御史傅游艺联合 900余人上表，请求改唐为周。接着，又有百官及帝室宗戚、远近百姓、四夷酋长、沙门、道士共六万余人上表，支持傅游艺的请求，睿宗也自请赐姓武氏。以公开的方式，请求改朝换代，在中国古代史上这是第一次。武则天认为时机已到，条件成熟，遂改唐为周，自己又加尊号称"圣神皇帝"，把睿宗改称

凸圈玻璃碗

皇嗣，赐其姓武，接着又立武氏七庙于神都，尊周文王姬发为始祖文皇帝，尊父亲为孝明高皇帝，侄子武承嗣等人也有封赏。武则天终于开创先例，成为女皇帝了。

虽然后人对于武则天称帝一直有异议，但却不得不承认武则天的政绩，这些政绩是她登上皇帝宝座的基础。武则天登上皇位之前，她已经是政绩斐然，登上皇位之后，更是悉心治理天下。从武则天临朝听政时算起，到最后退位时止，五十多年间，虽然上层政治集团的斗争不断，但这些没有影响到民间百姓的生活，在此期间，社会经济持续发展，为后来的"开元盛世"奠定了基础。因此有人说，武则天的统治上承"贞观之治"，下启"开元盛世"，为盛唐的繁荣做出了不可磨灭的贡献。

因为武则天侍奉唐太宗多年，"贞观之治"对她有深刻的影响，所以她在执政的 50年间不少政策措施基本上是沿着"贞观之治"的道路继续前进的，但有她自己的特色。有人把这一时期武则天施行的主要政策措施，归纳为以下几个方面。

第一，重视农桑，发展生产，维护均田制，抑制兼并，保护百姓财产。武则天明令规定州县官境内："田畴垦辟，家有余粮"，则予以提升和奖励；如果"为政苛暴，户口流移"，年终就要解除职务，予以惩罚。另外，为了推广先进的农业生产经验和生产技术，她还组织编写了题名为《兆人本业记》的农书，颁行全国，发给各州县来京的朝集史，对掌握农时、发展农业生产有一定的参考作用。

第二，广开言路，注意纳谏。武则天虽然政令严明，刑罚严峻，但是她对于直言敢谏的臣民却十分敬重，尽量采纳他们的建议，即使言语有所冒犯，也能加以宽容，免予追究。武则天的勇于纳谏，善于纳谏，比起唐太宗并不逊色。虽然有人在谏诤中直言不讳，触犯她的隐私，或是劝她退位，或是涉及她的私生活，甚至有人背后议论她的缺点；但她能大度包容，并不降罪，有的还受到奖赏，比如在谏诤中涉及她个人私生活的朱敬则就得到赏赐，后来被提拔到宰相地位。在她统治时期，很少有人因为直谏获罪

的，因之直言敢谏在朝中蔚然成风，使下情得以上达，这对于改革弊政、促进政治清明起了很大的作用。

第三，注意整顿吏治，广泛拔擢贤才，发展科举制。武则天搜罗人才，不拘资历，不问门第，任何人可以推荐人才，也可以毛遂自荐，经过考试，量才录用，使科举制得到进一步发展。天授元年（690），武则天"策贡士于洛城殿，贡士殿试自此始"。长安二年（702），又开武举，选拔军事人才。武则天善于选拔人才，又能委以重任，使臣属感恩戴德乐于听命。他前后任用的主要宰相，如李昭德、魏元忠、杜景俭、狄仁杰、姚崇、张柬之等，边将如唐休璟、娄师德、郭元振等，都是一时人杰。正如《资治通鉴》所说："太后虽滥以禄位收天下人心，然不称职者，寻亦黜之，或加刑诛。挟刑赏之柄以驾驭天下，政由己出，明察善断，故当时英贤亦况为之用"。武则天广开仕途，放手给人官做，同时又严密控制，发现不称职者革免或杀戮，虽进退沉浮难料，但这正是武则天能维持半个世纪统治的原因之一。

第四，重视文化建设，亲自倡导编撰重要文集。武则天在文化上做过不少工作，如她召集周思茂、范履冰、卫敬业等诸儒于内禁殿撰《玄览》《古今内范》各百卷，《青宫纪要》《少阳正范》各30卷，《维城典训》《凤楼新诫》《孝子传》《列女传》各20卷。武则天自己的《垂拱集》百卷和《金轮集》10卷，可惜已经失传了。武则天还自制《大乐》，用舞工900人演奏。她还大胆创造了数十字，如她的名字"曌"，就是自己造的。

第五，巩固了唐帝国的边防，排除了游牧民族对中原的侵扰。武则天统治时期一度与吐蕃、突厥、契丹等少数民族的关系比较紧张，武则天采取募兵、发奴、就地组织团结兵等办法，解决兵源，同时又大兴屯田，解决粮源运输问题。长寿元年（692），武则天利用吐蕃内乱之机，命武威军部管王孝杰进攻吐蕃，大获全胜，恢复和重建了龟兹，于阗、疏勒、碎叶四镇，巩固了唐帝国西部边防，确立了大唐帝国对天山南北的统治，重新打通了一度中断的通向中亚细亚商路，促进了中外经济、文化交流。武则天较好地处理了唐与周边少数民族的关系，大胆起用少数民族将领，对巩固统一的多民族的封建中央集权国家起了积极的作用。

在武则天执政时期，虽然爆发过徐敬业和宗室诸王发动的叛乱；但是吏治清明，政局稳定，使广大农民得以休养生息，因而社会生产有所发展，垦田和户口数字大幅度的增长。高宗永徽三年（652），全国人口为380万户，到中宗神龙元年（705），全国人口上升至615万户，50年间增长了一半之多。可见武则天执政时期唐朝国势仍在持续上升。

当然，武则天一生中也存在着不少的缺点和错误。晚年时期，她逐渐走向奢侈腐化，大修宫殿、佛寺，又修建歌功颂德的"天枢"，耗费大量人力物力。而且，她晚年宠信张易之、张昌宗、武三思等小人，朝廷政治也逐渐腐败下去。

酷吏男宠，为人诟病

武则天为后世史家所诟病的，除了以女子之身称帝、窃取李唐江山之外，还有其他两项，一是用酷吏，二是纳男宠。

在武则天称帝之前，朝野内外对于武则天的行为议论纷纷，她为了了解臣下情况，同时为了打击政敌，于垂拱二年（686）三月命令侍御史鱼承晔之子鱼保家特制四个"铜匦"，放在朝堂的东、南、西、北四角。其东面的铜匦叫"延恩"，让献赋颂、求仕进的人投信，以招揽人才。南面的铜匦叫"招谏"，让议论朝政得失的人投信，相当于意见箱，表示虚心纳谏。西南的铜匦叫"伸冤"，让有冤屈者投信，以伸张正义。北面的铜匦叫作"通玄"，主要是让言天象灾变以及军机密计者投信。这四面铜匦各按方位的颜色涂上色彩，以示区别，并命令正谏大夫、补阙、拾遗（后二者均是掌风纪讽谏的官员，为垂拱元年新设职位）各一人掌管。

武则天同时还规定，凡有告密者，下臣不得过问，沿途都要提供驿马，供给五品的伙食，保障他们能安全抵达京都。告密之人，即使是农夫、樵夫，武则天都要亲自召见，安排在客馆里宿食。密报的情况如果属实，可以授予官职；即使不实，也不会问罪。于是告密的人从四面八方涌来，底下的各级官员再也不敢胡作非为、乱说乱动了。

有趣的是，铜匦刚挂出不久，就有人投信状告铜匦的设计者鱼保家。原来，徐敬业反叛后，鱼保家曾教徐敬业制作刀车及弓弩，杀伤官兵很多。徐敬业失败后，因无人告密，所以鱼保家得免于受到牵连。后来武则天想了解下情，周知民间之事，鱼保家就连忙上书说：请铸铜匦以受天下密奏。他确实是一个很有才能和想象力的能工巧匠，把铜匦设计得十分巧妙，铜匦分有四隔，上面都有小洞，刚好能投进表疏，但却取不出来。武则天对铜匦很满意，给了鱼保家不少赏赐。谁知铜匦刚开始投入使用，鱼保家自己就先被仇家告了一状。因通贼是杀头之罪，鱼保家被处以死刑，这是他万万想不到的。

这样的告密制度一兴，一些想通过诬告陷害别人而求得富贵的奸诈小人，政治流氓们就加以利用，跳将出来，并得到了武则天的信任，酷吏政治由此开始。

《新唐书·酷吏列传》中列出了一些著名的酷吏，这些酷吏的出身来历十分复杂：索元礼，西域胡人；来俊臣，无业游民，曾因抢劫入狱；周兴，自小熟悉法律，原是尚书省的小吏；侯思止，无业流民；郭弘霸，宁陵丞；周利员，钱塘尉……从中可以看出这些酷吏不是贪婪懒惰的无业者，便是低下层小官吏，他们有一个共同特点就是"天性残忍"，全无良心和道德的负担，于是几年之间，血雨腥风便充斥朝野。

索元礼是第一个酷吏，他最擅长的是用铁笼子罩住犯人的头，然后往头上钉楔子，一直到脑袋裂开死去为止，他每审讯一人，必逼迫此人攀引别人，然后再令此人乱攀，有时攀引数百人尚未终止，凡被牵连到的人结局只有一个：灭族。所以一时间"衣冠气褫"，就是说士大夫们都垂头丧气，恹恹不振。后来他激起极大民愤，

皇泽寺则天殿武后石像

武则天为平息众怒，把他下到狱中问罪，他不肯服罪，拷问他的狱吏说："把大人的铁笼子拿来。"索元礼听后马上便乖乖认罪，不久便死于狱中。

索元礼之后，来俊臣接踵而起，他比索元礼有过之而无不及，天下人把他和索元礼并称为"来索"。他得到武则天赏识之后，被任命为侍御史，专管诏狱，后又拜为左台御史中丞。据《新唐书》记载，来俊臣在职期间，挟制群臣，前后灭掉一千多宗室贵族的家族。这真是一个骇人听闻的数字。

经过这几轮酷吏的血腥清洗，"唐宗室殆尽矣"。这个结论是肯定的，这也正是武

则天所想要的。

来俊臣在酷吏史上还有一大突出表现，就是和手下大小酷吏们仔细揣摩，编出了一本《罗织经》。这是一本专门教人如何告密，如何编造证据，从而置人于死地的教材。酷吏每个朝代都有，只是到了来俊臣手上，把各种手段理论化、专业化了，而且提升到"经"的高度，真算得上是酷吏学的鼻祖。

在所有酷吏中，来俊臣被任用得最久，作恶也最多。到最后，他的野心膨胀到极点，自以为天下无人不慑服于他的淫威，居然要把权高位重的武姓诸王和太平公主也罗织进谋反案中，还要告皇太子和南北牙（宦官衙门和朝臣官署）一起造反，意欲把武则天外的所有朝廷官员一网打尽，进一步夺取帝位，结果被武姓诸王和太平公主所告，斩于西市。处斩来俊臣之日，市民争相抉眼、摘胆、割他的肉吃。人人奔走相告："从今以后睡觉时背可以贴着床了。"

即便在重用这些酷吏为自己效力的过程中，武则天也掌握着微妙的平衡，当一名酷吏民愤太大时，她便将之杀掉，平息一下民愤，以免引起骚乱，如除掉索元礼、周兴之举就是这样。而当她要清除的政敌已被惨杀净尽后，她便装出一副无辜的面孔，表示对酷吏的怀疑，诱使那些正直大臣们攻击酷吏，自己便顺从人望，开始有次序地铲除酷吏，不但挽回了影响，还在臣民中树立起"圣时天子"的威望。

武则天做女皇本身就是对封建礼制的破坏，在纳男宠方面她也让后来的卫道士们耿耿于怀。在武则天的男宠中，比较有名的是为武则天称帝立下大功的薛怀义。

薛怀义，原名冯小宝，是现在的陕西鄠县人，自幼闯荡江湖，身体健壮、长相英俊。他被武则天的女儿太平公主发现后，献给了守寡多年的母亲。三十出头的薛怀义深得武则天的宠爱。为了让他便于经常来往，太平公主又献计，把他变成和尚，主持白马寺，赐姓薛，改名怀义。薛怀义又因督建万象神宫（即明堂）有功，被擢为正三品左武卫大将军，封梁国公。后来，他又为武则天建造了另一个巨型建筑天堂，越发得到武则天的喜爱。武则天还多次命薛怀义担任大总管，统领军队，远征突厥。

但是，薛怀义仗恃武则天的宠信，脾气越来越骄横，花起国币来也无节制。每次无遮会，要耗钱万贯，还要散功德钱十车，人们争相抢拾，甚至出现相互践踏而致死人的情况。而且他大嫌宫中拘束，大臣们又时时弹劾他，因此也不再不愿去宫中陪武则天，而是长期住在白马寺。由于薛怀义常年不入宫中，武则天也不喜欢他的疯狂粗蛮，不愿见他，于是寂寞之时，武则天就让御医沈南璆入侍。薛怀义听说后，以为武则天不再宠爱他了，妒恨不已，于是在一天晚上放了一把火，把天堂点燃，火势蔓延到明堂，两座建筑都燃烧起来，火光照得洛阳城如同白昼。

不久，武则天就诛杀了薛怀义，她的男宠只剩下御医沈南璆。但是过了中年的御医难以满足武则天的性要求，于是很了解母亲的太平公主将英俊少年张昌宗献给了武则天，武则天很满意，张昌宗又把哥哥张易之介绍近来，一同侍奉武则天。这两位男宠一直陪伴武则天，直到她被迫退位。

母子情深，左右为难

通过酷吏政治，武则天巩固了自己的权势和皇位，但在皇位继承问题上，她又左右为难。从血缘上说，当然是母子情深，但她的儿子却是李唐的血脉，将帝位传给她儿子，就等于断送了周朝。为保住武姓的天下，开始倾向于能将帝位传给她的侄子。建立周王朝之后,她让侄子们做了宰相和将军,掌握朝政大权,大臣有了功劳也赐给武姓,而不是李姓。她还免掉了武姓的田赋,把自己的故乡文水县改为武兴县。武则天的这些举措促使他的侄子武承嗣等人公开地对李旦的皇储地位提出了挑战。

但是,武则天的意愿遭到了宰相狄仁杰等人的激烈反对。狄仁杰对她说,如果把侄子立为皇储,虽然可以保住大周政权,但以后的即位人绝对不会把她供奉到祖庙里去的,因为她是武氏家族出嫁的女人,这在封建社会等于是外人了。如果立自己的儿子做皇储,将来继承皇位,她可以顺理成章地保住皇后的正统地位,和丈夫高宗一起享受儿孙们世代的供奉。

即使听了狄仁杰这样的劝说,武则天内心的矛盾依然没有解开,依然处于左右为难的境地。有一天,已经74岁的武则天对狄仁杰说:"朕昨天晚上做了一个奇怪的梦,梦见一只大鹦鹉的两个翅膀折断了。爱卿看是什么征兆啊?"狄仁杰抓住这个绝佳的时机对武则天说:"陛下姓武,那鹦鹉便是陛下了。两个翅膀就是陛下的两个儿子,如果陛下再次起用两位爱子,两个翅膀就会重新好起来的。"

同时,宰相吉顼也在努力。他对武则天当时的男宠张易之和张昌宗兄弟俩说,你们俩因为受武则天的宠爱,蔑视群臣,被众大臣们嫉恨,如果要保住性命,现在只有为立储君出力,日后还能够将功赎罪。你们要利用自己接近武则天的有利条件,劝说她立庐陵王李显为太子。张氏兄弟听了吉顼的话,也在武则天跟前吹风,对武则天立李显为太子起了关键作用。

圣历元年(698),武则天将李显秘密接回了京城洛阳。是年九月,当时名义上的太子李旦聪明地请求退出,于是李显重新被立为太子。这让武承嗣极为气恼,因为他的继承权完全被剥夺了,不久武承嗣便气闷而死。

武则天的无字碑

为了避免在自己死后侄子和儿子们相互残杀,武则天还处心积虑地把太子李显、相王李旦、太平公主、武姓的侄子们召集到了明堂,然后祭告天地,立下了铁券,把铁券收藏在史馆,以为佐证。从此以后,到武则天去世,终于有了较长的一段安定的日子。

长安四年(704)年末,武则天病重,躺在床上,几个月也不召见宰相,只有张氏兄弟俩侍奉左右,左右朝政大事,这使大臣们六神无主。于是宰相张柬之密谋复唐。经过周密部署,张柬之等人在神龙元年(705)正月里发动了兵变,杀死张氏兄弟,迫使病中的武则天让位,由中宗复位,重建唐朝。

神龙元年(705)正月二十五这天,武则天不情愿地离开了她做了15年女皇的宫殿,搬到了洛阳宫城西南的上阳宫。中宗给她上了尊号"则天大圣皇帝"。

失去帝位的武则天心情很坏,精神的支柱没有了,本来就年老的身体很快垮了下来,当年的十一月初二,82岁的武则天死于上阳宫的仙居殿。临终时她异常清醒,立下了遗嘱,包括去掉帝号,称"则天大圣皇后",与高宗合葬在乾陵,只许为她立碑,不许立传(这也就是武则天无字碑的来历),同时赦免王皇后、萧淑妃以及褚遂良等人的家属。神龙二年(706)正月,武则天的灵柩运回了长安,与高宗合葬在乾陵,陵前立无字碑,是非功过任由后人评说。

唐中宗李显

帝王将相大传

一代帝王

人物档案

生卒年：公元 656~710 年

父母：父，高宗李治；母，武则天

后妃：韦皇后、上官昭容等

年号：嗣圣；神龙，景龙

在位时间：公元 683 年~684 年；公元 705~710 年

谥号：昭孝皇帝

庙号：中宗

陵寝：陕西定陵

性格：平庸，懦弱

名家评点：

唐中宗李显

李显能够在那种环境下活下去，挺过来，就是他的功德。他毕竟担当了五大臣废周复唐的工具。

——王德恒

太子废立，一波三折

唐中宗李显(656~710)，高宗第七子，武则天第三子。神龙元年(705)正月，武则天病重。同平章事张柬之等诛武则天宠臣张易之、张昌宗兄弟，迫其传位于显。二月，复国号为唐，以神州为东都，立韦氏为皇后。在位期间，信用皇后韦氏及其女安乐公主，政治混乱，官员冗滥，宫廷生活奢侈淫靡。景龙四年(710)六月七日，其女安乐公主与韦后合谋进鸩酒，在长安神龙殿将中宗毒死。终年 55 岁，葬定陵。年号嗣圣、神龙、景龙。

唐中宗李显起初被封为周王，后徙封英王，授雍州牧，改名李哲。永隆元年(680)八月，立为皇太子。弘道元年(683)十二月，高宗死，于枢前即帝，武则天则临朝称制。次年，废为庐陵王，先徙于均州，后徙于房州。圣历元年(698)，狄仁杰等大臣屡请召还。三月，武则天召还。九月，其弟李旦逊位，显为皇太子，复名李显。这是他两次当太子的坎坷经历，这都与他的母亲武则天的所作所为息息相关，有着千丝万缕的联系。

唐高宗时，武则天逐步登上政治舞台，掌握权力。上官仪死后，其地位日益加强。高宗每视朝，天后(上元元年，高宗号"天皇"，皇后亦号"天后")垂帘于御座后，政事大小，皆预闻之，内外称为"二圣"。

事实上，这与高宗的健康状况有关。自显庆五年(660)起，高宗的慢性疾病时好时坏，严重时风眩头重，目不能视。百官奏事，往往由武后裁决。武后性明敏，涉猎文史，处事得宜，实际已手操人主之权。

武则天生了四个儿子：长子李弘，生于永徽四年(653)正月；次子李贤，生于永徽五年(654)十二月十七日；三子李显(又名哲)生于显庆元年(656)十一月初五；四子李

图文珍藏版

且,生于龙朔二年(662)六月初一。武则天搞掉王皇后、废弃太子李忠后,于显庆元年(656)正月初六,将自己亲生的年仅4岁的儿子李弘扶上太子的位置。

龙朔三年(663)十月,高宗就培养11岁的李弘参与政事,下诏令太子每五天在光顺门内视百官奏事,其中小事,全叫他决断。随着李弘年龄的增长,他任太子期间做的一些事,表明他性情和母亲迥异。他仁孝谦恭,礼敬朝臣,深受高宗喜爱,而且很得内外人心。

高宗承继太宗遗愿,于乾封元年(666)再次发动大规模征辽东的战役。连年征战,加重了百姓的兵役与徭役负担,征辽东的兵士也出现逃亡现象。高宗下诏令这些逃亡的军人在一定期限内自首,如在期限内不投案自首或再有逃亡的,要斩首示众,家属没官。太子李弘上书谏诤指出这一诏令在执行中造成一些冤案。因为有些士兵因病不能按期应征,有的因采集柴草被敌军俘虏,有些士兵渡海淹死或深入敌境作战身受重伤阵亡而未能归伍,如此等等。执法者不明真相一律按逃亡处理,将不该逮捕的囚禁狱中,将不该没官的家属没官。他请求高宗:"与其冤杀无辜,不如修改诏令。愿陛下收回逃亡士兵家属籍没入官的成命。"高宗下诏批准。

咸亨二年(671),高宗到东都洛阳,让李弘留长安监国。这时,关中缺粮。李弘察看廊下守卫士兵所吃的干粮,发现有的竟然吃榆树皮和蓬实,于是悄悄命令东宫太子供给这些卫士米。这时,他发现义阳,宣城两公主年过三十还未出嫁。因为他们是萧淑妃的亲生女儿,受母亲的株连一直被囚禁在宫。李弘又吃惊。又可怜,立即上奏父皇,请选婿出嫁,高宗也应允。

李弘还有纳谏的作风。咸亨三年(672),他接见东宫属僚,掌管太子饮食的典膳丞邢文伟因他减少供给的饮食并上书劝谏。李弘回书加以赞扬,解释说:"因身体多病以及侍奉皇上而时间紧张。"不久,李弘设宴款待东宫官员,席间,令官臣作"掷倒"的游戏,依次至王及善时,他拒绝,并说:"掷倒是伶官的事,臣的职责是保卫殿下。"李弘听罢,连忙道歉。

咸亨四年(673)八月,高宗因患疟疾,令李弘代替自己在延福殿受理百官奏事,实习朝政。高宗还选择右卫将军裴居道的女儿做太子妃。送聘礼时,有关官员奏称"用白雁最为吉利",恰巧在宫苑内捕获到罕见的白雁。高宗欢喜异常。十月完婚后,裴氏非常贤惠。高宗曾对侍臣说:"东宫的内政,我完全放心了。"也经常说:"太子仁孝,礼敬大臣,古今未有。"

在高宗对李弘不断培养、充满期望之际,也正是武则天精心谋划、扩大自己权力的时候。李弘的思想作为,特别是其羽翼渐渐丰满,极不利于她今后夺取皇帝的宝座。其实,武则天对李弘的举动早存戒心。她发现亲生的长子李弘不是等闲之辈,竟敢多次违背自己的旨意向皇帝上奏,特别是连自己仇敌萧淑妃的女儿也奏请出嫁。她恼怒之余,也给李弘点颜色瞧。就将义阳、宣城两公主嫁给权毅、王遂古,而这两人只是守卫宫城的普通士兵。

上元二年(675)三月,高宗因头痛、目眩加重,想逊位,让武则天全权代理国政,遭到宰相郝处俊的极力反对。他谏道:"天子理外,皇后理内,这是天道。昔魏文帝曹丕制定法令,即使皇帝幼小,也不许皇后临朝,以杜绝祸乱的萌芽。陛下为何将高祖、太宗的天下,不传给子孙,而交给武后呢?"中书侍郎李义琰也赞同道:"处俊之言忠,陛下应听从。"高宗遂消除了这一念头,而想禅位于皇太子李弘。这就使权势欲极强的武则天必须除掉自己的亲生儿子。

上元二年（675）四月，李弘随高宗、武后到合璧宫，武则天在这月二十五日，用毒酒将年仅24岁的李弘害死。高宗得知凶讯，悲痛万分。万般无奈，只好在五月下诏追谥李弘为孝敬皇帝。父给子谥皇帝，这在中国历史上还是第一次。

李弘死后，高宗将希望寄托在次子李贤身上，六月初五下诏立23岁的李贤为皇太子。李贤天分很高，自幼举止端重，读书过目不忘。高宗非常钟爱，为使李贤尽快熟悉政事，高宗在他位居储君不久，就让他监国。李贤处理政务精明果断，颇受朝廷百官称赞。这使高宗高兴万分，仪凤元年（676）他亲下手诏褒美道："皇太子贤自监国以来。留心政要，安抚百姓，刑罚谨慎。理政余暇，攻读典籍，汲取精华，喜贤好善，堪当国家重任，深合朕的心意。"并赐绢500段。

李贤又招集一批学者，有太子左庶子张大安，太子洗马刘纳言，以及格希元、许叔牙、成玄一、文藏诸、周宝宁等，和他一起注范晔《后汉书》。为首的张大安是张公瑾之子，而张公瑾是玄武门政变中帮助李世民的重要人物之一，正是他力劝李世民抢先发难，不必占卜，后又死守玄武门，成为太宗朝凌烟阁功臣。李贤以注书为名招集这批学士，实际上为自己增添政治上的羽翼，在后党"北门学士"之外另立太子系的一派势力。而《后汉书》中有关于后汉政权落到皇太后、外戚手中的记载，注《后汉书》似也包含有影射武后专权的微言大义。书注成后，高宗赐绢三万段，并将书交秘阁保存。

仪凤四年（679）五月，高宗又让李贤监国理政。这时武则天不仅看到次子李贤的政治能量超过长子李弘，而且高宗也一心培植这个儿子尽早继承大业。这使她面临高宗一旦去世后大权会落到李贤手中的危险，于是武则天千方百计加紧对李贤的控制。

当时，正谏大夫明崇俨以符咒幻术被武则天所信任，他看穿武则天疑忌李贤的心里，遂密奏道："李贤不适宜承继帝位，李显貌似太宗，是更合适的储君人选。"不久，宫中又出现流言，说李贤是武后姐韩国夫人的私生子。韩国夫人嫁贺兰越石，早年守寡。永徽中武则天进宫为昭仪后，她以大姨身份出入禁中。李贤得知这些消息后，心中又疑又惧，与此同时，武则天让北门学士撰写《少阳正范》《孝子传》，令李贤熟读，并连续亲笔修书加以训斥。

李贤敏锐地感到母后要对自己下毒手了，于是作《黄台瓜辞》，命乐工歌唱。歌词是："种瓜黄台下，瓜熟子离离。一摘使瓜好，再摘令瓜稀，三摘犹尚可，四摘抱蔓归。"暗示武则天只有四个儿子，如果一个个都杀掉，对自己也没有好处。希望母亲听后能够省悟，产生恻隐之心。李贤此时作的乐曲《宝庆乐》曲调也很哀伤。但武则天要当皇帝，必然要把李贤再搞掉。因为他已年长，又有政治才能，一旦李贤当了皇帝，不仅自己当女皇帝的梦想会破灭，而且手中已有的权力恐怕也会被剥夺。

永隆元年（680）八月，武则天决心搞掉李贤，并设下圈套。她先指使人向高宗告发太子喜好声色，并与户奴赵道生关系暧昧。高宗令宰相薛元超、裴炎和御史大夫高智周等审理此案。这些人忽然兴师动众搜查东宫，在马坊内查获数百件黑色甲胄，便断定是谋反的证据。随后，被逮的赵道生又揭发太子指使自己杀了明崇俨。

原来，深受武则天信任的明崇俨在前一年五月一天的夜间遇刺身亡，刑部不能破案，武则天怀疑是李贤派刺客所为，目的是剪除自己羽翼。赵道生的揭发是严刑诱逼下的伪供，因为李贤被废后，刑部捉到了真正的凶手。

李贤被诬陷后，一时无法洗清，太子地位就岌岌可危了。但高宗素爱李贤，想宽大处理。武则天假意要依法从事，振振有词地说："做儿子的心怀逆谋，天地不容；应大义灭亲，不可宽赦。"高宗无奈，只好下诏将太子李贤废为庶人，令右监门中郎将令狐智把李贤从洛阳押送到长安囚禁起来,并将甲胄在洛阳的天津桥南当众焚毁。这一案件牵连了不少人,除李贤一批党羽被杀外,宰相兼左庶子张大安贬为普州刺史,太子洗马刘纳言等十余人被流放。武则天仍不罢手,次年十一月又把李贤流放到巴州(今四川巴中)。

李贤被废后的第二天,24岁的李显被立为太子。李显才能平庸,这样,唐高宗想传位给比较有才能的儿子的愿望破灭了,心情悲伤,身体也越来越坏。

开耀元年(681)七月,高宗因服药,令李显监国,还是想培养儿子的执政本领。特别是在永淳元年(682)二月,高宗破例立李显刚诞生的儿子重润为皇太孙,并为其开府置师、傅等官员。希望太子、太孙名义既定,有官属拥戴,或可保持李氏的江山。

四月,高宗因关中饥荒,到东都洛阳,留李显在长安监国,并让宰相刘仁轨、裴炎、薛元超辅政。但李显放肆游猎,不问政事。薛元超上书规谏。高宗得知,召赴洛阳。

永淳二年(683),高宗病势已非常严重,连预定在十月封嵩山的祭典也不能举行。十一月初三,他感到头痛难忍,且双目失明,急召御医秦鸣鹤医治。鸣鹤请用针刺头放血,可以治愈。武则天迫不及待想当女皇,恨不得高宗早死,根本不想让大夫治愈。于是大怒道:"天子头岂能刺血,此人当斩首。"鸣鹤吓得连连叩头请求饶命。高宗道:"你只管刺,朕不怪罪。"遂针刺了百会、脑户两个穴位。高宗高兴地说:"我的双目好像明亮些了。"武后闻听,一反前态,举手加额道:"这是天赐陛下的宏福。"并亲自负缣百匹赏赐鸣鹤。由此可以看到武则天手段的阴险狡诈。

然而高宗终究病入膏肓。十一月十五日,诏李显在洛阳监国,令宰相裴炎、刘景先、郭正一和太子处理国事,以防不测。十二月初四改年号为弘道。高宗想到则天门楼宣赦,然而因呼吸困难不能乘马。当夜召裴炎入贞观殿受遗诏辅政,随即溘然长逝,享年56岁。遗诏内容是:"太子李显即位,军国大事有不能决断的,取武后处分。"初七,裴炎上奏,因太子尚未即位,不能宣敕。有要事需马上处理的,请武后宣令于中书、门下施行。十一日,27岁的李显正式登基,即中宗。尊武后为皇太后,政事都由她裁决。武则天从而实质上获得了掌管国家的最高权力。

但是武则天的欲壑难填,她要公开当女皇。所以在弘道二年(684)二月找了一个借口,把继位不足两个月的中宗废黜。

中宗于弘道元年(683)十二月十一日正式即帝位,于次年正月初一改年号为嗣圣元年(684),随即册立原太子妃韦氏为皇后,同时将韦后的父亲韦玄贞从低级官员普州参军越级提升为高级官员豫州刺史。紧接着又想让岳父为侍中,进入宰相班子,还要授奶母的儿子五品官。宰相裴炎觉得这样任官是违制滥任,遂再三谏阻。年轻气盛的中宗勃然大怒,信口说道:"我就是把天下让给韦玄贞有何不可,难道还吝惜一个侍中吗?"裴炎惊呆了,遂把这些报告给了武则天。武则天正苦于找不到废弃中宗的合适借口,中宗本人倒给她提供了一个良机。于是武则天利用中宗和外廷朝臣的冲突,和裴炎秘密策划废立大计。

弘道二年(684)二月初六,武则天在乾元殿召集百官。裴炎与中书侍郎刘祎之、羽林将军程务挺,张虔勖等按预先部署,带兵入宫。裴炎当众宣布太后命令,废中宗为庐

伎乐菩萨胡旋舞壁画

陵王,随即将中宗拉下皇帝宝座。这时中宗惊恐万状,问:"我有何罪?"武则天斥道:"你想把天下送给韦玄贞,还说没罪!"中宗万没有想到一时气话竟成为母后搞掉自己的理由。当时也无言可答,被押出殿堂,囚禁起来。废弃中宗的第二天,武则天立自己第四子李旦为皇帝,是为睿宗,时年不满22岁。但她把睿宗安置在别殿,所有国家大事,全由自己决定,睿宗不得参与,完全是个傀儡。此后,武则天常在洛阳宫的紫宸殿中,垂下浅紫色的丝帐,临朝称帝听政,独揽一切大权。

神龙革命,二次登基

　　武则天称帝之后,确立皇储的问题马上尖锐地摆在这位女皇的面前。自禹传子家天下以来,父死子继,兄终弟及的世袭制度,一直是一代王朝政权延续的基本形式。作为一个女性建立的武氏王朝,确立什么人为皇位继承人,这可给武则天出了一个千古难题。

　　起初,武则天的确想做一个传统制度的叛逆者,使武周王朝永远成为武姓的天下。起用武氏子侄为宰相,臣下有功也赐给武姓。以武承嗣、武三思为首的武家子弟更是跃跃欲试,投机钻营,梦想继承姑母的基业。可是不久,武则天在

白马寺

狄仁杰和李昭德等人的影响下,又向她亲手打破的旧传统上回归。

　　圣历元年(698),武则天问狄仁杰说:"朕梦大鹦鹉两翼皆折,何也?"狄仁杰趁机奏曰:"武者,陛下之姓。两翼,二子也。陛下起二子,则两翼振矣。"从此,武则天遂无立武承嗣、武三思之意。不久,便派人把庐陵王李显及妻子接回神都洛阳。武承嗣愤恨不得为太子,怏怏而死。当年,太子李旦固请逊位于庐陵王,武则天复立庐陵王李贤为太子,以李旦为相王。

　　庐陵王的复立,也正是武则天的悲剧所在。它为拥唐派官员的政变活动树起了一面旗帜,致使爆发了以武力逼迫她让位"五王政变",因发生在神龙年间,也称"神龙革命"。

　　事情是由武则天的男宠张易之、张昌宗兄弟引起来的。

　　唐高宗死时,武则天刚好60岁。按说到了这个年龄不该有丧偶的孤独了。可武则天不同,在朝廷上她叱咤风云,驾驭天下人,回到宫内总感到说不出的失落和空虚。多亏了唐高祖之女向他进献了一个侍寝有术的伟岸壮士冯小宝,才使她枯木逢春。为了掩人耳目,武则天让他落发为僧,出任白马寺的主持,并赐姓名薛怀义,命自己的女儿太平公主和其丈夫、驸马仆尉薛绍待以叔父之礼,薛怀义受命督建明堂,耗资亿万,

被封左武卫大将军、梁国公,又担任大总管,统军远征突厥。然而,薛怀义却日益骄横,胡作非为。武则天称帝后,御医沈南璆成为新的男宠。薛怀义妒火中烧,一怒之下,竟烧毁了他督造的明堂。武则天无奈,只得派人将他暗杀。

薛怀义死后,中年御医沈南璆难以压平武则天那寡居晚年的变态欲火。还是女儿太平公主理解母亲的心,为母亲又物色了一位年少貌美的张昌宗到宫中入侍。武则天对这位聪明伶俐的男宠非常满意。张昌宗见状把自己的哥哥张易之推荐给武则天,结果更使武则天喜出望外,兄弟二人均封官加爵,势力迅速膨胀起来,连武承嗣,武三心兄弟也要争着为他俩牵马执鞭,称呼张易之为"五郎",张昌宗"六郎"。长安四年(704)十二月,武则天有病,居住迎仙宫长生院。唯张易之、张昌宗兄弟侍疾,宰相们已有一个多月不能进见了。张氏兄弟居中用事,引起了朝臣们的恐惧。

神龙元年(705)正月初二日,凤阁侍郎张柬之、鸾台侍郎崔玄晖、左羽林将军敬晖、右羽林将军桓彦范、司刑少卿袁恕己,乘武则天生病之机,发动宫廷政变,捕杀了武则天的亲信张易之、张昌宗兄弟,迎皇太子李显监国。

武则天看大势已去,便在正月初三日让位给李显。初四日,李显即位于通天宫。不久,他恢复唐的国号,一切礼仪制度也都恢复到高宗永淳年间的老样。几个月以后,82岁的武则天离开了人世。这样,唐中宗李显第二次当了皇帝,并把韦氏册立为皇后。

韦后掌权,政治腐败

嗣圣元年(684)五月二十三日,从均州(今湖北省武当县)通向房陵(今湖北省房县)的乡间大道上,几辆马车在慢慢地行驶。第一辆车上坐着的一位青年男子,面容憔悴,目光呆滞,似乎有重重的心事和无限的忧愁。他就是唐中宗李显。武则天称帝以后,李显被废为庐陵王,幽禁在皇宫中一所冷落的庭院中。后来,又被流放到遥远的南方。此时,李显正是在流放途中。

他望着碧绿的原野,深深感到这充满生机的大地和自己的心绪是那样不谐调。妻子韦氏的车辆就在他后面。想到妻子,李显不由得回头望望。韦氏是中宗当太子时被纳为妃的,嗣圣元年(684)立为皇后,中宗被废,她也遭贬黜,随从前往房陵。

韦氏刚刚生个女孩,身体还很虚弱,旅途中车子的不停颠簸更增加了她的痛苦。因为在途中生产,没有来得及准备,李显和韦氏只好用自己的衣服把女孩裹起来,于是他们便给这个孩子起名叫"裹儿"。和父母痛苦得难以入眠不同,裹儿常处在熟睡之中。韦氏后面还有几辆车,分别载着他们已经长大的孩子、奴仆和一些用物。

陶伎乐女俑

李显和韦氏到达房陵以后便定居下来。他们在房陵期间,武则天多次派遣使臣前去探望。每当听到使臣到来的消息,李显总是心惊肉颤,坐卧不安,甚至想自杀。倒是韦氏比较豁达,她劝李显说:"福祸相依,总会变化的,您怎么老是要想到死呢?您用不着这样害怕。"李显和韦氏就这样相依为命,在房陵共同度过了十多年艰苦的生活,夫妻间感情更加深厚。每当夜幕来临,繁星满天的时候,李显遥望星空,回忆当年皇宫中的太子生活,便向韦氏保证:一旦继承帝位,定让她各方面快快活活。

神龙革命之后,中宗继位。在他第二次即位期间,灾害连年,边患不断。神龙元年(705)四月,同官县(今陕西省铜川市)下了特大雨雹,被淹农家400余户,许多燕雀都被砸死。神龙三年(707)三月,自京师至山东发生瘟疫,百姓死亡不计其数。这年夏天,山东、河北二十多州又发生旱灾,饿死、病死的总计数千人。但是,对这一切,中宗和韦后并不放在心上。

韦后曾对中宗说:"十多年的苦难我们已经受够了,现在就要过自由自在的天子生活了。"在韦后的怂恿下,中宗即位当年的十一月,他们就一起到洛阳城南门楼观看了泼寒胡戏。当时天气严寒,北风凛冽,北方胡人裸身挥水,舞蹈自如。中宗和韦后身穿轻裘,从早到晚,不知疲倦。神龙三年(707)二月,中宗、韦后又和近臣们一起登上玄武门,观看宫女大酺。韦后还觉得不开心,又请求中宗命宫女左右分队,互相殴斗,以决胜负。他们还派遣宫女开办集市,令百官公卿扮作商人前往交易,因买卖不公,大臣和宫女们互相辱骂,言词卑猥。中宗和韦后看了以后却哈哈大笑。

神龙四年(708)正月元宵节期间,中宗和韦后脱去龙凤袍,换上百姓装,带领大臣们夹杂在长安市民中间,在化度寺门前的大街上观赏花灯。这一夜,中宗还依照韦后的意见,放出几千名宫女看灯,致使一半宫女都跑掉了。二月,中宗,韦后和各位公主又来到今陕西省兴平市,在梨园毯场观看了拔河比赛。三月,游宴桃花园;四月,又游赏樱桃园;还到了隆庆池,结彩张灯,泛舟戏乐。中宗和韦后真正尝到了当天子的快活。

中宗和韦后的戏游以及中宗处处依顺韦后,使朝政更加腐败。中宗第二次即位不久,就应韦后之请,追封韦后的父亲韦玄贞为王。对此,大臣贾虚以不合祖宗之法表示反对,说:"异姓不王,古来如此。皇上刚刚复位,就大封后族,会失信于天下的。"原来,按照朝廷规定,只有和皇帝同姓的人才能封王。但是,中宗对贾虚的话根本不听。这时的中宗,只记住了以前他许诺过的话:韦后只要快活,要求什么都可以。

中宗复位以后,武则天虽然死了,但朝中武氏的势力还很大。武则天的侄儿武三思这时被封为德静郡王,官拜左散骑常侍。最初,张柬之、崔玄昨等人杀张易之、张昌宗之时,铭州(今河北省永年区)长史薛季昶曾对张柬之等人说:"二张虽然根除,武三思一伙还在,应乘势把他们铲除,国家才会安定。"但是,张柬之没有听从这个意见。

武三思聪明灵巧,善于观风使舵。他看到张柬之等人处张易之,暂时还没有顾及他,便通过种种关系,让自己的二儿子武崇训娶了韦后的小女儿安乐公主,也就是裹儿。这样,武三思在朝中的地位更加巩固。武则天在世时,宫中有个叫上官婉儿的女子,因为懂得诗词歌赋,为人又柔顺,很得武则天宠爱。中宗复位以后,上官婉儿继续被信用,并专掌拟定命令。不久,还被拜为昭容。

武则天在世时,上官婉儿就与武三思关系暧昧。武三思和韦后成了儿女亲家以后,通过上官婉儿中间的串通,武三思和韦后之间的关系也发展到不正常的状况。这时的韦后完全堕落了。武三思经常入宫和韦后下棋,中宗就站在一旁观看。有时武三思和韦后一起坐在龙床上玩游戏,中宗还站在一旁给出"主意"。朝廷外边的人很快就知道了这些丑事。武三思一两天不进宫,韦后就让中宗前去看望。由于武三思和韦后勾结，中宗又对韦后言听计从，甚至朝中发生的事情，中宗都要找武三思商量。中宗还依照韦后的意见，任命武三思为宰相，以至武三思在朝中的势力，比武则天时期还要显赫得多。

中宗的昏庸，韦后的乱政，武三思的得宠，使朝中大臣张柬之等人非常不安。他们多次劝中宗除掉武三思，削弱武氏权力，加强皇室力量。但是，这时的中宗对他们的话无论如何也听不进去了。在此之前，监察御史崔皎曾向中宗进谏，中宗不但不听，反而把他的话转告给武三思，结果，崔皎不久就被贬谪。

武三思知道张柬之等人在设法除掉他，便与亲信御史周利用、冉祖雍，光禄丞宋之逊，太仆丞李悛，监察御史姚绍之五人商量对策。这五人是武三思的耳目，当时被称为"三思五狗"。"五狗"给武三思出了不少坏主意。随后，武三思又来到宫中和韦后商量，他们策划好以后，就到中宗面前说张柬之、敬晖、袁恕己、崔玄暐、桓

中宗韦后出宫赏灯

彦范五大臣的坏话。他们攻击说，五大臣是"恃功专权，川躁不轨"。昏愦的中宗相信了，便问他们采取什么办法好。武三思建议中宗封五人为王，采取明升暗降的办法，剥夺他们手中的实权。中宗同意。这样，中宗便封桓彦范为扶刚郡王、敬晖为平阳郡王、张柬之为汉阳郡王、崔玄暐为博陵郡王、袁恕己为南阳郡王。同时，还赐给五大臣很多杂彩、帛绣、金银、鞍马。五大臣名为优宠，实被夺权。武三思把持了朝政，背后又有韦氏当靠山，更加飞扬跋扈，凡是反对他的人，一律被逐出京师；凡是为他效力的人，全部委以重任。

不久，敬晖等上表请削武氏王爵时，中书舍人岑羲、偃师毕仗义执言，结果二人均被贬官。神龙二年（706）四月，处士韦月将上书弹劾武三思潜通宫掖，图谋逆乱。中宗却勃然大怒。下令斩杀韦月将，黄门侍郎宋璟等人力谏不可，才改为杖刑，流放岭南，但不久又派人杀了他。

在此前不久，还发生了王同皎事件。王同皎是相州安阳（今属河南）人，娶安定公主。他参与了诛二张政变，以功升右千牛将军，拜驸马都尉，升任光禄卿。他看到武三思专权任势，图谋逆乱，于是招集壮士，拟在武则天下葬之时，劫杀武三思。不料同谋人冉祖雍向武三思告了密。武三思随即使人告发王同皎密谋杀武三思，然后将拥兵诣阙，废黜皇后。王同皎因此反被斩于都亭驿前，同谋人也一一被杀。韦、武并不善罢甘休，抓住此事大做文章，诬陷此前已被贬到地方的朗州刺史敬晖、亳州刺史韦彦范、襄州刺史张柬之、郢州刺史袁恕己、均州刺史崔玄暐与王同皎通谋。中宗不察真假，一道令下，五人分别远贬为崖州、泷州、新州、窦州、白州司马，并被削去勋封。

武三思欲置五人死地而后快，于是又采用卑劣的手段，暗中指使手下人书写韦后秽行，请求将其废黜的揭帖，贴在洛阳天津桥。中宗龙颜大怒，决定严加惩办，遂命御史大夫李承嘉追查此事。李承嘉按照武三思的意思，奏称："这是敬晖、桓彦范、张柬之、袁恕己、崔玄暐指使人干的，而且名为废黜皇后，实则图谋大逆，请依法灭族。"武三

思为使中宗确信不疑，又唆使儿媳安乐公主诬潜于内，侍御史郑惜呼应于外。因此事非同小可，中宗命司法部门推问。最后因中宗曾赐敬晖等人铁券，许以不死，而长流远地。不久武三思派爪牙大理正周利用赶至岭外，残酷地将桓彦范、敬晖、袁恕己杀死。张柬之和崔玄暐则在周利用未来之前已忧郁去世。

武三思勾结韦后除掉了五大臣，气焰更加嚣张，他曾得意扬扬地对亲信们说："我不知道什么是好人，什么是坏人，只要和我好的，就全是好人。"一时间，奸佞之徒都被他网罗到身边。

韦后的女儿安乐公主也是个野心极大的人，她一心想做第二个武则天。在韦后纵容下，她跋扈宫中，凌辱大臣，无视王法，为所欲为，尤其对太子李重俊更是嫉恨。她曾自己写下诏书，把前一部分遮住，让中宗加盖皇帝印，中宗竟笑嘻嘻地答应了她的要求。她还惮以自己是韦后的亲生女，李重俊不是韦氏所生，要求中宗立自己为皇太女，以顶替李重俊皇太子的地位。对上述一切，左仆射魏元忠向中宗表

上官婉儿

示反对。安乐公主竟说："元忠是山东傻瓜，他有什么资格议论国家人事。阿武子（宫中对武则天的称呼）还可以做天子，难道天子的女儿就不能当皇帝吗？"不仅如此，安乐公主还向中宗提出，把昆明池作为她自己的私人湖泊，中宗以没有先例为由委婉拒绝。于是安乐公主大怒，她命人挖掘一个定昆池，长达数里，来表明她对昆明池要定了。安乐公主还派奴仆到民间抢夺女子，充当她府上的奴婢。有人把这一情况上告到左台侍御史袁从一那里，袁从一秉公执法，逮捕了安乐公主的奴仆。安乐公主竟请中宗下令释放，软弱的中宗也竟然同意，以至袁从一气愤地说："皇上如此办事，何以治天下！"

安乐公主一心要当皇太女和女天子，又和武三思等人狼狈为奸，祸国殃民，使太子李重俊感到极大威胁和深深不满。神龙三年（707）七月十一日，李重俊联合左羽林将军李多祚率领300名羽林军冲入武三思府中，杀死了武三思父子及全家，随后，又带兵从肃章门冲入宫中，想擒杀武三思的同伙上官婉儿、安乐公主和韦后。这时，中宗夜宴刚刚结束，忽听右羽林将军刘景仁报告说太子谋反，急忙带领韦后、安乐公主、上官婉儿观看。上官婉儿大喊道："太子是要先杀婉儿，再杀皇后，然后谋害皇上啊。"接着急忙与中宗、韦后、安乐公主登上玄武门楼躲避。中宗命令右羽林大将军刘景仁率飞骑百余人守卫在楼下，这时宰相杨再思、苏瑰、李峤及兵部尚书宗楚客、左卫将军纪处讷拥兵两千屯守在太极殿前，闭门自守。李多祚先至玄武门楼下，上楼时被卫兵挡住。太子与李多祚有些犹豫，于是按兵不动，想等中宗出来对话。这时，宦官闲令杨思勖突然挺刃杀死多祚婿羽林中郎将野呼利，羽林兵士气受挫。中宗乘机对羽林将士发话："你们都是朕的宿卫之士，为何随从多祚谋反？若能反戈一击，不愁不富贵。"于是士兵倒戈杀了多祚、承况、柿之、忠义，太子不战自溃。成王千里和天水王禧攻打延明门，欲杀宗楚客、纪处讷等人，也不克而死。太子仓皇带着百骑逃往鄠县（今陕西省鄠邑区），途中被手下士兵所杀。

平定了太子李重俊之乱后，安乐公主和韦后更加肆无忌惮。每当中宗临朝听政，

韦后也都要上朝坐在后面指示。景龙(709)二月,韦后自称她衣箱内有五色祥云升起,命画工画下图,让文武百官看。韦后还指示右骁卫将军、知太史事迦叶志又上表说:"当初,高祖未受命时,天下歌'桃李子';太宗当皇帝前,天下歌'秦王破阵乐';高宗当皇帝前,天下歌'侧堂堂';则天皇后当皇帝前,天下歌'武媚娘';陛下当皇帝前,天下歌'英王石州','桑条韦',于此可见人心。现在皇上皇后仁德归心,一统天下,臣谨进'桑条歌'十二篇,请宣示中外,进入乐府。"中宗高兴地表示同意。于是,歌颂韦后的桑条歌十二篇广泛流传开了。

韦后和安乐公主的野心已暴露无遗,朝中大臣群情激愤,议论纷纷。景龙三年(709)四月,定州人郎岌上言:"韦后、宗楚客将为逆乱。"韦后下令将其杖杀,这时,前许州(今河南省许昌市)司兵参军燕钦融上书中宗,指斥韦后干预朝政,安

《九成宫醴泉铭》(拓片局部)

乐公主当家,揭露她们图谋不轨,燕钦融上言曰:"皇后淫乱,干预国政;安乐公主、武延秀、宗楚客谋危社稷。"告诫皇上不可不防。中宗阅后,传燕钦融上朝当面询问。燕钦融慷慨陈词,毫无惧色。

中宗思吟许久,无话可说,便让燕钦融暂时退下。谁知燕钦融还没有走出朝门,韦后便指使亲信兵部尚书宗楚客派人引兵追回,当着中宗的面,在大殿的庭石上把他摔死。

景龙四年(710)六月初二,韦后、安乐公主与经常出入宫掖的散骑常侍马秦客、光禄少卿杨均密谋,在御膳中下了剧毒,中宗中毒死于神龙殿。

作为一个皇帝,中宗毫无值得称道之处,反而有许多"秽德秽政",所以史书上对他的评价都极低,甚至断言假如没有唐玄宗接续,大唐的命脉也快要终结。这种论断固然有其道理在,却未深究其内因,作为一个人,一个悲惨凄凉的人,还是不能不令我们对他寄予深深的同情。中宗自从被废黜帝位,降为庐陵王后,似乎结局已定:等待赐死。但出乎意料,没有被赐死,却被迁移均州安置,开始他18年的流放生涯。

流放的艰苦备尝还算不了什么,最悲惨的是日日等死。其实人世间最可怕的并不是死亡,而是生活在死亡阴影的笼罩中,日日等死,死亡却又不马上来,但它随时又都可能到来,这种恐惧和悲惨绝不是一般人所能想象出来的。

不过再强的心脏也难以在这种重负下支持18年之久。在流放生涯中,李显的妻子韦氏倒是显示出女性面对逆境时超乎男性的承受力,成为李显的精神支柱。《资治

通鉴》记载："上（李显）在房陵与后同幽闭，备尝艰危，情爱甚笃。上每闻敕使至，辄惶恐欲自杀，后止之曰：'祸福无常，宁失一死，何遽如是！'上尝与后私誓曰：'异时幸复见天日，当惟卿所欲，不相禁御。'"

正是患难夫妻相濡以沫的真情，使得李显苦苦熬过 18 年的等死岁月，他对妻子的依赖和感激也超乎常规，居然对妻子发誓：一旦重见天日，任凭妻子随心所欲——自然也包括和别的男人寻欢作乐，他绝不干涉。

这种非人的生活足以摧毁一个人顽强的求生意志，更不用说什么雄心壮志、理国治民的愿望了，也正是这段生涯造成了中宗复辟后的"荒政"行为和许多"秽德"。然而李显对妻子的放纵，对爱女的溺爱换来的却是母女二人的杀机。韦后想做到如武则天那样临朝称制，李显便是个障碍。安乐公主屡次求为皇太女不得，也痛恨父亲，想让母亲临朝，立自己为皇太女。而马秦客、杨均担心丑事暴露会被杀头，几人便在一起合谋，杨均做饼，马秦客在饼中下毒，韦后母女亲自奉给中宗李显，一代懦弱的糊涂天子便在自己最爱的妻女的脉脉温情中吃下毒饼，毒发身亡，享年 55 岁。

桓彦范

唐睿宗李旦

人物档案

生卒年:公元662~716年

父母:父,高宗李治;母,武则天

后妃:刘皇后、窦皇后等

年号:文明;景云,太极,延和

在位时间:公元684~690年;公元710~712年

谥号:兴孝皇帝

庙号:睿宗

陵寝:陕西桥陵

性格:淡泊,明智

名家评点:

盖自高祖以来,三逊于位以授其子,而独睿宗
上畏天戒,发于诚心。若高祖、玄宗,岂其志哉!

——北宋·欧阳修《新唐书》

唐睿宗李旦

两度为帝,身不由己

唐睿宗名李旦,又名李旭、李轮;嗣圣元年(684)二月,武则天废中宗为庐陵王,而
立他为帝,改年号为"文明"。睿宗继位后,武则天命他居住于深宫,不得参与朝政。直
到李隆基平定韦、武之乱,他又第二次登上帝位。但睿宗是一个无能的帝王,立李隆基
为太子后,又使太平公主参与朝政,引起了太子与太平公主之间的斗争,造成政局不
稳,政事昏暗。最后,他禅位于太子李隆基,自称太上皇,于开元四年(716)六月病死于
长安宫中的百福殿,终年55岁,葬于桥陵。

唐替宗李旦,武则天幼子,生于龙朔二年(662)六月。初封殷王,后又封豫王、冀
王,最后改封相王,高宗末年又还封为豫王。武则天废中宗为庐陵王后,于同月立他为
帝,但让他居住于深宫,但不让他参与朝政。

天授元年(690)九月,武则天称帝,改国号为周。废睿宗,封他为皇嗣,改姓武。神
龙元年(705),中宗复位,封他为相王。景龙四年(710)六月,中宗被毒杀,睿宗第三子
李隆基发动羽林军攻入宫,诛杀韦皇后及安乐公主、上官婉儿、武延秀等,与太平公主
一起拥立睿宗复位,废黜殇帝李重茂,改年号为"景云",这是其第二次登上帝位,可谓
身不由己。

他第一次登上帝位是武则天为实现其女皇梦想的产物。唐高宗时,武则天逐步登
上政治舞台,掌握权力。上官仪死后,其地位日益加强。高宗每视朝,她都垂帘于御座
后,政事大小,都参与其中。

高宗与武则天生有四个儿子:长子李弘,次子李贤,三子李显,李旦排行第四。高
宗对长子李弘赞赏有加,龙朔三年(663)十月,高宗就培养11岁的李弘参与政事,下诏
令太子每五日于光顺门内视百官奏事,其中小事,全让他决断。随着李弘年龄的增长,

他仁孝谦恭,礼敬朝臣,深受高宗喜爱,而且很得内外人心。但他的所作所为,特别是羽翼渐渐丰满,极不利于武则天夺取皇帝的宝座。上元二年(675)三月,高宗因头痛、目眩加重,想逊位,让武则天全权代理国政,遭到宰相郝处俊及大臣们的极力反对。高宗遂消除了这一念头,而想禅位于皇太子李弘。这就使权势欲极强的武则天必须除掉自己的亲生儿子。

上元二年(675)四月,李弘随高宗、武后到合璧宫,武则天在这月二十五日,用毒酒将年仅24岁的李弘害死。高宗得知凶讯,悲痛万分,但也万般无奈,只好将希望寄托在次子李贤身上,六月初五下诏立23岁的李贤为皇太子。

李贤天分很高,自幼举止端重,读书过目不忘。高宗非常钟爱,为使李贤尽快熟悉政事,高宗在他位居储君不久,就让他监国。李贤处理政务精明果断,颇受朝廷百官称赞,这使高宗高兴万分。这时武则天不仅看到次子李贤的政治能量超过长子李弘,而且高宗也一心培植这个儿子尽早继承大业。这使她面临高宗一旦去世后大权会落到李贤手中的危险。于是武则天千方百计加紧对李贤的控制。永隆元年(680)八月,武则天设下圈套,以谋反定李贤之罪。但高宗素爱李贤,武则天只好将太子李贤废为庶人,并把李贤流放到巴州。

李贤被废后的第二天,24岁的李显被立为太子。永淳元年(682)二月,高宗破例立李显刚诞生的儿子重润为皇太孙,并为其开府置师、傅等官员,希望太子、太孙名义既定,有官属拥戴,或可保持李氏的江山。但高宗病势已非常严重,于永淳二年(683)十二月初四溘然长逝,却遗诏:"太子李显即位,军国大事有不能决断的,取武后处分。"随后,太子李显正式登基,尊武后为皇太后,政事都由她裁决。武则天从而实质上获得了掌管国家的最高权力。

但是武则天想要公开当女皇。所以在弘道二年(684)二月找了一个借口,把继位不足两个月的中宗废黜。废弃中宗的第二天,武则天立李旦为皇帝,是为睿宗,这就是唐睿宗第一次当上皇帝,当时他还不满22岁。

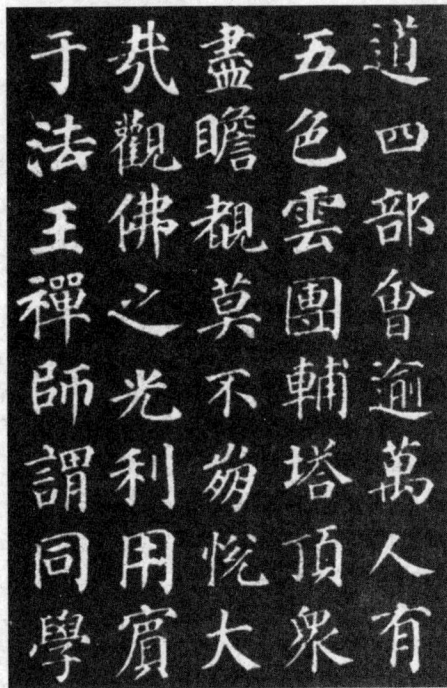

《多宝塔碑》(拓片局部)

他当上皇帝后,母亲武则天却把他安置在别殿,所有国家大事,全由她决定,睿宗自己不得参与,完全是个傀儡。此后,武则天临朝称帝听政,独揽一切大权,唐睿宗也是整日无所事事。

神龙元年(705)正月,武则天病重。同平章事张柬之等诛武则天宠臣张易之、张昌宗兄弟,迫其传位于李显,史称"神龙革命"。二月,唐睿宗三哥李显复国号为唐,以神州为东都,立韦氏为皇后,是为唐中宗。景龙四年(710)六月七日,唐中宗的女儿安乐公主与韦后合谋将中宗毒死。

中宗李显被韦后、安乐公主所弑后，韦后临朝称制，立16岁的温王重茂为帝，史称殇帝，而立李旦为太尉。李旦的儿子临淄王李隆基英明神武，他看到朝政日非，便暗地招集才勇之士，准备匡复社稷，等待机会发动政变。

景云元年（710），韦后的亲信宗楚客、太常卿武延季、司农卿赵履温、国子祭酒叶静能和韦后的亲属都劝韦后仿效武则天，让韦氏的亲属统领南北禁卫，占据朝中各部门的主要位置。宗楚客又秘密上书韦后，称韦后上应天命，应该革大唐的命，另立新朝。

兵部侍郎崔日用一向依附韦后、武三思，与宗楚客关系也很好，但知道宗楚客的阴谋后，感到成功的几率太小，便向临淄王告密，劝他从速起兵，否则祸发不测。李隆基闻讯后，马上联合太平公主等人先发制人，起兵诛杀韦后及其党属。

政变成功后，太平公主逼迫殇帝李重茂下旨，让位给相王李旦。李隆基平定逆乱，改封为平王，统率内外禁军和万骑营。但相王李旦或许真的对帝位没兴趣，或许不愿夺亲侄儿的帝座，坚决不肯即位。最后在太平公主、李隆基和大臣刘幽求等人的一再请求下才在承天门即位为帝，这是其第二次登上皇帝宝座。

李旦即位后，立李隆基为太子。但他厌倦政务，国家大事都交给李隆基和太平公主处理，尤其信任太平公主。每当宰相向他奏请，他便先问是否和太平公主议过了。如果是太平公主或者李隆基同意的，便画敕许可，否则便让宰相找太平公主和太子商议，他只管"画敕"。之后韦后乱政，安乐公主和太平公主争权夺势，相互倾轧，朝政紊乱，国事日非，李旦依然抱定"自扫门前雪"的法宝，对国家事务不闻不问，也不介入任何权力斗争之中。

诛杀韦后，功在其子

李隆基是睿宗李旦之子，起初被封为临淄王，神龙元年（705）时任卫尉少卿，后二年，又出兼潞州（今山西长治）别驾。他从小即怀大志，在宫中曾以曹操的小名阿瞒自称，因生活在李唐王室的多事之秋，立志要亲手兴复李唐社稷。

景云元年（710）六月初二，懦弱昏庸的唐中宗被皇后韦氏和女儿安乐公主毒死于神龙殿，韦后秘不发丧，自总政务。第二天，她把宰相召到禁中，谋求自安之策，并征诸府兵五万人屯驻京师，以防事变。由亲信党羽驸马都尉韦捷、韦灌、卫尉卿韦睿、左千牛中郎将韦锜、长安令韦播、郎将高嵩分别统领，派左监门大将军兼内侍薛思简等带兵赶到均州（今湖北均县西），防范中宗之子谯王重福，又提升刑部尚书裴谈、工部尚书张锡并同中书门下三品，兼任东都留守。匆匆布置完毕，才由太平公主和上官婉儿草拟遗制：立温王重茂为皇太子，皇后知政事，相王李旦参谋政事。亲韦后的宰相宗楚客知道李旦参政对韦后专权不利，于是表示反对，理由是李旦与韦后是叔嫂关系，一起听朝议事，有违礼制。他将此意秘密告诉韦后之兄韦温，并得到支持，便率宰相表请韦后临朝，罢李旦政事。大臣苏瓌说："遗诏怎可随便改动？"韦温大怒，苏瓌只好缄口屈从，改李旦为太子太师。

切准备就绪后，初四日，韦氏集团才在太极殿向百官发丧。于是，韦后临朝摄政，大赦天下，改元唐隆。初七日，16岁的重茂即位，是为少帝。

韦后子弟与党羽把持着南北卫军、台阁要司，且遍布各地，蠢蠢欲动。宗楚客与太常卿武延秀、司农卿赵履温、国子祭酒叶静能及诸韦聚集在韦后周围，劝她效法武则天。宗楚客还秘密上书引图谶，谓韦氏应当革唐之命。当时京师人心不安，韦后集团图谋篡权,欲谋害少帝,把相王李旦和权力欲极强的太平公主视为夺权路上的障碍,日夜谋划要将其剪除。

兵部侍郎崔日用平时依附韦皇,与宗楚客关系密切。他得知密谋后,反复权衡双方的力量,感到韦氏未必能成功,为了不让灾祸延身,他派遣僧人普润向李隆基告密,并建议李隆基先发制人。李隆基因早有匡复李氏皇室的打算,身边聚集了不少才勇之士。当初,唐太宗挑选一批骁勇善战的人,着虎文衣,跨豹文鞍,随从皇帝游猎,负责在马前射捕禽兽,称为"百骑";武则天增加为千骑,隶属于禁军的左右羽林;中宗时又称"万骑",置使统领。李隆基身为禁军将领卫尉少卿,平时少不了和万骑打交道,他有意结纳其中的豪杰之士。日子久了,李隆基在宫中形成了一股不可忽视的政治力量。

李隆基感到铲除韦氏集团的时机已经成熟,遂与痛恨韦后专权的姑母太平公主,以及公主之子卫尉卿薛崇暕、尚衣奉御王晔、前朝邑尉刘幽求、利仁府折冲麻嗣宗等人密谋起兵之事。韦党的韦播、高嵩分押左右营万骑,平时这二人为了树立权威,动辄棒捶万骑战士,万骑对他俩恨之入骨。万骑

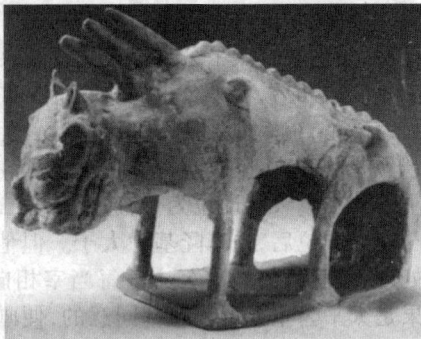

釉陶加彩镇墓兽

果毅葛福顺、陈玄礼还常向李隆基诉苦,所以李隆基也把诛韦的消息告诉了福顺、玄礼和万骑果毅李仙凫等,他们都坚决表示以死相报。有人劝李隆基禀告父亲相王李旦,李隆基不同意,说:"我们为社稷起兵,事成则福归于王,不济则以身殉国,不应当牵连相王。若告诉了相王,相王赞成,实际上就参与了这种危险事情;若不赞成,我们也无法按计行事。"

二十日,一切行动按预定计划悄悄地进行。午后时分,化装后的李隆基与刘幽求等人潜入宫苑,到事先约好的钟绍京廨舍聚集。不料钟绍京临事又有些动摇,想闭门不出。其妻许氏劝他道:"忘身殉国,天必助之。何况君已参与了大计,即使反悔也来不及了。"钟绍京这才趋出拜谒,将李隆基等人迎入屋内。

宫苑位于皇城北面,靠近城北的玄武门,守卫此门的是由果毅葛福顺、李仙凫安排的亲信羽林将士。夜幕降临,葛、李二人进入宫苑,请求李隆基发号令举事。至二鼓时分,满天银星散落如雪,刘幽求说:"天意在昭示着我们,时不可失。"葛福顺遂拔剑直奔羽林军营,手起刀落,斩杀了韦睿、韦播、高嵩,然后向万骑士兵大声宣告:"韦后鸩杀了先帝,谋危社稷,今天晚上当共诛诸韦,马鞭以上(诸韦男女长过马鞭高度的人)全部斩杀;立相王以安天下,若有心持两端帮助逆党的,罪及三族。"

万骑们早已恨透了残暴的诸韦,当时均表示听命。葛福顺割下韦睿等人的首级,送到李隆基处。经——辨认无误后,李隆基便与刘幽求等人走出宫苑南门,钟绍京率领200余名士兵,手执斧锯扈从而行。李隆基发令,由葛福顺带领左万骑攻玄德门,李仙凫率右万骑攻白兽门,这两门均是通往宫内的要口,约定在凌烟阁前会合。

号令一下,葛福顺等人杀死守门将吏,斩关而入。约三鼓时分,带兵守在玄武门外的李隆基闻听噪声大起,便率总监及羽林兵迅猛冲入宫内。守卫太极殿中宗灵柩的诸卫兵得知诛韦氏,皆披甲响应。韦后闻听外面噪声不断,知大事不妙,惊恐万状地奔入飞骑营避难。她没有想到飞骑士兵已反戈,立时成为士兵的刀下鬼,首级被送到李隆

基处。其女安乐公主一向专横跋扈，这时正在房内照镜画眉，还没等她弄明白发生了什么事，就被闯入屋内的士兵杀死，她的丈夫武延秀则在肃章门外被杀。

上官婉儿见李隆基带兵入宫，赶忙率宫女相迎，并拿出自己起草的中宗遗诏，上面有立温王为太子，以相王辅政的内容，想以此证明自己是拥护帝室的，以求免除一死。刘幽求也为她求情，但李隆基不准，遂斩于旗下。

少帝当时在太极殿，刘幽求要除去他，以立相王，被李隆基制止。接着，李隆基下令关闭宫门和京城大门，分遣万骑收捕诸韦亲党。韦温被斩于东市之北，宗楚客骑驴逃至通化门，被守门士兵认出，被杀。大臣赵履温平日倾国库巴结安乐公主，建宅造屋，筑台修池，无休止地役使老百姓。公主死后，他立即来了个一百八十度的转弯，来到安福楼下高呼万岁，不料喊声未绝，万骑就将他斩首。一会儿工夫，人们就把他的肉割尽，以泄心中的愤怒。马秦客、杨均、叶静能等韦党分子均被斩首，韦、武集团被一网打尽。这时，李隆基出见相王，叩头谢不先启奏之罪。相王抱着他，哭泣地说："靠你的力量，社稷宗庙才不毁灭。"于是李隆基迎相王入辅少帝。隆基以功封为平王，同中书门下三品。二十四日，在李隆基、刘幽求和太平公主安排下，睿宗复位，少帝被迫让位。

太平公主，野心勃勃

唐睿宗在其子的拥护下，重新登上皇帝的位置，在他当政时期（710～712），任用姚崇、宋璟为相。姚、宋二相协心革除中宗弊政，进用忠良、罢退不肖、赏罚公允、严禁请托，使朝政为之一振，有贞观、永徽之风。但是宫廷斗争还远没有完结。

太平公主是武则天之女，她的个性、气质都类似武则天，因而深受武后宠爱，常常与她密议天下大事。按制度，公主坐食租税不超过350户，而太平公主却食邑3000户。太平公主与母亲一样，权力欲极强，且有心计谋略。武则天当政时，太平公主畏惧武后威严，因此虽然得宠，却不敢轻易招纳权势，采取一种深藏不露的态度。后来她参与了张柬之等人诛杀武后宠臣张易之兄弟、拥中宗复位的斗争，锋芒初露。中宗之世，韦后和安乐公主对她都十分畏怕。接着太平公主又与李隆基联手诛韦后，屡立大功，其政治野心也日益膨胀。

睿宗性情软弱，对这个有胆量韬略的妹妹十分尊重，视为辅弼，经常与她商讨军国要政。每逢宰相奏事，睿宗都要问："与太平商量过吗？"然后才问："与三郎（李隆基）商量了吗？"可见太平公主的地位超过了太子。而且，睿宗对太平公主言听计从，满足她的一切要求，自宰相以下，进退全靠她一句话。她推荐的人做大官登显位的，不可胜数，因而趋附其门者如市。她的儿子薛崇行、崇敏、崇简皆封王，田园遍于近郊。其用具器玩之类，都要兴师动众远到四川、广东等地去购买。其居处也富于宫掖，家产堆积如山。

太平公主野心勃勃，欲效武后所为，自掌朝政。她没把性情懦弱且无意于政治的睿宗放在眼里。对太子隆基，最初她认为年轻，容易控制，但随即感到隆基英武有才，日后难以驾驭。她断不肯屈居隆基之下，于是欲废掉隆基，重立一个暗弱易制的为太子，以便久掌大权。她抓住李隆基不是嫡长子的事实，广为散布"太子非长，不当立"的流言。又在太子周围安插心腹耳目，监视着太子的一举一动，不断向睿宗打太子的小报告，使李隆基深感不安。

太平公主为了扩大自己的政治权势，扳倒太子，与益州长史窦怀贞等人结成朋党，拉拢朝廷大臣。太子少保韦安石心向太子，不理会公主之党的笼络。一次，睿宗密召他问道："听说朝臣都倾心于东宫，卿仔细观察一下。"韦安石直言不讳说："陛下为何口出亡国之言，这是太平一伙的阴谋。太子对社稷有功，且仁智尽孝，天下人所共知，愿陛下明鉴，不为谗言所惑。"一席话说得睿宗有所感悟，对安石说："朕知道了。"并嘱咐其不要再说。不曾想躲在帝后的太平公主窃听了这番话，对韦安石恨得要死，于是无端诬陷，要把韦安石下狱审讯。幸亏宰相郭元振营救，韦安石才免于劫难。

太平公主进而明目张胆反对太子，她把宰相召集到光范门内，公开地说要换易东宫。宰相们大惊失色，不禁愕然。宋璟直言反驳道："东宫对天下有大功，是宗庙、社稷之主，公主为何说这样的话！"由于大臣一致反对，太平才悻悻作罢。

不久，姚、宋两位宰相进言："宋王（成器）是陛下长子，豳王（守礼）是高宗长孙，太平公主交构其间，使太子深感不安。请外出宋王及豳王为刺史；罢岐、薛二王（隆范、隆业）左、右羽林之职，而为左、右率以事奉太子；太平公主和其夫武攸暨请在东都洛阳安置。"姚、宋建议把太平公主和宋王、豳王调离京城，并罢去岐王、薛王的禁军之职，意在防止他们串通一气动摇太子，这是很必要的措施。但是睿宗却说自己没有兄弟，只有太平这个妹妹，不忍让她远离京城。于是只象征性地下一个制书：不许诸王、驸马掌禁兵，现任者皆改为他官。此事便不了了之。

时隔不久，睿宗突然对大臣说："有术士说五天内将有军队入宫，请你们为朕做好应变准备。"大臣们感到莫名其妙。宰相张说识破这是那些欲动摇太子的人耍的花招，就说："这是奸人欲离间陛下与太子关系散布的流言，愿陛下使太子监国，则流言不攻自破。"

姚崇等人也在旁附和。睿宗有所醒悟，景云二年（711）二月初一，他下制以宋王为同州刺史，豳王为豳州刺史，岐王为左卫率，薛王为右卫率，太平公主安置在蒲州（今山西永济）。第二天，又命太子隆基监国，六品以下官员任免和徒罪以下案件判决，均由太子全权处理。

太平公主获悉自己被调出京师是姚崇、宋璟出的主意，立刻勃然大怒，仗着姑母的长辈身份斥责李隆基。李隆基无可奈何，只得奏劾姚、宋离间姑兄之罪。初九日，睿宗遂把姚、宋二人分别贬为申州、楚州刺史，由韦安石与李日知代姚、宋为政，从此纲纪紊乱，中宗朝弊政又死灰复燃。

懦弱无能的睿宗控制不了局面，他召集三品以上的官员，商议道："朕素喜淡泊，不以帝王为贵，从前做太子和皇太弟时，朕皆推辞不受。今天朕想把帝位传给太子，你们看怎么样？"由于事关重大，群臣多不作声，不敢随便表态。殿中侍御史和逢尧依附太平公主，对睿宗说："陛下年纪不高，天下正依赖陛下，不宜轻易传位！"睿宗这才决定暂时不让位。但是下制让太子放手处理政事：军旅、死刑及五品以上官员升降之事，臣僚要先与太子商议，然后奏闻。

太子李隆基开始主持朝政，而与太平公主势力的斗争仍在激烈进行着。李隆基不动声色地采取以退为进的策略，请求让位于宋王成器，睿宗不准；他又主动请把太平公主召回京师，显示了自己的高姿态，这使睿宗深感宽慰，增加了对太子的好感与信任。

太平公主重回京师后，更加张狂地反对太子。七月，天空出现彗星，古人历来把它视为灾异的预兆。太平公主居心险恶地用此做文章，让术士散布说，彗星的出现，是由于皇太子要夺位作天子。欲以此挑拨睿宗与隆基的父子关系，激怒睿宗废太子。不料，睿宗不愿陷入宫廷倾轧的漩涡，表示愿意传德避灾，让位太子。公主党羽力谏不可，却不被采纳。

太平公主弄巧成拙，只好退而求其次，劝说睿宗传位后，犹应自总大政。睿宗答应了，对李隆基说："你以天下为重，愿与朕兼理朝政吗？从前舜禅位给禹，犹亲到各地视察，朕虽传位，仍难忘家国，愿与儿兼省军国大事。"李隆基上表推辞不准后，于景云三年（712）八月初三日即皇帝位，是为玄宗，改元先天。尊睿宗为太上皇。上皇自称曰朕，命曰诰，五日一受朝于太极殿；李隆基自称曰予，命曰制、敕，每日受朝于武德殿。三品以上官员升降及大刑政由上皇决断，其余由李隆基处理。

太平公主与即位后的李隆基明争暗斗逐渐升级，矛盾达到白炽化程度。太平公主利用睿宗对她的偏袒迁就，擅权用事，结党营私。当时宰相七人，其中窦怀贞、岑羲、萧至忠、崔湜均因她而得进，日夜为其出谋划策。文武大臣也多投靠依附于她，像太子少保薛稷、雍州长史新兴王晋、左羽林大将军常元楷、知右羽林将军李慈、左金吾将军李钦、中书舍人李猷、右散骑常侍贾膺福、鸿胪卿唐晙等人，均位居军政要职，握有实权。他们聚集在太平公主周围，图谋废立，李隆基完全处在太平势力包围之中。

宰相刘幽求与右羽林将军张暐密谋发动禁军诛杀太平公主集团，二人商议好后，由张暐密告李隆基说："太平一伙日夜策划危害陛下，若不早做准备，一旦祸起，太上皇无以得安，请立即诛之。臣已与幽求安排好了，只等陛下的命令。"李隆基深以为然。不料张暐将此事透露给侍御史邓光宾。李隆基大惊，因为时值即位之初，尚未来得及充分准备，一旦打草惊蛇，后果不堪设想，只好忍痛将刘幽求及张暐流放。

当时有个河内人王琚，不满太平公主干权，在李隆基做太子时，他回长安，选补为诸暨主簿。王琚去谢太子，在宫廷中故意摆出一副旁若无人的架子。宦官提醒他："殿下在帘内呢！"王琚却高声说："什么殿下，当今只有太平公主！"李隆基感到此人不同一般，立即召见他。王琚直言道："韦后害先帝，人心不服，诛她易如反掌。太平公主是武后之女，凶险狡猾，大臣多卖身投靠，臣甚感担忧。"李隆基与他同榻坐下，泣道："太上皇只有太平一妹，说出来恐怕伤了太上皇之心，不说又为患日深，到底该怎么办？"王琚趁机开导说："天子之孝，不应同于老百姓，当以安宗庙、社稷为重。治理天下者岂应顾及小节！"李隆基很欣赏王琚有谋有识，便奏为詹事府司直，即位后提升王琚为中书侍郎，引为知己。

王琚见太平公主加紧活动，李隆基的地位已岌岌可危，于是上言道："事情已经非常紧迫，应当赶快行动。"左丞张说也从东都洛阳托人给隆基带去佩刀，意欲他决然断割。荆州长史崔日用奏事时说："太平谋逆由来已久，陛下在东宫时，犹为臣子。若诛之，须用谋力；现在已登基即位，只要下张制书，谁敢不从。万一太平的阴谋得逞，后悔就来不及了。"李隆基说："诚如卿所说，但是怕惊动上皇。"崔日用答道："天子之孝在于安四海，若奸人得志，则社稷化为废墟，孝则成为一句空话。臣请先安定北军，然后将逆党一网打尽，则不会惊动上皇。"李隆基赞同他的主意，任命其为吏部侍郎。

开元元年（712）七月，宰相魏知古得知太平公主等人欲在是月四日作乱，届时由禁军将领常元楷、李慈率禁兵突入武德殿，宰相窦怀贞、萧至忠、岑羲举兵接应。他将此情况禀告给李隆基。事不迟疑，李隆基遂与岐王范、薛王业、郭元振及龙武将军王毛仲、殿中少监姜蛟、太仆少卿李令问、尚乘奉御王守一、内给事高力士等定计诛之，具体日期定在太平发难前一天。

初三，李隆基从王毛仲处调来闲厩马及士兵三百余人，由武德殿入虔化门，将应召而来的常元楷、李慈杀死。接着又从内客省逮获贾膺福、李猷，从朝堂抓住萧至忠、岑羲,把他们全部斩首。窦怀贞躲到沟里,见大势已去,也自缢而死。

太上皇闻变,赶紧登上承天门楼。郭元振早一步奉李隆基命前来,告诉是奉皇帝命诛窦怀贞等人,并无他事,让太上皇不用担忧。李旦遂下诏宣布怀贞等人罪状,同时大赦天下,只有逆人亲党不赦,薛稷也被赐死于万年县狱。

第二天,太上皇又下诰:"自今军国政刑,皆由皇帝处分,朕欲无为养志,以遂平生之意。"然后徙居百福殿。开元四年(716)六月,睿宗李旦病逝于百福殿,享年55岁,被加尊谥为大圣贞皇帝,庙号睿宗,葬于桥陵。

而李隆基则掌握了朝政全权,太平公主闻乱逃入山寺,三天后才敢出来,后被赐死于家。公主诸子及党羽处死者数十人。薛崇简曾因屡谏其母被挞,这次特免一死,赐姓李,官爵如故。公主之家被抄,只见财货山积,珍玩器物超过皇家,其厩牧羊马,田园息钱,竟

唐朝山西天龙山石窟壁佛坐像

收数年不尽。李隆基一举诛灭太平公主集团,结束了自中宗神龙以来政变频繁的动荡局面,开创了李唐王朝全面发展的新时期。

李旦是唐朝第五位皇帝,同他的哥哥中宗李旦一样,都是两度为帝,兄弟二人还有极为相似的一点:在帝位上默默无为,形同虚设。当然李旦比李显幸运的是没有韦后、安乐公主那样毒辣的妻女,相反倒有一位"重子"——后来的唐玄宗李隆基。也许正是因为兄弟二人相似处太多,新旧《唐书》干脆把二人的本纪合在一起。尽管两人作为皇帝的政绩都接近于零,而李旦的个人生活相对平坦得多,总体而言,李旦比李显幸运得多。

《新唐书·睿宗本纪》称李旦:谦恭孝友,好学,工草隶,尤爱文字训诂之书,是一位学者型的皇帝。不过他的学问始终没表露出来,倒是韬晦保身的功夫堪称一流。"伴君如伴虎",而伴武则天这样的"君",就不是伴一般的虎了。尽管武则天和李旦是至亲母子,可是"皇家无亲"在武则天身上得到了最为彻底的验证。从684年至705年,李旦在武则天身边待了整整22年,中间经历周武革命、武承嗣夺嫡等政治风浪,李旦居然能安然无事,躲过一波波劫难,足证其不平凡。

《新唐书》称:自则天初临朝及革命之际,王室屡有变故,帝每恭俭退让,竟免于祸。事实也确实如此。当武则天临朝称制,李旦安心做母亲的傀儡皇帝,对国家政事不闻不问,母子相安无事。

武则天称帝建周后,最受武则天宠爱的魏王武承嗣便成为武氏家族承继帝业的最佳人选,只是李旦还位居东宫,武承嗣千方百计搜求他的过失或者与外人交接的证据,却是茫然无获,足见其韬光养晦的功夫。

圣历元年(698),武则天在狄仁杰的劝说下,把中宗李显从房陵召回,对外的说法是李显有病,回京疗伤。李旦知道武则天和大臣们都有意立李显为皇太子,便称病不

朝,多次上书请求让位给李显,武则天便立中宗李显为皇太子,改封李旦为相王,名字也由"李轮"改为李旦。

中宗李显和张柬之等人逼宫成功,唐室复辟,李旦总算渡过了一生中最难熬的岁月,至少头上不再时时笼罩着死亡的阴影了。而此后,中宗总政,韦后乱政,安乐公主和太平公主争权夺势,相互倾轧,朝政紊乱,国事日非,李旦依然对国家事务不闻不问,也不介入任何权力斗争之中。

睿宗的谥号"睿"是"睿智"的意思,这是相当贴切的。武则天所生四子,相继被卷入权力斗争的漩涡,两死一废,只有李旦安然渡过,没有睿智是做不到的。只是他的睿智更多地表现在韬光养晦和默默无为上,人们对此不易察觉。

所以唐睿宗是帝王中的隐士高人,东方朔避世于金马门,睿宗则避世于九五之尊。对于这样的皇帝,用政绩考核他无疑是不恰当的。他的庙号是睿,谥号是大圣贞皇帝,大圣是虚语,但睿与贞二字,李旦确实当之无愧。

唐玄宗李隆基

人物档案

生卒年：公元685~762年

父母：父，睿宗李旦；母，窦皇后

后妃：王皇后、武惠妃、杨贵妃、杨贵嫔等

年号：先元、开元、天宝

在位时间：公元712~756年

谥号：明孝皇帝

庙号：玄宗

陵寝：陕西泰陵

性格：英明果敢，自负荒淫

名家评点：

大唐之盛，盛在精神，盛在开放雍容的气度，可以容纳世界，也可以影响世界。明皇之明，明在心灵、胸襟的强大，他可以容忍、欣赏乃至利用一切人的优秀素质。

唐玄宗李隆基

——蒙曼

际会风云，终登大宝

唐玄宗李隆基(685~761)，唐睿宗第三子。712年登基，在位45年。他不失为一个励精图治的皇帝，在位前期，使国库丰盈，百姓安乐；但后期却重用李林甫、杨国忠等佞臣，致使政治腐败，爆发安史之乱，险些葬送大唐江山。756年，他让位与其子李亨，761年死，时年78岁，庙号玄宗，因谥号为"至道大圣大明孝皇帝"，故后世称为唐明皇。自他登上皇帝宝座以后，锐意改革，除旧布新，从而把唐朝历史推进到一个鼎盛时期。

垂拱元年(685)八月五日，宫廷风云激荡的多事之秋。在洛阳睿宗皇帝巍峨的寝宫里又一个新生的婴儿诞生了，他就是后来的唐明皇李隆基。洛阳位于黄河河畔，洛水之滨，是纵贯南北大运河的中枢，这里交通便利，经济繁荣，是几代帝王的都城，又是唐朝的东都。武则天执政以后，即常驻这里，一时成为当时的政治中心。李隆基的少年时代就是在洛阳度过的。

李隆基降生时，其父睿宗已做了一年零六个月的皇帝。他的母亲窦氏出身于胡姓贵族，自唐初以来，已两次为外戚，家族贵显，一品官三人，三品以上官竟有三十多人。这样显贵的家族在唐代是不多见的，故史称："唐世贵盛，莫与为比。"母亲窦氏长的姿容美丽，性情婉顺，言谈举止遵循礼仪，睿宗为相王时，与她结发为夫妻，是一对恩爱佳偶。睿宗即位称帝后，她被立为德妃。

李隆基在睿宗诸子中排行第三，在他们诸兄弟中，窦氏却只生他一人，其他都是同父异母兄弟。李隆基虽为皇子，又是很不幸的。其父睿宗名为皇帝，却不许听政，实际上不过是一个傀儡，老祖母武则天临朝称制，武氏家族成员都居显官要职，专擅朝政。因此当他降临人世间时，睁眼看到的是武氏的天下，而李氏江山正处于风雨飘摇之中。

垂拱三年（687）闰七月，李隆基三岁，被封为楚王。第二年初，七岁的李隆基开始离开了宫廷（当时称为出阁），女皇为这位小小的楚王开建府署，征用了一些官僚。李隆基从小天性聪颖，气质不凡，胸怀大志。他虽然年纪小，却很有才干，善于整治队伍，在例行朔望日入朝参拜女皇时，他的车骑严整，仪仗威严。金吾将军武懿宗是则天女皇的堂侄，见此情景心里妒忌，遂对其随从大声呼喝，横加阻挠。不料李隆基并不把他放在眼里，随即厉声斥责他说："吾家朝堂，干汝何事？敢迫吾骑从！"这件事传到了武则天的耳朵里，并没有责怪他，对他更是"特加宠异之"。李隆基虽然年纪很小，似很明白政事。当时诸武用事，把持朝政，一个个飞扬跋扈，对此他心中十分不满，有时还针锋相对。则天称赞说："此儿气概，终当是吾家太平天子。"武则天虽然赞叹李隆基的气度不凡，但从她自身皇位的安危考虑，对包括他在内的诸皇孙还是很不放心的。

天授二年（691）八月，她命李隆基兄弟与前太子李贤诸子再次入阁，"皆幽闭宫中"，多年不出门庭。长寿二年（693）李隆基九岁的时候，被降封为临淄郡王。这一年，母亲窦氏被武则天杀害。李隆基由生母的妹妹窦姨抚养。李隆基与诸兄弟在宫中一直幽闭了七年多时间。至圣历元年（698），他14岁的时候再次出阁。则天皇帝春秋渐高，先被废为庐陵王的中宗李显从房州接回到洛阳，由于皇嗣李旦的主动退让，他再次被立为皇太子，李旦则离开了东宫为相王。大足元年（701）十月，久居东都洛阳的武则天返回西京，并改元长安。

李隆基兄弟也随同迁回长安，并于兴庆坊赐给了宅第。兴庆坊位于长安皇城正东的边城一带，在通化门与春明门之间。中间有一水池，称为龙池。据说龙池本来是一块地势较低的平地，从垂拱（685~688）初开始，因雨水积为小池，后来又引龙首渠水流入，水越积越深，面积也随之加大，形成了大水池。李隆基同他的两个哥哥与

唐玄宗手迹

弟弟的宅第依次排列于龙池的北缘。相传，自李隆基居住此地后，龙池上"常郁郁有帝王气"，并越来越盛。时人以为是李隆基受命之祥。

长安元年（701），在李隆基18岁时，即正式授了官职。他先在十六卫中担任右卫郎将，官阶为正五品上，是宿卫皇帝的要职。后来又改任尚辇奉御，是殿中省尚举局的长官，掌管皇帝的车驾及仪仗，也是则天女皇的近从。

神龙元年（705）春天，中宗恢复帝位时，李隆基的父亲相王因参与政变有功，加号安国相王，做了宰相。此时，李隆基也迁升为卫尉少卿。少卿是卫尉寺的副长官，官阶为从四品上，寺掌管器械文物，总管武库、兵器及守卫宫门三署。景龙二年（708）四月，李隆基24岁时出离京城兼任潞州别驾。潞州属于上等州府，治所在上党（今山西长治）。由于职务关系，使他有较多的机会接触军事，也增长了军事才干。同年十二月，加授银青光禄大夫。银青光禄大夫属于文官，官阶为从三品。

临淄王李隆基在兼任潞州别驾期间，常登太行山游猎，因而也较多地接触了社会下层。本州铜鞮令张玮"潜识英姿"，见他才貌非凡，遂"倾身事之"，与他结下了深厚的友谊。此时，从山东来乐人赵元礼，带来一个女儿，长的风韵标致又能歌善舞。李隆基

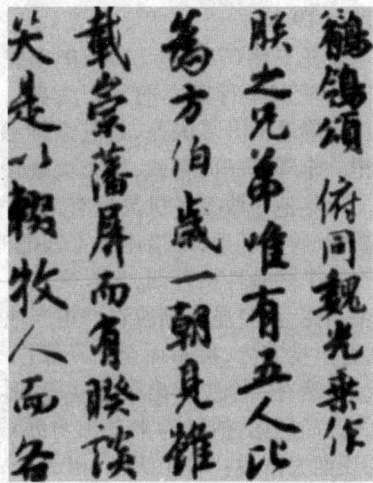

一见钟情，张玮见机行事，从中斡旋，李隆基遂纳赵氏为妃。赵氏深受宠爱，在潞州生下一子，叫嗣谦（后改名李瑛）。李隆基即位后，赵氏进为丽妃，嗣谦也一度被立为太子。传说在此期间，潞州境内曾出现过一条黄龙，白天腾空而起。黄龙的升天，紫云的出现，都是旧时真龙天子的象征。临淄王李隆基外出游猎时，常有紫色云气漂浮在他的上空，那些来不及从游的人只要远远望到云气，即能寻见他。在他兼任潞州别驾的一年零七个月里，前后出现的吉祥瑞兆就有 19 起。

《照夜白》

景龙三年（709）十一月，中宗皇帝将在京城南举行盛大的郊祀大典。临淄王李隆基离开了潞州，赶赴京师参加郊祀。李隆基一向喜武，好结交豪俊之士。早年他曾收留了机灵且有武功的王毛仲为自己的侍卫。他在潞州时见李宜德行动矫健，善于骑射，不惜用五万钱把他买下。这次回长安，二人常挟持弓矢做李隆基的侍卫。李隆基性格开朗，为人豪爽。《唐语林》曾记载：京师在暮春季节，豪门子弟数人携带酒馔，泛舟昆明湖游春。正当他们兴致勃勃，举杯欲饮之际，临淄王李隆基身着戎服，臂上携着鹰，疾驱而至。众豪门子弟对这位素不相识的不速之客的到来，很不高兴。忽然有一个少年出了个主意，他举着酒杯对大家说：“今日宜以门族官品自言”。唐人崇尚门第，他以为来者出身寒贱，不料当酒传到李隆基的面前时，他不但没有走开，反而大声说：“曾祖天子，祖天子，父相王，临淄王李某”。豪门子弟听后，遂惊走四散，不敢复视。李隆基却不慌不忙，接连到三条船上饮了酒，然后乘马而去。

李隆基对韦武集团阴谋篡夺皇位的活动早已有所察觉。特别是中宗的暴死，使他意识到时局已十分严峻，李氏的江山就要变成韦氏的江山。他在思索着应付这风云突变的政局。景云元年（710）六月二十日（即中宗死后的第十八天）黄昏，一番精心策划之后，临淄王李隆基取得太平公主的支持，与刘幽求、薛崇简、麻嗣宗、钟绍京等成功地发动政变，粉碎了韦武集团的篡权活动。随后，李隆基兄弟，参与政变的功臣位居将相之职，进而控制了军国大政。平王李隆基与太平公主成为朝廷中举足轻重的人物。每次宰相上朝奏事，都要事先征求太平公主的意见，同时也必须与平王李隆基商议，然后才能向睿宗皇帝奏议。

景云元年（710）六月二十六日，睿宗颁下了册立平王为皇太子。七月二十日，睿宗驾临太极宫的承天门，为李隆基举行隆重的册封皇太子仪式。李隆基这次储位后，身边荟萃了各方面的知名人士，并控制着朝廷的中枢部门。

皇太子李隆基势力的增长在皇室内引起了太平公主的不安。太平公主起初以李隆基年少又是晚辈，并不把他放在眼里。但自李隆基为皇太子之后，见他英武果断，身边又聚集了一批有真知灼见的政治家，睿宗凡决定军国大事，又常问宰相：“与三郎议否？”这自然引起了她的妒忌与不安。太平公主搞了不少阴谋活动，千方百计地动摇太子地位。

景云二年(711)二月二日,唐睿宗命太子李隆基监国。所谓命太子监国,并不是让李隆基全面代理国政,只是让太子帮助处理政事,他的权限只是六品以下官的除授及判决犯罪的囚犯,其权力是有限的。尽管如此,李隆基还是向全面执政迈出了一步。现在,李隆基所面临的问题是如何君临天下,总理大政,而太平公主又竭尽全力,欲将皇太子拉下马,另立储君。

景云二年(711)五月至先天元年(712)二月,朝廷中所发生的大事几乎都与太平公主有关。太平公主以睿宗为强大的后盾,排除异己,安排亲信。睿宗虽然下诏说政事皆取太子处分,军旅死刑及五品以上官的任免先与太子商议,然后奏闻,但不过是一纸空文。实际上是由太平公主策划,睿宗点头同意的。一些有识之士暗中劝太子诛灭太平公主之党。

当年七月,彗星出现在西方。彗星的出没常被人们视作政局危机的信号。太平公主唆使术士对睿宗说:"彗所以除旧布新,又帝座及心前星皆有变,皇太子当为天子。"太平公主用这套神秘的说教仍是恶意中伤太子,以动摇太子地位,不料反倒促使睿宗下定传位的决心,他果断地说:"传德避灾,吾志决矣"。

先天元年(712)七月二十六日,睿宗颁下诏书,正式宣布传位于太子李隆基。八月三日,正在举行隆重的传位仪式,时年28岁的皇太子李隆基登上了皇帝宝座,成为大唐皇帝唐玄宗。李隆基即位后,尊睿宗为太上皇。睿宗虽然传了位但仍然总理朝政。当时约定:三品以上官的除授及重大的刑政由太上皇裁决,而其余诸事则由皇帝本人处理。唐玄宗虽然名义上即了皇帝位,但仍然受着太上皇的制约,还不是名副其实的天子。

唐玄宗虽尚不能全面总理大政,但既然已做了皇帝,行动当然就有了更大的主动权。这时位居宰辅的有七人,多数是太平公主的死党。史称:"太平公主依上皇之势,植权用事,与上(玄宗)有隙,宰相七人,五出其门。文武之臣,大半附之。"太平公主先与宰相等人密谋,要废掉玄宗,另立皇帝。太平公主要废立皇帝一事,几乎满城风雨。支持唐玄宗的官僚请求玄宗要先发制人,以武力诛灭太平之党。先天二年(713)七月三日,唐玄宗再次发动宫廷政变,将太平公主赐死于家中。七月四日,太上皇睿宗交出全部皇权,下诏说:"自今军国政刑,一皆取皇帝处分。朕方无为养志,以遂素心。"

七月六日,唐玄宗登上了承天门楼,成为一位堂堂正正的大唐天子。

开元之治,盛唐景象

先天二年(713)十一月,在群臣的请求下,玄宗尊号为开元神武皇帝,宣布改元开元,然后"改中宗之政,依贞观故事",满怀宏图壮志投入了振兴唐朝的事业。

唐玄宗注重选贤任能、改革吏治。唐玄宗以前的几代君主朝政不稳定的主要原因是宰相太多,其中许多人的任期又很短,于是玄宗总揽政务后开始削减宰相人数。随着太平公主之死,所有的宰相除了魏知古外,或被处死,或被迫自尽。玄宗任命郭元振和张说来代替这些人;九月,刘幽求成为宰相。然而这个班子是短命的,十月,唐玄宗命令举行大规模军事演习,但演习未按计划进行。郭元振负有责任,因为张说和刘幽求的求情,被流配岭南未被处死。张、刘两人都以文学见长,处理实际问题的能力稍差点,唐玄宗并不满意,经过认真选择、仔细考虑,他决心起用姚崇。

是年年末,唐玄宗召姚崇一起骑马打猎,然后讨论政治。他问姚崇是否愿意出任宰相。姚崇答复说,除非唐玄宗接受十条改革纲领,即著名的十事要说,否则就难以从命。纲领的内容是:皇帝应以仁爱治天下,而不是靠严刑峻法的威慑力量;不进行军事冒险;行使法律应不论亲疏,同样严厉;禁止宦官参政;禁止开征苛捐杂税来取宠于皇帝;禁止任命皇亲国戚在中央政府任职;树立皇帝以前因与大臣们关系过分亲密而受损的个人权威;容许大臣们直谏而不用担心专横的惩处;停止建造佛寺道观;清除外戚过分的政治权力。唐玄宗表示同意,姚崇于是接受任命。姚崇著名的十事要说,几乎囊括了武则天末年以来的弊政,总结了历史上盛衰治乱的经验及教训,为开元施政的基本方针奠定了基础,时人称他为"救时之相"。

唐玄宗听谏散乌

唐玄宗信任宰相,除军国大事须与他共同商定,其他一般庶务放手让他们去做,这样可以调动大臣们的主观能动性,使他们不只是承顺旨意,有利于君臣和衷共济,以治理天下。姚崇受到玄宗的特别礼遇,每在便殿相见,玄宗必起立相迎,事毕退朝,则临轩相送。这是其他宰相所未曾受到的宠遇,因此,他辅佐玄宗能竭智尽力,任相时间虽然不长,却颇有成就。姚崇所提的十条建议不是每一条都能立刻实行,但总的说714至720年的政策都来源于他的建议。

唐玄宗这时召见姚崇并任命他为宰相和兵部尚书,代替郭元振。张说与姚崇一直不和,所以反对唐玄宗对姚崇的任命。于是,唐玄宗将张说派到地方任职,同时又调刘幽求担任一个闲职。他们被卢怀慎代替。姚崇对前一政权的唯一遗老魏知古的才能评价不高。开元二年(714)五月,魏知古调到工部。现在只有两个宰相,姚崇处于支配地位,卢怀慎对他唯命是从。这样,就确定了在唐玄宗在位期间实行的一种新的施政形式:只用为数甚少的宰相,通常只有两三人,其中一人在制订政策时起决定性作用。姚崇和卢怀慎一直掌权到开元四年(716)年末,这时卢怀慎病故,他被源乾曜短期替代。不久,姚崇本人也患病,被迫致仕。

姚崇在721年去世以前,他在朝廷仍有很大的影响,唐玄宗常征求他的意见,他荐举宋璟继承他的职位。宋璟,如同他之前的姚崇,是占支配地位的大臣。他是一个原则性很强和果断的人,负责制订政策,而门下侍郎苏颋则具有使他的计划以最有效的形式落实的才能和经验。宋璟、苏颋担任宰相一直到开元八年(720),他们的免职标志着玄宗朝第一阶段的结束。继宋璟之后,玄宗所重用的宰相是张说。

张说乃一代文豪,文坛上的领袖,这时正是天下升平的时期,在太平盛世,好大喜功的君主,往往要粉饰文治,张说以其人适当其会,玄宗重视文治,与张说受到亲重,二者完全是非常契合的。开元九年(721)九月,张说以兵部尚书,同中书门下三品。开元十一年(723),玄宗置丽正修书院,张说为修书使总领其事。开元十三年(725),玄宗改丽正修书院为集贤殿修书院,定书院官五品以上为学士,六品以下为直学士,张说以宰相为学士知院事。前后掌管文学之任长达30年之久,他在辅佐玄宗,助成文治方面颇有建树。继张说之后，李元纮被擢任为辅相，他素以刚正不阿而闻名。开元二十一年(733)，玄宗又提拔韩休为黄门侍郎、同中书下平章事。韩休也素以为人峭直、不趋荣利而著称。继韩休之后担任宰相的张九龄，也是开元宰相中的佼佼者。张九龄出身寒微，以文学进身，早年经张说推荐历任秘书少监，集贤院学士，知院事。张九龄是一位富有卓识远见的政治家，他见玄宗凭借着国富民强、兵甲强盛的条件，有贪求边功、穷兵黩武的思想苗头，他经常向玄宗敲警钟。其时，玄宗在位已久，渐渐荒怠政事，张九龄议论必极言得失。他所举荐引进的官员，都是正直有识之士。在开元二十四年(736)之前，玄宗精勤于治，他奖拔重用了不少卓越的政治家，朝廷内外，人才济济。唐玄宗的一系列重大改革就是通过这些人进行的。

唐玄宗委任贤相

　　唐玄宗在他执政初期面临的最大问题是如何结束皇族成员、宫中后妃和外戚对宫廷政治的不正当干涉。唐玄宗以前的连续三个皇帝都完全受他们的皇后或女眷的支配，并且听任宫廷阴谋以及个人宠信的人物和外戚成员破坏政治发展进程。他以前每一代皇帝的统治都被激烈的继位争端搞糟，这些争端把朝廷弄得四分五裂，结果没有一个原被指定的皇太子真正登上皇位。为了安定皇位，防止宫廷政变的再度出现，玄宗及时地采取了安抚皇室，出刺诸王及抑制亲贵等措施。姚崇和宋璟在任相期间早已经试图解决这一问题，办法是禁止皇室诸王统领禁军，因为这种部队使他们取得发动政变的兵力。对公主的配偶也下了类似的禁令。后来，唐玄宗的弟兄和李守礼被任命担任一般是在长安附近的几个重要的州的刺史或都督，同时在朝廷担任并无实权的礼仪性职务。这一措施在开元二年(714)被正式规定。

　　开元二年(714)，玄宗把以前在长安住的一座王府扩大和改建成自己的离宫(南宫或兴庆宫)，并分赠诸弟兄各一座附近的王府，以便互相访问。玄宗对兄弟诸王十分友爱与亲睦，这在历史上也是屈指可数的。每天早晨，他与诸王在朝堂侧门例行简单的朝见仪式。之后，玄宗上朝，诸王则在一起宴饮、斗鸡、击马球，或到近郊打猎、游玩，纵情欢乐。玄宗罢朝后，也同诸王一起玩乐。在宫禁里，玄宗废除了君臣仪式，而是按家里人尊卑长幼的礼节行事。他于殿中特设了五幄，又做了长枕大被，兄弟五人睡在一起，称作"悦五王帐"。诸王形成一个多才多艺的家族，他们专心于文学、音乐、学术以及唐代贵族珍视的那些上流社会的运动，并且还有许多与皇帝相同的爱好。弟兄之间的亲密关系是温暖的私交关系，它并不意味着诸王以任何方式分享

张九龄

玄宗的权力。同时皇室以惊人的速度在扩大。玄宗有59个子女,其中许多人生于他登基之前。开元十四年(726)以后,皇帝在城的东北角专门为诸王建立一座王宅。这一座为王子建造的建筑群称十王宅,它因最早在那里定居的诸子而得此名。十王宅后来扩充到北面的御苑内,后来又在同一区为皇帝的孙子营造一群院宅,称百孙院。从此,皇室的子女都在宫内成长,但当他们被封后,他们不是像以前那样在宫外得到宅第,而是在这一建筑群中分得自己的院落,他们就与其家庭在那里居住,并受中央的监督和由皇宫供应一切用品。这样就对皇室成员做了进一步的限制。

唐玄宗还针对吏治中的积弊进行了一些改革。开元二年(714)二月,玄宗的二哥申王李成义请求把王府录事官(从九品上)阎楚硅破格提拔为王府参军(正七品上)。宰相姚崇、卢怀慎闻讯后上奏玄宗说:若缘亲故之恩,得以官爵为惠,踵习近事,实紊纪纲。唐玄宗嘉纳二人的奏议,遂停止了此事。玄宗拒绝了申王的请托之后,对下面震动很大,一扫了私人请托的不正之风。接着,玄宗又下令裁减冗官。这时的斜封官已多达数千人,他们坐食俸禄,无所事事,还增加了国家的财政开支:开元二年五月,玄宗下令罢免所有的员外官、试官及检校官等冗员,严格控制官吏的诠选,规定没有战功及别救,吏部、兵部不得任官。开元二十三年(735),玄宗精简机构和裁汰冗员,认为各类补署颇多繁冗,决定停废诸司、监、署府十余所,减免冗散官员。既克服了机构庞杂、官吏冗多、人浮于事的现象,又提高了各官府的效率。

唐玄宗尤其留心奖拔地方上的廉洁、正直、奉公的官吏。开元十三年(725),从泰山封禅回京。一路上,他了解各地的风俗民情,察看地方官吏施政的善恶利弊。怀州刺史王丘除了上献几头牲畜外别无他献,玄宗认为他为官正直,不买恩宠;魏州刺史崔丐派人供应玄宗路上用物不用锦绣,这是向玄宗表示要俭朴;济州刺史裴耀卿上书数百言,玄宗对这三个刺史的做法十分赞赏,对随从宰相说:"朕将把奏书放在座右,常常自戒,因为他们都很爱护百姓。"勉励京官到地方任职。玄宗勉励新任州刺史要视人如子,爱民如子,当好父母官;还要注意发展生产,狱讼清明,抑强扶弱,安定人民生活;他还告诫刺史要脚踏实地,且不可沽名钓誉,弄虚作假。为了保持地方官的廉洁清明,玄宗对一些贪赃枉法者也绳之以法,严惩不贷。开元十年(722)八月,武强县令裴景仙贪赃六千匹绢,被揭发后,他又畏罪潜逃,以避惩罚。唐玄宗命缉拿归案,追回了全部赃物,命在百官面前斩首示众。大理卿李朝隐奏请,赃物已追回,不该死罪。玄宗又改罚杖刑,然后流放到岭南荒僻之地。

玄宗打击贪赃枉法的官吏取得了一定的成就,在新、旧《唐书》立传的良吏、循吏共65人,其中属于开元时期的即有12人,约占五分之一,于此可见一斑。玄宗即位后,接连颁发了几道敕令,力煞社会上日益盛行的奢靡之风。

开元二年(714)七月,玄宗首先从后妃,百官的乘舆服御、金银器玩入手,从统治阶级上层煞住奢侈豪华的风气。玄宗颁下制书,命令将乘舆服御,金银器玩,交付有关部门销毁,以供军国之用;其珠玉,锦绣于殿前当众焚烧;规定后妃以下,皆不准使用珠玉锦绣。事过两天之后,玄宗又颁下了第二道敕令,敕令规定,百官所用衣带及酒器、马衔、镫、三品以上官,允许装饰玉器,四品官用金器,五品官用银,其余官僚则禁止服用美玉金银;妇女的服饰随从其夫,子的品级而定。对于过去的锦绣成衣,可以染成黑色。令下以后,天下不得再采珠玉、织锦绣等物,对于违犯法令的人罚杖刑。与此同时,还撤销了专供官用的两京织锦坊。玄宗提倡俭朴,在日常生活中,他一旦发现有浪费的事,往往要对当事人予以制裁。一次,玄宗在复道中发现一卫兵把一半没有吃完的饼子顺手扔在水沟里,他怒不可遏,立即命高力士用木棍将这一卫兵打死,以示惩罚。侍从见玄宗正在火气头上,谁也不敢劝说。正好玄宗的长兄宁王李宪在场,从容规谏他说:陛下虽然志在勤俭节约,厌恶浪费,但是人命关天,不能因为丢弃半块饼子就轻易杀人。玄宗听宁王这么一讲,回心转意,于是下令赦免了那个卫兵。因扔掉一块饼子就要处以死刑,未免失之严酷,但此事却反映了玄宗严厉制止浪费,崇尚节俭的思想作风。唐玄宗减少皇子、公主的封户,又规定封户以三丁为限,这对皇亲、贵族在经济上无疑是个很大的限制,它改变了过去那种损公肥私的现象,从根本上制止了皇亲、贵族的豪华奢侈作风。玄宗禁止厚葬,提倡节俭的做法取得了一定的社会效果,在开元前期,崇尚俭朴已蔚然成风。

唐玄宗诏试县令

　　唐玄宗还及时地调整了政策,采取了发展生产的措施,力图扭转积弱积贫的局面。他所采取的措施主要有救灾赈贫,安定农民;检田括户,抑制兼并;兴修水利,发展生产;组织垦荒,扩充屯田。唐玄宗务求富国强兵,他大力改革军事制度中的弊端,整顿军队,通过讲习武事,训练军队;改革兵制,整顿师旅;发展养马,加强军备等措施增强军事力量。唐玄宗用了十几年的时间,就使边境的形势有了很大的改观:营州都督府、安北都护府相继恢复,契丹、奚、拔曳固、回纥、同罗、吐谷浑、大食、康居、大宛等周边数十个方国纷纷内附,接受唐王廷的封号。就连强盛一时的吐蕃也不得不主动与唐和亲,臣服于唐。唐玄宗安定了边防,又重振了大唐声威。

　　开元时期的经济繁荣,社会安定,这为文化的发展创造了一个有利条件。唐玄宗是封建史上赫赫有名的风流天子,他一生喜欢诗歌,酷爱艺术,因此在他统御天下时,文学艺术获得了长足的发展,进入了鼎盛时期。开元时期,一变南朝靡丽的文风,进入了为文学史家慕称的盛唐时期。其中诗歌最为光彩夺目,流派众多,风格各异,蔚为万紫千红、绚丽灿烂的壮观。

　　唐玄宗本人也是个颇有才气的诗人,有时他与群臣相酬唱,吟诗作赋;有时巡幸各地,触景生情,不禁诗兴大发,有感而作。据不完全统计,仅在《全唐诗》中,就有他的诗篇60多首。开元时期,才华横溢的诗人辈出,相互争辉,王维、孟浩然以描绘恬静的田园和幽静的山水而著称,高适、岑参以高亢的韵调、俏丽的风格写悲壮豪迈的边塞诗而见长。在繁花似锦的诗坛上,以李白、杜甫最为有名,成为唐代双峰并峙的两大诗人。

　　唐玄宗风流倜傥,充满了生活情趣,又极富有音乐天才,雅好音乐、歌舞与百戏。唐玄宗于开元二年(714)专设左右教坊,以掌管民间俗乐,命右骁卫将军范及为教坊使。另外玄宗精选了几百名乐工,在禁苑中的梨园亲自教授法曲,号称皇帝弟子",又称"梨园弟子"。玄宗还教宫人练习法曲,又挑选了一些能歌善舞的歌女,在宜春院内练习,在听政闲暇之际,玄宗还亲自去大常寺教授乐工管弦之乐。他是一位优秀的指挥家,在练习时,300多名乐工使用几种乐器合奏,音响齐发,即使有一声错误,玄宗也能准确地察觉,并予以及时地纠正。玄宗精通音律,他是个天才的作曲家,每次谱曲,似不假思索，随意而成，达到了传神的地步，盛唐时的不少名曲都出自他的手笔。唐玄宗作《霓裳羽衣》舞曲也有一段神话传说。

据说有一年八月十五日，正是中秋良宵，玄宗于宫中赏月。陪同玄宗的罗公远取来一枝桂，抛向空中，忽然变作一座银白色的通天桥，随即与玄宗一起跨上了白桥，大约走了十几里路，进入了月宫，只见数百名仙女，个个宽衣广袖，手持素带，在优美动听的仙乐声中翩翩起舞。玄宗听得如痴如醉，上前问是何曲，仙女回答说是《霓裳羽衣》。他暗中记住了其声调，回到宫里，告诉了伶官，采其声调，即做成了《霓裳羽衣》舞曲。这一记载，当然纯系神话传说，不足为信。但王灼《碧鸡漫志》说，该曲经过玄宗加以润色，并为之取了一个美妙动听的名字是实。开元时期的歌舞百戏对后世有着深远的影响，今日的一些戏曲艺人仍称为"梨园弟子"，而玄宗则成为梨园弟子的鼻祖。

随着宋璟的失权和不久姚崇之死，一个时代结束了。这是明智地运用皇权的时代，一个克制的时代，尤其是一个没有对外进行劳民伤财和野心勃勃的冒险行动的时代，对玄宗以后的唐代史学家来说，如果这不是整个唐朝的鼎盛期，也是玄宗在位时的鼎盛期。唐玄宗君临天下以后，适度地调整了其统治政策，又锐意改革，革除了弊政，促使了社会经济的极大发展，使唐王朝进入了它的鼎盛时期。即被史家、文人所津津乐道的开元盛世。

唐代著名史学家杜佑在他编撰的巨著《通典》一书中，曾简要地记载了开元十三年（725）玄宗东封泰山时的情况，他说：南至荆、襄州，西至蜀川、凉府，北至太原、范阳，沿途皆有店肆，以供商旅，每店都有释驴，赁给旅客乘骑，远适数千里，不持寸刃。

五代刘昫在其所主编的《旧唐书？玄宗本纪》中评论说："贞观之风，一朝复振。"当时，小儿皆知礼让，老人不识兵革。边境无事，国内太平。开元十四年（726）比开元初年户数约增加了91万多，人口约增加了420多万；开元二十年（732）比开元十四年户数又增加了79万多，人口则增加了400多万。天宝元年（742）的户口数可以看作是开元末年的户口数，而这一年的户数比开元二十年又增加了66万多，而人口则增加了357多万。如果将开元末年与开元初年的户口数相比较，那么户数约增加了237万多，而人口则约增加1176万多。户数平均每年递增8万多。由此盛世繁荣、太平景象可见一斑。

唐玄宗开元、天宝时期，唐朝幅员辽阔，东至安东都护府（治今辽宁义县东南），西至安西都护府（治今新疆库车），南至日南郡（今越南北部），北至单于都护府（治今内蒙古呼和浩特）。在唐的东北、北方、西北、西南广大周边地区，居住着契丹、奚、株朝、突厥、回纥、西域各族以及吐蕃、南诏等民族。对于周边的少数民族，唐玄宗对其首领或者封官赐爵，或出嫁公主和亲，或双方进行通商贸易，而少数民族的首领或赴京师朝见，或派遣使者向唐王朝朝贡，求婚等，从而扩大了唐王朝与各少数民族的友好往来。唐朝著名诗人王维的《早朝》诗说："九天阊阖开宫殿，万国衣冠拜冕旒。"它如实地反映了唐朝与各少数民族国家的友好关系，玄宗也同太宗一样，仍然被各民族称为的"天可汗"。

唐玄宗在位的开元、天宝时期，传造出辉煌灿烂的文化，蔚成中国封建史上文化的高峰，政治清明，经济繁荣，文化发达，军事强盛。"中国既安，训夷自服"，形成了"万国衣冠拜冕旒"的局面。当时，唐朝成为亚洲经济文化交流的中心，在世界上享有崇高的声望。因此，亚洲以及世界各国非常向往中国，中亚的波斯（伊朗）、大食、东南亚的天竺、骠国（缅甸），真腊、林邑、狮子国（斯里兰卡）和室利佛逝（印度尼西亚），东北亚的新罗和日本，以及远在欧洲的拂森，都纷纷派使者到唐朝来，主动要求建立友好关系。在这种良好形势的影响下，各国之间商业贸易得到了迅速的发展。

拥有100多万人口的唐朝首都长安城，外商云集，贸易的品种和数量都非常可观。中国的丝织品、瓷器、纸张、茶叶、中药材和其他手工业品、土特产品远销亚洲以及世界各地。拂森盛产的琉璃，波斯特产的动物和植物，大食的香料和药材，天竺的胡椒和砂糖，膘国的棉布，新罗的马匹，日本的沙金、刀、扇等物资，也都不断输入中国。丰富多彩的唐朝文化更加引起亚洲以及世界各国的关注。伊斯兰教创始人穆罕默德就曾经勉励他的弟子说："学问虽远在中国，亦当求之。"当时的日本、新罗等国都纷纷派遣使或者留学生访问中国或者到中国来学习。高度发达的唐代文化传播于亚非各国，同时也大量吸收各国的优秀文化。

任用奸相，走向衰落

志骄意满是玄宗后期思想的一大变化，他的这种志骄意满思想集中表现在拒谏饰非方面。"人之立事，无不锐始而工于初，至其半则稍息，卒而漫渡不振也"，宋代史学家宋祁的这一论断，几乎是一些历史人物的必然规律，玄宗也正是如此。在中外一片赞叹讴歌声中，唐玄宗渐渐滋长了骄奢淫逸的思想情绪。开元二十一年（733），拜韩休为黄门侍郎、同平章事。韩休为人正直，刚正不阿，玄宗小有过失，他从不肯轻易放过，使玄宗的言谈举止受到一定的约束。因此韩休只做了七个多月的宰相。继韩休为宰相的张九龄也为人正直，遇事常犯颜强谏。开元二十三年（735），范阳节度使张守珪因斩契丹叛臣有功，玄宗欲提拔他做宰相，张九龄苦苦相劝，认为不能用宰相职务奖赏功臣，玄宗总算勉强接受了。事过一年后，玄宗又听说朔方节度使牛仙客任河西节度使时治理有方，是一个良将，欲加授尚书职衔。张九龄认为牛仙客不过是一个使典，若授任他一个清要官职，将是朝廷的耻辱。后来，玄宗又想给牛仙客增加实封户，张九龄又出面劝止。玄宗对张九龄的一再规谏已很不耐烦，就在这一年，他罢免了张九龄的宰相职务，并将牛仙客封为工部尚书、同门下三品。玄宗统治了20多年，即渐渐怠惰政事。

由节欲戒奢到奢侈淫靡是玄宗生活作风上的一大变化。开元初年，玄宗的简朴作风保持了很长一段时间。但是，到了开元后期，随着社会经济的繁荣，社会产品的丰富，中外经济文化交流的频繁，尤其是商品经济发展的巨大冲击，在他的志骄意满及怠情思想的腐蚀下，玄宗开始为自己建造华丽的宫室。开元二十六年（738），仅用了一个冬天的时间，就在长安、洛阳两地建造豪华的殿宇台榭千余间。为了避暑，他修造了高级的凉殿。即使在酷暑季节，烈日当空，而里面却凉爽宜人。后在华清宫，又重新扩建了汤池，制作极其华丽。此外，又修造了几十间长汤屋，四周用精美的花纹石砌成，池中放着银楼漆船及白香木船，所用揖格也都镶嵌着珠玉。华清宫（即华清池）除有两个池子专门供唐玄宗和杨贵妃洗浴外，还有十六个池子供妃子们洗浴。每当唐玄宗幸华清宫时，贵妃姐妹都要随行，她们竞车服，比华丽，车服上装饰着金翠，夹杂着珠玉，金灿灿，光闪闪，一车的费用就不下几十万贯，费用高得惊人。

司马光对唐玄宗奢侈极欲的生活曾进行了尖锐的批评，他说：明皇恃其承平，不思后患，禅耳目之玩，穷声技之巧，自谓帝王富贵皆不我如，欲使前莫能及，后无以逾，非徒娱己，亦以夸人。岂知大盗在旁，已有窥齐之心，卒致銮舆播越，生灵涂炭。

开元二十四年（736）十一月，明皇把张九龄和裴耀卿罢相，任命李林甫做正宰相。李林甫担任宰相共19年，是明皇朝任期最长的宰相。李林甫专权时，牛仙客作为他的副手。从开元二十四年到安史之乱爆发前，由于唐明皇的昏庸和李林甫的专权，使得唐王朝的统治逐步瓦解了。自从张九龄被明皇罢相以后，朝臣们都接受了教训，为了保住自己的乌纱帽，不敢再直言谏净了。李林甫担任宰相职务后，在由东都返回西京、太子废立，特别是奖励军功、重用官吏等一系到重大政治问题上都支持了玄宗。因而最后玄宗抛弃了张九龄而选中了李林甫。玄宗把李林甫置于权力之巅后，李林甫为巩固自己的权力地位，极力排斥和打击那些受到玄宗赏识并有可能入相的人，并利用玄宗疑忌太子的心理，兴起了几次大狱。李林甫处处遵从玄宗的意旨办事，因此深得玄宗信任，"悉以政事委林甫"。而林甫在政务的处理

唐玄宗敛财侈费

上，也能做到"每事过填，条理众务，增修纲纪"。他死后，杨国忠构陷李林甫与突厥阿布思谋反，《旧唐书》说："天下以为冤。"说明当时不仅是"朝野侧目，惮其咸权"，而且是因其业绩，确实享有相当高的威望。

李林甫自开元二十二年（734）五月开始担任宰相，至天宝十一载（752）十一月病死卸任为止，一直是毫不动摇地盘踞在相位上，细究其缘由，是因为玄宗晚年昏庸、怠忽朝政，而李林甫本人也异乎寻常的精明，更有他一套固宠保位的伎俩。李林甫初任相时，宰相张九龄身为中书令政治地位和声望都在他之上。李林甫虽然在政治才干，文化素养上与张九龄有天渊之别，但他事事迎合玄宗心意，甜言蜜语地奉承皇帝左右。正是凭此李林甫得到了玄宗的青睐和恩宠。开元二十四年（736）十月，玄宗幸东都洛阳。此前他曾颁下敕书，决定来年二月二日农闲时返回长安，要沿途州县做好迎送准备。敕书颁下不久，洛阳宫中闹"鬼"，玄宗惶恐不安，第二天召集宰相商议，决定立即动身返回长安。宰相裴耀卿、张九龄认为等到十一月在农收完毕西还为宜。玄宗听了，一时心意不定。李林甫揣知玄宗的心意，当裴、张二相退去时，他独自留下劝玄宗说：长安、洛阳，不过是陛下东西两宫，往来行幸，何必择时？假使妨碍农收，但应免所过地租税面已，臣请求宣示百司，即日起行。李林甫迎合玄宗心意，进而讨得了玄宗的欢心。

玄宗返回长安不久，听说朔方节度使牛仙客在河西任职时政绩突出，欲加授他尚书职衔，经宰相张九龄劝说而止；又想给牛仙客增加实封户，张九龄再次劝止，玄宗默默不乐。李林甫洞知玄宗的心意，事后对玄宗说：牛仙客有宰相之才，义何止于尚书！九龄乃一介书生，真不识大体。玄宗听了李林甫的话，正中心意，十分高兴。第二天，玄宗与宰相复议给牛仙客增加实封户一事，张九龄仍然固执己见，玄宗有些恼怒。李林甫当时一言不发，退朝后又迎合玄宗的心意说："苟有才识，何必辞学！天子用人，有何不可理"。玄宗见有宰相李林甫的赞许，于是不顾宰相张九龄等人的反对，赐牛仙客

为陇西县公,食实封300户。李林甫就是这样事事迎合玄宗,投其所好,使倦于万机的玄宗时时感到心满意足,得到了他的信用。于是不久,李林甫代张九龄为中书令,进为首席宰相。从此,他的政治地位已固若金汤。

玄宗晚年很少早朝,而且每天上朝的制度也难以坚持。李林甫为了蔽塞玄宗的视听,自专大权,一次他公然把谏官召集在一起,扬言现在明皇在位,耳聪目明,决断万机。群臣光是顺应,承诏奉旨还忙个不迭,何须你们品头论足、多嘴多舌。另一方面又恫吓谏官说谏官不要上疏言事,否则绝不会有好下场。天宝八载(749),咸宁太守赵奉璋对李林甫的乱国乱政实在忍无可忍,斗胆向朝廷告发他的二十条罪状。可是罪状还未上给玄宗,就被李林甫知道了。他立即将赵奉璋逮捕下狱,并不由分说,以"妖言惑众"的罪名杖刑而死。著作郎韦子春也因平时与赵奉璋交情深厚,受株连贬官。李林甫他对于才能、声望、功业超过自己的官员,必定千方百计地除掉;对于受玄宗亲厚重用、势位逼己者更不放过;对于不走他的门路而位至公卿者,他必然给加上莫须有的罪名予以贬斥;遭到李林甫妒忌排抑的大臣很多。

在李林甫排抑贤能大臣的同时,却推荐引用了平庸之辈。在他专擅朝政之时,玄宗所任用的宰相还有牛仙客、李适之和陈希烈,其中李适之尚是贤能宰相,却遭李林甫谗害而死,而牛仙客与陈希烈俱是庸相。当时,玄宗倦怠政事,有时不上朝听政。李林甫也以为天下太平无事,宰相坐衙到巳时就可以开道回府了。百官办事,都要聚集要李林甫家里。省台街门里空空荡荡,即使陈希烈坐镇衙门,百官竟无一人找他办事。由于李林甫冤杀人多,结仇怨多,坏事做绝,他整天提心吊胆,恐怕刺客暗算他。每次出入,骑从甚多,戒备森严,在距他100多步远的地方设立警卫,金吾兵为他开道;在家里也是重墙复壁,墙四壁要用厚木板或石头包上一层,唯恐刺客穿墙而入。晚上睡觉也不安眠,为了防备刺客,一夜之间要换好几个地方,即使家里人也不知道他究竟睡在什么地方。

在唐玄宗志骄意满,倦怠万机之时,他要高居无为,放手让宰臣治理朝政,李林甫正适当其会。他赢得了玄宗的恩宠和信用,贤能大臣被排抑,言路被堵塞,这样他开了唐代奸相长期专权的先河。开元前期,玄宗接受了贤相姚崇提出的戚属不任台省官的建议,皇亲国戚乎无一人任台省高官的。开元、天宝之际,自杨贵妃遇宠以后,杨国忠的进用遂打破了这一成规。杨国忠本名钊,是杨贵妃的远房兄弟。借着裙带关系逐渐站稳了脚跟,常在宫中陪伴玄宗宴会,玄宗很欣赏他的精明强干,当众称赞他是个度支郎才。不料这话被贵妃姊妹抓住把柄,一再请求任杨钊做度支郎官。当时王鉷因善于聚敛赢得了玄宗的信用,由户部郎中升任御史中丞、京畿采访使。杨氏又请托王鉷,王鉷也想讨好杨氏姊妹,便顺水推舟,奏任度支判官。不久又迁任监察御史,位居清要官之列。当时李林甫屡兴冤狱,他见杨贵妃受宠,杨钊又与她同族,可以恃宠为奸,就暗中勾结杨钊,作为自己的党羽;而杨钊也想利用李林甫而腾达,得到了李林甫的青睐。同时杨钊又通过贵妃姊妹的关系刺探玄宗的动静与好恶,每次奏事,无不符合玄宗旨意,得到了玄宗的赏识,提拔他做度支员外郎,不到一年,即兼领15余使。天宝七载(748)又擢升给事中,兼御史中丞,专判度支。杨钊认为自己的名"钊"字含金刀,与图徽相同,请求改名,玄宗赐名"国忠"。

天宝十一载(752)李林甫病死,杨国忠代替他做右相(中书令)兼文部(吏部)尚书,执掌朝政,凡领40余使职,由于万事辐辏于一人,他一天到晚,只在政令、文簿上签字都应接不暇。在短短的七年中,杨国忠借裙带关系平步青云,玄宗朝由此进入了外戚专权的时期。杨国忠也和李林甫一样是一个奸佞权臣，他嫉贤妒能、用人唯亲，贿赂公行、朝政腐败，促成了天宝末年的安史之乱。

唐代真正亲用宦官的是从玄宗开始的。玄宗在位已久，天下相安无事，财用富足，滋长了奢侈淫靡之风，开元、天宝之际，宫嫔多至四万人，宦官人数也随之剧增，穿黄衣的宦官多至三千人，穿朱紫服的竟至千余人。凡是玄宗所称心如意的宦官往往拜三品将军，并享受同级朝官的一切待遇。宦官中的显贵者如杨思勖、高力士、黎敬仁、林昭隐、尹凤翔、韩庄、牛仙童、刘奉廷、王承恩、张道斌、李大宜、朱光辉、郭全、边令诚等，有的在玄宗左右供职，有的出任监军，有的出使蕃国，有的主持教坊或礼佛等。政治、军事、文化、外交等事几乎无不介入。

高力士是玄宗身边声名显赫、炙手可热的人物。高力士和另一个宦官杨思勖参与了诛杀韦后及太平公主两次宫廷斗争，立有大功。玄宗即位后，授杨思勖右监门卫将军，常派他持节外出，将兵征讨。杨思勖残忍好杀，治军极严，屡立战功。高力士则留在身边，任右监门卫将军，知内侍省事。内省由清一色的宦官组成、为皇宫中日常生活服务。高力士成为宫中宦官的首领。力士年长玄宗一岁，从青年时代起就追随玄宗左右，五十多年来，形影不离，在长期的接触中，力士揣摸透了玄宗的性格爱憎、思想意图，他说话、办事完全以玄宗的利益、意志为准则，忠贞不贰。高力士为人行事不居功自傲，态度谦和，处事谨慎公平，善于表达自己的见解和传达玄宗的旨谕，处于显要地位，并不专权独断，既受皇帝的信任，也不为朝臣反感。玄宗对高力士则特别的眷顾和信任，视力士为头号心腹，把他放在自己与外界联系的关键环节上"每四方进奏，必先呈力士，然后进御，小事便决之"。高力士地位特殊，自然身价百倍。在宫内，太子称他为"二兄"，诸王公七称他"阿翁"，驸马辈称他"爷"，都对他敬重不怠。由于玄宗的信任，高力士的官位不断升高。玄宗时代发生的许多重大事件，如太子废立、李林甫出任宰相等，都和宦官高力士有直接或间接的关系。天宝初，加冠军大将军，右监门卫大将军，天宝七载，加骠骑大将军。安史之乱中，随玄宗至成都，进封齐国公。从成都回到长安，加开府仪同三司，赐实封500户。随着官职的晋升，财富也相应地增长，其资产的殷厚，非王侯可以比拟。开元、天宝之际，宦官势力刚刚崛起，还不具备专擅朝政的条件，玄宗在位时期，还没有宦官擅政。但是由于玄宗宠信宦官，为他们创造了干预朝政的政治条件，使宦官由家奴而逐渐登上了政治舞台，并为晚唐宦官专权埋下了祸种。

唐明皇之爱妃梅妃

安史之乱，贵妃丧命

唐玄宗即位后，曾整顿师旅，改革军制，屯田积谷，增强了武力，收复了失地，再振大唐声威。但他忘记了贤相姚崇不求边功的规谏，渐渐滋长了好大喜功的思想。开元十五年（727），凉州都督王君㚟在青海大破吐蕃军，缴获辎重羊马数以万计。从此，唐玄宗贪求边功，对于一些建有军功的边帅破格录用、滥加赏赐。幽州节度使张守因斩契丹王屈烈及大臣可突于而升任辅国大将军、右羽林大将军，兼任御史大夫；朔方节度使牛仙客也因节约用度、仓库充实而赐爵陇西县公，不久又升任宰相。唐玄宗不断对外诉诸武力，长期在边镇驻守重兵，这样就导致了军事力量的重心逐渐由内地转移到边镇地区。

至天宝元年（742），在全国各地已先后设立了十个节度使、经略使。十节度使，经略使散居于从西到北的边陲沿线，集结了重兵。唐玄宗改变了唐初以来将帅不久任、

贵妃晓妆图（明·佚名）

不遥领、不兼统的做法。开元二十八年（740），节度使盖嘉运因擒获突骑施可汗吐火仙，有威镇西陲之功，玄宗为嘉奖他的边功，让他兼任河西、陇右节度使，奉命经略吐蕃，从而开创了节度使兼统的先例。天宝五载正月，皇甫惟明也以陇右节度使的身份兼任河西节度使。开元二十八年（740），王忠嗣以左金吾将军、兼左羽林上将军等职充任河东节度使，翌年又代韦光乘为朔方节度使，仍加权知河东节度使。后来在反击突厥战争中大获全胜，至天宝五载，皇甫惟明遇贬以后，又充任河西、陇右节度使。至此，王忠嗣一时竟身兼四节度使。此后，安思顺、哥舒翰、安禄山等藩帅也身兼两镇或数镇。这样，就使边兵军权集中于少数几个藩帅手中。天宝六载（747），李林甫为了稳固自己的政治地位，堵塞边帅入相之路，他上奏玄宗节度使用番将充任，致使"诸道节度使尽用胡人，精兵咸戍北边，天下之势偏重，卒使禄山倾覆天下。

安禄山是营州（今辽宁朝阳）混血种胡人，其父可能是个康姓胡人，母阿史德氏是个突厥巫婆。相传其母多年不生子，去祈祷扎荦山（突厥尊奉扎荦山为战斗之神），感应而生子，故取名扎荦山。其父早卒，其母改嫁给突厥将军安波注兄安延堰。后来其部落流散，他与安波注儿子安思顺逃出突厥，辗转到河北，于是改姓安，名禄山。安禄山长大后，性情残忍，狡诈多智，善于揣度人意，懂得九种民族语言，因而担任了诸蕃互市牙郎，负责市场交易。张守珪任范阳节度使时，令他与同乡人史思明共同做捉生将。

安禄山骁勇过人,又熟谙山川地形,故每次出击,都擒获不少契丹人。因常立军功,张守珪先后提拔他做偏将,平卢兵马使。开元二十八年(740),御史中丞张利贞为河北采访使,受安禄山贿赂,因提拔为营州都督、充平卢军使。天宝元年(742)正月,玄宗下令以安禄山为节度使。天宝二年(743)正月,安禄山入朝,奏对称旨,玄宗对他倍加赏识,宠待甚厚,可以随时谒见玄宗。第二年三月,玄宗就让他兼任范阳节度使。天宝六载(747)正月,又以之兼御史大夫。天宝九载(750)五月,进封东平郡王,开节度使封王之始。八月,更以之兼河北道采访处置使,同时取得了河北地区的行政大权。十月,安禄山再次入朝,受到了非同寻常的接待。玄宗先命有司在华清宫附近建立了一座宅第,并让杨国忠兄弟姊妹和大臣们前往戏水(在华清宫以东)迎接,玄宗也亲自在望春宫等候,玄宗还为安禄山在亲仁坊新造了一座宅第,枚令但穷壮丽,不限财力,并特别交代监工的宦官:"胡眼大,勿令笑我。"新宅中的器皿,告饰以金银,豪华的程度,超过了宫中。玄宗对安禄山,是按照安禄山所生活的那些少数民族的办法来加以笼络的,即收为养子,厚加赏赐。

安禄山的地位在天宝年间扶摇直上,天宝十载(751)二月,又以安禄山兼领河东节度使(今山西太原)。至此,玄宗对安禄山的宠信超过了有唐以来任何一个将领。安禄山不仅兼领平卢、幽州和河东三镇,而且兼任了河北道采访处置使,一人而兼领今东北、河北和山西广大地区的军事和行政大权。

安禄山经过几次入朝,把朝廷中的腐朽和无能看得非常清楚,特别是唐对南诏战争的失败,使他看到中央政府已经是不堪一击。这些都增强了他发动叛乱夺取最高统治权的信心。李林甫死后,杨国忠为了巩固自己的地位,极力阻止安禄山入为宰相,二人之间矛盾迅速激化,也促使安禄山加快了叛乱准备的步伐。杨国忠经常说安禄山必反,并对玄宗说:"陛下试召之,必不来。"玄宗于是派人召安禄山入朝。安禄山闻命即至,天宝十三载正月初三到长安,初四见玄宗于华清宫。唐玄宗听后,更加宠信安禄山。虽然由于杨国忠的反对,玄宗欲加安禄山同平章事之议未行,但安禄山毕竟得了玄宗的信任,使他的计划得以继续进行。物质上,安禄山已经准备多年,积累了大量的钱粮和军资。兵力上,天宝十二载(753)突厥阿布思为回鹘所破后,安禄山收降了其部落,"由是禄山精兵,天下莫及",也超过了任何一个节度使。现在,安禄山所需要的,就是将领对他的忠诚,能听从他的调遣。安禄山恰当地利用了他在长安

唐玄宗宠幸番将安禄山

的时机,奏请玄宗对其所部将有功者,超资加赏。并请写好告身(委任状),交给他回到军中授予。玄宗同意了他的请求,委任为将军(从三品)者五百余人,中郎将(正四品)者两千余人,安禄山因此而大收众心。天宝十四载(755)二月,安禄山又请以番将32人取代汉将,玄宗又立即予以同意。这样,安禄山就完成了叛乱的最后准备工作,等待时机。

天宝十四载(755)十一月初九,安禄山在范阳起兵。他声称已接到御旨,命他率领由同罗、契丹、奚和室韦诸部落民组成的军队和分队去平定叛乱分子杨国忠。几年来,经常有人说安禄山要反,使玄宗习以为常了,因此,接到奏报后,他还认为是那些反对安禄山的人编出来的,没有理会。安禄山范阳起兵后的第七天,玄宗才接到安禄山叛乱的确实情况。无可奈何的玄宗赶紧召集宰相商讨对策。在这样大的事变面前,一般大臣都是相当紧张的,而早就"欲具速反以取信于上"的杨国忠,却为自己的预言幸而言中洋洋得意,认为要不用十天,安禄山的首级就会送到华清宫。玄宗也同意他的看法。看到君、相如此估计局势,"大臣相顾失色"。

十二月初二,经过八天的准备,高仙芝率领皇帝的禁军共五方人,离开长安,开赴陕州(今河南陕县)驻屯。唐玄宗亲自到东郊望春亭送行,并特派宦官监门将军边令诚监军。这样的布置如果能全部实现的话,至少是可以阻遏叛军前避的速度,延缓叛军逼近东都的时间。可是,这些部署毕竟是太晚了。

安禄山的十万多名主力军经河北迅速南下进攻,实际上未遇到抵抗,同时命属将留守幽州(范阳)、营州和山西北部的代州等叛乱基地。一个月后不久,他们就已进入河南。十二月初,安禄山叛军已经进抵黄河北岸。十二月初三,叛军顺利渡过黄河,攻陷灵昌郡(即借州,今河

回鹘王子供养像

南滑县东),兵临陈留(开封)城下。这时,新任的河南节度使张介然到陈留才几天,还没来得及训练士卒。陈留虽有将士近万人,但惧于叛军的威势,无法应战,初六,太守郭纳举城投降安禄山,张介然也成为安禄山的刀下鬼。安禄山继续西进,很快攻陷荥阳。唐玄宗感到了形势的严重,八日发布《亲征安禄山诏》,宣称要"亲总六师,率众百万",前往洛阳。并征调河西、陇右、朔方兵马,令各镇兵除留守军、郡、城堡之外,皆由节度使率领。

但是,这个诏令太晚了,七日安禄山就已经开始进攻洛阳了。封常清只好孤军奋战。封常清到洛阳后积极组织防御,在不到20天的时间里,招募了六万军队,并且从十二初七一直战斗到十三日,为朝廷进一步组织力量争取了时间。

封常清在洛阳被安禄山打败后,曾三次派人奉表入朝,向唐玄宗报告敌人形势,而唐玄宗却拒不接见。封常清不得已,亲赴长安,走到渭南,也被打发回去。这样,唐玄宗就失去了一个亲自了解有关敌人形势和敌我双方作战情况的第一手材料的机会,从而使自己不能统观全局。封常清寡不敌众,丢失洛阳后,在陕州碰到了高仙芝,建议退守潼关。高仙芝接受了封常清的建议,率兵西趋潼关。由于没有布置力量阻击敌人,

以致敌兵追上后,在部队中引起很大混乱,自相践踏,死伤很多,但毕竟还是在潼关建立了守备,挡住了敌军。但是唐玄宗只是听了监军的宦官边令诚的片面之词,不加分析,也不进行核实,立即就下令将二人处死。安禄山未攻陷洛阳时,唐玄宗曾下诏亲征;洛阳失陷后,十二月十七日,又下诏令太子监国,并令太子"亲总师徒东讨"。但亲征因洛阳陷落而成泡影,太子东讨也因杨国忠离间而未成行。严重影响了平叛战争的进程。

十二月十九日,太子既不能总兵东征,又要杀掉高仙芝,只好把卧病在家的河西、陇右节度使哥舒翰找出来,玄宗召见了哥舒翰。任命他为皇太子先锋兵马使、副元帅,领河陇各族,如沙陀、吐谷浑等13部落,并高仙芝旧部共20万人,镇守潼关。

在此前后,形势发生了两个有利于朝廷的变化。一是朔方节度使郭子仪击退了安禄山大同军使高秀岩对振武军(今内蒙古托克托)的进攻,乘胜进围云中(今山西大同),收复马邑(今山西朔县东),从而解除了叛军从北边对关中和太原的威胁。二是河北堿内平原(今山东陵县)太守颜真卿、常山(今河北正定)太守颜杲卿经过一段时间的联络、准备,分别于十二月十八日和二十二日杀掉安禄山的将领,举兵讨伐安禄山,河北诸郡响应,23郡中,17郡皆归附朝廷。这就极大地牵制了叛军。安禄山在率军西攻潼关的途中,听说河北有变,立即返回洛阳,命蔡希德自河内(今河南沁阳)北击常山。

天宝十五载(756)初,河北郡县又多被叛军所有,但玄宗派到河北的李光弼、郭子仪在河北人民的支持下,也取得了越来越大的胜利。五月鑫山(正定东)之战,郭子仪、李光弼大破叛将史思明,斩首匹万级,围史思明于博陵(今河北定县),军威大振。正当郭子仪、李光弼在河北大败安禄山大将史思明,河北大部分郡县重又归顺朝廷、洛阳至范阳的道路再次断绝,叛军军心不稳,安禄山准备放弃洛阳,走归范阳的时候,天宝十五载(756)六月八日,哥舒翰在灵宝(今河南灵宝东北)西原大败,潼关失守,长安无险可守,危在旦夕。

天宝十五载(756)六月十二日晚上,玄宗匆忙命龙武大将军陈玄礼秘密整理厚赐钱帛,同时,选马900余匹。第二天天刚明,就顶着濛濛细雨,仓皇逃出大明宫。同行的只有贵妃姊妹、皇子、皇孙、王妃、公主、杨国忠、韦见素、魏方进、陈玄礼及亲近宦官,玄宗仓皇出走,打破了一切常规,既没有威严的仪仗,也没有大队的随从,甚至连一个总管和指挥也没有。唐玄宗派了一个宦官王洛扫前站,到了咸阳就和县令一起逃走了。待到玄宗一行到达成阳望贤宫,宫中已经找不到一个人了。直到中午,玄宗连饭也没有吃上,杨国忠亲自去买来胡饼献给玄宗。有一些老百姓送来一些麦饭,皇孙们争着用手抓着吃,一会儿就吃得精光,还是没能吃饱。唐玄宗亲自付给报酬,表示慰劳。这些平时很难见到皇帝的老百姓对玄宗的这种态度还是很感动的,君民相对而哭。在望贤宫吃完了饭,下午两三点钟才又启程。到达金城(今陕西兴平),已近午夜,县令和吏民早已逃走。玄宗的随从也逃走不少,总管皇帝生活起居的宦官袁思艺也逃走了。幸好玄宗和嫔妃、皇孙还能和其他人等分开居住,多少保住了一点皇家威仪。

十四日,玄宗一行继续前进。约莫中午时分,玄宗一行抵达马嵬驿,在这里,杨国忠被一批吐蕃使者挡住道路,诉说缺粮之苦。于是,本来对杨国忠不满的士兵趁机指控杨国忠与外番策划叛国,群起而攻之,杀死了他和他的家属。然后,将士们又要求玄宗处死杨贵妃。完全无能为力和听凭哗变部队摆布的玄宗别无其他选择,无可奈何地命他忠诚的大宦官高力士把他心爱的杨贵妃绞死。这样,护送他的将士们才被安抚下来。

杨国忠及其家属死后,玄宗身边的随行人员建议应撤往西北或太原,去集结支持力量;还有人则建议他们应回长安(叛军直到十七日占领长安),准备困守。但玄宗已下定决心去四川避难,所以决定继续前往成都,但他同意皇太子李亨留在关中,以便在北方集结和组织抵抗力量。李亨带领两千人的部队急速行军,于七月九日抵达朔方镇大本营所在地灵武(灵州,今宁夏回族自治区银川)。三天后,他在随从官员的劝说下僭越帝位,是为肃宗。

　　七月二十八日,唐玄宗抵达成都,随从减少到1300人。八月十二日,肃宗派遣的使者抵达成都,受杨贵妃之死折磨的玄宗毫不犹豫地同意了肃宗的僭越行为。八月十八日,玄宗派自己的大臣们携带皇权的象征物前往肃宗的大本营,正式禅位给肃宗。

杨贵妃

　　至德二载(757)十月,在郭子仪从叛军手中收复两京以后,唐肃宗把太上皇玄宗请回长安。上元二年(761)四月,唐玄宗卒,享年78岁。

唐宪宗李纯

人物档案

生卒年：公元 778~820 年

父母：父，顺宗李诵；母，王皇后

后妃：郭皇后、郑皇后等

年号：永贞，元和

在位时间：公元 805~820 年

谥号：武孝皇帝

庙号：宪宗

陵寝：陕西景陵

性格：聪慧，果断

名家评点：

唐宪宗平藩的巨大功绩，使他成为安史之乱后最伟大的君主。但宦祸在唐宪宗身后大泛滥也是不争的事实。

——赵剑敏

唐宪宗李纯

保身：韬晦之术

唐宪宗李纯(778~820)，顺宗长子，唐朝第十一位皇帝，宪宗李纯于 805 年即位，在位 15 年，他依靠一些良相，在统一战争中取得了一些成就，史称"中兴君主"。自安史之乱以来的藩镇割据的局面，在宪宗时基本结束。但他重用宦官，最后于 820 年终被宦官所杀，时年 43 岁。宪宗死后葬景陵，谥号圣神章武孝皇帝，庙号宪宗。

唐宪宗李纯，大历十三年(778)二月十四日生于京城长安东内。原名淳，母庄宪王太后，顺宗李诵长子。唐肃宗上元二年(761)正月，19 岁的皇太子李适喜得贵子，他的长子李诵呱呱落地。时光荏苒，又过去了 18 年，历史转到唐代宗大历十四年(7 79)五月，代宗皇帝龙驭宾天，李适即位，是为唐德宗，德宗即位的数月后，18 岁的李诵被册为皇太子。

李诵的少年时代是在东宫中度过的。东宫在宫城(亦称西内)之东，南北与宫城并齐，只是东西较窄而已，是皇太子生活起居的地方，唐代崇文馆就设在东宫右春坊内。唐代宗死后，德宗迁到西内，成了一国之主，李诵则成了东宫的主人。李诵喜欢学习多种技能，书法不错，擅长隶书。正位东宫后，李诵已满 18 岁，在皇家良好的教育环境中出脱为一位宽仁大度的储君。想当年，"泾原之变"时，德宗仓皇逃往奉天，太子李诵亲自恃剑断后，率后卫部队一步数战，保护父亲前行当年，朱泚猛攻奉天城，奉天城眼看就已失陷，德宗君臣对泣之际，太子亲自出城门督战，亲自为伤卒裹伤，极大地鼓舞了军心，大败敌军；想当年，孤城百战之后，关中累年大旱之余，德宗御餐只有粝米、芜菁，士民依树皮、草根度日，江淮运米至，德宗跑到东宫，抱着李诵，喜极而泣："吾父子得救矣。"李诵位居东宫后，对宦官专权深恶痛绝，对待宦官丝毫不假颜色。这些宦官在德宗朝坏事做尽，生怕德宗撒手归天后，李诵当上皇帝，对他们下手。为此，宦官们自动联合起来，想着手将太子搞垮，另立一个亲近宦官的储君。邶国公主之事正为他们行事提供了一个良好的契机。一时间，长安城内云雨翻覆，太监们上蹿下跳，活跃异常，李诵则如坐热釜，寝食不安。

东宫历来是宫廷政变的主要策源地，德宗当上了皇帝后，浑然忘了自己当太子时忐忑不安的心情，对儿子也猜忌起来。如今父子隔阂已深，焉能说儿子没有怨恨之心？焉能保证儿子不在绝望时发出困兽一击？所以，德宗也对儿子采取了防范措施，加强对东宫一切人员的控制，部署了机动部队以防意外之变。李诵之所以保住了太子之位，得力于朝官的拥戴，其中李泌护嗣之功尤巨。自"泾原之变"后，德宗对朝官越来越不放心，德宗朝的宰相多不得善终，虽然这些宰相或多或少都有一点可以证实的罪名，但他们悲惨结局皆应归咎为德宗天性猜忌刻薄。李泌可以说是德宗唯一信得过的朝官。李泌十分重视政局的稳定，在前朝多次挺身护嗣，邶国公主事件，李泌极力为李诵开脱。自邶国公主之狱后，太子李诵韬晦自沉，不否人物，不参与政事，连妻子被杀一事也未置一词，终于保住了太子之位，也保住了性命。李诵在东宫闭门养晦，实是时势所迫。一个小人物在关键时刻对他进以"韬晦"之术，有此先见之明，李诵立即对此人刮目相看，此人就是王叔文。日后"二王八司马"的领袖，东宫精英集团的首脑。德宗时宫市流弊，谏官、御史们不敢言宫市之弊。大家都把希望寄托在皇太子身上，盼望李诵出头，为士民请命。大家知道，太子在储位十多年来，常乘间谏喻德过，天下阴受其赐。一次，德宗在鱼藻宫设宴，看宫女在彩船上嬉水，众乐奏，宫女们齐唱棹歌。德宗乐甚，回头问李诵："今日之宴如何？"李诵诵《诗经》"好乐无荒"之句，讽喻父皇不要过于沉湎玩乐。德宗信任裴延龄、韦渠牟，李诵知二人在外声誉不佳，每次面圣时都察言观色，候德宗喜怒，相机劝谏，裴、韦二人因此始终未得大用。所以，这次闲聊，大家都希望太子能劝劝德宗，约束一下宦官，太子也慨然自许，说："寡人见到圣上时，一定据理力争。"在座的都欢欣鼓舞，只有王叔文默坐无言，面有忧色。待众人散去，太子问叔文："刚才君为何一言不发？"王叔文说："太子侍奉圣上，无非视膳问安而已，他事何敢过问，他事何必过问。陛下在位年久，倘有小人离间，说殿下欲以此收买人心，殿下如何对圣上解释。"李诵自邶国之狱后，几成惊弓之鸟。邶国之狱，实系宦官借机挑起的，而自己倘若建议废除宫市，无异于与宦官为敌，今后更防不胜防了。李诵一念及此，冷汗顿出，改容称谢道："非先生提醒，寡人几铸大错。"

自此，李诵敬重王叔文，不以伎佣相待，常询以军国大事。王叔文意气风发，常对太子说："某人可为相，某个可为将，愿殿下他日用之"。很快，在王叔文周围集结起一批志同道合的团体。这些东宫精英有王伾、韦执谊、陆质、吕温、李景俭、韩晔、韩泰、陈谏、柳宗元、刘禹锡、凌准、程异等二十余人，其中以"二王刘柳"为中心。东宫精英中多是名动海内的文人，其成员年轻，平均只有30多岁，多是中下级官吏，没有政治上的头面人物。虽说东宫向来是宫廷斗争的策源地，但这样一个小集团，以长安为基地，颇具隐蔽性。据说，东宫精英为了更加隐蔽的活动，不致因为他们的行动危机太子的安全，曾互相发誓保密，至死不渝。德宗晚年多病，太子身体也每况愈下，王叔文等人的行动也越发谨慎，生怕一着不慎、满盘皆输。东宫精英们耐心地等待着新皇帝继位。

德宗的身体一年不如一年，宦官担心李诵登基，为了保全日后的性命，以宦官俱文珍、刘光琦为首的宦官们自动纠集起来，在德宗临终之际再度向太子发难。

贞元二十年(804)九月，太子得风疾，口不能言。贞元二十一年(805)春，正月初一，宗室储王、内外亲戚都入宫贺岁。时德宗与李诵都已染病，李诵本来还强自支撑，入宫贺岁，但以俱文珍为首的宦官矫诏阻止太子入宫，对内惶称太子病重，不能前来。一生猜疑成性、玩弄权术的德宗意识到宫廷内有了他无力阻止的阴谋，东宫距离他的寝宫咫尺之遥，除非太子病入膏肓，才不能入宫贺岁。德宗涕泣悲叹，病势日重。由于宦官们紧密封锁，皇宫与外界完全隔绝，二十几天，朝臣不知两宫平安与否。柳宗元等知道情况危急，在太子的授意下，进入内署，成为翰林学士，负责掌握内廷动态。德宗弥留期间，又以德宗名义诏令王叔文"坐翰林中使决事"，严密控制诏书起草。正月二十三日，德宗驾崩。仓促中，宦官们召集翰林学士起草遗诏。凌准力争翰林学士支持，宦官见翰林学士人心所向，遂仍奉李诵为储君。二十四日，宣遗诏，太子穿孝服接见百官。二十六日，李诵在太极殿继位，是为顺宗。

柳宗元

顺宗病情的严重，远远超出人们的想象，令东宫精英大失所望。由于中风，顺宗面容扭曲，喉咙里发不出清晰的声音。幸好顺宗神志依然清醒，可以用摇头或点头表示意愿。三月二日，顺宗才第一次召见百官，以后，顺宗不时强撑病体，召见群臣。但群臣们只能瞻望皇帝而已，没有人获准当面奏事。顺宗虽然病重，新政仍然在王叔文、韦执谊的主持下有条不紊地进行着。东宫精英们当务之急是迅速接管重要部门，然后才能自上而下的进行改革，铲除宦官和整顿朝政。二月十一日，王伾升任左散骑常侍，依前翰林待诏；王叔文升任起居舍人，翰林学士。三月二日，王伾升任翰林学士。至此，以王叔文、韦执谊为首的东宫精英已经进入朝廷中枢。这样，顺宗有什么指示或批准王、韦等人的建议，每事先下翰林院，让王叔文考虑是否可行，然后由中书门下韦执谊执行。朝中则有韩泰、柳宗元、刘禹锡等人谋议唱和。危局在群贤的紧密配合下苦苦支撑，新政自顺宗继位之日时便逐步实施。

贞元二十年（804）二月二十四日，顺宗大赦天下。在大赦令发布之日，废除了德宗朝的不少弊政，如宫市。天下百姓欠下的各种名目的赋税，一律清免。诸道除常贡外，进奉一概停止。顺宗还释放300名宫女和600名教坊女乐；罢去皇家养活的一批无裨时政的闲人；罢盐铁使进奉也被废除。顺宗这些措施受到了人民的欢迎。

顺宗久病不愈，外廷渴望早立太子，俱文珍等人打起立嗣的旗号。三月中旬，俱文珍等人召翰林学士草制立太子。郑絪等翰林学士代表了外廷百官的意见，赞同拥立李淳，并力挫宦官拥立舒王李谊的阴谋。广陵王李淳在顺宗诸子中居长，郑絪在纸上写"立嫡以长"给顺宗看，顺宗微微颔首同意。三月二十四日，诏书下达，立李淳为太子，改名李纯。四月六日，顺宗升宣政殿，主持策立太子仪式。

太子既立，请求太子监国的呼声也日益强烈。七月二日，太子李纯正式监国。八月四日，顺宗迁居兴庆宫。同日，宪宗以顺宗诰令，改元永贞，尊生母王氏为皇后，在禅位的第三天，就开始贬逐昔日的东宫精英。九月十三日，东宫精英大部分遭到贬逐，顺宗也在兴庆宫内凄凉度日。

宪宗和群臣在年底为他拟定了一个尊号为应乾圣寿太上皇，公元806年正月初一，儿子领着群臣到南内给父亲加上尊号，并于次日改元元和。元和元年（806）正月十九日，顺宗病逝于兴庆宫内，终年46岁。六月，宪宗与群臣拟定谥号：至德大圣大安孝皇帝，庙号顺宗。七月，宪宗葬顺宗于丰陵。

气魄：雷厉风行

永贞元年（805）八月，皇太子李纯终于实现了梦寐以求的愿望，登上了大唐皇帝的宝座。28岁的宪宗正当壮年，多年来的愿望现在可以着手付诸实现。宪宗从自身和皇室抓起、杜绝奢靡和弊俗，并开始整顿京城秩序。即位次日，异平公主（代宗之女）进献技乐女子15人。针对此事，宪宗申明：当初父皇初临大位，回绝郡县进献，朕继位伊始，怎能违背父皇的成规呢？命一律退回。京师士庶百姓听到这个消息，互相致贺，奔走相告，都说太平的日子就要降临了。不久，荆南节度使差人进献毛龟两只，表示新帝皇天浩荡，感动上苍，神龟毕现。宪宗接到进献后，严诏禁绝进献，诏云：朕继位以来，时常考虑谋划治国的策略，渴望得到贤能之士的辅佐，他们才是朕急需的"宝物"；自今而后，各地州县有祥瑞出现，只需向朝廷有关部门申报备案，禁绝奏闻。宪宗确有移风易俗，更张朝政的气魄，而他整顿京师秩序雷厉风行，更能说明这一点。

永贞元年（805）九月，宪宗任用"以刚严素著"的李郁为京兆尹，力图先从京师开

唐宪宗

始，整肃贞元末年以来的混乱局面。时京师久雨，政争尚未结束，人心不定，加之各地藩镇使者云集京师，窥视朝廷动向，这更增加了京师的混乱。唐宪宗授意京兆府于元和元年（806）二月下令：京城之内，若无故在闹市区（东、西市）及皇宫附近携带枪矛剑戟，或者以竞射为名聚集徒众，蛊惑扰乱京师秩序者，京兆府辖区吏卒可将其监送府县，按科律问罪；若属京城诸军士卒，令禁锢反省，其处理情由可奏闻皇帝。

元和元年（806）六月，京城又破获一起重大的图谋作乱案件。无业游民李承光和宦官串通勾结，鼓吹邪说，指斥朝政，滋生是非。他频繁地向朝官卜算前程祸福，诡言谁可为某官，谁可就某职，他可不费吹灰之力为其求得；谁先为某官，后被贬谪，是他建议朝廷这样做的。一时间，朝野部分官员惑于邪说，与其交结附和，为其阴谋活动提供方便。京兆府逮捕李承光之后，经过一番周折，终于获取全部罪行。宪宗下令杖杀李承光，其家属令京兆府收捕。这一事件的迅速处理，稳定了社会秩序。

另外，宪宗下令出库盐两万石，京师士民欢悦，从而解决了京师久雨缺乏食盐问题。与此同时，他还严令禁止皇亲国戚危害京兆府所辖百姓利益的活动，下诏说：公主、郡主、驸马等所私养的鹰鹘禽兽，只准在城南限定区域内按放游玩，不得擅自越界，侵害百姓田稼，如有违犯者，府县官员可严察切责，录名向朕奏报。

宪宗即位之初，下令将贞元年间裴延龄迎合德宗聚财嗜好，在宫内藏所设"别库"，全部转归正库,统一调度收藏,以便贮藏更多的粮帛绢匹,应备急需。接着又派度支、盐铁转运副使潘孟阳巡视江淮,了解该地财赋收入状况。但潘孟阳沿途纳贿游玩,宪宗闻知后,立即罢其度支盐铁转运副使职务;盐秩转运使杜佑也引咎辞职,同时向宪宗推荐度支使、盐铁转运副使李翼代替自己,结果李翼很称职。

宪宗继位之初,就狠抓财赋收入,想从财政上打开局面,这在中唐时期帝王中是极为少见的。对于藩镇,宪宗先解决唐政府辖区内的,不失时机地调任分化,暂短几个月,就制服十余镇。采取措施,先近后远地怀服、威慑某些藩镇,是宪宗继位初期的一大政绩。当时,建中年间横行跋扈的藩镇节度使多年老病死,其后代或为平庸无能之辈,或纨绔不理军务。面对这种状况,宪宗及其辅臣们首先对唐政权辖内藩镇实行强有力的控制,来回调度,迫使其就范,瓦解分化其战斗力,取得了预期的效果。

施政方针的制定和执行,都必须有得力的贤臣。熟读经史的李纯当然懂得明君还须良相辅佐的道理,他在完成了对王叔文集团的清算之后,又不敢过分信任那些扶持他登上皇位的先朝重臣显宦。正由于

唐宪宗不受贡献

这个原因,他在开始处理政务和擢用人才上,表现得非常慎重,十分小心。随着西川刘辟自为留后,求领三川,公开背叛朝廷,宰相杜黄裳力主讨伐,翰林学士李吉甫密赞其谋,这才使宪宗看到了大唐继往开来、兴旺昌盛的光芒,坚定了灭藩信心;加之,德宗朝不信任宰辅百官,皇帝包揽一切的弊病,宪宗深有感触。于是,他专任宰相杜黄裳、李吉甫等一班耿直忠贞的大臣,改变对西川刘辟的软弱态度,同时也把注意力扩展到全国各地。宪宗这一转变,扭转了自德宗贞元以来的姑息策略,肇始了元和中兴的吉祥佳瑞。这是宪宗迈向中兴唐朝的关键一步。

平叛:出奇制胜

宪宗李纯整顿京畿,制服近藩,虽然取得成效,但外藩悍将藐视朝廷由来已久。他们趁宪宗初政,相继叛乱。

永贞元年(805)八月十七,剑南西川节度使韦皋突然病逝,刘辟得以擅权自专,不待中央册命便自为留后。十月,刘辟自为剑南西川节度使,叛迹昭然可辨。如何处置西川紧张形势,朝廷内部意见分歧。宪宗内心主张用兵讨伐,但即位不久,朝臣态度如何,他尚需要观察。十二月,他答应刘辟为西川节度副使、知节度事的要求,一方面暂时稳住刘辟,另一方面试探群臣的态度。右谏议大夫韦丹上疏阐明利害。宪宗览奏大喜,几天后就任命韦丹为剑南东川节度使,赴东川筹备战事。

元和元年(806)正月,刘辟公开发动叛乱。宰相杜黄裳则力主平叛,翰林学士李吉甫也劝宪宗讨蜀,他深知宪宗尚有顾虑,主动出谋划策。由此,宪宗很器重李吉甫。正

月二十三日，宪宗下《讨刘辟诏》，任左神策行营节度使高崇文为主帅，率兵五千为前军，遣宦官俱文珍为监军使；神策军京西行营兵马使李元奕将步骑两千殿后，山南西道节度使严砺从兴元（今陕西汉中市）出发，三军并力南指，兵发西川。很快，唐军直指益州。刘辟见大势已去，带亲信卢文若等数十人乘骑投奔吐蕃，高崇文派大将高霞寓率军尾随星夜追赶，结果在岷江上游俘获刘辟。刘辟被押送至京城，斩刘辟于子城西南隅。

宪宗在讨伐西川叛乱的同时，又发动了对夏绥（今陕西北部、内蒙古南部地区）的讨伐战争。元和元年（806）三月，杨惠琳割据夏州（今陕西靖边县北白城子），自为节度使，策动所部叛乱。时河东（治今山西太原）节度使严缓请求出兵讨伐，宪宗即授严缓为招讨行营宣慰使，发河东、天德兵众联合进

唐宪宗平叛成功

讨。当月，杨惠琳就被其部将张承金斩杀，传首京师。这年十月，镇海军节度使李锜纵兵作乱，宪宗采纳武元衡的建议，征李锜入朝，并调兵遣将，这时，李锜己下令部将采取行动，企图使唐中央措手不及，但因其不得民心，管内五州刺史几乎同时传檄讨伐，很快讨灭本州叛首。十月十一，宪宗遣淮南节度使王锷统诸道兵为招讨使，征宣武、武昌、义宁诸镇兵，联合淮南、宣欺、江西、浙东兵众合讨。在唐中央强大的兵力进攻面前，李锜部将率兵卒倒戈抓住李锜，押送京师。李锜蓄谋已久的叛乱至此被平息。

宪宗平定西川、夏绥、浙西诸藩镇叛乱，又促成河朔三镇之一魏博镇的归附，从而打破了数十年来形成的河朔三镇联盟，使宪宗从讨伐恒州失败及皇太子死后的懊丧悲哀中解脱出来，把朝廷讨伐的重点转向吴少阳、吴元济父子盘踞的淮西镇。

淮西镇地处中原腹心，扼江淮至长安潜运咽喉，控颖、汝入淮口岸的淮西镇（治蔡州，今河南汝南），仍自行其是，与唐朝廷对抗，丝毫没有归附的任何迹象。元和四年（809）十一月二十七日，淮西（彰义军）节度使吴少诚病死。申州（今河南信阳市南）刺史吴少阳勾结吴少诚家童在吴少诚弥留之际，伪造吴少诚遗书，以吴少阳为节度副使、知军州事。吴少阳阴谋得逞后密派杀手，刺杀少诚长子吴元庆。不久，吴少阳被授予彰义军节度使。唐朝廷这种权宜之计，大大助长了吴少阳的嚣张气焰。

元和九年（814）初，淮西节度使吴少阳患病。为了摸清淮西镇内部的情况，宪宗派宫中的御医前往探视，吴少阳之子吴元济谎称其父病愈。这样，宪宗把讨伐淮西镇提到议事日程上来。宰相李吉甫元和八年（813）初撰成《元和郡县图志》一书，为宪宗讨平藩镇做进一步的准备。他观察魏博镇归附其将领对唐中央的态度，探知魏博大将田进诚将才卓越，忠义超群，而唐州（今河南泌阳）乃是控制淮西的咽喉所在，因此，他建议宪宗任命田进诚为唐州刺史，一者兵锋可直指淮西前沿，起到威慑作用；二者又可深化朝廷和刚刚归附的魏博镇之间的关系，使其真正成为朝廷管辖下的方镇之一。

宪宗对他的意图和制措深表满意。闰八月十二日，淮西节度使吴少阳病死。其子吴元济匿丧不报，擅自承袭。吴少阳死后40余日，淮西镇封锁消息。宪宗听从李吉甫

图文珍藏版

的劝说,并采纳另一宰相张弘靖先礼后兵的建议,派工部员外郎李君何赴蔡州吊唁,但吴元济拒迎使臣,并悍然派兵四出劫掠邻近州县,发动了旨在对抗唐中央的叛乱。就在兵讯四起之时,宰相李吉甫终因操劳过度,于九年(814)十月初二病逝。宪宗从此失去了一个强有力的辅臣。李吉甫病逝后,宪宗就把讨伐淮西的重任委托给武元衡具体办理。

　　元和十年(815)正月,宪宗下诏讨伐吴元济,大兵开赴淮西。中央讨伐军在战争初期也有过受挫的记录,但十数万讨伐军齐集淮西四面,这使吴元济惊恐万分、坐卧不安,他一面派兵四面抵挡,一面向河北镇冀王承宗,山东淄青李师道求援。此后,镇冀、淄青和淮西吴元济相互勾结,阻挠朝廷对淮西用兵。

　　淄青李师道与镇冀王承宗看到中央讨伐军步步紧逼,深感淮西灭亡之日就是他们命运终结之时。于是,六月四日,他们暗杀了宰相武元衡,裴度幸免于难,但伤势较重。自从宰相武元衡遇难,京都长安陷入前所未有的混乱之中。武元衡被刺当天,金吾、神策军卒四处搜索刺客。宪宗在痛失宰相的悲哀中,深感讨伐大业不能因此半途而废,许孟容建议任御史中垂裴度为相正合宪宗之意。几天后,神策军将王士则等上奏报称镇冀王承宗在京城府邸张晏等八人很可能就是杀害宰相武元衡的凶手。宪宗未做更深的审查,斩张晏等人,京城秩序迅速恢复,人心得以安定。

　　六月二十六日,宪宗召裴度入延英殿奏对。君臣交换了讨伐淮西、打击镇冀淄青两镇恐怖活动的看法,宪宗非常赞赏裴度的意见。次日,任裴度为中书侍郎、同平章事。宪宗在极其艰难严峻的形势面前,外有淮西、淄青、镇冀诸叛镇阻命,内有朝官罢兵言和舆论的叫嚣,仍能果断的任命裴度为相,主持军政事务,这在中唐帝王中是绝无仅有的。在严峻的形势面前,宪宗自讨伐战争开始不久,就广开内库,不时供给前方。同时,他还裁减非时用度,发掘中央,地方各种潜力筹集资财,满足前线将卒的衣食和战争消耗的急需。

　　元和十二年(817)八月初,裴度赴淮西前线坐镇指挥。八月二十七日,裴度到达讨伐军行营所在地,刚刚收复的郾城。裴度到达郾城,正值诸军新败之际,他不失时机地巡察诸军,到军营慰勉将卒,将宪宗力主平淮西,及对前线将士的殷切期望和要求宣示于众,将士们闻听皇

裴度

帝谕旨,个个摩拳擦掌,讨伐军士气为之振奋。裴度对大将李光颜有知遇之恩,这次再度到前线,担任诸军元帅,李光颜更是欢欣鼓舞。他成功地护卫裴度巡视前线各地,挫败了淮西企图袭杀裴度、捣毁讨伐军最高领导的阴谋,又在八九两月,多次向淮西正面发起猛烈进攻。吴元济深知李光颜等人骁勇无敌,急令淮西军队全力抵御。这样,唐、邓、随诸州节度使李愬抓住了这个有利战机,导演了历史上著名的出奇制胜的战例——李愬雪夜袭蔡州。

　　李愬,德宗朝功臣、名将、西平王李晨的儿子。元和十一年(816)六月,唐邓节度使高霞寓大败逃归,淮西前线局势吃紧,李愬此时尚在京城长安,他抗表请缨,愿赴前线为国效力。宰相李逢吉便向宪宗推荐,很快,宪宗任李愬随唐邓节度使。半年后,他暗

下决心谋袭蔡州。他先上表请求增兵,宪宗即诏发昭义、河中、郁坊镇步骑二于归李想调遣。随后又以各种手段,先后擒获淮西将领,占领军事据点文城栅(今河南马鞍山以北)及吴房县(今河南遂子县)外城。李愬对擒获的敌将,多方劝慰,了解蔡州及其周围的防务情况,取得了很大的成效。其中降将李佑对夜袭蔡州出力最大。李佑向李愬建议说:蔡州吴元济的精锐部队全在时曲一线

李愬——雪夜入蔡

设防,而淮西四境的守备、蔡州城的防卫兵卒,全是老弱病残;因而,可以率军乘虚进发,直抵蔡州城下。等到敌军精锐觉察到官军的企图,那吴元济早就被擒获了。

李愬掌握了这个重要情况后,经过谨慎谋划和侦察,认为此计可行。十月初,李愬所辖部队做好了战前准备。十月七日,李愬派判官郑犏赴行营向宣慰使裴度密报这次袭击的设想和目标,裴度得知李愬的意图后,即表赞同。

十五日夜,冷风夹着雪花翻卷飞扬,天黑如墨。李愬令随州刺史史鬈留镇文城栅营地;令李佑率勇将劲卒三千做先锋;另一将领李忠义任副职,大将田进诚率军三千殿后;李愬自率军卒三千为中军,部队冒着风寒趁雪夜悄悄出发。李愬派兵卒用兵器狠击池水,以混淆部队前行发出的声响,官军悄然逼近蔡州城。自从吴少诚抗拒朝廷,官军不至蔡州城下已十余年,加之时值寒冬雪夜蔡州守城军将根本没有料到官军会来攻城,因此城中毫无防备,官军兵临蔡州城下,城内竟无一人察觉。

李愬率兵很快占据城门。城门大开,讨伐军急速入城,只留下打更的军卒,让他们依旧击鼓报更,就像什么事情没有发生一样。黎明时分,李愬率讨伐军据吴元济外宅,吴元济束手被擒。

十八日,李愬用槛车押送吴元济赴京城长安,并及时向讨伐军宣慰使裴度汇报战况。接着,淮西所辖申、光二州及诸镇两万余人相继缴械投降。裴度在行营听到李愬出奇制胜,顺利袭取蔡州的特大喜讯,即刻表奏朝廷。宪宗接到表奏非常高兴。十月初一,押送吴元济的槛车到达长安。大明宫兴安门前人山人海,金吾军卒列队维持秩序。宪宗在众臣的簇拥下出现在兴安城楼上,三年以来颇受惶恐的京城百姓看到皇帝,欢声雷动,经久不息。宪宗讨伐淮西历经数年,终于取得了彻底胜利。淮西平叛战争的最终胜利,标志着元和中兴局面的出现。

中兴:勤政爱民

元和二年(807)以后,宪宗在削藩的同时、注意廓清朝政,选择人才。宪宗重视人才,只要富有才略,不以其过为过,破格任用。

四月,宰相兼盐铁转运使杜佑因年老体衰等原因请解财赋之职,同时,他向宪宗推荐兵部侍郎李翼代替他的职务为度支盐铁转运使,宪宗采纳了他的建议。在盐铁转运使任上,李翼充分发挥出他的理财才能,朝廷收入明显上升,提供了比较雄厚的经济

来源。

三年(808)，周至县尉、集贤校理白居易做乐府诗百首讽喻时政，宪宗看到后，深感其直诚可嘉，诏白居易入内廷，充翰林学士。白居易不负厚望，对朝廷政务多有奏议，赢得朝野一致好评。

四年(809)，被贬为彬州司马的王叔文集团人士程异，因精于财货，盐铁转运使李翼极力保荐，宪宗不计前嫌，任程异为侍御史等官职。在讨伐淮西吴元济最艰难的时刻，程异下江南，输运粮至前线，千里回旋，保证了讨伐军给养的源源不断。

元和元年(806)，刘辟的女婿苏强因参与叛乱，其兄苏弘时任职晋州，只好辞职返乡避祸，各地官衙不敢招他做官。元和三年(808)，宣歙观察使卢坦向宪宗提及此事，并说苏弘才行俱佳，宪宗闻言即使卢坦到镇，即征苏弘为判官；苏弘上任后，根据宣歙当地土狭粮少的实际情况发展农业，招徕商贾，从此，宣歙百姓无缺米之忧，兵士亦精锐可用。

宪宗是继太宗、武后和玄宗之后又一个乐于纳谏，倾听不同意见的唐代皇帝。

元和元年(806)，宪宗忙于整饬京畿及其周围地区秩序，加之西川、夏绥两镇相继叛乱，讨

唐宪宗遣使赈恤

伐事宜缠身，因而对朝廷内部事务、建置尚无暇顾及。四月，左拾遗元稹上奏说：我们这些以谏职为业的人，长年累月不能尽瞻陛下容颜，议论政事；每当上朝的时候，总是屏声静气，鞠躬哈腰不敢上视，哪还有机会议论朝政过失，奉献自己的聪明才智，报答陛下知遇之恩呢，我们这些朝臣尚且如此，更何况那些地方官吏。宪宗看到元稹奏文后，大为振奋，认为元稹建议很好，多次召元稹入宫议事。

元和二年(807)以后，随着浙西李铸的覆灭，唐朝廷各项事务开始步入正轨。宪宗汲取前朝执政教训，细心阅读前朝《实录》《国史》，对形成贞观、开元盛世的原因深有感触，认识到臣下谏诤、君主纳谏的重要性，因而极力提倡群臣谏官论朝政得失。

元和四年(809)十月，成德节度使王承宗公然反叛朝廷，宪宗派左神策中尉吐突承璀为左右神策、河中、河阳、浙西、宣象等道行营兵马使，招讨处置使，发兵讨伐。朝野因之哗然。谏官孟简、穆质、独孤郁、宰相裴均、翰林学士李绛、京兆尹许孟容、盐铁使李嘟、度支使李元素、御史中所李夷简、给事中吕元膺交章论奏，极论不可以宦官为讨伐军统帅，宪宗在众臣僚的一再谏奏下，最终削去吐突承璀四道兵马使职，改处置使为宣慰使。

宪宗还效法太宗撰写《金镜书》及《帝范》上、下篇，玄宗撰写《开元训》的做法，敕令翰林学士采摘《尚书》《春秋后传》《史记》《汉书》《后汉书》《三国志》《晋书》《晏子春秋》《新序》和《说苑》等足以作为君臣行为鉴戒的篇章，选编为14篇，具体事迹如：文王得吕望以兴，齐桓公任管仲以霸，秦二世惑赵高以亡天下，朱异劝梁武帝信侯景遂陷台城等，共50余件，宪宗定其名为《前代君臣事迹》。

接着，他又令学士制屏风三合，将以上前代事迹题写其上，放在他平时出入的寝殿

当中,坐卧观览,以为鉴戒。不久,他让宦官将屏风搬至中书省大厅,让宰相们展看,结果百官纷纷上章致贺,朝堂欢跃鼓舞。宪宗对左右宦官说,你们应当注意,以屏风所列书状为戒,不可妄为,而对宰相裴珀、李藩则好言慰勉。

元和四年(809),李绛在宫城浴堂北廊上奏,极言宦官专横,方镇进献之风,这触及宪宗的痛处,他愤怒至极,头面全红,但李绛仍谈论不停说:"臣直言诸事,与臣并无什么好处,陛下不以臣浅陋,让我在朝廷首要机关供职,臣实在感恩戴德,以上所奏事实实在有损朝廷声誉和陛下的威严,臣岂能爱惜生命而不向陛下直谏。"宪宗见李绛诚心可鉴,怒气渐消。最后对李绛说,其他人不敢说的话,卿却直言不讳,这些都是朕以前所不知道的事情。

元和五年(810)六月,宪宗与诸学士议事,学士白居易直言上谏,并且大声说"陛下错了"。宪宗怒不可遏地返回皇宫,同时召李绛入宫,对他说,白居易小以不逊,应让其离开翰林院。李绛上谏说,白居易所说很有道理,只是言语太直,有损陛下尊严。如果因其冒犯陛下就将他赶出翰林院,朝廷百官必认为陛下不乐直言上谏,这对陛下恢弘先朝纳谏传统,朝政清明有百害而无一利。宪宗听了李绛的话,逐渐心平气和,仍像以前那样对待白居易。

白居易

通过这两件事,宪宗对李绛更加信任。有一次,宪宗想赴皇苑打猎游乐,已经走到蓬莱池附近,突然好像想起什么,对左右宦官说,这样做李绛必然上谏,不如回去。进而取消了这次游玩。

骄横:拒谏饰非

德宗贞元九年(793),李淳16岁。这年十二月,太子李诵为广陵王李淳纳故驸马都尉郭暧(郭子仪之子,郭暧妻为代宗女昇平公主)之女为妃。

在此之前,宫女纪氏为李淳生下长子李宁。次年,另一宫嫔又为李淳生下次子李挥。贞元十一年(795),即宪宗18岁时,郭氏女才生下子女。

贞元二十一年(805)四月,李淳如愿以偿,被册立为皇太子,改名为纯。同年,即永贞元年(805)八月,李纯登上了皇帝宝座。次年(元和元)八月,册封郭氏为贵妃。元和四年(809),宪宗继位已四年之久了,这样,最使他头疼烦恼的皇嗣问题,已到了非解决不可的时候了。宪宗有20个儿子,18个女儿,在唐历代皇帝中,除了太宗、玄宗之外,他算子女最多的。

诸位皇子虽在元和初各封为王,但他们年龄相差不大。立嫡,还是立长,这个纠缠不清的问题。在宪宗的脑海里,长子邓王宁,后宫纪美人所生,时年17岁,宪宗对其非常宠爱;次子澄王挥,后宫妃嫔所生,时年约15岁;第三子为郭贵妃所生,被封为遂王,时年14岁。按照皇朝惯例,嫡长子当为嗣。如果立嫡子遂王,这必然涉及要立郭贵妃为皇后,而宪宗是不愿受制于皇后的束缚的,更何况他和郭贵妃虽具结发之名,而由于双方志趣的差异所产生的隔阂早已成为公开的秘密;如果立长子邓王宁,其母纪美人对自己的行为不可能产生牵制,而且可以减少来自外戚显贵对皇权的干预。

恰在此时,一些朝臣也为皇嗣问题担忧,纷纷上奏。翰林学士李绛在奏疏中认为:圣明的君主以天下为根本,深知朝廷事务一人处置不可能使其尽善尽美,国家长治久安需要世袭代传,因而选择子嗣辅佐皇帝,这样才能安定人心,国祚才得以延续千载万世。宪宗览奏称"善",即日下令承办皇太子仪礼,立皇长子邓王宁为皇太子。

随后,吏部筹办皇太子册立礼仪。最初选在孟夏进行,遇连雨天,又改至孟秋,又因雨而推迟,至冬十月,才最后备办了册立大礼,然而,事情并非都像宪宗希望的那样美满如愿。皇太子李宁虽则登临储位,但到元和六年

唐宪宗第十三子李忱

(811)十二月,皇太子一病辞世,年仅 19 岁。太子之死,宪宗十分悲痛,废朝十三日。

为纪念太子李宁,宪宗令在怀贞坊为其立庙,设置官吏四时祭奠洒扫。皇太子李宁死后,谁为皇嗣,宪宗重新陷入苦恼。皇嗣继立也成为朝廷纷争的热点。元和七年(812)十月,册立遂王宥为皇太子,改名恒。元和八年(813)十月,拥立遂王宥为皇太子的朝臣上表,请立郭贵妃为皇后。宪宗先是置之不理,随后又借口这年犯岁子午忌讳,不易册封。郭贵妃希求册立皇后,享受国母的荣华尊严未能达到目的,皇太子恒的地位也差一点被宦官动摇,这使她非常恐慌。她开始想方设法巩固皇太子的地位,培植私人势力。此后她不但在宦官中树立亲信,而且对拥立皇太子的朝臣也遍施恩惠。元和七年以后,宪宗把全部精力用于讨伐淮西的谋划,而皇宫内的诡秘活动他却未能详察。

讨平淮西镇的叛乱之后,宪宗在一片胜利的欢呼声中陶醉了,变得越来越骄横奢侈了。元和中兴之所以昙花一现,追溯其渊源,宪宗的骄横奢侈是其主要原因。

平叛战争结束后,宪宗热衷于欢宴行乐,整天沉浸在胜利的气氛之中,这日益磨灭了昔日灿灿夺目的奋发向上精神。十三年(818)正月,虽正值严冬,而宪宗却心情如春、兴意盎然。自贞元以来宴享臣僚,接见外使多在地处翰林院与延英殿之间的麟德殿进行。元和年间历次大型宴乐亦在此处。麟德殿有三面,南面有阁,东西两面有楼,故又称为三殿。对藩镇战争的胜利使宪宗十分高兴,他设想在这里举行盛大的庆功大会,然而麟德殿的古朴陈旧,以及原有的规模,既不能弘化他作为皇帝的功德宏福,又和臣僚殷切期待的盛大欢乐场面很不相称,于是宪宗诏令皇城六军士卒扩修麟德殿。

不久,宪宗又因大明宫东内苑龙首殿前的龙首池已多年未修,水波不兴,再令士卒浚修疏通;同时,他还下令修造承晖殿。十四年(819)正月,宪宗令移内教坊至迁延政里,大肆铺设;三月,又诏令左右神策军,各出官徒一二千人修勤政楼。

宪宗如此大兴土木,崇尚奢侈,自然耗财费工甚多,而群臣的谏奏他根本不听。宪宗大兴土木需要钱财,而他自己历年的积蓄已消耗殆尽,于是,朝廷的一些人便投其所好,竭力献媚。

十三年(818)九月,宪宗同时任皇甫镈、程异同平章事。任用制诏刚刚下达,朝即刻议论沸腾。朝臣对宪宗任用这种人为宰相大惑不解,就连长安城坊市士民百姓也嗤之以鼻。宰相裴度、崔群向宪宗劝谏陈述,认为决不能任这两人为宰相,宪宗置之不理。裴度耻于同此二人同朝为相,上表辞职;宪宗不许。于是,他又一次上疏,宪宗任皇甫镈,程异为相的诏书已下,不再听从任何劝谏。宪宗反而觉得裴度三番五次面奏上疏,迎合朝野臣僚的论调,是朋党营私的表现。宪宗从此怀疑裴度结党营私。

十四年(819)四月,将裴度贬出朝廷,赴太原任职。朝廷商讨上宪宗尊号,皇甫镈想加"孝德",二字,崔群认为:"言圣则孝在其中矣",皇甫镈便向宪宗打小报告,宪宗听后心中不悦。不久,又由于皇甫镈诬陷崔群,宪宗信以为真。十四年十二月,出崔群为湖南观察使。就这样,宪宗晚年拒谏饰非,又把刚正不阿的宰相崔群贬为外官,专任俊臣皇甫镈为相,致使朝政紊乱。

崇佛:迎奉佛骨

宪宗迷崇佛教,主要表现在对佛教僧侣的惠顾、佛教经典的推崇,以及对佛祖疯狂的顶礼膜拜、不惜一切。元和十年(815)以后,宪宗对佛的崇尚日甚一日。

元和十四年(819)初,盛况空前的从法门寺迎奉佛骨活动,就是宪宗崇佛如归的鲜明写照。法门寺,位于京城长安以西凤翔府岐山县(今属扶风县)建立于公元4世纪,佛骨舍利很可能也是这时埋入塔底地宫的。法门寺经过北周时代的沉浮,当时被称为阿育王寺。隋末唐初,寺院失火,二堂余烬,焦黑尚存。德、贞观年间曾两次重修,高宗显庆五年(660)前也进行了整修,此后经过100余年,肃、代二朝之间,法门寺又重修一次。这样,法门寺以藏有佛骨合利以及独特的地理位置、富丽堂皇享誉唐代。

在唐代,迎奉佛骨是当时最高的礼佛形式,要把佛骨从法门寺迎到长安城,先供奉于皇宫,再遍送诸寺,重返法门寺,耗资巨大,政治影响极深。

元和十三年(818)十一月,主管京城佛寺供奉的功德使上奏,说凤翔府法门寺塔所藏佛指舍利,相传30年一开,开则岁和人丰。明年即是开塔亮宝的时间,请皇上迎奉。

宪宗览奏十分欢喜。十二月初,命中使(宫中宦官)备办迎奉仪式,诏告京师百姓;同时,宪宗派干练信佛的中使率长安各大寺院僧众赴法门寺迎佛骨。随着京城备办迎奉仪式的完备,派往法门寺迎佛骨的僧众于十四年(819)正月抵达长安以西的临皋释(今西安市西郊)。佛骨近在咫尺,信徒们望眼欲穿,他们多么希望尽快见到佛骨,让佛的光芒雨露润滋他们,赐予他们幸福和长寿;一些信徒倾累年积蓄,另外一些变卖家中产业,人们都为将要亲眼看到佛的真身舍利欣喜若狂,并不惜一切,以求得佛祖的保佑。长安城处于万民若渴,狂热崇佛的前夜。

佛教故事壁画

这时,宪宗和京城万民的心情一样,他匆忙派宦官头面人物杜英奇以神策兵护卫,"押宫人三十人,持香花,赴临皋绎迎佛骨"。很快,迎佛骨的僧众、中使、宫女经过西内苑,从光顺门进入大内。长安城沸腾了,街头坊道全是争着施舍钱物的百姓,有些信徒将变卖产业所得如数施献,希望从此平安度日,死后转世乐土,永享天地间的幸福;更有甚者,一些信徒似乎认为单单施舍钱财还不足以表白对佛的虔诚尊奉,于是,滚爬街垣,痛楚号叫。宪宗虽不像一般长安百姓那样舍身施佛,但他一如虔诚的佛教徒那样敬迎佛骨,奉献大量金银绢帛自不必说,佛骨在皇宫供奉三天,他不分昼夜讽讽颂念,整个魂灵此时此刻已经完全沉浸于报答佛祖恩惠和对来世的美好憧憬之中。王公贵族唯恐落后,他们纷纷通过中使施舍金银财货,以便求得佛祖永葆富贵。

金铜老君

然而,就在宪宗徜徉于佛的无极造化,长安城万民礼佛的变奏曲中,一声炸雷从天而降,宪宗从酣迷中被惊醒,刑部侍郎韩愈义无反顾地上《论佛骨表》,以示自己对举国礼佛的不满。就在佛骨被迎入皇宫的当天,韩愈即起草奏疏上谏。宪宗看完韩愈的表疏极为恼怒。第三天,他拿出韩愈的表疏让宰臣观看,并声言处韩愈极刑以严惩。这时,宰相裴度、崔群多方为韩愈讲情,一些皇亲显贵也认为处韩愈极刑太重,宪宗最后才收回敕令,贬韩愈为潮州刺史(后改袁州刺史)。韩愈赴贬所途中,大雪封道,马至蓝关踢踏不前,韩愈回望狂热的长安城,而对漫漫征途,心灰意冷;又逢侄孙飞马至蓝关送别,韩愈悲愤交加,在风雪中提笔写下《左迁至蓝关示侄孙湘》的著名诗篇,而这时,长安城内诸寺迎奉佛骨活动仍如期进行,佛教徒们依然处于兴奋狂热的浪尖。宪宗正为如此盛大的迎佛场面沾沾自喜,为能得到佛祖的赐福赐寿激动万分。

十二年(817)末,淮西战争已告平息。踌躇满志的宪宗高坐兴安门楼,主持盛大威严的献俘仪式;经过三年多的艰苦鏖战,盼望已久的中兴格局已初具轮廓,他还有什么需求呢?这样,他心中固有的对长生的希求和对来世的憧憬也伴随着这胜利的佳乐萦绕脑际。贵为天子,君临万民,追求长寿使他萌生服食丹药的愿望。他要向佛祖祈求来世的福音,迎奉佛骨是他的凤愿,更何况是在取得重大胜利之后。于是,宪宗一面授意举办迎奉佛骨仪式。一面诏令全国搜求隐逸方士,炼治丹药。从此,宪宗的崇佛信道从意念变成了现实。

宪宗一味希望长寿,丝毫不顾及服食所谓丹药而产生的后果,每天服食不辍。元和十四年(819)十月,宪宗服食丹药开始感到不适。元和十五年(820)正月初,宪宗身体每况愈下,临朝接见臣僚的次数也愈来愈少,京城流言四起,人心惶惶。元和十五年(820)正月二十七日,宪宗暴崩,时人传为内常侍陈弘志所弑,成为一桩疑案。元和十五年(820)五月,宪宗被谥为圣神章武孝皇帝,庙号宪宗,葬于景陵。

后梁太祖朱全忠

人物档案

生卒年：公元852~912年

父母：父，朱诚；母，王氏

后妃：张皇后等

年号：开平，乾化

在位时间：公元907~912年

谥号：神武元圣孝皇帝

庙号：太祖

陵寝：河南宣陵

性格：狡诈多疑、暴戾好色

名家评点：

朱温处四战之地，与曹操略同，而狡猾过之。

——毛泽东

太祖朱全忠

时机：乱世起兵

唐朝是中国历史上最辉煌的时代。从唐高祖李渊武德元年（618）称帝建立唐朝，到开平元年（907）朱温灭唐建立后梁，在前后近三百年的时间里，中国的政治、经济、文化乃至法律等方面都达到了巅峰。但到了开元元年（713）唐玄宗登基之后，唐王朝也走到了转折时期。前期的唐玄宗励精图治，任用贤士，开创了历史上著名的"开元盛世"，唐朝经济到了鼎盛时期。大诗人杜甫欣然写下赞叹的诗句："忆昔开元全盛日，小邑犹藏万家室"，但大唐江山正是从唐玄宗统治后期开始走向了衰落。

天宝十四载（755），安禄山发动叛乱，此后长达八年的安史之乱更使衰落的唐朝雪上加霜。内忧外患层层叠叠，起义叛乱连绵不断，辉煌的唐王朝最后走上了一条衰亡之路。

虽然唐朝灭亡的直接原因是黄巢起义，但黄巢起义爆发的原因却综合了多方面的因素。这大概可以总结为三类：藩镇割据、宦官专政和朋党之争，这些原因导致了政治的腐败与黑暗，腐败与黑暗又导致民不聊生，人民在走投无路的时候不得不为求生存而暴动起义，这就是历史上常说的官逼民反。水能载舟，又能覆舟，唐太宗认识到的经验子孙们没有长期恪守，最终，百姓的滔滔之水就将这个王朝倾覆了。

藩镇最初并未形成较强的割据势力，但唐玄宗晚年时重用宦官高力士，日益昏庸，政治的黑暗使藩镇有了发展时机，再加上一些宦官与之内外勾结，割据之势逐步形成。后来朱温手握兵权占据一方，也是对这种藩镇割据形式的继承。可以说，藩镇割据就是唐朝覆灭的一个政治毒瘤。

至于宦官专政，则是直接导致政治黑暗的重要原因。在唐玄宗发动政变消灭韦皇后和太平公主的过程中，宦官起了很大的作用。因此，唐玄宗开始重用高力士，但此时宦官还未专权。到安史之乱发生后，唐朝皇帝对武将也开始妄加猜疑，宦官则大受宠信，开始内掌军队，外监诸将，发展到最后，竟视皇帝如掌中之物。同时皇帝只知昏庸享乐，饱食终日，不理政事，听任江山日益败损。宦官仇士良很有代表性，他这样指点弟子们："皇帝不能让他闲着，要经常用美女歌舞和锦衣美食使之沉醉其中，而且要日日变换花样，这样他就没功夫想别的事了，那我们就可以放心大胆地去做事了。同时尽量不让他读书，更不能给他接近书生的机会，那样他会看到前朝的灭亡，心中一旦忧虑国家前途，那我们就要被疏远遭斥责了。"宦官专政也是导致唐朝灭亡的重要原因。

杜牧《杜秋娘诗》诗意图

唐朝灭亡的第三类原因是朋党之争。为争权夺势不顾国家安危，这是朋党之争的一大特点。党派之争使得朝政在根本上败坏，两党相争也使得宦官势力无法根除，相反，有的却与宦官勾结打击对方，即使到了黄巢起义，社稷危亡之际，大臣们依旧争权夺势，听凭唐朝从弥留走向死亡。

黄巢最初参加了王仙芝起义，后来王仙芝战死，黄巢便成为起义首领，率领起义军南征北战。

当时的唐朝皇帝唐僖宗继位不久，是一个地道的昏君。他喜欢声色犬马，擅长斗鸡，特别是打球技艺超群，自以为是球场上的状元。他昏庸到让人以打球来赌西川节度使的地步。他还与亲王斗鹅，一只鹅赌资高达50万钱。有一次，在京城地区发生蝗灾，地方官报告说："这些蝗虫不吃皇家的庄稼，都吓得抱着荆棘自尽了。"而唐僖宗对这些谎言却深信不疑，对民间疾苦、旱涝灾害不闻不问。王仙芝、黄巢起义爆发后，他虽知道调兵镇压，但是终归无法阻止祖宗传下来的江山社稷走向覆灭。

黄巢是曹州冤句（今山东曹县西北）人，世代贩盐为生，喜好击剑骑射。早年多次参加科举考试都未中举。王仙芝起义军攻克曹州时，黄巢聚众响应。起义军在中原取得重大胜利后震动了唐朝廷，唐朝廷又重新调兵镇压。起义军则分兵对抗，攻占了今湖北、河南、安徽的一些地区。唐朝廷极为恐慌，害怕江南漕运被起义军掌握，断了江南粮食的来源，于是派人招降王仙芝。王仙芝经不起诱惑，竟欲投降，遭到将士们的反对。黄巢知道后痛斥王仙芝，还将他痛打一顿，破坏了唐朝廷的诱降阴谋。

后来，黄巢起义军打到宋州（今河南商丘市），大败唐军。朱温也就在这一年参加了黄巢起义军，追随黄巢南征北战，屡立战功，最终成为黄巢手下的一员大将。黄巢起义给朱温提供了一个绝好的崭露才干的机会。第二年，起义军转入两浙地区，攻克杭州,后又进军福建,再克广州,此后又北伐,最终攻克东都洛阳,然后乘胜破潼关,攻入唐都城长安,在长安建立"大齐"政权。而这时的朱温已是东南面行营先锋使。

黄巢起义最后在唐朝军队的联合镇压下失败。失败的原因很多,朱温这样的重要将领之所以投降唐朝,固然由于其本身求生存的需要,但是起义军内部政治军事制度不完善,用人失察,也是不可忽视的因素。

黄巢起义军虽然失败了,但是羽翼渐丰的朱温却起家了,最后灭唐建立后梁。从此中国历史上又一个大的混乱时期正式开始了,直到元朝的最终统一,这一时期使中国的封建经济发展受到了严重阻碍。五代十国只是这一时期的开始阶段。

黄巢

五代十国有时简称五代,五代指的是中原地区前后更替的梁、唐、晋、汉、周,为了和历史上其他同名的朝代相区分,史称为后梁、后唐、后晋、后汉、后周。十国则是秦岭淮河以南的九个小国,加上北方的北汉。南方九国是:吴、南唐、前蜀、后蜀、南汉、楚、吴越、闽、荆南。

五代的第一个王朝后梁的创立者就是朱温。

朱温(852~912),唐朝宋州砀山(今安徽砀山)人,乳名朱三。他最初曾参加黄巢起义军,后来降唐,被唐僖宗赐名全忠,在称帝建立后梁时,又改名为晃,取如日之光的意思,庙号太祖。

朱温的父亲朱诚是乡村的私塾教师,祖父也是如此。朱温排行第三,长兄为全昱,次兄为朱存。父亲早亡之后,因为家贫,兄弟三人随母亲一同投靠萧县刘崇家。在低人一等的环境中,朱温没有形成软弱的性格,反而变得狡猾奸诈,再加上他和次兄朱存都蛮勇凶悍,时常在乡里惹是生非,不肯勤于正事,所以乡亲们很讨厌他们,朱温也没少受主人的责打。但是刘崇的母亲是个虔诚的佛教徒,经常护着朱温,并经常说:"朱三不是一般人,应该好好对待。"佛教提倡慈悲为怀、宽容忍让的思想,老太太对待众人讨厌的朱三也是一视同仁。

朱温的性格应归因于他的生长环境:作为家中最小的一个,母亲当然要宠爱一些,但是寄人篱下,母亲又少不了经常斥责,恨他不争气。在母亲面前,既有宠爱又有斥责,在主人面前又有鄙视责打,狡猾奸诈的品性自然比一般人多了很多。但狡诈用于军事,

五代宋初著名道教学者陈抟

却变成了智谋,在军阀混战中屡屡获胜,或许朱温的身世成全了他的帝业。

25岁时,朱温和哥哥朱存一起参加了黄巢起义军。朱温参军之后如鱼得水,不久就因为作战骁勇,屡立战功,被升为队长。而朱存却在广州之战中阵亡了。

黄巢起义军最后攻陷了长安(今陕西西安),建立了"大齐"政权。朱温被任命为东南行营先锋使,驻守在东渭桥(今西安东北),并招降了唐夏州节度使诸葛爽。后来又奉命转战河南一带,攻占了邓州(今河南邓州),从而阻断了唐军由荆襄北攻起义军的道路,使"大齐"政权东南面局势稳定下来。朱温得胜回长安时,黄巢还亲自到灞上犒赏三军。接着,黄巢又调朱温到长安西面,抗击纠集起来的唐朝军队,朱温又获大胜,然后挥师击败了唐将李孝昌等军。不久,朱温受命任同州(今陕西大荔)防御使,并攻下了同州。经过五年南征北战,三十岁的朱温已经成了"大齐"政权的功臣,成为起义军中的一员大将。但是不久朱温就陷入了困境。

生存:归降唐朝

和朱温隔河对峙的唐朝河中节度使王重荣有精兵数万,他投降过起义军,在唐僖宗逃到蜀地后号召各地将领围攻起义军时又重新叛归唐朝。由于兵少,朱温几次战败,只得向黄巢求救,但书信总是被负责军务的孟楷拦阻扣压,再加上起义军内部混乱腐败,朱温一筹莫展。

谋士谢瞳趁机进言献策道:"黄巢起家于草莽之中,只是趁唐朝衰乱之时才得以占领长安,并不是凭借功业才德建立的王业,不值得您和他长期共事。现在唐朝天子在蜀,各路兵马又逐渐逼近长安,这说明唐朝气数未尽,还没被众人厌弃。将军您在外苦战立功,政权内部却为庸人所制约,这就是先前章邯背叛秦国而归楚的原因。"朱温看谢瞳说的句句在理,正合自己的心意,为了生存,为了自己的前途,便杀掉监军使严实,率部投降了王重荣。

唐僖宗在得到朱温归降的消息后,不禁大喜,兴奋地说:"这真是天赐我也!"他似乎看到了复兴祖业的希望之光。他立即下诏任命朱温为左金吾大将军、河中行营招讨副使,还赐给朱温一个名字:全忠。但朱温并没有忠于他,忠于唐朝,就像原来没有忠于黄巢、忠于大齐一样,而是完完全全地叛了唐朝、灭了唐朝。

狡诈:恩将仇报

朱温当初参加黄巢起义,并非为了什么劳苦大众的幸福,更没有什么替天行道的思想,而仅仅是为了以后做官后能衣锦还乡,以此"回报"邻里对他的鄙视与轻蔑。在黄巢军中无法混下去时,为了生存和前途,他听从谋士谢瞳的计策背叛黄巢而投降了唐朝廷。在唐朝廷内朱温的官职步步高升,最后竟也做起了最高级的富贵梦:称帝。而且,他很快一步步地实施起来。

朱温投降唐朝廷后,被任命为汴州(今河南开封)刺史、宣武军节度使,但要等收复京城长安后才能去赴任。朱温便与各路唐军合围长安,和昔日并肩作战的兄弟军队兵戎相见。黄巢无法抵挡,只得退出长安,突围后向南转移,然后又奔向河南。黄巢在攻打蔡州(今河南汝南)时,唐蔡州节度使秦宗权投降。这种朝秦暮楚、反复无常的叛变行为不仅唐末存在,五代中也是比比皆是。乱世之中,什么正义和良心都抛之脑后了。

兄弟相残,朋友反目,成了五代时期最黑暗的一面。

朱温乘胜追击黄巢军,一直打到汴州。此后,朱温便以汴州为根据地,汴州最后做了后梁的首都。

以后,朱温又为解陈州(今河南淮阳)之围,和黄巢军作战大小四十余次,取得全胜。又与唐河东节度使的精锐骑兵合击黄巢军于郾城(今河南郾城),再败黄巢军于中牟(今河南中牟北)北面的王满渡,黄巢大将葛从周等归降朱温。因为追剿黄巢有功,朱温被加封为检校司徒,同中书门下平章事,使相,封沛郡侯,后又进封吴兴郡王,地位显赫。所谓使相是一种合称,使指的是节度使,相指的是宰相,而唐朝没有宰相这一官名,同中书门下平章事的职权就相当于宰相,所以朱温此时称为使相。

朱温因为追剿黄巢而立功升官,同时又因此结下死敌。这个死敌就是河东节度使李克用。朱温与李克用在王满渡联合击败了黄巢军后,朱温邀请李克用到汴州休整军队。在一次宴会上,年轻气盛、恃才自傲的李克用喝了些酒之后,对比大他四岁的朱温说了一些有点不恭敬的话。朱温一怒之下就想除掉这个狂徒,那样也会在将来少一个对手。他在宴席上隐而不露,等李克用回到驿馆,便命人放火围攻。偏巧遇上狂风暴雨,李克用侥幸逃脱,几百名士兵却全部阵亡。这场雨大概是场雷阵雨,历史上常将这些自然现象附会某人,说有神人相助。其实,当时正是夏日多雷雨的季节,朱温趁乌云压城的黑夜动手,却没想到乌云也能带来雷雨和大风,救了李克用一命。朱温成帝业得益于狡诈,但又受害于狡诈。杀李克用不成,反树立了一个日后最大的也是最近的一个敌人。最后,后梁就是灭在李克用的儿子李存勖之手,父仇子报,朱温的儿子败在了李克用的儿子手下。

持巾侍女图

在黄巢败亡之后,降将秦宗权继续反唐,但却到处骚扰残害百姓,还妄自称帝,并攻占了河南的许多地方,成为与朱温在中原较量的首要对手。朱温虽然兵少,却毫不示弱。他一面派人到山东募兵壮大队伍,一面向兖州(今山东兖州)的朱瑾、郓州(今山东东平西北)的朱宣寻求支援,先后多次战胜秦宗权,尤其是在汴州北面孝村一战取胜之后,秦宗权便开始居于下风,并走向衰落,最后被朱温所灭。

大敌已破,朱温又狡诈地对付小的敌人,甚至对曾经相助的朋友也不放过。因为西面秦宗权的威胁已除,朱温就将目标对准了东边。他制造借口,诬陷帮他打败秦宗权的朱宣,引诱朱宣的兵士背叛他,并在书信中对朱宣横加指责。朱宣无法忍受他这种恩将仇报的行径,回信中也毫不相让。然后朱温便抓住这些他自己制造的把柄,令朱珍、葛从周袭击曹州(今山东曹县),击败朱瑾朱宣兄弟二人,两人仅以身免。紧接着,朱温又将矛头指向了淮南地区。原先的淮南节度使高骈在争战中被杀,唐朝廷任命朱温兼淮南节度使、东南面招讨使。这遭到了淮南实力派杨行密的反对,也受到占有徐州(今江苏徐州)的时溥的抵制。朱温和他们的矛盾日益激化,但朱温还是先集中兵力解决了西面的秦宗权。

朱温被唐僖宗任命为蔡州四面行营都统,负责对秦宗权的围攻。不久,唐僖宗病逝,其弟弟唐昭宗李晔继位。朱温此时并没有立即进攻处于劣势的秦宗权,而是四处扩张自己的势力。他派人北上,拉拢魏博兵变的获胜者,建立起黄河以北东面的同盟者。又派大将葛从周北上救援被李克用围攻的张全义,建立黄河以北西面牵制对抗河东势力的同盟者。

吹排箫的乐伎

北方之患稳定后,恰好唐昭宗为促使朱温早日解决秦宗权又加封他为检校侍中,朱温便顺水推舟,调集大军强攻蔡州。城破之时,秦宗权被部将拘拿送给朱温、秦宗权被押到长安处死,朱温则进封东平郡王,并加检校太尉兼中书令。

秦宗权势力消灭后,西面之忧解除,朱温又挥师向东,对付时溥和原先逃脱的朱瑾兄弟。他率兵攻克徐州,时溥及其家眷自焚于燕子楼。第二年,多次取胜的朱温又与朱瑾兄弟大战,以火攻取胜,最后擒杀朱宣,朱瑾逃奔杨行密。

经过多年的征战,朱温扫清了一个个对手,完全控制了黄河以南淮河以北的中原大地,超过李克用成为最大的地方势力。

从25岁参加黄巢起义军,到光化二年(899)攻太原(今山西太原)、占榆次(今山西榆次),朱温经过二十余年的苦心经营,羽翼丰满,野心开始膨胀,瞄上了皇帝的宝座。

贤妻:元贞皇后

朱温的霸业之所以能够成功,主要得益于两个人,一个是他的军师敬翔,另一个就是他的妻子张惠。虽然史书上对张惠的记载并不多,但从字里行间可以看出,张惠对朱温所起的作用是很大的。

张惠和朱温是同乡。她家在当地是有名的富户,父亲还做过宋州的刺史。张惠生于富裕之家,既有教养,又懂得军事与政治谋略,可见从小父亲对她的传教也是很多的。张惠既有温柔的一面,又有英武的一面,体贴照顾朱温的同时常有让朱温钦佩的计谋。在这位刚柔相济、贤惠机智的妻子面前,朱温的狡诈反而显得粗浅,暴躁的脾气也收敛了许多。张惠不但内事做主,外事包括作战也常让朱温心服口服。朱温凡遇大事不能决断时就向妻子询问,而张惠的分析和预料又常常切中要害,让朱温茅塞顿开,因此,对张惠越加敬畏钦佩。有时候朱温已率兵出征,中途却被张惠派的使者赶上,说是奉张夫人之命,战局不利,请他速领兵回营,朱温就立即下令收兵返回。

朱温本性狡诈多疑，加上战争环境恶劣，诸侯之间你死我活的争夺，更使朱温妄加猜疑部下，而且动不动就处死将士。这必然影响到内部的团结和战斗力，张惠对此也很清楚，就尽最大努力来约束朱温的行为，使内部尽可能地团结，一致对外。朱温的长子朱友裕奉命攻打朱瑾，但没有俘获朱瑾，回来后朱温非常恼怒，怀疑他私通朱瑾，意欲谋反，吓得朱友裕逃入深山躲了起来。

张惠为了让他们和好，就私下派人将朱友裕接了回来，让他向父亲请罪。朱温盛怒之下命人把儿子绑出去斩首。这时，张惠光着双脚从内室匆匆跑出来，拉住朱友裕的胳膊对朱温哭诉道："他回来向你请罪，这不是表明他没有谋反吗？为何还要杀他？"

朱温看着妻子和儿子，心软了下来，最终赦免了儿子。

一波暂平，一波又起。朱瑾战败逃走之后，他的妻子却被朱温得到。张惠见朱温动了邪念，便让人把朱瑾的妻子请来。朱瑾的妻子赶忙向张惠跪拜行礼。张惠回礼后，对她推心置腹地说："我们本来是同姓，理应和睦共处。他们兄弟之间为一点小事而兵戎相见，致使姐姐落到这等地步，如果有朝一日汴州失守，那我也会和你今天一样了。"说完，她的眼泪流了下来。

敦煌壁画胡旋舞

朱温在一旁内心也受到触动，想想自己也愧对朱瑾。当初如果没有朱瑾的相助，他也不会大败秦宗权，在河南站稳脚跟，这次开战也是自己用了敬翔的计谋，妄加指责朱瑾诱降自己的将士才出兵的。此时已占领朱瑾的领地，目的已经达到，何必再强占他的妻子呢？况且妻子已经知道内情，不如顺水推舟做个人情。

最后，朱温将朱瑾的妻子送到寺庙里做了尼姑，但张惠却始终没有忘记这个不幸的女人，常让人去送些衣物食品，或许也算为朱温弥补一点过失。

张惠和朱温共同生活了二十余年，在朱温灭唐建后梁前夕却染病去世。朱温得到张惠病重的消息，急忙赶了回来。

临终前，张惠还对朱温劝道："既然你有这种建霸业的大志，我也没法阻止你了。

但是上台容易下台难,你还是应该三思而后行。如果真能登基实现大志,我最后还有一言,请你记下。"

朱温忙说:"有什么尽管说,我一定听从。"

张惠缓缓说道:"你英武超群,别的事我都放心,但有时冤杀部下、贪恋酒色让人时常担心。所以'戒杀远色'这四个字,千万要记住!如果你答应,那我也就放心去了。"

张惠死后,不仅朱温难过流泪,就连众多将士也是悲伤不已。由于朱温多疑,常滥杀属下,杀人时没有人敢出来求情,只有张惠得知后时常来解救,几句温柔在理的话就使朱温暴怒平息,因此许多被救的将士都对张惠感激不尽,其他将士对张惠这种爱护将士之情也充满了敬仰。

张惠为人和善,对朱温的两个妾也是如此,没有丝毫嫉妒,更不用说加害她们了。朱温因为张惠的贤惠,也没有像其他人那样娶三妻四妾。但是,张惠死后,朱温却放纵声色,忘了妻子临死时的忠言,后竟然和儿媳乱伦,终于不听忠言,惨死刀下,遭了报应。

张惠为朱温生有一子,即梁末帝朱友贞,朱温被唐朝封为魏王时,张惠也被封为魏国夫人。朱温称帝后,一直没有立皇后,大概是怀念这位贤惠而又有智谋的妻子吧。等到梁末帝继位时,才将母亲追加谥号为"元贞皇后"和"元贞皇太后"。

淫乱:命丧黄泉

为达到最终称帝的目标,朱温一步一步地行动起来。朱温最先走的一步棋就是挟天子以令诸侯。

在唐朝末年,掌权的宦官刘季述等人幽禁唐昭宗,历数其罪过,将他锁到屋里,还熔铁浇在锁上,防止有人放他出来,饭食则从墙根挖的小洞里送进去,然后拥立太子李裕为帝。第二年,与朱温关系颇好的宰相崔胤诛杀了宦官刘季述等人,拥唐昭宗复位,改年号天复,封朱温为东平王。

崔胤想借朱温之手诛灭专权误国的宦官势力,而韩全诲等宦官则依靠占据凤翔(今陕西凤翔)的李茂贞作为后盾。崔胤先采取了行动,假造诏书命朱温领兵进京护驾,朱温则顺势率兵一路攻到了长安郊外。韩全诲等人慌忙劫持唐昭宗投奔凤翔的李茂贞。朱温紧追至城下,要求释放唐昭宗。韩全诲也仿效崔胤假造诏书,命朱温退兵。由于凤翔久攻不下,加上粮草缺乏等原因,朱温暂时撤去。但不久之后他又重新围攻凤翔,多次打败李茂贞的军队。这次他有备而来,一定要将唐昭宗控制在手里。

凤翔被围久了,城内粮食已尽,冻死饿死的不计其数。万般无奈,李茂贞为保存实力,只得将韩全诲等二十多人杀掉,和朱温罢兵言和。朱温大获全胜,挟唐昭宗返回长安,昭宗成了他的掌中之物。第一步实现了,朱温又开始设想第二步:踢开皇帝,自己登基。

唐昭宗很清楚自己的地位,昔日能被几个宦官幽禁,今天在掌握重兵的武将手里更无法逃脱了。他曾经低三下四地对朱温说:"宗庙社稷是爱卿所再造,朕和诸亲属也是爱卿再生。"为保持自己名存实亡的帝位,昭宗对朱温言听计从,成了朱温的"盖章大臣"。

为防止宦官再生事端,朱温干脆将其铲除干净,共杀掉宦官七百多人。这样一来,从唐朝中期开始出现的宦官专权现象被彻底消灭。大概是为了报答朱温为自己报了幽禁之仇吧,昭宗任命朱温为诸道兵马副元帅,又加封朱温为梁王,并赐"回天再造竭忠守正功臣"的荣誉称号,还有御笔《杨柳词》五首。不过不知朱温是否能看得懂。但这些荣誉并没有让朱温满足,相反,却催化了朱温的欲望,梁王的封号恰好被他拿去做了国号。

在称帝之前,朱温不允许任何人对他的地位构成威胁。在商讨兵马正元帅的人选时,崔胤听从朱温的意见,建议任命辉王李祚为兵马正元帅,昭宗却看好濮王李长,由于李祚年幼又容易冲动,崔胤在朱温的支持下坚持让昭宗任命了李祚。

为了使称帝活动更为保险,朱温又再次请昭宗迁都洛阳,到他的根据地中原地区去。当昭宗的车辆行驶到华州(今陕西华县)时,百姓们夹道高呼万岁,昭宗涕泪交流:"勿呼万岁,朕不复为汝主矣!"昭宗还对他的左右侍臣们诉说道:"朕今漂泊,不知竟落何处!"离开久居的都城,昭宗心中忐忑不安。洛阳虽然是唐朝的东都,但此时已经成为朱温的领地和独立王国。此次出行,正如唐昭宗所担心的,他走上了一条死亡之路。

昭宗虽已在朱温掌握之中,但他仍不放心,害怕昭宗再寻找机会利用李克用或者李茂贞等地方势力,再次对自己构成威胁,说不定会有杀身之祸。狡诈的朱温效法了曹操:宁负天下人,不让天下人负我。他密令朱友恭、氏叔琮等人弑杀昭宗,但他并不想担此历史罪名,部署好后他便领兵出洛阳讨伐异己去了。事后他又回到洛阳演戏,假装不知内情。在开始听到消息时他大声号哭:"奴辈负我!令我受恶名于万代!"接着他又回到洛阳在昭宗的灵前痛哭流涕,以此笼络人心,表明自己是唐朝的忠臣。

朱温借皇后之命立年仅13岁的李柷为帝,即哀帝,然后杀掉朱友恭和氏叔琮。这一方面是为了灭口,另一方面是为了标榜自己的清白正直。第二年,朱温又大开杀戒,为称帝铺路。二月,杀李裕等昭宗的儿子共九人。六月,又杀裴枢、独孤损等异己朝臣三十多人。然后将尸首在滑州(今河南滑县)白马驿附近投入滔滔黄河,原因是他们常自诩为"清流",死后要让他们和黄河水一样变成"浊流"。

朱温对不听话的朝臣滥杀不止,对顺从的朝臣也不放过。为早日称帝,他命令宰相柳璨、枢密使蒋玄晖等人加紧谋划。柳蒋二人认为自从魏晋以来,称帝者都是按部就班地走上皇位的,不能急。第一步先要封国,然后加九锡之礼(古代天子赐给有大功或有权势的诸侯大臣的九种器物,后来权臣篡位前都要策划由皇帝先赐九锡,九种器物包括车马、衣服、弓箭等),然后再让皇帝禅让皇位。因此,在柳、蒋等人的策划下,昭宗任命朱温为相国,进封魏王,并以21道为魏国,兼有九锡之命。柳、蒋的苦心准备并没有让朱温满意,相反,他认为这是他们故意拖延时间,图谋不轨,因此大怒,拒不受封,并杀掉了这两个没功劳也有点苦劳的大臣。

后来,唐宰相张文蔚率领百官向朱温劝进,朱温稍做"谦让",便迫不及待地坐上了宝座,正式称帝,更名为朱晃,意为如日之光。定国号为大梁,改年号为开平,建都开封。将昭宗废为济阴王,迁到曹州(今山东曹县)济阴囚禁。第二年,干脆派人将其杀掉,以绝后患。

朱温虽然登上皇位,但是,昔日的对手纷纷以他为敌,以讨贼兴复唐朝为口号,联合起来对付他。晋王李克用是反对的核心力量,岐王李茂贞也以唐朝忠臣的面目出现,号召讨伐朱温。蜀王王建干脆在成都称帝,公开自立。吴王杨行密死后,其子杨渥不肯归附,仍以唐朝为正宗。朱温与李克用互为主要对手,李克用为报昔日之仇,更是屡次与后梁血战不止。

朱温称帝之前与李克用反复争夺泽州(今山西晋城)、潞州(今山西长治),因为这两州战略地位极其重要，是入晋的门户。称帝不久，朱温即派兵再战潞州，结果大败而归。此后在柏乡（今河北柏乡）之战中又损兵折将，再次出兵时，所率部队竟被晋军区区几百骑兵骚扰突袭得仓皇逃窜，终致全局失利，从此他忧急成病，死前才认清形势："我经营天下三十余年，没想到李克用之子比他父亲更为难制，我看这小子其志不小，上天又不让我长寿，我死后，诸子不是他的对手，大梁一灭，我哪有葬身之地！"

击鼓图

总结朱温一生，在治理国家方面还是做了一些事情的，这应该肯定。但朱温的滥杀无辜，荒淫无耻也是历史上极为突出的，为历代人所不齿。

称帝后，在对外作战的同时，朱温也实施了一些安邦定国的措施，以期江山永固。他转变了只重军事的做法，尽最大努力去恢复生产，奖励农耕，采取了一些与民休息的宽容政策，中原的经济得到一些恢复。同时，为保证地方行政的顺利，朱温又下令给各地将领，不论其军阶有多高，所率部队有多少，在行政事务方面一律居地方官之下，听从地方官吏的管束、安排。这样就从根本上保证了地方治安的稳定，使军队的作用发挥在保民上，而不是割据一地扰民乱国。朱温又吸取唐末地方将领无法节制终成大祸的教训，对手下大将严加防范，一旦有骄横的人出现，或杀或囚，以绝后患。但朱温却没有约束自己这种多疑和嗜杀的品性，相反，嗜杀自始至终还表现为滥杀无辜。

朱温对部下、战俘、士人均滥杀成性。战争时期为整肃军纪，利于调遣，从严治军是应该的，但朱温却严得残酷，杀得残忍。五代时期的法律严酷得令人发指，在中国法制史上五代就是以法律严酷而出名的。为保证战斗力，对待士兵极为严厉，每次作战时，如果将领战死疆场，所属士兵也必须与将领和阵地共存亡，如果生还就全部杀掉，名为"跋队斩"。所以，将官一死，士兵也就纷纷逃亡，不敢归队。朱温又让人在士兵的脸上刺字，如果思念家乡逃走，或者战役结束后私自逃命，一旦被抓获则必死无疑。

在诛杀骄横的魏州兵时，朱温残忍的本性暴露无遗。魏博罗绍威几次请求朱温帮他除掉难以控制的牙兵（即长期形成的节度使亲兵），朱温和罗绍威有姻亲关系，于是就趁自己女儿（即罗绍威的儿媳）病死的机会，以奔丧为掩护，先派精兵装扮成担夫，进入魏州城，然后由大部队跟进。内外夹攻，不但将八千牙兵全部杀死，连妇女儿童也不放过，城里显得空空荡荡。正和梁军一起围攻沧州的魏博军闻讯反击梁军。梁军攻下魏博军的城池后，又将军民杀得一个不留，激怒了当地百姓，因为魏博军都是当地人出身。百姓纷纷抗击梁军，动荡局面直到半年以后才平息。

朱温率军在钜野（今山东巨野）南边击溃朱宣部将万余人。在清理战场的时候，突然间狂风大作，沙尘弥天漫地。朱温杀性顿起，借机对众将说："这是因为杀人不够！"于是命将士把战俘悉数杀死。有一年，朱温命朱友宁攻打青州博昌县（今山东博兴），打了一个多月仍未攻克。朱温盛怒之下，命朱友宁驱使俘虏的十万民众背着石头木料，牵着牛和驴，在城南筑土山攻城。到了城下，竟将人畜木石合在一起筑成攻城的道路，惨不忍睹，喊冤之声几十里之外就能听到。不久，城被攻陷，朱温又命令屠城，尸首遍野，清河竟也被阻塞不流。历来战争成名的只有将领，受害的总是百姓，所谓"一将成名万骨枯"绝不仅仅是一句卖弄文采的七言诗！

架鹰图

对待士人，朱温也是残忍至极。有一年的六月，朱温与众多幕僚及当地游客在大柳树下乘凉。朱温望了望柳树枝，自言自语道："这柳树正好可以做车毂（古代车轮子的中心部分，圆形有孔，可以插车轴的一端）。"众人都未及回应，几个书生顺口应道："是啊，正好做车毂。"没想到朱温勃然变色，斥责道："书生们只知道顺嘴戏耍人，什么东西！车毂要用榆树做才耐用，柳木中看不中用！"然后冲着左右卫士们喊道："还等什么？"数十名卫士亮刃向前，将答话的几个书生全部砍杀。

最后，更让朱温遗臭万年的是他的荒淫无度。朱温未叛黄巢时，曾娶妻张惠，张惠既贤惠又有智谋，军国大事也常常言听计从。妻子在朱温称帝前不幸病故，未能当上皇后。

镏金卧龟莲花纹五足银熏炉

没有了约束，朱温便放胆纵情声色。他喜新厌旧，今天宠爱这个，明天又喜欢那个，只要娇媚有姿色，便来者不拒。

乾化二年（912），朱温兵败路上生病，回师洛阳后，住在大臣张全义家里避暑前后十多日。张家的妻妾都被他召去侍寝，淫乱终日，毫不顾惜君臣之礼，连张全义已是半老徐娘的继室储氏也不放过。张全义的儿子愤恨至极，持刀要与朱温拼命，被张全义死死拉住，说不要忘了昔日朱温对全家的救命之恩。为了高官厚禄，屈辱至此，张全义的隐忍可算是到了极点。

在他的儿子外出征战时，朱温便将儿媳召入宫中，名为侍病，实为侍寝。更让人吃惊的是，他的儿子们对父亲的行为不但不愤恨，反而毫不知耻地利用妻子在父亲床前争宠，讨好朱温，以求将来继承皇位。这种丑闻，在历史上恐怕独一无二了。

朱友文是朱温的养子，其妻王氏姿色出众，美艳无双，朱温尤为喜欢。开始以侍病为名被召入宫内,最后知道实为陪枕留寝时王氏竟也不推辞,反而极力逢迎,更助长了朱温召纳其他儿媳的淫心。

朱温为满足自己的欲望,枕席之间答应王氏将来传位给朱友文,这又引起了亲生儿子朱友圭的不满。而朱友圭的妻子张氏也常常侍奉朱温左右,为了丈夫的前途,甘心献身,随时注意朱温的一举一动。

后来,朱温病情加重,就告诉王氏,让她通知朱友文来见他,以便委托后事。朱友圭的妻子张氏知道后,赶紧密告丈夫:"朱温已将传国之宝交给王氏去找友文,我们就快完了。"朱友圭得到消息后,立刻利用自己掌握的宫廷卫队及其他亲信所率的部队发动了政变,连夜杀入宫中。朱友圭的随从冯廷谔一刀刺入朱温腹中,刀尖透出背部。朱温荒淫败行,终有惨死这一下场,也算是"死得其所"吧。这一年是乾化二年(91 2)六月,朱温终年61岁。朱友圭见朱温已死,用破毡裹住尸首,把他埋在了寝殿的地下。

作为五代时期的第一个皇帝,朱温起家于乱世。在乡里被人视为不务正业的朱温在从军之后发挥了他悍勇的长处,步步高升。其狡诈多疑的性格也不为邻里所称道,在战乱中却能助他取得一个个胜利。他逐步扫除了一个个对手,最后将唐朝皇帝也踢开,自己登基,以为这样就能安然无恙了,没想到最安全的帝王寝宫成了最危险的地方,更没有想到死于儿子之手。十一年后,正如朱温病中所言,他的儿子朱友贞不是其死敌李克用之子李存勖的对手,后梁终被后唐灭掉了。

后晋高祖石敬瑭

人物档案

生卒年：公元892~942年

父母：父，石绍雍；母，何氏

后妃：李皇后等

年号：天福

在位时间：公元936~942年

谥号：圣文章武明德孝皇帝

庙号：高祖

陵寝：河南显陵

性格：老谋深算，贪婪无耻

名家评点：

这种恬不知耻的举动，使他以"儿皇帝"的小丑形象，钉在了历史的耻辱柱上。

——樊树志《国史十六讲》

高祖石敬瑭

有勇有谋，治国干才

石敬瑭，唐朝沙陀部人，父亲名叫臬捩鸡，据说是汉景帝时丞相石奋的后代，但欧阳修在他写的《新五代史》中说他这个姓不知道最初的来历。

臬捩鸡很勇猛，也善于骑射，谋略也很远大，辅佐李克用和李存勖，屡立战功，升至刺史。石敬瑭为了表示自己是真正的汉人，就改了现在这个名字。他是父亲的第二个儿子，从小就沉默寡言，喜欢读兵法书，而且非常崇拜战国时期赵将李牧和汉朝名将周亚夫。李嗣源对他很器重，而且还将自己的女儿嫁给了他，并让他统领自己的亲军精锐骑兵"左射军"，将他视为心腹之将。

此后，石敬瑭跟随李嗣源转战各地，成为李存勖的一员骁将。在和刘寻对阵交战时，刘寻袭击还没有列好阵势的李存勖，军情危急，石敬瑭立即率领十几名亲军驰入敌阵，东挡西杀，左冲右突，遏止住了敌人的攻势，掩护李存勖后撤。事后李存勖对他也大加赞赏，石敬瑭由此而名声远扬。除了救李存勖之外，石敬瑭还多次救过他的岳父李嗣源。在晋军和后梁军队激烈争夺黄河沿岸时，晋军先攻下了杨柳镇（今山东东阿东北），李嗣源却中了梁军的埋伏，危急时刻又是他这个爱婿率军拼死掩护他撤退，才得以领兵突出重围。不久后，梁晋又大战于胡柳陂，由于李存勖的冒险出战，使大将周德威不幸战死，石敬瑭又率领他的左射军和李嗣源一起重整军队，将后梁军队杀得损失殆尽。

石敬瑭不仅在战场上救岳父李嗣源，在遇到政治难题时又是他为李嗣源分析局势，指点迷津，体现了他过人的政治谋略。这方面最突出的就是劝李嗣源顺应时势，在兵乱时追求帝位。在赵在礼兵变魏博时，李嗣源被派去镇压，但到了魏州（今河北大名北）时，自己的军队也发生了兵变。李嗣源对李存勖没有二心，这时就想只身回去向李存勖言明实情。石敬瑭极力反对他这种不明智的做法，他说："岂有在外领兵，军队发生兵变后，其主将却没事的道理？况且犹豫不决是兵家大忌，不如趁势迅速南下。我愿领骑兵三百先去攻下汴州，这是得天下的要害之处。得之则大事可成。"李嗣源这才醒悟过来，立即派他领兵先行，自己随后跟进。最后终于像石敬瑭预料的那样登上帝位。石敬瑭也因功被授陕州（今河南三门峡市）保义军节度使，还赐号"竭忠建策兴复功臣"，兼任六军诸卫副使，这是亲军的最高副长官，可见李嗣源对他是非常宠信的。但石敬瑭却认为不好，因为正职是李嗣源的儿子李从荣，李从荣骄横跋扈，自认为是父亲的继承人，看不起旧的功臣们。石敬瑭预料他日后必然出事，所以就极力推辞这个副职。后来，李从荣果然因为急于继位而被杀。石敬瑭后来又去魏博任职，最后去任了河东任节度使，并兼云州（今山西大同）大同军等地蕃汉马步军总管，掌握了河东这块后唐起源地区的军政大权。

《达摩面壁图》（明·宋旭）

石敬瑭不仅在军事和政治方面有勇有谋，有韬略，在地方事务的治理方面也很有才干。到陕州、魏博、河东等地，他都很有政绩，而且断案也有奇招。到陕州时不到一年就将当地治理得井井有条，再加上他自己也很清廉，施政很得百姓人心。在魏博时，由于当地民风剽悍，诉讼案件很多，许多人认为难以治理。但他到了之后，就勤于政务，处理疑难案件，不久案子就大大减少了。尤其是在河东，石敬瑭所断案子更是让人心服口服。石敬瑭在任时异常节俭，不贪声色，也不设宴会听歌作乐，公事办完后，又召来幕僚议论民间疾苦以及政务得失，好多事他都要亲自处理，尤其是一些疑难的案子。有一次，一个小店的妇人和军士争执，告到官府，妇人说："我在门外面晒谷子，被他的马吃了很多。请大人明断。"军士却说冤枉，但又没法证明自己的清白。石敬瑭就对断案的属吏说："他们两个人争执不下，那用什么判断是非呢，你给我把马杀掉看看肠子里到底有没有谷子。有就杀军士，没有就杀妇人。"于是就将马杀死了，马的肠子里没有谷子，证明是妇人在诬陷军士，想讹诈他钱。石敬瑭就下令将那个刁妇处死了。处死确实有些重了，但五代时的法律就是这个特点：立法重，处刑残忍，像凌迟这种残酷的刑罚也经常用。这次处死妇人以后，境内肃然，再也没有人敢耍刁欺负别人了。石敬瑭断案有时也用情理处理，这反而使一些棘手的事迎刃而解，当事人也都心服口服。有人卖地给他分居的哥哥，价钱没有讲好，弟弟就要卖给别人。买主为防以后哥哥找麻烦，就让弟弟拿哥哥同意转卖的书面文书来。哥哥不肯给，弟弟就告到官府。县令认为兄弟俩都理屈，然后送到石敬瑭那里请他处罚。石敬瑭说："人之所以做不义之事，是由于我这个父母官新来，没有及时教育百姓，我很惭愧。如果论他们的是非，哥哥得到好地，弟弟卖个好价钱，说有理都有理，说无理则都无理，但哥哥作为兄长不对的地方多一些,应该重打哥哥一顿板子。至于地,就卖给出高价的人。"大家听了,都很佩服他将这个棘手的案子断得如此明了。

经营河东,未雨绸缪

石敬瑭把河东地区治理得很好,但这时后唐却发生了巨变。李嗣源病死后,儿子李从厚继位,李从厚就是闵帝。石敬瑭被加授中书令,调任镇州(今河北正定)成德军节度使,让在陕西的李从珂任河东节度使。李从珂就发动了兵变,最后用哭计使李从厚派去镇压他的将士归降于他,然后领兵杀向洛阳。李从珂又让石敬瑭去商议军国大事,石敬瑭在路上遇到从洛阳逃出来的李从厚,李从厚的随从嫌石敬瑭不保李从厚,短兵相接后,石敬瑭就将李从厚的随从全都杀死,然后将李从厚幽禁起来,去向李从珂请功。最后李从珂派人将李从厚杀死。

李从珂继位以后,并没有信任石敬瑭,虽然石敬瑭帮他除掉了李从厚这个后患,反而将石敬瑭当成最大的威胁来对待,想尽办法要将他调离河东这块根据地。

在石敬瑭到京城参加完李嗣源的葬礼之后,也不敢提出要回去,害怕李从珂起疑心,所以整天愁眉不展,再加上他当时有病,最后竟瘦得皮包骨,不像个人样。妻子赶忙向母亲曹太后求情,让李从珂放石敬瑭回去。李从珂虽然不是曹太后的亲生儿子,但曹太后从小对他如同亲生的一样,又见石敬瑭病成这样,估计难以构成什么威胁,于是就顺水推舟做个人情,让石敬瑭回到了河东。没想到这次竟是纵虎归山,后唐最后亡于石敬瑭之手。

石敬瑭回去之后,更是小心防范。妻子有次回去参加李从珂的生日宴会,想早点回来,李从珂却醉醺醺地对她说:"这么着急回去,是不是要和石郎造反呀?"妻子回来告诉了石敬瑭,这使石敬瑭更加相信李从珂对他疑心很重,因为酒后人常说些平时不想说的话。从此石敬瑭就开始为以后做充分的准备。他一方面在京城的来客面前装出一副病态,说自己没有精力治理地方政务,以此来麻痹李从珂;另一方面,他几次以契丹侵扰边境为名,向李从珂要大批军粮,说是囤积以防敌人入侵,实际是为以后打算。李从珂被他蒙在鼓里,屡次上当,但石敬瑭的部下却看了出来,在朝廷派人慰劳将士时,有的人就高呼万岁,想拥立石敬瑭做皇帝以功邀赏。石敬瑭害怕事情泄露,就将领头的将士共36人杀死。

为防止以后有变,弄得措手不及,石敬瑭决定试探李从珂,就上书假装辞去马步兵总管的职务,让他到别的地方任节度使,如果李从珂同意就证明怀疑自己,如果安抚让他留任说明李从珂对他没有加害之心。但李从珂却听从了大臣薛文通的主意,薛文通说:"河东调动也要反,不调动也会反,时间不会太长,不如先下手为强。"李从珂就下令派石敬瑭去他处任节度使,这下使得石敬瑭慌不择路地勾结契丹做了儿皇帝,从此留下百世骂名,成了臭名昭著的卖国皇帝。

石敬瑭先装病不走,然后又要求李从珂让位给李嗣源的亲生儿子李从益,说李从珂是养子,不应该继承皇位。李从珂就下令罢免石敬瑭的所有官职,然后派兵讨伐,命张敬达领兵攻打太原。

饮鸩止渴，儿国自称

石敬瑭早有计划，见兵临城下，自己又力量不足，就按计划向契丹的耶律德光求救，许诺了卖国条件：割让十六州给契丹，每年进贡大批财物，以儿国自称。刘知远（即后汉高祖）认为条件太屈辱，没有必要许诺这么多，但石敬瑭在桑维瀚的支持下一意孤行。

正愁没机会南下的耶律德光喜出望外，立即领兵来救石敬瑭，最后大败了后唐军队。让石敬瑭做了皇帝，建号大晋，石敬瑭就是后晋高祖。石敬瑭则将十六州，即现在河北和山西北部的大片领土割让给了契丹。十六州是：幽（今北京市）、蓟（今天津蓟州区）、瀛（今河北河间）、莫（今河北任丘）、涿（今河北涿州市）、檀（今北京密云）、顺（今北京顺义）、新（今河北涿鹿）、妫（原属北京怀来，今已被官厅水库所淹）、儒（今北京延庆）、武（今河北宣化）、蔚（今山西灵丘）、云（今山西大同）、应（今山西应县）、寰（今山西朔县东马邑镇）、朔（今山西朔县）。石敬瑭称比他小十岁的耶律德光为父皇帝，每年还要进奉帛30万匹。被后人所谴责的主要是割让土地，不仅使中原失去大片领土，而且使契丹轻易占领了长城一带的显要地区，此后，契丹便可以长驱直入直到黄河，中间没有了抵抗的天然屏障，为中原人民带来了无穷的灾难。

对于这个儿皇帝，历史上还是有人认为他是天意使他登上了帝位。这方面很普通的就是用一些离奇的传言附会他。石敬瑭原是后唐明宗的女婿，在宫中人们称他为石郎。在李从珂进攻洛阳时，石敬瑭也从太原领兵赶去，据说当时京城夜里有很多狼乱窜，不少跑进了皇宫里，李从厚便让人射狼。因为"射"与"石"音相近，"狼"又与"郎"同音，因此用这件事影射石敬瑭。还有一件事说在后梁初年，潞州（今山西长治）有百姓伐树，树倒后竟自己分成了两半。里面有六个字：天十四载石进。朱温将树藏到库中，谁也不知道是什么意思。等到石敬瑭当了皇帝，就有人出来说，从后唐李存勖建国到石敬瑭称帝正好十四个年头，"天"指的是李存勖在天祐二十年（923）继位。而"石进"指的是石敬瑭建立后晋，"进"和"晋"同音。还有人说，在后唐末帝李从珂老家镇州（今河北正定）祖居旧屋的旁边有座寺庙，庙里的一尊石像无故摇动起来，以此来影射石敬瑭要动摇后唐的江山社稷。在封建社会，迷信盛行，有的是百姓用巧合的事附会，有的却是当权者或者皇帝本人授意他人故意编造的。但不管怎样，石敬瑭的恶名在历史上很难抹掉了。

石敬瑭虽然坐上了皇帝的宝座，但这个儿皇帝并不好当，隐忍得有时候也觉得难受，对骄横无礼的契丹使者也不得不卑躬屈膝地应酬。大臣中除了桑维瀚少数几个人外，都对契丹人有气，主张抵御契丹。石敬

五代彩绘浮雕散乐图（局部）

瑭也曾动摇过，但看了桑维瀚的长篇奏折，又觉得当儿皇帝好处较多，所以一直到死也

没有自己扔下儿皇帝这顶帽子,还是他的儿子为他出了一口恶气。虽然石重贵最后由于主将投降而流亡契丹,但两次战胜契丹兵还是对于中原人民的抗辽斗争起了鼓舞和促进作用。石敬瑭卑事契丹,每年进贡帛 30 万匹,也不能绝对说没有一点好处,他当皇帝的六年在客观上为中原人民带来了短时的安定,但是,割让十六州又使他的这一点点小功劳化为乌有,因为他的儿子在抗击契丹时已经没有险要可守,终使中原又遭战火蹂躏。

在称帝之前,石敬瑭不管是自己还是治理地方政务,都很节俭,但做了皇帝后就开始奢侈起来。他的宫殿都用黄金、美玉、珠宝等物装饰得富丽堂皇,原来的首都在洛阳,后来又嫌其破旧,就将都城迁到了汴州(今河南开封),将汴州升为东京开封府。为了镇压百姓的反抗,他又下令制定了许多残酷的法律,施加的刑罚也多是一些惨不忍睹的方式:割舌头,将人肢解,灌鼻子,放在锅里蒸煮等等。此外,他对于士人也不信任,觉得他们不为国家着想,只知道为自己的子孙谋利,所以石敬瑭又像后唐那样重用宦官,使宦官势力重新抬头。

石敬瑭靠契丹的支持,也是靠武力得了帝位,和他原来一样的各地将领们也想做这个皇帝宝座,所以反叛的接连不断。再加上石敬瑭称帝后,用人和施政措施不当,民心开始背离,这又给属将们作乱提供了借口和有利时机。镇守魏州的节度使范延光觉得总被石敬瑭猜疑,为防以后生变,就先在魏州叛乱称帝了。石敬瑭派去的杨光远不但没有攻击范延光,反而和他合伙反叛,石敬瑭的两个儿子也先后被杀。最后叛乱虽然平息,但失去了两个儿子,给石敬瑭的打击很大。后来,镇州的节度使安重荣也在北方叛乱,他对石敬瑭卑事契丹非常不满,经常斥责路过的契丹使节。最后安重荣由于部将投降而失败,自己也被杜重威杀死,但这两次大的叛乱使本来心里就对仰契丹人鼻息而憋气的石敬瑭更是急火攻心,对于其他的将领也无法信任了,病情也开始加重。在安重荣叛乱的第二年,石敬瑭就死去了,给儿子留下了一堆烂摊子。儿子石重贵继位后,仅四年后晋就被叛降的将领和契丹一起灭掉了。

石敬瑭的一生分成两个阶段,称帝之前还算是让人佩服的,但为得到帝位竟想出下下策,结果一次失算,终生受累,而且在历史上也留下了千古恶名。不管如何,石敬瑭还是有些地方值得肯定的,除了他以前治理陕州、魏博、河东时的政绩显赫,石敬瑭的节俭也是很得民心的。在称帝后,就是奢侈的时候,也没有像后唐庄宗李存勖那样贪财贪得将国家都丢掉了。有一次,百姓从地下挖出了几块黄金,地方官交给了石敬瑭。石敬瑭说:"地下所藏之物,又不是国家需要的宝物,不必归公。"然后命人将黄金送回给挖出黄金的百姓。如果是李存勖和那个不认父亲的皇后,黄金肯定早就装入自己腰包里了。还有,石敬瑭对于年龄在 80 岁以上的老人也加以照顾,免除一个人的差徭。各地有旱情的时候,也知道下令减免租税五分之一。

对于石敬瑭的评价,《旧五代史》的说法还是比较合理的。先肯定了石敬瑭的节俭,说他能礼贤下士,能纳谏。但是不该为图帝位引契丹进中原却给人民带来了灾难,致使以后后晋灭亡,一家人都被迫流亡,客死异乡。这如同"决鲸海以救焚,何逃没溺;饮鸩浆而止渴,终取丧亡。"最后为石敬瑭惋惜,说他如果是凭借自己的力量得到帝位,即使功德超不过前人,也能成为一个仁慈勤俭之主。假如终究代替不了现实,石敬瑭最少也是一个卖国土求荣的反面典型。

后周太祖郭威

人物档案

生卒年：公元 904~954 年

父母：父，郭简；母，韩氏

后妃：柴皇后、张贵妃等

年号：广顺、显德

在位时间：公元 951~954 年

谥号：武孝皇帝

庙号：太祖

陵寝：河南嵩陵

性格：倔强，骁勇，英明

名家评点：

周太祖为扭转颓势，着手改革，局面为

之一新。

——樊树志《国史十六讲》

太祖郭威

少年时怒杀豪强

郭威即后周太祖，字文仲，邢州尧山（今河北隆尧）人。由于他脖子上刺了一只飞雀，所以人们又叫他郭雀儿。有的书上说他原来姓常，后来母亲王氏改嫁郭简后他就改了姓。郭简曾经在后晋当过刺史，后来被刘仁恭所杀，郭威在三岁的时候又迁到了太原，不久就成了孤儿，由姨母韩氏抚养，18 岁的时候又到潞州投奔故人常氏。

当时，李继韬在潞州割据，他是河东大将李嗣昭的儿子，李嗣昭战死后，他就自称留后，联合后梁对抗河东。为扩充军队，李继韬在潞州招募军士，郭威就应征入伍了。

郭威人长得很魁梧，勇力过人，李继韬很欣赏他，有什么小的过失也经常迁就他。郭威好斗，喜欢赌博，又好喝酒，但有时也喜欢打抱不平。一天，郭威又到街上闲逛，有一个屠户欺行霸市，非常跋扈，大家都很怕他，喝了点酒的郭威不服气地到了这个屠户跟前，让他割肉，然后找碴骂他。屠户也知道郭威不好惹，但最后终于忍不住了，就扯开衣服用手指着肚子说："有胆量你就照这儿捅一刀！"

郭威抄起刀子就捅进了他的肚子，结果屠户一命呜呼，郭威被抓进了监狱。李继韬佩服他的勇气和胆量，又将他放了。后来李继韬被李存勖发兵灭掉，郭威也被收编进了后唐军队，入了李存勖的亲军"从马直"。

喜兵书智勇兼备

郭威和别的军人不同，他并没有单凭武力发展，他看到了知识的力量，特别是兵书，没事的时候他总是拿着书看。有些文化的李琼见他爱学习，就将自己正读的兵书《阃外春秋》推荐给他看。李琼说："以正治国，以奇用兵，这本书里就记载了许多存亡治乱,贤愚成败的事例。"郭威边看边让李琼教他,看得爱不释手,李琼对他的影响很大。

在刘知远任后晋侍卫亲军都虞候时,郭威主动投到他的手下。刘知远很喜欢这员干将,视为心腹,不管刘知远到哪里任职都把他带在身边,让他督率亲军。

郭威临事很有计谋,刘知远设法争取过来的吐谷浑部驻扎在太原,军队实力很强,也有不少财物,刘知远想据为己有,也为了防备以后他们再反叛投奔契丹,就想赶走他们,但又没有好办法。郭威就献出计策,让刘知远找个罪名除掉其首领,然后将财物和军队收纳,不但能除掉这支反复无常的势力,还能补充军需。刘知远照计行事,如愿以偿,扩充了自己的实力。

在契丹灭后晋的时候,郭威和史弘肇等人劝说刘知远称帝,因而成为后汉的开国功臣。国家初创,郭威在各方面都为刘知远出谋划策,使后汉政权很快稳定下来,作为重臣郭威在刘知远临终时被任命为托孤大臣,隐帝继位后,让郭威任枢密使,掌握军政大权。

不久后汉就发生了三镇叛乱,三镇即河中(今山西永济西)、凤翔(今陕西凤翔)、永兴(今陕西西安)。朝廷先派了白文珂等人去平叛,但都没什么成效,于是郭威就受命出征。他平易近人,广交将士和文臣,两军交锋时又身先士卒,亲冒矢石,能与士兵同甘共苦,士兵立功他马上赏赐,负伤的他也亲自去抚慰。不管是谁提的建议他都能虚心接受,即使有人得罪了他,他也不记仇,终于使将士和睦上下一心,提高了士气和战斗力。郭威虚心听取将领们的建议,博采众长,制定了先攻河中的策略,然后用围困打消耗战的办法与敌对垒。一年后,在城中粮草已尽,士气丧失的时候一举攻陷,李守贞和妻子自焚而死。其他两镇也先后平定。

不要高官求威望

郭威又为后汉的稳定立下了大功,但他并没有借此要高官厚禄,而是借机提高自己的威望。当隐帝要赏他时他说破贼不是他一人的功劳,朝中的将相安定朝廷供给军需也有功,于是要隐帝赏赐史弘肇等人;他又说大臣们也有功,苏逢吉等人也因此加官晋爵;郭威又说各地驻军将领和州县官吏也有功劳,让隐帝嘉奖他们。郭威不贪功,但却大大提高了自己的威望。和一般人相比,他的谋略要远大得多。

郭威平定三镇之后,隐帝又将北方的邺都也就是魏州驻守防御契丹的重任交给了他。在他赴任前,朝中为他是否带枢密使之职离京发生了争执,两派大臣矛盾激化,虽然史弘肇坚持要隐帝同意让郭威带枢密使赴任,但郭威对朝中之事很不放心,临行时恳切地对隐帝说:"苏逢吉、史弘肇都是先皇的旧臣,都很尽忠为国,希望陛下推心任用,必当无事。边疆之事臣一定尽忠报效,不负陛下重托。"隐帝也有点不愿郭威出京,他对郭威说:"朕夜里梦见你变成了驴,驮着我升了天,等我下来后,你又变成了龙,离开我向南去了。"郭威听了拊掌大笑。大概隐帝这时已经担心郭威对他皇位构成的威胁了,所以在郭威不在的时候才诛杀史弘肇等人,然后又派人去杀他。

郭威到任后,积极备战防御契丹,但他出来不久朝中就发生了大事,隐帝没有听他的话,而是相反,听从了舅舅李业的挑拨,诱杀了史弘肇等人。听到郭威起兵的消息连他的家属也全部杀死,然后命另一个舅舅李洪义到邺都去杀郭威等人。

李洪义和李业不同,他不想加害郭威,就将消息告诉了他。郭威听从了亲信魏仁浦的计策,倒过来用自己的官印假造诏书,说是让郭威杀众将,以此来激怒他们,众将果然听命于郭威,以诛杀奸臣清君侧为名杀向了京城。

改国策利国利民

隐帝不听母亲让人下诏与郭威和好的劝告,领兵出征,结果被乱兵杀死,苏逢吉也自尽了。郭威不费什么力就进了开封。聪明的郭威并没有立即称帝,而是让李太后先主持大事,以安人心。他又严禁士兵掠夺骚扰京城,恢复了京城的治安秩序。郭威派人迎接刘崇的儿子来继位,以此稳定宗室。

等一切稳定之后,郭威就将他的称帝计谋实施了。他让手下将领发了假情报,说契丹要南下进犯了,然后就奉太后之命领兵出城,等到了澶州,数千将士发生兵变,拥立郭威为帝。有些人经常说他是被迫称帝的,其实都是事先的预谋,郭威的大将北宋建立者赵匡胤估计就是学习郭威的做法发动陈桥兵变的,因为这两次几乎如出一辙。

郭威称帝建的国号是周,因为他说自己是周朝虢叔的后代,历史上称为后周,以便和周朝区分开。郭威仍然以开封为后周的首都。称帝之前,郭威又派王峻杀死了在半路上的刘崇的儿子。刘崇因此和后周结下死仇,联合契丹来攻打后周,但在高平大战中被郭威的儿子周世宗打败。

当了皇帝之后,郭威就马上着手治理国家,进行改革来增强国力。他从小经历了很多苦难,对民间疾苦也有亲身体会,所以首先减轻了百姓的负担。这方面郭威主要做了两件事,一是罢黜不合理的牛租,二是撤销营田务。在早年朱温征伐淮南时,朱温将

云岩寺塔

缴获的上万头耕牛给百姓使用,然后向百姓收牛租。几十年之后,到后周时仍然在收,而当年的牛早就死了。郭威下令废除这项既过时又累民的税收。至于营田务,是唐末以后在中原地区设置的由户部直接管理的农业生产机构,所属的农民负担很重。郭威废除营田务后,将原来百姓使用的田地房屋、牛及其他农具都赐给他们永久使用。这些措施极大地减轻了农民的负担,促进了生产的发展。其间,有人建议将一些好的营田卖掉,就能得到数十万缗钱来充实国库,郭威却说:"让百姓得利,就像国家得利一样,朕要这些钱干什么?"

继位没多久他便下诏,命令各地官吏不得以任何借口来加收百姓赋税,原来普遍存在的正税以外的杂税一律废除。郭威又下诏减轻了后汉残酷的法律。比如,后汉规定,盗窃一文钱的也要处死,不是重罪的人又经常株连亲族;后周则规定,不是反叛和杀害亲属之类大逆不道的重罪不再株连亲属。后汉时,酒和酒曲(造酒的原料)实行国家垄断专卖,凡是民间有人私自买卖的不论多少一律处死;后周则大大减轻了处罚,而且做了具体的规定:一两至一斤的杖刑八十,一斤以上到五斤的判徒刑三年,五斤以上的则处死。此外,在后汉时禁止民间收藏买卖牛皮,私自买卖一寸的就要处死;后周规

定，有田四十顷的才收取一张牛皮的实物税，其余的民间可以随意买卖。郭威了解民间用牛皮的地方很多，所以为百姓生活着想，才有此规定。

郭威除了改革利民之外，自己也非常注意节俭，尽量减轻人民的负担。他生活异常俭朴，衣食住行都很节俭，下诏禁止各地进奉美食及地方土特产品，珍宝就更不用说了。他对大臣们说："朕出身寒微，尝尽人间疾苦，也经历了国与家的灾难，现在当了皇帝，怎么能养尊处优拖累天下百姓呢！"他不仅不让进奉宝物入宫，还让人将宫中的珠宝玉器、金银装饰的豪华床凳、金银做的饮食用具一共几十件，当众打碎在殿廷之上。郭威经常对侍臣说："那些帝王，怎么能用这种东西！"

在治理国家方面，虽然郭威有些能力，但他仍然谦逊地重任有才德的文臣，以行动来改变从后梁以来军人政权的丑恶形象。他对这些有才德的大臣们说："朕生长于军旅之中，不懂得学问，也不精通治国安邦的大计，文武官员有利国利民良策的就直接上书言事，千万不要只写一些粉饰太平的无用话。"

郭威的精心治理，使后周在很短的时间里就显露出国富民强的迹象，为周世宗继续他的事业打下了坚实的基础。

郭威临死前还不忘节俭，他郑重地留下了遗言："你们一定要为我薄葬，不要强征民工，也不要宫人为我长年守陵，陵寝不用石柱，枉费人力，用砖瓦代替就行，用瓦棺纸衣下葬。不要石人石兽，只需立一块碑，刻上这些字：'大周天子临晏驾时和要继位的皇帝有约，只因平生喜欢俭朴，所以只让用瓦棺纸衣下葬。'如果违背此言，阴灵也不相助。"郭威这样做并不是标新立异，而是为汉文帝的节俭而感动，他又见唐朝皇帝们的陵墓由于造得都很豪华，不但费尽钱物和人力，还遭到盗墓者的破坏，而汉文帝的霸陵却至今完好无损。

郭威也很开通，说每年的寒食节不忙时适当派人到他陵上祭奠一下就行了，如果没有人去，只需遥祭即可。最后说："千万千万，莫忘朕言。"

郭威一共在皇位上坐了三年，从正月里称帝，正好又在正月里病逝，终年仅51岁。

后周世宗柴荣

人物档案

生卒年:公元 921~959 年

父母:父,柴守礼;母,不详

后妃:符皇后等

年号:显德

在位时间:公元 954~959 年

谥号:孝文皇帝

庙号:世宗

陵寝:河南庆陵

性格:刚毅沉稳,谨慎厚道,英武果断

世宗柴荣

名家评点:

世宗区区五六年间,取秦陇、平淮右、复三关,威武之声震慑夷夏。而方内廷儒学文章之士,考制度、修通礼、定正乐、议刑统,其制作之法皆可施于后。其为人明达英果,论议伟然。

——北宋·欧阳修《新五代史》

出类拔萃,胸怀大志

后周世宗柴荣,又称柴世宗,邢州龙冈(今河北邢台西南)人。父亲柴守礼,是后周太祖郭威妻子郭氏的哥哥,柴荣被姑父郭威收养后改名为郭荣。成人之前由于家道中衰,柴荣就投奔姑父家生活。郭威见他为人厚道,办事也认真谨慎,加上郭威当时还没有儿子,家境也不太好,就将柴荣收为养子,而且让他帮着做些生意,管理家政。柴荣也很能干,精心经营,还和其他的商人一起到南方去贩卖茶叶等物,以贴补家用。柴荣做生意之外还不忘读书练武,成为一个文武双全的出众人才。

后汉时,郭威任枢密使,掌握了朝廷军政大权,柴荣也不再经商,任左监门卫大将军,开始进入政界。等郭威从邺都发兵进军开封时他奉命看守邺都,抵御契丹。不久养父做了后周天子,他也被任命为澶州节度使,又封太原郡侯。柴荣将当地治理得井井有条,在澶州遭洪水袭击后,他又率领军民重修道路,拓宽街道,扩建市区,受到官民的好评。由于郭威的儿子们在首都政变时全被杀死,郭威就将希望寄托在唯一的养子身上,想再委以重任,但王峻经常阻挠,等王峻被贬后,才让柴荣担任了开封尹,加封晋王。

养父死后,柴荣被众人拥立继位,柴荣继承了郭威的大业,继续深入改革,心怀统一大志,短短五年的时间,中原地区开始强盛起来,他为北宋的基本统一奠定了坚实的基础,

刚继位时,柴荣就立下了三十年的宏志:"以十年开拓天下,十年养百姓,十年致太

平，"最后虽然在位的时间只有五年，但他的成绩已经非常突出了。

后汉刚灭，刘崇在太原又建立北汉，和后周对峙，而且联合契丹趁柴荣新继位时发兵来攻，也想学石敬瑭勾结契丹灭后唐那样，自己做中原的皇帝。但柴荣不是李从珂，柴荣亲自领兵出征，像当年的李存勖一样冲锋在前，加上赵匡胤等勇将的奋勇厮杀，竟以少胜多，彻底击溃了刘崇，还将太原围困起来。虽然柴荣不久退兵，但刘崇也惊吓过度，最后得病死了。

柴荣战后对骄兵悍将进行了彻底整顿，处死一批贪生怕死的将领，然后建立精锐的禁军，为此后的南征北战创造了基本的条件。

柴荣

率军亲征，击败刘崇

后周显德元年（954）的正月，太祖郭威病逝，死前留下遗命："晋王荣可于柩前即位。"郭威的养子也就是柴荣在大臣们的拥藏下在郭威的灵柩前即位，柴荣就是后周世宗。在封建帝王即位时一般都在前一个皇帝的灵柩前即位，以示地位的合法性。世宗在位期间励精图治，南征北战，使中原地区韵统一拉开了序幕，为北宋的基本统一奠定了基础。

在周世宗称帝不到十天，北汉世祖刘崇就领兵南下。想趁郭威刚死的有利时机，联合契丹效仿石敬瑭灭后周。刘崇派人到契丹求兵相助，契丹辽穆宗派杨衮率领骑兵上万人，还有奚部等部落军队五万多人，对外号称十万，配合刘崇进攻后周。周世宗柴荣亲自领兵出征，这是刘崇万万没有想到的。

刘崇率领主力部队骑兵三万，首先进攻潞州（今山西长治）。他命张元徽为先锋，张元徽在太平驿（今山西襄垣西）和后周军队遭遇，两军展开了激战。后周的昭义节度使李筠先派属将穆令均率领步骑兵两千人迎战，自己则率领主力在太平驿集结接应。

张元徽和穆令均刚交战不久便佯装战败退走，穆令均不知是计，下令紧追不舍。张元徽用埋伏的军队围攻穆令均，穆令均最后战死，后周士兵被杀被俘的有一千余人。后周军队初战失利，李筠撤到上党郡（今山西长治），据城固守，等待援兵。

柴荣得到消息后，想亲自领兵出征，抵御后汉和契丹联军，而冯道等大臣却劝阻道："刘崇自从在平阳战败退走以后，力量大损，士气也非常低落，不可能有再振作复苏之理，恐怕是虚张声势，扰乱我朝廷上下的军心和民心，让我们上当。所以，刘崇一定不敢亲自领兵来进犯。陛下刚刚继位，据有天下日子不长，人心也没有稳定下来，因而最好不要轻举妄动，派得力的大将前去就完全可以了，陛下没有必要亲征。"

柴荣说："刘崇是想趁我父新丧之机攻击我们，而且又轻视我年轻，刚即帝位，觉得软弱可欺。所以他肯定会定下狂妄的计划，想一举吞并我大周领土，再加上契丹发兵相助，更会骄横。因此朕料想他刘崇必定会亲自领兵来犯，我也就不能不亲自出征抵御，以免众将轻敌遭遇不测。"

柴荣决心已下，但冯道等人仍然劝阻不止，柴荣就说：以前唐太宗平定天下的时候，都是他亲自领兵出征，我怎么能苟且偷安？我又有什么可害怕的呢！"

冯道不知趣地说："陛下没有必要轻易学唐太宗。"

柴荣不高兴地说："刘崇之辈不过是乌合之众，假如遇到王师，一定就像累卵压在大山底下，必然大败！"

冯道竟讽刺地说道："不知陛下能做成大山吗？"

柴荣听了，瞪了冯道一眼，压下心头怒火，甩袖子走了。冯道一生以圆滑著称，所以在五代时才在许多朝代做高官而不倒，但他总算还有两次犯颜直谏，一次是在刘守光手下时，被刘守光打入大牢，后被人救出，再一次就是这次说柴荣。柴荣没有报复他，但对他也很失望，于是没有让他随军出征，而是任命他为山陵使，负责修建郭威的陵墓。

大臣王溥和冯道相反，他坚持应该亲征，柴荣听从了他的建议。

为了招募强壮士兵，增强战斗力，柴荣下诏让各地节度使招募山林中的勇力之人，送到京城，加以训练重用。柴荣觉得勇猛之士大多出自盗贼之中，于是命各地招降，如果有应募的就宽恕其罪，录用为禁军。但这样也出现一些弊端，有的人早晨杀人劫货，晚上却到了军队里受到重用，仇人见了不敢直视。柴荣也知道这些情况，所以以后根据实际情况，将一些罪大恶极的人也依法严惩了。

刘崇在太平驿击退后周军队后，乘胜直逼潞州。柴荣遣将派兵抵御，命天雄节度使符彦卿领兵从磁州（今河北磁县）固镇迂回到北汉军队背后；以镇宁节度使郭崇为副将；命河中节度使王彦超率军从晋州（今山西临汾）东进截击北汉军；以保义节度使韩通为副将；命马军都指挥使樊爱能和步军都指挥使何徽、义成节度使白重赞、郑州防御使史彦超以及前耀州团练使符彦能率兵进军泽州（今山西晋城）。

柴荣领兵从开封出兵，到怀州（今河南沁阳）时，想昼夜兼程进军，控鹤都指挥使赵晁私下对通事舍人郑好谦说："敌人现在士气正旺，应该稳重缓进，寻机歼敌。"郑好谦告诉了柴荣，柴荣大怒："你从哪里听来的这些话！肯定是受他人教唆，说出来饶你性命，不然就立即斩首。"郑好谦只好如实招认，柴荣便命人将赵晁和郑好谦一同押赴怀州监狱。

柴荣继续进兵，经过泽州时，夜里宿营于泽州东北。

刘崇没有想到柴荣亲征，更没有想到他会这么快领兵到达，就领兵绕过潞州向南而去，晚上驻扎于高平（今山西高平）以南。

第二天，后周军队的前锋和北汉军遭遇，发兵强攻，将北汉军击退。柴荣担心敌人逃脱，就率军急追。

北汉军队列队相迎，张元徽领兵在东面列阵，契丹援军杨衮的军队在西边列阵，刘崇则率中军列阵居中，三军阵形非常严整。与北汉军对峙的后周军队由于河阳节度使

五朝不倒翁冯道

刘词的接应部队没有到达，加上看到北汉和契丹联军气势很盛，将士们显得十分惊恐。但柴荣却斗志极其旺盛，命令白重进和侍卫马步都虞候李重进率军在西侧列阵，樊爱能和何徽率军在东侧列阵，向训和史彦超领精骑在中央列阵，殿前都指挥使张永德领禁军护卫柴荣，柴荣骑马到阵前亲自督战。

刘崇见后周的军队比他的少很多，就非常后悔请契丹军队来支援，他对众将说："我只用我们的汉军就可以取胜，何必用契丹军！今天我不仅要打败周军，还要让契丹佩服。"众将都很赞同。契丹将领杨衮骑兵到阵前去观察后周军队的情况，回来后对刘崇说："敌人的战斗力很大，请不要冒险进军开战！"刘崇晃动着胡须骄横地说："时机不可错过，请你不要再多说了，试看我如何战胜敌人。"杨衮很不高兴，沉着脸不说话，退回到自己阵中坐山观虎斗去了。

这时，东北风刮得正猛，不一会儿风忽然转成了南风，后周将士以为有神灵相助，士气陡然高涨起来。

北汉的副枢密使王延嗣让司天监李义对刘崇说："现在正是交战的好时机。"刘崇听从了，想立即进兵。而枢密直学士王得中却勒马劝说刘崇："李义应该杀头！风势这样怎么会对我们有利呢！"刘崇根本不听，反而呵斥道："我决心已下，老书生不要再乱说，否则就杀了你！"然后刘崇便率领东阵军队先发兵攻击，张元徽领一千骑兵攻击后周的右翼。

在张元徽的强攻之下，樊爱能和何徽不领兵迎战，反而先行败退。张元徽斩杀后周一名监军使，一千后周士兵缴械投降，向刘崇大呼万岁。后周的右翼军队由此被冲垮，影响得全军几乎动摇。柴荣看形势万分危急，亲自率侍卫亲军冒着箭石冲锋督战。

后来的北宋太祖赵匡胤当时就在后周军中，是柴荣的宿卫将，他对大家喊道："我主处境危急，我们怎么能不死战保护呢！"他又对张永德说："敌人士气骄横，但力战可以破敌！你率领的部队有很多善于从左侧射击，就请率军从左翼高处出击，我率军从右翼进击。国家的安危就在此一举啦！"张永德听从了赵匡胤的计划，他们于是各率军两千强攻北汉军队。赵匡胤和柴荣一样身先士卒，飞马冲进敌阵，士卒见主将英勇，无不以一当百，拼死与敌决战。北汉兵无法抵挡后周军队将士如此猛烈的冲击，纷纷败退。后周大将对士兵说："让陛下和敌人交战，还要我们干什么！"于是上马拉弓射敌，接连射死数十人，士气更加振奋。在他们的带领下，众将纷纷领兵杀入敌阵，后周将士在柴荣的鼓舞下，万众一心将后汉军队杀得大败。

刘崇这时才知道柴荣亲征，就在阵前嘉奖张元徽，让他进兵，张元徽出战时战马倒地，将他摔至马下，被后周兵所杀。张元微本是北汉的一员虎将，他一死，后汉军的士气立即丧尽。而南风这时刮得更猛了，后周兵奋勇争先，北汉军纷纷败退，刘崇亲自举起红旗收兵也无法将溃退的将士遏止。杨衮畏惧后周军的强大实力，也不敢救刘崇，而且还在怨恨刘崇刚才说的大话，于是也率军队退走了。

樊爱能和何徽这两个贪生怕死的将领，率领数千骑兵向南撤退，竟敢拉弓持刀抢掠自己军队的辎重部队，役夫们吓得逃走了很多。柴荣派近臣和亲军将领追上劝阻，都不肯听命回来，有的使者还被士兵杀死，四处扬言："契丹大军已到，官军大败，其他部队都已经投降了。"援军在刘词的率领下赶到了，路上遇到樊爱能，樊爱能竟劝他别去，刘词不相信他的话，继续北上。

刘崇战败后，仍有万余部队，隔着山涧列阵和后周军对抗。在黄昏的时候，刘词的援兵到达，会师后，后周军士气更旺，又一同出击，北汉军队又被杀得大败，王延嗣也被杀死。后周军猛追到了高平城,北汉军的尸体满山谷都是,丢弃的辎重。器械和杂畜不计其数。

柴荣取得了高平之战的胜利,但这一战也暴露了后周军队中的致命弱点,战斗结束后,柴荣严厉整顿了后周军队,先奖赏立功的将士,然后将樊爱能。何徽等临阵脱逃险些导致全军败北的将校七十多人全部斩首,此外被斩杀的还有溃退军中军使以上和监押使臣。从此,不用心作战的将士无不畏惧,军纪得到初步整顿。后来,柴荣又从根本上改革了后周军队,下令各地节度使将战斗力最强的士兵输送到京城,建立了精锐的禁军,在此后南征北战的过程中,禁军在战斗中起了决定性的作用。

革故鼎新,富国强兵

为实现统一大业,柴荣励精图治,在各方面进行了卓有成效的改革。

柴荣首先从自己做起,一是生活俭朴,为群臣为将士做出了表率;二是虚心纳谏,为此他还专门下诏要求群臣进言。诏书说得极为诚恳,他说自己治理国家处理政务不可能十全十美,也不可能没有一点过失,但大臣们却没人指出他的过失,没人说过施政的缺陷。柴荣并没有一味责备大臣,而是将责任揽到自己身上,说大臣们不能这样做,是因为自己这个皇帝没有和大臣推心置腹地求良言。他说如果没有人上书言事,他就没机会了解大臣的才干与品德,从而不能量才重用。所以他要求文武大臣以后尽量上书言事,即使说的是皇帝的过错也没关系。文笔差一点的也不必顾虑,直书其事即可,然后他根据大臣的表现升降其官职。

为更好地让大臣进言,柴荣还点名让王朴和二十多名翰林学士都写两篇文章:《为君难为臣不易论》和《平边策》。由此,柴荣得到了王朴那篇著名的《平边策》,以此制定了统一大计。

其次,柴荣进行了彻底改革,包括政治、经济和文化等各个方面。

第一,政治方面。柴荣打破常规,破格任用有才干的人,充实政府主要部门,提高其办事效率。他又命人整顿了弊病较多、不能选拔人才的科举制度,以便使有真才实学的人能进入政府机构发挥作用。柴荣对吏治的整顿极为重视,惩处贪官污吏毫不手软。主持税收事务的孟汉卿由于私自加派税额,被揭发出来,柴荣将他赐死,负责查处的人说法律没有要将他处死的条文,柴荣则说:"朕知道,这样做是为了威慑众人!"在重修永福殿时,柴荣亲自视察工地,见内供奉官孙延常竟克扣役夫的食物,虐待役夫,有的役夫还用瓦盛饭吃,不禁大怒,当场将孙延常斩首,并将其他贪财或滥杀投降将士的人也毫不留情地处死。他对自己生身父亲的故友也不徇私情,对妄加推荐官员以及骗取官职的也或贬官或罢官,严惩不贷。对于五代时期以严酷出名的法律,柴荣也进行了彻底修订,废除了随意处死的条款,还废除一些凌迟(即千刀万剐)之类的酷刑。斩杀了几个私自杀死犯人的官员,以示惩戒。又以人道措施来对待犯人,打扫肮脏的监狱,洗刷枷拷,给犯人充足的饭食,有病的允许探视,没有亲属的犯人生病官府负责治疗,严禁使犯人无故死亡。柴荣命人主持修改不合时宜不合情理的法律,成书后又让大臣讨论,最终完成了五代有名的《大周刑统》,这对北宋的《宋刑统》起了直接的影响。

第二,经济方面。这方面主要有减轻百姓负担,兴修水利,整顿钱币等。

柴荣认识到了民众的重大作用,因而采取措施尽量减轻百姓的负担,以促进生产,增强国力。首先是降低了税收,罢黜正税之外的一切不合理的税收。其次是颁布了唐朝时元稹的《均田图》。元稹看到百姓的近河地被洪水冲毁后,仍按照原来的田数交纳租税,加重了负担,就奏请按照实有土地收租税。柴荣看到后非常欣赏,就下令颁布给各州县,也按照实有土地收税,防止地方官吏和豪绅将自己的赋税转嫁到百姓身上。这就大大地减轻了人民的负担,提高了农民的生产积极性。此后,柴荣又召集流亡的人给他们田地耕种,既安定了百姓,又能增加国家的收入。同时,对于一些退休的贵族也不再免收租税,和百姓一样交纳租赋,即使是历代优惠的孔子的后代也免除了特权,照章缴纳税租。这又间接地减轻了百姓负担。

为从根本上创造农业生产的良好环境,柴荣又命人主持兴修水利,疏通漕运。他还认真地治理了大运河、黄河和汴河,水路的畅通进一步促进了经济的发展。

整顿钱币是柴荣整顿经济秩序的一项重要措施,为此他还大胆地毁掉了铜佛像来铸钱币,促进商业发展。有人劝阻他,他说:"佛主张施善于民,只要是做好事就是奉佛。而铜像怎么能是佛呢?况且我还听说佛以利民为先,即使头和眼也肯献出来施舍众人。假如朕的身体可以救济百姓,我也不会吝惜的。"这些话说得合情合理,毁佛像铸钱不仅整顿了钱币市场,对当时泛滥的佛教也起到了限制的作用。同时,柴荣还从根本上治理佛教,让一些假和尚还俗,因为战乱时期有的盗匪、逃避徭役、兵役的人以及罪犯就以出家作为对抗手段,而且寺庙发展太快使免租税的田地增多,严重影响了国家的收入。柴荣加强了对寺庙的管理,禁止私自剃度出家,废除了三万多所寺庙,剩下 2600 多所,僧尼剩六万多人,估计还俗的有 60 万人。

柴荣的改革没多久就收到了效果,国家的实力逐步增强。有了坚实的经济基础,柴荣就顺应民意,顺应当时南北人民渴望统一,永久结束战乱,和平生活的愿望,开始了统一战争。柴荣的南北征战分为三个阶段。一是收复西面的四州;二是南征南唐,三战取得南唐江北之地;三是北伐夺取了契丹占领的部分领土。柴荣还想继续驱逐契丹势力出长城以外,但不幸得了急病,回来不久便英年早逝。中原与江南的统一到北宋初年才最终完成,柴荣则为统一奠定了基础。

首先,柴荣向西用兵。西面的四州即秦(今甘肃天水)、成(今甘肃成县)和阶(今甘肃武都东)、凤(今陕西凤县东)。这四州原来归中原政权管辖,在契丹势力进入中原时,就被后蜀兼并了。百姓将士无法忍受后蜀的统治,重新归附中原的愿望很大,柴荣便顺应民意,派向训和王景发兵征讨,不到半年就将这四州全部占领。

其次,柴荣将兵锋指向了南唐。南唐在十国中实力最强,经过柴荣三次亲征,经过长达两年五个月的战争,南唐被迫将江北的领地割让给了后周。第一次出征,后周军队进展顺利,但由于后唐将领刘仁赡死守寿州(今安徽寿县),无法攻克,只好退兵。第二年柴荣又一次亲征,强攻拿下了寿州,因为季节不利,撤归北方。第三次用兵,因为准备充足,又总结了前两次的经验,柴荣注意收拢民心,结果后周军队一鼓作气拿下了南唐的江北十个州,并准备渡江南下进攻南唐京城。

南唐中主李璟为保江南,派大臣李德明和钟谟前去求和,再献出四州,这样,江北南唐的 14 州 64 县尽归后周所有,南唐以后每年还进献大批贡物。

南征取得了全胜,不仅得到江北土地,还震慑了南汉和后蜀,特别是后蜀,此后再不敢轻举妄动。

第三,柴荣北伐,击退契丹。柴荣率领步兵和骑兵共数万人从沧州北上出击,仅仅用了 40 天的时间,就一举占领了契丹把守的三关——瓦桥关(今河北雄县境内)、益津关(今河北文安县境内)和淤关(今河北霸州市境内),还有宁州(今河北青县)、瀛洲(今河北河间)和莫州(今河北任丘北)三州,总计有17个县,是五代时和辽交战取得的最大胜利。柴荣还想继续进军,夺取幽州,但不幸突然得病。无奈只好在派将固守各州之后退兵南下,回到开封不久,便病逝于宫中,年仅39岁,大志未酬,英年早逝,三十年的宏愿无法实现,确实让人替他惋惜。

《旧五代史》对柴荣的评价极高,说他"神武雄略,乃一代之英主……而降年不永,美志不就,悲夫!"

总结周世宗的文治武功,堪列五代君主第一,所以,柴荣被称为五代时期最杰出的政治家。

《引路菩萨图》(五代·佚名)

南唐后主李煜

人物档案

生卒年：公元 937~978 年

父母：父，元宗李璟；母，钟皇后

后妃：皇后大周后、小周后等

年号：建隆，乾德，开宝

在位时间：公元 961~975 年

谥号：文宪昭怀孝懿皇帝

庙号：无

陵寝：河南金陵

性格：多愁善感，才艺超群

名家评点：

　　南唐李后主虽多才多艺，但不抓政治，终于亡国。

——毛泽东

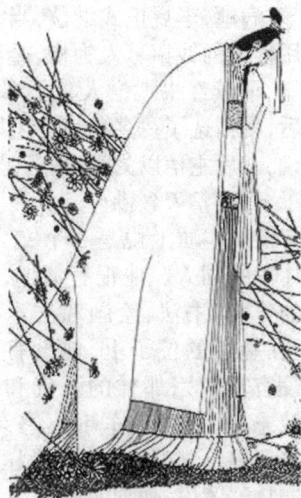

后主李煜

相貌不凡，多才多艺

　　李煜即南唐后主，字重光，初名从嘉，号钟山隐士、钟峰隐者、莲峰居士、钟峰白莲居士，徐州（今江苏徐州）人。他是南唐中主李璟的第六个儿子，历史上称他为李后主，祖父就是南唐开国皇帝李昇。

　　李煜从小就与众不同，尤其是他的长相，丰额骈齿，有一目是重瞳。按照相面人的说法，他很有富贵相。李煜多才多艺，不仅文章出众，而且擅长书法和绘画，造诣也很深。加上他为人厚道，所以备受大家喜爱。按照一般的顺序他是没有机会做皇帝的，但他的五个哥哥都死得很早，所以李煜才被封为吴王，做了太子，成了皇位的继承人。

　　李煜继位前几年，南唐国势走上了衰落，他的父亲李璟在后周强大的攻势面前，最终将江北领土割让，南唐和后周隔长江对峙，但面对后周强劲的发展势头，南唐上下只是听从命运的安排，已经无力挽救败势了。

李煜

醉舞狂歌,静候亡期

在北宋建立后,李璟就将南唐的都城迁到了南昌,建立了南都,他和文武大臣都搬到那里去了,留下太子李煜守在金陵。几个月后,李璟病逝,李煜正式继位,当时年仅25岁。李煜非常信佛,结果被北宋的皇帝利用。李煜用宫中的钱招募人为僧,金陵的僧人多达万人。李煜退朝后,就和皇后换上僧人的衣服,诵读经书。僧人犯了罪,不依法制裁,而是让他诵佛,然后赦免。北宋皇帝听说之后,就精选了一名口齿伶俐聪明善辩的少年,南渡去见李后主,和他讨论人生和性命之说,李后主信以为真,以为是难得的真佛出世,从此就很少注重治国安邦以及边防守卫了,而是整天念佛。

李煜从本质上说是一个文人,一个很有才华的词人。他很有情趣,也注重豪华的排场,书法、绘画和文章都很出色,但在皇帝的位子上,他没有皇帝特别是没有周世宗那样的豪气和统一天下的壮志,所以对于军事不感兴趣,即使有将领提出来,他也是极力压制。南都留守林仁肇说,他愿意领兵几万人北上,收复旧地。林仁肇还为李煜拟好了开脱的理由:他起兵的时候,李煜就向外发消息说林仁肇叛变,让宋朝廷知道,以后假如事成得利的是国家,如果失败就杀他全家,李煜不必承担任何责任。就是这样已经为李煜想好托词的计划,他也没有同意,只知念佛、添词、醉生梦死,静候亡期的到来。北方的后

南唐李后主的爱妃窅娘

周他不敢与之交战,就连东边比较弱的吴越他也不敢碰,沿江巡检卢绛曾经对他说:"吴越是我们的仇敌,将来肯定会和宋朝一道攻击我们,做其帮凶,我们应当先下手灭掉他,免去后患。"李煜却说:"吴越是北方大朝的附庸,怎么能轻举妄动,发兵攻击呢?"卢绛说:"臣请陛下以属地反叛为名先予以声讨,然后向吴越乞求援兵,等他们的援兵到了,陛下就发兵阻挡,臣再领兵悄然前去偷袭,就能一举灭掉吴越。"李煜根本就听不进去。文武大臣们也只好随他一起等着北宋军队来收拾南唐了。

降格求安,对宋称臣

在北宋灭掉南汉后,李煜异常恐惧,上表给宋太祖,改唐国主为江南国主,然后又自己把政权降格,他下的书不称诏,改称为教,中央的行政机构也改变了称呼,如尚书省改称司会府。

虽然不喜欢大修武备,不北伐,但李煜词的成就却很大。他的父亲就非常有才华,词也添得很好,在父亲以及当时浓郁的文化环境的熏陶下,李煜的词上升到了一个新

的高度。加上他喜欢的大臣冯延巳也擅长添词,君臣之间切磋技艺,最后将疆土切磋完了,但其词的成就却在中国古代文学史上占据了很重要的地位。李煜的词总结一下,可以发现一个规律,那就是分为三个阶段。第一是描写宫廷之中豪华奢侈以及风花雪月之类的内容;第二是体现极度忧愁的心情;第三是亡国之后在被软禁时写的反映亡国之情的词,这是李煜词成就最高的时候,但时间不长他便撒手西去了。

在描写宫廷豪华生活的词中,《玉楼春》是一个代表作:晓妆初了明肌雪,春殿嫔娥鱼贯列。风箫声断水云闲,冲按《霓裳》歌彻遍。临风谁更飘香屑?醉拍栏杆情未切。归时休放烛花红,待踏马蹄清夜月。

还有一首是《浣溪沙》:红日已高三丈透,金炉次第添香兽,红锦地衣随步绉。佳人舞点金钗溜,酒恶时拈花蕊嗅,别殿遥闻箫鼓奏。

作为一国的君主,李煜也实施过一些仁政的措施,减轻赋税,放宽刑罚,这应当肯定,但他在强敌面前不思进取,不积极备战迎敌,而是借酒浇愁,听任国家的衰亡。虽然大的历史形势是一方面的原因,但事在人为,只要努力,任何事总会有起色的。后来北宋发兵进攻时,南唐能够抵抗一年多,就说明南唐经过长期的经济发展,国家还是有很大实力的,如果李煜再像后周世宗那样励精图治,南唐就不会只抵抗一年就落个国亡君被俘的惨痛结局。

李煜并没有励精图治,而是借酒浇愁,不过,在这种真实的情感下写出的词水平还是非常高的,这方面的词有代表性的是《清平乐》:别来春半,触目愁肠断。砌下落梅如雪乱,拂了一身还满。雁来音信无凭,路遥归梦难成。离恨恰如春草,更行更远还生。

还有一首《相见欢》:无言独上西楼,月如钩,寂寞梧桐深院锁清秋。剪不断,理还乱,是离愁,别是一番滋味在心头。

酒虽然可以暂时将忧愁浇走,但北宋的军队是几壶酒不可能浇走的,噩运终于来临了。开宝七年(974)的秋天,赵匡胤派使者来请李煜去开封。李煜清楚请去就回不来了,于是就说有病,没有去。不久,到冬天的时候,赵匡胤的军队就渡过长江,将金陵包围了。前线将士拼死抵抗的时候,李煜还在宫中填了一首《临江仙》:樱桃落尽春归去,蝶翻轻粉双飞,子规啼月小楼西。玉钩罗幕烟垂。别巷寂寥人散后,望残烟草低迷。炉香闲袅凤凰儿,空持罗带,回首恨依依。

据说这首词还没有填完,宋军就攻陷了金陵,最后的三句是后来补上的。当年腊月,李煜做了北宋的俘虏。后来被押送到了北宋首都开封。因为李煜曾经对宋称臣,所以赵匡胤没有杀他,而是封了他一个违命侯,实际上是名副其实的亡国奴,享受高级待遇的亡国奴。

登峰造极,鬼斧神工

当了囚徒,李煜的生活发生了天翻地覆的变化,虽然吃喝不愁,但身份毕竟不同了,也不能随心所欲地生活和享乐了,再加上亡国之痛,所有这些切身的体会,李煜都融进了词中,由此诞生了词史上最为感人、成就也最高的作品。这方面有三首词最具代表性。

其一是《虞美人》:春花秋月何时了,往事知多少!小楼昨夜又东风,故国不堪回首月明中。雕栏玉砌应尤在,只是朱颜改。问君能有几多愁?恰似一江春水向东流。

其二是《浪淘沙令》:帘外雨潺潺,春意阑珊。罗衾不耐五更寒。梦里不知身是客,一晌贪欢！独自莫凭栏，无限江山！别时容易见时难。流水落花春去也，天上人间！

其三是《破阵子》：四十年来家国，三千里地山河。凤阁龙楼连霄汉，玉树琼枝作烟萝，几曾识干戈？一旦归为臣虏，沉腰潘鬓消磨。最是仓皇辞庙日，教坊犹奏别离歌，垂泪对宫娥。

在生命的最后时期，李煜的词达到了登峰造极的程度，他的词没有丝毫的雕琢痕迹，纯粹是天然而成，可谓鬼斧神工。历代成就高的诗词都是将感情和艺术手法融为一体的，一般的诗词，不是太通俗，就是太晦涩，不能使读者很通畅地理解作者的感情，而李煜的词就将两方面的因素都完美地融合到一起，口语一样的语言包含的却是一般人难以有的也难以体会到的感情，可以说，李煜的词达到了最高境界，也取得了最高的艺术成就，为两宋词的发展开阔了眼界。

词成就了李煜词宗的英名，但那首千古传唱的《虞美人》也将他送上了西去之路。李煜在七夕的晚上，因为心情郁闷，就让歌妓奏乐，声音很大，外面都能听到，宋太宗知道后非常恼怒，又听说李煜的词中有"小楼昨夜又东风"和"一江春水向东流"，更是生气，当晚就让人给李煜送去了毒药。李煜死时年仅 42 岁。

宋太祖赵匡胤

人物档案

生卒年：公元 927~976 年

父母：父，赵弘殷；母，杜氏

后妃：贺皇后、王皇后、宋皇后等

年号：建隆，乾德，开宝

在位时间：公元 960~976 年

谥号：大孝皇帝

庙号：太祖

陵寝：河南永昌陵

性格：宽仁睿智，廉正果断

名家评点：

赵匡胤力所能及的地方，中央集权的措施执行得既轻快也彻底。新皇帝的机警，不走极端，对钱财上的大方，使他的筹谋容易兑现。

——黄仁宇

宋太祖赵匡胤

游历：家道中落后的艰辛

赵匡胤（927~976），即宋太祖，北宋的开国皇帝。赵匡胤青年时离家外出游历，从军后逐渐成为后周的著名统帅。显德七年（960）在陈桥驿（今河南开封东北陈桥镇）发动兵变，夺取政权，建立宋朝，史称北宋。赵匡胤登基后，建立了一整套加强专制的中央集权制度，并致力于统一战争。

建隆三年（962）九月至开宝八年（975）五月，宋太祖先后攻灭荆南、湖南、后蜀、南汉、南唐等政权，基本结束自唐代"安史之乱"以后延续 200 多年的分裂割据局面。

赵匡胤的祖籍是涿州，但生于洛阳夹马营，传说他出生之时，满室红光，异香扑鼻，整日不散。刚刚出生的赵匡胤体有金色，三日不变。

赵匡胤的祖辈均做过官，其父赵弘殷为后唐庄宗李存勖的爱将。由于出身将门，赵匡胤自幼便开始学习骑射。一次，赵匡胤找到一匹没有被驯服的烈马，想练练自己的骑术。哪知这匹马野性十足，不甘被人骑，一路狂奔。赵匡胤猝不及防，一头撞在城楼上摔下马来。这场狂奔早就惊动了城里的人们，大家眼看着赵匡胤从飞奔的马上直摔下来，都以为他不死也是身受重伤。哪知赵匡胤却猛地从地上跃起，迅速追上烈马，而且还纵身跃上，将烈马驯服，自己毫发无损。

成年后的赵匡胤容貌雄伟，气度豁达。但此时家道却衰落下去，父亲因为在唐庄宗被杀后备受冷落，生活逐渐变得艰难起来。此时的赵匡胤 21 岁，正是风华正茂之时，眼见不能依靠父亲谋取前程，便辞别父母和成婚三年的妻子，离家外出闯荡。

赵匡胤离家后一路往南，先是投奔父亲昔日的同僚王彦超，王彦超知道赵匡胤家道中落，再看到他远行而来，风尘仆仆的落魄样子，便像打发乞丐一样，给了赵匡胤一些钱，便把他打发了。赵匡胤很是无奈，便拿着这几贯钱去赌博，谁知手气出奇的好，盘盘大赢特赢。当他满心欢喜地拿钱准备离开时，那些红了眼的赌徒欺负赵匡胤是外乡人，一拥而上，一阵拳打脚踢之后，抢了他的钱财跑掉了。

赵匡胤经历了两年的流浪，虽然颇为艰辛，但也开阔了眼界。一日，赵匡胤到了襄阳的一所寺庙里，院中住持饱经沧桑，又精通相面之术。他见赵匡胤方面大耳，虽衣衫破旧，举手投足之间却透出一股英伟之气。交谈之后，老住持发觉赵匡胤谈吐不凡，胸中自有一番天地，便对他说："北方战乱频繁，但乱世出英雄，往北走必有际遇。"

赵匡胤接受了老住持的建议，骑着住持送给他的驴，转而北上。

建功：危急之时镇定自若

此时的中国正处于五代十国时期，藩镇割据，战乱不断。赵匡胤到了邺都后，便投奔了后汉枢密使郭威。

乾祐三年（951），郭威发动兵变，建立了后周，史称周太祖。周太祖的养子、开封府尹柴荣赏识赵匡胤的才能，便将他调到自己帐下。显德元年（954），周太祖病死，因为没有儿子，柴荣便继位为后周皇帝，是为世宗。

这时，北汉的刘崇联合辽朝大举进攻后周，周世宗亲自出征，赵匡胤也随同左右。战斗开始不久，后周大将樊爱能、何微害怕，临阵脱逃，周军一见主帅跑了，纷纷呈现溃败之势。此时，周世宗身边只有赵匡胤和张永德率领的亲兵 4000 人。危急之时，赵匡胤镇定自若，建议周世宗兵分两路夹击辽军，自己和张永德领兵直扑敌军。由于赵匡胤的勇猛，后周士气大振，加上增援部队及时赶到，一战扭转了败局，打败了汉辽联军。这一仗让赵匡胤声威大震，被封为殿前都指挥使，拜定国军节度，掌管禁军。

周世宗是一位很有作为的皇帝，聪明能干，一直怀有统一天下的大志。打败北汉的军队后，周世宗简选禁军骑、步诸军，将精锐者升为上军，赢弱者裁汰，革除了唐后期豢养冗兵的积弊。为了让国力提升，周世宗鼓励人们开垦荒田，把中原的无主荒田都分配给逃亡人户耕种，优待返回的逃户，并免收以前人民所欠的两税，取消了两税以外的苛捐杂税和一些徭役。

显德六年（959），周世宗见国力恢复，即向北攻击辽国，打算一举收回燕云十六州。后周的兵锋锐不可当，一连攻陷十六州中最南的二州：瀛州（今河北河间）和莫州（今河北任丘）。再向北挺进，又连陷三关：益津关（今河北霸州）、瓦桥关（今河北雄县）、高阳关（今河北高阳）。可是，当后周乘胜再向北继续挺进，进攻十六州中最重要的幽州（今北京）时，周世宗却病倒了，只好撤退。回到开封后不久，周世宗去世，他七岁的儿子柴宗训继承帝位，史称周恭帝。

周恭帝即位的时候年纪太小，由宰相范质、王溥辅政，殿前都点检赵匡胤掌握军权。

兵变：黄袍加身

赵匡胤是周世宗手下的得力大将，南征北战，立下不少战功，他统率的禁军是后周一支最精锐的部队。

显德七年(960)春节,就在后周朝廷正在举行朝见大礼的时候,忽然接到边境送来的紧急战报,说北汉国主和辽朝联合,再次出兵攻打后周。范质、王溥马上派赵匡胤带兵抵抗。

赵匡胤接到命令后立刻调兵遣将,带着弟弟赵光义和亲信谋士赵普,开拔到距京城二十里的陈桥驿,命令将士就地扎营休息。兵士们倒头就呼呼睡了,一些将领却聚在一起悄悄商量。有人说:"现在皇上年纪那么小,我们拼死拼活去打仗,将来有谁知道我们的功劳,倒不如现在就拥护赵点检做皇帝吧!"大伙听了,都赞成这个意见,就推一名官员把这个意见先告诉赵光义和赵普。赵匡义和赵普听了,暗暗高兴,一面叮嘱大家一定要安定军心,不要造成混乱,一面赶快派人告诉留守在京城的大将石守信和王审琦,让他们做好兵变的准备。

没多久,这消息就传遍了军营,天刚亮,将士们就都闹哄哄地拥到赵匡胤住的驿馆。赵匡胤听得外面一片嘈杂的人声,刚打开房门,几个人就把早已准备好的一件黄袍,七手八脚地披在了赵匡胤身上,然后大伙跪倒在地上磕了几个头,高呼"万岁"。接着,又推又拉,把赵匡胤扶上马,请他一起回京城。

赵匡胤骑在马上,才开口说:"你们既然立我做天子,我的命令,你们都能听从吗?"将士们齐声回答说:"自然听陛下命令。"

赵匡胤就发布命令:到了京城以后,要保护好周朝太后和幼主,不许侵犯朝廷大臣,不准抢掠国家仓库。执行命令的将来有重赏,否则就要严办。

赵匡胤本来就是禁军统帅,再加上有将领们拥护,谁敢不听号令!到了汴京,又有石守信、王审琦等人做内应,没费多大劲儿就拿下了京城。

正在早朝的后周大臣们得知兵变的消息,个个大惊失色,手足无措。范质握着王溥的双手,悔恨不该仓促出兵,直握得王溥双手几乎出血。大臣韩通立即从朝中回家,企图组织抵抗。但刚进家门,就被赵匡胤的部将王彦升杀死。

石守信

将领们把范质、王溥找来。赵匡胤见了他们,装出为难的样子说:"世宗待我恩义深重。现在我被将士逼成这个样子,你们说怎么办?"范质等见米已成粥,也只得向新皇上行礼。

周恭帝让了位,赵匡胤即位做了皇帝,国号叫宋,改元建隆,定都东京(今河南开封)。历史上称为北宋,赵匡胤就是宋太祖。

赵匡胤登基后,封柴宗训为郑王,母符太后为周太后,迁居西京,终生奉养,其后代也受到宋朝历代皇帝的照顾,据说这是赵匡胤亲自立下的规矩。

集权:杯酒释兵权

北宋建立后,后周旧臣中的李筠和李重进异常嫉恨,深恨自己没有先下手为强,让赵匡胤抢了先机,于是宣布起兵。

李筠是个十分狂妄的人，没什么谋略，起兵后率军直捣汴京。赵匡胤派大将石守信、高怀德、慕容延钊和王全斌等人率军平叛。此时，曾答应出兵相助的北汉却来了个坐山观虎斗，石守信一仗便大败李筠。李筠连战连败，退入泽州城，赵匡胤亲自指挥攻城，泽州城很快被攻破，李筠投火自焚。

当李筠反叛时，南方的李重进欣喜若狂，连忙派幕僚翟守珣星夜前往李筠处，联络南北夹攻之事。哪知翟守珣去了汴京，将李重进的计划一五一十都告诉了赵匡胤。为了避免分散兵力南北作战，赵匡胤让翟守珣回去，设法拖延李重进起兵的时间。翟守珣回去后，诋毁李筠不足与谋大事，劝李重进不要轻举妄动。李重进果然中计，没有起兵。

李筠之乱被平定后，赵匡胤马上把矛头对准了李重进，降了他的官职，逼李重进造反。李重进起兵后，北宋的军队早有准备，仅用了一个多月便平定了这场叛乱，李重进兵败自杀。

赵匡胤在刚刚登基之时，赵普便暗示他要早日收回兵权，以免大将发动兵变。但当时赵匡胤保证说："我待这些将领恩重如山，绝不会有问题。"赵普说："周世宗待你也恩重如山，你不是也做了皇帝？我的意思不是说他们会主动叛变，但是，万一他们的部下贪图富贵，也把黄龙袍披到他们身上，想不叛变也不可能。"

李筠和李重进的叛乱让赵匡胤如梦方醒，过了几天，赵匡胤在宫里举行宴会，请石守信，王审琦等几位老将喝酒。酒过三巡，宋太祖命令在旁侍候的太监退出。他拿起一杯酒，先请大家干了杯，然后说："我要不是有你们帮助，也不会有现在这个地位。但是你们哪儿知道，

宋太祖受言屏

做皇帝也有很大难处，还不如做个节度使自在。不瞒各位说，自坐上这个位子，我就没有一夜睡过安稳觉。"

石守信等人听了十分惊奇，连忙问为什么。赵匡胤说："皇帝这个位子，谁不眼红呀？"

石守信等听出话音来了，都跪在地上说："陛下为什么说这样的话？现在天下已经安定了，谁还敢对陛下三心二意？"

赵匡胤摇头说："对你们几位我还信不过？只怕你们的部下将士当中，有人贪图富贵，把黄袍也披在你们身上。你们想不干，能行吗？"

石守信等听到这里，感到大祸临头，连连磕头，含着眼泪说："我们都是粗人，没想到这一点，请陛下指引一条出路。"

宋太祖说："我替你们着想，你们不如把兵权交出来，到地方上去做个闲官，买点田产房屋，给子孙留点家业，快快活活度个晚年。我和你们结为亲家，彼此毫无猜疑，不好吗？"

石守信等齐声说："陛下给我们想得太周到啦！"

第二天上朝，昨晚在皇宫喝过酒的大将每人都递上一份奏章，说自己年老多病，请

求辞职。赵匡胤马上照准,赐予大量金银财宝,授予他们有名无实的节度使官衔。不久,赵匡胤又与这些将军结为亲家,将长女昭庆公主下嫁给王审琦之子王承衍,次女延庆公主下嫁石守信之子石保吉。

削夺了禁军将领的兵权之后,赵匡胤想让天雄军节度使符彦卿统领禁军。符彦卿是周世宗及皇弟赵光义的岳父,赵普认为符彦卿名位已经太盛,不能再授予兵柄。但赵匡胤认为自己待符彦卿甚厚,符彦卿不会辜负自己。赵普于是又把那个老问题搬了出来反问赵匡胤:"陛下何以能负周世宗?"赵匡胤默然无语,于是上演了第二次"杯酒释兵权"。

开宝二年(969)十月,太祖设宴招待几位掌握兵权的节度使。席间,赵匡胤做出一副体恤的样子,说:"卿等都是国家的功臣宿将,戎马一生,十分辛苦,如今还不辞劳苦驻守大镇,实非朕优待贤士之本意。"

凤翔节度使王彦超体会出了赵匡胤的意思,马上回答说:"臣本无勋劳,久冒荣宠,今已衰朽,乞骸骨,归丘园,臣之愿也。"另外几位节度使武行德、郭从义、白重赞和杨廷璋虽明白太祖的意图,却不愿解除兵权,纷纷诉说自己当年的攻战经历和沙场艰辛。

赵匡胤静静地听着,然后冷冷说道:"此均为前朝之事,何足道哉。"于是第二天,这五人都被罢任,授以虚衔。

就这样,赵匡胤不费一兵一卒,就收回了兵权,赵匡胤在收回兵权后,将全国的军队分为两种:禁军和厢军。禁军是精锐部队,全部集中在首都。遇到战争,即由皇帝临时委派一位文官担任统帅,负责实际作战的武官,也是临时委派。战争结束时,统帅把军权交出,将领则调往别的地方,士兵返回营区。这样的制度让将领和兵士之间不熟悉,不会发生陈桥式的兵变。但战斗力也因此削弱了。厢军是驻扎在地方的部队,都是些老弱残兵,主要的职责就是维持地方治安。通过这些措施,新建立的北宋王朝开始稳定下来。

征战:先南后北实现统一

宋帝国稳固了内部后,赵匡胤即着手统一中国。因为北方辽国的势力很大,赵匡胤和赵普制定了先南后北的计划,花了近十年时间,先后出兵消灭了南平、后蜀、南汉。这样,南方的割据政权只留下南唐和吴越两国。

南唐是"十国"中最大的一个割据政权,加上土地肥沃,战乱不像中原那样频繁,所以经济繁荣,国力富裕。南唐最后的一个国主李煜,史称李后主,是一个著名的词人,对诗词、音乐、书画,十分精通,可就是不懂得处理国事。

北宋建国后,李煜每年向北宋进贡大量金银财宝,想维持他的地位。后来看到宋朝接连消灭了周围三个小国,才着慌起来,表示愿意取消南唐国号,自己改称"江南国主"。但是这一点小小让步,怎么能改变赵匡胤统一中国的决心呢。

开宝七年(974),赵匡胤派大将曹彬、潘美带领十万大军,分水陆两路攻打南唐。由于被辽阔的江面挡住了进军的道路,宋军开始赶造浮桥。这个消息传到南唐的国都金陵(今江苏南京),李后主问大臣该怎么办? 大臣说:"自古以来,没听说搭浮桥过江的,一定办不成!"李后主听了哈哈大笑,说:"我早说他们是小孩子闹着玩罢了。"

三天后,宋军搭好浮桥,一举跨过了长江,十万宋军很快打到了金陵城边。这时候,李后主还在宫里跟一批和尚道士诵经讲道,浑然不知宋军已到了城外。等到发现了宋军,李后主连忙调动驻守上江的 15 万大军来救。兵到皖口,受到宋军两路夹攻。南唐军放火烧宋军,哪知正碰到起北风,反烧了自己,南唐全军覆没。

李后主投降后被押到东京,赵匡胤开始时对他还比较优待。但是李后主从一个尽情享乐的国君变成一个亡国的俘虏,心里十分辛酸,每天流着眼泪过日子。他本来就是个写词的能手,在这段时期里,写下了"问君能有几多愁,恰似一江春水向东流"的著名诗句。正是这首词让赵匡胤心里很不舒服,怀疑李后主还想复辟南唐,就把他毒死了。

从赵匡胤取得政权开始,到结束南方的割据状况,赵普是主要的谋士,赵匡胤拜赵普为宰相,事无大小,都要跟他商量。

赵普出身小吏,比起一般文臣来,他的学问差得多。赵匡胤时常劝他多读点书,赵普倒是很听话,每次回家就关起房门,从书箱里取书,认真诵读。后来家里人发现,他的书箱里藏的不过是一部《论语》。于是人们就流传一种说法,说赵普是靠"半部《论语》治天下"的。

赵匡胤信任赵普,赵普也敢于坚持自己意见。有一次,赵普向赵匡胤推荐一个人做官。接连两天,赵匡胤都没有同意。第三天赵普上朝的时候,又送上奏章,这下可触怒了赵匡胤,一把将奏章撕成两半,扔在地上。赵普趴在地上,不慌不忙地把扯碎的奏章拾起来,放在袖子里。退朝回家以后,赵普把扯碎的奏章粘接起来,过了几天,又带着它上朝呈上。赵匡胤见赵普态度这样坚决,只好接受了他的意见。

赵普做了十年宰相,权力很大。日子久了,不时有人给他送礼物来。赵匡胤经常到赵普家里去,事先也不派人通知。有一次,吴越王钱俶派使者送信给赵普,还捎带了十坛"海产"。赵普把十坛"海产"放在堂前,还没来得及拆信,正好赵匡胤到了,看到这十个坛,就问赵普是什么东西。赵普回答说:"是吴越送来的海产。"

《论语》书影

赵匡胤笑着说:"既然是吴越送来的海产,一定不错,打开来看看吧!"结果打开坛盖,在场的人都傻了眼。坛里放的根本不是什么海产,而是一块块金子。

赵匡胤向来怕官员接受贿赂,滥用权力,打这以后,就对赵普猜疑起来。不久,又有官员告发赵普违反禁令,贩运木料为己谋私。赵匡胤便趁机撤了赵普的宰相职位。

赵匡胤在统一了中国南方后,马上出兵攻打北汉都城太原。北汉请辽朝出兵援助,宋军吃了败仗。不久,赵匡胤得病死去,弟弟赵光义继承了皇位。